Antonia Gohr · Martin Seeleib-Kaiser (Hrsg.)

Sozial- und Wirtschaftspolitik unter Rot-Grün

Antonia Gohr · Martin Seeleib-Kaiser (Hrsg.)

Sozial- und Wirtschaftspolitik unter Rot-Grün

Westdeutscher Verlag

Bibliografische Information Der Deutschen Bibliothek
Die Deutsche Bibliothek verzeichnet diese Publikation in der Deutschen Nationalbibliografie;
detaillierte bibliografische Daten sind im Internet über <http://dnb.ddb.de> abrufbar.

1. Auflage September 2003

Alle Rechte vorbehalten
© Westdeutscher Verlag/GWV Fachverlage GmbH, Wiesbaden 2003

Der Westdeutsche Verlag ist ein Unternehmen der Fachverlagsgruppe BertelsmannSpringer.
www.westdeutscher-verlag.de

Das Werk einschließlich aller seiner Teile ist urheberrechtlich geschützt. Jede Verwertung außerhalb der engen Grenzen des Urheberrechtsgesetzes ist ohne Zustimmung des Verlags unzulässig und strafbar. Das gilt insbesondere für Vervielfältigungen, Übersetzungen, Mikroverfilmungen und die Einspeicherung und Verarbeitung in elektronischen Systemen.

Die Wiedergabe von Gebrauchsnamen, Handelsnamen, Warenbezeichnungen usw. in diesem Werk berechtigt auch ohne besondere Kennzeichnung nicht zu der Annahme, dass solche Namen im Sinne der Warenzeichen- und Markenschutz-Gesetzgebung als frei zu betrachten wären und daher von jedermann benutzt werden dürften.

Umschlaggestaltung: Horst Dieter Bürkle, Darmstadt
Gedruckt auf säurefreiem und chlorfrei gebleichtem Papier

ISBN-13: 978-3-531-14064-3   e-ISBN-13: 978-3-322-80476-1
DOI: 10.1007/ 978-3-322-80476-1

Inhaltsverzeichnis

Vorwort 7

I. Theoretische und programmatische Perspektiven

Martin Seeleib-Kaiser
Politikwechsel nach Machtwechsel? 11

Georg Vobruba
Making a difference. Die Konstruktion von Unterschieden.
Kommentar zur Kernfrage 29

Antonia Gohr
Auf dem „dritten Weg" in den „aktivierenden Sozialstaat"?
Programmatische Ziele von Rot-Grün 37

II. Politikfeldanalysen

Reimut Zohlnhöfer
Mehrfache Diskontinuitäten in der Finanzpolitik 63

Roland Sturm
Wettbewerbs- und Industriepolitik:
Zur unterschätzten Ordnungsdimension der Wirtschaftspolitik 87

Edgar Rose
Arbeitsrechtspolitik zwischen Re-Regulierung und Deregulierung 103

Hubert Heinelt
Arbeitsmarktpolitik – von „versorgenden" wohlfahrtsstaatlichen
Interventionen zur „aktivierenden" Beschäftigungsförderung 125

Petra Buhr
Wege aus der Armut durch Wege in eine neue Armutspolitik? 147

Frank Nullmeier
Alterssicherungspolitik im Zeichen der „Riester-Rente" 167

Peter Bleses
Wenig Neues in der Familienpolitik 189

Andreas Brandhorst
Gesundheitspolitik zwischen 1998 und 2003:
Nach der Reform ist vor der Reform 211

Klaus-W. West
Kontinuität und Wandel in der Bildungspolitik 229

Sigrid Leitner
Die Tour de force der Gleichstellung: Zwischensprints mit Hindernissen 249

Dita Vogel und Andreas M. Wüst
Paradigmenwechsel ohne Instrumentenwechsel?
Kontinuität und Wandel im Politikfeld Migration 265

III. Außerparlamentarische Entscheidungverfahren

Werner Reutter
Das Bündnis für Arbeit, Ausbildung und Wettbewerbsfähigkeit 289

Roland Lhotta
Das Bundesverfassungsgericht und die „Generationengerechtigkeit" 307

Sabine Kropp
„Deparlamentarisierung" als Regierungsstil? 329

IV. Eine vorläufige Bilanz

Martin Seeleib-Kaiser
Rot-Grün am Ende? 347

Vorwort

Die Sozial- und Wirtschaftspolitik der rot-grünen Bundesregierung ist ein in der Öffentlichkeit viel diskutiertes, in der politikwissenschaftlichen Forschung jedoch bislang nicht hinreichend aufgearbeitetes Thema. Mit diesem Sammelband wird eine empirische Bestandsaufnahme der Wirtschafts- und Sozialpolitik nach fünfjähriger rot-grüner Regierungszeit vorgelegt. Neben der Analyse der wirtschafts- und sozialpolitischen Entwicklungen und Programmatik wird den theoretischen Fragestellungen nachgegangen, ob es einen Unterschied macht, welche Parteien an der Regierung sind, oder die Politik von den vielen Vetospielern hierzulande blockiert wird.

Das Buch ist in drei Abschnitte untergliedert. Im ersten Abschnitt wird ein theoretisches Gerüst für die empirischen Beiträge entwickelt und ein Überblick der sozialdemokratischen (und grünen) Programmdebatte gegeben. Im zweiten Teil werden dann in Fallstudien die unterschiedlichen Politikbereiche detailliert analysiert und es wird der Frage nachgegangen, ob von Kontinuität und/oder Wandel in der Wirtschafts- und Sozialpolitik gesprochen werden kann. Der dritte Abschnitt wendet sich dem Thema der Deparlamentarisierung zu. Neben der Rolle des Bundesverfassungsgerichts wird die Bedeutung des „Bündnisses für Arbeit, Ausbildung und Wettbewerbsfähigkeit" sowie der verschiedenen Kommissionen für wirtschafts- und sozialpolitische Entscheidungen beleuchtet. Abgerundet wird der Band durch eine vergleichende Betrachtung der Politikfeldanalysen und Entscheidungsprozesse.

Die ersten Entwürfe für die in diesem Sammelband vorgelegten Beiträge wurden auf einem *Workshop* Ende März 2003 am Zentrum für Sozialpolitik der Universität Bremen vorgestellt und diskutiert. In diesem Zusammenhang möchten wir uns ganz herzlich bei Philipp Genschel, Karin Gottschall, Heinz Rothgang und Achim Schmid für ihre Kommentare zu den verschiedenen Beiträgen bedanken. Den Autoren und Autorinnen danken wir für die zügige und konstruktive Zusammenarbeit, die schließlich die zeitnahe Herausgabe des Sammelbandes zum *Workshop* ermöglichte. Ohne die Unterstützung von Gitta Klein sowie der studentischen Hilfskräfte Christian Beitz, Uwe Maisenbacher und Till Schaper wäre dieses Projekt nicht möglich gewesen. *Last but not least* bedanken wir uns bei der Fritz-Thyssen-Stiftung für Wissenschaftsförderung für die großzügige finanzielle Unterstützung.

Bremen, im August 2003

Antonia Gohr   Martin Seeleib-Kaiser

I. Theoretische und programmatische Perspektiven

Politikwechsel nach Machtwechsel?

Martin Seeleib-Kaiser

1   Einleitung

1998 erhielt zum ersten Mal in der Geschichte der Bundesrepublik Deutschland eine Koalition „links" der Mitte die Chance, Politik zu gestalten. Obzwar viele Anhänger von Rot-Grün nach 16 Jahren einer christlich-liberalen Regierungskoalition unter Helmut Kohl die Chance für einen Politikwechsel als gegeben ansahen, basierte das Wahlergebnis primär darauf, dass die CDU „politisch verbraucht war" (Stöss/Neugebauer 2002: 7). Für viele überraschend wurde die rot-grüne Regierungskoalition unter Bundeskanzler Gerhard Schröder im September 2002 knapp im Amt bestätigt. Folgt man den Kompetenzzuschreibungen der Wählerinnen und Wähler im Wahljahr 2002 wurde der rot-grünen Koalition nicht aufgrund ihres innenpolitischen Leistungsprofils bzw. eines überzeugenden Programmangebots eine zweite Chance eingeräumt, vielmehr basierte ihre Wiederwahl maßgeblich auf erfolgreichen wahlstrategischen Weichenstellungen der Regierungsparteien und Fehlentscheidungen der Oppositionsparteien. In diesem Zusammenhang muss vor allem auch das bundesdeutsche Wahlrecht hervorgehoben werden, das das Weiterregieren ermöglichte, denn es ließ die PDS knapp an der 5-Prozent-Hürde scheitern, erlaubte den Anhängern von Rot-Grün ihre Stimmen zu splitten und sicherte der SPD vier Überhangmandate; diese Faktoren brachten schließlich eine knappe, aber doch klare Mehrheit für Rot-Grün im deutschen Bundestag hervor (Stöss/Neugebauer 2002).

Ungeachtet der Faktoren, die zur Wahl bzw. Wiederwahl von Rot-Grün führten, stellt sich die Frage, inwieweit die rot-grüne Regierungskoalition die Chance nutzte, seit ihrem „historischen Wahlsieg" (Stöss/Neugebauer 1998) 1998 einen Politikwechsel in der Sozial- und Wirtschaftspolitik einzuleiten bzw. nach ihrer Wiederwahl 2002 eine entsprechende Politik fortzusetzen. Welche Politik verfolgte Rot-Grün in den einzelnen Politikbereichen? Gab es mitunter bestimmte Schwerpunktsetzungen in der Sozial- und Wirtschaftspolitik, die in ausgewählten Bereichen tatsächlich einen Politikwandel herbeiführten? Schließlich hatten sowohl SPD als auch die Grünen während der langen 16 Oppositionsjahre die Sozial- und Wirtschaftspolitik der Regierung Kohl zum Teil heftig kritisiert (Gohr 2002; 2003) und inhaltlich standen die Bereiche Wirtschaft, Arbeit und soziale Gerechtigkeit im Mittelpunkt beider Wahlkämpfe.

In diesem einleitenden *Essay* möchte ich anhand unterschiedlicher Theorieschulen ein analytisches Gerüst herausarbeiten, das den folgenden empirischen Untersuchungen zu den einzelnen *policies* einen Rahmen geben soll. Die Möglichkeit eines Politikwechsels wird in den Sozialwissenschaften sehr unterschiedlich bewertet. Grob können drei Theorierichtungen unterschieden werden: 1. *Markets Matter*, 2. *Parties Matter*, 3. *Institutions Matter*. So wird nicht nur in tagespolitischen Debatten häufig hervorgehoben, dass aufgrund sozio-ökonomischer Entwicklungen bzw. Herausforderungen, sei es nun die demographische Entwicklung, die Veränderung der Arbeitsmärkte, die zunehmende Europäisierung oder die Globalisierung, bestimmte Reformen der bundesdeutschen politischen Ökonomie unausweichlich seien. Mit anderen Worten, die Politik hat keine andere Wahl, als *tiefgreifende* Reformen, die weitgehend durch sozio-ökonomische Sachzwänge determiniert seien, umzusetzen (Abschnitt 2). Die in der Politikwissenschaft etablierte Parteiendifferenztheorie besagt hingegen, dass es noch immer einen Unterschied im Hinblick auf die Sozial- und Wirtschaftspolitik macht, welche Partei an der Regierung sei. Folgt man den tagespolitischen Auseinandersetzungen oder manchen *Statements* der Parteisprecher, können Wählerinnen und Wähler durchaus den Eindruck gewinnen, dass diese Einschätzung ihre Berechtigung hat (Abschnitt 3). Schließlich betont die politisch-institutionelle Schule die spezifischen Faktoren des politischen Systems, die mitunter Vetospielern erhebliche Blockademöglichkeiten einräumen (Abschnitt 4). Im abschließenden Abschnitt gehe ich der Frage nach, wie wir einen Politikwechsel diagnostizieren können. Im Zentrum steht die Frage: Wieviel Veränderung ist (nach einem Machtwechsel) notwendig, um von einem Politikwechsel sprechen zu können?

2   Markets Matter

Im Rahmen der Modernisierungstheorie wurde die These vertreten, dass alle reichen Industrieländer unabhängig von ihrem jeweiligen ökonomischen und politischen System ähnliche wohlfahrtsstaatliche Arrangements schaffen würden. Entsprechend kam den Parteien allenfalls eine untergeordnete Rolle in der Erklärung wohlfahrtsstaatlicher Entwicklung zu (Wilensky 1975; 2002). Spätestens seit Ende der 1980er Jahre gehen viele Beobachter von einer gewissen Umkehrung der Modernisierungstheorie aus. Im Mittelpunkt der Debatte steht nunmehr die Frage: Führt die Globalisierung unabhängig vom jeweiligen politischen System in Gestalt einer Abwärtsspirale zu einer Konvergenz nationaler Wohlfahrtsstaaten und ihrer Transformation in Wettbewerbsstaaten? Schließlich würde der Prozess der Globalisierung dem Nationalstaat die Grundvoraussetzungen für moderne Wohlfahrtsstaatlichkeit, nämlich Vollbeschäftigung und Steuerautonomie, entziehen. Konsequent weitergedacht, besagt diese Argumentation, dass es unter (weiter zunehmenden) Globalisierungsbedingungen zu einer Konvergenz der unterschiedlichen Formen des Kapitalismus kommen wird, die letztendlich in der Machtlosigkeit der Staaten begründet ist, Markt verändernde und Markt korrigierende politische Interventionen in der Wirtschaft vorzunehmen. Der Prozess der Globalisierung würde schließlich nur ein sozialpolitisches bzw. ökonomisches Regulierungssystem zulassen, nämlich den Markt – „das Ende der Geschichte" (Fukuyama 1993) scheint erreicht. Innerhalb Europas würde dieser zunehmende Autonomieverlust der Nationalstaaten zusätzlich im Rahmen der europäischen Integration durch den Prozess der „negativen Integration" (Scharpf 1996) verstärkt (vgl. diese Argumentation zusammenfassend Seeleib-Kaiser 1997: 84-91).

Die rapide Alterung der Gesellschaft und die geringe Geburtenrate stellen für eine zweite Gruppe von Beobachtern eine mitunter noch gravierendere Herausforderung für die deutsche Variante kapitalistischer Regulation dar als die zunehmende Globalisierung und Europäisierung – zuweilen wird gar von einer „demographischen Krise" gesprochen. Diese hätte zwar zuvörderst Auswirkungen auf die (gesetzliche) Renten- und Krankenversicherung, doch werden auch negative Effekte auf die politische Ökonomie insgesamt erwartet. Ein hervorragendes Beispiel hierfür sei das abnehmende Innovationspotential bei zunehmender Alterung einer Gesellschaft. Als Auswege werden unterschiedliche Kombinationen von deutlichen Leistungssenkungen in den Sozialversicherungen, eine offensive „Bevölkerungspolitik" durch eine Ausweitung der Familienpolitik sowie eine auf hoch qualifizierte Arbeitskräfte ausgerichtete Migrationspolitik propagiert (vgl. für viele Birg 2003; Vogel 2003; Sinn 2002).

In der im internationalen Vergleich niedrigen und in den letzten Jahren abnehmenden Beschäftigungsquote sieht eine dritte Gruppe das Kernproblem der bundesdeutschen politischen Ökonomie. So sei vor allem die Beschäftigung im Personen bezogenen Dienstleistungsgewerbe in der Bundesrepublik, das nur in sehr begrenztem Maße dem internationalen Wettbewerb ausgesetzt sei, unterdurchschnittlich ausgeprägt. Der Grund hierfür wird vor allem in den hohen Lohnnebenkosten gesehen, die dazu führten, dass bestimmte Personen bezogene Dienstleistungen nur in ungenügendem Maße bzw. gar nicht nachgefragt werden würden. Strukturell seien von diesem Problem vor allem gering qualifizierte Personen betroffen. Diese Situation führe einerseits zu einer ständigen Erhöhung der Kosten für die sozialen Sicherungssysteme und andererseits zu steigenden Einnahmeausfällen, die wiederum die Sozialversicherungsbeiträge weiter nach oben schießen lassen. Entsprechend müssten die Lohnnebenkosten (zumindest für diesen Personenkreis) gesenkt werden, damit es wieder zu einem Anstieg der Beschäftigung käme (Scharpf 1995).

Folgt man diesen hier zugegebenermaßen überspitzt wiedergegebenen Problemdeutungen und Lösungsangeboten, dann muss man zu dem Schluss kommen, dass Parteien kaum noch einen Unterschied in der Sozial- und Wirtschaftspolitik machen können. Politikwechsel sind nicht Folge von Machtwechseln, sondern werden durch sozio-ökonomische Herausforderungen bzw. die Märkte diktiert. Gerhard Schröder selbst kann als Kronzeuge für diese Auffassung in der Politik angeführt werden. Als wirtschaftspolitischer Sprecher der SPD hatte er 1995 seine Überzeugung kundgetan, wonach es weder eine sozialdemokratische noch eine christlich-liberale Wirtschaftspolitik, sondern nur noch eine moderne oder unmoderne gebe.

3 Parties Matter

Entgegen dieser sozio-ökonomisch deterministischen Argumentation besagt die Parteiendifferenztheorie, dass es einen Unterschied hinsichtlich der Wirtschafts- und Sozialpolitik macht, welche Partei an der Macht ist (vgl. u.a. Schmidt 2001). Das zentrale Argument der klassischen Parteiendifferenztheorie war, dass konservative Parteien dazu neigen, die Inflation zu bekämpfen, wohingegen sozialdemokratische Parteien der Bekämpfung von Arbeitslosigkeit den Vorrang geben (Hibbs 1977). Obwohl es hinsichtlich der operationalisierten Variablen einige Unterschiede gibt, wurde des Weiteren argumentiert, dass historisch die Stärke der Sozialdemokratie entscheidend zum Ausbau moderner Wohlfahrtsstaaten beigetragen habe (vgl. zusammenfassend Shalev 1983). Im Grundsatz basiert die Parteiendifferenztheorie auf einer Analyse, die die Gesellschaft in unterschiedliche Klassen einteilt. Entsprechend würde jede Partei versuchen, eine Politik durchzusetzen, die die Interessen ihrer WählerInnen, die im Grundsatz der gleichen Klasse angehören, maximiert. Folglich setzten sich Arbeiterparteien für eine Vollbeschäftigungspolitik ein, da diese die Marktmacht der Arbeiter erhöhe. Liberale Parteien würden im Interesse der Kapitalbesitzer eine Politik der Inflationsbekämpfung umsetzen, um damit Sorge zu tragen, dass das akkumulierte Kapital nicht entwertet wird. Diese sehr vereinfachte Sichtweise spiegelt jedoch die historische Realität – nicht nur – in Deutschland nicht hinreichend wider. Neben der klassischen Konfliktlinie zwischen Arbeit und Kapital spielte in vielen Ländern Kontinentaleuropas beispielsweise die Religion eine entscheidende Rolle bei der Herausbildung von Parteien und Parteipräferenzen. Christliche Parteien, im Deutschen Reich zunächst die Zentrumspartei und später die CDU/CSU, verstanden sich als Parteien, die im Grundsatz alle Schichten der Gesellschaft vertreten. Der katholischen Soziallehre folgend befürworteten sie einen sozialstaatlichen Interventionismus (Kaufmann 1988; Boswell 1993; Castles 1994).

Entsprechend verweisen neuere Studien darauf, dass sowohl sozialdemokratische als auch christdemokratische Parteien als Sozialstaatsparteien charakterisiert werden können, die sich jedoch wesentlich in ihrer Konzeption von Staatlichkeit unterscheiden. Idealtypisch standen für die Sozialdemokratie historisch eine Politik der Vollbeschäftigung sowie Einkommens- und Vermögensumverteilung gleichberechtigt neben dem Ziel des ökonomischen Wachstums (Seeleib-Kaiser 2002; Huber/Stephens 2001), wobei es das Ziel der Christdemokratie war, einen sozialen Kapitalismus zu verwirklichen, ohne jedoch eine institutionalisierte staatliche Verantwortung für Vollbeschäftigung und Umverteilung zu übernehmen. Im Mittelpunkt ihrer Sozialpolitik standen vielmehr Instrumente zur Unterstützung des Einzelnen und sozialer Gruppen, um diese in die Lage zu versetzen, Eigenverantwortung zu übernehmen (van Kersbergen 1995; 1999).

Mit der zunehmenden Abnahme der Bedeutung von Klassen- und Religionszugehörigkeit in der Gesellschaft und der Auflösung traditioneller sozialer Milieus, so bereits Kirchheimer (1965), würden sich Volksparteien herausbilden, die bestrebt seien, die gesamte Wählerschaft anzusprechen. Folglich würden sich die Parteiprogramme einander annähern. Als ein gewaltiger Schritt in diese Richtung kann sicherlich die Verabschiedung des Godesberger Programms seitens der SPD im Jahre 1959 bewertet werden. Nach Schmidt (1985) bewegte sich in der Nachkriegsphase nicht nur die Sozialdemokratie, sondern mitunter sogar von größerer Bedeutung war für ihn die „Sozialdemokratisierung der Christdemokratie", d.h. die Übernahme sozialdemokratischer Politikelemente in das christdemokratische Politikarsenal. Freilich, zu einer vollkommenen Übereinstimmung in der Sozial- und Wirtschaftspolitik zwischen den beiden großen Volksparteien kam es zunächst nicht (vgl. zur programmatischen Positionierung der Parteien auf einer „Links-Rechts-Skala" im Zeitverlauf Klingemann 1999).

Doch mehren sich vergleichende Studien, die die Erklärungskraft der Parteiendifferenzthese seit den 1980er Jahren erneut relativieren.[1] Huber und Stephens (2001) argumentieren, dass „linke" Parteien aufgrund der „Grenzen des Wachstums" (*growth to limits*) den Wohlfahrtsstaat nicht weiter ausbauen könnten, wohingegen „rechte" Parteien aufgrund der hohen Zustimmung zum Wohlfahrtsstaat seitens der Wahlbevölkerung daran gehindert seien, diesen einzuschränken; folglich nehme die Parteiendifferenz ab. Bei dieser Argumentation handelt es sich jedoch in gewisser Weise um eine funktionalistische Argumentation, wonach Parteien keinen Unterschied mehr machen *können*. Implizit wird davon ausgegangen, dass Parteien noch immer einen Unterschied in der Sozial- und Wirtschaftspolitik machen *wollen*.

Zwar mag Kirchheimer mit seinen Befunden in den 1960er Jahren über das Ziel hinausgeschossen sein, doch deuten Veränderungen in der Gesellschaft und Arbeitswelt darauf hin, dass von festgefügten Interessendispositionen innerhalb der Wählerschaft kaum mehr ausgegangen werden kann. Der französische Philosoph André Gorz (1988: 64 f.; Original 1980) hatte zu Beginn der 1980er Jahre hervorgehoben, der „Neoproletarier", der weder durch seine Arbeit noch durch seine Position im gesellschaftlichen Produktionsprozess definiert werden könne, fühle sich weder der

---

[1] Vgl. etwa quantitativ vergleichend Huber/Stephens (2001) und Kittel/Obinger (2002). Hingegen hebt Garrett (1998) die Gültigkeit der Parteiendifferenztheorie auch unter Bedingungen der Globalisierung hervor.

„Arbeiterklasse oder *irgendeiner anderen Klasse* [zugehörig]." Hinzutreten die von Claus Offe (1987) bereits in den 1980er Jahren diagnostizierten Auswirkungen der Fragmentierung, Pluralisierung sowie letztendlich Individualisierung sozio-ökonomischer Interessendispositionen auf den Wohlfahrtsstaat, wonach nicht klassenspezifische Themenbereiche zunehmend auf die Agenda treten. Die Bedeutung von sozio-ökonomischen Klassen zur Ableitung von Interessendispositionen wird des Weiteren durch die zunehmende Herausbildung von *Income Mixes*, d.h. Mischungen der verschiedenen Arten von Geldeinkommen, auch unter Arbeitnehmerinnen und Arbeitnehmer in Frage gestellt (Vobruba 2000: 122-132). Sofern beispielsweise Arbeitnehmer zur Aufbesserung ihrer gesetzlichen Rente betrieblich oder v.a. privat vorsorgen, wird es auch in ihrem Interesse sein, dass die Geldwertstabilität sowie die Sicherstellung einer angemessenen Wertentwicklung an der Börse zu zentralen Zielen der Politik avancieren.

Entsprechend werden ehemals stabil geglaubte Annahmen über die Interessendispositionen der Parteimitglieder sowie WählerInnen und einer sich darauf stützenden Programmatik, die wiederum Grundlage für die Parteiendifferenztheorie war, fragwürdig. Dies trifft vor allem die Sozialdemokratie.[2] Alemann, Heinze und Schmid (1998: 30) konstatieren: „Mitglieder und Wähler der SPD gehören zu besonders heterogenen Milieus, sie sind zwischen allen diesen Polen zerrissen: nicht nur zwischen Akademikern und Arbeitern, auch zwischen Machos und Feministinnen, zwischen lustorientierten Hedonisten und pflichtorientiertem Gelsenkirchner Barock, zwischen Toskana und Mallorca". Bei dem Versuch, die gesellschaftlichen Veränderungen für die systematische Analyse von Parteien zugänglich zu machen, identifiziert Kitschelt (1994) – anschließend an den *New Politics*-Ansatz von Inglehart (1978; 1990) – eine neue Konfliktlinie, die quer zu der klassischen, durch ökonomische Interessen determinierten Konfliktlinie verläuft, nämlich zwischen libertären und autoritären Politiken. Wollten sozialdemokratische Parteien auch zukünftig erfolgreich sein, müssten sie ihr programmatisches Angebot entsprechend anpassen. In Bezug auf die Sozial- und Wirtschaftspolitik bedeutet dies für Kitschelt (1994: 297):

> [S]ocial democratic parties will embrace an agenda of economic policies that offers public investments to enhance the capacity of private market participants to compete internationally. Social democrats thus lose the capacity to contrast their economic and social policy message to that of the mainstream bourgeois conservative parties. At stake between the parties are only slightly different methods to support and to correct private market allocation of scarce goods. In advanced industrial democracies, parties can no longer offer voters stark alternatives on the distributive dimension.

---

[2] Zwar kann Müller (1999) zeigen, dass die Klassenzugehörigkeit noch immer einen wichtigen Einfluß auf die Parteienpräferenz ausübt. Jedoch schmilzt zunehmend sowohl die traditionelle sozialdemokratische als auch die christdemokratische Wählerklientel und es treten neue „Klassen" und „Milieus" mit ihren jeweiligen politischen Präferenzen hinzu.

Ob freilich Parteien die notwendige Anpassungsfähigkeit besitzen und entsprechende programmatische Veränderungen vornehmen, bleibt zunächst eine offene empirische Frage. Auf der Grundlage von Experteneinschätzungen konnten Huber und Inglehart (1995) zeigen, dass es bereits zu entsprechenden signifikanten Veränderungen im Profil sozialdemokratischer Parteien gekommen ist. Im Zuge bzw. in Folge der Diskussion über den „Dritten Weg" sozialdemokratischer Parteien wurde schließlich aufbauend auf einem Vergleich sozialdemokratischer Programmveränderungen in vier europäischen Staaten während der 1990er Jahre die These aufgestellt, dass die programmatische Neuorientierung der Sozialdemokratie zu einer „Christdemokratisierung der Sozialdemokratie" führe (Seeleib-Kaiser 2002).[3] In Verbindung mit und aufbauend auf der Mandatetheorie, wonach Parteien ihre Programme nach gewonnener Wahl tatsächlich in reale Politik umsetzen (Klingemann et al. 1994), wäre somit von einer „christdemokratisierten Sozialdemokratie" kein einschneidender Politikwechsel in der Wirtschafts- und Sozialpolitik nach dem Machtwechsel im Jahr 1998 zu erwarten gewesen.

Charles Boix (1998) argumentiert jedoch, dass Parteien, sofern sie wollen, durchaus noch einen Unterschied in der Sozial- und Wirtschaftspolitik machen könnten. Dabei rückt er die Bedeutung einer „Angebotspolitik von links" in den Mittelpunkt. Investitionen in das Humankapital und die Förderung von Chancengleichheit stünden im Zentrum einer solchen Angebotspolitik von links. Folglich wären nach dem Machtwechsel im Jahr 1998 eine Ausweitung der aktiven Arbeitsmarktpolitik – im Sinne verstärkter Maßnahmen in Richtung Qualifizierung – sowie eine stärkere Betonung der Bildungspolitik zu erwarten gewesen. Entsprechend der neuen Konfliktlinie zwischen libertären und autoritären Werten erwartet Kitschelt (1994: 298), dass der politische Konflikt zwischen Parteien sich zunehmend auf den Bereich der regulativen Politik verlagern wird. Im Mittelpunkt stünden Auseinandersetzungen über politische Parameter, die die Wahl des individuellen Lebensstils begrenzten. In diesem Zusammenhang wäre u.a. an Fragen der Emanzipation unterschiedlicher Lebensentwürfe sowie die Integration von Minderheiten zu denken. Folgt man den Argumentationen von Boix und Kitschelt, käme es zu einer Verlagerung der Parteiendifferenz im Bereich der Sozial- und Wirtschaftspolitik auf Politikfelder, die bisher nicht im Zentrum der Parteiendifferenzthese standen.

Die hier dargelegten Überlegungen basieren weitgehend auf Ergebnissen vergleichender Studien mit einem relativ hohem Abstraktions- und Verallgemeinerungsniveau. Zudem widersprechen sie sich zumindest teilweise darin, inwieweit Parteien noch einen Unterschied machen. Ausdifferenzierte, systematische und empirische Analysen darüber, ob die Parteien in der Bundesrepublik Deutschland in der Wirt-

---

[3] In diese Richtung kann auch Schröders Aussage im Wahlkampf 1998 interpretiert werden, wonach die SPD nach einem Wahlsieg nicht alles anders, aber vieles besser machen werde.

schafts- und Sozialpolitik einen Unterschied machen *wollen*, fehlen weitgehend (vgl. aber die Arbeiten von Gohr [2002; 2003] zu den sozialpolitischen Konzeptionen von SPD und Grünen während ihrer Oppositionszeit). Insoweit können die Parteiendifferenztheorie sowie deren Modifizierungen allenfalls als Ausgangspunkt für die Hypothesenbildung dienen. Um die Studie möglichst offen für eine sich in spezifischen Feldern der Sozial- und Wirtschaftspolitik mitunter *neu* herausschälende Parteiendifferenzthese zu halten, sind auch solche Politikbereiche in die Analyse einzubeziehen, die im Rahmen der klassischen Parteiendifferenztheorie nicht berücksichtigt wurden (vgl. zu diesen Politikdimensionen die Beiträge von Leitner, Vogel/Wüst und West i.d.B.). Schließlich wird es vom Ergebnis der *empirischen* Analyse der Programmatik abhängen, ob und inwieweit es noch sinnvoll ist, die Parteiendifferenz zur Erklärung sozial- und wirtschaftspolitischer *outputs* für den bundesrepublikanischen Fall heranzuziehen (vgl. hierzu den Beitrag von Gohr i.d.B.). Schließlich wäre es ja grundsätzlich denkbar, dass Parteien einen Unterschied machen *wollen*, dies aber aufgrund vorhandener politisch-institutioneller Grenzen nicht *können*.

4 Institutions Matter

In der Bundesrepublik ist es schon fast zum Gemeinplatz geworden, dass es aufgrund der zentralen Rolle, die der Bundesrat im politischen Entscheidungsprozess der Bundesrepublik Deutschland spielt, extrem schwierig geworden ist, Veränderungen durchzusetzen. So sei in den 1990er Jahren die Politik der Regierung Kohl durch die Sozialdemokraten im Bundesrat blockiert worden und umgekehrt blockiere seit dem Regierungsantritt von Rot-Grün im Jahr 1998 bzw. genauer nach den von den Sozialdemokraten verlorenen Landtagswahlen in Hessen im Jahr 1999 die Christdemokratie wesentliche Reforminitiativen. Bisweilen war gar der Begriff „blockierte Gesellschaft" (Heinze 1998) *en vogue*. Hinzu kommt die bedeutende Rolle des Bundesverfassungsgerichts im politischen System der Bundesrepublik, dem zuweilen sogar nachgesagt worden ist, es übernehme die Funktion des „Ersatzgesetzgebers" (Scholz 1999; vgl. kritisch Lhotta i.d.B.).

In der politikwissenschaftlichen Forschung werden individuelle oder kollektive Akteure als Vetospieler bezeichnet, sofern deren Zustimmung für eine Politikveränderung *formal notwendig* ist. Werden Vetospieler durch die Verfassung bestimmt, kann von institutionellen Vetospielern gesprochen werden. Beispiele hierfür sind in der Bundesrepublik etwa der Bundesrat oder das Bundesverfassungsgericht. Hinzutreten *partisan veto players;* hierbei handelt es sich um Vetospieler, die vom „politischen Spiel" erzeugt werden (Tsebelis 2002: 19). Beispiele hierfür sind etwa die jeweiligen Parteien innerhalb einer Koalitionsregierung. Je mehr Vetospieler ausgebildet sind und je weiter sie ideologisch von einander entfernt sind, desto höher die *policy stability*. *Policy stability* wird in diesem Zusammenhang definiert als Ausdruck für die Schwierigkeit, eine *signifikante* Politikveränderung herbeizuführen (Tsebelis 2002: 37; 205). Entsprechend kann das Vetospieler-Theorem dazu beitragen, allgemein die Kapazität für Veränderungen innerhalb eines politischen Systems zu bestimmen; Veränderungen selbst können hiermit jedoch nicht erklärt werden.

Die Komplexität des politischen Systems der Bundesrepublik macht es in der Regel sehr schwierig, die Anzahl und Bedeutung von Vetospielern in bestimmten Politikfeldern allgemein und grundsätzlich zu bestimmen. Insofern bedarf es jeweils Einzelfallprüfungen der speziell zu regelnden Gesetzgebungsmaterie, um die Art und Anzahl der Vetospieler zu identifizieren. In diesem Zusammenhang ist vor allem zu eruieren, ob es sich um Politikfelder bzw. Gesetzesinitiativen handelt, die der Zustimmung des Bundesrates bedürfen oder bei denen der Einspruch des Bundesrates mit einer entsprechenden Mehrheit des Bundestages zurückgewiesen werden kann. In letzteren Fällen kann der Bundesrat grundsätzlich nicht als Vetospieler charakterisiert werden. Des Weiteren ist zu klären, inwieweit die Europäische Union als Vetospieler im jeweiligen Politikfeld zu berücksichtigen ist. Die im Vertrag von Maastricht und im Stabilitätspakt festgelegten Kriterien im Hinblick auf Haushaltsdefizit und Staatsschuld, die Unabhängigkeit der Europäischen Zentralbank sowie europäische Rechtsakte entziehen dem Nationalstaat schließlich formal Souveränitätsrechte, was die Gestaltungsfreiheit in bestimmten Bereichen der staatlichen Sozial- und Wirtschaftspolitik einschränken kann (vgl. zur Wettbewerbspolitik den Beitrag von Sturm i.d.B.). In einem zweiten Schritt wäre zu klären, ob sich die ideologischen Positionen der politischen Akteure in dem jeweils konkreten Politikfeld unterscheiden bzw. inwieweit mitunter taktische Kalküle eine Rolle spielen. Hierbei sind jedoch nicht nur die Positionen der Oppositionsparteien zu bestimmen, sondern ebenso die der Parteien innerhalb der Regierungskoalition; schließlich besteht theoretisch auch die Möglichkeit, dass eine der Koalitionsparteien eine bestimmte politische Initiative blockiert. Sollten sich die Präferenzen bzw. die ideologischen Positionen der politischen Akteure nicht unterscheiden und mögliche taktische Kalküle eher marginal sein, wird es kaum Sinn machen, das Vetospieler-Theorem weiter zu verfolgen.

Aus der Sicht von Kitschelt (2001) kann das spezifische System der Parteienkonkurrenz eine weitere wesentliche Hürde für die Reform bestehender wohlfahrtsstaatlicher Arrangements darstellen. Parteiensysteme, wie etwa das bundesrepublikanische Parteiensystem, mit einer schwachen liberalen Partei, einer starken zentristischen (christdemokratischen) Partei sowie einer starken sozialdemokratischen Partei würden schmerzhafte sozialpolitische Veränderungen erschweren. Aufgrund ihrer Schwäche könnten liberale Parteien in einem solchen System den sozialpolitischen Wandel nicht hervorbringen. Allerdings fehlten auch christdemokratischen Parteien Anreize, sozialpolitische Reformen umzusetzen, da sie nicht nur befürchten müssten, Teile ihrer Klassen übergreifenden Wählerschaft zu verlieren, sondern dadurch die Position der Sozialdemokratie als Hüterin des Sozialstaates zu stärken. Im Gegenzug bestünden seitens sozialdemokratischer Parteien keine Anreize, sich für Einschnitte in das soziale Sicherungsnetz einzusetzen, weil dann *vice versa* die Christdemokraten als „natürliche" Gewinner einer solchen Strategie in den nächsten Wahlen hervorgingen. Diese Argumentation beruht weitgehend auf einem *Rational Choice*-Ansatz, der die Wiederwahlchancen von Parteien in den Mittelpunkt rückt und potenzielle Veränderungen der Präferenzen in der Wahlbevölkerung ebenso unberücksichtigt lässt wie die Möglichkeit, dass Parteien bzw. Parteieliten Entscheidungen nach dem wie auch immer definierten Gemeinwohl träfen.

Neben dem System der Parteienkonkurrenz wird zuweilen auch das Argument vorgebracht, dass der große Anteil von Sozialleistungsbeziehern in der Wahlbevölkerung sozialpolitische Veränderungen extrem schwierig macht. Pierson (2001: 413) hat beispielsweise für die Bundesrepublik errechnet, dass bei einer „konservativen" Betrachtungsweise Mitte der 1990er Jahre in etwa 50 Prozent der Wahlbevölkerung im sozialpolitischen Sektor beschäftigt waren oder Sozialleistungen bezogen. Nachdem der Nutzen eines *retrenchments* für Gegner des Wohlfahrtsstaates eher diffus und häufig ungewiss sei, die Bezieher von Sozialleistungen jedoch ein konzentriertes Interesse am Erhalt ihrer Leistungen hätten, gehöre es zu den wenigen Basisaxiomen der Politikwissenschaft, dass Letztere grundsätzlich im Vorteil seien (ebd.). Unberücksichtigt bei dieser Perspektive bleibt freilich, dass vielfach die wohlfahrtsstaatliche Klientel zugleich ihr eigener Finanzier ist, zumindest es jedoch sehr schwierig ist, abgesehen von einer relativ kleinen Elite, klar und eindeutig die Zahlmeister von den Kostgängern zu unterscheiden.

Sowohl die Argumentation der den sozialpolitischen Wandel behindernden Parteienkonkurrenz als auch der „Versorgungsklassen" mag zwar im Grundsatz zutreffend sein, doch bewegen sich diese theoretischen Überlegungen auf einem relativ allgemeinen Erklärungsniveau und weisen zugleich einen relativ starken status quo-Bias auf. Weitgehend unberücksichtigt bleibt, wie Theodore Lowi (1972) bereits vor nunmehr drei Jahrzehnten hervorgehoben hat, dass in nahezu zwei Drittel der Fälle jede Verallgemeinerung von politischen Entscheidungen unzutreffend sei. Denn: *Policies determine politics*. Entsprechend kann auch in der Sozial- und Wirtschaftspolitik nicht für alle Politikbereiche von einem in gleichen Bahnen verlaufenden Entscheidungsprozess ausgegangen werden. Zusätzlich zu möglichen Vetospielern können nach Heinelt (1993) die Entscheidungsprozesse beispielsweise in der Sozialpolitik je nach „differentieller" oder „allgemeiner Problembetroffenheit" der zu behandelnden Problemlagen voneinander abweichen. Danach sind Einschränkungen in sozialpolitischen Programmen mit differentieller Problembetroffenheit politisch leichter durchzusetzen als in Programmen mit allgemeiner Problembetroffenheit (vgl. a. Seeleib-Kaiser 1993; 1994). Entsprechend sind die verschiedenen Politiken und deren von den politischen Akteuren perzipierte Wirkungsweise in die Analyse einzubeziehen, bevor konkrete Aussagen über potenziell bestehende Reformmöglichkeiten getroffen werden können.

Die politische Praxis ebenso wie theoretische Überlegungen deuten des Weiteren darauf hin, dass sich auch aus dem System der Parteienkonkurrenz ergebende Hürden oder Vetospieler unter Ausnutzung taktischen Geschicks und strategischen Vorgehens umgangen, eingebunden oder gar ausgespielt und somit neutralisiert werden *können*. Der Erfolg solcher Strategien kann vom spezifischen Führungsstil des jeweiligen Bundeskanzlers abhängen (vgl. Kropp 2002), dem vielfach die Funktion des *agenda setters* zukommt. Bei der Wahrnehmung dieser Funktion kann dem *timing* sowie der Begrenzung der Agenda eine enorme Bedeutung zufallen. Des Weiteren kann durch eine Verlagerung von Entscheidungen auf „unabhängige" Kommissionen zumindest theoretisch eine Politik der Schuldvermeidung (*politics of blame avoidance*; Weaver 1986) verfolgt werden, die letztendlich einen (mitunter parteipolitisch intendierten) Wandel ermöglicht. Schließlich stehen dann nicht mehr „parteipolitische" Problemdeutungen bzw. „ideologisch" geprägte Präferenzen im Mittelpunkt, sondern von Expertengremien festgestellte „objektive" Sachzwänge (vgl. die Beiträge von Kropp und Reutter i.d.B.). Auch durch Verhandlungslösungen im Rahmen von Gesetzespaketen können in Einzelfällen ehemals signifikante *Policy*-Differenzen überbrückt und ein Politikwechsel ermöglicht werden. Schließlich besteht in vielen Fällen die Möglichkeit, Gesetzesentwürfe so zu strukturieren, dass die Zustimmungspflicht des Bundesrates umgangen werden kann. Mit anderen Worten: Gegenmajoritäre Institutionen bzw. die Semisouveränität mögen Veränderungen erschweren und inkrementalen Anpassungen Vorschub leisten, doch unmöglich werden parteipolitisch intendierte Politikwechsel dadurch nicht. Insoweit erscheint es nur konsequent, diesen Institutionen-orientierten Ansatz in der Analyse mit der Parteiendifferenztheorie zu verkoppeln (Schmidt 2001). Schließlich kann er mitunter darüber Auskunft geben, weshalb Parteien einen Politikwechsel nicht durchsetzen (konnten), obwohl sie es programmatisch durchaus wollten.

5 Kontinuität und Wandel

Unabhängig von den politisch-institutionellen Grenzen der Parteiendifferenztheorie stellt sich grundsätzlich methodisch und theoretisch die Frage, wann wir von einem Politikwechsel in der Wirtschafts- und Sozialpolitik nach einem Machtwechsel sprechen können. Auf dem historisch-institutionellen Ansatz aufbauende Forschungsarbeiten betonen die starke Bedeutung der Pfadabhängigkeit spezifischer *policies*, die aus einst getroffenen Entscheidungen aufgrund positiver Rückkopplungen resultieren. Diese positiven Rückkopplungen ergeben sich wiederum daraus, dass politische Akteure mit „wachsenden Erträgen" (*increasing returns*) rechnen können, sofern sie den einst eingeschlagenen Politikpfad beibehalten (vgl. u.a. Pierson 1996, 2000).[4] Dieser Argumentation folgend, wäre es in der Bundesrepublik extrem schwierig, den einst eingeschlagenen sozialpolitischen Pfad mit seiner starken Betonung „lohnarbeitszentrierter Sozialpolitik" (Vobruba 1990) zu verlassen, die im Kern auf die Sicherung des Lebensstandards des *male breadwinner's* abzielt und die Übernahme von sozialen Diensten durch die nicht erwerbstätige Ehefrau weitgehend voraussetzt (Lewis 1992). Für den Bereich der Wirtschaftspolitik wäre u.a. die Finanzierung von Unternehmen durch Großbanken, im Gegensatz zur Finanzierung über den Aktienmarkt, zu erwähnen, die zu einem engen Verhältnis beider Organisationen geführt und entscheidend dazu beigetragen hat, dass sich Unternehmen in ihrer Geschäftspolitik auf die Prinzipien der Langfristigkeit und des Vertrauens einlassen konnten (Deeg 2001), die zu den zentralen Charakteristika der deutschen politischen Ökonomie zu zählen sind (Hall/Soskice 2001). Entsprechend der These der *path dependency* wäre eine grundlegende Veränderung der gesetzlichen Rahmung dieser Arrangements nicht zu erwarten.

Geht man zunächst einmal davon aus, dass die These der *path dependency* Gültigkeit beanspruchen kann, stellt sich selbstverständlich die Frage, *können* Machtwechsel unabhängig von den mitunter gegebenen politisch-institutionellen Grenzen überhaupt zu Politikwechsel führen? Entscheidend in diesem Zusammenhang erscheint mir die Frage, wann wir von einer Pfadabweichung oder dem Beginn eines neuen Pfades sprechen können. Dass *Policy*-Entscheidungen der Vergangenheit, gewissermaßen die „historische Erblast", Entscheidungen in der Gegenwart mit prägen, ist wohl mit Ausnahme revolutionärer Situationen unumstritten. Schwieriger wird es schon, will man einen Pfad abstrakt definieren und der Frage nachgehen, wann und unter welchen Bedingungen die historische Erblast einen Unterschied macht. Pierson (2000: 263) – einer der prominentesten Vertreter des Konzeptes der Pfadabhängigkeit – benennt zwar Merkmale zur Identifizierung von Pfadabhängigkeit, doch was einen Pfad *per se* ausmacht, definiert er in seinen Arbeiten nicht. Heuristisch kann das Konzept der Pfadabhängigkeit jedoch nur dann einen Gewinn bringen, wenn der Pfad explizit definiert ist. Da sich die Sozialwissenschaften in der Regel abstrakter Kategorien, Typologien bzw. Modelle bedienen, denen jeweils ein spezifisches Spannungsverhältnis von Reduktion und Adäquanz inhärent ist (vgl. zu diesem Spannungsverhältnis Schimank 2002), kann es vom jeweiligen Reduktions- bzw. Adäquanzniveau abhängen, ob man von einem Pfad, einer bestehenden Pfadabhängigkeit, einer insignifikanten Pfadabweichung, einer Anpassung des Pfades an „neue" Gegebenheiten oder dem Beginn eines neuen *Policy*-Pfades wird sprechen können.

---

[4] Gänzlich ausgeschlossen ist in diesem theoretischen Gerüst die Möglichkeit der Erschöpfung eines Pfades und der in der Folge eintretenden abnehmenden Erträge bei einer Beibehaltung der Politik, wie wir sie aus diversen Analysen zu Produktzyklen kennen (vgl. Schwartz o.J.: 4).

Verwendet man etwa eine relativ weit gefasste Konzeptionalisierung von Politikpfaden, so mag ein Politikwechsel nach einem Machtwechsel innerhalb eines Politikpfades möglich sein; nutzt man jedoch eine engere Konzeptionalisierung von Politikpfad, sind Politikwechsel kaum möglich, da sie zugleich einen Pfadwechsel implizieren würden. Dieser ist entsprechend dem Konzept der Pfadabhängigkeit ohne eine *critical juncture*, die einen neuen Pfad begründet, *per definitionem* ausgeschlossen. Auch eine *critical juncture* in der jeweils konkreten historischen Situation zu erkennen erscheint kaum möglich; allenfalls lässt sich eine solche mit einem längeren historischen Abstand identifizieren. Aufgrund der Dominanz des Konzepts der Pfadabhängigkeit in den Sozialwissenschaften mögen mitunter Veränderungen der jüngsten Vergangenheit vielfach als pfadabhängig gedeutet werden, obwohl sie „objektiv" einen neuen Pfad begründen, der sich jedoch erst nach einer längeren Zeitperiode identifizieren lässt. Insoweit ist es fraglich, inwieweit sich dieses Konzept auf die sozialwissenschaftliche Analyse von gegenwärtigen Veränderungen bzw. von Veränderungen, die in der jüngsten Vergangenheit liegen, Gewinn bringend anwenden lässt.

Um dennoch mögliche Politikwechsel nach Machtwechseln identifizieren zu können, bietet es sich an, ein relativ einfaches und formales Kategorienschema der Analyse zugrunde zu legen. So kann zwischen einer Neubestimmung der Politikinstrumente einerseits und der politischen Zielsetzung andererseits unterschieden werden. Für die einzelnen Politikfelder ist zu überprüfen, ob die vorgenommenen Veränderungen lediglich Anpassungen der Instrumente an veränderte Rahmenbedingungen bzw. externe Einflussfaktoren darstellen. Peter Hall (1993) spricht in diesem Zusammenhang von Veränderungen erster Ordnung. Eine Veränderung zweiter Ordnung liegt nach seiner Kategorisierung dann vor, wenn neue Instrumente geschaffen werden, um *unverändert* das bestehende Ziel aufgrund sich gewandelter externer Veränderungen zu erreichen. Von einer Veränderung dritter Ordnung können wir dann sprechen, wenn es neben einer Veränderung der Instrumente zu einer Neubestimmung der Zielsetzung kommt. Grundsätzlich ist zu erwarten, dass einer Veränderung dritter Ordnung eine signifikante Veränderung des politischen Diskurses voran geht. Es ist allerdings zu berücksichtigen, dass die durch eine einzelne Entscheidung bedingte Veränderung mitunter eher als gering oder, um in der Terminologie zu bleiben, als Veränderung erster Ordnung einzuschätzen ist, die Summierung solcher inkrementaler Veränderungen jedoch über einen längeren Zeitraum eine Veränderung dritter Ordnung darstellen könnte, die von der politischen Öffentlichkeit und/oder des analysierenden Wissenschaftlers aufgrund des *piecemeal approaches* der Veränderungen oder des zeitlich relativ kurzen Beobachtungszeitraums zunächst weitgehend unbeachtet bleibt. Darin liegt auch methodisch ein potentielles Risiko der Bilanzierung rot-grüner Regierungspolitik nach etwas mehr als einer Legislaturperiode.

6 Schlussbemerkung

Die Sozial- und Wirtschaftspolitik steht vor vielfältigen Herausforderungen. Ob und inwieweit sich diese in der Politik niederschlagen, hängt entscheidend von ihrer Wahrnehmung durch die politischen Akteure ab. Gemäß der Parteiendifferenztheorie sind politische Parteien grundsätzlich bestrebt, unterschiedliche Problemlösungen anzubieten. Doch bereits die Problemdefinition wird nicht allein durch einen „objektiven" Sachverhalt vorgegeben, sondern unterliegt der politischen Auseinandersetzung (Nullmeier 1993; Majone 1989). Für die Analyse möglicher Politikwechsel nach Machtwechsel ist es daher von entscheidender Bedeutung zu analysieren, ob und inwieweit politische Parteien unterschiedliche Problemkonstellationen identifizieren, entsprechende Problemlösungen erarbeiten und schließlich in konkrete Politik umsetzen (können). Insoweit spielt sicherlich auch die Strategie- und Steuerungsfähigkeit von politischen Parteien eine herausragende Rolle (vgl. u.a. die Beiträge in Nullmeier/Saretzki 2002). Allein die Messung sozio-ökonomischer *outcomes* und ihre Korrelation mit spezifischen Machtverhältnissen kann theoretisch keine Auskunft darüber geben, ob Parteien einen kausalen Einfluss auf die Sozial- und Wirtschaftspolitik haben und möglicherweise verantwortlich für einen Politikwechsel sind.

Ein erster Schritt in der Analyse kann darin bestehen, die Parteiprogrammatik danach zu analysieren, ob Parteien bestimmte Deutungen der Realität als politische Waffen zu nutzen versuchen, um bestehende institutionelle Arrangements abzulösen, bzw. Blaupausen für die Lösung bestimmter Probleme vorlegen und entsprechend eine Politikveränderung herbeiführen *wollen*. Insoweit können die von den Parteien in ihren Programmen vorgebrachten Ideen als Gleiskörper für die zukünftige Politikorientierung betrachtet werden (vgl. Blyth 2001; 2002).

In einem zweiten Schritt ist dann jeweils nach der bestehenden Vetospielerkonstellation zu fragen und deren möglicher Einfluss auf den Entscheidungsprozess sowie in inhaltlicher Dimension auf die erfolgten *Policy*-Veränderungen zu untersuchen. Schließlich ist herauszuarbeiten, ob und inwieweit es zu einer Neudefinition in der Zielsetzung bestimmter Politiken kommt. Nur bei einer Neudefinition der Zielsetzung *und* deren Umsetzung auf der Maßnahmenseite nach einem Machtwechsel kann man schließlich von einem intendierten und erfolgreichen Politikwechsel in substanzieller Hinsicht sprechen. An diesen Maßstäben wird nicht nur die Politik von Rot-Grün, sondern auch die Gültigkeit der Parteiendifferenztheorie empirisch zu messen sein.

7 Literatur

Alemann, Ulrich von/Heinze, Rolf G./Schmid, Josef, 1998: Parteien im Modernisierungsprozeß, in: Aus Politik und Zeitgeschichte B1-2/98: 29-36.

Birg, Herwig, 2003: Dynamik der demographischen Alterung, Bevölkerungsschrumpfung und Zuwanderung in Deutschland, in: Aus Politik und Zeitgeschichte B20/2003: 6-17.
Blyth, Mark, 2001: The Transformation of the Swedish Model. Economic Ideas, Distributional Conflict, and Institutional Change, in: World Politics 54, 1-26.
Blyth, Mark, 2002: Great Transformations – Economic Ideas and Institutional Change in the Twentieth Century, Cambridge.
Boix, Charles, 1998: Political Parties, Growth and Equality – Conservative and Social Democratic Economic Strategies in the World Economy, Cambridge.
Boswell, Jonathan, 1993: Catholicism, Christian Democrats and ‚Reformed Capitalism', in: Political Quarterly, 63: 48-65.
Castles, Francis G., 1994: On religion and public policy: Does Catholicism make a difference?, in: European Journal of Political Research 25, 19-40.
Deeg, Richard, 2001: Institutional Change and the Uses and Limits of Path Dependency: The Case of German Finance, MPIfG Discussion Paper 01/6, Köln.
Fukuyama, Francis, 1993: The End of History and the Last Man, New York.
Garrett, Geoffrey, 1998: Partisan Politics in the Global Economy, Cambridge.
Gohr, Antonia, 2002: Grüne Sozialpolitik in den 80er Jahren - Eine Herausforderung für die SPD. ZeS-Arbeitspapier Nr. 5/02, Zentrum für Sozialpolitik, Universität Bremen.
Gohr, Antonia, 2003: Was tun, wenn man die Regierungsmacht verloren hat? Die SPD-Sozialpolitik in den 80er Jahren. Universität Bremen, Promotionsschrift (Publikation bei Leske + Budrich in Vorbereitung).
Gorz, André, 1988: Abschied vom Proletariat, Frankfurt/M. [Original: 1980, Adieux au Prolétariat, übersetzt von Heinz Abosch].
Hall, Peter, 1993: Policy Paradigms, Social Learning, and the State. The Case of Economic Policymaking in Britain, in: Comparative Politics 25, 275-296.
Hall, Peter/Soskice, David, 2001: An Introduction to Varieties of Capitalism, in: dies. (Hrsg.) Varieties of Capitalism – The Institutional Foundations of Comparative Advantage, Oxford, 1-68.
Heinelt, Hubert, 1993: Policy und Politics. Überlegungen zum Verhältnis von Politikinhalten und Politikprozessen, in: Héritier (Hrsg.), 307-327.
Heinze, Rolf G., 1998: Die blockierte Gesellschaft, Wiesbaden.
Héritier, Adrienne (Hrsg.), 1993: Policy Analyse – Kritik und Neuorietierung, Opladen.
Hibbs, Douglas, 1977: Political Parties and Macroeconomic Policy, in: APSR 71, 1467-1487.
Huber, Evelyne/Stephens, John D., 2001: Development and Crisis of the Welfare State – Parties and Policies in Global Markets, Chicago.
Huber, John/Inglehart, Ronald, 1995: Expert Interpretations of Party Space and Party Locations in 42 Societies, in: Party Politics 1, 73-111.
Inglehart, Ronald, 1978: The Silent Revolution, Princeton.
Inglehart, Ronald, 1990: Culture Shift, Princeton.
Katz, Richard S./Mair, Peter, 1995: Changing Models of Party Oranization and Party Democracy – The Emergence of the Cartel Party, in: Party Politics 1, 5-28.
Kaufmann, Franz-Xaver, 1988: Christentum und Wohlfahrtsstaat, in: ZSR 34 (2), 65-89.
Kersbergen, Kees van, 1995: Social Capitalism – A study of Christian democracy and the welfare state, London.
Kersbergen, Kees van, 1999: Contemporary Christian Democracy and the Demise of the Politics of Mediation, in: Kitschelt, Herbert/Lange, Peter/Marks, Gary/Stephens, John D. (Hrsg.) Continuity and Change in Contemporary Capitalism, Cambridge, 346-370.
Kirchheimer, Otto, 1965: Der Wandel des westeuropäischen Parteiensystems, in: PVS 6, 20-41.
Kitschelt, Herbert, 1994: The Transformation of European Social Democracy, Cambridge.

Kitschelt, Herbert, 2001: Partisan Competition and Welfare State Retrenchment: When Do Politicians Choose Unpopular Policies?, in: *Paul Pierson* (Hrsg.), 265-305.

Kittel, Bernhard/Obinger, Herbert, 2002: Political Parties, Institutions, and the Dynamics of Social Expenditure in Times of Austerity, MPIfG Discussion Paper 02/1. Köln.

Klingemann, Hans-Dieter, 1999: Kontinuität und Veränderung des deutschen Parteiensystems, 1949-1998, in: *Kaase, Max/Schmid, Günther* (Hrsg.) Eine lernende Demokratie – 50 Jahre Bundesrepublik Deutschland, Berlin, 115-128.

Klingemann, Hans-Dieter/Hofferbert, Richard I./Budge, Ian, 1994: Parties, Policies, and Democracy, Boulder u.a.

Kropp, Sabine, 2002: Gerhard Schröder as ‚Consensus Chancellor'? The Impact of Institutions and Arenas on the Chancellor's Style of Governing. Paper prepared for the conference „Federal Elections in Germany 2002. The Red-Green Coalition after Four Years in Office", University of Minnesota, Minneapolis, September 26-29, 2002.

Lewis, Jane, 1992: Gender and the Development of Welfare Regimes, in: *Journal of European Social Policy*, 2: 159-173.

Lowi, Theodore, 1972: Four Systems of Policy, Politics and Choice, in: Public Administration Review 33, 298-309.

Majone, Giandomenico, 1989: Evidence, Argument, and Persuasion in the Policy Process, New Haven.

Müller, Walter, 1999: Class Cleavages in Party Preferences in Germany – Old and New, in: Evans, Geoffrey (Hrsg.) The End of Class Politics? Class Voting in Comparative Context, Oxford, 137-180.

Nullmeier, Frank, 1993: Wissen und Policy-Forschung. Wissenspolitologie und rhetorisch-dialektisches Handlungsmodell, in: *Héritier* (Hrsg.), 175-196.

Nullmeier, Frank/Saretzki, Thomas (Hrsg.), 2002: Jenseits des Regierungsalltags – Strategiefähigkeit politischer Parteien, Frankfurt/New York.

Offe, Claus, 1987: Democracy Against the Welfare State? Structural Foundations of Neoconservative Political Opportunities, in: Political Theory 15 (4), 501-537.

Pierson, Paul, 1996: The new politics of the welfare state, in: World Politics, 48 (2), 143-179.

Pierson, Paul, 2000: Increasing Returns, Path Dependence, and the Study of Politics, in: APSR 94, 251-267.

Pierson, Paul (Hrsg.), 2001a: The New Politics of the Welfare State, Oxford.

Pierson, Paul, 2001b: Coping with Permanent Austerity: Welfare State Restructuring in Affluent Democracies, in: ders. (Hrsg.), 410-456.

Scharpf, Fritz W., 1995: Subventionierte Niedriglohn-Beschäftigung statt bezahlter Arbeitslosigkeit? In: ZSR 41 (2), 65-82.

Scharpf, Fritz W., 1996: Negative and Positive Integration in the Political Economy of European Welfare States, in: Marks. Gary/Scharpf, Fritz W./Schmitter, Philippe C./Streeck, Wolfgang, Governance in the European Union, London, 15-39.

Schimank, Uwe, 2002: Theoretische Modelle sozialer Strukturdynamiken: Ein Gefüge von Generalisierungsniveaus, in: Mayntz, Renate (Hrsg.) Akteure, Mechanismen, Modelle. Zur Theoriefähigkeit makro-sozialer Analysen, Frankfurt/M., New York, 151-178.

Schmidt, Manfred G., 1985: Allerweltsparteien in Westeuropa? Ein Beitrag zu Kirchheimers These vom Wandel des westeuropäischen Parteiensystems, in: Leviathan 13, 376-397.

Schmidt, Manfred G., 2001: Parteien und Staatstätigkeit. ZeS-Arbeitspapier 2/2001, Zentrum für Sozialpolitik, Universität Bremen.

Scholz, Rupert, 1999. Das Bundesverfassungsgericht: Hüter der Verfassung oder Ersatzgesetzgeber?, in: Aus Politik und Zeitgeschichte B 16/99, S. 3-8.

Schwartz, Herman, o.J.: Down the Wrong Path: Path Dependence, Markets, and Increasing Returns, unveröffentlichtes Manuskript, University of Virginia, Charlottesville.

Seeleib-Kaiser, Martin, 1993: Amerikanische Sozialpolitik – Politische Diskussion und Entscheidungen der Reagan-Ära, Opladen.
Seeleib-Kaiser, Martin, 1994: Explaining the Welfare State: The Weakness of Traditional Theories, in: Amst 39, 597-610.
Seeleib-Kaiser, Martin, 1997: Der Wohlfahrtsstaat in der Globalisierungsfalle. Eine analytisch-konzeptionelle Annäherung, in: ZENS (Hrsg.) Standortrisiko Wohlfahrtsstaat?, Opladen, 73-106.
Seeleib-Kaiser, Martin, 2002: Neubeginn oder Ende der Sozialdemokratie? Eine Untersuchung zur programmatischen Reform sozialdemokratischer Parteien und ihrer Auswirkung auf die Parteiendifferenzthese, in: PVS 43, 478-496.
Shalev, Michael, 1983: The Social Democratic Model and Beyond: Two ‚Generations' of Comparative Research on the Welfare State, in: Comparative Social Research 6, 315-351.
Sinn, Hans-Werner, 2002: Wer keinen Nachwuchs hat, muss zahlen, in: Financial Times Deutschland, 29.12.2002 [http://www.ftd.de].
Stöss, Richard/Neugebauer, Gero, 2002: Mit einem blauen Auge davon gekommen – Eine Analyse der Bundestagswahl 2002. Arbeitshefte aus dem Otto-Stammer-Zentrum Nr. 7, Berlin.
Tsebelis, George, 2002: Veto Players – How Political Institutions Work, New York/Princeton.
Vobruba, Georg, 1990: Lohnarbeitszentrierte Sozialpolitik in der Krise der Lohnarbeit, in: *ders.* (Hg.), Strukturwandel der Sozialpolitik, Frankfurt/M., 11-80.
Vobruba, Georg, 2000: Alternativen zur Vollbeschäftigung, Frankfurt/M..
Vogel, Dita, 2003: Vom Brain-Drain zur Elternfrage, in: Blätter für deutsche und internationale Politik 1/03: 30-32.
Weaver, Kent, 1986: The Politics of Blame Avoidance, in: Journal of Public Policy 6: 371-398.
Wilensky, Harold L., 1975: The Welfare State and Equality – Structural and Ideological Roots of Public Expenditure, Berkeley.
Wilensky, Harold L., 2002: Rich Democracies. Political Economy, Public Policy, and Performance, Berkeley.

Making a difference. Die Konstruktion von Unterschieden. Kommentar zur Kernfrage

Georg Vobruba

1

„Making a difference" bedeutet: Etwas bewirken, das sich vom Zustand davor in entscheidenden Punkten unterscheidet. Im Deutschen gibt es keinen ähnlich kompakten Ausdruck. Die englische Redewendung zielt auf die intentionale Verursachung einer Wirkung, die sich in einem vorher-nachher-Vergleich als Unterschied feststellen lässt. Wer aber entscheidet, ob tatsächlich etwas bewirkt wurde? Und wie wird dies entschieden? Wie lässt sich ein Unterschied feststellen? Das ist die Kernfrage.

2

Machtwechsel in parlamentarischen Demokratien ergeben sich aus dem Wechsel der an einer Regierung beteiligten Parteien. Machtwechsel folgen institutionalisierten Regeln und lassen sich darum eindeutig feststellen. Politikwechsel sind weniger leicht feststellbar. Welche Möglichkeiten im Verhältnis von Machtwechsel und Politikwechsel sind denkbar? Eine Partei kann ihr Interesse an einem Machtwechsel – also: an Regierung(sbeteiligung) – mit oder ohne die Intention zu einem Politikwechsel verfolgen. Politische Intentionen lassen sich generell schwer empirisch erheben. Ob die SPD im Wahlkampf 1998 ihr Interesse an einem Machtwechsel mit der Intention zu einem Politikwechsel verband, ist nicht ganz klar. Der Wahlslogan „Wir wollen nicht alles anders, aber vieles besser machen" spricht jedenfalls für gebremste politische Veränderungsintentionen. Allerdings ist denkbar, dass nach einem politischen Machtwechsel ein nicht intendierter Politikwechsel stattfindet; sei es, weil sich rasch ändernde Rahmenbedingungen politische Kontinuität nicht zulassen, sei es, weil die an die Macht gelangten politischen Akteure zu politischer Kontinuität schlicht nicht fähig sind. Ich vermute, dass sich die aktuelle Entwicklung der außenpolitischen Position der Bundesrepublik Deutschland als Beispiel eines nicht intendierten Politikwandels untersuchen ließe, verfolge diese Möglichkeit hier aber nicht weiter.

Mit der Frage, ob der Machtwechsel von einer konservativ-liberalen Regierung zu einer sozialdemokratisch-grünen Regierung einen Politikwandel bewirkt hat, wird somit unterstellt, dass Regierungen Intentionen realisieren, also tatsächlich politisch gestaltend wirksam sein können. Das bedeutet, dass die Fragestellung erst einmal den Test durch die beiden Thesen „*markets matter*" und „*institutions* matter" – jedenfalls in ihren strengen Versionen – überstehen muss. Denn wenn zutreffen sollte, dass sich Versuche der Gesellschaftsgestaltung durch Politik gegen die Funktionszusammenhänge von Märkten und die Beharrungskräfte von Institutionen prinzipiell nicht durchsetzen, ist dieser Fragestellung die Grundlage entzogen. Wenn Politik nichts bewirkt, kann man die Wirkungen der Politik unterschiedlicher politischer Akteure oder in unterschiedlichen Zeiträumen nicht miteinander vergleichen. Diese Überlegung zeigt die für dieses Projekt – im Wortsinne – grundlegende Bedeutung der Diskussion der drei Hypothesen (vgl. Seeleib-Kaiser i.d.B.).

Unterschiede ergeben sich aus Vergleichen. Die Frage nach Ursachen von Unterschieden unterstellt, dass Konsens darüber besteht, was in welcher Hinsicht ein Unterschied ist. Das aber ist im Bereich der Sozialwelt und erst Recht auf dem Gebiet der Politik keineswegs selbstverständlich. Vergleiche in der Sozialwelt setzen die Definition der zu vergleichenden Phänomene und die Festlegung des relevanten Maßstabs voraus, an dem sich Unterschiede abbilden lassen. Bei vorher-nachher-Vergleichen kommt das Problem der Festsetzung des relevanten Zeitfensters der Beobachtung noch dazu. Definition der Vergleichsgegenstände, des Vergleichsmaßstabs und des Vergleichszeitraums: Ich fasse diese drei essenziellen Komponenten für die Feststellbarkeit eines Unterschiedes im Begriff der Vergleichsanordnung im vorher-nachher-Vergleich zusammen. Die Vergleichsanordnung ist somit ein Konstrukt, das je nach Beobachtungsperspektive und Interessenposition anders, wenn auch nicht beliebig, ausfallen kann.

3

Entscheidend für die Feststellung eines Unterschieds ist die Beobachtungsperspektive. Hier bieten sich für die Sozialwissenschaften zwei Forschungsstrategien an. Zum einen kann man eine „pragmatische Vergleichsstrategie" wählen und versuchen, sich innerhalb der Sozialwissenschaften auf bestimmte Festlegungen zu einigen. Tatsächlich findet der einschlägige sozialwissenschaftliche Diskurs – von einigen seiner Partizipanten möglicherweise unbemerkt – auf zwei Ebenen statt. Es geht explizit um Unterschiede, die in Vergleichen ermittelt werden, und es geht meist implizit um Auseinandersetzungen, welche Unterschiede relevante Unterschiede sind; also: im Rahmen welcher *Vergleichsanordnung* sie zu bestimmen sind. In diesem Sinne ist die Textproduktion der pragmatisch vergleichenden Politikwissenschaft ein innerwissenschaftlicher Aushandlungsprozess um einleuchtende Vergleichsanordnungen und eine Suchbewegung nach daraus resultierenden aufschlussreichen Unterschieden. Auf diesem Wege findet man immer wieder zu brauchbaren Lösungen. Nach wie vor scheinen Unterschiede zwischen Frauen und Männern, zwischen konservativen und sozialdemokratischen Parteien, zwischen dem US-amerikanischen und dem europäischen Beschäftigungsmodell als Ausgangspunkt für vergleichende Forschungen einigermaßen konsensfähig zu sein. Die Selbstverständlichkeit löst sich aber umso mehr auf, je genauer man nachfragt. Beispiele:

Erstens: In welcher Weise wird Geschlecht so konstruiert, dass sich daraus überhaupt Unterschiede ergeben? Ein relevanter Strang des feministischen Diskurses läuft ja gerade darauf hinaus, Geschlechterunterschiede unter Verweis auf ihren Konstruktionscharakter, somit auf die Künstlichkeit des *Vergleichsgegenstands*, in Frage zu stellen.

Zweitens: In Bezug auf welchen Maßstab sind Unterschiede zwischen konservativen und sozialdemokratischen Parteien erheblich? Einerseits wird in beiden großer Wert auf die Gemeinsamkeit gelegt, dass es sich um demokratische Parteien handelt. Andererseits betonen beide Unterschiede in ihrer Programmatik, Personalausstattung, Kompetenz, die sie als wählbare Alternativen erscheinen lassen (sollen). Es kommt also bei der Feststellung von Unterschieden auf die Festlegung des *Vergleichsmaßstabs* an.

Drittens: Welches Beschäftigungsmodell ist erfolgreicher, das US-amerikanische oder das europäische? Ganz abgesehen von der Frage der Vergleichbarkeit der Erhebungsmethoden beschäftigungsrelevanter Daten in den USA und in Europa hängt die Antwort auf diese Frage entscheidend davon ab, in welchem *Vergleichszeitraum* die Beschäftigungsentwicklung in den USA und in Europa beobachtet wird. Wie man weiß, mit dem Ergebnis: Je länger der gewählte Vergleichszeitraum, umso erfolgreicher ist Europa.

4

Von der Beobachtungsperspektive hängt ab, in welcher Weise die Vergleichsanordnung konstruiert wird, aus der die Feststellung eines Unterschiedes resultieren kann (vgl. Sartori 1991). Dies führt zur zweiten Forschungsstrategie. Ich schlage für sie die Bezeichnung „reflexive Vergleichsstrategie" vor. Dabei geht es nicht um innerwissenschaftliche Versuche, sich auf relevante Bestandteile einer Vergleichsanordnung zu verständigen. Vielmehr wird die Frage nach der Konstruktion der Vergleichsanordnung selbst als empirische Frage behandelt. Es geht also um die empirische Frage, wie Vergleichsgegenstand, Vergleichsmaßstab und Vergleichszeitraum von denen – implizit – festgelegt werden, die sich in der Praxis fragen, ob der

Machtwechsel von Schwarz-Gelb zu Rot-Grün „makes a difference". Es geht um die empirische Frage, in welcher Weise Vergleiche zwischen einer gegebenen Konstellation und der Konstellation davor in der Praxis angestellt werden und ob dies zur Feststellung von Unterschieden führt, die als relevant angesehen werden. Bei dieser zweiten Forschungsstrategie nehmen die Sozialwissenschaften also nicht eine einfache Beobachtungsperspektive ein, in der sie Unterschiede festzustellen versuchen. Hier geht es darum, dass die Sozialwissenschaften beobachten, in welcher Weise soziale Phänomene beobachtet werden, Vergleiche in der Praxis angestellt und Unterschiede in der Praxis festgestellt und beurteilt werden. Hier geht es also um die Beobachtung von Beobachtungen, um eine Beobachtungsperspektive zweiter Ordnung. Im Einzelnen bedeutet das, dass die Vergleichsanordnung – also: Vergleichsgegenstand, Vergleichsmaßstab und Vergleichszeitraum – nicht von den Sozialwissenschaften zu konstruieren, sondern als konstruierter sozialer Sachverhalt rekonstruierend zu erheben ist.

Dasselbe gilt für die Frage nach den Ursachen festgestellter Unterschiede. Denn die Frage nach einer Kausalbeziehung zwischen *politics*, *markets* und *institutions* einerseits und Unterschieden im *policy-output* andererseits ist nicht eindeutig entscheidbar, sondern selbst politischer Streitgegenstand. In der Praxis werden je nach Deutungsmuster und Interessenlage andere Kausalitäten unterlegt. Es ist im Sinn der Schuldvermeidungsthese (vgl. Weaver 1986) zu vermuten, dass Regierungsparteien in der Öffentlichkeit positiv bewertete *policy-outputs* mit ihren *politics*, negative bewertete dagegen mit *markets* (zum Beispiel „Globalisierung") und *institutions* (zum Beispiel „Bundesrat") in eine Kausalbeziehung bringen. Und es ist zu vermuten, dass Oppositionsparteien spiegelverkehrt vorgehen. Im Zentrum der Frage, ob der Machtwechsel die Ursache für Unterschiede in der Politik darstellt, steht also das Problem, dass die Unterschiede und ihre Ursachen Konstrukte der politischen Praxis sind. Diesem Problem kann man nicht ausweichen, indem man sich mit Korrelationen an Stelle von Kausalität zufrieden gibt. Denn vorher-nachher-Vergleiche bedeuten prinzipiell zwingend eine Festlegung auf zwei Vergleichsfälle. Da bei vorher-nachher-Vergleichen in den Sozialwissenschaften die Anzahl an Variablen stets bei weitem die Zahl der Fälle übersteigt (vgl. Lijphart 1971), müssen sie als intensive Fallstudien durchgeführt werden. Dies ist angesichts der komplizierten Zweiebenenstruktur der Beobachtung ein Vorteil, da es vor unangemessenen Anwendungen quantitativ vergleichender Methoden und ihren Trivialisierungseffekten schützt und spezifische Erkenntnischancen eröffnet (vgl. Nissen 1998).

Mit der Übernahme einer Beobachtungsperspektive zweiter Ordnung (vgl. Luhmann 1999)[1] verzichten die Sozialwissenschaften einerseits auf Fragestellungen,

---

[1] Allerdings hält die Theorie autopoietischer Systeme die Beobachtungsperspektive zweiter Ordnung nicht konsequent durch: Gerade die entscheidenden Unterschiede, die so ge-

andererseits erschließen sie neue Fragen. Man verzichtet darauf, Unterschiede und deren Relevanz mit dem Anspruch auf Verbindlichkeit festzustellen. Beispielsweise ist die Frage, ob zwischen der SED und der PDS „wirklich" ein Unterschied besteht, oder aber ob es sich, einem politischen Kalauer folgend, um *praktisch das Selbe* handelt, aus der sozialwissenschaftlichen Beobachtungsperspektive zweiter Ordnung nicht beantwortbar, weil sie sich gar nicht sinnvoll stellen lässt. Dafür erschließt sich eine Fülle an neuen, fruchtbaren Fragestellungen, weil erst aus der Beobachtungsperspektive zweiter Ordnung danach gefragt werden kann, in welcher Weise in der Praxis Vergleiche zwischen SED und PDS angestellt werden, auf welche Merkmale es den Vergleichenden dabei ankommt, welchen Maßstab sie anlegen, zu welchen Ergebnissen dies führt und was daraus folgt.

5

Was bedeutet das für die Frage, ob der Machtwechsel zu Rot-Grün „makes a difference"? Wie lässt sie sich mit Aussicht auf Ertrag stellen? Welche Fragemöglichkeiten lassen sich aus der Beobachtungsperspektive zweiter Ordnung erschließen? Ich gehe die Vergleichsanordnung kurz durch.

Der Vergleichsgegenstand ist zwar institutionell vorgegeben. CDU und SPD gibt es als abgrenzbare und voneinander unterscheidbare soziale Phänomene tatsächlich: Sie haben jeweils eigene bürokratische Apparate, Parteizentralen, Parteilogos, stehen getrennt und klar identifizierbar auf Wahlzetteln. Jenseits solcher institutionellen Unterschiede aber wird es rasch schwieriger. Selbstverständlich lassen sich unterschiedliche Regierungskoalitionen voneinander institutionell unterscheiden. Die klare Distinktion, die durch den Regierungswechsel („Machtwechsel") institutionell hergestellt wird, ist ja eine stabile Grundlage für die Fragestellung des Bandes. Aber: Werden den aufeinander folgenden Koalitionen relevante Unterschiede in ihrer politischen Substanz zugeschrieben? Oder werden die Unterschiede eher quer zu ihnen liegend gesehen? Oder herrscht die Auffassung, dass es heute keine realisierbaren politischen Alternativen, also auch keine Unterschiede mehr gibt?

Dies weist auf den Vergleichsmaßstab, der zwecks Feststellbarkeit von Unterschieden angelegt wird. Die Selbstbeschreibungen unterschiedlicher Regierungskoalitionen sind selbstverständlich – in einem gewissen Rahmen – auf die Betonung von Unterschieden hin angelegt. Aber: An welchem Maßstab messen sie sich? Und an welchem Maßstab werden sie gemessen? Entsprechen die Erfolgsmaßstäbe der politischen Akteure den Erfolgserwartungen der Leute? Wir haben es hier mit kom-

---

nannten „Leitdifferenzen", werden vorausgesetzt und nicht mittels Beobachtungen zweiter Ordnung erhoben.

plizierten Wechselwirkungen von politischen Programmatiken, Versprechen und Selbstverpflichtungen einerseits und an die Politik adressierten Ansprüchen, Erwartungen, Interessen andererseits zu tun.

Schließlich der Vergleichszeitraum. Soziale Phänomene im Allgemeinen und Politik im Besonderen manifestieren sich in der Zeit. Da somit die Zeitdimension den Gegenstand des Vergleichs mit konstituiert, spielt sie für die Feststellung von Unterschieden eine entscheidende Rolle. Das gilt erst recht, wenn Politik im Rahmen einer Verzichts-Ertrags-Logik gedacht wird: Inkaufnahme kurzfristiger individueller Nachteile im Interesse des langfristigen kollektiven Vorteils. Vor dem Hintergrund dieser Deutung evoziert der politische Vorwurf ausbleibender Erfolge das erwartbare Gegenargument, dass, nach „schmerzhaften, aber erforderlichen Reformen", der Erfolg erst kommen werde; dass also die Frage, ob eine Regierungskoalition „makes a difference" (und zwar eine erwünschte) zu früh gestellt sei. In der Praxis des politischen Wettbewerbs schließen daran Versuche, die Vergleichsanordnung so zu konstruieren, dass das Zeitfenster der Beobachtung erweitert wird. Um nichts anderes geht es, wenn eine Regierungspartei um ihre Wiederwahl mit dem Argument wirbt, sie brauche Zeit, um die bis dato zur Hälfte realisierten politischen Vorhaben in einer zweiten Legislaturperiode zu vervollständigen. Denn erst dann könne sich der ganze Erfolg einstellen. Bei der Frage des Zuschnitts des Vergleichszeitraums geht es aus der Perspektive der politischen Akteure zugleich um einen ausreichenden Zeithorizont als Erfolgsbedingung ihrer Politik: Welche Akteure erachten welche Zeitspanne als den für den vorher-nachher-Vergleich relevanten Vergleichszeitraum? In welchem Verhältnis zueinander stehen die Zeithorizonte, in denen politische Projekte einer Regierungskoalition angelegt sind, zu institutionell definierten Zeithorizonten (Legislaturperioden) und zu den Zeithorizonten des politischen Publikums (vgl. Vobruba 2003)?

6

Diese kurze Überlegung zeigt zweierlei.

Erstens: Es geht nicht darum, die in der Praxis vorfindbare Vergleichsanordnung durch eine sozialwissenschaftlich ausgewiesene zu ersetzen, also zu dekretieren, auf welche Unterschiede es „wirklich" ankommt. Da mit der konkreten Fassung der drei Bestandteile der Vergleichsanordnung, nämlich Vergleichsgegenstand, Vergleichsmaßstab und Vergleichszeitraum, über die Feststellung eines von Politik bewirkten Unterschieds (im Sinne von Erfolg und Misserfolg) vorentschieden wird, ist die Konstruktion der Vergleichsanordnung selbst politisch umkämpft. Jeder sozialwissenschaftliche Versuch, die öffentlichen Deutungskämpfe um eine angemessene Vergleichkonstellation objektiv zu entscheiden, führt zu keinem Ergebnis, sondern zieht die Sozialwissenschaften in diese Deutungskämpfe hinein (vgl. allgemein dazu Vobruba 1991: 103ff.).

Zweitens. Es wird deutlich, dass die Konstruktion der Vergleichsanordnung durchaus harten Vorgaben folgt, dass Konstruktivität also keineswegs mit Beliebigkeit gleichzusetzen ist. Die Feststellung von Unterschieden zwischen Politik in der Zeit vor und nach dem Regierungswechsel erfolgt in interessendominierten Deutungskämpfen im Rahmen harter institutioneller Vorgaben. Nicht die Sozialwissenschaften konstruieren die Vergleichanordnungen und die daraus resultierenden Unterschiede. Die Sozialwissenschaften beobachten und rekonstruieren solche Konstruktionen und Unterschiede.

Der Vorteil bei diesem Vorgehen ist, dass man nicht erfährt, was Sozialwissenschaftler von CDU und SPD, alter und neuer Regierung samt den Folgen halten, sondern dass Sozialwissenschaftler erfahren können, was in ihrem Untersuchungsfeld von diesen Parteien, dem Machtwechsel und seinen Folgen gehalten wird.

7

Freilich sind die Beobachtungsperspektiven erster und zweiter Ordnung miteinander verschränkt. Darum stellen die beiden Forschungsstrategien, die „pragmatische" und die „reflexive", keine strengen Alternativen dar. Beobachtungen erster Ordnung sind mindestens in zweierlei Hinsicht erforderlich und nützlich, um Beobachtungsmöglichkeiten zweiter Ordnung zu erschließen. Zum einen strukturieren sie das Feld der Beobachtungen zweiter Ordnung: Wenn man methodisch kontrolliert erheben will, in welcher Weise in der Praxis Vergleiche angestellt und Unterschiede festgestellt werden, braucht man (begriffliche) Orientierung in einem unübersichtlichen Untersuchungsfeld. Also kann man viele sozialwissenschaftlich angestellte Vergleiche und die dabei festgestellten Unterschiede als heuristische Muster nehmen, an denen Beobachtungen zweiter Ordnung orientiert werden können. Und zum anderen stellen sozialwissenschaftlich angestellte Vergleiche und sich daraus ergebende Feststellungen von Unterschieden selbst ein empirisches Datum dar: Zu den Vergleichen und Feststellungen von Unterschieden, die in der Beobachtungsperspektive zweiter Ordnung zum Gegenstand der Forschung werden, zählen ja auch jene aus der „wissenschaftlichen Praxis" von Sozialwissenschaftlern. Daran lässt sich die Konsequenz anschließen, dass Sozialwissenschaften sich selbst in ihrem Untersuchungsgegenstand begegnen, da die Möglichkeit nie auszuschließen ist, dass sozialwissenschaftliche Interpretationen alltagspraktische Deutungen beeinflussen. Darum: reflexive Vergleichsstrategie.

Allerdings sollten die Sozialwissenschaften diese ihre „wissenschaftliche Praxis" nicht mit den Vorgängen verwechseln, die in ihrem Untersuchungsgegenstand stattfinden. Diese Forderung nach (sozial)wissenschaftlicher Distanz zum Untersuchungsgegenstand ist ein Gebot des sozialwissenschaftlichen Realismus und damit letztlich auch der praktischen Relevanz: Wenn man wissen will, welche politischen Dynamiken sich aus der Einschätzung ergeben können, ob eine Regierung tatsächlich „makes a difference" oder nicht; wenn man Anhaltspunkte dafür haben will, ob eine Regierung Erfolg und Wiederwahlchancen haben wird; wenn man verstehen will, warum bestimmte Politikangebote auf öffentliche Resonanz stoßen und andere nicht – wenn man derlei wissen will, dann sollte man danach fragen, wie jene die Dinge einschätzen, Vergleiche anstellen, Unterschiede wahrnehmen, auf die es ankommt: die Leute.

Wenn Sozialwissenschaftler all das wissen wollen, müssen sie freilich entsprechend fragen und sich die Fragemöglichkeiten nicht dadurch verbauen, dass sie Vergleiche ersatzweise anstellen und die Unterschiede, die sie dabei eruieren, für empirische Ergebnisse halten.

8   Literatur

Lijphart, Arend, 1971: Comparative Politics and the Comparative Method, in: American Political Science Review 65: 682-693.
Luhmann, Niklas, 1999: Die Gesellschaft der Gesellschaft, Frankfurt a.M.
Nissen, Sylke 1998: The Case of Case Studies: On the Methodological Discussion in Comparative Political Science, in: Quality & Quantity 32: 399-418.
Sartori, Giovanni, 1991: Comparing and Miscomparing, in: Journal of Theoretical Politics 3: 243-257.
Vobruba, Georg, 2003: Die sozialpolitische Selbstermöglichung von Politik, in: Nassehi, Armini/Schroer, Markus (Hg.), Der Begriff des Politischen. Sonderband der Sozialen Welt. Baden-Baden.
Vobruba, Georg, 1991: Jenseits der sozialen Fragen. Frankfurt a.M.
Weaver, Kent, 1986: The Politics of Blaime Avoidance, in: Journal of Public Policy 6: 371-39

Auf dem „dritten Weg" in den „aktivierenden Sozialstaat"?
Programmatische Ziele von Rot-Grün

Antonia Gohr

1 Einleitung

Bereits in den 1980er Jahren hatten führende Sozialdemokraten eine grundlegende Reform vor allem der sozialpolitischen Programmatik gefordert. So riet der Sozialdemokrat Heinz Rapp seiner Partei „[...] zu einem kräftigen Schluck Schumpeter und zu etwas weniger Keynes [...]" (Rapp 1984: 42). Peter Glotz forderte gar eine neue Theorie sozialdemokratischer Sozialpolitik (Glotz 1982: 6) und mahnte, die Linke müsse sich dazu aufraffen, „Vorstand in ihrer Gesellschaft werden zu wollen, nicht nur Betriebsrat" (Glotz 1992: 91).

Manchen Beobachtern zufolge hat ein solcher Wandel sozialdemokratischer Programmatik inzwischen stattgefunden. Die SPD habe eine „konservative Transformation" (Borchert 1995) vollzogen, sich das Konzept des „aktivierenden Sozialstaats" zu eigen gemacht und damit seit Mitte der letzten Legislaturperiode einen Paradigmenwechsel vollzogen. Andere Beobachter konstatieren, dass vor allem die sozialdemokratische Programmatik ihren traditionellen Leitbildern treu geblieben sei. Die rot-grüne Sozialpolitik habe insbesondere die klassische sozialdemokratische Klientel bedient (Schmidt 2003). Diese Politik sei durchaus zu erwarten gewesen, denn schließlich hatte die SPD (und auch die Grünen) die Sozial- und Wirtschaftspolitik der Regierung Kohl aus der Opposition heraus scharf kritisiert (Gohr 2001; 2003). Diese Interpretation bestätigt sowohl die Annahmen der Parteiendifferenzthese (vgl. Hibbs 1977; Rose 1984), derzufolge in der Regel Machtwechseln auch Politikwechsel folgen, als auch die Mandatetheorie, die davon ausgeht, dass Parteien in Regierungsverantwortung ihre Wahlversprechen und programmatischen Ankündigungen weitestgehend umsetzen (Klingemann/Volkens 1997; Klingemann u.a. 1994; Hofferbert/Klingemann 1990).

Vor allem sozialdemokratischen Parteien wurde in der Parteienforschung ein hohes Innovationspotential unterstellt. So bezeichnete Kaltefleiter die SPD als *die*

Veränderungspartei im deutschen Parteiensystem (Kaltefleiter 1983: 12).[1] Auch gehört der Fortschritts- und Innovationsgedanke zum Selbstverständnis der Sozialdemokratie. Andererseits birgt eine Neuorientierung auf dem Feld der Sozial- und Wirtschaftspolitik für die Sozialdemokratie durchaus Gefahren. Denn die traditionellen sozialdemokratischen Leitwerte sind nach wie vor bei Partei, Gewerkschaften und Anhängern tief verwurzelt. Jede weitreichende programmatische Veränderung auf diesem Feld würde langwierige Debatten und Flügelkämpfe nach sich ziehen. Auf die Risiken, die ein programmatischer Wandel für Parteien mit sich bringen kann, verweist Wilson:

> Programs and party doctrine are laden with symbolic values that make their modification costly in terms of both the length of internal party debates and the likelihood of offending party loyalists and activists by upsetting the delicate balance of the previous doctrinal or programmatic statement (Wilson 1994: 271).

Überdies können traditionelle sozialpolitische Leitideen – vor allem der zentrale Stellenwert der Erwerbsarbeit und die Bindung an die Gewerkschaften – insbesondere auf dem Feld der Sozialpolitik die Innovationsbereitschaft von aus der Arbeiterbewegung hervorgegangenen Parteien hemmen. So argumentiert Vobruba:

> Von einer ‚Arbeiterklasse' sind Impulse zur Weiterentwicklung des Systems sozialer Sicherung kaum zu erwarten: Sind es doch gerade Verwerfungen innerhalb dieses Typus kollektiver Akteure, welche lohnarbeitszentrierte Sozialpolitik prekär machen (Vobruba 1990: 73).

Der vorliegende Beitrag untersucht auf der Grundlage von Wahlprogrammen und programmatischen Dokumenten, ob es trotz dieser Vorbehalte zu einem Wandel rotgrüner Programmatik gekommen ist. Da die Sozialpolitik insbesondere für die SPD ein zentrales Politikfeld darstellt, wird der Schwerpunkt auf die sozialdemokratische Programmatik gelegt. Dabei stehen folgende Fragen im Mittelpunkt: Sind die programmatischen Äußerungen von Rot-Grün eher durch Kontinuität oder eher durch Wandel gekennzeichnet? Falls Wandel feststellbar ist, welche Richtung kennzeichnet ihn; lässt sich die Entwicklung sozialdemokratischer Programmatik als „konservative Transformation" beschreiben, weist sie Parallelen zur christdemokratischen Programmatik auf oder ist die SPD ihren traditionellen Leitbildern treu geblieben? Welches sind die Gründe für Kontinuität oder Wandel? Die „Vergleichsfolie" ist damit einerseits die eigene Programmatik im Zeitvergleich; andererseits werden Kontinuität und Wandel auch in Bezug auf die christliberale Vorgängerregierung beleuchtet.

---

[1] Gegenüber den den Status quo verteidigenden Konservativen galten die sozialdemokratischen Parteien als „geborene" Innovationsparteien (vgl. Lehmbruch 1998: 21 f.; Borchert 1995: 341).

2 Rot-grüne Programmatik zwischen Kontinuität und Wandel

Programme beschreiben die Auffassung der Partei vom gesellschaftlich Richtigen; sie dienen der Selbstvergewisserung und haben die Funktion, divergierende parteiinterne Positionen zu integrieren und auseinander strebende Parteiflügel einzubinden (SPD 1994: 5). Da Parteiprogramme immer auch dazu beitragen sollen, Wähler zu halten oder zu gewinnen, dienen sie ferner dem Ziel der Machtgewinnung (Raschke 1970: 8). Parteiprogramme haben vor allem in der Geschichte der deutschen Sozialdemokratie stets eine besondere Rolle gespielt. Sie gilt als Programmpartei und betrachtet sich auch selbst als solche (SPD 1995: 5; SPD 1994: 5). Die Partei kann auf eine lange Tradition von Grundsatzprogrammen und zahlreiche Sofort-, Aktions- und Wahlprogramme zurückblicken. Ein Grund für diesen hohen Stellenwert von Parteiprogrammen ist der gesellschaftsverändernde Anspruch sozialdemokratischer Politik (SPD 1995: 5).

Welche Parteien hierzulande regieren, macht – so eine weitverbreitete Meinung – kaum einen Unterschied, da sich die beiden großen Volksparteien auf vielen Politikfeldern einander angenähert hätten.[2] Die Empirie widerspricht dieser landläufigen Auffassung. So hat die Forschung über Wahlplattformen im internationalen Vergleich gezeigt, dass es deutliche Unterschiede in den Wahlprogrammen konkurrierender Parteien gibt und diese Unterschiede auch umgesetzt werden (Klingemann/Volkens 1997; Klingemann u.a. 1994; Hofferbert/Klingemann 1990; Rölle 2000). Programme sind „Richtschnur parlamentarischen Handelns" (Rölle 2000). Bei der Frage, ob nach dem Amtsantritt der rot-grünen Koalition eher Kontinuität oder Wandel die Politik bestimmte, lohnt sich daher ein Blick auf die Programmatik der Regierungsparteien.

2.1 Sozialpolitische Leitideen

Bevor in Programmatik und Diskursen Kontinuitäten oder Diskontinuitäten festgestellt werden können, bedarf es einer Identifizierung der jeweiligen Leitlinien.

Die zentralen sozialdemokratischen Leitideen waren und sind die bereits im Godesberger Programm festgeschriebenen und an die politische Wertetrias der Französischen Revolution angelehnten Grundwerte Freiheit, Gerechtigkeit und Solidarität. Weitere wichtige Ansatzpunkte und Voraussetzungen sozialpolitischer SPD-Konzeptionen sind Arbeit, Wachstum und die Rolle des Staates (vgl. Gohr 2003).

Freiheit kann es für die Sozialdemokratie nur auf der Basis wirtschaftlicher Sicherung geben; sie bedarf einer materiellen Grundlage. Der Sozialstaat ist damit eine

---

[2] Vgl. hierzu auch die These Kirchheimers, der zufolge die programmatischen Unterschiede zwischen den Parteien verblassen und konturlose Allerweltsparteien entstehen (vgl. Kirchheimer 1957; 1965).

Vorbedingung individueller Freiheit. Er soll nicht nur individuelle Sicherheit gewährleisten, indem er vor den sozialen Folgen der immer wiederkehrenden Krisen kapitalistischer Produktion schützt, sondern auch universelle gesellschaftliche Gleichheit realisieren. Gleichheit und Gerechtigkeit waren stets zentrale Anliegen sozialdemokratischer Sozialpolitik. Im Berliner Grundsatzprogramm der SPD von 1989 wird Gleichheit als Vorbedingung von Gerechtigkeit verstanden: „Gerechtigkeit erfordert mehr Gleichheit in der Verteilung von Einkommen, Eigentum und Macht, aber auch im Zugang zu Bildung, Ausbildung und Kultur" (SPD 1995: 178). Solidarität ist dabei die moralische Grundlage des Sozialstaats. „Wer in Not gerät, muß sich auf die Solidarität der Gesellschaft verlassen können" (ebd.).

Im Zentrum sozialdemokratischer (Sozial-)Politik stand stets die Arbeitsgesellschaft. Die Erwerbsarbeit war und ist für die SPD gesellschaftliche und sozialstaatliche Ausgangsprämisse. Das Vollbeschäftigungsziel stellt daher eine Kontinuitätslinie sozialdemokratischer Programmatik dar. Zentrales Anliegen war außerdem der Schutz der Arbeitskraft vor dem Markt. Sozialpolitisches Ziel war deshalb eine möglichst weitgehende Dekommodifizierung, also eine Aufhebung des Warencharakters der Arbeitskraft (vgl. Esping-Andersen 1990).

Das „sozialdemokratische Modell" verknüpfte stets wirtschaftliche Expansion mit sozialstaatlicher Kompensation. Angestrebt wurde eine möglichst breite wohlfahrtsstaatliche Inklusion. Die traditionelle Reformstrategie beruhte auf einer quantitativen Mittelausweitung und Leistungsverbesserung. „Legitimation durch Distribution" (Borchert 1995: 340) war eine für den sozialdemokratischen Politikmodus entscheidende Formel.

Möglich gemacht werden sollten die sozialpolitischen Ziele der Sozialdemokratie durch einen staatlich verbürgten Wachstumspfad. Die Hoffnung auf die reformpolitische Nutzbarkeit von ökonomischer Prosperität zieht sich durchgängig durch die sozialdemokratische Programmatik. „Ohne Wachstum gibt es keine sozialdemokratische Gesellschaft. [...] Alle Institutionen der sozialdemokratischen Gesellschaft sind um Wirtschaftswachstum herum aufgebaut" (Dahrendorf 1983: 18).[3] Staatlicher Interventionismus sollte daher nicht nur für sozialen Ausgleich sorgen, sondern das Ziel der volkswirtschaftlichen Effizienz mit dem der sozialen Gerechtigkeit „innerhalb des kapitalistischen Systems [...] versöhnen" (vgl. Seeleib-Kaiser 2002: 482).[4]

---

[3] An der Wachstumsorientierung des sozialpolitischen Konzepts seiner Partei ließ Walter Arendt, der erste sozialdemokratische Arbeits- und Sozialminister der Nachkriegszeit, keinen Zweifel: „Wirtschaftswachstum ist eine unerläßliche Grundvoraussetzung der Sozialpolitik" (Arendt 1972: 139).

[4] Für die Sozialdemokratie war es lange ein Dilemma, dass der sozialpolitische Handlungsspielraum stets von der Hochkonjunktur der kapitalistischen Ordnung abhing (vgl. Heimann 1929: 215; Strasser 1978: 119-122). Eduard Heimann hat dies als revolutionärkonservativen Doppelcharakter der Sozialpolitik beschrieben, da sie einerseits durch die Verwirklichung der sozialen Idee innerhalb des Kapitalismus dessen Fortbestand sichere,

Der Staat war für Sozialdemokraten stets „wesentlicher Träger sozialer Verantwortung und Garant sozialer Gerechtigkeit" (SPD 1986: 16). Bevorzugte Steuerungsinstrumente der Sozialdemokratie waren keynesianische Vollbeschäftigungspolitik, staatliche Intervention zur Absicherung sozialer Risiken und Redistribution durch Steuersystem und sozialstaatliche Transfers sowie die Regulierung der Marktkräfte (Seeleib-Kaiser 2002: 482).

Zwar scheint die Sozialpolitik anders als die Umweltpolitik nicht zum originär grünen Terrain zu gehören, dennoch entwickelten die Grünen in den 1980er Jahren eigene sozialpolitische Leitideen und Konzepte. Mit Forderungen nach Dezentralisierung, Entbürokratisierung, der Stärkung von Selbsthilfe und Selbstverwaltung sowie der Gleichberechtigung beider Geschlechter in der Sozialpolitik brachten sie frischen Wind in die sozialpolitischen Debatten (vgl. Gohr 2002). Neben dem Rückbau sozialstaatlicher Versorgungsstrukturen einerseits und ihrer bloßen Aufrechterhaltung andererseits war grüne Sozialpolitik bestrebt, eine dritte Möglichkeit zu entwerfen. Dabei waren zwei Grundoptionen kennzeichnend (Projektgruppe Grüner Morgentau 1986: 328):

- Erstens wurde im Bereich der Transferleistungen eine garantierte Mindestausstattung gefordert, wofür die Grundsicherungsmodelle der Grünen stehen.
- Bei den Dienstleistungen favorisierten die Grünen zweitens eine Laisierung, indem sie privaten und/oder gesellschaftlichen (nichtstaatlichen) Initiativen den Vorrang geben wollten. Dieses Ziel manifestierte sich in der Idee der dezentralen „kleinen Netze" und Selbsthilfeinitiativen.

Die grünen Konzepte wurden nicht zuletzt in Opposition zu sozialdemokratischer Programmatik definiert. Die grüne Sozialstaatskritik an Wachstumsorientierung, Zentralisierung und staatlichen Verteilungsbürokratien war vor allem eine Kritik am sozialdemokratischen Modell und stellte eine Herausforderung für die SPD dar (vgl. Gohr 2002).[5]

2.2 Traditionsbewahrung und Aufbruch – Programmatische Ankündigungen seit 1998

Ein zentrales programmatisches Anliegen war die Rücknahme der aus der Opposition heraus scharf kritisierten Deregulierungsmaßnahmen der Vorgängerregierung. So

---

andererseits durch den Einbau fremder Ideen immer einen Teilabbau des Systems betreibe (Heimann 1929: 135 f., 211; vgl. auch Offe 1986: 129).

[5] Es gab allerdings auch Gemeinsamkeiten. So stellten die Finanzierungsprobleme der Sozialversicherungen für die Sozialdemokraten und für die Grünen eher ein Einnahmen- denn ein Ausgabenproblem dar. Ihre Reformansätze sahen daher stets eine Verbreiterung des Versichertenkreises, erhöhte Zuschüsse aus Steuermitteln, die Anhebung der Beitragsbemessungsgrenzen sowie die Einforderung von Solidarität der wirtschaftlich Bessergestellten vor.

kündigte die SPD in ihrem Wahlprogramm zur Bundestagswahl 1998 unter anderem an,
- den Missbrauch der 620 Mark/520 Mark-Jobs zu stoppen;
- Scheinselbständigkeit zu bekämpfen (SPD 1998: 11);
- Kürzungsmaßnahmen der christliberalen Koalition bezüglich Kündigungsschutz, Schlechtwettergeld und Lohnfortzahlung im Krankheitsfall zurückzunehmen (SPD 1998: 11)[6] sowie
- den § 146 Sozialgesetzbuch III (früher § 116 Arbeitsförderungsgesetz) neu zu fassen, um die Chancengleichheit der Tarifvertragsparteien zu sichern.[7]

Damit befand sich die SPD in Übereinstimmung mit traditionellen Leitlinien und Positionen, die sie stets während der Oppositionszeit vertreten hatte (vgl. Gohr 2003). Auch die Ankündigung der Wiederbelebung eines Bündnisses für Arbeit (SPD 1998: 5) und eines Ausbaus der Mitbestimmung auf nationaler und europäischer Ebene (SPD 1998: 11) war eine Anknüpfung an sozialdemokratische Traditionen – genauso wie die redistributive Forderung nach einer Wiedereinführung der Vermögensteuer (SPD 1998: 14).[8] Bei dem wichtigsten Ziel einer künftigen sozialdemokratisch geführten Regierung – der Reduzierung der Arbeitslosigkeit – wurde programmatisch in weiten Teilen ebenfalls auf Traditionsbestände zurückgegriffen: Durch eine Umverteilung der Erwerbsarbeit mittels einer umfassenden Arbeitszeitverkürzung und eines Abbaus von Überstunden wollten sowohl SPD als auch Grüne eine Verringerung der Arbeitslosigkeit erreichen (SPD 1998: 9; Bündnis 90/Die Grünen 1998: 24 f). Für beide Parteien war dies eine bereits seit den 1980er Jahren erhobene Forderung. Außerdem bauten beide Parteien auf den „2. Arbeitsmarkt" als Übergangsarbeitsmarkt (SPD 1998: 17; Bündnis 90/Die Grünen 1998: 25 f.).

Auf dem Feld der Arbeitsmarkt- und Beschäftigungspolitik setzten SPD und Grüne auf stärkere staatliche Sanktionen und Anreize: Die Grünen schlugen ein Bonus-Malus-Modell vor, um eine Arbeitszeitverkürzung zu forcieren (Bündnis

---

[6] Im Rahmen des am 13.9.1996 verabschiedeten sogenannten „Sparpakets" („Programm für mehr Wachstum und Beschäftigung") waren diese umfassenden Kürzungen von der christliberalen Koalition vorgenommen worden. Insbesondere die Beschränkung der Lohnfortzahlung im Krankheitsfall war seinerzeit für die Gewerkschaften der Anlass zum Ausstieg aus dem „Bündnis für Arbeit" gewesen.

[7] Um den § 116 AFG hatte es in den Jahren 1985 und 1986 scharfe Auseinandersetzungen zwischen Regierung und Opposition gegeben. Die christliberale Koalition hatte gegen den erbitterten Widerstand von Opposition und Gewerkschaften mit dem „Gesetz zur Sicherung der Neutralität der Bundesanstalt für Arbeit bei Arbeitskämpfen" die Zahlung von Lohnersatzleistungen an bei Arbeitskämpfen mittelbar betroffene Beschäftigte („kalt Ausgesperrte") eingeschränkt. Die Grünen wollten genauso wie die SPD die „Erosion gewerkschaftlicher Vertretungsmacht rückgängig machen" (Bündnis 90/Die Grünen 1998: 29).

[8] All dies wollten auch die Grünen (Bündnis 90/Die Grünen 1998: 24, 29, 34).

Auf dem „dritten Weg" in den „aktivierenden Sozialstaat"? 43

90/Die Grünen 1998: 25).[9] Die SPD forderte Lohnkostenzuschüsse und Einarbeitungshilfen für Betriebe, die Arbeitslose einstellen (SPD 1998: 11), und erwog einen Leistungsausgleich zwischen ausbildenden und nicht ausbildenden Betrieben (SPD 1998: 27).

Weite Teile dieser Programmaussagen entsprachen traditionellen sozialdemokratischen, aber auch grünen Forderungen und gewerkschaftlichen Erwartungen.[10] Dies konnte insbesondere bei einer Partei wie der SPD, die sich stets als „Arbeitnehmerflügel der deutschen Gesellschaft"[11] betrachtete, kaum verwundern. Aber neben diesen Kontinuitätslinien sind auch bemerkenswerte Neuerungen feststellbar, die keineswegs einer typischen Klientelpolitik entsprechen. So wird kreditfinanzierten Konjunkturprogrammen eine klare Absage erteilt, da es keinerlei Spielraum für eine solche Politik gebe (SPD 1998: 15). Dies stellt eine klare Abkehr von der traditionellen sozialdemokratischen – keynesianisch orientierten – Strategie der Nachfragestimulierung mit Hilfe einer defizitfinanzierten Haushaltspolitik dar.

Atypische Beschäftigungsverhältnisse werden nicht mehr nur als Gefahr, sondern auch als Chance begriffen (siehe Rose i.d.B.). So werden Leiharbeit, befristete Arbeitsverhältnisse, Zeitarbeit, Telearbeit und Jobrotation akzeptiert und die Förderung von Teilzeitarbeit sowie die Einführung von Kombilohnmodellen propagiert (SPD 1998: 9, 12, 19; SPD 2002: 24 f.). Zwar sollen diese Arbeitsverhältnisse klar normiert und sozial abgesichert werden (SPD 2002: 25), dennoch ist diese Neuorientierung bemerkenswert, hatte die SPD doch noch Ende der 80er Jahre jedes Abrücken vom „Normalarbeitsverhältnis" und vom Kampf um das Recht auf einen bezahlten Vollzeitarbeitsplatz abgelehnt (vgl. Gohr 2003).

In der Rentenpolitik wird eine stärkere Rolle privater Risikoabsicherung (SPD 1998: 19) und eine Verlängerung der Lebensarbeit gefordert (SPD 1998: 20; SPD 2002: 49); letzteres hatte die SPD in den 1980er Jahren aus beschäftigungspolitischen Gründen abgelehnt.[12] Im Bereich der sozialen Dienstleistungen sollen Nach-

---

[9] Betriebe, die die Gesamtmenge der Arbeitszeit auf viele Beschäftigte verteilen, sollten bei den Arbeitgeberbeiträgen zur Sozialversicherung entlastet werden; Betriebe, die wenig Teilzeitarbeitsplätze anbieten, sollten belastet werden.

[10] Mit dem „Gesetz zu Korrekturen in der Sozialversicherung und zur Sicherung der Arbeitnehmerrechte" vom 19. Dezember 1998 (Bundesgesetzblatt I, Nr. 85, 3843) und mit dem „Gesetz zur Stärkung der Solidarität in der gesetzlichen Krankenversicherung" vom 19. Dezember 1998 (Bundesgesetzblatt I, Nr. 85, 3853) wurden große Teile der Wahlversprechen eingelöst. Die Regierungsparteien entsprachen damit sowohl den Annahmen der Mandatetheorie als auch der Parteiendifferenzthese.

[11] Diese Formulierung geht auf Willy Brandt zurück, zitiert nach: Hofschen 1989: 29.

[12] Die Alterssicherung soll auf vier Säulen aufbauen: (1) auf der gesetzlichen Rentenversicherung, (2) auf der betrieblichen Altersvorsorge, (3) auf der privaten Vorsorge und (4) auf einer stärkeren Beteiligung der Arbeitnehmer an Produktivkapital und Unternehmensgewinnen (SPD 1998: 19). Wie die Rentenreform von 2001 mit der Einführung der soge-

barschaftshilfen, Ehrenamt und Selbsthilfegruppen gestärkt werden. Mit der Betonung von Eigenverantwortung und Eigeninitiative geht eine Neubestimmung des Verhältnisses von kollektiver Sicherung auf der einen und Selbsthilfe auf der anderen Seite einher. „Wo gesellschaftliche Aufgaben durch private Initiative und durch das eigene Engagement der Bürgerinnen und Bürger erledigt werden, muß der Staat nicht mehr eingreifen" (SPD 1998: 33). Für die zu kollektiven Lösungen neigende Sozialdemokratie ist das bemerkenswert, hatte sie doch Individualität, Selbstverantwortung und Selbsthilfe immer als Gegensatz zu Solidarität empfunden (vgl. Glotz 1992: 102).[13]

Die SPD distanziert sich zunehmend von der Idee einer vertikalen Umverteilung. Hatte sie noch bis zu Beginn der 1990er Jahre für die Einführung eines Wertschöpfungsbeitrags plädiert, um Kapitaleinkommen zur Finanzierung der Sozialversicherung stärker heranzuziehen, so gehört diese Forderung seit Mitte der 1990er Jahre nicht mehr zum Forderungskatalog der Sozialdemokraten.[14] Dass inzwischen der Einführung einer Vermögensteuer eine Absage erteilt wurde, passt ebenfalls in dieses Muster. Redistributive Forderungen an das Kapital scheinen auch der Sozialdemokratie im Zeitalter von ökonomischer Globalisierung und internationalem Standortwettbewerb politisch-ökonomisch nicht umsetzbar (vgl. Pfaller u.a. 1991: 290; Kitschelt 1994: 297).[15] So heißt es im Leitantrag des SPD-Parteivorstands zum Sonderparteitag vom 1. Juni 2003: „Wir wissen, dass die Unternehmen bei ihrer Standortwahl heute freier sind als je zuvor" (SPD-Parteivorstand 2003: 8). Aus diesem Grunde habe die Bundesregierung das Unternehmenssteuerrecht wettbewerbsfähig gemacht und damit den Standort Deutschland verbessert (ebd.: 10). Um die sozialen Sicherungssysteme in einer globalisierten Welt zu erhalten, müssten sie an die veränderten Rahmenbedingungen angepasst werden (ebd.: 22). Die Deutung, dass die Steuerungskapazitäten des Staates aufgrund dieser Entwicklungen abnehmen, schlägt sich in der Programmatik nieder. Die Steuerungsoption Staat wird zu Gunsten der Steuerungsoptionen Markt und Zivilgesellschaft zurückgedrängt. Die Ansprüche an den Staat will die SPD reduzieren (SPD 1998: 14) und stattdessen Eigenverantwortung und Eigeninitiative fördern (SPD 1998: 19; Agenda 2010: 2).

---

nannten „Riester-Rente" zeigt, geht der Ausbau der 3. mit Kürzungen in der 1. Säule der Alterssicherung einher.

[13] Nicht zuletzt wegen der Nähe zu neoliberal-konservativen und christdemokratischen Modellen – wie z.B. dem Subsidiaritätsgedanken der christlichen Soziallehre – hatte sich die SPD mit diesem Konzept lange schwer getan.

[14] In das neue Grundsatzprogramm der SPD von 1989 (SPD 1995: 213) und in das Wahlprogramm von 1990 (SPD 1990: 17) fand der Wertschöpfungsbeitrag noch Eingang. In dem Wahlprogramm für die Bundestagswahl 1998 kommt die Forderung dagegen nicht mehr vor.

[15] Vgl. hierzu auch die Diagnose Scharpfs, dass die Sozialdemokratie im Verteilungskampf zwischen Kapital und Arbeit vorläufig eine Niederlage erlitten habe (Scharpf 1987: 335).

Wandel gibt es auch bei den Grünen. So ist von dem Modell eines garantierten Grundeinkommens, das in den 1980er Jahren als politisch gewollte Entkoppelung von Arbeit und Einkommen diskutiert wurde (Vobruba 1986; 1989; Opielka/Zander 1988), in den 1990er Jahren keine Rede mehr. Mit dem Konzept einer „bedarfsorientierten Grundsicherung" setzen die Grünen nun auf eine versicherungsinterne Sockelung. Der Charakter des grünen Grundsicherungsmodells wandelt sich damit zu einer bedürftigkeitsabhängigen Grundsicherungskonzeption (vgl. Nullmeier/Rüb 1993: 173). Bei dem Konzept der Ökosteuer tritt das einst zentrale Ziel der Finanzierung einer grundsätzlichen Verkehrs- und Energiewende aus den Mitteln der Ökosteuer (Bündnis 90/Die Grünen 1994: 11) hinter das Ziel der Senkung der Lohnnebenkosten zurück.[16] Neu ist auch das Begründungsmuster, die ökologische Steuerreform mit dem Argument des Standortvorteils zu verknüpfen (Bündnis 90/Die Grünen 1998: 23).[17]

Weitere programmatische Ankündigungen erfolgten nach der Bundestagswahl 2002 mit der sogenannten Agenda 2010, in der Bundeskanzler Schröder am 14. März 2003 im Rahmen einer Regierungserklärung die Reformpläne der Bundesregierung vorstellte. Die Agenda 2010 bricht mit traditionellen sozialdemokratischen und gewerkschaftlichen Positionen. So sollen Arbeitslosen- und Sozialhilfe zu einem Arbeitslosengeld II etwa auf dem Niveau der Sozialhilfe zusammengeführt werden (Agenda 2010: 14). Im Wahlprogramm 2002 hatte es dagegen noch geheißen, es solle keine Absenkung der zukünftigen Leistungen auf Sozialhilfeniveau geben (SPD 2002: 25). Das Krankengeld soll aus dem Katalog der gesetzlichen Krankenversicherung herausgenommen und in eine private Versicherung überführt werden (Agenda 2010: 30)[18], vorgesehen ist außerdem eine Ausweitung von Zuzahlungen und Selbstbehalten (ebd.). Während im Wahlprogramm von 1998 angekündigt worden war, die

---

[16] Innerhalb von 10 Jahren – so die Erwartung – könnten die Sozialversicherungsbeiträge durch die ökologische Steuerreform um 6 Prozentpunkte gesenkt werden (Bündnis 90/Die Grünen 1998: 8).

[17] Für besonders energieintensive Branchen sind Anpassungshilfen vorgesehen (Bündnis 90/Die Grünen 1998: 23). Diesbezüglich hatten die Grünen zuvor durchaus eine radikalere Position vertreten. 1994 hieß es noch, Kompensationen könne es bei den Folgen von Umweltsteuern nicht geben (Bündnis 90/Die Grünen 1994: 11); außerdem hatten die Grünen ursprünglich Schrumpfungen in einigen Branchen im Zuge des ökologischen Umbaus billigend in Kauf genommen (Bündnis 90/Die Grünen 1994: 8 f.). Dieser Wandel kann vor allem als Annäherung an den künftigen Koalitionspartner SPD interpretiert werden. Schließlich hatte die SPD in ihrem Wahlprogramm gerade in Bezug auf die Ökosteuer bereits gewarnt: „Überzogene und untragbare Belastungen wird es mit der SPD nicht geben" (SPD 1998: 32).

[18] Kritiker bewerten dies als Einstieg in den Ausstieg aus der paritätisch finanzierten Sozialversicherung. Im Wahlprogramm von 2002 hatte es noch geheißen, dass die paritätische Finanzierung der Krankenversicherung durch Arbeitnehmer und Arbeitgeber erhalten bleiben solle (SPD 2002: 54).

bestehenden Zuzahlungsregelungen zu überprüfen (SPD 1998: 21), heißt es nun „Eigenbeteiligungen [...] haben Steuerungswirkung. Sie halten Versicherte zu kostenbewusstem Verhalten an" (Agenda 2010: 30). Die Agenda 2010 sieht des Weiteren eine Verkürzung der Bezugsdauer beim Arbeitslosengeld auf generell 12 Monate vor. Nur ältere Arbeitnehmer über 55 Jahre sollen es 18 Monate erhalten (Agenda 2010: 24). Außerdem soll der Kündigungsschutz für kleinere Betriebe verändert werden, indem ein Wahlrecht für Kündigungsschutz oder Abfindung eingeführt wird (Agenda 2010: 15 f.) – eine Forderung, die auch die Unionsparteien in ihrem Regierungsprogramm 2002-2006 erheben (CDU/CSU 2002: 10).

In der gewandelten SPD-Programmatik schlägt sich deutlich das Konzept des „aktivierenden Sozialstaats" nieder, das in Großbritannien vor allem mit dem Konzept der *employability* Bedeutung erlangt hat (vgl. Giddens 1999). So heißt es in dem SPD-Wahlprogramm von 1998: „Der Staat soll Partner sein und Chancen dafür schaffen, dass die Menschen ihre Probleme so weit wie möglich selbst in die Hand nehmen" (SPD 1998: 33). Die Formel „Fördern *und* Fordern" durchzieht die gesamte Programmatik. Deutlich wird dies, wenn der Druck auf Sozialhilfeempfänger, angebotene Arbeitsplätze auch anzunehmen, erhöht werden soll (SPD 1998: 19). Die Verknüpfung der beiden Systeme der Arbeitslosen- und der Sozialhilfe zielt ebenfalls darauf, „fördern" mit „fordern" zu verbinden (SPD 2002: 25; Agenda 2010. 14).

2.3 Auf dem „dritten Weg" in den „aktivierenden Sozialstaat"? – Die Programmdebatte in der SPD

Theoretisch knüpft die programmatische Neuorientierung der SPD an das vor allem von Anthony Giddens entwickelte Konzept des „dritten Weges" (Giddens 1999) an. Der „dritte Weg" setzt auf den aktivierenden Staat, der die Rahmenbedingungen für den Zugang zum Arbeitsmarkt herstellt. Der Sozialversicherungsstaat soll zu einem „Sozialinvestitionsstaat" umgebaut werden, der weniger direkte Zahlungen leistet, sondern stattdessen in menschliches Kapital investiert (Giddens 1999: 137). An die Stelle der ex-post-Angleichung der Ergebnisse durch Steuersystem und sozialstaatliche Transfers soll die Förderung der ex-ante-Gleichheit der Ausgangsbedingungen treten (Merkel 2000b: 278; Streeck 1998: 39-46; Cohen/Rogers 1998; Hombach 1999; Giddens 1999). Diese neue, an Marktbedingungen orientierte Sozialpolitik konzentriert sich auf die Angebots- und weniger auf die Nachfrageseite; sie wurde daher als „supply-side egalitarianism" (Cohen/Rogers 1998: 188; Streeck 1998: 45) bezeichnet. Diese Entwicklung ist durchaus als Paradigmenwechsel zu bewerten, denn bislang war „ideologisch und publizistisch [...] die Stunde der Angebotspolitik immer auch die Stunde der Arbeitgeber und der konservativen Parteien" (Scharpf 1987: 331). Geändert hat sich damit das einst für sozialdemokratische Sozialpolitik geltende Ziel der möglichst umfassenden Dekommodifizierung – also der Aufhebung des Warencharakters der Arbeitskraft.[19] Stattdessen strebt die neue Sozialdemokratie eine (Wieder-) Herstellung der *employability* von Leistungsempfängern – eine rekommodifizierende sozialstaatliche Unterstützung der Markt- und Wettbewerbsfähigkeit des Einzelnen an (Giddens 1999; Schröder/Blair-Papier 1999; Hombach 1999).

> Der [aktivierende] Sozialstaat muss so angelegt sein, daß er insbesondere in der Arbeitsmarktfrage den sozialpolitischen Schadensfall a priori verhindert. Dies verlangt eine finanzielle Umschichtung zugunsten der Bildung, der steuerlichen Entlastung des Faktors Arbeit und eine Neudefinition der Pflichten, die zur raschen Wiederaufnahme der Erwerbsarbeit zwingen (Merkel 2001: 91).

Die „neue Sozialdemokratie" fühlt sich nicht mehr dem klassischen universalistischen Sozialstaat verpflichtet. Vielmehr soll der Sozialstaat zielgenauer auf die wirklich Bedürftigen ausgerichtet werden (vgl. Merkel 2000a). Zu Recht verweist Merkel jedoch darauf, dass genau hierin ein großes Problem des Konzepts liegt. Denn die Ausrichtung auf die wirklich Bedürftigen macht den Sozialstaat anfälliger für weitergehende Abbauforderungen. In dem Maße, in dem die Mittelschichten nicht mehr von sozialstaatlichen Leistungen profitieren, verlieren sie ihr ökonomisches Interesse an seiner Unterstützung (vgl. Merkel 2000a: 106 f.). Die „Absage an einen universalistischen ‚Sozialismus der Mittelschichten'" (Streeck 1998: 44) trifft vor allem die sozialdemokratische Klientel und läuft dem bisherigen Bestreben sozialdemokratischer Parteien zuwider, den Kreis der von Sozialpolitik Begünstigten auszudehnen. Es ist – ähnlich wie bei dem Scharpf'schen Modell der „Umverteilung in einer Klasse" (Scharpf 1987: 329 ff.) – vor allem die eigene sozialdemokratische Klientel, der hier Opfer abverlangt werden.

Anders als die Labour Party in Großbritannien hat es die SPD versäumt, die Oppositionszeit dazu zu nutzen, ihr ureigenes Politikfeld konzeptionell weiterzuentwickeln und in zeitgemäße Politik umzusetzen. Zu einer programmatischen Auseinandersetzung zwischen „Modernisierern" und „Traditionalisten" in der Oppositionszeit kam es kaum.[20] Die widersprüchlichen und zum Teil unvereinbaren sozialpolitischen Positionen blieben bestehen[21] und führten – kaum ein Jahr nach der Übernahme der Regierung – zu einer heftigen programmatischen Diskussion innerhalb der SPD. Mit der Formel „Innovation und Gerechtigkeit" hatte die SPD die Bundestagswahlen

---

[19] Zu Begriff und Konzept der Dekommodifizierung siehe vor allem die Arbeiten von Esping-Andersen (1990).
[20] Zwar gab es bereits in den 1980er Jahren Kontroversen, die dem Konflikt „Traditionalisten" versus „Modernisierer" zuzuordnen sind – die Lafontaine-Debatte von 1988 wäre hier zu nennen –, aber zu einer Entscheidung oder gar programmatischen Neuorientierung kam es nicht.
[21] Dies wurde bereits bei den scharfen internen Auseinandersetzungen um das SPD-Wahlprogramm von 1998 deutlich (Blätter 12/1997: 1519).

1998 gewonnen. Nun stellte sich für viele Sozialdemokraten die Frage, welcher der beiden Begriffe in Zukunft Vorrang genießen sollte. Die innerparteilichen Kontroversen entzündeten sich an dem 1999 von Bundeskanzler Gerhard Schröder und dem englischen Premier Tony Blair formulierten so genannten Schröder/Blair-Papier. Schröder und Blair forderten darin eine Erneuerung der Sozialdemokratie. Die Regierungschefs wandten sich gegen staatlichen Interventionismus und plädierten für eine neue „angebotsorientierte Agenda" der Linken. „Moderne Sozialdemokraten", so das Credo, „wollen das Sicherheitsnetz aus Ansprüchen in ein Sprungbrett in die Eigenverantwortung umwandeln" (Schröder/Blair-Papier 1999: 14).

Das Konzept des „aktivierenden Sozialstaats" ist innerhalb der SPD umstritten. Während die einen an der zentralen Rolle des Staates festhalten wollen, halten die anderen den umverteilenden Vor- und Fürsorgestaat für historisch überholt und normativ nicht (mehr) erstrebenswert und plädieren für mehr Eigenverantwortung. Die Dreßler-Hombach-Kontroverse markiert die beiden divergierenden Standpunkte in dieser Debatte (Hombach 1999; Dreßler 1999). Während Bodo Hombach für einen Rückzug des Interventionsstaats plädierte, mehr Eigenverantwortung forderte und den Markt als sozialstaatliches Instrument nutzen wollte (Hombach 1999),[22] lehnte Rudolf Dreßler ein solches Markt- und Staatsverständnis entschieden ab. Für Dreßler hatte diese Markt- und Wettbewerbs-Euphorie nichts mehr mit sozialdemokratischen Überzeugungen zu tun (Dreßler 1999). Staatliches Handeln könne, so Dreßler, nicht oder nur eingeschränkt mit ökonomischen Maßstäben gemessen werden. Mit seiner Kritik an dem neuen Kurs in der Sozialpolitik stand Dreßler nicht allein. Die AfA (Arbeitsgemeinschaft für Arbeitnehmerfragen), die Jusos (Jungsozialisten) und die ASF (Arbeitsgemeinschaft sozialdemokratischer Frauen) wandten sich in einer „Berliner Erklärung" gegen das Papier und forderten von ihrer Partei ein stärkeres Eintreten für die soziale Gerechtigkeit (Berliner Erklärung 1999).

Kurz nach Beginn der zweiten rot-grünen Legislaturperiode ist mit der Debatte um die Agenda 2010 erneut eine Kontroverse um die sozialpolitische Programmatik der Partei entbrannt. Die von Bundeskanzler Schröder in einer Regierungserklärung am 14. März 2003 vorgestellten Reformpläne der Bundesregierung sehen einschneidende Kürzungsmaßnahmen vor und sind durchzogen vom Prinzip der Chancengerechtigkeit und der Maxime des „Förderns und Forderns". Gewerkschaften und Parteilinke lehnen die Reformagenda in weiten Teilen ab. Zum ersten Mal in der Geschichte der Sozialdemokratie wurde ein Mitgliederbegehren initiiert. Trotz scharfer Kontroversen gelang es der Parteiführung jedoch auf vier Regionalkonferenzen und auf einem Sonderparteitag am 1. Juni 2003, die Basis auf das Reformprogramm zu

---

[22] Hombach galt als wichtiger SPD-Stratege der 1980er und 1990er Jahre. In den 1980er Jahren organisierte er die Landtagswahlkämpfe in NRW; er war 1998 Wirtschaftsminister in NRW und von Oktober 1998 bis Juli 1999 Kanzleramtsminister, bevor er im August 1999 Sonderkoordinator des Stabilitätspaktes für Südosteuropa wurde.

verpflichten. Auch die Grünen stimmten der Agenda 2010 zu. Damit haben sich die „Modernisierer" zunächst durchgesetzt.

Zahlreiche Elemente des Konzepts des „aktivierenden Sozialstaats" haben Eingang in die sozialdemokratische Programmatik gefunden. Dies zeigt, dass – anders als häufig angenommen – die „handlungsentlastete Sphäre der Programmatik" (Merkel 2001: 65) sich nicht immer an Traditionsbeständen orientiert.

3 Reichweite und Richtung des programmatischen Wandels

3.1 Beträchtlicher Wandel

Noch Mitte der 1980er Jahre hatte die SPD-Sozialpolitikerin Anke Fuchs erklärt: „Wenn eine große und alte Partei wie die SPD sich auf den Weg macht, ihre Sozialpolitik zu überprüfen und für die nächsten Jahrzehnte neu zu konzipieren, dann kann niemand erwarten, daß es dabei einen radikalen Kurswechsel gibt" (Fuchs 1986: 3). Dies änderte sich nach Übernahme der Regierungsverantwortung. Als „Paradigmenwechsel" und „Neuausrichtung der gesamten Sozial- und Gesellschaftspolitik" bezeichnen die Regierungsparteien selbst ihre Sozialpolitik.[23] Ein beträchtlicher Wandel ist insofern feststellbar, als sich in den programmatischen Positionen die Hegemonie einer bestimmten Deutung von Problemen und Handlungsperspektiven durchgesetzt hat. Zu nennen wären hier:

- der wiederholte Rekurs auf ökonomische Notwendigkeiten[24],
- die Annahme, dass die staatlichen Handlungsspielräume aufgrund von Globalisierung und Standortwettbewerb abgenommen hätten und dass daraus eine Verminderung der Wirksamkeit der Steuerungsoption Staat resultieren müsse;
- die Abkehr von der Idee vertikaler Umverteilung;
- die stärkere Gewichtung von Selbstorganisation und Selbsthilfe;
- rekommodifizierende Ansätze und Chancen- statt Ergebnisgleichheit;

---

[23] Ziele und Erfolge der Bundesregierung in der Sozialpolitik, in: Sozialpolitische Umschau Nr. 11, 128/2002.

[24] Der Rekurs auf Standortfaktor und ökonomische Notwendigkeiten wird zum durchgängigen Motiv, wenn zur Steigerung der Wettbewerbsfähigkeit der Unternehmen eine Senkung der Unternehmenssteuersätze gefordert, eine Reduzierung der Ansprüche an den Staat propagiert, zur Stabilisierung der Rentenbeiträge eine Verlängerung der Lebensarbeitszeit erwogen, kreditfinanzierten Konjunkturprogrammen eine klare Absage erteilt und das gesamte Programm unter strikten Finanzierungsvorbehalt gestellt wird (vgl. Seeleib-Kaiser 2002: 491 ff.).

- die Förderung der *employability* und Forderung der Aufnahme atypischer Beschäftigung (Fördern und Fordern) anstelle von traditionellem Normalarbeitsverhältnis und Vollbeschäftigung (vgl. Seeleib-Kaiser 2002: 491 f.).[25]

Damit haben sich in weiten Teilen die Problemdeutung (die Probleme der Sozialversicherungen werden nicht mehr überwiegend als Einnahme-, sondern zunehmend als Ausgabeproblem betrachtet), die Politikinstrumente (verminderte Rolle der Steuerungsoption Staat; Konzentration auf die Angebots- und weniger auf die Nachfrageseite) und auch die Politikziele (Chancen- statt Ergebnisgleichheit; keine Ausdehnung des Kreises der von Sozialpolitik Begünstigten) verändert. Mit der „aktivierenden Sozialpolitik" zeichnet sich ein neues Verständnis des Verhältnisses von Staat, Markt und Gesellschaft ab. Der Transformationsprozess hin zu einem neuen sozialdemokratischen Sozialstaatsmodell ist jedoch noch längst nicht abgeschlossen.

3.2 Sozialdemokratische Programmatik zwischen „Christdemokratisierung", grünen Einflüssen und „drittem Weg"?

Die SPD-Programmatik trägt den traditionellen gewerkschaftlichen Kräften in Partei und Anhängerschaft Rechnung, wie Passagen zu Mitbestimmung und Tarifautonomie sowie die Ankündigung, Eingriffe der Vorgängerregierung in Arbeitnehmerschutzrechte zurückzunehmen, zeigen. Aber neben diesen Kontinuitätslinien sind auch bemerkenswerte Neuerungen feststellbar, die eine zumindest partielle Preisgabe der originären, traditionellen sozialdemokratischen Handlungspräferenzen darstellen. Der Wandel der Sozialdemokraten (und auch der Grünen) wurde daher als „konservative Transformation" (Borchert 1995; 1996) charakterisiert. Kritischen Beobachtern zufolge hat die SPD als dominierende Regierungspartei einen neoliberalen, marktradikalen Schwenk vollzogen und damit ihre traditionellen Leitbilder und Ideale verraten (Butterwegge 2002; Zinn 2002).[26] Differenzierter erscheint eine Deutung, die den Wandel der SPD eher als „Christdemokratisierung" beschreibt (Seeleib-Kaiser 2002), zumal für christdemokratische Sozialpolitik im Grunde schon immer der vielbeschworene „dritte Weg" zwischen Marktliberalismus und sozialde-

---

[25] Bei den Grünen ist das Abrücken vom Vollbeschäftigungsversprechen bereits lange Bestandteil sozialpolitischer Konzepte. Sie wollten in den 1980er Jahren Einkommen und Arbeit entkoppeln und ein arbeitsunabhängiges Grundeinkommen einführen (vgl. Gohr 2002; 2003).

[26] Merkel verweist zu Recht darauf, dass die Geschichte der europäischen Sozialdemokratie ein kontinuierlicher Prozess der politischen Deradikalisierung ist und dass es daher zu kurz greift, diese Entwicklung als „Verrat an den eigentlichen Zielen der Arbeiterbewegung" anzuprangern (Merkel 2000a: 99 ff.; Merkel 2000b: 264 f.). Vielmehr hat es immer schon revisionistische Wenden der deutschen und europäischen Sozialdemokratie gegeben (vgl. Merkel 2000b; Sassoon 1996: 730 ff.). Reform und Revolution, Modernisierung und Traditionsbewahrung – stets waren beide Positionen innerhalb der Sozialdemokratie vertreten.

mokratischem Staatsinterventionismus/Keynesianismus prägend war.[27] Tief greifende, strikt angebotsökonomische Reformprogramme finden in den heterogenen Unionsparteien, die über einen einflussreichen Arbeitnehmerflügel verfügen, keine Mehrheit (vgl. Zohlnhöfer 2001).

Hatte die SPD in den 1980er Jahren auf dem Feld der Sozialpolitik versucht, links-libertäre Positionen zu integrieren (Gohr 2002), so kam es seit Mitte der 1990er Jahre zu einer Annäherung der Sozialdemokratie an konservativ-liberale bzw. christdemokratische Diskurse. Sassoon verweist darauf, dass die neue Sozialdemokratie in weiten Teilen die konservative Sozialismus- und Sozialstaatskritik übernommen habe: „Neo-revisionism entails accepting important aspects of the conservative critique of socialism [...]" (Sassoon 1996: 735). Mit der Betonung von Chancengleichheit, dem Setzen auf mehr Markt, der Verbesserung der Angebotsbedingungen durch eine Absenkung von Steuerlast und Sozialversicherungsabgaben sowie der Betonung der Familie und zivilgesellschaftlicher Arrangements greift die SPD auf Elemente christdemokratischer Programmatik zurück (Seeleib-Kaiser 2002: 487, 491 ff.). Insbesondere mit Deregulierungs- und Flexibilisierungsankündigungen auf dem Feld des Arbeitsrechts, aber auch mit dem Ausbau von privater Vorsorge und Eigenbeteiligung in der Renten- und Gesundheitspolitik rückt die SPD in die Nähe christdemokratischer und liberaler Forderungen. Die Betonung von Eigenverantwortung und Selbsthilfe, die auch zentraler Bestandteil sozialpolitischer Konzepte der Grünen ist, weist seit jeher eine Nähe zum christdemokratischen Subsidiaritätsgedanken auf.

Der oben skizzierte programmatische Wandel der SPD stellt, zumindest partiell, eine Annäherung an christdemokratische Positionen dar. Damit finden sich neben den genannten traditionellen sozialdemokratischen Programmaussagen auch solche Programmpunkte, die auf dem Feld der Wirtschafts- und Sozialpolitik kontinuierlich an solche der Vorgängerregierung anknüpfen. Doch nicht nur christdemokratische Positionen beeinflussten die sozialdemokratische Programmatik. Mit der Betonung von Individualität und Selbsthilfe, der Einbeziehung von Ökologie und Frauenpolitik übernahm die SPD auch klassische grüne Themen (vgl. Gohr 2002).

Von einem gänzlichen Verblassen der programmatischen parteipolitischen Unterschiede kann trotz der beschriebenen Annäherung keine Rede sein. Deutliche Unterschiede zeigen sich beispielsweise bei der Einwanderungspolitik und in emanzipato-

---

[27] Bekanntlich werden beide großen Volksparteien hierzulande gleichermaßen als „Sozialstaatsparteien" bezeichnet (Schmidt 1998: 168). Aufgrund beträchtlicher Gemeinsamkeiten gilt das gemeinsame Beschreiten eines „mittleren Weges" als charakteristisch für die bundesdeutsche Sozialpolitik (Schmidt 1990). Christdemokratische Parteien haben, genauso wie die Sozialdemokraten, eine starke Neigung zu einer Politik des Sozialschutzes. Grund dafür ist die Tradition der katholischen Soziallehre und die Tatsache, dass christdemokratische Parteien über eine äußerst heterogene Wählerschaft verfügen, die einen großen Teil der Sozialstaatsklientel stellt (vgl. Schmidt 1998: 195).

rischen Fragen, wie der Gleichberechtigung von Mann und Frau und der Gleichstellung von gleichgeschlechtlichen Lebenspartnerschaften. So geht es für die SPD nicht um „das ‚ob' von Zuwanderung, sondern darum, wie sie [...] gesteuert werden kann" (SPD 2002: 63). Die Unionsparteien dagegen glauben, dass es „für Arbeitsmigration nach Deutschland nur in Ausnahmefällen eine Rechtfertigung" geben kann (CDU/CSU 2002: 51). In ihrem Wahlprogramm von 1998 kündigte die SPD unter der Überschrift „Neuer Aufbruch für die Frauenpolitik" ein Aktionsprogramm „Frau und Beruf", den Aufbau einer eigenständigen Alterssicherung für Frauen sowie eine Verbesserung der Vereinbarkeit von Familie und Beruf an (SPD 1998: 25). Die CDU/CSU äußerten sich dagegen weniger zur Frauen-, sondern mehr zur Familienpolitik. Zur Gleichberechtigung von Mann und Frau hieß es lediglich: „Die eheliche Lebensgemeinschaft ist heute stärker geprägt vom gleichberechtigten Interesse von Mann und Frau an partnerschaftlicher Lebensgestaltung. Diesen Interessen wollen wir Rechnung tragen" (CDU/CSU 1998: 21). Während die SPD in ihrem Regierungsprogramm 2002 stolz auf ihr Gesetz zu den Lebenspartnerschaften verweist (SPD 2002: 67), erklären die Unionsparteien, dass sie eine rechtliche Gleichstellung gleichgeschlechtlicher Lebensgemeinschaften mit der Ehe ablehnen (CDU/CSU 2002: 27).

Unterschiede lassen sich auch im Bereich der Bildungspolitik ausmachen. Dabei scheint die SPD-Programmatik dem Konzept des „aktivierenden Sozialstaats" zu folgen, demzufolge Bildungspolitik als Investition in Humankapital zur Förderung von Chancengleichheit und *employability* eine zentrale Rolle spielt. So betont die SPD das Ziel der „Chancengleichheit in der Bildung" (SPD 1998: 28). Die Durchlässigkeit des Ausbildungssystems soll erhöht werden (SPD 2002: 29). Bildung wird als die soziale Frage des 21. Jahrhunderts definiert (SPD 2002: 28). Um im weltweiten Wettbewerb um Wachstums- und Beschäftigungschancen erfolgreich zu sein, müssten alle Bildungspotentiale ausgeschöpft werden (ebd.). Angekündigt wird ein bundesweites Programm „Zukunft Bildung und Betreuung" mit einem Finanzvolumen von 4 Milliarden Euro, um den Ausbau von Ganztagsschulen zu fördern (SPD 2002: 29). Im Unionsprogramm fehlen solche detaillierten Aussagen. Die CDU/CSU halten grundsätzlich am bestehenden Schul- und Ausbildungssystem fest; Leistungswettbewerb zwischen den Bildungsinstitutionen und Qualitätskontrollen sollen die Qualität verbessern. Außerdem soll die Hochbegabtenförderung ausgebaut werden (CDU/CSU 2002: 16).[28]

Diese hier kurz skizzierten Unterschiede scheinen die Befunde von Boix und Kitschelt zu stützen, wonach es aufgrund einer neuen Konfliktlinie zwischen linkslibertären und autoritären Werten zu einer Verlagerung der Parteiendifferenz auf die

---

[28] Die unterschiedliche Gewichtung macht sich bereits im Umfang bemerkbar: Während die SPD der Bildung mehr als 4 Seiten in ihrem Programm widmet, sind es bei der CDU/CSU nicht einmal 2 Seiten (SPD 2002: 27-32; CDU/CSU 2002: 15-17).

Felder Chancengleichheit, Bildung und Antidiskriminierung (Gleichstellungspolitik, Zuwanderungspolitik) kommt (vgl. Seeleib-Kaiser i.d.B.).

4 Gründe für den programmatischen Wandel

Verschiedene interne und externe Triebkräfte wie sozio-ökonomische Umweltfaktoren, innerparteiliche Willensbildungsprozesse und Machtkonstellationen sowie der Parteienwettbewerb haben die programmatischen Veränderungen bewirkt.

Zum Wandel sozialdemokratischer Programmatik haben in Europa die Krisenerfahrungen und Strategieprobleme der 1980er Jahre und die Dominanz marktfreundlicher Konzeptionen beigetragen (Sassoon 1996; Borchert 1995; 1996). Das sozialpolitische Expansions-Paradigma, dessen traditionelle Vorkämpferin die Sozialdemokratie war, erschien mit dem Ende des „kurzen Traums immerwährender Prosperität" (Lutz 1989) seit Mitte der 1970er Jahre politisch unergiebig. Die Krise auf dem Arbeitsmarkt, der Strukturwandel der Arbeit, der mit einem Wertewandel einhergehende Übergang in die „postindustrielle Gesellschaft" und nicht zuletzt Globalisierung und internationaler Standortwettbewerb brachten das „sozialdemokratische Modell" mit seinen Leitlinien wirtschaftliche Expansion und sozialstaatliche Kompensation unter Druck.[29] Hinzu kam eine ökologisch motivierte Kritik am „etatistischen Wachstums-Optimismus sozialdemokratischer Provenienz" (Merkel 1993: 34). Mit Wachstumskritik und dem Plädieren für Selbsthilfeinitiativen und „kleine Netze" stellten neue soziale Bewegungen und Grüne traditionelle sozialdemokratische Sozialpolitikvorstellungen in Frage. Mit diesen Schwierigkeiten ging – just auf dem für die Sozialdemokratie zentralen Feld der Sozialpolitik – ein Verlust an Hegemonie und Deutungskompetenz einher.

Hinzu kam der Parteienwettbewerb. Downs verweist darauf, dass politische Parteien dazu neigen, ihre Ideologie im Falle von Niederlagen und anhaltenden Misserfolgen derjenigen Partei anzupassen, der sie die Niederlage verdanken (Downs 1957: 300; Proposition Nr. 24). Wahlpolitisch hatte die SPD bis Ende der 1990er Jahre auf Bundesebene aus ihrer Positionierung keine Erfolge ziehen können. Erkenntnissen der Wahlforschung zufolge muss die SPD, will sie Wahlen gewinnen, Zugeständnisse an potenzielle Wechselwähler aus dem CDU-Lager machen, auch auf die Gefahr hin, dass sie damit ihre Stammklientel enttäuscht (Falter 1999: 11; Stöss/Niedermayer 2000: 4). Dies war in der SPD seit langem bekannt. So hieß es in einer von der SPD 1984 in Auftrag gegebenen Studie: „Die SPD hat nur dann eine Chance, mehrheitsfähig zu werden, wenn es ihr gelingt, Randwähler der CDU/CSU

---

[29] Zum „sozialdemokratischen Modell" vgl. Borchert u.a. 1996; Gohr 2003.

zu gewinnen" (SPD 1984: 20). Erklärtes Ziel der SPD im Wahlkampf 1998 war daher, die „neue Mitte" anzusprechen (SPD 1998: 5).

Die programmatische Neuausrichtung hin zur „neuen Mitte" war auch das Ergebnis innerparteilicher Machtkonstellationen. So setzten sich seit Mitte der 1990er Jahre zunehmend die „Modernisierer" in der Parteiführung durch. Dass der langjährige SPD-Sozialpolitiker Rudolf Dreßler, der dem Traditionalistenflügel zugerechnet wird, bei der Besetzung der Regierungsämter unberücksichtigt blieb, kann als Zeichen für diese Entwicklung gewertet werden. Besonders sichtbar wurden die internen Verschiebungen, nachdem der als Wortführer der Parteilinken geltende Finanzminister Oskar Lafontaine im Frühjahr 1999 alle Ämter niederlegte (vgl. Zohlnhöfer i.d.B.). Dieser Prozess ging nach der knapp gewonnen Bundestagswahl 2002 weiter, allerdings verläuft er, wie die jüngsten Auseinandersetzungen um die Agenda 2010 zeigen, auch weiterhin keineswegs konfliktfrei.

5   Schlussbetrachtung

Betrachtet man die Programmatik von Rot-Grün, so ist eine Gleichzeitigkeit von Kontinuität und Wandel festzustellen. Dass dies durchaus gewollt war, verdeutlichen die programmatischen Überschriften: So verweisen das Wahlkampfmotto der SPD bei der Bundestagswahl 1998: „Innovation und Gerechtigkeit" (SPD 1998), der Titel des SPD-Wahlprogramms 2002 „Erneuerung und Zusammenhalt" (SPD 2002) und die Losung des Koalitionsvertrags von 2002 „Erneuerung und Gerechtigkeit" (SPD, Bündnis90/Die Grünen 2002) darauf, dass eine Neuorientierung angestrebt wird, ohne jedoch traditionelle – insbesondere sozialdemokratische – Leitlinien wie Solidarität und soziale Gerechtigkeit aufzugeben. Gerade auf dem Feld der Sozialpolitik ist der Versuch der Sozialdemokratie, zwischen Tradition und Moderne zu vermitteln, deutlich erkennbar. Dass dies ein schwieriges Unterfangen ist, zeigt die parteiinterne sozialpolitische Programmdebatte, die seit dem Regierungsantritt 1998 vor allem um das Schröder/Blair-Papier und um die Agenda 2010 entbrannt ist. Während der Oppositionszeit wurden keine neuen sozialpolitischen Konzepte entwickelt. Dies macht der Partei nun in der Regierungsverantwortung zu schaffen. Die Schwierigkeiten, die die Regierung Schröder gerade bezüglich der Frage der sozialen Gerechtigkeit hat, können auch als Folge dieses Versäumnisses gewertet werden. Die Debatte um Bestimmung und Stellenwert der sozialen Gerechtigkeit, die man in den 1980er, aber auch in den 1990er Jahren nicht zu Ende geführt hat, ist nun in vollem Gange.

Trotz einer partiellen Annäherung an christdemokratische Diskurse sind deutliche programmatische Unterschiede z.B. in Fragen der Gleichstellungs- und Frauenpolitik, beim Thema Zuwanderung sowie in der Bildungspolitik feststellbar. Mit dem Konzept des „aktivierenden Sozialstaats", einer linken Angebotspolitik, die im Sinne eines Sozialinvestitionstaats stärker in Bildung investiert und Chancengleichheit fördert, könnte die SPD auf dem Feld der Sozialpolitik die Deutungskompetenz, die sie in den 1980er Jahren verloren hatte, wiedergewinnen und sich zugleich von den Unionsparteien absetzen. Angesichts der hierzulande zahlreichen Restriktionen bei der Durchsetzung von *Policies* (vgl. zusammenfassend Seeleib-Kaiser i.d.B.) – nicht zuletzt aufgrund der gegenläufigen Mehrheiten in Bundestag und Bundesrat – ist es für Rot-Grün sicher kein leichtes Unterfangen, Politikveränderungen herbeizuführen. Die Analyse der Programmatik legt jedoch nahe, dass Rot-Grün durchaus einen Unterschied machen will.

Einschneidende Sozialreformen zu vertreten, fällt den Grünen leichter. Ein Grund dafür ist die soziale Mitgliederstruktur: „Grüne Politik und Politisierung von Grünen (Mitgliedern) vollzog sich [...] selten entlang sozialer Konflikte" (Opielka/Schmollinger 1982: 58). Postmaterielle Einstellungen waren und sind unter grünen Wählern, Mitgliedern und Funktionären vorherrschend. Grüne sozialpolitische Konzepte sahen stets eine Stärkung des bürgergesellschaftlichen Engagements und der individuellen Selbsthilfe vor und fügen sich daher gut in die aktuellen Debatten um eine „aktivierende Sozialpolitik".

Bobbio definiert „dritte Wege" „[...] als eine Synthese der Gegensätze [...], als [...] Versuch, das Rettbare der eigenen Position zu retten, indem man die gegnerische Position zu sich herüberzieht und damit neutralisiert" (Bobbio 1994: 20). Aus wahlstrategischer Perspektive erscheint der programmatische Wandel der Sozialdemokratie damit einerseits durchaus plausibel. Andererseits birgt die (teilweise) Überwindung parteipolitischer Traditionen jedoch Gefahren für die SPD. Denn wenn es stimmt, dass für sozialdemokratische Parteien der Ausbau des Wohlfahrtsstaates ein wichtiges Mittel ist, um neue Wählerschichten zu gewinnen und die alte Wählerbasis zu halten (vgl. Schmidt 1978: 201, Anm. 4), dann stellt eine Reform des Sozialstaats, die immer auch eine Infragestellung bestehender sozialer Besitzstände beinhaltet, gerade für eine sozialdemokratisch geführte Regierung eine ganz besondere Herausforderung dar:

> [...] Wenn die SPD den Sozialstaat auf eine neue Grundlage stellen will, dann ist das keine Kleinigkeit. Sagen wir ruhig: Ausgerechnet eine sozialdemokratisch geführte Regierung erscheint dann 'neoliberaler' als ihre christdemokratische Vorgängerin (Hofmann 1999: 3).

Sassoon bringt dieses Dilemma auf den Punkt: „The parties of the Left might win power and lose their soul" (Sassoon 1998: 96). Der "Verlust ihrer Seele" kann jedoch auch den Machtverlust nach sich ziehen.[30] Aufgrund dieses wahlpolitischen

---

[30] Davor, die eigenen sozialdemokratischen Traditionsreserven leichtfertig über Bord zu werfen, warnen Dürr und Walter. „Ohne Tradition keine Modernisierung" – so ihr Plädoyer (Dürr/Walter 2001).

Risikos kann der programmatische Wandel der SPD durchaus als bemerkenswert gewertet werden. Zwar hat die Sozialdemokratie in ihrer Geschichte die Fähigkeit zu Programm-Revisionen immer wieder bewiesen (Jun 2000: 1502); ob es ihr allerdings gelingt, Markt und Solidarität zu einem plausiblen, realisierbaren und innerparteilich mehrheitsfähigen Konzept eines aktivierenden Sozialstaats zu verknüpfen, bleibt abzuwarten.

6 Literatur

Agenda 2010: Regierungserklärung von Bundeskanzler Schröder am 14. März 2003 vor dem Deutschen Bundestag, www.spd.de/servlet/PB/show/1025523/ Regierungserklaerung_Gerhard_Schroeder_2003 _03_14.pdf

Arendt, Walter, 1972: Kennzeichen sozial – Wege und Ziele der sozialen Sicherung, Stuttgart/Berlin u.a.

Berliner Erklärung: Für eine Modernisierung der Sozialdemokratie, Rudolf Dreßler (AfA), Karin Junker (AsF), Benjamin Mikfeld (Jusos), 28.11.1999, http://www.spd.de/afa/aktuell/berlinererklaerung.htm [zitiert als „Berliner Erklärung 1999"].

Berliner Grundsatzprogramm, 1989: Grundsatzprogramm der Sozialdemokratischen Partei Deutschlands, beschlossen vom Programm-Parteitag der Sozialdemokratischen Partei Deutschlands am 20. Dezember 1989 in Berlin, in: SPD, 1995: Programme der deutschen Sozialdemokratie. Mit einem Vorwort von Rudolf Scharping. Sonderauflage für den Parteivorstand der Sozialdemokratischen Partei Deutschlands, Bonn, 169-243.

Bobbio, Norberto, 1994: Rechts und Links. Gründe und Bedeutungen einer politischen Unterscheidung, Berlin.

Borchert, Jens, 1995: Die konservative Transformation des Wohlfahrtsstaates. Großbritannien, Kanada, die USA und Deutschland im Vergleich, Frankfurt M./New York.

Borchert, Jens, 1996: Alte Träume und neue Realitäten: Das Ende der Sozialdemokratie, in: *Jens Borchert/Lutz Golsch/Uwe Jun/Peter Lösche* (Hrsg.), Das sozialdemokratische Modell. Organisationsstrukturen und Politikinhalte im Wandel, Opladen, 39-80.

Borchert, Jens/Golsch, Lutz/Jun, Uwe/Lösche, Peter (Hrsg.), 1996: Einleitung: Das sozialdemokratische Modell – Krise und Perspektiven, in: dies. (Hrsg.), Das sozialdemokratische Modell. Organisationsstrukturen und Politikinhalte im Wandel, Opladen, 7-21.

Bündnis 90/Die Grünen, 1994: Nur mit uns, Programm zur Bundestagswahl 1994, verabschiedet auf der Bundesdelegiertenkonferenz in Mannheim, Februar 1994.

Bündnis 90/Die Grünen, 1998: Grün ist der Wechsel, Entwurf Bundestagswahlprogramm, Antrag des Bundesvorstands an die 10. Ordentliche Bundesdelegiertenkonferenz, 6.-8. März 1998, Bördelandhalle Magdeburg.

Butterwegge, Christoph, 2002: Eine kritische Bilanz der rot-grünen Sozialpolitik, in: *Kai Eicker-Wolf/ Holger Kindler/Ingo Schäfer/Melanie Wehrheim/Dorothee Wolf* (Hrsg.), „Deutschland auf den Weg gebracht" – Rot-grüne Wirtschafts- und Sozialpolitik zwischen Anspruch und Wirklichkeit, Marburg, 13-342.

CDU/CSU, 2002: Leistung und Sicherheit, Regierungsprogramm 2002-2006, Berlin.

CDU/CSU, 1998: 1998-2002 Wahlplattform, o.O.

Cohen, Joshua/Rogers, Joel, 1998: Can Egalitarianism Survive Internationalization?, in: *Wolfgang Streeck* (Hrsg.), Internationale Wirtschaft, nationale Demokratie. Herausforderungen für die Demokratietheorie, Frankfurt a.M./New York, 175-193.
Dahrendorf, Ralf, 1983: Die Chancen der Krise. Über die Zukunft des Liberalismus, Stuttgart.
Downs, Anthony, 1957: An Economic Theory of Democracy, New York.
Dreßler, Rudolf, 1999: Überbordende ökonomische Vorstellungen. Eine Kritik: Bodo Hombachs Verständnis vom Sozialstaat, in: Soziale Sicherheit 48: 83-85.
Dürr, Tobias/Walter, Franz, 2001: Ohne Tradition keine Modernisierung – die schwierige Erneuerung der SPD, in: *Wolfgang Schroeder* (Hrsg.), Neue Balance zwischen Markt und Staat? Sozialdemokratische Reformstrategien in Deutschland, Frankreich und Großbritannien, Schwalbach/Ts., 163-186.
Esping-Andersen, Gøsta, 1990: The Three Worlds of Welfare Capitalism, Cambridge.
Falter, Jürgen W., 1999: Die zwei Wählerschaften der SPD. Warum die Bonner Sozialdemokraten auf „ihre" Wechselwähler Rücksicht nehmen sollten, in: FAZ vom 12. Februar 1999: 11.
Fuchs, Anke, 1986: Die Zukunft sozial gestalten. Das sozialpolitische Programm der SPD. Vortrag vor dem Gesprächskreis Politik und Wissenschaft des Forschungsinstituts der Friedrich-Ebert-Stiftung in Bonn am 25. Juni 1986.
Giddens, Anthony, 1999: Der dritte Weg. Die Erneuerung der sozialen Demokratie, Frankfurt/Main.
Glotz, Peter, 1982: „Ich bin kein Doktor Eisenbart der SPD". Interview mit Peter Glotz, in: Vorwärts, Nr. 33 (12. August 1982): 6.
Glotz, Peter, 1992: Die Linke nach dem Sieg des Westens, Stuttgart.
Gohr, Antonia, 2001: Eine Sozialstaatspartei in der Opposition: Die SPD-Sozialpolitik in den 80er Jahren, in: *Manfred G. Schmidt* (Hrsg.), Wohlfahrsstaatliche Politik. Institutionen, Prozess, Leistungsprofil, Opladen, 262-293.
Gohr, Antonia, 2002: Grüne Sozialpolitik in den 80er Jahren – Eine Herausforderung für die SPD, ZeS-Arbeitspapier Nr. 5/02, Bremen: Zentrum für Sozialpolitik, Universität Bremen.
Gohr, Antonia, 2003: Was tun, wenn man die Regierungsmacht verloren hat? Die Sozialpolitik der SPD-Opposition in den 80er Jahren, Opladen (i.E.).
Heimann, Eduard, 1929: Soziale Theorie des Kapitalismus. Theorie der Sozialpolitik, Tübingen.
Hibbs, Douglas A., 1977: Political Parties and Macroeconomic Policy, in: American Political Science Review 72, Heft 4: 1467-1487.
Hofferbert, Richard I./Klingemann, Hans-Dieter, 1990: The Policy Impact of Party Programmes and Government Declarations in the Federal Republic of Germany, in: European Journal of Political Research 18: 227-304.
Hofmann, Gunter, 1999: Die Sehnsucht nach Gleichheit, in: Die Zeit, 54. Jg., Nr. 32, 5. August 1999: 3.
Hofschen, Heinz-Gerd, 1989: Ein Konzept für die Zukunft? Die Lafontaine-Debatte, in: *Heinz-Gerd Hofschen* (Hrsg.), Lafontaine, SPD und Gewerkschaften: Die Wirtschaftspolitik-Debatte, Köln, 14-45.
Hombach, Bodo, 1999: Die Balance von Rechten und Pflichten sichern. Der aktivierende Sozialstaat – das neue Leitbild, in: Soziale Sicherheit 48: 41-44.
Jun, Uwe, 2000: Die Transformation der Sozialdemokratie. Der Dritte Weg, New Labour und die SPD, in: Zeitschrift für Politikwissenschaft 10, Heft 4: 1501-1530.
Kaltefleiter, Werner, 1983: Eine kritische Wahl. Anmerkungen zur Bundestagswahl 1983, in: Aus Politik und Zeitgeschichte B 14/83 (9. April 1983): 3-17.
Kirchheimer, Otto, 1957: The Waning of Opposition in Parliamentary Regimes, in: Social Research 24 (2): 127-156.
Kirchheimer, Otto, 1965: Der Wandel des Westeuropäischen Parteiensystems, in: Politische Vierteljahresschrift 6: 20-41.
Kitschelt, Herbert, 1994: The Transformation of European Social Democracy, Cambridge.

Klingemann, Hans-Dieter/Hofferbert, Richard I./Budge, Ian, 1994: Parties, Policies, and Democracy, Boulder u.a.

Klingemann, Hans-Dieter/Volkens, Andrea, 1997: Struktur und Entwicklung von Wahlprogrammen in der Bundesrepublik Deutschland 1949-1994, in: *Oscar W. Gabriel/Oskar Niedermayer/Richard Stöss* (Hrsg.), Parteiendemokratie in Deutschland, Bonn, 517-536.

Lehmbruch, Gerhard, 1998 [2. Auflage, zuerst 1976]: Parteienwettbewerb im Bundesstaat. Regelsysteme und Spannungslagen im Institutionengefüge der Bundesrepublik Deutschland, Opladen/Wiesbaden.

Lutz, Burkart, 1989: Der kurze Traum immerwährender Prosperität: Eine Neuinterpretation der industriellkapitalistischen Entwicklung im Europa des 20. Jahrhunderts, Frankfurt/M.

Merkel, Wolfgang, 2001: Die Sozialdemokratie vor den Herausforderungen des 21. Jahrhunderts: Politische Handlungsräume und soziale Gerechtigkeit, in: *Wolfgang Schroeder* (Hrsg.), Neue Balance zwischen Markt und Staat? Sozialdemokratische Reformstrategien in Deutschland, Frankreich und Großbritannien, Schwalbach/Ts., 65-98.

Merkel, Wolfgang, 2000a: Die Dritten Wege der Sozialdemokratie ins 21. Jahrhundert, in: Berliner Journal für Soziologie, Heft 1: 99-124.

Merkel, Wolfgang, 2000b: Der „Dritte Weg" und der Revisionismusstreit der Sozialdemokratie am Ende des 20. Jahrhunderts, in: *Karl Hinrichs/Helmut Wiesenthal* (Hrsg.), Kontingenz und Krise. Festschrift für Claus Offe, Frankfurt a.M./New York, 263-290.

Merkel, Wolfgang, 1993: Ende der Sozialdemokratie? Machtressourcen und Regierungspolitik im westeuropäischen Vergleich, Frankfurt/Main, New York.

N.N., 2002: Ziele und Erfolge der Bundesregierung in der Sozialpolitik, in: Sozialpolitische Umschau 11 (20. März 2002), 128/2002, http://www.bundesregierung.de/bericht,-73106/Ziele-und-Erfolge-der-Bundesre.htm

N.N., 1997: Zur Auseinandersetzung um den wirtschaftspolitischen Kurs der SPD, in: Blätter für deutsche und internationale Politik, Heft 12 (1997): 1517-1519.

Nullmeier, Frank/Rüb, Friedbert W., 1993: Die Transformation der Sozialpolitik. Vom Sozialstaat zum Sicherungsstaat, Frankfurt/M., New York.

Offe, Claus, 1986: Sozialstaat und politische Legitimation, in: *Albrecht Randelzhofer/Werner Süß* (Hrsg.), Konsens und Konflikt. 35 Jahre Grundgesetz, Berlin/New York, 127-132.

Opielka, Michael/Zander, Margherita (Hrsg.), 1988: Freiheit von Armut. Das Grüne Grundsicherungsmodell in der Diskussion, Essen.

Opielka, Michael/Schmollinger, Martin, 1982: Zur Standortbestimmung. Grundzüge grüner Sozialpolitik, in: *Die Grünen* (Hrsg.), Grünes NRW Info – Sonderheft 1 zum bundesweiten Wirtschaftsseminar der Grünen in Landau 18.-20. Juni 1982, 58-61.

Pfaller, Alfred u.a., 1991: Welfare Statism and International Competition: The Lesson of the Case Studies, in: *dies.* (Hrsg.), Can the Welfare State Compete? A Comparative Study of Five Advanced Capitalist Countries, Houndmills u.a., 271-297.

Projektgruppe Grüner Morgentau (Hrsg.), 1986: Perspektiven ökologischer Wirtschaftspolitik. Ansätze zur Kultivierung von ökonomischem Neuland, Frankfurt/M., New York.

Rapp, Heinz, 1984: Neue wirtschaftliche Fragen seit Godesberg und mögliche Antworten, in: PDS – Perspektiven des Demokratischen Sozialismus 1/84: 37-48.

Raschke, Joachim, 1970: Parteien, Programme und „Entideologisierung". Zur Analyse von Parteiprogrammen, in: Aus Politik und Zeitgeschichte B 8/70 (21. Februar 1970): 3-23.

Rölle, Daniel, 2000: Wahlprogramme: Richtschnur parlamentarischen Handelns, in: Zeitschrift für Parlamentsfragen 31, Heft 4: 821-833.

Rose, Richard, 1984: Do Parties make a Difference?, London.

Sassoon, Donald, 1996: One Hundred Years of Socialism. The West European Left in the Twentieth Century, New York.

Sassoon, Donald, 1998: Fin-de-Siècle Socialism : The United, Modest Left, in : New Left Review, Nr. 227: 88-96.
Scharpf, Fritz W., 1987: Sozialdemokratische Krisenpolitik in Europa, Frankfurt M./New York.
Schröder, Gerhard/Blair, Tony, 1999: Der Weg nach vorne für Europas Sozialdemokraten. Ein Vorschlag von Gerhard Schröder und Tony Blair, o.O. [8.6.1999]. [zitiert als „Schröder/Blair-Papier 1999"].
Schmidt, Manfred G., 1978: Die „Politik der inneren Reformen" in der Bundesrepublik Deutschland 1969-1976, in: Politische Vierteljahresschrift 19, Heft 2: 201-253.
Schmidt, Manfred G., 1990: Die Politik des mittleren Weges, Besonderheiten der Staatstätigkeit in der Bundesrepublik Deutschland, in: Aus Politik und Zeitgeschichte B 9-10/90 (23. Februar 1990): 23-31.
Schmidt, Manfred G., 1998: Sozialpolitik. Historische Entwicklung und internationaler Vergleich, Opladen.
Schmidt, Manfred G., 2003: Rot-grüne Sozialpolitik (1998-2002), in: *Christoph Egle; Tobias Ostheim; Reimut Zohlnhöfer* (Hrsg.), Das rot-grüne Projekt. Bilanz der Bundesregierung Schröder 1998-2002, Opladen, 239-258.
Seeleib-Kaiser, Martin, 2002: Neubeginn oder Ende der Sozialdemokratie? Eine Untersuchung zur programmatischen Reform sozialdemokratischer Parteien und ihrer Auswirkung auf die Parteiendifferenzthese, in: Politische Vierteljahresschrift 43, Heft 3: 478-496.
SPD, Bündnis 90/Die Grünen, 2002: Erneuerung – Gerechtigkeit – Nachhaltigkeit. Für ein wirtschaftlich starkes, soziales und ökologisches Deutschland. Für eine lebendige Demokratie. Koalitionsvereinbarung zwischen der Sozialdemokratischen Partei Deutschlands und Bündnis90/Die Grünen, Berlin 16.Oktober 2002.
SPD-Parteivorstand, 2003: Mut zur Veränderung. Leitantrag des SPD-Parteivorstands zum Sonderparteitag am 1. Juni 2003 in Berlin, http://www.berlin-brandenburg.dgb.de/filemanager/down load/111/SPD-Leitantrag_Agenda_2010.pdf
SPD, 2002: Erneuerung und Zusammenhalt – Wir in Deutschland, Regierungsprogramm 2002-2006, Beschluss des SPD-Parteitages vom 2. Juni 2002, http://regierungsprogramm.spd .de/servlet/PB/menu/1076208/index.html.
SPD, 1998: „Arbeit, Innovation und Gerechtigkeit", SPD-Programm für die Bundestagswahl 1998, Beschluß des außerordentlichen Parteitages der SPD am 17. April 1998 in Leipzig.
SPD, 1995: Programme der deutschen Sozialdemokratie. Mit einem Vorwort von Rudolf Scharping. Sonderauflage für den Parteivorstand der Sozialdemokratischen Partei Deutschlands, Bonn.
SPD, 1994: *Historische Kommission beim Parteivorstand der SPD* (Hrsg.), Die programmatische Entwicklung der deutschen Sozialdemokratie, Bonn.
SPD, 1990: Der Neue Weg – ökologisch, sozial, wirtschaftlich stark, Regierungsprogramm 1990-1994, beschlossen vom SPD-Parteitag in Berlin am 28. September 1990.
SPD, 1986: Arbeitsgruppe Sozialpolitisches Programm: Die Zukunft sozial gestalten, Entwurf der Arbeitsgruppe Sozialpolitisches Programm und Kommission Sozialpolitik beim SPD-Parteivorstand, Bonn.
SPD, 1984: Planungsdaten für die Mehrheitsfähigkeit der SPD. Ein Forschungsprojekt des Vorstandes der SPD. Zusammenfassender Bericht, August 1984, Bonn.
Stöss, Richard/Niedermayer, Oskar, 2000: Zwischen Anpassung und Profilierung. Die SPD an der Schwelle zum neuen Jahrhundert, in: Aus Politik und Zeitgeschichte B 5/2000 (28. Januar 2000),: 3-11.
Strasser, Johano, 1978: Grenzen des Sozialstaates oder Grenzen kompensatorischer Sozialpolitik? Positionen und Perspektiven in der aktuellen Debatte um das System der sozialen Sicherung, in: *Christian Fenner/Ulrich Heyder/Johano Strasser* (Hrsg.), Unfähig zur Reform? Eine Bilanz der inneren Reformen seit 1969, Köln, 110-146.

Streeck, Wolfgang, 1998: Einleitung: Internationale Wirtschaft, nationale Demokratie?, in: *Wolfgang Streeck* (Hrsg.), Internationale Wirtschaft, nationale Demokratie. Herausforderungen für die Demokratietheorie, Frankfurt a.M./New York, 11-58.

Vobruba, Georg, 1986: Die Entflechtung von Arbeiten und Essen. Lohnarbeitszentrierte Sozialpolitik und garantiertes Grundeinkommen, in: *Michael Opielka/Georg Vobruba* (Hrsg.), Das garantierte Grundeinkommen. Entwicklung und Perspektiven einer Forderung, 39-52.

Vobruba, Georg, 1989: Arbeiten und Essen. Politik an den Grenzen des Arbeitsmarktes, Wien.

Vobruba, Georg, 1990: Lohnarbeitszentrierte Sozialpolitik in der Krise der Lohnarbeit, in *ders.* (Hrsg.), Strukturwandel der Sozialpolitik, Frankfurt/M., 11-80.

Wilson, Frank L., 1994: The Sources of Party Change: The Social Democratic Parties of Britain, France, Germany and Spain, in: *Kay Lawson* (Hrsg.), How Political Parties work. Perspectives from within, Westport u.a., 263-283.

Zinn, Karl Georg, 2002: Nicht anders, kaum besser. Rot-grüne Beschäftigungspolitik, in: Vorgänge, Heft 1/2002: 90-97.

Zohlnhöfer, Reimut, 2001: Die Wirtschaftspolitik der Ära Kohl. Eine Analyse der Schlüsselentscheidungen in den Politikfeldern Finanzen, Arbeit und Entstaatlichung, 1982-1998, Opladen.

II. Politikfeldanalysen

Mehrfache Diskontinuitäten in der Finanzpolitik

Reimut Zohlnhöfer

1 Einleitung

„Aufbruch und Erneuerung" versprach die rot-grüne Koalitionsvereinbarung – auch in der Finanzpolitik. Der folgende Beitrag untersucht, inwieweit dieses Versprechen eingelöst wurde, inwieweit sich also nach dem Regierungswechsel von 1998 tatsächlich ein finanzpolitischer Politikwechsel in Deutschland vollzog und in welche Richtung er ging. Bevor jedoch in die empirische Analyse der rot-grünen Finanzpolitik eingestiegen werden kann, müssen vor dem theoretischen Hintergrund der Parteiendifferenz- und der Mandatetheorie einige „Vorarbeiten" geleistet werden. Wenn man – in der Tradition der Parteiendifferenzhypothese – einen Politikwechsel nach einem Machtwechsel erwartet, muss zunächst die finanzpolitische Ausgangslage, wie sie die rot-grüne Regierung 1998 vorfand, dargestellt werden (Abschnitt 2). Wenn man weiterhin die Übereinstimmung der praktischen Finanzpolitik mit den Ankündigungen der Regierungsparteien überprüfen will, müssen diese Ankündigungen vorgestellt werden, was in Abschnitt 3 geschieht. Abschnitt 4 untersucht schließlich die rot-grüne Finanzpolitik in den drei Bereichen Haushalt, Steuern und Ökosteuerreform, wobei zur Erklärung dieser Politik neben der Parteiendifferenz- und der Mandatetheorie auch Ansätze verwendet werden, die Institutionen und den Wettbewerb um Wählerstimmen ins Zentrum stellen (vgl. als Überblick Zohlnhöfer 2003a). Der fünfte Abschnitt fasst die Ergebnisse zusammen.

2 Der Status quo ante: Finanzpolitik in der Ära Kohl

Die finanzpolitische Bilanz der Regierungen unter Helmut Kohl, deren Erbe die rot-grüne Koalition antrat, war in den 1990er Jahren in vielerlei Hinsicht unbefriedigend (zum Folgenden Zohlnhöfer 2000, 2001). Während die christlich-liberale Koalition in den 1980er Jahren noch vergleichsweise erfolgreich den Haushalt konsolidiert und die Steuern gesenkt hatte, blieben ihr diese Erfolge nach 1990 in weiten Teilen verwehrt. Ein wesentlicher Grund dafür dürfte in der falschen Einschätzung der tatsächlich durch die Wiedervereinigung verursachten Kosten gelegen haben, die dazu führte, dass sich die Koalition allzu leichtfertig gegen eine Erhöhung der Steuern festlegte. Deshalb sah sie sich in der Folge gezwungen, andere Finanzierungsquellen zu suchen, die sie zunächst in der Staatsverschuldung und der Flucht aus dem Budget über die Anlage von Sondervermögen, etwa des Fonds „Deutsche Einheit" und des Erblastentilgungsfonds, sowie in der Erhöhung der Sozialversicherungsbeiträge fand, während die Finanzpolitik ab Mitte der 1990er Jahre stärker durch die Realisierung von Privatisierungserlösen und die „kurzatmige Suche nach Mehreinnahmen und nach Möglichkeiten der Ausgabenkürzungen" (SVR 1997: 110) geprägt war. Entsprechend stieg die Verschuldung des Bundes sowie seiner Sondervermögen in den 1990er Jahren trotz zweier Kürzungspakete 1993 und 1996 ebenso wie der Anteil der Zinsausgaben an den Gesamtausgaben des Bundes rapide an. Die Nettokreditaufnahme des Bundes erreichte 1996 mit 78,3 Mrd. DM (2,2% des BIP) einen absoluten Spitzenwert, der bis 1998 auf 56,4 Mrd. DM (1,5% des BIP) reduziert werden konnte. Die Staatsquote, die 1990 noch bei 45,8% gelegen hatte, überstieg 1993 die 50%-Marke und lag auch 1998 noch bei über 48% (Zohlnhöfer 2001: 265).

Auch bei der Abgabenbelastung erreichte die christlich-liberale Koalition ihr Ziel der Entlastung der Bürger nicht. Dies lag allerdings ausschließlich an den Sozialversicherungsbeiträgen, die infolge der deutschen Einheit massiv anstiegen und die auch durch verschiedene Reformen nicht nachhaltig gesenkt werden konnten. Lag der Beitrag zu den Sozialversicherungen 1990 noch bei 35,8% des Bruttoarbeitsentgelts, stieg er bis 1998 auf 42,3%, sodass auch der Anteil der Sozialabgaben am Bruttoinlandsprodukt (BIP) von 16 auf 19% stieg. Die Steuerquote sank dagegen zwischen 1990 und 1998 (Zohlnhöfer 2000: 28).

Gerade in Zeiten der Globalisierung ist für die Entwicklung der Steuerpolitik neben der Steuerquote allerdings auch die steuerliche Belastung von Unternehmen von Interesse. So ist argumentiert worden, dass in der Ära Kohl trotz der nur geringen Senkung der tariflichen Steuersätze wegen des großflächigen Ausbaus von Steuerermäßigungen die effektive Unternehmensbesteuerung auf ein im OECD-Vergleich außerordentlich niedriges Niveau gefallen sei (Hettich/Schmidt 2001). Allerdings ist diese These aufgrund methodischer Einwände nicht unwidersprochen geblieben (Gutekunst et al. 2003). Die Zusammenschau unterschiedlicher Indikatoren der steuerlichen Belastung von Unternehmen vermittelt jedenfalls kein eindeutiges Bild über die Position der Bundesrepublik (vgl. Wagschal 2001: 129-131). Die Belastung der Arbeit mit Steuern und Sozialabgaben war dagegen insbesondere in den 1990er Jahren merklich angestiegen. Die christlich-liberale Koalition selbst sah ihre steuerpolitische Agenda Mitte der 1990er Jahre jedenfalls noch nicht als abgearbeitet an. Doch die weitreichende Steuerreform, die sie 1997 verabschiedete („Petersberger Steuervorschläge"), mit der in großem Umfang Steuersätze gesenkt und die Steuerbasis verbreitert werden sollten, ließ sich gegen den SPD-dominierten Bundesrat nicht durchsetzen (ausführlicher Zohlnhöfer 2001: 236ff.).

3 Rot-grüne Ankündigungen

Was versprachen die beiden neuen Regierungsparteien ihren Wählern in ihren Wahlprogrammen? Vergleicht man die Wahlplattformen der beiden Koalitionsparteien im Bereich Finanzpolitik miteinander, fällt 1998 eine relativ hohe Übereinstimmung auf (zum Folgenden Bündnis 90/Die Grünen 1998a: 13-19, 61-66; 1998b: 8-12; SPD 1998: 26-30): In der Haushaltspolitik betonten beide Seiten die Notwendigkeit einer Rückführung der Haushaltsdefizite, wobei aber in keinem Fall einer allgemeinen Rückführung der wirtschaftlichen Rolle des Staates das Wort geredet wurde. Übereinstimmung herrschte ebenfalls beim Bestreben, die Bereiche Bildung und Forschung finanziell besser auszustatten. In der Steuerpolitik plädierten beide Seiten für eine Reform, die in erster Linie niedrigeren Einkommen zu Gute kommen sollte. Über die Finanzierung der Reform durch eine Verbreiterung der Bemessungsgrundlage, die vor allem im Bereich der Besserverdienenden und der Unternehmen ansetzen sollte, sowie die Wiedereinführung der Vermögensteuer herrschte ebenso Konsens wie über den Einstieg in eine ökologische Steuerreform, die durch eine Erhöhung der Energiesteuern eine Senkung der Lohnnebenkosten möglich machen sollte. In allen diesen Fällen finden sich interessanterweise bei den Grünen konkretere Aussagen als bei der SPD.

Unterschiede lassen sich bei den anvisierten Steuersätzen der Einkommensteuer feststellen, wo die Grünen (45%) einen niedrigeren Spitzensteuersatz als die Sozialdemokraten (49%) forderten; noch gravierender waren sicherlich die Unterschiede bei der Erhöhung der Mineralölsteuer: Während Bündnis 90/Die Grünen (1998a: 17) in ihrem Wahlprogramm eine Erhöhung um 50 Pfennig je Liter im ersten Jahr und um jeweils 30 Pfennig je Liter in den Folgejahren vorschlugen, sodass der Liter Benzin nach 10 Jahren rund 5 DM kosten sollte, war bei den Sozialdemokraten (1998: 59f.) lediglich von einer „maßvollen und berechenbaren Belastung des umweltschädlichen Energieverbrauchs" die Rede. Es muss allerdings darauf hingewiesen werden, dass auch die Grünen selbst (1998b: 8) nach dem verheerenden Echo auf diese Vorschläge in der Öffentlichkeit und ihrem Absturz in den Umfragen ein so genanntes „Vierjahresprogramm" verabschiedeten, in dem insbesondere auf die 5-DM-pro-Liter-Forderung verzichtet wurde. Stattdessen wurde das Ziel vorgegeben, bis 2002 den Anteil der Sozialversicherungsbeiträge auf „deutlich weniger als 40% des Bruttolohns" zu senken. Auffallend ist zudem, dass man bei den Grünen vergebens nach Vorschlägen für eine Reform der Unternehmensbesteuerung sucht, während die SPD (1998: 27) hier die Senkung der Körperschaftsteuersätze und des Steuersatzes für gewerbliche Einkommen „auf ein international vergleichbares Niveau" ankündigte.

Insgesamt jedoch verband die neuen Koalitionspartner mit einer stärkeren Betonung der Rolle des Staates, der Betonung eines Umverteilungsaspekts in der Steuerpolitik und dem Einstieg in die ökologische Steuerreform vieles, was sie von der Politik der abgelösten christlich-liberalen Koalition trennte.

Allerdings sollte nicht übersehen werden, dass es in beiden Parteien im Laufe der 14. Legislaturperiode deutliche programmatische Auseinandersetzungen um die wirtschaftspolitische Ausrichtung gab. So profilierten sich die wirtschafts-, finanz- und haushaltspolitischen Sprecherinnen der Grünen insbesondere ab 1999 beispielsweise durch eine entschlossene Verteidigung und sogar die Forderung nach einer Forcierung des Konsolidierungskurses der Regierung, obwohl dieser Kurs innerparteilich keineswegs unumstritten war (vgl. hierzu Rüdig 2002: 99ff.). Ebenso kam es in der SPD nach dem Rücktritt Oskar Lafontaines zu vermehrten Auseinandersetzungen um den wirtschafts- und finanzpolitischen Kurs der Partei, die ihren Höhepunkt in der Debatte um das sogenannte Schröder-Blair-Papier im Sommer 1999 fanden. Auch in der SPD blieb die Debatte um die zukünftige Richtung der Wirtschafts- und Finanzpolitik allerdings bis in die 15. Wahlperiode hinein unentschieden, wie beispielhaft die stockende Arbeit an einem neuen Parteiprogramm verdeutlicht (dazu Egle/Henkes 2003: 84ff.). Im Vergleich mit den stärker traditionell-sozialdemokratisch anmutenden finanzpolitischen Ankündigungen beider Koalitionäre in den Wahlplattformen 1998 ist im Verlauf der ersten Regierung Schröder für beide Parteien jedoch ein Schwenk hin zu stärker angebotsökonomischen Positionen in der Wirtschafts- und Finanzpolitik zu konstatieren. Diese schlugen sich jedoch in den Wahlplattformen beider Koalitionsparteien zur Bundestagswahl 2002 nur begrenzt nieder. Während die SPD schlicht den in der vorangegangenen Legislaturperiode verfolgten Kurs verteidigte, finden sich bei den Grünen (2002: 36f.) neben der Ankündigung einer Weiterentwicklung der Ökosteuerreform auch Forderungen nach der weiteren Anhebung des Grundfreibetrages der Einkommensteuer (auf € 7664), einer verfassungskonformen Vermögensteuer und der stärkeren Besteuerung von Veräußerungsgewinnen von Kapitalgesellschaften – nicht gerade Programmpunkte angebotsorientierter Orthodoxie.

Weiterhin ist festzustellen, dass „der grüne Koalitionspartner keine eigenständige wirtschaftspolitische Profilierung in die Regierungsarbeit einbrachte und sich weitgehend der ‚SPD-Wirtschaftskompetenz' unterordnete" (Heise 2002: 29; vgl. auch Rüdig 2002: 100). Dies schlug sich nicht zuletzt auch in den personalpolitischen Entscheidungen 1998 nieder: So waren die Grünen zunächst in den wirtschaftspolitischen Schlüsselministerien Finanzen, Wirtschaft sowie Arbeit und Sozialordnung weder mit einem Minister noch einem Parlamentarischen Staatssekretär vertreten. 2001 zog dann zwar mit Margareta Wolf eine grüne Politikerin als Parlamentarische Staatssekretärin ins Wirtschaftsministerium ein; dennoch ist für die Finanzpolitik der Jahre 1998 bis 2003 nur von einem marginalen Einfluss des kleinen Koalitionspartners auszugehen.

4 Die Finanzpolitik der rot-grünen Bundesregierung

Im Folgenden soll die Finanzpolitik der rot-grünen Bundesregierung in den drei Feldern Haushalt, Steuern und Ökosteuerreform daraufhin untersucht werden, ob sich einerseits Differenzen zur abgelösten christlich-liberalen Koalition feststellen lassen, und ob die Regierungsparteien andererseits das hielten, was sie in ihren Wahlprogrammen versprochen hatten.

4.1 Haushaltspolitik

Die rot-grüne Bundesregierung begann ihre Arbeit mit der Ankündigung einer deutlichen finanzpolitischen Kurskorrektur. Insbesondere der neue Finanzminister Oskar Lafontaine hatte sich seit seiner Wahl zum SPD-Vorsitzenden auf dem Mannheimer Parteitag 1995 um eine Neuorientierung der sozialdemokratischen Wirtschafts- und Finanzpolitik bemüht, die vor allem der gesamtwirtschaftlichen Nachfrage wieder größeres Gewicht einräumen sollte (Lafontaine 1999: 46ff.). Dabei konnte er sich zunächst in vielen Bereichen der Finanzpolitik gegen die so genannten Modernisierer innerhalb der SPD, die für eine „ökonomische Angebotspolitik von links" (Hombach 1998: 42) eintraten, durchsetzen.

Dies zeigte nicht zuletzt der erste Bundeshaushalt des neuen Finanzministers, der für 1999 mit einer Ausgabensteigerung von über 6%, also rund 30 Mrd. DM, aufwartete (SVR 1999: 152). Verglichen mit dem Ansatz der alten Bundesregierung für 1999 sollten die Ausgaben um 4% steigen. Besonders die überdurchschnittliche Erhöhung des Budgets des Sozialministers um knapp 12% trug zumindest auf den ersten Blick eine deutlich sozialdemokratische Handschrift, wenngleich zu berücksichtigen ist, dass sich hierin auch der Effekt der teilweisen Umfinanzierung der Rentenversicherungsausgaben durch die Ökosteuer (s.u.) niederschlug. Rechnet man diesen Effekt heraus, ergibt sich immer noch eine Erhöhung der Bundesausgaben um knapp 2% (OECD 1999: 50), etwa durch zusätzliche Ausgaben für aktive Arbeitsmarktpolitik, Bildung und ein Milliardenprogramm zur Förderung der Solarenergie (JWB 1999: 55). Daher kommt man nicht umhin, den ersten rot-grünen Haushalt als moderat expansiv zu klassifizieren, insbesondere angesichts der Tatsache, dass sich Deutschland in einer Aufschwungphase befand, sodass sich die rot-grüne Haushaltspolitik unter Lafontaine durchaus als Versuch charakterisieren lässt, die konjunkturelle Belebung durch die Stärkung der Binnennachfrage zu verstärken (SVR 1999: 151; Heise 2002: 36; Harlen 2002: 67).

Dieser deutlich sozialdemokratisch gefärbte Politikwechsel ging nach 136 Tagen mit dem Rücktritt Oskar Lafontaines zu Ende. Lafontaines Rücktritt führte sowohl programmatisch, vor allem mit der Diskussion um das Schröder-Blair-Papier, als auch in der praktischen Finanzpolitik zu einem neuerlichen Politikwechsel. Lafontaines Nachfolger als Finanzminister, Hans Eichel, stellte im Juni 1999 sein „Zukunftsprogramm zur Sicherung von Arbeit, Wachstum und sozialer Stabilität" vor, das die Finanzplanung für die folgenden Jahre skizzierte und für das Jahr 2000 Kürzungen im Bundeshaushalt um 30 Mrd. DM und eine Senkung der Ausgaben um 1,5% vorsah. Damit wurde fast exakt die Ausgabensteigerung des Vorjahres zurückgenommen. Dabei wurde allen Ressorts eine Kürzungsrate von 7,4% vorgegeben[1], es kam also nicht zu Umschichtungen zwischen den Ressorts (SVR 1999: 152). Die größten Einsparungen, nämlich in einem Volumen von rund 12,5 Mrd. DM, mussten deshalb im Bereich des Bundesministeriums für Arbeit und Sozialordnung erbracht werden. Hier wurden u.a. die originäre Arbeitslosenhilfe gestrichen, die Beiträge zur Gesetzlichen Rentenversicherung für Empfänger von Arbeitslosengeld und -hilfe sowie für Wehr- und Ersatzdienstleistende gesenkt und die Renten im Jahr 2000 nur in Höhe der Inflationsrate angepasst (Sitte 2000: 363).[2] Allerdings gingen einige dieser Einsparungen zu Lasten der Kommunen und der Sozialversicherungen, sodass der Staatshaushalt nicht im gleichen Umfang entlastet wurde wie der Bundeshaushalt (OECD 1999: 54f.).

Auch in den Folgejahren setzte die rot-grüne Koalition ihre Konsolidierungsbemühungen fort, wenngleich von Sparpolitik kaum gesprochen werden kann, weil es praktisch nicht zu weiteren Kürzungen kam, sodass der Sachverständigenrat (2002: 16) angesichts der Finanzmisere im Herbst 2002 mit Recht von „unzureichende[n] Konsolidierungsanstrengungen in der Vergangenheit" sprechen konnte. So lag die Nettokreditaufnahme 2001, wenn man die UMTS-Erlöse außer Betracht lässt, mit 22,8 Mrd. € nur um 900 Mio. € unter der des Vorjahres, sodass auch der Anteil des Haushaltsdefizits des Bundes am BIP nur langsam zurückging. Allerdings wurde die Konsolidierung des Bundeshaushaltes durch die knapp 100 Mrd. DM Erlöse aus der Versteigerung der UMTS-Lizenzen, die ausschließlich zur Reduzierung der Staatsverschuldung genutzt wurden, vorangetrieben. Für 2002 sollte die Nettokreditaufnahme ursprünglich immer noch 21,1 Mrd. € betragen – eine Neuverschuldung, die jedoch nicht einmal ausreichte, sodass im November 2002 ein Nachtragshaushalt verabschiedet werden musste, der eine Nettokreditaufnahme von 34,6 Mrd. € erlaubte. Die Neuverschuldung des Bundes betrug dann letztlich zwar nur 31,8 Mrd. €, womit sie aber immer noch erheblich über seinen Investitionsausgaben (25 Mrd. €) lag, sodass die Bundesregierung eine Störung des gesamtwirtschaftlichen Gleichgewichts feststellen musste, um die Verfassungswidrigkeit des Haushaltes zu vermei-

---

[1] Die Ausgabenkürzung von 7,4% bezog sich auf die Finanzplanung für das Jahr 2000. Im Vergleich zum Haushaltssoll 1999 wurden für 2000 nur 7,5 Mrd. DM oder 1,5% des Haushaltsvolumens eingespart (SVR 1999: 152). Erreicht wurde allerdings nur ein Ausgabenrückgang um 1,0% gegenüber 1999 (JWB 2001: 27).

[2] Ursprünglich sollten die Renten auch im Jahr 2001 nur in Höhe der Inflationsrate angepasst werden. Dies wurde durch die Rentenreform jedoch zurückgenommen.

den.[3] Zudem lag die gesamtstaatliche Verschuldung der Bundesrepublik erheblich über 3% des Bruttoinlandsproduktes, sodass Deutschland die Vorgaben des europäischen Stabilitätspakts nicht einhalten konnte.

Der Haushaltsentwurf für 2003, der noch vor der Bundestagswahl in den Bundestag eingebracht wurde, sah zunächst nur noch eine Nettokreditaufnahme von 15,5 Mrd. € vor, ohne dass nennenswerte Sparmaßnahmen genannt worden wären. Der Finanzminister setzte angesichts des nahenden Wahltermins allein auf Zinsersparnisse, um dieses Ziel zu erreichen, und rechnete zusätzlich damit, keinen Zuschuss an die Bundesanstalt für Arbeit leisten zu müssen. Nach der gewonnenen Bundestagswahl räumte die Bundesregierung ein, dass die dem Haushaltsentwurf zugrunde gelegten Daten überholt waren, und die Koalitionsparteien mussten einerseits die Nettokreditaufnahme um 3,4 Mrd. € gegenüber dem ursprünglichen Entwurf ausweiten und andererseits Einnahmeverbesserungen im Volumen von geplanten 15,6 Mrd. € vereinbaren (BT-Drs. 15/481: 35). Letztlich durchgesetzt wurden jedoch nur Mehreinnahmen bei der Besteuerung von Kapitalgesellschaften im Umfang von rund 4,4 Mrd. € (Das Parlament, 14.4.2003). Dieses Ergebnis wiederum trägt gemeinsam mit der anhaltend hohen Arbeitslosigkeit und Steuerausfällen in Rekordhöhe dazu bei, dass 2003 die Nettokreditaufnahme erneut erheblich über dem Haushaltsansatz liegen und somit ein Nachtragshaushalt notwendig werden wird. So könnte das Defizit 2003 nach Angaben des Bundeskanzlers rund doppelt so hoch wie ursprünglich geplant ausfallen und in der Größenordnung von 38 Mrd. € liegen (FAZ, 23.5.2003). Daher wird die Neuverschuldung 2003 erneut erheblich über den Investitionsausgaben liegen, sodass die Bundesregierung wie schon 2002 eine Störung des gesamtwirtschaftlichen Gleichgewichts feststellen muss, um die Verfassungsmäßigkeit des Haushalts zu garantieren. Ebenso erklärte Eichel bereits im Mai 2003, dass auch eine neuerliche Verletzung des europäischen Stabilitätspaktes in diesem Jahr unvermeidlich und auch der vollständige Haushaltsausgleich bis zum Jahr 2006 „nicht mehr zu schaffen" sei, „es sei denn, es geschieht ein ökonomisches Wunder" (Interview in Der Spiegel, 12.5.2003). Auf ein neues Zieljahr für den Haushaltsausgleich mochte sich die Bundesregierung nicht mehr festlegen, wenngleich prinzipiell am Ziel der Haushaltskonsolidierung festgehalten und die Zielvorgaben des Stabilitätspaktes wenigstens für 2004 durch erhebliche Einsparungen etwa bei Subventionen, die auf 10 Mrd. € beziffert wurden, wieder eingehalten werden sollen.

---

[3] Der Sachverständigenrat (2002: 291) sah in seinem Jahresgutachten 2002 bei einem abweichenden Votum den Artikel 115 GG in jedem Fall verletzt, da keine „,ernsthafte und nachhaltige' Abweichung vom Trend" der wirtschaftlichen Entwicklung und damit keine „weitere deutliche Verschlechterung bei der Zielerreichung" erkennbar sei. Zudem bezweifelten die Wissenschaftler, dass eine erhöhte Kreditaufnahme geeignet sei, die Störung des gesamtwirtschaftlichen Gleichgewichts abzuwehren.

Ansätze einer aktiven Konjunktursteuerung durch die Finanzpolitik, wie sie Lafontaine anstrebte, wurden nach dessen Rücktritt (bisher) nicht weiter verfolgt. Insbesondere der Verzicht auf eine aktivere Rolle der Bundesregierung angesichts der Konjunkturschwäche ab dem Sommer 2001 ist in diesem Zusammenhang zu nennen, ja: mit dem Begriff der „Politik der ruhigen Hand" wurde dieser Verzicht geradezu zum Markenzeichen der rot-grünen Finanzpolitik in der Post-Lafontaine-Phase bis 2002.[4] Eine signifikante Rückführung der Staatsquote gelang jedoch trotz der Bemühungen um eine Konsolidierung des Bundeshaushaltes nicht, die Quote lag 2002 noch bei 48,6% (SVR 2002: 139).

Betrachtet man die qualitative Seite der Konsolidierung, fällt auf, dass einerseits – trotz zahlreicher neuer steuerlicher Ausnahmetatbestände durch die Ökosteuer, die erst ab Ende 2002 abgebaut wurden – eine leichte Senkung der Subventionen gelungen zu sein scheint. Nach den Daten des Finanzministeriums sanken die Subventionen des Bundes von 21,8 Mrd. € im Jahr 1999 auf 21,4 Mrd. € 2002, wofür im Wesentlichen sinkende Finanzhilfen an den Bergbau verantwortlich sind (BMF 2002: 13), die jedoch bereits von der alten Bundesregierung durchgesetzt worden waren (Zohlnhöfer 2001: 269). Andererseits blieb eine signifikante Erhöhung der Investitionsausgaben vorerst aus: Deren Anteil an den Gesamtausgaben bewegte sich bis 2002 etwa auf dem Niveau von 1998 (vgl. OECD 2001: 47).

Dennoch kam es zu nennenswerten Verschiebungen innerhalb des Bundeshaushaltes. Insbesondere die Ausgaben im Bereich Arbeit und Sozialordnung – ohnehin der bei weitem größte Haushaltsposten – stiegen nochmals deutlich überdurchschnittlich an, was zu einem erheblichen Teil der Umfinanzierung der Rentenversicherung durch die Ökosteuer geschuldet ist. Daneben konnte insbesondere das Ministerium für Bildung und Wissenschaft überdurchschnittliche Erhöhungen seines Budgets erreichen (vgl. Henkes/Kneip 2003). Diesem Ministerium kam nicht zuletzt zu Gute, dass die Zinsersparnisse von jährlich 5 Mrd. DM, die dadurch erreicht wurden, dass die Erlöse aus der Versteigerung der UMTS-Lizenzen ausschließlich zur Schuldentilgung verwendet wurden, in Bildung, Forschung und Infrastruktur flossen. Die Verteidigungsausgaben dagegen stiegen trotz der vielfältigen Auslandseinsätze der Bundeswehr nicht überdurchschnittlich.

Die rot-grüne Haushaltspolitik zerfällt somit in zwei Phasen. In der ersten Phase versuchte Oskar Lafontaine, über einen expansiven Haushalt eine konjunkturelle Belebung zu erreichen – eine deutliche konzeptionelle Abweichung vom Pfad der

---

[4] Dass sich mit dem von Bundeskanzler Schröder in seiner Regierungserklärung vom 14. März 2003 angekündigten Kreditprogramm, bei dem der Bund Zinsen für Kredite für die kommunale Infrastruktur und die Wohnraummodernisierung subventionieren will, eine neuerliche Wende ankündigt, kann noch nicht behauptet werden. Der Umfang der subventionierten Kredite (15 Mrd. €) sowie die Kosten für den Bund (1 Mrd. €) weisen eher darauf hin, dass es sich hier um symbolische Politik handelt.

christlich-liberalen Koalition. Mit der Übernahme des Finanzministeriums durch Hans Eichel und dem Beginn der zweiten Phase ist dagegen ein neuerlicher Kurswechsel festzustellen, der zumindest in Teilen Konzepte wieder aufnahm, die auch von der alten Bundesregierung vertreten worden waren, ja, einige Beobachter meinen gar, der Kurs der rot-grünen Bundesregierung stelle „eine noch radikalere Fortsetzung der Fiskalpolitik der Kohl-Regierung" dar (Eicker-Wolf 2002: 41). Diese Einschätzung ist sicherlich unzutreffend, wird man doch weder Theo Waigel noch Hans Eichel radikale Sparpolitik unterstellen können, zumal Letzterer seine Kollegen nach 1999 mit weiteren Sparpaketen verschonte und erst nach der gewonnenen Bundestagswahl wieder den Rotstift ansetzte. Doch in der Tat verzichtete die rot-grüne Koalition ab dem Sommer 1999, wie ihre Vorgängerin, ganz bewusst auf den Einsatz der Finanzpolitik zum Zweck der gesamtwirtschaftlichen Stabilisierung und hielt auch die sozialdemokratisch geführte Regierung einen Konsolidierungskurs für notwendig, sodass tatsächlich ein Abnehmen der Parteiendifferenzen zu konstatieren ist. Daran ändert auch das deutliche Verfehlen der finanzpolitischen Ziele, das sich bezeichnender Weise für beide Regierungen feststellen lässt, nichts.

Diese Diskontinuität der rot-grünen Haushaltspolitik ist durchaus mit der Programmlage vereinbar, die nämlich nur ausgesprochen wenig konkrete Aussagen zur Entwicklung der Staatsfinanzen beinhaltete und auf die man sich daher in beiden Phasen berufen konnte.[5] Der Mangel an Konkretisierung in der finanzpolitischen Konzeption lässt sich darauf zurückführen, dass 1998 widersprüchliche und teilweise unvereinbare wirtschaftspolitische Konzepte innerhalb der SPD nebeneinander standen, der es im Wahlkampf mit dem diffusen Konzept der „neuen Mitte" und den thematischen Schlüsselbegriffen „Innovation und Gerechtigkeit" lediglich – wenngleich ausgesprochen erfolgreich – gelungen war, ihre programmatischen Differenzen zu überdecken. Tatsächlich war die SPD jedoch insbesondere in der Wirtschafts- und Finanzpolitik „weder programmatisch noch politisch-konzeptionell auf die Regierungstätigkeit vorbereitet" (Stöss/Niedermayer 2000: 5), sodass nach der gewonnenen Bundestagswahl die Unterschiede zwischen ‚Modernisierern' und ‚Traditionalisten' wieder deutlich wurden.

In der Terminologie des Vetospieler-Theorems von Tsebelis (2002) wäre die SPD demnach als ein Vetospieler mit geringer Kohäsion zu begreifen, was unter Anwendung der Mehrheitsregel für interne Entscheidungen zu geringer *Policy*-Stabilität, also potenziell großem Wandel führen kann, zumal die Grünen als absorbiert gelten können (s.o.). In einer solchen Konstellation wird der *output* sehr stark von der Position des *Agenda-Setters*, der im vorliegenden Fall der mit verhältnismäßig großer Autonomie

---

[5] Lediglich eine Umschichtung des Haushalts zu Gunsten einer Ausweitung der Ausgaben für Bildung und Wissenschaft und eine stärkere Steuerfinanzierung der Sozialversicherungen über die Ökosteuer wurden in den Programmen konkret genannt und im Verlauf der Legislaturperiode auch umgesetzt.

ausgestattete Finanzminister war, abhängen. Der *Agenda-Setter* hat nämlich den Vorteil des ersten Zuges, er kann also die Veränderung des Status quo vorschlagen, die der eigenen Position am nächsten kommt und von einer Mehrheit innerhalb des Vetospielers, im vorliegenden Fall also der SPD, gerade noch dem Status quo vorgezogen wird (Tsebelis 2002: 34; s. auch Scharpf 1997: 159f.). Dies erklärt, warum Lafontaine zu Beginn der Regierungszeit die Möglichkeit besaß, seine Ziele in erheblichem Maße umzusetzen: Nicht nur konnte er als SPD-Vorsitzender erheblichen Einfluss auf die Willensbildungsprozesse des wirtschaftspolitisch wenig kohäsiven großen Koalitionspartners nehmen; wichtiger ist, dass er das in Deutschland relativ stark ausgeprägte Ressortprinzip (vgl. Zohlnhöfer 2001: 30) nutzen konnte, um als *Agenda-Setter* aufzutreten. So konnte Lafontaine zunächst, wenn auch gegen teilweise offenen Widerstand einiger sozialdemokratischer Modernisierer, seine Vorstellungen in erheblichem Ausmaß durchsetzen.

Auf der anderen Seite genügte dann jedoch auch bereits Lafontaines – von Schröder offenbar wenigstens teilweise provozierter (Lafontaine 1999: 221ff.; Lees 2000: 126f.) – Rücktritt, um einen Richtungswechsel in der Haushaltspolitik durchzusetzen. Dieser finanzpolitische Kurswechsel und insbesondere das „Zukunftsprogramm" bewirkte zwar zunächst einen Proteststurm der „SPD-Traditionalisten" (NZZ, 30.7.1999), doch letztlich war die SPD-Linke nach Lafontaines Rücktritt zu schwach, um den neuen finanzpolitischen Kurs noch ernsthaft infrage zu stellen (Lees 2000: 135), der bereits auf dem Berliner Parteitag vom Dezember 1999 eine breite Mehrheit fand (Raschke 2001: 124f.). Die Zustimmung dürfte den ‚Traditionalisten' durch den Verzicht auf weitere Kürzungsmaßnahmen nach 1999 erleichtert worden sein.

Diese Zurückhaltung bei weiteren Kürzungsmaßnahmen dürfte allerdings nicht zuletzt auch dem Parteienwettbewerb geschuldet gewesen sein, erlitt die SPD doch nach der Ankündigung des „Zukunftsprogramms" im zweiten Halbjahr 1999 empfindliche Niederlagen bei einer Reihe von Landtagswahlen, die zumindest teilweise auf die in dem Sparpaket enthaltenen Sozialkürzungen zurückgeführt wurden (vgl. Broughton 2000). Aus dem gleichen Grund erhielt die Koalition insbesondere im Sommer 2002 die überoptimistischen Annahmen über den Zustand der Staatsfinanzen noch bei der Beratung über den Bundeshaushalt 2003 wenige Tage vor der Bundestagswahl aufrecht, während in den Wochen unmittelbar nach der Wahl die Notwendigkeit eines Nachtragshaushaltes noch für 2002 sowie erheblicher Einsparung und Steuermehreinnahmen in den Folgejahren eingestanden wurde – mit der Folge, dass sich viele Wähler getäuscht fühlten und die Regierung, vor allem die SPD, in den Monaten nach der Bundestagswahl in der politischen Stimmung in beispiellosem Maße abstürzte (Politbarometer 02/2003).

Das Abnehmen von Parteiendifferenzen, wie es eben auch in der deutschen Haushaltspolitik seit 1999 zu beobachten ist, wird in der politikwissenschaftlichen Literatur häufig mit dem Einfluss von gegenmajoritären Institutionen und Vetospielern (Tsebelis 2002; Zohlnhöfer 2003a) in Zusammenhang gebracht. Für den deutschen Fall ist dabei insbesondere an den Bundesrat zu denken, in dem die rot-grüne Koalition ja schon nach wenigen Monaten die eigene Mehrheit verlor. Für die rot-grüne Haushaltspolitik bis 2002 war der Einfluss des Bundesrates jedoch gering, da lediglich einige Teile des Eichel'schen Sparpakets zustimmungsbedürftig waren, bei denen die Länderkammer dann auch tatsächlich Konzessionen ‚im Wert' von 2,3 Mrd. DM erzwang (Das Parlament, 24.12.1999). Dagegen wurden die Bemühungen um Einnahmeverbesserungen nach der Bundestagswahl 2002 in erheblich größerem Maße von den abweichenden Mehrheitsverhältnissen im Bundesrat beeinflusst. Die Koalition hatte u.a. eine Mindestbesteuerung großer Unternehmen, die Beschränkung des Kreises der Produkte, die mit dem ermäßigten Mehrwertsteuersatz belegt werden, die Besteuerung von Veräußerungsgewinnen für Wertpapiere und nicht selbst genutzte Grundstücke, eine höhere Besteuerung von Firmenwagen, Einschränkungen bei der Eigenheimzulage sowie die Abschaffung des Bankgeheimnisses durch Kontrollmitteilungen von Banken an Finanzämter beschlossen. Der Bundesrat lehnte das sog. Steuervergünstigungsabbaugesetz allerdings ab, sodass diese Maßnahmen nicht in Kraft treten konnten. Die Union erreichte im Vermittlungsausschuss vielmehr die Beschränkung der Verbreiterung der Bemessungsgrundlage auf den Bereich der Kapitalgesellschaften (vgl. im Einzelnen Die Welt, 10.4.2003), wodurch das ursprünglich angestrebte Volumen der Mehreinnahmen auf ein gutes Viertel sank (4,4 statt 15,6 Mrd. €).

Die bisherige Erklärung der finanzpolitischen Wende von 1999 konzentrierte sich sehr stark auf nationalstaatliche Konstellationen. Bleibt damit aber nicht die internationale, insbesondere europäische Beschränkung der Haushaltspolitik ungerechtfertigter Weise außer Betracht? Der haushaltspolitische Kurswechsel vom Sommer 1999 ließe sich auf den ersten Blick tatsächlich als Bestätigung der These auffassen, dass unter den Bedingungen des Europäischen Stabilitäts- und Wachstumspaktes keine expansive Fiskalpolitik mehr möglich sei (vgl. als Überblick über die einschlägigen Regelungen Hallerberg 2002). Doch scheint diese Interpretation nicht ganz stichhaltig zu sein: Der finanzpolitische Kurswechsel war vielmehr das Ergebnis innerparteilicher Auseinandersetzungen, bei denen sich letztlich die ‚Modernisierer' in der SPD gegen den Lafontaine-Flügel durchsetzen konnten. Ziel der ‚Modernisierer' war aber nicht in erster Linie die Anpassung an den Stabilitäts- und Wachstumspakt; entscheidender für die Ausgestaltung der Haushaltspolitik unter Eichel dürfte vielmehr die Sorge um die eingeschränkte Gestaltungsfähigkeit des Staates durch die hohe Staatsverschuldung gewesen sein: „Der sozialen Gerechtigkeit heute wegen und der Handlungsfähigkeit des Staates heute und in Zukunft wegen müssen wir heraus aus der Schuldenfalle. [...] Es führt kein Weg an einer konsequenten Haushaltskonsolidierung vorbei" (PlPr. 14/54: 4651). Der Finanzpolitik der rot-grünen Regierung ging es seit dem Sommer 1999 also eher um „die Wiedergewinnung finanzpolitischer Handlungsspielräume" (JWB 2001: 26) als allein um die Erfüllung der Vorgaben des Stabilitätspaktes.

Zwar argumentierte auch Eichel, dass es „sich die Leitwirtschaft in Europa auf gar keinen Fall leisten" könne, den Stabilitätspakt nicht einzuhalten (PlPr. 14/54: 4651). Doch zeigte nicht zuletzt die Auseinandersetzung um die haushaltspolitische Frühwarnung an die Bundesregierung im Februar 2002 die Grenzen des Stabilitätspaktes auf. Nachdem die EU-Kommission eine solche Frühwarnung empfohlen hatte, versuchte die Bundesregierung mit aller Macht, die notwendige qualifizierte Mehrheit im Rat zu verhindern, was ihr schließlich auch gelang – wenn auch mit dem Zugeständnis, dass die Bundesregierung sich (und die übrigen Gebietskörperschaften!) zu strikter Haushaltsdisziplin und dem Vorlegen eines „nahezu ausgeglichenen" Staatshaushaltes bis 2004 verpflichtete.[6] Dennoch wurde in der Presse von einem „Kniefall vor Deutschland" (NZZ, 13.2.2002) und einer „Koalition der Krähen, die einander die Augen nicht auspicken" (FAZ, 13.2.2002) gesprochen, durch die der Stabilitätspakt aufgeweicht würde; doch auch das Europäische Parlament kritisierte in seiner Entschließung vom 15. Mai 2002 zur jährlichen Bewertung der Durchführung der Stabilitäts- und Konvergenzprogramme (2002/2016 (INI)), „dass die Vorschriften des Stabilitäts- und Wachstumspaktes im Verlauf der gegenwärtigen Prüfung der Stabilitäts- und Konvergenzprogramme durch den Rat im Falle Deutschlands und Portugals nicht streng angewendet wurden" (zit. nach BT-Drs. 15/737: 8).

In der Tat ist die Haushaltspolitik auf Bundesebene jedenfalls bis zur Bundestagswahl 2002 – abgesehen von der Vereinbarung eines nationalen Stabilitätspaktes, bei dem aber keine Sanktionen vorgesehen sind – kaum von Eichels Zugeständnis beeinflusst worden; im Gegenteil lag die staatliche Defizitquote 2002, und aller Voraussicht nach auch 2003, trotz der Selbstverpflichtung der Bundesregierung ganz erheblich über der 3%-Marke. Insofern dürfte der Verweis auf die Zwänge des Stabilitätspaktes wenigstens bis 2002 in erster Linie der Rechtfertigung unpopulärer Kürzungsmaßnahmen gedient haben, wenngleich die indirekten Effekte des Paktes, etwa über die noch stärkere Thematisierung der Staatsverschuldung in den Medien schwer abgeschätzt werden können. Ob die Einleitung eines formellen Defizitverfahrens durch die EU-Kommission im November 2002 die Bedeutung des Stabilitätspaktes für die deutsche Finanzpolitik erhöhen kann, ist zum gegenwärtigen Zeitpunkt noch offen. Das abermalige Verfehlen des Defizitkriteriums im Jahr 2003 dürfte den Druck auf die Bundesregierung aber in jedem Fall erhöhen. Gleichwohl deuten ver-

---

[6] Der Bund wollte dennoch erst im Jahr 2006 einen ausgeglichenen Haushalt vorlegen, während er für 2004 und 2005 noch den Spielraum ausnutzen wollte, der durch die Einschränkung des „nahezu" ausgeglichenen Haushaltes existiert. Dagegen sollten die übrigen Gebietskörperschaften bereits 2004 den Haushaltsausgleich geschafft haben. Finanzminister Eichel legte diesen Zeitplan im Mai 2003 angesichts der desolaten Lage der öffentlichen Finanzen und Steuerausfällen in Rekordhöhe jedoch zu den Akten (vgl. Interview in Der Spiegel, 12.5.2003).

schiedene Regierungserklärungen des Bundeskanzlers, in denen er sich für eine „konjunkturgerechte" Ausgestaltung des Stabilitätspaktes (PlPr. 15/4: 52) und gegen seine „statische" Interpretation (15/32: 2482) aussprach, darauf hin, dass die Bundesregierung möglicherweise auch in Zukunft nur in begrenztem Ausmaß bereit ist, sich zu einer orthodoxen Fiskalpolitik zwingen zu lassen.[7]

4.2 Steuerpolitik

Auch in der Steuerpolitik setzte die rot-grüne Koalition unter Lafontaine zunächst auf eine deutlich andere Politik als die Vorgängerregierung. Der christlich-liberalen Koalition war es bei ihrer im Bundesrat gescheiterten Steuerreform vor allem um eine Stärkung der Angebotsseite der Wirtschaft gegangen, was zu einer Ausweitung der Investitionstätigkeit und damit verbunden der Schaffung neuer Arbeitsplätze führen sollte. Dieser wachstumspolitischen Orientierung setzte Lafontaine das Bestreben entgegen, eine „Gerechtigkeitslücke zu schließen" und „gezielt die Arbeitnehmerschaft und die Familien zu entlasten" (PlPr. 14/6: 320), also Umverteilungspolitik zu betreiben und die Nachfrageseite zu stärken. Dies schlug sich vor allem darin nieder, dass in den ersten beiden Stufen des Steuerentlastungsgesetzes 1999/2000/2002, das im März 1999 verabschiedet wurde, in erster Linie der Eingangssteuersatz gesenkt und der Grundfreibetrag ausgeweitet wurden, was dazu führte, dass vor allem die Durchschnittssteuerbelastung von Einkommen bis 70.000 DM sank, während sie bei höheren Einkommen nahezu unverändert blieb. Bis zum Jahr 2002 sollte schließlich der Grundfreibetrag in drei Stufen auf 14.093 DM (von ursprünglich 12.365 DM) gestiegen, der Eingangssteuersatz von 25,9 auf 19,9% und der Spitzensteuersatz von 53 auf 48,5% gesunken sein. Zudem wurden etwa 70, teilweise durchaus bedeutende Steuervergünstigungen – meist im Unternehmensbereich – im Finanzvolumen von rund 40 Mrd. DM gestrichen (z.B. Begrenzung der Verlustverrechnung, Streichung der Begünstigung für Veräußerungsgewinne bei Betriebsaufgabe, Halbierung des Sparerfreibetrages; vgl. Bach 2001: 51; Seidel 2001: 35). Eine Nettoentlastung der Steuerzahler, und zwar um 15 Mrd. DM, war erst für die dritte Reformstufe im Jahr 2002 vorgesehen.

Bei der Besteuerung der Unternehmen sah die Reform zunächst nur eine Senkung des Körperschaftsteuersatzes für einbehaltene Gewinne um 5 Prozentpunkte auf 40% und des Spitzensteuersatzes der Einkommensteuer für gewerbliche Einkünfte um insgesamt 4 Punkte auf 43% vor. Dies bedeutete, dass Unternehmen wegen der Streichung von Steuervergünstigungen zunächst sogar zusätzlich belastet wurden. Weitere Schritte im Bereich der Unternehmensbesteuerung wurden allerdings von einer „Kommission zur Reform der Unternehmensbesteuerung" mit dem Auftrag

---

[7] Vgl. dazu auch BT-Drs. 15/737 sowie die Bundestagsdebatte vom 10. April 2003 (PlPr. 15/40: 3263-3282).

vorbereitet, Vorschläge für eine rechtsformneutrale Unternehmensbesteuerung mit einem Steuersatz von höchstens 25% zu erarbeiten, was unter Berücksichtigung der zusätzlichen Belastung durch die Gewerbesteuer zu einer Belastung von rund 35% führen sollte (SVR 1999: 163ff.). Dieser Bericht („Brühler Empfehlungen") wurde am 30. April 1999, und damit bereits nach Lafontaines Rücktritt, übergeben.

Anders als bei der Haushaltspolitik kam es unter Lafontaines Nachfolger Eichel in der Steuerpolitik nicht sofort zu einer weitreichenden Wende. Allerdings erhöhte Eichel das Reformtempo und änderte die steuerpolitische Richtung wenigstens teilweise, indem er ein größeres Augenmerk auf die Verbesserung der Angebotsseite legte. So wurde der dritte Schritt der Reform auf 2001 vorgezogen. Weitere Entlastungen bei der Einkommensteuer sollen 2004[8] und 2005 in Kraft treten. Danach soll der Grundfreibetrag bei der Einkommensteuer bis 2005 auf 15.011 DM ansteigen, der Eingangsteuersatz soll auf 15% und der Spitzensteuersatz auf 42% sinken. Gleichzeitig wurden von der rot-grünen Koalition 2001 die Körperschaftsteuersätze für einbehaltene und ausgeschüttete Gewinne, die vorher bei 40 bzw. 30% lagen, einheitlich auf 25% gesenkt.[9] Zusätzlich führte die rot-grüne Koalition das sog. „Halbeinkünfteverfahren" für die Besteuerung von Dividenden ein.[10] Für Personengesellschaften wurde die Möglichkeit geschaffen, die Gewerbesteuer pauschaliert und typisiert der Einkommensteuerschuld gegenzurechnen. Dafür wurde die Tarifbegrenzung für gewerbliche Einkünfte ab 2001 abgeschafft (SVR 2000: 106). Schließlich wurden Gewinne von Kapitalgesellschaften, die aus der Veräußerung von Beteiligungen an anderen Kapitalgesellschaften entstehen, ab 2002 steuerfrei gestellt, was zu einer Entflechtung der „Deutschland AG" führen sollte. Für ältere oder berufsunfähige Unternehmer wurde die Begünstigung für Veräußerungsgewinne bei Betriebsaufgabe wieder eingeführt.

Auf der anderen Seite wurden vor allem Möglichkeiten der Abschreibung eingeschränkt (vgl. ausführlicher Bach 2001: 55, 77-81), während – wie schon bei Lafontaines Reform – auf Einschnitte bei Vergünstigungen für Arbeitnehmer, wie sie die christlich-liberale Koalition vorgeschlagen hatte (Reduzierung der Kilometerpauschale, Einschränkung der Steuerfreiheit für Zuschläge bei Sonn-, Feiertags- und Nachtarbeit, Besteuerung der Hälfte der Lohnersatzleistungen), verzichtet wurde.

---

[8] Ursprünglich sollte diese Stufe der Steuerreform bereits 2003 in Kraft treten. Sie wurde aber zur Finanzierung des Wiederaufbaus nach der Überschwemmungskatastrophe in Ostdeutschland um ein Jahr verschoben.

[9] Einmalig für das Jahr 2003 wurde der Körperschaftsteuersatz auf 26,5% erhöht, um die Schäden durch das Elbehochwasser im August 2002 zu finanzieren.

[10] Dieses Verfahren stellt Dividendenbezieher mit einem persönlichen Grenzsteuersatz von unter 40% schlechter als das vorher geltende Vollanrechnungsverfahren (SVR 2000: 104; Bach 2001: 59; vgl. zur Erläuterung der Unterschiede SVR 2000: 104f.). Dafür wird in diesem Systemwechsel zuweilen „eine substantielle Vereinfachung des Besteuerungsverfahrens" gesehen (Hettich/Schmidt 2001: 57).

Mehrfache Diskontinuitäten in der Finanzpolitik

Zum Teil wurde die Steuerreform allerdings auch durch die Streckung der Tilgung beim Fonds „Deutsche Einheit" finanziert, was faktisch einer Kreditfinanzierung entspricht (SVR 2000: 199). Für alle Maßnahmen beider Steuerreformen zusammen ergibt sich im Jahr 2005 eine jährliche Nettoentlastung von bis zu 93,5 Mrd. DM (47,8 Mrd. €) (BMF 2001: 57) – wogegen sich die geplante Nettoentlastung der Petersberger Steuervorschläge (30 Mrd. DM) geradezu bescheiden ausnimmt.

Zu einer Wiedereinführung der Vermögensteuer, wie sie von beiden Koalitionären gefordert und noch im Koalitionsvertrag vereinbart worden war, kam es nicht. Die Steuerquote, also der Anteil der Steuereinnahmen am Bruttoinlandsprodukt, stieg zwischen 1998 und 2000 von 22,1 auf 23,0%, fiel dann aber mit Inkrafttreten der Steuerreformstufe 2001 und der Verlangsamung des Wachstums auf 20,7% in 2002 und damit sogar unter den Wert von 1998 (SVR 2002: 147). Die Abgabenquote, also der Anteil von Steuern und Sozialbeiträgen am BIP, sank bis 2002 auf 40,6% (SVR 2002: 139) und lag damit unter dem Wert von 1998 (42,3%; SVR 1999: 127). Dies lag allerdings fast ausschließlich am Sinken der Steuerquote, da die Koalition ihr Ziel, die Sozialversicherungsbeiträge nachhaltig zu reduzieren, trotz ökologischer Steuerreform nicht erreichte (vgl. Schmidt 2003).

Insgesamt ist somit festzuhalten, dass auch die rot-grüne Steuerpolitik in zwei Phasen zerfällt. In der ersten Phase unter Lafontaine finden sich neuerlich deutliche Parteiendifferenzen: Um die gesamtwirtschaftliche Nachfrage zu erhöhen, gab es Entlastungen zunächst vor allem für die Bezieher niedriger Einkommen, während die Senkung des Spitzensteuersatzes und eine Nettoentlastung erst am Ende der Legislaturperiode in Aussicht gestellt wurden. Die Finanzierung erfolgte dagegen vornehmlich durch die Streichung von Steuervergünstigungen im Unternehmensbereich, während die von CDU/CSU und FDP vorgesehenen Kürzungen bei Arbeitnehmern nicht aufgegriffen wurden. Damit wurden auch wesentliche Ankündigungen aus den Wahlprogrammen der Koalitionspartner umgesetzt: Eingangs- wie Spitzensteuersatz der Einkommensteuer, wie sie 2002 gelten sollten, lagen jeweils zwischen den Forderungen beider Koalitionsparteien, die Entlastung vornehmlich kleinerer und mittlerer Einkommen entspricht ebenfalls den Ankündigungen.

Nach Lafontaines Demission verschwanden die Parteiendifferenzen allerdings zunehmend. Dies wird schon beim Blick auf konzeptionelle Fragen deutlich: Versuchte Lafontaine nämlich die Steuerpolitik zur Belebung der gesamtwirtschaftlichen Nachfrage einzusetzen, setzte sein Nachfolger ähnlich wie die christlich-liberale Koalition stärker angebotspolitische Schwerpunkte. Vergleicht man weiterhin den Tarifverlauf, wie er 2005 in Kraft treten soll, mit dem von der christlich-liberalen Koalition 1997 vorgeschlagenen, kann man deutliche Gemeinsamkeiten, insbesondere bzgl. des Eingangssteuersatzes und des Verlaufs der Progression, erkennen (vgl. Abb. 1). Die Unterschiede beim Grundfreibetrag sind ebenfalls vergleichsweise unbedeutend, insbesondere, wenn man in Rechnung stellt, dass der Waigel-Tarif sechs Jahre früher in Kraft treten sollte, als es der endgültige Tarif der rot-grünen

Koalition tut. Der zentrale Unterschied zwischen beiden Konzepten besteht somit in der Höhe des Spitzensteuersatzes der Einkommensteuer. Dieser erreicht unter Rot-Grün auch 2005 noch nicht den Zielwert der Reform der christlich-liberalen Koalition.

Abbildung 1: Einkommensteuertarife im Vergleich

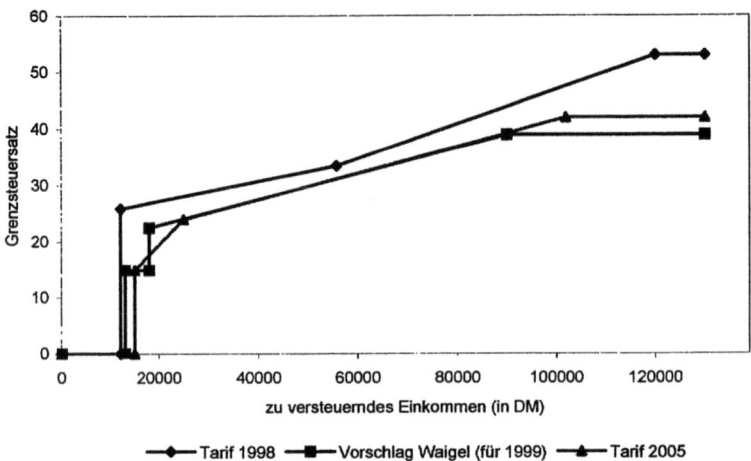

Auch bei der Unternehmensbesteuerung „führte die rot-grüne Regierungskoalition [...] weitgehend den angebotsökonomischen Kurs ihrer Vorgängerin fort, den sie in der Opposition noch bekämpft und im Bundesrat verhindert hatte" (Bach 2001: 87): Der Körperschaftsteuersatz für ausgeschüttete Gewinne stimmte in beiden Fällen überein, der Satz für thesaurierte Gewinne lag sogar um 10 Prozentpunkte unter demjenigen, den die Kohlregierung angestrebt hatte. Unterschiede zwischen beiden Konzeptionen finden sich teilweise noch bei den Maßnahmen zur Gegenfinanzierung, die die rot-grüne Regierung im Gegensatz zu ihrer Vorgängerin jedenfalls der Idee nach ganz überwiegend dem Unternehmensbereich aufbürden wollte[11], und in

---

[11] Tatsächlich stellte sich allerdings heraus, dass eine Reihe von Regelungen zu massiven Ausfällen bei der Körperschaftsteuer führte. Im Jahr 2001 mussten die Finanzämter 400 Mio. € mehr an die körperschaftsteuerpflichtigen Unternehmen auszahlen als sie von diesen einnahmen (SVR 2002: 148) – ein absolutes Novum in der Geschichte der Bundesrepublik. Auch 2002 erholte sich das Körperschaftsteueraufkommen kaum; es lag nach den Schätzungen des Sachverständigenrates lediglich bei 300 Mio. €. Diese Wirkung der einschlägigen Regelungen war offenbar so nicht einkalkuliert (zu den Gründen für diese Entwicklung vgl. SVR 2002: 149ff.). Mit den im Vermittlungsverfahren zum Steuervergünstigungsabbaugesetz 2003 beschlossenen Maßnahmen sollte dieser Entwicklung entgegengewirkt werden.

eher technischen Fragen wie der Dividendenbesteuerung. Insofern ergeben sich einige erklärenswerte Abweichungen von den Aussagen, die sich aus der Parteiendifferenzhypothese ableiten lassen.

Können diese mit Hilfe der Mandatetheorie erklärt werden? Während die Senkung des Eingangsteuersatzes auf 15% durchaus programmkonform ist, da dieser Satz von der SPD explizit als, wenn auch eigentlich erst langfristig, erstrebenswert genannt wurde, und während die Aussagen zur Unternehmensteuerreform im SPD-Programm zu wenig präzise sind, um die durchgesetzte Reform daran zu messen, geht insbesondere die Senkung des Spitzensteuersatzes auf 42% deutlich über das hinaus, was die Parteiprogramme von SPD (49%) und Grünen (45%) vorgeschlagen hatten. Ebenso fiel die Nettoentlastung deutlich höher aus, als dies nach der Lektüre der Wahlprogramme zu erwarten gewesen wäre, während die angekündigte Wiedereinführung der Vermögensteuer ausblieb.

Können institutionelle Gegengewichte das Abnehmen von steuerpolitischen Parteiendifferenzen bei der Eichel'schen Steuerreform erklären? Tatsächlich hatte sich die Vetospieler-Konstellation, genauer: die Mehrheitsverhältnisse im Bundesrat zwischen den Verabschiedungen der beiden Steuerreformen deutlich verändert. Die Lafontaine'schen Steuerreform konnte noch unmittelbar nach der verlorenen Landtagswahl in Hessen, aber vor dem Abschluss der Landesregierungsbildung der neuen CDU/FDP-Koalition mit den Stimmen der bereits abgewählten rot-grünen Koalition Hans Eichels durch den Bundesrat gebracht werden, zu einem Zeitpunkt also, als rot-grüne Landesregierungen noch die Mehrheit im Bundesrat kontrollierten. Als 2000 Eichels Steuerreform zur Verabschiedung anstand, konnte von einer eigenen rot-grünen Mehrheit im Bundesrat keine Rede mehr sein. Daher wurde ein Vermittlungsverfahren notwendig, das Zugeständnisse der Regierung ‚im Wert' von rd. 5 Mrd. DM brachte; so sollte beispielsweise nach den Vorschlägen des Vermittlungsausschusses der Spitzensteuersatz nicht nur, wie von der Koalition vorgeschlagen, auf 45%, sondern auf 43% sinken. Dennoch kam es letztlich – hauptsächlich wegen der Frage der Dividendenbesteuerung – nicht zu einer Einigung zwischen Regierung und Opposition.

Die Bundesregierung nutzte in der Folge die Tatsache, dass auch die unionsgeführten Länder keine eigene Bundesratsmehrheit besaßen, sondern vielmehr die Stimmen der sogenannten gemischten Länder, nämlich der von großen Koalitionen regierten Länder Bremen, Berlin und Brandenburg, des sozial-liberalen Rheinland-Pfalz und des rot-rot regierten Mecklenburg-Vorpommern, entscheidend waren. Um die Zustimmung der gemischt regierten Länder im Bundesrat sicherzustellen, stimmte die Bundesregierung am Tag vor der entscheidenden Sitzung der Länderkammer noch weiteren Veränderungen zu, so etwa der Senkung des Einkommensteuerspitzensatzes um einen weiteren Prozentpunkt auf 42% und der Wiedereinführung des halben Durchschnittssteuersatzes für Veräußerungsgewinne (der erst unter Lafontaine abgeschafft worden war). Zusätzlich musste der Finanzminister die Zustimmung von vier Landesregierungen durch „Lockangebote" (Schmidt 2002: 30), etwa die Zusage zur Unterstützung beim Länderfinanzausgleich (Bremen) oder durch Gelder für die Museumsinsel (Berlin), Verkehrsprojekte (Brandenburg) sowie den Ausbau der Bahnstrecke Rostock-Berlin (Mecklenburg-Vorpommern), im wahrsten Sinne des Wortes erkaufen (vgl. Harlen 2002: 73; Merkel 2003: 171ff.). Insofern ist zumindest die deutlich stärkere Absenkung des Spitzensteuersatzes auf die spezifische Vetospieler-Konstellation zum Zeitpunkt der Verabschiedung der Reform zurückzuführen, die den bürgerlichen Parteien, insbesondere der rheinland-pfälzischen FDP, ein Mindestmaß an Einfluss gewährte.

Dass die Koalition allerdings überhaupt bereit war, in der 14. Legislaturperiode eine weitere Steuerreform anzugehen, mit der sowohl bei der Einkommen- als auch bei der Körperschaftsteuer erhebliche zusätzliche Steuersenkungen verabschiedet wurden, und dass diese Steuerreform wegführte von einer keynesianisch inspirierten Politik und sich stärker an der Verbesserung der Angebotsbedingungen und des Wirtschaftsstandortes orientierte, kann ebenso wie der Verzicht auf die Wiedereinführung der Vermögensteuer neuerlich auf den oben bereits dargestellten Wechsel an der Spitze des Finanzministeriums und den damit einhergehenden Einflussgewinn der SPD-‚Modernisierer' auf die Finanzpolitik zurückgeführt werden.[12]

4.3 Ökologische Steuerreform

Ein wichtiger Schwerpunkt der rot-grünen Finanzpolitik war der Einstieg in die ökologische Steuerreform. Hatte sich die christlich-liberale Koalition nicht zu einem solchen Reformschritt entschließen können, obwohl auch in den beiden bürgerlichen Parteien derartige Bestrebungen existierten (vgl. Krebs/Reiche 2000: 1539), bestand zwischen den beiden neuen Regierungsparteien prinzipielle Einigkeit darüber, durch eine Erhöhung von Energiesteuern die Lohnnebenkosten zu senken. Entsprechend wurde in der Koalitionsvereinbarung bereits die erste Stufe der Reform festgelegt, die zum 1.4.1999 in Kraft trat (hierzu ausführlicher Krebs/Reiche 2000: 1542ff.; Raschke 2001: 220ff.). Dabei wurde die Mineralölsteuer um 6 Pfennig je Liter, die Steuer auf Heizöl um 4 Pfennig je Liter und die Erdgassteuer um 0,32 Pfennig pro Kilowattstunde erhöht sowie eine Stromsteuer (2 Pfennig/KWh) eingeführt. Mit den erwarteten Mehreinnahmen wurde eine Senkung des Beitrages zur gesetzlichen Rentenversicherung um 0,8 Prozentpunkte finanziert. Allerdings wurde gerade beim Einstieg in die ökologische Steuerreform darauf geachtet, die Unternehmen nicht zu überlasten, indem Landwirtschaft und Produzierendem Gewerbe ein reduzierter

---

[12] Für die standortorientierte Ausgestaltung der Eichel'schen Steuerreform dürfte nicht zuletzt die Wahrnehmung eines durch wirtschaftliche Globalisierung bedingten internationalen Steuerwettbewerbs (dazu Genschel 2000) zumindest seitens der ‚Modernisierer' in der SPD eine – allerdings schwer genau zu ermittelnde – Rolle gespielt haben (ausführlicher Zohlnhöfer 2003b: 212).

Steuersatz von lediglich 20% eingeräumt wurde. Die Festlegung der geplanten weiteren Schritte wurde zunächst verschoben. Allerdings legte die Koalitionsvereinbarung fest, die Sozialversicherungsbeiträge durch die Einnahmen aus der ökologischen Steuerreform auf unter 40% zu senken.

Die weiteren Stufen der ökologischen Steuerreform wurden im Herbst 1999 beschlossen. Mit ihnen wurden die Mineralöl- und die Stromsteuer in vier weiteren Stufen bis 2003 jährlich um je 6 Pfennig pro Liter (Mineralölsteuer) bzw. um je 0,5 Pfennig pro KWh (Stromsteuer) erhöht, während bei Heizöl und Gas auf weitere Verteuerungen zunächst verzichtet wurde. Die Gassteuer wurde erst im Rahmen der Neuregelung der ökologischen Steuerreform im November 2002 weiter erhöht. Die rechnerische Senkung der Beiträge zur Gesetzlichen Rentenversicherung um insgesamt 1,8 Prozentpunkte, die auf diese Weise finanziert werden konnte, war allerdings geringer als ursprünglich angestrebt und reichte entsprechend bei weitem nicht aus, die Sozialversicherungsbeiträge unter 40% des Bruttoarbeitsentgelts zu senken (s.o.). Die Weiterführung der Ökosteuerreform wurde ergänzt durch eine ganze Reihe von Ausnahmeregelungen, die zum Teil allerdings nach der Bundestagswahl 2002 eingeschränkt wurden. Im September 2000 wurde darüber hinaus als Kompensation für die Ökosteuer die Kilometerpauschale für Fernpendler erhöht und in eine Entfernungspauschale umgewandelt (ausführlicher Raschke 2001: 228ff.).

Die Durchsetzung der ökologischen Steuerreform kann als klarer Beleg für die Existenz von Parteiendifferenzen gelten; zudem wurde mit ihr – ganz im Sinne der Mandatetheorie – ein Wahlversprechen beider Koalitionäre eingelöst. Erklärungsbedürftig ist allerdings der geringe Umfang der Energiesteuererhöhungen. Die tatsächlich durchgesetzten Schritte waren weit von der im grünen Wahlprogramm genannten Größenordnung entfernt, ja, sie reichten nicht einmal aus, das in der Koalitionsvereinbarung aufgestellte Ziel der Senkung der Lohnnebenkosten zu erreichen, und auch die ökologische Wirkung der Reform blieb nicht zuletzt wegen der relativ niedrigen Steuersätze und der großzügigen Sonderregelungen für das verarbeitende Gewerbe deutlich hinter dem zurück, was sich die Befürworter der Reformkonzeption von ihr erhofft hatten (vgl. Truger 2001: 141ff.; Bajohr 2003: 132ff.). Insbesondere angesichts der Tatsache, dass die Erhöhung der Ökosteuern nicht der Zustimmung des Bundesrates bedurfte, ist zu fragen, woran eine durchgreifendere Ökosteuerreform gescheitert ist.

Die zentrale Erklärungsvariable in dieser Hinsicht ist sicherlich der Parteienwettbewerb (zum Folgenden Raschke 2001: 217ff.): Die Erhöhung der Benzinpreise war in weiten Teilen der Wählerschaft unbeliebt und sogar die Grünen selbst hatten unter ihrer Forderung von 1998, den Benzinpreis binnen zehn Jahren auf 5 DM pro Liter zu erhöhen, an den Wahlurnen zu leiden. Um die eigenen Stammwähler und potenzielle Wechselwähler zu beruhigen, kündigte die SPD (1998: 59f.) in ihrem Wahlprogramm in Bezug auf die Ökosteuern an: „Überzogene und untragbare Belastungen wird es mit der SPD nicht geben". Gerhard Schröder legte sich schon im Wahlkampf, dann noch einmal während der Koalitionsverhandlungen und schließlich bei den Verhandlungen um die Weiterführung der Reform nach der ersten Stufe darauf fest, dass eine Erhöhung des Benzinpreises um mehr als sechs Pfennig pro Liter je Reformstufe mit ihm nicht zu machen sei – womit er sehr effektiv den Handlungsspielraum der Koalitionsparteien, und insbesondere der Grünen, begrenzte. Durch den Verzicht auf eine stärkere Erhöhung der Mineralölsteuer blieb gleichzeitig aber auch der Entlastungseffekt bei der Rentenversicherung begrenzt, sodass tatsächlich die Reformreichweite wegen wahltaktischer Überlegungen reduziert wurde.

Aber auch bei anderen Detailregelungen dieses Projekts werden die Effekte des Wettbewerbs um Wählerstimmen deutlich. Ein Lehrstück ist in dieser Hinsicht die Einführung der Entfernungspauschale im Herbst 2000 (vgl. Raschke 2001: 230): Nachdem Union und FDP bereits vorher mehrmals die Aussetzung der Ökosteuer gefordert hatten, kam es im September 2000 angesichts steigender Benzinpreise in mehreren Städten zu Protestaktionen gegen die Steuer. Daraufhin kündigte der Bundeskanzler „soziale Korrekturen" an dem Konzept an, die schließlich in Form eines einmaligen Heizkostenzuschusses an Wohngeldempfänger und einer Umwandlung der Kilometerpauschale in eine Entfernungspauschale sowie deren Erhöhung für Fernpendler auch umgesetzt wurden – wenngleich dadurch die angestrebten Steuerungsleistungen der Ökosteuer erheblich in Frage gestellt wurden.

5 Zusammenfassung

Wie lassen sich die Ergebnisse zu Kontinuität und Wandel in der deutschen Finanzpolitik nach 1998 zusammenfassen? Folgte dem Machtwechsel auch eine Wende in der Finanzpolitik oder überwiegt die Übereinstimmung zwischen christlich-liberaler und rot-grüner Koalition? Die verblüffende Antwort auf diese Frage lautet: Beides! In der ersten kurzen Phase rot-grüner Finanzpolitik unter Lafontaine lässt sich tatsächlich ein finanzpolitischer Politikwechsel ausmachen, der durch eine Konzentration auf die Stärkung der Binnennachfrage durch eine moderat expansive Ausgabenpolitik und Steuersenkungen vor allem für niedrigere Einkommen gekennzeichnet war. Nach Lafontaines Rücktritt kam es zu einer weiteren Diskontinuität in der Finanzpolitik, denn der neue Finanzminister, Hans Eichel, machte die Wende seines Vorgängers in Teilen wieder rückgängig. So wurde von einer aktiven Konjunktursteuerung durch die Finanzpolitik vorerst Abstand genommen und die Steuerpolitik wieder erheblich stärker an der Verbesserung der Angebotsbedingungen orientiert. Gleichwohl blieben auch unter Eichel einige Parteiendifferenzen bestehen, etwa bezüglich der Ökosteuerreform, aber auch bei Fragen der Gegenfinanzierung der Steuersenkungen und der Höhe des Spitzensteuersatzes der Einkommensteuer.

Wie lassen sich die beobachteten mehrfachen Diskontinuitäten in der Finanzpolitik seit 1998 erklären? Die Wende unter Lafontaine folgte dem Machtwechsel und entspricht insofern ziemlich präzise den Erwartungen der Parteiendifferenzhypothese. Anders sieht es mit der zweiten Wende seit 1999 aus: Sie kann nur verstehen, wer Parteien nicht als monolithische Akteure betrachtet, sondern die Rolle innerparteilicher Auseinandersetzungen in die Analyse mit einbezieht, spiegelt sich in ihr doch der gewachsene Einfluss der SPD-Modernisierer auf die Finanzpolitik nach Lafontaines Rücktritt wider. Da die finanzpolitischen Positionen zwischen den SPD-Modernisierern und der 1998 abgelösten Regierung nicht allzu groß waren, lässt sich die Verringerung der Parteiendifferenzen auf diese Weise plausibel erklären. Hinzu kamen weitere Faktoren, die die rot-grüne Koalition von weiterreichenden Reformen abhielten: So zollte beispielsweise die Volkspartei SPD dem Unwillen der Wähler über steigende Benzinpreise wiederholt Tribut, was die Reichweite der Ökosteuerreform erheblich beschränkte, und die Unterschiede beim Spitzensteuersatz wären ohne den Bundesrat ebenfalls erheblich größer ausgefallen.

6 Literatur

Bach, Stefan, 2001: Die Unternehmensteuerreform, in: *Truger, Achim* (Hrsg.): Rot-grüne Steuerreformen in Deutschland. Eine Zwischenbilanz, Marburg, 47-94.
Bajohr, Stefan, 2003: Grundriss Staatliche Finanzpolitik, Opladen.
BMF, 2001: Monatsbericht des BMF. August 2001, Berlin.
BMF, 2002: Bericht der Bundesregierung über die Entwicklung der Finanzhilfen des Bundes und der Steuervergünstigungen für die Jahre 1999-2002. Achtzehnter Subventionsbericht, Berlin.
Bündnis 90/Die Grünen, 1998a: Grün ist der Wechsel. Programm zur Bundestagswahl 98, Bonn.
Bündnis 90/Die Grünen, 1998b: Neue Mehrheiten nur mit uns. Vierjahresprogramm zur Bundestagswahl 98, Bonn.
Bündnis 90/Die Grünen, 2002: Grün wirkt! Unser Wahlprogramm 2002-2006, Berlin.
Broughton, David, 2000: The First Six Länder Elections of 1999: Initial Electoral Consequences and Political Fallout of the Neue Mitte in Action, in: German Politics 9 (2): 51-70.
Egle, Christoph/Henkes, Christian, 2003: Später Sieg der Modernisierer über die Traditionalisten? Die Programmdebatte in der SPD, in: *Egle, Christoph/Ostheim, Tobias/Zohlnhöfer, Reimut* (Hrsg.): Das rot-grüne Projekt. Eine Bilanz der Regierung Schröder 1998-2002, Wiesbaden, 67-92.
Eicker-Wolf, Kai, 2002: Von haushaltspolitischen Sparschwein-Operationen und Inflations-Paranoia. Zur Pathologie der Finanz- und Geldpolitik in rot-grünen Zeiten, in: *Eicker-Wolf, Kai et al.* (Hrsg.): „Deutschland auf den Weg gebracht." Rot-grüne Wirtschafts- und Sozialpolitik zwischen Anspruch und Wirklichkeit, Marburg, 17-46.
Genschel, Philipp, 2000: Der Wohlfahrtsstaat im Steuerwettbewerb, in: Zeitschrift für Internationale Beziehungen 7: 267-296.
Gutekunst, Gerd/Hermann, Rico A./Lammersen, Lothar, 2003: Deutschland ist *kein* Niedrigsteuerland – eine Replik auf den Beitrag von Hettich und Schmidt und ein Beitrag zur (Er-)Klärung der Methoden zur Messung der Unternehmenssteuerbelastung, in: Perspektiven der Wirtschaftspolitik 4: 123-136.
Hallerberg, Mark, 2002: Introduction: Fiscal Policy in the European Union, in: European Union Politics 3: 139-150.

Harlen, Christine Margerum, 2002: Schröder's Economic Reforms: The End of Reformstau?, in: German Politics 11 (1): 61-80.
Henkes, Christian/Kneip, Sascha, 2003: Die Bildungspolitik der rot-grünen Bundesregierung 1998-2002, in: *Egle, Christoph/Ostheim, Tobias/Zohlnhöfer, Reimut* (Hrsg.): Das rot-grüne Projekt. Eine Bilanz der Regierung Schröder 1998-2002, Wiesbaden, 283-303.
Heise, Arne, 2002: Innovation und Gerechtigkeit? Wirtschafts- und beschäftigungspolitische Modernisierungskonzepte der Schröder-Regierung, in: *Heyder, Ulrich/Menzel, Ulrich/Rebe, Bernd* (Hrsg.): Das Land verändert? Rot-grüne Politik zwischen Interessenbalancen und Modernisierungsdynamik, Hamburg, 29-45.
Hettich, Frank/Schmidt, Carsten, 2001: Die deutsche Steuerbelastung im internationalen Vergleich: Warum Deutschland (k)eine Steuerreform braucht, in: Perspektiven der Wirtschaftspolitik 2: 45-60.
Hombach, Bodo, 1998: Aufbruch. Die Politik der neuen Mitte, München/Düsseldorf.
JWB, jährlich: Jahreswirtschaftsbericht der Bundesregierung, Bonn/Berlin: BT-Drs. 14/334, 14/2611, 14/5201, 14/8175.
Krebs, Carsten/Reiche, Danyel, 2000: Ökologische Steuerreform: Erfolgsbedingungen eines Gesetzes, in: Zeitschrift für Politikwissenschaft 10: 1531-1557.
Lafontaine, Oskar, 1999: Das Herz schlägt links, München.
Lees, Charles, 2000: The Red-Green Coalition in Germany. Politics, Personalities and Power, Manchester/New York.
Merkel, Wolfgang, 2003: Institutionen und Reformpolitik: Drei Fallstudien zur Vetospieler-Theorie, in: *Egle, Christoph/Ostheim, Tobias/Zohlnhöfer, Reimut* (Hrsg.): Das rot-grüne Projekt. Eine Bilanz der Regierung Schröder 1998-2002, Wiesbaden, 163-190.
OECD, verschiedene Jahrgänge: Economic Surveys Germany, Paris.
Raschke, Joachim, 2001: Die Zukunft der Grünen. „So kann man nicht regieren", Frankfurt/New York.
Rüdig, Wolfgang, 2002: Germany, in: *Müller-Rommel/Ferdinand/Poguntke, Thomas* (Hrsg.): Green Parties in National Governments, London/Portland, 78-111.
Sachverständigenrat zur Begutachtung der gesamtwirtschaftlichen Entwicklung (SVR), jährlich: Jahresgutachten, Bonn/Berlin: BT-Drs. 13/9090, 14/73, 14/2223, 14/4792, 14/7569, 15/100.
Scharpf, Fritz W., 1997: Games Real Actors Play. Actor-Centered Institutionalism in Policy Research, Boulder.
Schmidt, Manfred G., 2002: Politiksteuerung in der Bundesrepublik Deutschland, in: *Nullmeier, Frank/Saretzki, Thomas* (Hrsg.): Jenseits des Regierungsalltags: Strategiefähigkeit politischer Parteien, Frankfurt, 23-38.
Schmidt, Manfred G., 2003: Rot-grüne Sozialpolitik (1998-2002), in: *Egle, Christoph/Ostheim, Tobias/Zohlnhöfer, Reimut* (Hrsg.): Das rot-grüne Projekt. Eine Bilanz der Regierung Schröder 1998-2002, Wiesbaden, 239-258.
Seidel, Bernhard, 2001: Die Einkommensteuerreform, in: *Truger, Achim* (Hrsg.): Rot-grüne Steuerreformen in Deutschland. Eine Zwischenbilanz, Marburg, 21-46.
Sitte, Ralf, 2000: Vieles besser, aber nicht alles anders. Zur finanz- und sozialpolitischen Strategie der rot-grünen Koalition, in: WSI-Mitteilungen 53: 355-364.
SPD, 1998: Arbeit, Innovation und Gerechtigkeit. SPD-Wahlprogramm für die Bundestagswahl 1998, Bonn.
Stöss, Richard/Niedermayer, Oskar, 2000: Zwischen Anpassung und Profilierung. Die SPD an der Schwelle zum neuen Jahrhundert, in: Aus Politik und Zeitgeschichte B5: 3-11.
Truger, Achim, 2001: Der deutsche Einstieg in die ökologische Steuerreform, in: *Truger, Achim* (Hrsg.): Rot-grüne Steuerreformen in Deutschland. Eine Zwischenbilanz, Marburg, 135-169.
Tsebelis, George, 2002: Veto Players: How Political Institutions Work, Princeton/New York.

Wagschal, Uwe, 2001: Deutschlands Steuerstaat und die vier Welten der Besteuerung, in: *Schmidt, Manfred G.* (Hrsg.): Wohlfahrtsstaatliche Politik. Institutionen, politischer Prozess und Leistungsprofil, Opladen, 124-160.

Zohlnhöfer, Reimut, 2000: Der lange Schatten der schönen Illusion: Finanzpolitik nach der deutschen Einheit, 1990-1998, in: Leviathan 28: 14-38.

Zohlnhöfer, Reimut, 2001: Die Wirtschaftspolitik der Ära Kohl. Eine Analyse der Schlüsselentscheidungen in den Politikfeldern Finanzen, Arbeit und Entstaatlichung, 1982-1998, Opladen.

Zohlnhöfer, Reimut, 2003a: Der Einfluss von Parteien und Institutionen auf die Wirtschafts- und Sozialpolitik, in: *Obinger, Herbert/Wagschal, Uwe/Kittel, Bernhard* (Hrsg.): Politische Ökonomie. Politik und wirtschaftspolitische Leistungsprofile in OECD-Demokratien, Opladen, 43-76.

Zohlnhöfer, Reimut, 2003b: Rot-grüne Finanzpolitik in Deutschland zwischen traditioneller Sozialdemokratie und neuer Mitte, in: *Egle, Christoph/Ostheim, Tobias/Zohlnhöfer, Reimut* (Hrsg.): Das rot-grüne Projekt. Eine Bilanz der Regierung Schröder 1998-2002, Wiesbaden, 193-214.

Wettbewerbs- und Industriepolitik:
Zur unterschätzten Ordnungsdimension der Wirtschaftspolitik

Roland Sturm

1 Einleitung

Nicht nur politisches auch wirtschaftliches Handeln hat Bezüge zu einem ideellen und konstitutionellen Rahmen, der Handlungskorridore bestimmt und selbst wiederum durch politisches und wirtschaftliches Handeln weiterentwickelt werden kann. Welche Grundsätze im Hinblick auf die Gestaltung der deutschen Wirtschaftsverfassung die rot-grüne Regierungszeit und die ihrer Vorgänger prägten, ist die Ausgangsfrage der folgenden Überlegungen. Das in der Politik vorherrschende Verständnis der Wirtschaftsverfassung leitet auch die tagesaktuellen Schwerpunktsetzungen in der Wirtschaftspolitik an. Von zentraler Bedeutung für die Ausrichtung der Wirtschaftspolitik sind die Weichenstellungen in der Wettbewerbs- und in der Industriepolitik.

Die Analyse der wettbewerbspolitischen Bilanz von Rot-Grün setzt sich mit den Herausforderungen der Marktordnungspolitik auf deutscher und – im verwirklichten europäischen Binnenmarkt noch entscheidender – auf europäischer Ebene auseinander. Die Analyse industriepolitischer Fördermaßnahmen orientiert sich vor allem an den Politikentscheidungen in der Mittelstands- und der Forschungspolitik. Abschließend wird die Frage nach Kontinuitäten bzw. Diskontinuitäten der Wettbewerbs- und Industriepolitik der rot-grünen Regierungen und ihrer konservativ-liberalen Amtsvorgänger gestellt.

2 Die Gestaltung der Wirtschaftsverfassung

Die föderale Kompetenzverteilung in der Bundesrepublik hat in systematischer Weise dazu beigetragen, ordnungspolitische Diskurse zu vermeiden. Auf Bundesebene wurde nie ein Industrieministerium geschaffen, das den organisierten oder gar – nach dem Vorbild der französischen *Planification* – den geplanten staatlichen Eingriff in die Wirtschaft verantwortete (Neumann/Uterwedde 1986). Die Ausgestaltung der Wirtschaftsordnung in der Praxis überließ die Bundespolitik mit wenigen, aber nicht unbedeutenden Ausnahmen erhaltungspolitischer Interventionen den dominierenden wirtschaftlichen Akteuren. Eines der prominentesten Beispiele erhaltungspolitischer Subvention ist sicherlich die Schaffung der Ruhrkohle AG (Schaaf 1978).

Zu den Gestaltern der Wirtschaftsordnung wurden in erster Linie die großen Privatbanken (Dyson 1986, Sturm 1998), die mit ihrer Politik der Unternehmenskontrolle und -finanzierung über Erweiterungen, Fusionen und strategische Allianzen von Unternehmen maßgeblich Einfluss nahmen und die Akteurskonstellation auf den Märkten beeinflussten. Der Bundeswirtschaftsminister agierte traditionell als wortreicher Hüter der sozialen Marktwirtschaft, auch wenn er sein wichtigstes Instrument zur Bewahrung der Wettbewerbsordnung, das Bundeskartellamt, in den letzten Jahrzehnten zunehmend als lästigen Mahner empfand (Sturm 1996). Dies galt und gilt für Regierungen jeglicher Couleur. Geändert hat sich in Ansätzen die industriepolitische Rolle der Banken, die sich nun mehr als *global player* verstehen und marktordnungspolitische Überlegungen im Rahmen der deutschen Wirtschaftsordnung nicht mehr in früherem Maße ihren Investitions- und Finanzierungsstrategien zugrunde legen (Müller 2000).

Die deutsche Industriepolitik wurde und wird auf Länderebene organisiert (Sturm 1991; Jürgens/ Krumbein 1991). Hier fanden wirtschaftspolitische Instrumente, die faktisch den Wettbewerb einschränken, wie die Mittelstandspolitik, die Forschungs- und Technologiepolitik bzw. anfangs auch die Regional- und Strukturpolitik, ihre konkretesten und einflussreichsten Ausprägungen. Auch wenn die vielfältigen Strukturen der Politikverflechtung den Bund immer wieder in der einen oder anderen Form als Mitgestalter und vor allen Dingen als Mitfinanzierer in die Praxis industriepolitischer Intervention einbeziehen, bleibt für das Regierungshandeln in diesem Politikfeld charakteristisch, dass der Bund eher für die Rahmenbedingungen staatlicher Intervention verantwortlich bleibt, während die Intervention selbst von der Länderebene ausgeht. Dies zeigt sich auch an der Struktur der Finanzhilfen. 2001 dienten die meisten Finanzhilfen der Länder (40%) der Förderung der gewerblichen Wirtschaft, der Bund unterstützte in erster Linie den Bergbau (2002: 37,1% der Finanzhilfen) und ansonsten noch die mit den Ländern gemeinsam verantwortete regionale Strukturpolitik (2002: 8,5% der Finanzhilfen) (Achtzehnter Subventionsbericht 2001: 18ff.).

Inzwischen ist die Europäische Union, bzw. die Europäische Kommission in ihrer Funktion der zuständigen Instanz für die Durchsetzung des Binnenmarktprojektes, als neue Rahmen setzende Entscheidungsebene deutscher Wirtschaftspolitik hinzugekommen. Auf der europäischen Ebene laufen die Stränge der ordnungspolitischen Kontrolle durch Wettbewerbsrecht und mit der Genehmigung von Ausnahmen – im Sinne wettbewerbsbeeinträchtigender Interventionen durch industriepolitische Fördermaßnahmen – zusammen. Die Kommission hat nicht nur die Ambition der Interventionskontrolle und damit des Schutzes des Binnenmarktes (Art. 3,1g EGV), der EG-Vertrag gibt ihr auch auf, den wirtschaftlichen und sozialen Zusammenhalt der Gemeinschaft zu stärken (Art. 3,1 k), die Wettbewerbsfähigkeit der Industrie der Ge-

Wettbewerbs- und Industriepolitik

meinschaft zu befördern (Art. 3,1 m) sowie die Forschung und technologische Entwicklung der Gemeinschaft zu fördern (Art. 3,1 n). Die Frage nach der adäquaten Rolle des Staates in der Wirtschaft und den angemessenen Formen wirtschaftspolitischer Intervention stellt sich politisch somit auf allen Entscheidungsebenen: in der EU, im Bund und in den Ländern.

Für die rot-grüne Bundesregierung war, wie aus der Perspektive des historischen Institutionalismus (vgl. u.a. Aspinwall/Schneider 2000) argumentiert werden könnte, angesichts der skizzierten Handlungskorridore und der damit verbundenen tradierten Handlungsrestriktionen der wirtschaftspolitische Handlungsspielraum weitgehend vorgezeichnet. Hinzu kommt: Grundsätzlichere ordnungspolitische Diskussionen, die in der Logik des *Advocacy coalition*-Ansatzes (Sabatier/Jenkins-Smith 1999) die *belief systems* der Protagonisten hätten revidieren können, gab es in Deutschland seit der industriepolitischen Debatte der 1980er Jahre nicht mehr (Sturm 1989). Die Wachstumskritik (Stratmann-Mertens u.a. 1991), der sich in der Anfangsphase der Grünen viele ihrer Anhänger verschrieben hatten und die auch Anhänger in der SPD hatte (Lafontaine 1985), spielt heute bei Rot-Grün keine Rolle mehr. Sowohl der Koalitionsvertrag von 1998 als auch derjenige von 2002 bekennt sich ausdrücklich zum Wirtschaftswachstum.

Die dort ebenfalls zu findende Formel der Nachhaltigkeit ist zu unbestimmt, um damit konkrete ordnungspolitische Weichenstellungen verbinden zu können. Für die gegenwärtige und zukünftige Wirtschaftspolitik von Rot-Grün findet sich an einschlägiger Stelle (Bericht 2002: 21) u.a. folgende vage regierungsamtliche Feststellung, die die mangelnde Handlungsorientierung der Nachhaltigkeitsformel dokumentiert: „Deutschland verfügt über hervorragende Potenziale, um im internationalen Wettbewerb zu bestehen. Deutschland ist darüber hinaus als wichtiger Kooperationspartner für Entwicklungs- und Transformationsländer und als Mitglied multilateraler Organisationen gut positioniert. Vor diesem Hintergrund neue Strategien zu entwickeln, vorhandene Spielräume zu nutzen und mit Selbstvertrauen die Dinge anzugehen, könnte diese Potenziale mobilisieren. Offensiv einen Strukturwandel so zu gestalten, dass wirtschaftlich erfolgreiche Entwicklung, wirksamer Schutz der Umwelt und Stärkung des sozialen Zusammenhalts Hand in Hand gehen, darin liegt die kreative Aufgabe. Es geht also um die Verankerung eines globalen sozialen, ökonomischen und ökologischen Ordnungsrahmens, damit die Globalisierung nachhaltige Entwicklung fördert."

Der heute in der politischen Polemik vorherrschende Streit zwischen „neoliberalen" Verfechtern der Angebotspolitik und „wohlfahrtsstaatlich" orientierten Befürwortern der Nachfragepolitik geht an der entscheidenden Frage nach dem Gewicht der eigentlichen Marktordnungspolitik, nämlich der Wettbewerbspolitik, für wirtschaftspolitische Entscheidungen vorbei. Ideologische Konfrontationen bezüglich wirtschaftspolitischer Konzepte hatten sich in der rot-grünen Regierungspraxis ohnehin nie als besonderes Problem erwiesen. Mit Zustimmung von Oskar Lafontaine, dem damaligen SPD-Vorsitzendem und Verfechter eines auf internationale politische Regulierung setzenden Neokeynesianismus (Lafontaine/Müller 1998), stand schon in der ersten rot-grünen Koalitionsvereinbarung von 1998: „Durch eine sinnvolle Kombination (sic!) von Angebots- und Nachfragepolitik wird die Bundesregierung die Rahmenbedingungen für die Schaffung neuer Arbeitsplätze und für eine nachhaltige Wirtschaftsentwicklung verbessern" (Koalitionsvereinbarung 1998).

Sowohl nach der Wahl 1998 als auch bei ihrem Wahlsieg vier Jahre danach kündigte die rot-grüne Koalition einen Mix von Subventionsmaßnahmen an, die sich vor allem auf den Mittelstand und die Forschungs- und Technologiepolitik konzentrierten und somit faktisch die bereits bestehenden EU- und Länderprogramme ergänzten. Die regionalpolitische Förderung ist inzwischen durch die EU Regional- und Strukturpolitik und die Gemeinschaftsaufgabe „Verbesserung der regionalen Wirtschaftsstruktur" in einer Weise reglementiert, dass Bundesregierungen hier nur schwerlich Ansätze für Politikinnovationen finden können. Dies trifft jedoch nicht für das ebenfalls von der rot-grünen Regierung bisher weitgehend ignorierte Feld der Wettbewerbspolitik zu. Wettbewerbspolitische Grundsatzdiskussionen blieben in Deutschland im Unterschied gerade zu Ländern wie den USA oder Großbritannien (Wilks 1999; 2001), die von Rot-Grün als Protagonisten eines anderen, allzu markthörigen wirtschaftlichen Weges kritisiert wurden, bisher aus. Hätte die Polemik an den „turbokapitalistischen" Verirrungen des Neoliberalismus (Hirsch 1995; Chomsky 2000) Recht, so müsste gerade in den USA und Großbritannien die Marktordnungspolitik versagen und im „rheinischen Kapitalismus" deutscher Prägung reüssieren. Das Umgekehrte scheint der Fall zu sein.

3 Die wettbewerbspolitische Bilanz

Die Vernachlässigung der Marktordnungspolitik durch die rot-grüne Bundesregierung ist im internationalen Vergleich wenig einleuchtend, setzt aber die Tradition der Kohl-Regierungen fort. Erinnert sei hier nur an die von den Regierungen der 1990er Jahre politisch gewollte ungenügende Marktordnungsorientierung der Politik der Treuhandanstalt für Ostdeutschland (Sturm 1996: 204ff.). Die Erwartung, dass der Markt ohne Marktordnungspolitik automatisch funktioniere und der Staat sich in erster Linie als Advokat von Interessen zur weiteren Marktkorrektur definieren solle, prägt den Zugang der rot-grünen Regierungen zur Wettbewerbs- und Industriepolitik. Zwar wird von Rot-Grün betont: „Wettbewerbspolitik ist als Politik zur Begrenzung wirtschaftlicher Machtausübung ein Kernstück der Sozialen Marktwirtschaft" (Jahreswirtschaftsbericht 2002: 28). Diese Erkenntnis setzt sich aber nicht in eine entsprechende tagespolitische Thematisierung der Wettbewerbspolitik um.

Tabelle 1: Schwerpunktsetzungen der Koalitionsvereinbarungen in der Wettbewerbs- und Industriepolitik

Koalitionsvereinbarung	Wettbewerbspolitik	Mittelstandspolitik	Forschungs- und Technologiepolitik	Regionalpolitik
1998	Keine	Konzentration der KMU Förderprogramme/Eigenkapitalausstattung fördern/Wagniskapitalfonds/ Entregulierung der Handwerksordnungen/Überprüfung der IHK-Verfassung/Stärkung der Innovationskompetenz/Hilfe bei säumigen Zahlern	Stärkere finanzielle Förderung und Entbürokratisierung der Forschungsförderung/Konzentration auf KMUs/Förderung von Schlüsseltechnologien, wie sozial-ökologische Umweltforschung/ forschungspolitischer Dialog: Wissenschaft-Politik/Entbürokratisierung/Eigenverantwortlichkeit durch Budgetierung/besondere Berücksichtigung Ostdeutschlands	keine
2002	keine	*Mittelstandsinitiative*, v.a.: Unterstützung von Existenzgründungen/Entregulierung der Handwerksordnungen/finanzielle Förderung der KMUs/ Stärkung der Innovationskompetenz	*Förderung von Zukunftstechnologien*, v.a.: Biotechnologiestrategie/Programm „Informationsgesellschaft 2006/ schnelle Einführung von UMTS und digitalem Rundfunk/ Förderung erneuerbarer Energien	keine

Quellen: Koalitionsvereinbarungen vom 20. Oktober 1998 und vom 16. Oktober 2002.

Impulse zu wettbewerbspolitischen Reformen gingen in der Regierungszeit der rot-grünen Bundesregierungen fast ausschließlich von der europäischen Ebene aus. Innenpolitisch wurden einige heikle Themen gar nicht thematisiert. Der Zwang zur Anpassung an europäische Vorgaben wurde von Rot-Grün als Erfolg der eigenen

Politik dargestellt. Die Abschaffung der Schlussverkäufe im Winter und Sommer wegen der nun ganzjährig möglichen Rabatte sowie neue Möglichkeiten der Produktvermarktung, beispielsweise, wurden, wenn überhaupt, als Folgewirkungen der Politik der Bundesregierung dargestellt. Fest steht aber, dass diese Reformen sich keiner rot-grünen Initiative verdanken, sondern nachvollziehender Gesetzgebungstätigkeit. Mit dieser sollte vermieden werden, dass deutsche Unternehmen nach der Liberalisierung des elektronischen Geschäftsverkehrs im Internet-Handel wegen der restriktiveren deutschen rabattrechtlichen Regelungen auf dem deutschen Markt schlechter gestellt sind als ihre ausländischen Konkurrenten. Nur deshalb wurde die Bundesregierung aktiv und setzte sich für die Abschaffung der noch aus dem Anfang der 1930er Jahre des vorigen Jahrhunderts stammenden Vorschriften des Rabattgesetzes und der Zugabeverordnung ein (Jahreswirtschaftsbericht 2001: 56).

Zu den von der Bundesregierung nicht thematisierten heiklen Themen der Wettbewerbspolitik gehören in erster Linie die Reform des Kartellverfahrensrechts und die Revision der Fusionskontrollverordnung. Die Europäische Kommission hatte 1999 in einem Weißbuch angekündigt und in einem Verordnungsentwurf vom September 2000 vorgeschlagen, die Kartellkontrolle vom bisherigen Anmelde- und Erlaubnissystem in ein Legalausnahmesystem zu überführen. Das heißt, Kartellverfahren sollen nicht mehr automatisch, sondern nur noch auf Beschwerden von Konkurrenzunternehmen eingeleitet werden. Damit entfällt die präventive Wirkung der Kartellverfahren sowie ein gutes Stück der Markttransparenz. Auf das deutsche Kartellamt kommen neue Aufgaben zu. Da das Legalausnahmensystem dezentral organisiert werden soll, wäre das Kartellamt aufgefordert, nun – unter der möglichen Letztkontrolle der Kommission – europäisches Recht anzuwenden. Den Einwänden der betroffenen nationalen Behörden, dass dies in Europa zu Problemen der einheitlichen Rechtsanwendung führen könne, begegnet die Kommission mit der Idee eines Netzwerks der nationalen Wettbewerbsbehörden.

Die wirtschaftspolitische Brisanz dieses Vorstoßes ist offensichtlich, sowohl für den Bürger als Verbraucher, der bei einer weiteren Vermachtung der Märkte überhöhte Preise und schlechtere Geschäftsbedingungen erwarten kann, als auch für den Bürger als Unternehmer, für den im Unklaren bleibt, wie die eventuellen wettbewerbspolitischen Hürden seiner Wirtschaftstätigkeit aussehen bzw. ob er sich in jedem EU-Land mit den gleichen wettbewerbspolitischen Anforderungen konfrontiert sieht. Wettbewerbspolitik ist zumindest in letzterem Sinne beispielsweise auch automatisch Mittelstandspolitik im EU-Binnenmarkt. Rechtliche Sicherheit und die Gleichheit der Wettbewerbsbedingungen sind für Unternehmen mindestens ebenso wichtig wie staatliche Transferzahlungen. Die Monopolkommission empfahl der Bundesregierung, sie „sollte den Erlass einer neuen Verordnung erst dann akzeptieren, wenn angemessene Lösungen für den Schwerpunkt des Reformprojekts – das Verhältnis zwischen europäischen und nationalen Wettbewerbsregeln, die Zuständigkeitsverteilung und die Wahrung der Rechtseinheit – bereitstehen" (Monopolkommission 2002: 71). Ohne dass dies nennenswerte politische Aufmerksamkeit erregte, ist der Rat aber rasch den Vorschlägen der Kommission gefolgt und hat am 16.12.2002 eine Verordnung beschlossen, die die Reformideen der Kommission umsetzt (Verordnung 2003).

In der Debatte um eine Revision der Fusionskontrollverordnung hatte die Kommission zunächst versucht, ihre Zuständigkeiten durch Reduktion der Schwellenwerte für die Unternehmensgrößen zu erweitern, die in ihren Zuständigkeitsbereich fallen sollen. In ihrem Grünbuch vom Dezember 2001 gab sie dieses Vorhaben wieder auf, nicht zuletzt wegen des Widerstandes der Mitgliedstaaten. Die Haltung des deutschen Kartellamtes angesichts des drohenden Kompetenzverlustes war eindeutig, die rot-grüne Regierung konnte hier allerdings kein prinzipielles Problem erkennen. Dieses prinzipielle Problem ist das wettbewerbspolitische Dilemma Europas, dass nämlich zum einen der europäische Binnenmarkt eine europäische Wettbewerbsbehörde erfordert, dass er aber diese auch, solange sie identisch mit der Kommission ist, was die Zahl der zu behandelnden Fälle betrifft, überfordert.

Es bleiben zwei Auswege, wenn eine Regierung davon überzeugt ist, dass ohne funktionierende Märkte wirtschaftliches Handeln zu suboptimalen Ergebnissen führt. Für den einen Ausweg steht in Deutschland, was die öffentliche politische Unterstützung durch die Regierung angeht, ziemlich alleine, das Bundeskartellamt. Es fordert den Erhalt und gegebenenfalls den Ausbau der nationalen Wettbewerbskontrolle, um die europäische zu entlasten. Für den anderen Ausweg steht der alte deutsche Vorschlag der Einführung eines Europäischen Kartellamtes und damit eines zweistufigen Verfahrens der europäischen Wettbewerbskontrolle. Dieser Vorschlag wurde zuletzt auf europäischer Ebene von dem damaligen Bundeskanzler Helmut Kohl bei den Verhandlungen zum Amsterdamer Vertrag von 1996/97 vertreten. Seither hat die deutsche Politik das Interesse an den wirtschaftlichen Wettbewerb sichernden Politikinitiativen auf nationaler und europäischer Ebene verloren.

Öffentlichkeitswirksam haben sich die rot-grünen Regierungen nur im Sinne des Bremsens von Liberalisierungsprozessen, die von Europa ausgingen, starkgemacht. Eine solche Haltung wäre überzeugender, wenn sie in ein eigenes Konzept einer funktionierenden Wettbewerbsordnung eingebettet wäre. Dieses fehlt aber. Zwei der Bereiche, in denen die Regierung bremste, waren die Verteidigung der Sonderrechte der deutschen Sparkassen (Friesen 1998; Kinzl 2000) und die Abwehr einer Übernahmeverordnung, die „feindliche Übernahmen" gegen den Willen des Vorstandes eines Unternehmens erlaubt und es unmöglich machen würde, beim Veräußern von Unternehmen bestimmte Aktienanteile vom Verkauf auszunehmen.

In der Verteidigung der Notwendigkeit von Gewährträgerhaftung und Anstaltslast für den Bereich der öffentlich-rechtlichen Banken befand sich die Regierung Schröder nicht nur im Einklang mit den Ländern, sondern auch mit den Zielvorstellungen ihrer konservativen Vorgängerregierung. Helmut Kohl hatte als Kanzler versucht, in den Verhandlungen zum Amsterdamer Vertrag die Rechte der deutschen öffentlich-rechtlichen Banken abzusichern. Der „Sparkassenstreit" mit der EU ist inzwischen beigelegt. Am 17.6.2001 verständigten sich die Bundesregierung und die Länderfinanzminister Faltlhauser (Bayern, CSU), Steinbrück (Nordrhein-Westfalen, SPD) sowie Stratthaus (Baden-Württemberg, CDU) im Beisein des Präsidenten des Deutschen Sparkassen- und Giroverbandes Hoppenstedt mit dem EU-Wettbewerbskommissar Mario Monti. Nach einer Übergangsfrist wird 2005 die Gewährträgerhaftung entfallen (also die Verpflichtung der öffentlichen Hand zur Stützung der Geldinstitute bei finanziellen Notlagen), die Sparkassen müssen stärkere Eigenvorsorge betreiben. Finanzzuweisungen mit der Begründung der Anstaltslast, also Kapitalbeihilfen der öffentlichen Hand zur Aufrechterhaltung der Infrastruktur der Sparkassen, bedürfen in Zukunft der Zustimmung der Kommission.

Die Praxis feindlicher Übernahmen bleibt dagegen bisher politisch ungeklärt. Im Jahre 1999 hatte die Übernahme von Mannesmann durch Vodafone zu politischem Aufsehen geführt und sich auf die deutsch-britischen politischen Beziehungen ausgewirkt. Für Bundeskanzler Gerhard Schröder stellen die Pläne der Kommission, Hindernisse für Firmenübernahmen zu beseitigen, auch eine direkte Attacke auf einen seiner vertrauten politischen Einflußkanäle, den niedersächsischen Landesanteil an der Volkswagen AG, dar. Als Gegenstrategie zur Abwehr der Brüsseler Übernahmeverordnungspläne setzte die rot-grüne Regierung ein neues Gesetz mit Leitlinien für den Kauf von Kapitalgesellschaften durch, das im Januar 2002 in Kraft trat. Die Haltung der Bundesregierung zu den Vorstößen der Kommission bleibt auf europäischer Ebene umstritten, zumal das deutsche Gesetz, wie der DGB dies wünschte, auch noch eine Stellungnahme der Beschäftigten zu Übernahmeplänen vorsieht. Geradezu exemplarisch treffen an der Schnittstelle „feindliche Übernahme" zwei unterschiedliche wirtschaftspolitische Zielvorstellungen aufeinander, die freie und die kontrollierte Unternehmensentwicklung. Will sich die rot-grüne Regierung prinzipiell für eine politisch mitkontrollierte Fusionsentwicklung einsetzen? Eine klare Antwort auf diese Frage gibt es nicht. Erneut wird damit aber die konzeptionelle Schwäche der rot-grünen Regierungen in der Wettbewerbspolitik offenbar. Die wettbewerbspolitischen Argumente der Regierung sind defensiv und fallbezogen, und nicht systematisch und zielorientiert.

Die Grenzlinien zum pragmatischen Interventionismus aus kurzfristigem politischen Interesse verschwimmen noch stärker, wenn es um Pleiten großer Firmen geht, wie exemplarisch die doppelte „Rettung" des Holzmann-Konzerns in den Jahren 1999 und 2002 zeigte. Hier ist die industrie- bzw. parteipolitische Motivation der Regierungspolitik das überragende Motiv. Nur wenn man dieses Motiv für die rot-grüne Wirtschaftspolitik anerkennt, ist auch verständlich, weshalb die rot-grünen Regierungen (wie ihre konservativen Vorgänger) bei allen Plänen für einen Subventionsabbau die Steinkohle ausnimmt. Es ist nicht zuletzt im Hinblick auf verteilungspolitische Überlegungen (Stichwort: „Gerechtigkeit") schwer zu rechtfertigen, dass im Jahre 2000, beispielsweise, im Durchschnitt aller Wirtschaftsbereiche je Erwerbstätigem der Bund 600 Euro Subventionen zahlte, im Steinkohlebergbau aber 70.018 Euro (Achtzehnter Subventionsbericht 2001: 17).

Politisch motivierte, aber im Kontext der Regierungsprogrammatik nicht begründbare Eingriffe finden sich auch bei Interventionen zu Gunsten der Fusion von Großunternehmen. Breite Beachtung fand der Fall der Fusion E.on/Ruhrgas (Münter 2002). Das Bundeskartellamt und die Monopolkommission lehnten diese Fusion ab und fanden für ihre Position auch die Unterstützung des zuständigen Kartellsenats des Oberlandesgericht Düsseldorf. Dieser war von den Mitbewerbern der Fusionspartner angerufen worden, als das Wirtschaftsministerium die Fusion im Wege der Ministererlaubnis genehmigt hatte. Der Streitfall wurde 2003 durch eine außergerichtliche Einigung der Unternehmen beigelegt.

Politisch bemerkenswert ist die Art und Weise, wie das Wirtschaftsministerium mit den Einwänden der Kartellbehörde umging und umgeht. Grundsätzlich gilt: Die Ministererlaubnis politisiert die Entscheidungen in der Wettbewerbspolitik. Sie soll deshalb auch die Ausnahme sein und nur dann erteilt werden, „wenn die Wettbewerbsbeschränkung von gesamtwirtschaftlichen Vorteilen des Zusammenschlusses aufgewogen wird oder der Zusammenschluss durch ein überragendes Interesse der Allgemeinheit gerechtfertigt ist" (§42 GWB, 1). Das Wirtschaftsministerium behandelte die Ministererlaubnis nicht wie ein Instrument der Wettbewerbs-, sondern wie ein Instrument der Industriepolitik. Das „Gemeinwohl" wurde zur Begründung der Ministererlaubnis mit der Wettbewerbsfähigkeit von Ruhrgas in eins gesetzt.

Aus den Reihen des grünen Koalitionspartners war Zustimmung zum Widerstand des Oberlandesgericht Düsseldorf zu hören. Die Energie-Expertin der Grünen, Michaele Hustedt, begrüßte das Gerichtsurteil als „Sieg der Demokratie" und forderte die Abschaffung der Ministererlaubnis (Frankfurter Rundschau, 05.08. 2002: 9). Die Grünen überließen aber in der Tagespolitik das Feld der Entscheidung völlig der SPD. Diese hat in der zweiten rot-grünen Koalition mit Wolfgang Clement nun einen Wirtschaftsminister, der als Landespolitiker schon immer an die Legitimität weitgehender industriepolitischer Interventionen glaubte und diese als Kernbestand der Wirtschaftspolitik Nordrhein-Westfalens (im Detail u.a. Voelzkow 1990) ansah. Entsprechend fiel auch seine Reaktion auf die Schwierigkeiten mit der Umsetzung der Ministererlaubnis aus. Anstatt über die zahlreichen wettbewerbspolitischen Einwände im Fall E.on/Ruhrgas nachzudenken, gab er eine Überarbeitung des Kartellgesetzes in Auftrag mit dem Ziel, den Konkurrenzunternehmen nach erfolgter Ministererlaubnis die Möglichkeit einer Klage zu nehmen (Der Spiegel, 20.01.2003: 53).

Inzwischen ist auch bekannt geworden, dass Bundeskanzler Schröder hinter den Kulissen ebenfalls in dieser Angelegenheit zu Gunsten der Fusion der Energiekonzerne tätig wurde. Er setzte sich mit der finnischen Regierung telefonisch in Verbindung und bewog diese erfolgreich dazu, auf den finnischen Energieversorger Fortum einzuwirken, dieser möge einer außergerichtlichen Einigung zustimmen und seinen Einspruch beim Düsseldorfer Oberlandesgericht gegen die Ministererlaubnis zurückziehen. Dies gab dem Fusionsfall die entscheidende Wende zu Gunsten der Unternehmenskonzentration (Der Spiegel, 10.02.2003: 67).

Mit solcher Art des Taktierens schränkt die rot-grüne Regierung, stärker noch als dies ihre Vorgängerregierungen taten, das Eigengewicht wettbewerbsorientierter Politik ein. Die Liberalisierung der Märkte wird von der rot-grünen Regierung zwar befürwortet – die Einbindung Deutschlands in den europäischen Binnenmarkt lässt hier der Regierung auch gar keine Wahl –, gleichzeitig aber ist für sie die Einschränkung des Wettbewerbs auf diesen Märkten kein wichtiges politisches Thema. So wurde in der Presse berichtet (Vorholz 2001: 34): „Der Wirtschaftsminister (Müller, R.S.) sah den Wettbewerb nicht einmal gefährdet, als aus vier großen Stromkonzernen zwei wurden: E.on, aus der Fusion von Bayernwerk und PreussenElektra hervorgegangen, und das um VEW erweiterte RWE".

Auf dem Strom- und inzwischen auch auf dem Gasmarkt ist die Vernachlässigung wettbewerblicher Grundsätze eklatant. Die massive Unterstützung der Bundesregierung für die Regelung des jeweiligen Netzzugangs für Konkurrenten durch Verbändevereinbarungen förderte ein Instrument, das zur Abschreckung von neuen Wettbewerbern[1] und zum Festschreiben überhöhter Preise zu Ungunsten der Verbraucher genutzt werden kann. Die alternative Lösung einer Regulierungsbehörde, die den Netzzugang kontrolliert, oder eine Stärkung der Rolle des Kartellamtes bei der ex post-Prüfung der Strom- und Gaspreise waren lange keine von rot-grünen Regierungen erwogenen Optionen (Sturm u.a. 2002: 24ff.). Sollte sich nun doch, wie 2003 diskutiert wurde, eine Form der staatlich institutionalisierten Regulierung für die Strom- und Gasindustrie, entweder ex ante durch eine Regulierungsbehörde oder ex post durch das Bundeskartellamt, als unvermeidlich erweisen, käme diese Regulierung für viele potenzielle Wettbewerber zu spät.

4   Industriepolitische Förderung

Industriepolitische Fördermaßnahmen der rot-grünen Regierungen konzentrieren sich auf die Mittelstands- sowie die Forschungs- und Technologiepolitik. Hier ist mindestens bei der Umsetzung von Programmen, teilweise aber auch bei ihrer Konzeptualisierung, eine enge Abstimmung mit den Ländern erforderlich. Mittelstandsgesetzgebung ist eine der verbliebenen Domänen der Landespolitik (für Baden-Württemberg vgl. Sturm 2002: 292f.). Dies und die Beachtung der Beihilferegeln der

---

[1] Ein Beispiel ist die T-Komponente der Verbändevereinbarung II. Die Vereinbarung sieht die Bildung zweier Tarifzonen vor, einer Nord- und einer Südzone. Wird Strom von einer Tarifzone in eine andere geleitet, fällt ein Transportentgelt an, ebenso bei Überschreiten der deutschen Grenze.

EU-Kommission schränken die Gestaltungsmöglichkeiten von Bundesregierungen bei industriepolitischen Fördermaßnahmen stark ein. Hinzu kommt, dass der Bund innerstaatlich auf das ökonomische West-Ost-Gefälle Rücksicht nehmen muss.

Die Wirkungsweise von Programmen der Bundesregierung ist im Einzelnen schwer zu bestimmen, und die Datenlage zur Entwicklung des Mittelstandes deckt erst einige Jahre der rot-grünen Regierungszeit ab. Selbst zur prekären Lage des Mittelstandes in Ostdeutschland, dessen unzureichendes wirtschaftliches Gewicht seit der deutschen Einheit als eines der zentralen Probleme der Wirtschaftsentwicklung in Ostdeutschland gilt, kann offiziell nur wenig Erhellendes gesagt werden (Antwort der Bundesregierung 2001). Die Bundesregierung betonte immer wieder, dass die kleinen und mittleren Unternehmen (KMU) „eine tragende Säule der deutschen Wirtschaft" sind, denn „sie schaffen 70% der Arbeitsplätze, stellen 80% der Ausbildungsplätze und erwirtschaften 45% des BIP" (Jahreswirtschaftsbericht 2002: 41).[2]

Die positive politische Ausrichtung auf den Mittelstand blieb aus einzelbetrieblicher Sicht vage; neue politische Restriktionen hingegen, wie die Änderung des Betriebsverfassungsgesetzes, die mehr Kosten für Betriebsräte verursacht, die Einschränkung befristeter Arbeitsverhältnisse oder die zeitweisen Verschärfungen bei Regelungen für Billigjobs wirkten und wirken konkret. Hinzu kommen der wachsende bürokratische Aufwand für KMUs (Beispiele in: Der Spiegel 21.09. 2002:38ff.), trotz der Arbeit der von der Bundesregierung 1999 eingesetzten Projektgruppe „Abbau der Bürokratie", sowie in Zukunft neue Probleme der Kreditfinanzierung der KMUs bei der Anwendung der Eigenkapitalvorschriften von Basel II (Deutsche Bundesbank 2001).

Wie ihre konservativen Vorgängerregierungen hantiert Rot-Grün mit einem für die KMUs wenig transparenten Flickenteppich von Einzelinitiativen zur Mittelstandsförderung. Mittelstandspolitik hat keine Priorität, wird aber nun auch „nachhaltig" (Antwort der Bundesregierung 2000: 3) genannt. Auf der EXPO 2000 stellte die Bundesregierung ein „Aktionsprogramm Mittelstand" vor, das von der Förderung neuer Technologien über Aus- und Weiterbildungsprogramme bis hin zur Begleitung von Auslandsaktivitäten der KMUs reicht. Unter der im Mai 2001 gegründeten gemeinsamen „Dachmarke" „nexxt" (www.nexxt.org) wurden in ganz Deutschland Veranstaltungen durchgeführt, um das Thema Unternehmensnachfolge in das Bewusstsein der Öffentlichkeit zu rücken. Mittel des ERP-Sondervermögens sowie der Kreditanstalt für Wiederaufbau und der Deutschen Ausgleichsbank standen zur Finanzierung von Investitionen und Innovationen im Mittelstand, sowie zur Finanzierung von *Venture Capital*-Unternehmen zur Verfügung.

Die Wirkungen solcher indirekten Fördermaßnahmen, die auf erfolgreicher Antragstellung der KMUs beruhen, sind stark abhängig von ihrem Bekanntheitsgrad bei

---

[2] Rot-Grün übernimmt hier die Angaben des Instituts für Mittelstandsforschung in Bonn.

den Betroffenen, dem Antragsverfahren selbst sowie der wirtschaftlichen Lage, die in erster Linie den Handlungsspielraum der KMUs definiert. Wenn Firmenpleiten trotz voller Auftragsbücher vorkommen, weil nicht zuletzt auch die öffentliche Hand unter den säumigen Zahlern ist, helfen auch die besten programmatischen Angebote nicht, die von der gleichen Adresse kommen. Die Bundesregierung kommentiert diesen Sachverhalt erstaunlicherweise so: „Die häufig verlautbarten Klagen über die mangelnde Zahlungsmoral öffentlicher Auftraggeber sind nicht immer so konkret, dass sie weiter verfolgt werden können" (Antwort der Bundesregierung 2000: 49). Es ist schwierig zu beurteilen, inwieweit die rot-grüne Bundesregierung stärker als ihre Vorgänger in der Förderpolitik den Mittelstand benachteiligt. Die arbeitsrechtlichen Veränderungen haben dessen Wettbewerbssituation sicherlich verändert. Anders als die Großindustrie hat die rot-grüne Regierung, die für den Mittelstand den Verbändedialog anregt, diesem kein dem „Bündnis für Arbeit" hinsichtlich der Qualität eines möglichen Interessenausgleichs von Wirtschaft und Politik vergleichbares Forum gegeben.

Die rot-grüne Bundesregierung verweist auf ihre zusätzlichen finanziellen Anstrengungen im Bereich der Forschungsförderung sowie auf Sonderprogramme zur Mittelstandsförderung (z.B. Programm Innovationskompetenz mittelständischer Unternehmen, PRO INNO, 1999) und zur Förderung der Leistungsfähigkeit ostdeutscher Unternehmen (z.B. Förderung und Unterstützung von technologieorientierten Unternehmensgründungen in den neuen Bundesländern, FUTOUR, 2000, oder Förderwettbewerb Netzwerkmanagement-Ost, NEMO, 2002).

Die wirtschaftliche Schlagkraft dieser Fördermaßnahmen, auch was die Unterstützung der KMUs angeht, wird jedoch inzwischen skeptisch beurteilt. Der von unabhängigen Spitzenforschungsinstitutionen erstellte Bericht zur technologischen Leistungsfähigkeit Deutschlands 2001 (Bericht 2002a: 20) stellt fest:

> Die staatlichen Forschungsanteile haben sich tendenziell zu Gunsten der Klein- und Mittelunternehmen verschoben: 1999 wurden 7,2% ihrer FuE [Forschung und Entwicklung] staatlich finanziert, bei Großunternehmen waren dies 6,3%. Und doch haben die FuE-Aktivitäten der Unternehmen an Breite verloren.

Gegen Ende der 1990er Jahre hat sich diese Entwicklung noch einmal beschleunigt. Geradezu abrupt haben sich manche Klein- und Mittelunternehmen aus FuE verabschiedet: in nur zwei Jahren in der Größenordnung von mehr als 1000. Auch hier gibt es das Sonderproblem Ostdeutschland: „Die östlichen Bundesländer sind wenig in den internationalen Technologiewettbewerb eingebunden. Zwar kommt man langsam voran, aber die vergleichsweise geringe Bedeutung forschungs- und wissensintensiver Wirtschaftszweige, der geringe Industriebesatz sowie wenige forschende Unternehmen sind keine gute Grundlage, um weltweit aufzutrumpfen. Der Konvergenzprozess ist ins Stocken geraten" (Bericht 2002a: 24).

Tabelle 2: Ausgaben für Forschung und Entwicklung des Bundes 1994-2002 in Mio. Euro

JAHR	Koalition	BMBF [1]	Andere Ressorts	Summe
1994	CDU/CSU/ FDP	5 100,3	3 270,2	8 370,5
1995		5 149,5	3 306,2	8 455,7
1996		5 227,6	3 326, 9	8 554,5
1997		5 112,6	3 095,1	8 207,7
1998	Rot-Grün	5 207,2	3 016,6	8 223,8
1999		5 390,3	2 849,8	8 240,1
2000		5 546,6	2 880,0	8 426,6
2001		5 967,5	3 058,5	9 026,0
2002		6 174,1	2 876,8	9 050,9

[1] Bundesministerium für Bildung und Forschung
Quelle: Antwort 2002: 2f.

5 Fazit

Die Wirtschaftspolitik von Rot-Grün ist von einem hohen Maße an Kontinuität im Vergleich zur Politik ihrer Vorgängerregierungen geprägt. Dies liegt zum einen an dem inzwischen erreichten Grad der Einbindung des deutschen Wirtschaftsgeschehens in den europäischen Binnenmarkt und damit verbunden, ganz konkret, der europäischen Subventionskontrolle; zum anderen aber auch an der Art möglicher Eingriffe in das Wirtschaftsgeschehen, die sich auf indirekte Steuerung beschränken. Es herrscht eine intransparente Vielzahl von Programmangeboten des Bundes vor. Der Bund erweitert damit die undurchsichtige Programmfülle der Länder und der EU. Erforderliche Abstimmungen in ausreichendem Maße fehlen.

Neu ist an der rot-grünen Regierungspraxis ihr industriepolitischer „Nationalismus", der den Bundeskanzler dazu veranlasste, die EU-Kommission zu rügen, sie solle auf die industriepolitischen Interessen der deutschen Wirtschaft mehr Rücksicht nehmen, zeitweise sogar verknüpft mit dem Wunsch, die Kommission quasi zum

Rapport nach Deutschland zu bestellen. Deutsche Sonderinteressen sieht der Bundeskanzler im Bergbau (Kohlesubventionen), in der Autoindustrie (Rücknahme der Altautorichtlinie, Sonderstatus des Landes Niedersachsens als Miteigentümer von VW, Opposition gegen Strafen für monopolistische Praktiken bei Vertriebssystemen) und der Chemieindustrie (Umweltauflagen) (Pinzler 2002).

Es mangelt der rot-grünen Regierung an Verständnis für die Folgen einer an den Interessen großer Industrien ausgerichteten Interventionspolitik. Es ist eine alt bekannte Tatsache, dass wählerwirksame „Rettungsaktionen" maroder Unternehmen diese nicht dem Wettbewerb entziehen können. Die Bereitschaft der SPD – die Grünen überließen diese Fragen bisher in erstaunlicher Passivität ihrem Koalitionspartner –, Großfusionen gutzuheißen und Fragen der Marktliberalisierung nicht unter Wettbewerbsgesichtspunkten zu betrachten, hat die Wirtschaftsverfassung Deutschlands unterhöhlt. Wettbewerbshüter, wie die Europäische Kommission oder das Bundeskartellamt, deren Verhältnis untereinander ebenfalls der Aufmerksamkeit der Bundesregierung bedürfte, werden attackiert. Die Folgen vermachteter Märkte werden ignoriert, auch wenn deren Verhinderung sicherlich mehr zum Verbraucherschutz und zum Schutz von KMUs beitragen würde als jegliche nachfolgende kompensatorische Politik. Hier führt sich der unideologische Pragmatismus der SPD-Führung ad absurdum. Kurz- und langfristige Politikstrategien geraten in Konflikt. Der industriepolitische Eingriff, der aus der Sicht eines kooperativen Politikverständnisses (Elsner 2001) als Entblockierung des Wirtschaftsgeschehens interpretiert werden kann, stellt schon mittelfristig die Ordnungsdimension der deutschen Wirtschaftspolitik infrage.

6 Literatur

Achtzehnter Subventionsbericht, 2001: Bericht der Bundesregierung über die Entwicklung der Finanzhilfen des Bundes und der Steuervergünstigungen gemäß §12 des Gesetzes zur Förderung der Stabilität und des Wachstums der Wirtschaft (StWG) vom 8. Juni 1967 für die Jahre 1999 bis 2002, Bundestagsdrucksache 14/6748 vom 26.07. 2001.

Antwort der Bundesregierung, 2000: Chancen des Mittelstandes in der globalisierten Wirtschaft, Bundestagsdrucksache 14/4603 vom 15.11. 2000 (Große Anfrage).

Antwort der Bundesregierung, 2001: Lage der kleinen und mittelständischen Betriebe in Ostdeutschland, Bundestagsdrucksache 15/6228 vom 01.06. 2001 (Kleine Anfrage).

Antwort der Bundesregierung, 2002: Forschungsförderung in Deutschland, Bundestagsdrucksache 14/8949 vom 29.04. 2002 (Große Anfrage).

Aspinwall, Mark D./Schneider, Gerald, 2000: Same menu, separate tables: The institutionalist turn in political science and the study of European integration, in: European Journal of Political Research 38, 1-36.

Bericht, 2002: Bericht der Bundesregierung über die Perspektiven für Deutschland - Nationale Strategie für eine nachhaltige Entwicklung, Bundestagsdrucksache 14/ 8953 vom 25.04. 2002.

Bericht, 2002a: Bericht zur technologischen Leistungsfähigkeit Deutschlands 2001 und Stellungnahme der Bundesregierung, Bundestagsdrucksache 14/9331 vom 03.06. 2002.
Chomsky, Noam, 2000: Profit Over People. Neoliberalismus und globale Weltordnung, Hamburg/Wien.
Deutsche Bundesbank, 2001: Die neue Baseler Eigenkapitelvereinbarung (Basel II), in: Monatsbericht April, 15-44.
Dyson, Kenneth, 1986: The State, Banks, and Industry: The West German Case, in: *Cox, Andrew* (Hrsg.), The State, Finance and Industry, Brighton, 118-141.
Elsner, Wolfram, 2001: Eine Theorie Kooperativer Wirtschaftspolitik. Modell und Praxiserfahrungen, in: *Frick, Siegfried/Penz, Reinhard/Weiß, Jens* (Hrsg.), Der freundliche Staat. Kooperative Politik im institutionellen Wettbewerb, Marburg, 191-232.
Friesen, Alexander von, 1998: Staatliche Haftungszusagen für öffentliche Kreditinstitute aus europarechtlicher Sicht, Stuttgart.
Hirsch, Joachim, 1995: Der nationale Wettbewerbsstaat: Staat, Demokratie und Politik im globalen Kapitalismus, Berlin.
Jahreswirtschaftsbericht, 2001: Reformkurs fortsetzen – Wachstumsdynamik stärken, Bundestagsdrucksache 14/ 5201 vom 31.01. 2001.
Jahreswirtschaftsbericht, 2002: Vor einem neuen Aufschwung – Verlässliche Wirtschafts- und Finanzpolitik fortsetzen, Bundestagsdrucksache 14/8175 vom 31.01. 2002.
Jürgens, Ulrich/Krumbein, Wolfgang (Hrsg.), 1991: Industriepolitische Strategien. Bundesländer im Vergleich, Berlin.
Kinzl, Ulrich-Peter, 2000: Anstaltslast und Gewährträgerhaftung, Baden-Baden.
Koalitionsvereinbarung, 1998: Aufbruch und Erneuerung – Deutschlands Weg ins 21. Jahrhundert, Berlin.
Koalitionsvereinbarung, 2002: Erneuerung – Gerechtigkeit – Nachhaltigkeit. Für ein wirtschaftlich starkes, soziales und ökologisches Deutschland. Für eine lebendige Demokratie, Berlin.
Lafontaine, Oskar, 1985: Der andere Fortschritt, Hamburg.
Lafontaine, Oskar/Müller, Christa, 1998: Keine Angst vor der Globalisierung. Wohlstand und Arbeit für alle, Bonn.
Monopolkommission, 2002: Vierzehntes Hauptgutachten der Monopolkommission 2000/ 2001, Bundestagsdrucksache 14/ 9903 vom 28.08. 2002.
Müller, Markus M., 2000: Die Banken zwischen Staat und Wirtschaft. Von der Hausbank zum „Global Player", in: Gegenwartskunde 49(4), 447-455.
Münter, Michael, 2002: Die Debatte um die geplante Fusion von E.on und Ruhrgas - Ministererlaubnis für Marktmacht?, in: Gesellschaft-Wirtschaft-Politik 51(4), 491-500.
Neumann, Wolfgang/Uterwedde, Henrik, 1986: Industriepolitik. Ein deutsch-französischer Vergleich, Opladen.
Pinzler, Petra, 2002: „Das ist bodenloser Wahnsinn". Subventionen für Kohle, Sonderrechte für Auto und Chemie: Im Streit mit der EU verteidigt Gerhard Schröder die Methoden von gestern, in: Die Zeit, 25.04., S. 24.
Sabatier, Paul A./Jenkins-Smith, Hank C., 1999: The Advocacy Coalition Framework. An Assessment, in: *Sabatier, Paul A.* (Hrsg.): Theories of the Policy Process, Boulder, Co., 117-166.
Schaaf, Peter, 1978: Ruhrbergbau und Sozialdemokratie. Die Energiepolitik der großen Koalition 1966-69, Marburg.
Stratmann-Mertens, Eckhard/Hickel, Rudolf/Priewe, Jan (Hrsg.), 1991: Wachstum. Abschied von einem Dogma, Frankfurt a. M.
Sturm, Roland, 1989: The Industrial Policy Debate in the Federal Republic of Germany, in: *Bulmer, Simon* (Hrsg.), The Changing Agenda of West German Public Policy, Aldershot, 155-174.
Sturm, Roland, 1991: Die Industriepolitik der Bundesländer und die europäische Integration, Baden-Baden.

Sturm, Roland, 1996: The German Cartel Office in a Hostile Environment, in: *Doern, G. Bruce/Wilks, Stephen* (Hrsg.), Comparative Competition Policy. National Institutions in a Global Market, Oxford, 185-224.

Sturm, Roland, 1998: Die Banken als Lenker der deutschen Wirtschaft?, in: *Naßmacher, Karl-Heinz u.a.*, Banken in Deutschland, Opladen, 153-167.

Sturm, Roland (unter Mitarbeit von Edmund Ortwein), 2002: Neben Brüssel und Berlin: Wirtschaftspolitik in Baden-Württemberg, in: *Cost, Hilde/Körber-Weik, Margot (Hrsg.)*, Die Wirtschaft von Baden-Württemberg im Umbruch, Stuttgart etc., 280-296.

Sturm, Roland/Wilks, Stephen/Müller, Markus M./Bartle, Ian, 2002: Der regulatorische Staat: Deutschland und Großbritannien im Vergleich, London.

Verordnung, 2003: Verordnung (EG) Nr. 1/2003 des Rates vom 16. Dezember 2002 zur Durchführung der in den Artikeln 81 und 82 des Vertrags niedergelegten Wettbewerbsregeln, in: Amtsblatt der Europäischen Gemeinschaften vom 4.1, L 1/1-1/25.

Voelzkow, Helmut, 1990: Mehr Technik in die Region. Neue Ansätze zur regionalen Technikförderung in Nordrhein-Westfalen, Wiesbaden.

Vorholz, Fritz, 2001: Die Legende vom Wettbewerb, in: Die Zeit, 04.10., 34.

Wilks, Stephen, 1999: In the Public Interest. Competition Policy and the Monopolies and Merger Commission, Manchester.

Wilks, Stephen, 2001: Competition Policy and Deregulation in Britain: Utility Regulation and Regulatory Reform, in: *Sturm, Roland/Dieringer, Jürgen/Müller, Markus M. (Hrsg.)*, Rediscovering Competition. Competition Policy in East Central Europe in Comparative Perspective, Budapest/ Opladen, 41-50.

Arbeitsrechtspolitik zwischen Re-Regulierung und Deregulierung

Edgar Rose

1 Einleitung

Dem Gesetzgeber der 14. Legislaturperiode ist auf dem Gebiet des Arbeitsrechts ein „atemberaubendes Tempo" bescheinigt worden (Schaub 2002: V.). Neben einer Fülle kleinerer Modifikationen wurden mehrere kodifikatorische Großprojekte in Angriff genommen und – was nicht immer selbstverständlich war – auch erfolgreich abgeschlossen. Herausragende Bedeutung haben die grundlegenden Reformen auf dem Gebiet des Betriebsverfassungsrechts und des Teilzeit- und Befristungsrechts sowie die folgenreiche Einbeziehung der Arbeitsverträge in die gesetzliche Kontrolle allgemeiner Geschäftsbedingungen im Rahmen der Schuldrechtsmodernisierung. Aber auch auf sieben weiteren arbeitsrechtlichen Feldern vom Erziehungsgeldrecht bis zum Betriebssicherheitsrecht sind beträchtliche Änderungen vorgenommen worden. Hinzu kommen Novellierungen zum Recht der „geringfügig Beschäftigten" und der sog. „Scheinselbstständigkeit", die systematisch zum Sozialrecht gehören, aber einen engen Bezug zum Arbeitsrecht aufweisen.

Ein Herausgreifen der *Highlights* ist im Rahmen dieses Beitrags unvermeidlich, birgt aber analytische Risiken. Denn es darf nicht verloren gehen, dass die rot-grüne Koalition im Arbeitsrecht auf breiter Front teils innovative, teils systematisierende Akzente setzen konnte. Über weite Strecken könnte man von einer Politik der moderaten arbeitsrechtlichen Re-Regulierung sprechen, die sich deutlich absetzt von der Deregulierungspolitik der christlich-liberalen Koalition. Doch aktuelle Ereignisse durchkreuzen eine Verallgemeinerung dieser Einschätzung. Bereits am Ende der 14. Legislaturperiode sind die sogenannten „Hartz-Reformen" vorbereitet worden, deren Umsetzung unmittelbar nach Wiederwahl der rot-grünen Koalition erfolgt ist. Sie enthalten wenigstens teilweise deregulierende Aspekte einer für rot-grüne Verhältnisse ungewohnten Qualität. Noch deutlich weiter gehen die Ankündigungen mehrfacher Einschränkung des Kündigungsschutzes durch die Bundesregierung in der Agenda 2010.[1]

---

[1] Angekündigt in der Rede des Bundeskanzlers am 14. März 2003 im Deutschen Bundestag und bei Abfassung dieses Artikels im Juni gleichen Jahres noch nicht endgültig konkretisiert.

2 Deregulierung und Re-Regulierung

Die Rezession der Jahre 1981/82, die die Arbeitslosigkeit auf über 2 Millionen Erwerbslose anschwellen und die sozial-liberale Bundesregierung zerfallen ließ, brachte auch jene sozialpolitische Leitvorstellung zum Durchbruch, wonach zur Lösung der Beschäftigungskrise mehr Markt auf dem Arbeitsmarkt (so das Kieler Institut für Weltwirtschaft, Soltwedel 1984) bzw. im Arbeitsrecht erforderlich sei (so der „Kronberger Kreis" renommierter Wirtschaftswissenschaftler 1986). Die Forderung einer Deregulierung des Arbeitsrechts prägte die Generaldebatte in der Arbeitsrechtspolitik während der gesamten Regierungszeit der christlich-liberalen Koalition. Das Konzept war eingebettet in international herrschende ökonomische Ansichten, die in den 1980er Jahren in den meisten Wohlfahrtsstaaten zu entsprechenden gesetzgeberischen Maßnahmen führten.[2]

Das Deregulierungspostulat gründet auf der Annahme, dass der weitreichende Ausbau von Schutzbestimmungen zu Gunsten der Arbeitnehmerinnen und Arbeitnehmer die Anpassung des Beschäftigungssystems an den Wandel gesamtwirtschaftlicher Rahmenbedingungen behindere und damit zu einer *Zunahme und Verhärtung der Arbeitslosigkeit* führe (vgl. die Zusammenfassungen Büchtemanns 1990: 229 ff. und Buttlers 1990: 67 f.). Deregulierung könne dem auf zweifache Weise abhelfen:

- Einerseits solle sie die *Kosten des Faktors Arbeit* senken, womit der Personaleinsatz lohnenswerter werde, wenigstens aber die Konkurrenzfähigkeit des Unternehmens durch sinkende Kosten erhöhten und bei florierenden Umsätzen letztlich auch die Nachfrage nach Arbeitskraft gesteigert werde.
- Andererseits solle sie *Beschäftigungshemmnisse* aus dem Weg räumen, da arbeitsrechtlicher Schutz vielfach dazu führe, dass der betriebliche Beschäftigungsstand möglichst niedrig gehalten werde oder besonders Geschützte gar nicht erst eingestellt würden.

Ökonomischer Kerngedanke des *Kostenarguments* ist die Annahme, dass es auch auf dem Arbeitsmarkt einen markträumenden Preis der Arbeitskraft gebe, der in der Praxis erheblich überschritten werde, weil die Kartellvereinbarungen der Tarifvertragsparteien eine Anpassung verhinderten (vgl. Monopolkommission 1994: 763 ff.; ähnlich Franz 2002: 181 ff.). Dies führe dazu, dass übermäßig viele Arbeitsplätze ihre Kosten nicht mehr erwirtschafteten und daher abgebaut würden. Erforderlich sei folglich vor allem eine Deregulierung des Lohnverhandlungssystems. Aber auch in anderen Bereichen könnten, so die Deregulierungsbefürworter, Personalkosten durch den Abbau arbeitsrechtlicher Schutzstandards gesenkt werden. Vorschläge reichen vom Abbau einschränkender Arbeitszeitbestimmungen bis hin zur Beschneidung

---

[2] Besonders weitreichend im Vereinigten Königreich unter der Regierung Thatcher (vgl. Edwards et al. 1998: 12ff.).

kostenträchtiger Rechte betrieblicher Interessenvertretungen (zur entsprechenden Deregulierung des Betriebsverfassungsgesetzes, Franz 2002: 187).

Das zweite Argument, wonach arbeitsrechtlicher Schutz zum *Beschäftigungshemmnis* werden kann, wird vorrangig im Bereich des Kündigungsschutzes bemüht (eingehend Schellhaass 1990). Insgesamt trage die Tatsache, dass Beschäftigte vor dem Arbeitsgericht die Unwirksamkeit ihrer Kündigung geltend machen könnten dazu bei, dass Unternehmen vor Neueinstellungen zurückschreckten (Franz 2002: 186) und auf einen Mehrbedarf an Arbeitskraft häufig mit anderen Mitteln reagierten (Rationalisierung, Überstunden). Ein besonderes Einstellungshemmnis bestünde gegenüber besonders geschützten Personengruppen. Neben potenziell schwangeren Frauen seien vor allem ältere Arbeitnehmer betroffen, weil sie im Rahmen der sozialen Auswahl bei betriebsbedingten Kündigungen intensiven Schutz besäßen. Schließlich wird auf die einstellungshemmende Wirkung von Schwellenwerten verwiesen. Gilt der Kündigungsschutz für einen Betrieb über fünf Beschäftigte, so das Argument, werde der Arbeitgeber die Einstellung einer sechsten Person möglichst vermeiden. Gefordert wird daher die partielle Rücknahme des Kündigungsschutzes vor allem im Bereich der „sozialen Auswahl" und durch eine Heraufsetzung bzw. Flexibilisierung des Schwellenwertes.

Das Deregulierungspostulat blieb über die gesamten 1980er und 1990er Jahre lebendig und bekam vor allem durch die Globalisierungsdebatte zusätzlichen Rückenwind, in der die Konkurrenzsituation mit Ländern betont wird, die den Unternehmen einen deutlich geringeren arbeitsrechtlichen Regulierungsgrad zumuten. Als Standortargument prägt es bis heute viele Debattenbeiträge der Union und mehr noch der FDP.

Gleichzeitig wird auch eine intensive, ebenfalls ökonomisch begründete Kritik an den Grundannahmen sowie an der Praxis der Deregulierung im Arbeitsrecht geübt. In ihrem Mittelpunkt steht der Hinweis, dass Arbeitsmärkte nicht nach den ökonomischen Gesetzmäßigkeiten üblicher Warenmärkte funktionierten (die Kritik im Überblick fasst Keller 1999: 452 ff. zusammen). Ein „markträumender Preis" der Arbeitskraft werde sich daher auch nach Deregulierung des „Tarifkartells" nicht herstellen:

- Wegen der existenziellen Bedeutung einer Verwertung der Arbeitskraft für ihren Eigentümer würden Preissenkungen der Arbeit – anders als auf anderen Märkten – zu einer Erhöhung des Arbeitsangebots führen (und sei es durch illegale Nebentätigkeit oder Eigenarbeit), um den Lebensstandard halten zu können. Ob eine erhöhte Nachfrage nach verbilligter Arbeit dies wenigstens auffangen könne, sei keineswegs gewiss.
- Wegen der Unvollständigkeit des Arbeitsvertrages hinsichtlich der Arbeitsleistung erfülle die Lohnhöhe und die Lohnstruktur wichtige Funktionen jenseits der Räumung des externen Arbeitsmarktes. Es gehe vor allem um Leistungs- und Qualifikationssteuerung auf dem internen Markt, womit zugleich Kontroll- und

Informationskosten gesenkt würden (Effizienzlohn). Lohnrigiditäten seien also keineswegs allein durch Flächentarifverträge begründet.

Einer Deregulierung des Arbeitszeitregimes wird entgegengehalten, dass damit die Arbeitsintensität erhöht und folglich die unmittelbare Arbeitsnachfrage sogar gesenkt werden könne (vgl. Buttler 1990: 76 f.). Dem Bestandsschutz werden positive – auch kostensenkende – Effekte u.a. für die betriebliche Informationskultur und die Bereitschaft zu betriebsspezifischen Humankapitalinvestitionen unterstellt (vgl. Walwei 1990: 396 ff.). Ein zunehmend starkes Argument der Deregulierungskritiker wurde seit den Maßnahmen der 1980er Jahre ihr *geringer arbeitsmarktpolitischer Erfolg*. Die rechtlichen Erleichterungen der befristeten Beschäftigung und der Leiharbeit konnten keine größeren Beschäftigungseffekte erzeugen. Die befristete Beschäftigung (ohne Arbeitsbeschaffungsmaßnahmen) bewegt sich seit den 1980er Jahren recht konstant zwischen 5% und 7% der Gesamtbeschäftigung (vgl. Rudolph 2000: 4 f.). Eher schon kann man der Leiharbeit eine dynamische Entwicklung bescheinigen, allerdings auf insgesamt niedrigem Niveau. Sie stieg immerhin zwischen 1994 und 2001 von 0,5% auf 1,3% der sozialversicherungspflichtig Beschäftigten (vgl. Jahn/ Rudolph 2002: 3 f.).

SPD und Grüne griffen die Kritik des Deregulierungspostulats programmatisch immer wieder auf. Soziale Ziele dürften, so das Argument, einer ohnehin wirkungslosen Deregulierung nicht geopfert werden. Entsprechend heißt es noch zuletzt im SPD-Regierungsprogramm 2002-2006[3]:

> Auch unter den Bedingungen zunehmender Globalisierung sind informierte und mit Rechten ausgestattete Arbeitnehmer Garanten für wirtschaftliche Leistungsfähigkeit und Erfolg. Im Gegensatz dazu gefährden Sozialdumping und der Abbau von Arbeitnehmerrechten nicht nur den sozialen Frieden, sondern auch die internationale Wettbewerbsfähigkeit.

Weniger deutlich, aber doch klar pro Regulierung klingt es im Grundsatzprogramm der Grünen vom 17. März 2002:

> Die Arbeitsgesellschaft wird sich weiter wandeln ... Daher ist es notwendig, die Rahmenbedingungen dafür zu schaffen, dass die Arbeitsgesellschaft der Zukunft nicht zu einer gänzlich entfremdeten Gesellschaft führt, in der das Zusammenleben der Flexibilisierung am Arbeitsmarkt untergeordnet wird. Deswegen verbindet bündnisgrüne Arbeitspolitik Innovation, Flexibilität und soziale Sicherheit. Wir wollen nicht den Weg der grenzenlosen Flexibilisierung gehen ...

3 Arbeitsrechtspolitik aus dem Hause Blüm 1982-1998

Nachdem die Regierung Schmidt durch den Wechsel des Koalitionspartners FDP zur Union gestürzt und durch die Regierung Kohl ersetzt worden war, stand schnell fest,

---

[3] Beschluss des SPD-Parteitages vom 2. Juni 2002.

dass insbesondere in der Arbeitsrechtspolitik eine grundlegende „Wende" vollzogen werden sollte. Führende Politiker beider Parteien der neuen Koalition – Lambsdorff (FDP), Albrecht und George (CDU) – meldeten sich Anfang der 1980er Jahre mit Forderungen zur Deregulierung des Arbeitsmarktes.[4] Der neue Bundesarbeitsminister Blüm läutete die „Wende" in der Arbeitsmarktpolitik im deutschen Bundestag an die SPD gerichtet mit den Worten ein: „Ihr Weg heißt ‚mehr Staat', und wir setzen mehr auf die Kräfte der Arbeitnehmer, der Unternehmer, der produktiven Kräfte der privaten Wirtschaft" (Debatte am 1.10.1982 Stenogr. Prot. 9/140: 8847; vgl. hierzu Bleses/Rose 1998: 122). Die Abkehr von staatlichen Eingriffen zu Gunsten einer *Freisetzung der Marktkräfte* war Programm. Besonders deutlich wurde der programmatische Charakter des Deregulierungspostulats für die schwarz-gelbe Koalition, als sie 1987 eine „unabhängige Expertenkommission zum Abbau marktwidriger Regulierungen" („Deregulierungskommission") berief. Zu den Ergebnissen der Kommission zählten 1990/91 die von den Sachverständigen der Regierung wiederkehrend vorgetragenen Empfehlungen: Gesetzliche Öffnung der Tarifbindung für bestimmte Fälle, Beschränkung der Möglichkeit zur Allgemeinverbindlicherklärung von Tarifverträgen, Einschränkung des Kündigungsschutzes bei der sozialen Auswahl, weitere Erleichterung von befristeten Arbeitsverhältnissen und von Leiharbeit. (Deregulierungskommission 1991; vgl. hierzu Keller 1997: 447 f.). Zu diesem Zeitpunkt waren bereits wichtige Deregulierungsschritte getan, die der Kommission jedoch nicht reichten, denn die erhofften praktischen Erfolge wollten sich nicht einstellen.

3.1 Die wichtigsten Maßnahmen *in chronologischer Reihenfolge:*[5]

- Beschäftigungsförderungsgesetz (BeschFG) 1985
  Zugelassen wird u.a. die einmalige Befristung von Arbeitsverträgen bis zu 18 Monaten ohne sachlichen Grund gem. § 1 BeschFG 85 (bis dahin max. 6 Monate). Eingeschränkt wird die Sozialplanpflicht beim Personalabbau gemäß § 112a Betriebsverfassungsgesetz (BetrVG). Erleichtert wird Leiharbeit v.a. durch Heraufsetzung der Höchstdauer von 3 auf 6 Monate gemäß § 3 Arbeitnehmerüberlassungsgesetz (AÜG). Geregelt wird Teilzeitarbeit u.a. durch ein Benachteiligungsverbot (§ 2 BeschFG 85) und durch die eingeschränkte Zulassung variabler Teilzeitarbeit entsprechend dem Arbeitsanfall (§ 4 BeschFG 85). Der Anwendungsbereich des Kündigungsschutzgesetzes wird leicht eingeschränkt gemäß § 23 Kündigungsschutzgesetz (KSchG).

---

[4] Die SPD hielt die drei Papiere für so entlarvend, dass sie sie unter scharfer Ablehnung ihres Inhalts selbst veröffentlichte (SPD-Bundesvorstand 1983); vgl. auch Blanke 1992: 25.

[5] Vgl. auch den Überblick bei Blanke 1992: 26 f.; Keller/Seifert 1999; Kehrmann 1999.

- Neuregelung der Lohnersatzleistungen bei Arbeitskämpfen (§ 116 Arbeitsförderungsgesetz) 1986
  Unter dem Stichwort: „Neutralität der Bundesanstalt für Arbeit bei Arbeitskämpfen" wird die Zahlung von Lohnersatzleistungen an Beschäftigte eingeschränkt, die wegen der Fernwirkungen eines Streiks nicht arbeiten können und keinen Lohn beziehen.
- Novellierung des Betriebsverfassungsgesetzes 1988
  Vor allem werden „Sprecherausschüsse" für leitende Angestellte ohne Mitbestimmungsrechte eingeführt.
- Ausweitung des Ladenschlusses 1989 und 1996
- Arbeitszeitgesetz (ArbZG) 1994
  Erweiterte Ausnahmen für zulässige Sonn- und Feiertagsarbeit. Eine wöchentliche Arbeitszeit von 60 Stunden (6 mal 10 Stunden) wird für mehrmonatige Phasen möglich (§ 3 ArbZG).
- Beschäftigungsförderungsgesetz 1994
  Das Vermittlungsmonopol der Bundesanstalt für Arbeit wird aufgehoben und gewerbsmäßige Arbeitsvermittlung zugelassen.
- Arbeitsrechtliches Beschäftigungsförderungsgesetz 1996
  Der Geltungsbereich des Kündigungsschutzgesetzes wird auf Betriebe mit mehr als 10 Beschäftigten (vorher mehr als 5) eingeschränkt (§ 23 KSchG). Die soziale Auswahl bei betriebsbedingten Kündigungen wird auf bestimmte Kriterien beschränkt und die Möglichkeit eröffnet, mit dem Betriebsrat eine verbindliche Namensliste der zu Kündigenden auszuhandeln (§ 1 Abs. 3-5 KSchG). Befristungsmöglichkeiten ohne Sachgrund werden erweitert (§ 1 BeschFG 85). Die Entgeltfortzahlung im Krankheitsfall wird in § 4 Entgeltfortzahlungsgesetz (EFZG) auf 80% (vorher 100%) abgesenkt.

Die Höhepunkte der arbeitsrechtlichen Deregulierung lagen damit zu Beginn und am Ende der christlich-liberalen Koalition. Die Beschäftigungsförderungsgesetze 1985 und 1996 enthielten entsprechende Maßnahmen jeweils bündelweise. In der Zwischenzeit war unter den Kritikern der Deregulierung bereits eine gewisse Beruhigung eingetreten, da die befürchtete Demontage des sozialen Arbeitsrechts ausgeblieben war (vgl. Blanke 1992: 26 ff.). Neben der Tatsache, dass Anfang der 1990er Jahre neue Deregulierungsschritte in der Tat rar waren, spielte der Umstand eine große Rolle, dass die getroffenen Maßnahmen in der Praxis wenig bewirkten. Je nach Sichtweise war der Erfolg bzw. der Schaden also gering. Umso gravierender mussten die Einschnitte des Jahres 1996 erscheinen. Sie ergriffen nicht nur „Randbelegschaften". Die Absenkung der Entgeltfortzahlung im Krankheitsfall auf 80% betraf alle, die nicht besonders tariflich geschützt waren. Das Herausnehmen der Belegschaften in Betrieben zwischen 6 und 10 Beschäftigten aus dem Kündigungsschutz traf die Rechte von etwa 2 Millionen (vgl. Riester 1999: 1).

Damit waren ab 1996 die wesentlichen Forderungen der Deregulierungsbefürworter im Individualarbeitsrecht erfüllt. Dagegen verzichtete die christlich-liberale Koalition weitgehend auf die Deregulierung des *kollektiven Arbeitsrechts*. Das Tarifsystem blieb nach 1986 entgegen massiver Forderungen (z.B. Monopolkommission 1994) unangetastet. Auch die Rechte von Betriebsräten wurden nicht eingeschränkt. Eine *versteckte Deregulierung* vollzog sich in diesen Bereichen immerhin. Ursache ist der Strukturwandel in der Wirtschaft, der eine zunehmende Zahl kleinerer Betriebe hervorbrachte. Er führte zu einer deutlich sinkenden Zahl von Beschäftigten, die der Tarifbindung unterlagen bzw. von einem Betriebsrat vertreten wurden. Denn kleinere Betriebe verfügen typischerweise über beides nicht. Insoweit reichte Untätigkeit der Regierung, also der Verzicht auf gegensteuernde Maßnahmen der Einbindung von Kleinbetrieben, um deregulierende Wirkung zu erzielen.

Will man zu einer abgewogenen Beurteilung der christlich-liberalen Arbeitsrechtspolitik gelangen, gilt es allerdings zu klären, ob das Etikett der Deregulierung die Gesetzgebungsarbeit vollständig deklariert. Zu erwähnen sind mehrere neue oder wesentlich veränderte Arbeitsgesetze zwischen 1982 und 1998, die nicht in dieses Muster passen. Neu geschaffen wurden das Bundeserziehungsgeldgesetz 1985 (mehrfach erweitert), das Gesetz zum Schutz der Beschäftigten vor sexueller Belästigung 1994, das Gesetz über den Nachweis der für ein Arbeitsverhältnis geltenden wesentlichen Bedingungen 1995, das Arbeitnehmer-Entsendegesetz 1996 (AEntG), das Gesetz über Europäische Betriebsräte 1996 und das Arbeitsschutzgesetz 1996 sowie zugehörige Arbeitsschutzverordnungen. Wesentlich verändert wurden das Recht der Kündigungsfristen im BGB (§ 622) 1993, das Recht der Entgeltfortzahlung 1994 und die Bestimmungen zur Gleichbehandlung von Männern und Frauen im BGB (§ 611a) 1994 und 1998. Auch die zuvor genannten deregulierenden Gesetze enthielten nicht durchgehend Maßnahmen, die sich bruchlos in dieses Schema fügen. Insbesondere das Recht der Teilzeitarbeit war 1985 mit einem Benachteiligungsverbot versehen worden (§ 2 BeschFG 85), das in einer Vielzahl von Gerichtsverfahren erfolgreich zur Anwendung kam.

Zur Beurteilung dieser Regulierungsmaßnahmen muss allerdings berücksichtigt werden, dass sie überwiegend *nicht freiwillig* ergriffen wurden. Allein fünf der eben genannten Gesetze wurden vom europäischen Gesetzgeber erzwungen und überwiegend in nationales Recht zögerlich bis widerwillig und in minimaler Form umgesetzt (Ausnahme: Arbeitnehmer-Entsendegesetz). Die Angleichung der Bestimmungen für Arbeiter und Angestellte bei den Kündigungsfristen und in der Entgeltfortzahlung beruhte auf Anforderungen des Bundesverfassungsgerichts. Was als eigeninitiative Regulierungsschritte der christlich-liberalen Koalition im Arbeitsrecht übrig bleibt, ist das Bundeserziehungsgeldgesetz, die Gleichbehandlung Teilzeitbeschäftigter und der Schutz gegen sexuelle Belästigung.[6] Wohl nicht zufällig handelt es sich hierbei durchweg um Maßnahmen, die ganz überwiegend zu Gunsten von Frauen wirksam werden. Den grundlegenden gesellschaftlichen Wandel in den Geschlechterverhältnissen konnte die Regierung nicht ignorieren. Will man die Bilanz der christlich-liberalen Arbeitsrechtspolitik also auf einen knappen Nenner bringen, so wäre *„Deregulierung plus Frauenpolitik"* das passende Label.

4 Rot-grüne Arbeitsrechtspolitik unter Riester 1998-2002

Ein Überblick der relevanten Gesetzgebungsakte (Tabelle) lässt leicht erkennen, dass sich die rot-grüne Arbeitsrechtspolitik der 14. Legislaturperiode in drei Gesetzgebungsphasen vollzog.

Es begann mit einer Phase der „Schnellschüsse" im Dezember 1998 und im März 1999 (mit einem kleinen Nachspiel im Dezember 1999). Hier wurden vor allem die letzten und gravierendsten Deregulierungen der Vorgängerregierung rückgängig gemacht und Regelungen zur geringfügigen Beschäftigung und zur Scheinselbstständigkeit (im Sozialrecht) aus dem Boden gestampft. Letzteres musste schon im Dezember 1999 weitgehend zurückgenommen werden. Im Oktober 2000 begann dann eine Phase „sorgfältiger Innovationen", in die v.a. das Teilzeit- und Befristungsgesetz, die Novellierung des Betriebsverfassungsgesetzes und die Schuldrechtsmodernisierung fielen. Sie endete mit der Legalisierung der Prostitution als möglichem Inhalt eines Arbeitsverhältnisses im Dezember 2001. Die dritte Phase umfasste nur die verbleibenden Monate des Jahres 2002 und betraf politisch unspektakuläre Akte der Systematisierung. Fast alles, was in den drei Phasen getan wurde, lässt sich Bemühungen der Re-Regulierung zuordnen.

---

[6] Erwähnt werden könnte allerdings noch das (überwiegend sozialrechtliche) Altersteilzeitgesetz 1996.

Arbeitsrechtspolitik zwischen Re-Regulierung und Deregulierung   111

Tabelle: Relevante Gesetzgebungsakte in der Arbeitsrechtspolitik

19. Dezember 1998	Gesetz zu Korrekturen in der Sozialversicherung und zur Sicherung der Arbeitnehmerrechte inkl. Arbeitnehmer-Entsendegesetz und sozialrechtlicher Regelungen zur „Scheinselbstständigkeit"
24. März 1999	Gesetz zur Neuregelung der geringfügigen Beschäftigung
20. Dezember 1999	Erneute Änderung der sozialrechtlichen Regelungen zur „Scheinselbstständigkeit"
12. Oktober 2000	Novellierung des Bundeserziehungsgeldgesetzes
21. Dezember 2000	Teilzeit- und Befristungsgesetz (TzBfG ersetzt BeschFG 85)
19. Juni 2001	Sozialgesetzbuch IX: Rehabilitation und Teilhabe behinderter Menschen
23. Juli 2001	Novellierung des Betriebsverfassungsgesetzes
12. Oktober 2001	Änderungen der Leiharbeit (AÜG) mit dem Job-AQTIV-Gesetz
26. November 2001	Schuldrechtsmodernisierungsgesetz
20. Dezember 2001	Prostitutionsgesetz
16. Juni 2002	Änderungen des Mutterschutzgesetzes
24. August 2002	Änderungen der Gewerbeordnung
27. September 2002	Betriebssicherheitsverordnung

4.1 Schnellschüsse

Schon im Wahlkampf des Jahres 1998 hatten sich SPD und Grüne deutlich zum Arbeitsrecht geäußert. Versprochen wurde die Rücknahme der wesentlichen Einschnitte aus dem Jahre 1996: die Wiederanhebung der Entgeltfortzahlung im Krankheitsfall auf 100% und die Wiederherstellung des Kündigungsschutzes bezüglich der Kleinbetriebe zwischen 6 und 10 Beschäftigten und bezüglich der sozialen Auswahl bei betriebsbedingten Kündigungen. Mit dem „Korrekturgesetz" vom 19. Dezember 1998 wurden diese Versprechen umgehend zum 1. Januar 1999 eingelöst. Hier handelte es sich um den eindeutigsten Fall von *Re-Regulierung*.

Gleichzeitig wurde das Arbeitnehmer-Entsendegesetz novelliert. Von nun an waren Mindestlohntarifverträge der Bauwirtschaft, die nach dem Konzept des AEntG auch auf nach Deutschland entsandte Beschäftigte ausländischer Unternehmen erstreckt werden, nicht mehr auf Regelungen der untersten Lohngruppe beschränkt.

Außerdem wurde das Bundesministerium für Arbeit ermächtigt, diesen Effekt auch per Rechtsverordnung und nicht mehr nur im konsensorientierten Verfahren der Allgemeinverbindlicherklärung herzustellen. Auch hier deutete sich eine Differenz zur Vorgängerregierung erstmals an. Europäisches Recht wird zeitgerecht (Frist der Entsenderichtlinie: 16.12.1999) und keineswegs nur minimal umgesetzt. Allerdings scheint das Entsenderecht insoweit ein Spezialfall zu sein, der auch von der christlich-liberalen Regierung ausnahmsweise vorauseilend behandelt wurde, weil die nationale Bauwirtschaft selbst nach Regulierung verlangte.

Den größten politischen Streit löste ein dritter Komplex des Gesetzes vom 19. Dezember 1998 aus: Die sozialrechtliche Regulierung der *„Scheinselbstständigkeit"*. Sie liegt – insoweit ist das unstrittig – immer dann vor, wenn eine Erwerbsperson formal wie ein selbstständiger Subunternehmer auftritt bzw. behandelt wird, nach den Details der Vertragsgestaltung oder der Vertragsdurchführung aber persönlich derart abhängig ist, dass die Kriterien des Arbeitnehmerstatus erfüllt werden. Gemieden wird damit v.a. das Abführen von geschuldeten Sozialversicherungsbeiträgen, aber auch sämtliche Schutzvorkehrungen des Arbeitsrechts wie Kündigungsschutz und Entgeltfortzahlung im Krankheitsfall entfallen. Da die arbeits- und sozialrechtlichen Kriterien des Arbeitnehmerstatus komplex und nicht immer sehr eindeutig sind, entstand eine breite und wachsende Grauzone. Die unionsgeführte Regierung war auch auf diesem Feld trotz Warnungen über wachsende Zahlen Scheinselbstständiger untätig geblieben. SPD und Grüne dagegen hatten schon lange gefordert, das Ausbluten des sozial- und arbeitsrechtlichen Schutzes zu stoppen. Legislativ umgesetzt wurde im Sozialrecht eine Umkehr der Beweislast durch eine Vermutungsregel bei Vorliegen bestimmter, relativ leicht zu erfassender Merkmale der Tätigkeit. Arbeitsrechtlich wurde nichts geändert; doch war eine mittelfristige Angleichung der arbeitsrechtlichen Rechtsprechung an diese Gesetzgebung zu erwarten.

Der Unmut über die Neuregelung war gewaltig. Ein Kritikpunkt bestand darin, dass auch „echte Existenzgründer", die zu Beginn oft keine Angestellten haben und von einem Auftraggeber abhängig sind, unter die Vermutungsregel fielen. Überdies wurde eine allgemeine Zurückhaltung der potenziellen Auftraggeber gegenüber der Zusammenarbeit mit „echten" Ein-Personen-Selbstständigen befürchtet, da sich die Auftraggeber verstärkt mit dem Risiko konfrontiert sehen mussten, ungewollt ein Beschäftigungsverhältnis einzugehen, das sich als sozialversicherungspflichtig herausstellt. Ein Jahr nach Verabschiedung wurde der neuen Vermutungsregel daher schon die Schärfe genommen. Veränderte Kriterien sollten fortan nur noch auf solche Fälle angewendet werden, in denen Auskunftspflichten gegenüber den Sozialversicherungsträgern missachtet wurden. Ansonsten hatten diese wieder die volle Beweislast zu tragen.

Ganz ähnliche Probleme handelte sich die rot-grüne Koalition im März 1999 bei dem zweiten Versuch ein, einen Personenkreis in die Sozialversicherungspflicht zu überführen: die *geringfügig Beschäftigten*. Auch hier war die Problemlage so schwierig, dass sie nicht mit einer einfach zu vermittelnden Regelung zu beherrschen war. Einzelbeispiele unerwünschter Effekte für beide Seiten – Arbeit- bzw. Auftraggeber *und* Beschäftigte – waren auch hier für die Opposition leicht zu konstruieren.

Eine geringfügige und damit beitragsfreie Beschäftigung ohne sozialrechtliche Ansprüche lag bis zum März 1999 vor allem dann vor, wenn nicht mehr als 630 DM monatlich in weniger als 15 Wochenstunden verdient wurden (§ 8 SGB IV). Auch hier lagen wachsende Zahlen (vgl. Rudolph 1999) und Missbrauchfälle vor, v.a. das Aufteilen regulärer in geringfügige Beschäftigung (vgl. z.B. Feldhoff 1999: 250). Die Neuregelung 1999, die dieser Entwicklung Einhalt gebieten sollte, geriet außerordentlich kompliziert. Hier seien nur die wichtigsten Eckdaten skizziert:

- Weiterhin keine Einbeziehung in Pflege- und Arbeitslosenversicherung,
- Beitrag zur Rentenversicherung grundsätzlich nur durch den Arbeitgeber (12%) mit Aufstockungsoption für Beschäftigte auf die reguläre Höhe (damals 19,5%), um so umfassend anspruchsberechtigt zu werden,
- Beitrag zur Krankenversicherung ausschließlich durch den Arbeitgeber (10%).

Zum Ausgleich für die Beitragspflicht wurde den Unternehmen die pauschalierte Lohnsteuer von 20% erlassen (jedoch nur bei Fehlen sonstiger Einkünfte der oder des Beschäftigten). Während es den Unternehmen allerdings möglich war, die Pauschalsteuer per Vertragsklausel auf die Beschäftigten abzuwälzen, wurde diese Möglichkeit für die neue Beitragspflicht ausgeschlossen. In der öffentlichen Diskussion besonders bedeutsam wurde eine Bestimmung, die ausschließlich geringfügig *Neben*tätige traf. Das Privileg, bis zu einer bestimmten Einkommenshöhe beitragsfrei nebentätig zu sein, wurde zu Gunsten der vollen Beitragspflicht für das Gesamteinkommen abgeschafft.

Deutlich spürbare Nachteile ergaben sich also durch die Neuregelung einerseits für Unternehmen, die zuvor die Pauschalsteuer abgewälzt hatten, und andererseits für geringfügig *Neben*tätige. Bei Letzteren blieb wegen der vollen Beitragslast fortan von den 630 DM u.U. nur noch rund die Hälfte übrig (Feldhoff 1999: 251). Der Opposition und großen Teilen der Fachwelt gelang es vorzüglich, in der Öffentlichkeit den Eindruck zu erwecken, dass geringfügige Beschäftigung unter diesen Bedingungen sinnlos geworden sei.[7] Die hohe Komplexität der Regelung und die große Eile bei der Einführung erleichterte dies. Tatsächlich aber stieg die geringfügige Beschäftigung weiter an, wie Daten des Instituts für Arbeitsmarkt- und Berufsforschung der Bundesanstalt für Arbeit (IAB) ergeben (siehe Magvas 2001). Nur rund 1/5 der Betriebe gab in einer Erhebung des IAB an, überhaupt auf die Neuregelung mit Änderungen der Personalpolitik reagiert zu haben (Magvas 2001: 2 ff.). Deutlich rückläufig war allerdings die geringfügige Nebenbeschäftigung. Das allein wäre mit

---

[7] Vgl. etwa Glock/Danko (1999: 405) mit der absurden Prognose, wonach es fortan keinen Grund mehr gäbe, eine geringfügige Beschäftigung anzubieten bzw. auszuüben.

dem Argument einer notwendigen Umverteilung von Arbeit durchaus öffentlich vertretbar gewesen.

4.2 Sorgfältige Innovationen

Viele Monate der Vorbereitung vergingen, bis die zweite Phase der arbeitsrechtlichen Gesetzgebung mit der Novellierung des Bundeserziehungsgeldgesetzes (Stichwort: Elternzeit) begann. Zwei der insgesamt sieben Gesetzgebungsakte dieser Phase seien hier näher behandelt.

4.2.1 Teilzeit- und Befristungsgesetz

Insbesondere die Novellierung des Teilzeit- und Befristungsrechts im Dezember 2000 liefert ein Beispiel für ein – im Vergleich zu den „Schnellschüssen" – deutlich *moderateres Vorgehen*, das gleichwohl in die Kategorie Re-Regulierung fällt. Es ging um das BeschFG, also um das Paradestück christlich-liberaler Deregulierung des Arbeitsrechts aus dem Jahre 1985, das vor allem die Zulässigkeit befristeter Arbeitsverträge ohne sachlichen Grund gebracht hatte. 15 Jahre lang hatten sich Deregulierungskritiker vorgestellt, dass dieser Einschnitt nach einem Regierungswechsel beseitigt würde. Genau das jedoch geschah nicht. Der Gesetzgeber tat statt dessen vor allem dreierlei und setzte dabei erneut europäisches Recht nahezu fristgerecht um:[8]

- Im Unterschied zur bruchstückhaften Regelung des Teilzeit- und Befristungsrechts im BeschFG 1985 wurde erstmals eine *umfassende Kodifikation* geschaffen. Neben dem Gewinn an Rechtsklarheit ergab sich daraus auch, dass das Befristungsrecht fortan unabhängig vom Kündigungsschutzgesetz auch für Kleinbetriebe bis zu 5 Beschäftigten und für kurzzeitige Befristungen gilt (Müller-Glöge 2003: 2665).
- Die *sachgrundlose Befristung* bis zur Dauer von 2 Jahren blieb möglich (§ 14 Abs. 2 TzBfG). Die Möglichkeit hingegen, nach mehrmonatigen Unterbrechungen immer wieder neu sachgrundlos zu befristen, wurde unterbunden. Auch die Möglichkeit, unterschiedliche Befristungen unmittelbar zu verketten, wurde eingeschränkt. Von 60 auf 58 Jahre gesenkt wurde die Altersgrenze für die weitgehende Freigabe sachgrundloser Befristungen.
- Im *Teilzeitrecht* wurde vor allem in § 8 TzBfG erstmals ein *Anspruch* der Beschäftigten auf Verringerung der Arbeitszeit (Anspruch auf Teilzeitarbeit) begründet. Damit hat der Gesetzgeber die Anforderungen der europäischen Richtlinie übererfüllt. Eingebettet wurde der Anspruch in ein umfängliches Verfahren,

---

[8] Das TzBfG vom 21.12.2000 setzte etwas verspätet die Teilzeit-Richtlinie 97/81/EG (Frist: 20.1.2000) und vorzeitig die Befristungs-Richtlinie 99/70/EG (Frist: 10.7.2001) um. (Zu den Inhalten im Überblick etwa Kliemt 2001a: 63 ff. und 2001b: 296 ff.).

mit dem eine einvernehmliche Regelung zwischen den Vertragsparteien angestrebt wird. Der Arbeitgeber kann gegen die Verringerung der Arbeitszeit betriebliche Gründe geltend machen. Auch die Verlängerung der Arbeitszeit Teilzeitbeschäftigter wurde geregelt (§ 9 TzBfG). Hier besteht seitdem das Recht auf bevorzugte Berücksichtigung bei Existenz eines freien Arbeitsplatzes.

Zur Verortung der rot-grünen Arbeitsrechtspolitik der 14. Legislaturperiode zwischen Deregulierung und Re-Regulierung kommt der Beurteilung des Teilzeit- und Befristungsgesetzes eine Schlüsselrolle zu. Zu klären ist, ob in der kaum veränderten Fortschreibung der sachgrundlosen Befristung ein Einschwenken auf christlich-liberale Deregulierungspolitik gesehen werden muss. Mehrere Gründe führten mutmaßlich zu der Entscheidung. Einerseits lagen die Schwerpunkte der Regierung derzeit auf anderen Themen, die eindeutig in die Sparte Re-Regulierung gehörten. Andere „Zumutungen" an die Arbeitgeber standen im Vordergrund: der Rechtsanspruch auf Teilzeitarbeit und – wenige Monate später – die Reform des Betriebsverfassungsgesetzes. Im Interesse dieser Ziele verzichtete auch der Deutsche Gewerkschaftsbund (DGB) auf eine Kampagne zur Abschaffung der sachgrundlosen Befristung.[9] Andererseits war der geringe Erfolg des § 1 BeschFG 85 zwar immer ein Argument gegen derartige Deregulierungsmaßnahmen gewesen, zugleich trug er aber auch zur Entwarnung bei. Die empirischen Befunde zur Befristung belegten, dass eine dramatische Substituierung unbefristeter durch befristete Beschäftigung nicht ernsthaft zu befürchten war. Von daher konnte es die rot-grüne Regierung im Dezember 2000 im Einklang mit Anregungen des DGB dabei belassen, lediglich Einschränkungen der Kettenbefristung vorzunehmen und ansonsten Vorschläge der Freien Demokratischen Partei (FDP) nach einer Ausdehnung der Befristungsmöglichkeiten zurückzuweisen (Deter 2000: 370). Unter dem Strich zeigte sich gerade auch hier der Re-Regulierungskurs, allerdings in seiner moderatesten Form.

Der Rechtsanspruch auf Arbeitszeitverkürzung wurde von den Kritikern als „Anschlag auf die Vertragsfreiheit" (BDA)[10] gebrandmarkt. Befürchtet wurde, dass ein Arbeitgeber gezwungen werden könne, seine Planung und Organisation völlig umzustellen (Deter 2001a: 16). Untersuchungen des Instituts für Arbeitsmarkt- und Berufsforschung (IAB) belegen zwischenzeitlich *positive Effekte* des Anspruchs. Nicht zuletzt der öffentliche Wirbel um die Regelung durch Proteste der Arbeitgeber hat dazu beigetragen, dass sie bei fast jedem Personalverantwortlichen wohlbekannt ist. Wissend, dass das Recht der Beschäftigtenseite günstig ist, einigen sich die Beteiligten fast immer im Vorfeld eines Konfliktes. Das IAB spricht von positiven Beschäftigungseffekten bei friktionsarmer Umsetzung (vgl. Magvas/Spitznagel 2002:

---

[9] Einzelne Forderungen aus dem Gewerkschaftslager, § 1 BeschFG ersatzlos zu streichen, gab es gleichwohl (vgl. Engel 2000: 368).

[10] Bundesvereinigung der Deutschen Arbeitgeberverbände.

4). Moderat, aber innovativ – so könnte die rot-grüne Re-Regulierung mit Blick auf das TzBfG gekennzeichnet werden.

4.2.2 Betriebsverfassungsgesetz

Das aufwändigste und öffentlich umstrittenste arbeitsrechtliche Projekt der 14. Legislaturperiode war die Reform des Betriebsverfassungsgesetzes. Ob hier ein Fall der De- oder Re-Regulierung vorliegt, liegt auf der Hand. Durch Eingriff des Gesetzgebers sollte v.a. die Zahl der Betriebe ohne Betriebsrat reduziert werden. Zugrunde lagen Erhebungen, wonach der Vertretungsgrad der Beschäftigten durch Betriebsräte ständig rückläufig gewesen war: von 50% der Beschäftigten 1981 auf unter 40% der Beschäftigten 1994 (vgl. Kommission Mitbestimmung 1998: 51). Eine wesentliche Erklärung hierfür ergibt sich aus der Tendenz zu kleinbetrieblichen Strukturen. Daneben zielte die Reform auf eine Aktualisierung der Mitwirkungsmöglichkeiten des Betriebsrates.

Aus den über 100 Einzeländerungen können hier nur einige Komplexe herausgegriffen werden[11]:

- Um kleinbetriebliche Strukturen wieder einzufangen, wurden den Tarifvertragsparteien weit reichende Möglichkeiten eröffnet, per Tarifregelung u.a. Betriebe oder auch Sparten zur *gemeinsamen Wahl* einer Interessenvertretung zusammenzufassen (§ 3 BetrVG). Für kleinere Betriebe bis zu 50 Wahlberechtigten wurde außerdem ein stark *vereinfachtes Wahlverfahren* in Wahlversammlungen eingeführt (§ 14a BetrVG).
- Das zunehmend verbreitete Phänomen *Gruppenarbeit* wurde dezidiert in die Betriebsratstätigkeit aufgenommen. Erstens erhielt hier der Betriebsrat ein echtes, d.h. erzwingbares Mitbestimmungsrecht (§ 87 Abs. 1 Nr. 13 BetrVG), das allerdings ausdrücklich nur auf die Durchführung (nicht auf die Einführung) von Gruppenarbeit gerichtet war. Zweitens wurde die Möglichkeit eröffnet, dass der Betriebsrat eigene Rechte an die Arbeitsgruppe delegiert (§ 28a BetrVG). Hier handelt es sich um eine echte – wenn auch vorsichtig ausgestaltete – Innovation im Sinne direkter Partizipation von Beschäftigten.
- Der Betriebsrat erhielt *neue Aufgaben* außerhalb der unmittelbaren Interessenvertretung in den Bereichen Umweltschutz, Geschlechtergleichstellung und Beschäftigungsförderung. Diese Einbeziehung der Belegschaftsvertretungen in gesamtgesellschaftliche Problematiken bedeutete durchaus einen qualitativen Sprung. Allerdings erhielten die Betriebsräte auf diesen Feldern keine Mitbestimmungsrechte. Sie können also entsprechende Maßnahmen nicht rechtlich durchsetzen. Stattdessen hat der Gesetzgeber substanzielle Erörterungsrechte unter Einbeziehung externer Instanzen begründet (z.B. § 92a BetrVG).

---

[11] Für weitere Einzelheiten siehe Rose 2001.

An keiner Stelle berücksichtigte der rot-grüne Gesetzgeber bei dieser Reform die Deregulierungsvorschläge der Arbeitgeberseite. Andererseits hat er auch die weit reichenden Vorschläge der Gewerkschaften, die auf ein Co-Management durch den Betriebsrat hinausliefen, nur zum kleinen Teil und sehr vorsichtig aufgegriffen. So forderten die Gewerkschaften zahlreiche neue Mitbestimmungsrechte. Die Bundesregierung hat nur zwei tatbestandsmäßig eingegrenzte Mitbestimmungsrechte bei Gruppenarbeit und betrieblicher Qualifizierung eingeführt. Der Schwerpunkt der Reform lag auf organisatorischen Fragen, weil v.a. die Wahl von Betriebsräten gefördert werden sollte. Materiale Rechte wurden hauptsächlich durch Erörterungsansprüche erweitert, mit denen der Arbeitgeber zu nichts gezwungen, aber in eine fundierte Auseinandersetzung verwickelt werden kann.

Trotz derartiger Zurückhaltung zog der Gesetzgeber wütende Proteste der Arbeitgeber und beißende Kritik aus Opposition und Fachpresse auf sich. Wie bei keinem anderen arbeitsrechtlichen Gesetzgebungsakt wurde der Vorwurf erhoben, die gesamte Reform sei eine Gefälligkeit für die Gewerkschaften. Als „Gegenleistung für die 8 Millionen DM teure Wahlkampfhilfe der Gewerkschaften für die SPD" bezeichnet der frühere Wirtschaftsstaatssekretär Kolb (FDP) die Reform (vgl. Deter 2001c: 210 und ähnlich 2001b: 134). In der Tat, kein anderer arbeitsrechtlicher Gesetzgebungsakt kommt wie dieser in Betracht, wenn man nach Klientelpolitik der SPD fragt. Arbeitnehmerfreundlich waren auch andere Arbeitsgesetze, aber letztlich für die organisatorischen Interessen der Gewerkschaften kaum ergiebig. Die BetrVG-Reform brachte den Gewerkschaften dagegen neue Einflusschancen. Der Vorwurf des *Klientelismus* muss allerdings mehrfach relativiert werden. Erstens wich die Reform – wie erwähnt – sehr deutlich von gewerkschaftlichen Vorstellungen ab. Zweitens fand sich unter den Gesetzesänderungen nicht eine, die einseitig *Gewerkschafts*rechte erweiterte. Drittens beruhte die Reform auf objektiven Problemen, die durch lange verzögerte Anpassungen entstanden waren. Dennoch profitierten die Gewerkschaften, weil ihre Politik der intensiven Zusammenarbeit mit Betriebsräten verbesserte Wirkungsmöglichkeiten erhielt.

4.2.3 Sonstige

Es ließen sich hier aus anderen Gesetzgebungsverfahren eine Reihe weiterer moderater Regulierungsakte zu Gunsten der Beschäftigtenseite nennen. Nicht ganz in dieses Bild passen zwei Änderungen, die mit dem Job-AQTIV-Gesetz bzw. mit der Schuldrechtsmodernisierung vorgenommen wurden.

Das Job-AQTIV-Gesetz, das vornehmlich die Vermittlungstätigkeit der Arbeitsämter und Instrumente aktiver Arbeitsmarktpolitik betraf, änderte – eher am Rand – auch Bestimmungen des *Arbeitnehmerüberlassungsgesetzes*. Die Höchstdauer des einzelnen Überlassungsvorgangs wurde von 12 auf 24 Monate heraufgesetzt. Gleichzeitig wurde bestimmt, dass ab dem 13. Überlassungsmonat die Arbeitsbedingungen (u.a. Entgelt) zu gewähren sind, die vergleichbaren Beschäftigten im Entleihbetrieb zustehen. Einwände des DGB gegen die Verdopplung der maximalen Überlassungsdauer blieben ohne Erfolg (DGB-Bundesvorstand 2001; eingehend Ulber 2001: 451 ff.). Noch 10 Jahre vorher galt jede Liberalisierung der Leiharbeit eindeutig als Deregulierungsschritt. Doch nachdem das Arbeitsvermittlungsmonopol der Bundesanstalt für Arbeit 1994 gefallen war, konnte es nunmehr als kluger Regulierungsschritt erscheinen, wenn eine Ausdehnung der Überlassungsdauer mit einer Angleichung an die Arbeitsbedingungen im Entleihbetrieb verbunden wird. Ein flexibles Instrument halb Arbeitnehmerüberlassung, halb Arbeitsvermittlung sollte die mögliche Brückenfunktion der Leiharbeit stärken. Wie schon beim Teilzeit- und Befristungsgesetz wird hier erneut ein programmatischer Wandel bei SPD und Grünen gegenüber ihren Oppositionszeiten deutlich: atypische Beschäftigung wird nicht mehr nur als Gefahr beurteilt.

Mit der Schuldrechtsmodernisierung 2002, einer tiefgreifenden Reform des Bürgerlichen Gesetzbuches (BGB), wurde die gerichtliche *Kontrolle allgemeiner Geschäftsbedingungen* in vorformulierten Verträgen (AGB-Kontrolle) auf das Arbeitsvertragsrecht ausgedehnt. Da für Arbeitsverträge fast immer vorformulierte Muster des Arbeitgebers verwendet werden, ist damit ein relevantes Schutzinstrument im Arbeitsrecht installiert worden. Kein Wahlkampfversprechen war damit einzulösen, keine Klientel zufrieden zu stellen. Auch sachliche Notwendigkeiten sind nicht ersichtlich. Erkennbar ist vielmehr ein ungeheures Bemühen der rot-grünen Rechtspolitik um Systematisierung des Rechts. Ob sich diese Ausdehnung der AGB-Kontrolle tatsächlich langfristig als Moment der Re-Regulierung des Arbeitsvertragsrechts entwickeln wird, wie es sich der Gesetzgeber vorstellte, steht allerdings noch dahin. In der Fachliteratur wird der Schritt auch als Teil einer Re-Integration des Arbeitsvertrages in das sonstige Vertragsrecht begriffen (vgl. Richardi 2002: 1060), was zu Lasten der das Arbeitsrecht tragenden Vorstellung gehen kann, dass Arbeitnehmerinnen und Arbeitnehmer eines besonderen Schutzes bedürfen.

5 Systematisierung und Anpassung

Auch in den letzten Monaten der 14. Legislaturperiode war der rot-grüne Gesetzgeber im Arbeitsrecht eifrig. Große Reformwerke standen nicht mehr an. Aber im Mutterschutzrecht, in der Gewerbeordnung und vor allem im Betriebssicherheitsrecht waren noch wichtige und rechtstechnisch sehr umfangreiche Systematisierungsschritte, z.T. unter Umsetzung europäischen Rechts zu vollziehen. Das große Bemühen um eine systematische Neuordnung des Arbeitsrechts und um die konsequente Durchführung europäischer Vorgaben soll wegen des krassen Unterschieds zur Vorgängerregierung auch hier noch einmal betont werden.

6 Rot-grüne Arbeitsrechtspolitik nach Riesters Ablösung 2002 ff.

Schon zum Ende der 14. Legislaturperiode deutete sich an, dass ein einschneidender Wandel in der Arbeitsmarkt- und Arbeitsrechtspolitik bevorstand. Die *Hartz-Kommission* entwickelte Umbauvorschläge auch für das Arbeitsrecht. Die weiter wachsende Arbeitslosigkeit trieb die rot-grüne Regierung der 15. Legislaturperiode zu schnellem Handeln. Die Zusammenlegung des Arbeits- mit dem Wirtschaftsministerium und der Wechsel von Riester zu Clement unterstrich den Wandel.[12] Arbeitspolitik sollte nun nicht mehr unabhängig von Wirtschaftspolitik gedacht werden können. Gleich zu Beginn wurden die Hartz-Vorschläge umgesetzt.

Zwei Gesetze für moderne Dienstleistungen am Arbeitsmarkt („Hartz I" und „Hartz II") wurden nach einem Vermittlungsverfahren mit dem Bundesrat am 20.12.2002 im Deutschen Bundestag beschlossen. Für den vorliegenden Zusammenhang ist der arbeitsrechtliche Inhalt äußerst aufschlussreich (Gaul/Otto 2003):

- In „Hartz I" wurden nahezu alle besonderen Restriktionen der *Leiharbeit* im AÜG aufgehoben (Däubler 2003). Leiharbeitnehmer können jetzt z.B. über 24 Monate hinaus überlassen und gleich nach Ende eines Auftrags gekündigt werden. Allerdings sind nunmehr ab dem ersten Tag eines Entleihvorgangs dem oder der Beschäftigten die Arbeitsbedingungen im Entleihbetrieb zu gewähren. Hiervon kann allerdings per Tarifvertrag abgewichen werden. Und in der Tat kommen zur Zeit (Frühjahr 2003) – im Schatten dieser Regelung – erste Tarifverträge mit dem Zeitarbeitsgewerbe zustande, die das Entgeltniveau unterhalb der Gleichbehandlung im Entleihbetrieb ansiedeln.
- In „Hartz I" wurde weiterhin die Möglichkeit zur *sachgrundlosen Befristung* weiter ausgedehnt. Nach Vollendung des 52. Lebensjahres (bisher 58. Lebensjahr) der oder des Beschäftigten ist nunmehr fast jede, auch jede Kettenbefristung, beliebig zulässig.
- In „Hartz II" wurde die *geringfügige Beschäftigung* völlig neu geregelt. Bei einer neuen Entgeltgrenze von 400 Euro hat der Arbeitgeber pauschal 25% Abgaben zu entrichten, die auf Renten-, Krankenversicherung und Steuer verteilt werden. Auch eine geringfügige Nebentätigkeit unterliegt dieser Regelung (keine Zusammenrechnung mehr). Oberhalb von 400 Euro beginnt jetzt eine Gleitzone bis 800 Euro, in der die Beitragslast allmählich an die normalen Standards herangeführt wird.
- In „Hartz II" wurde schließlich für die „Ich-AG" eine widerlegbare Vermutung eingeführt, nach der Personen, die einen entsprechenden Zuschuss erhalten, in

---

[12] Riester stand als ehemaliger Gewerkschaftsfunktionär für die bis dahin moderat arbeitnehmerfreundliche Regierungspolitik und war damit als Minister für Arbeit *und* Wirtschaft völlig undenkbar, zumal die Wirtschaft dabei fortan an erster Stelle stehen sollte.

der betreffenden Tätigkeit als Selbstständige gelten. Kritiker sprechen von gesetzlich legitimierten *Scheinselbstständigen* (Gaul/Otto 2003: 96). Der überarbeitete Kriterienkatalog zur Feststellung einer Scheinselbstständigkeit aus 1999 wird aufgehoben. (eingehend zur gesetzlichen Entwicklung bzgl. Scheinselbstständigkeit Blanke 2003).

Die Rücknahme einiger Regulierungsprojekte der ersten rot-grünen Regierungszeit ist offensichtlich: Der Versuch, Scheinselbstständigkeit gesetzlich in den Griff zu bekommen, wird aufgegeben. Die Privilegierung immerhin einer geringfügigen Nebentätigkeit wird wieder eingeführt. Am krassesten erscheint aber, dass die Kodifizierung des Befristungsrechts eine Altersgrenze ihrer Geltung bei 52 Jahren – also inmitten des Arbeitslebens – bekommt. Etwas anders liegt es bei der Leiharbeit. Die vollständige Entregelung hinsichtlich der herkömmlichen Restriktionen wird gepaart mit einem Gleichbehandlungsanspruch, der nahezu zwangsläufig die tarifliche Regulierung eines bis dahin tariflich unentdeckten Gebietes nach sich zieht. Deregulierung kennzeichnet zumindest diesen Punkt nicht treffend. Aus der Arbeitnehmerüberlassung soll vielmehr eine besondere Form der Arbeitsvermittlung unter der normativen Obhut der Tarifvertragsparteien werden.

Die „Hartz-Gesetze" sind allerdings nicht der Schlusspunkt des neuen Trends. Der Bundeskanzler hat am 14. März in der „Agenda 2010" für das Arbeitsrecht eine deutliche Flexibilisierung des Kündigungsschutzes angekündigt. Auf den Internetseiten der Bundesregierung (Juni 2003) werden die Pläne im Detail umrissen:[13]

- Für Kleinbetriebe bis zu fünf Beschäftigten sollen Neueinstellungen erleichtert werden, indem künftig befristet Beschäftigte eingestellt werden können, ohne dass der Kündigungsschutz bei Überschreitung des *Schwellenwertes* (mehr als fünf) ausgelöst wird.
- Die *soziale Auswahl* bei betriebsbedingten Kündigungen soll – wie schon 1996 bis 1998 – auf die Berücksichtigung von genau drei Kriterien („Dauer der Betriebszugehörigkeit", „Lebensalter" und „Unterhaltspflichten") reduziert und zudem dadurch erleichtert werden, dass Arbeitgeber und Betriebsrat eine Namensliste der zu Kündigenden verabreden können, die vor Gericht nur schwer anfechtbar ist. Außerdem sollen Ausnahmen, die den Verbleib bestimmter Arbeitnehmer/innen erlauben, erweitert werden.
- Ein besonderes Verfahren zur Festsetzung einer *Abfindung* bei betriebsbedingten Kündigungen soll Rechtsstreitigkeiten vermeiden bzw. verkürzen.

Die „Agenda 2010" umfasst auf arbeitsrechtlichem Terrain schließlich den Plan, für neu gegründete Unternehmen (bis zu 4 Jahre alt) die Befristungsmöglichkeit ohne Sachgrund auf 4 Jahre auszudehnen.

---

[13] http://www.bundesregierung.de/artikel,-482897/Reform-des-Kuendigungsschutzre.htm

7 Resümee: Vier Jahre Parteiendifferenz in der Arbeitsrechtspolitik

Wegen der offenkundig scharfen Richtungsänderung in der Arbeitsrechtspolitik nach Wiederwahl der rot-grünen Regierung ist es analytisch sinnvoll, die *erste Legislaturperiode* zunächst isoliert zu betrachten. In den ersten vier Jahren führte die rot-grüne Koalition in diesem Feld geradezu bilderbuchartig einen Politikwechsel gegenüber der Vorgängerregierung vor, der nicht anders als mit dem Wechsel der Regierungsparteien erklärt werden kann („Parteiendifferenz"). CDU/CSU und FDP hatten – wenngleich mit vielen Rücksichtnahmen – bis zum Ende ihrer Koalition das Ziel „Mehr Markt im Arbeitsrecht!" verfolgt. Dagegen standen SPD und Grüne auch in der Regierung zu ihren traditionellen Zielen, Arbeitsverhältnisse durch staatliche Eingriffe sozial und in zwingender Form zu Gunsten der Beschäftigten zu regeln, um sie damit jedenfalls graduell den Wechselfällen des Marktgeschehens zu entziehen. Es handelte sich also durchaus um einen *Wechsel der politischen Zielsetzungen*, dem zahlreiche Reformschritte auf der instrumentellen Ebene auch tatsächlich folgten.[14] Weitgehend wurden Wahlkampfversprechen und Koalitionsvertrag in einem enormen Arbeitspensum Gesetz für Gesetz umgesetzt. Nach einer ersten Phase, die auch problematische Schnellschüsse umfasste, kam es zu einer längeren Reihe vorsichtig und innovativ regulierender Gesetzgebungsakte, die ganz überwiegend unter einer christlich-liberalen Koalition so nicht vorstellbar gewesen wären („moderate Re-Regulierung").

Einschränkend ist festzuhalten, dass bei weitem nicht alles, was SPD oder Grüne in ihrer Oppositionszeit an arbeitsrechtlichen Forderungen bzw. Kritikpunkten erhoben hatten, in Regierungspolitik umgesetzt wurde. Vielmehr wurden *vielfältige Rücksichten* auf die Wirtschaft genommen. So blieb § 146 Sozialgesetzbuch III (SGB III), der die Neutralität der Bundesanstalt für Arbeit im Arbeitskampf regelt und dessen Änderung zulasten der gewerkschaftlichen Streikfähigkeit im Jahre 1986 (damals noch § 116 AFG) auf anhaltende Kritik insbesondere der SPD gestoßen war, ausdrücklich unverändert.[15] So wurden die von der christlich-liberalen Koalition unter Protest von Gewerkschaften, SPD und Grünen eingeleiteten Rechtsentwicklungen bei atypischen Beschäftigungsverhältnissen nicht einfach abgebrochen, sondern lediglich im Detail re-regulierend bearbeitet. Darin liegt sicherlich auch eine gewisse Annäherung an christdemokratische Vorstellungen, in solchen Tätigkeiten nicht nur ein Problem zu sehen: z.B. Teilzeitarbeit nicht nur zu tolerieren, sondern intensiv – sogar per Rechtsanspruch – zu fördern, z.B. Leiharbeit nicht zu verdammen, sondern

---

[14] Nach Seeleib-Kaiser (i.d.B.) wäre dies wohl als „Veränderung dritter Ordnung" zu klassifizieren.
[15] Unter Ablehnung eines Gesetzentwurfs der PDS, der den gewerkschaftlichen Forderungen entsprechend den Zustand vor 1986 wieder herstellen sollte (BT-Drs. 14/139).

auf Potenziale regulierter Ausweitung zu testen. Dabei ging Rot-Grün jedoch nie so weit, die Entwicklung einfach dem Markt zu überantworten. Der Anspruch eines sozialen Eingriffs, teilweise in modern prozeduralisierter Form, wurde immer aufrechterhalten. Zuletzt gelang dies bei der Neuregelung der Leiharbeit 2002, die nunmehr erstmals durch Tarifabkommen gestaltet wird.

Die *Gründe für den Politikwechsel* gerade im Arbeitsrecht sind vielschichtig. Zu nennen ist die besondere Missachtung, die die Vorgängerregierung dem Politikfeld entgegenbrachte. Viele Probleme waren ungeregelt liegen geblieben. Vorgaben des europäischen Gesetzgebers waren teilweise um Jahre verschleppt worden. Deregulierung fand bis 1998 weniger durch Rechtsetzung als durch gesetzgeberische Untätigkeit statt. Schon durch ihr Bemühen, in vier Jahren in nahezu allen Teilbereichen aktuelle Akzente zu setzen und die europäischen Verpflichtungen zeitgerecht zu erfüllen, setzte sich die rot-grüne Arbeitsrechtspolitik deutlich ab. Möglich war ihr dies auch, weil es „Vetospieler" im Arbeitsrecht kaum gibt. Der Bundesrat kann arbeitsrechtliche Gesetzgebung in aller Regel nicht blockieren. Das Bundesverfassungsgericht ist arbeitsrechtlichem Schutz sehr wohlgesonnen. Vor allem aber kostet Arbeitsrecht den Staat regelmäßig nichts (jedenfalls nicht direkt), sodass auch der Finanzminister keine Einwände vorbringt. Arbeitsrecht eignet sich damit in besonderer Weise als Aushängeschild für eine den Parteitraditionen treue Regierungspolitik.

Angesichts der Maßnahmen und Ankündigungen, die bisher in den wenigen Monaten der *zweiten rot-grünen Regierungszeit* zu verzeichnen sind, scheint jedoch diese Analyse weitgehend revisionsbedürftig zu sein. Unterstellt, die oben beschriebenen Pläne zum Kündigungsschutz der „Agenda 2010" würden Wirklichkeit, so wären einige wichtige Schritte der arbeitsrechtlichen Re-Regulierung in der 14. Legislaturperiode entweder vollständig beseitigt (Stichworte: Scheinselbstständigkeit, soziale Auswahl bei Kündigungen) oder jedenfalls teilweise rückgängig gemacht (Stichwort: Schwellenwert im Kündigungsschutz). Im Bereich des Befristungsrechts würde die christlich-liberale Deregulierung sogar übertroffen (Stichwort: sachgrundlos ab 52 Jahre Lebensalter und für 4 Jahre bei Neugründungen). Natürlich wäre damit nicht die gesamte Vielzahl der arbeitsrechtlichen Regulierungen aus Riesters Zeiten hinfällig. Doch ein erneuter *Richtungswechsel* der Arbeitsrechtspolitik bis hinein in die Zielsetzungen wäre eindrucksvoll erkennbar. Nicht *parties*, sondern *markets matter* scheint die Botschaft zu sein (vgl. zu diesen analytischen Konzepten Seeleib-Kaiser i.d.B.). Nach vier Jahren der Parteiendifferenz hat die Herrschaft des Marktes das rot-grüne Projekt offenbar auch auf dem Gebiet des Arbeitsrechts eingeholt. Ob dies zwangsläufig so sein muss, darüber wird in den Regierungsparteien bei Abfassung dieses Artikels kaum noch gestritten. Lediglich die Ausgestaltung der Instrumente ist noch nicht endgültig klar. Vermutlich wird sich ein Rest Parteiendifferenz künftig auf dieser Ebene ausdrücken, sodass nach der Re-Regulierung auch die rot-grüne Deregulierung „moderat" ausfällt.

8 Literatur

Blanke, Thomas, 1992: Flexibilisierung und Deregulierung: Modernisierung ohne Alternative?, in: *Wolfgang Däubler/Manfred Bobke/Karl Kehrmann* (Hrsg.), Festschrift für Albert Gnade, Köln, 25-40.
Blanke, Thomas, 2003: Die Auflösung des Arbeitnehmerbegriffs, in: Kritische Justiz 36: 7-16.
Bleses, Peter/Rose, Edgar, 1998: Deutungswandel der Sozialpolitik, Frankfurt/Main, New York.
Büchtemann, Christoph F., 1990: Deregulierung des Arbeitsmarktes: Begriffsbestimmungen und sozialstaatliche Implikationen, in: *Christoph F. Büchtemann/Helmut Neumann* (Hrsg.), Mehr Arbeit durch weniger Recht? Chancen und Risiken der Arbeitsmarktflexibilisierung, Berlin, 229-243.
Buttler, Friedrich, 1990: Regulierung und Deregulierung in der Beschäftigungskrise, in: *Christoph F. Büchtemann/Helmut Neumann* (Hrsg.), Mehr Arbeit durch weniger Recht? Chancen und Risiken der Arbeitsmarktflexibilisierung, Berlin, 67-86.
Däubler, Wolfgang, 2003: Die neue Leiharbeit, in: Kritische Justiz 36: 17-24.
Deregulierungskommission, 1991: Marktöffnung und Wettbewerb, Stuttgart.
Deter, Gerhard, 2000: Arbeit und Rechtspolitik – Bericht: August 2000, in: Arbeit und Recht 48: 370-372.
Deter, Gerhard, 2001a: Arbeit und Rechtspolitik – Bericht: November 2000, in: Arbeit und Recht 49: 15-18.
Deter, Gerhard, 2001b: Arbeit und Rechtspolitik – Bericht: Februar 2001, in: Arbeit und Recht 49: 132-136.
Deter, Gerhard, 2001c: Arbeit und Rechtspolitik – Bericht: April 2001, in: Arbeit und Recht 49: 209-212.
DGB-Bundesvorstand, 2001: Informationen zur Sozial- und Arbeitsmarktpolitik Nr. 5.
Engel, Hiltrud, 2000: Mehrfach befristete Arbeitsverträge, in: Arbeit und Recht 48: 365-369.
Edwards, Paul/Hall, Mark/Hyman, Richard u.v.a., 1998: Great Britain: From Partial Collectivism to Neo-liberalism to Where?, in: *Anthony Ferner/Richard Hyman* (eds.), Changing Industrial Relations in Europe, 2nd ed., Oxford, 1-54.
Feldhoff, Kerstin, 1999: Die Neuregelung der geringfügigen Beschäftigungsverhältnisse, in: Arbeit und Recht 47: 249-258.
Franz, Wolfgang, 2002: Flexibilitätserfordernisse auf dem deutschen Arbeitsmarkt, in: Zeitschrift für Wirtschaftspolitik 51: 179-188.
Gaul, Björn/Otto, Björn, 2003: Gesetz für moderne Dienstleistungen am Arbeitsmarkt – Änderungen durch den Vermittlungsausschuss, in: Der Betrieb: 94-96.
Glock, Jutta/Danko, Franz-Ludwig, 1999: Die 630-Mark-Regelung und ihre Konsequenzen in der Praxis, in: Neue Zeitschrift für Arbeitsrecht 16: 402-407.
Jahn, Elke/Rudolph, Helmut, 2002: Zeitarbeit – Auch für Arbeitslose ein Weg mit Perspektive, IAB-Kurzbericht Nr. 20, Nürnberg.
Kehrmann, Karl, 1999: Ein Blick zurück im Zorn – Arbeitsrechtliche Bilanz der Regierung Kohl, in: Arbeit und Recht 47: 5-11.
Keller, Berndt, 1999: Einführung in die Arbeitspolitik: Arbeitsbeziehungen und Arbeitsmarkt in sozialwissenschaftlicher Perspektive, 6. Auflage, München, Wien.
Keller, Bernd/Seifert, Hartmut, 1999: Der Blick zurück, in: Die Mitbestimmung 45, Heft 6+7: 78-79.
Kliemt, Michael, 2001a: Der neue Teilzeitanspruch, in: Neue Zeitschrift für Arbeitsrecht 18: 63-71.
Kliemt, Michael, 2001b: Das neue Befristungsrecht, in: Neue Zeitschrift für Arbeitsrecht 18: 296-307.
Kommission Mitbestimmung, 1998: Mitbestimmung und neue Unternehmenskulturen – Bilanz und Perspektiven, Gütersloh.
Kronberger Kreis, 1986: Mehr Markt im Arbeitsrecht, Bad Homburg.

Magvas, Emil, 2001: Neuregelung der 630-DM-Jobs – Geringfügige Beschäftigung aus betrieblicher Perspektive, IAB-Kurzbericht Nr. 18, Nürnberg.

Magvas. Emil/Spitznagel, Eugen, 2002: Teilzeitarbeit – Neues Gesetz bereits im ersten Jahr einvernehmlich umgesetzt, IAB-Kurzbericht Nr. 23, Nürnberg.

Monopolkommission, 1994: Mehr Wettbewerb auf allen Märkten, 10. Hauptgutachten, Baden-Baden.

Müller-Glöge, Rudi, 2003: Kommentar zu § 14 TzBfG, in: *Thomas Dieterich/Peter Hanau/Günter Schaub* (Hrsg.), Erfurter Kommentar zum Arbeitsrecht, 3. Auflage, München, 2662-2691.

Richardi, Reinhard, 2002: Gestaltung der Arbeitsverträge durch Allgemeine Geschäftsbedingungen nach dem Schuldrechtsmodernisierungsgesetz, in: Neue Zeitschrift für Arbeitsrecht 19: 1057-1064.

Riester, Walter, 1999: Neue Wege im Arbeitsrecht und in der Arbeitsrechtspolitik, in: Arbeit und Recht 47: 1-5.

Rose, Edgar, 2001: Reform des Betriebsverfassungsgesetzes: Bürokratie oder Dialog?, in: Kritische Justiz 34: 157-174.

Rudolph, Helmut, 1999: Geringfügige Beschäftigung – Das 630-DM-Gesetz: Was ändert sich für wen? IAB-Kurzbericht Nr. 11, Nürnberg.

Rudolph, Helmut, 2000: Befristete Arbeitsverträge sind bald neu zu regeln, IAB-Kurzbericht Nr. 12, Nürnberg.

Schaub, Günter, 2002: Arbeitsrechts-Handbuch, 10. Auflage, München.

Schellhaass, Horst-Manfred, 1990: Das Arbeitsrecht als Beschäftigungshemmnis?, in: *Christoph F. Büchtemann/Helmut Neumann* (Hrsg.), Mehr Arbeit durch weniger Recht? Chancen und Risiken der Arbeitsmarktflexibilisierung, Berlin, 87-104.

Soltwedel, Rüdiger, 1984: Mehr Markt am Arbeitsmarkt, Tübingen.

SPD-Bundesvorstand (Hrsg.) 1983: Die Kampfansage an den Sozialstaat – Im Wortlaut die Papiere von Albrecht, George und Lambsdorff, Bonn.

Ulber, Jürgen, 2001: Von der vorübergehenden Arbeitnehmerüberlassung zur entgeltlichen Arbeitsvermittlung auf Dauer, in: Arbeit und Recht 49: 451-456.

Walwei, Ulrich, 1990: Ökonomische Analyse arbeitsrechtlicher Regelungen am Beispiel des Kündigungsschutzes, in: WSI Mitteilungen 43: 392-398.

Arbeitsmarktpolitik – von „versorgenden" wohlfahrtsstaatlichen Interventionen zur „aktivierenden" Beschäftigungsförderung

Hubert Heinelt

1 Einleitung

Die Arbeitsmarktpolitik erscheint auf den ersten Blick als ein Politikfeld, in dem die SPD während der Zeit, in der sie sich auf Bundesebene in der Opposition befand, „traditionelle" Positionen wohlfahrtsstaatlicher Inklusion verteidigt hat.[1] Deutlich wird dies am Widerstand gegen die „Reform" des Arbeitsförderungsgesetzes Mitte der 1990er Jahre. Der 1994 von der SPD-Bundestagsfraktion eingebrachte Entwurf eines „Arbeits- und Strukturförderungsgesetzes"/ASFG (Bundestagsdrucksache 12/4294) bewegte sich auf den vom Arbeitsförderungsgesetz (AFG) des Jahres 1969 vorgezeichneten Pfaden. Damit wurde das Ziel einer wohlfahrtsstaatlichen Politik hochgehalten, die auf die Re-Integration von Arbeitslosen in ein statusadäquates, d.h. ihrer Ausbildung und vorherigen Erwerbstätigkeit entsprechendes „Normalarbeitsverhältnis" ausgerichtet war – und zwar gegen eine Politik der damaligen Bundesregierung, die die Aufnahme von als „zumutbar" geltenden Arbeiten bzw. Arbeitsangeboten restriktiver regelte und dadurch Berufs- und Statusschutzrechte zurücknahm sowie Empfänger der Fürsorgeleistungen Arbeitslosenhilfe und Sozialhilfe verstärkt zwang, Tätigkeiten jenseits des „Normalarbeitsverhältnisses" aufzunehmen (vgl. Heinelt/Weck 1998: 22-23, 51-56). Im Sinne des § 2 des AFG – nämlich „unterwertige Beschäftigung" zu vermeiden, „die berufliche Beweglichkeit der Erwerbstätigen" zu sichern und zu verbessern sowie „nachteilige Folgen, die sich für die Erwerbstätigen aus der technischen Entwicklung oder aus wirtschaftlichen Strukturwandlungen ergeben können", zu vermeiden, auszugleichen oder zu beseitigen – lassen sich zudem arbeitsmarktpolitische Programme einzelner SPD-geführter Bundesländer verstehen (vor allem das zu den „Sozialen Betrieben" in Nordrhein-Westfalen und Niedersachsen; vgl. dazu Schmid/Blancke 2001). In ihnen manifestierte sich das sozialstaatliche Gegenmodell zur Arbeitsmarktpolitik der damaligen Bundesregierung (vgl. Heinelt/Rudnick 1998).

---

[1] Für die hilfreiche Kommentierung erster Entwürfe dieses Aufsatzes möchte ich mich bei Bernd Reissert und den beiden Herausgebern bedanken.

Wenn sich auch Bündnis 90/DIE GRÜNEN aufgrund einer (im Vergleich zu anderen Politikfeldern) geringen arbeitsmarktpolitischen Profilierung nicht eindeutig positionieren lassen, so kann davon ausgegangen werden, dass sie bis zur Bundestagswahl des Jahres 1998 im Wesentlichen auch das sozialstaatliche Ziel einer statusadäquaten (Re-)Integration von Arbeitslosen in das Beschäftigungssystem verfolgten.[2]

Der im Laufe der letzten Legislaturperiode feststellbare Wechsel von einer „aktiven zur aktivierenden Arbeitsmarktpolitik" (vgl. Schmid 2002: 99-100) mag vor diesem Hintergrund erstaunen: Hat sich die Programmatik von Rot-Grün innerhalb kurzer Zeit radikal gewandelt? Sind für einen solchen Wandel politikfeldspezifische Kontinuitäten oder institutionell präformierte Handlungsimperative ausschlaggebend, die sich aus in der Vergangenheit gefällten Entscheidungen ergeben? Oder haben wir es mit den Folgen eines schleichenden Gesinnungswandels zu tun, der – ein *window of opportunity* (Kingdon 1984) nutzend – nun manifest geworden ist; und was könnten Gründe eines solchen Gesinnungswandels, aber auch die konkrete Ausprägung eines solchen *window of opportunity* gewesen sein?

Im Folgenden werde ich diese Fragen insofern aufgreifen, als ich versuchen werde darzulegen, dass der *Policy*-Wandel von der klassisch wohlfahrtsstaatlichen „aktiven Arbeitsmarktpolitik" zur „aktivierenden" Beschäftigungsförderung bereits vor dem Wahlsieg von Rot-Grün im Jahr 1998 angelegt gewesen ist[3] – und zwar nicht zuletzt vor dem Hintergrund der Erfahrungen mit einer im Kontext der deutschen

---

[2] Im Hinblick auf sozialpolitische Positionen allgemein kann durchaus gelten, dass die „von grün-alternativer Seite formulierte Wachstumskritik, die Forderung nach sozialstaatlicher Entbürokratisierung und die Verbindung von Ökologie und Sozialpolitik [...] bereits in den 80er Jahren nach und nach Eingang in die sozialpolitischen Debatten der Sozialdemokratie" (Gohr 2002: 32-33) fanden (vgl. dazu auch Gohr 2001 und 2003).

[3] Für eine begriffliche Eingrenzung des Gegenstandsbereichs und eine Abgrenzung von aktiver Arbeitsmarkt- und Beschäftigungspolitik ist maßgeblich, dass sich Erstere dadurch auszeichnet, dass sie direkt auf die Verbesserung von Beschäftigungschancen und die unmittelbare Förderung von Beschäftigungsverhältnissen für bestimmte Personen oder Personengruppen ausgerichtet ist (vgl. Hegner 1986, 120 f., Schmid 2002: 98). Letztere zielt darauf ab, durch Strukturpolitik, Steuerpolitik, Infrastrukturmaßnahmen, Exportförderung etc., aber auch durch Verkürzung der Arbeitszeiten und von Lockerung des Kündigungsschutzes *indirekt* Beschäftigungschancen zu verbessern, den Arbeitsmarkt zu entlasten und Anstellungsanreize zu geben bzw. -hindernisse zu beseitigen.
Passive unterscheidet sich schließlich von der zuvor charakterisierten aktiven Arbeitsmarktpolitik dadurch, dass sie nicht unmittelbar (und aktiv) die (Wieder-)Eingliederung in das Beschäftigungssystem fördert, sondern sich auf die Subsistenzsicherung von Arbeitslosen bezieht.

Vereinigung radikal ausgeweiteten aktiven Arbeitsmarktpolitik. Zuvor sollen die wesentlichen arbeitsmarktpolitischen Änderungen nach 1998 skizziert werden.[4]

2 Von der aktiven zur aktivierenden Arbeitsmarktpolitik

2.1 Das 2. Gesetz zur Änderung des III. Sozialgesetzbuches und das Schröder-Blair-Papier

Im Juli 1999 verabschiedete der Gesetzgeber das 2. Gesetz zur Änderung des III. Sozialgesetzbuches/SGB III (vgl. dazu Rockstroh 1999). Damit „bereinigte er Ungereimtheiten und soziale Härten der Arbeitsförderungsreform der alten Bundesregierung" (Chronik der Arbeitsmarktpolitik 1999: 364) – und zwar im Hinblick auf (a) einen erleichterten Zugang von älteren Arbeitslosen zu Eingliederungszuschüssen, (b) eine stärkere Öffnung von Arbeitsbeschaffungsmaßnahmen (ABM) – sowohl in Bezug auf Teilnehmer als auch auf Träger; Letzteres durch die Rücknahme des sog. Vergabevorrangs, d.h. der Betrauung von Wirtschaftsunternehmen mit der Durchführung der Maßnahme, und (c) die Ausweitung und bundesweite Vereinheitlichung der Einsatzfelder der 1993 zunächst nur für die neuen Bundesländer eingeführten so genannten Strukturanpassungsmaßnahmen. Insgesamt lief diese Novelle der neuen Regierung bzw. Bundestagsmehrheit auf eine Reformulierung des Förderrechts hinaus, die der bis dahin dominanten sozialdemokratischen (und grünen) Kritik am „Arbeitsförderungsreformgesetz" der Vorgängerregierung entsprach.[5]

Zeitgleich zur Novellierung des SBG III in einem Sinne, der den eingangs skizzierten Kerngedanken des alten Arbeitsförderungsgesetzes von 1969 entsprach[6], zeichneten sich indes deutliche Veränderungen ab – und zwar in dem im Frühjahr

---

[4] Der vorliegende Text wurde Anfang Juni 2003 abgeschlossen. Auf unmittelbare Ergebnisse (*policy outcomes*) von Gesetzes- und Programmentscheidungen (*policy outputs*) ist nicht eingegangen worden, weil sie allenfalls vorläufig eingeschätzt werden konnten.

[5] Im Juni 1999 war indes die Abschaffung der sog. originären Arbeitslosenhilfe zum 1.1.2000 beschlossen worden, die nach kurzzeitiger sozialversicherungspflichtiger Beschäftigung (ohne vorherigen Bezug von Arbeitslosengeld) gewährt wurde. Die Vorgängerregierung hatte im Jahr 1994 ihre Bezugsdauer auf ein Jahr begrenzt (vgl. Reissert 2003). Die Streichung der originären Arbeitslosenhilfe sollte den Bundeshaushalt im Jahr 2000 um 1 Mrd. DM und in den Folgejahren um jeweils 1,3 Mrd. DM entlasten (vgl. Chronik der Arbeitsmarktpolitik 1999: 255).

[6] Blancke/Schmid (2003: 220-223) charakterisieren die Zeit von Ende 1998 bis Mitte 1999 als eine Phase in der arbeitsmarktpolitischen Entwicklung, in der Wahlversprechen eingelöst und Anpassungen entsprechend der (offiziellen) sozialdemokratischen Programmatik vorgenommen wurden.

1999 verbreiteten sog. Schröder-Blair-Papier. In ihm wurde unter Punkt IV „Eine aktive Arbeitsmarktpolitik für die Linke" betont: „Ein Sozialversicherungssystem, das die Fähigkeit, Arbeit zu finden, behindert, muß reformiert werden. Moderne Sozialdemokraten wollen das Sicherheitsnetz aus Ansprüchen in ein Sprungbrett in die Eigenverantwortung umwandeln" (nach: Chronik der Arbeitsmarktpolitik 1999: 248). Ferner wurde hervorgehoben, dass „Teilzeitarbeit und geringfügige Arbeit [...] besser als gar keine Arbeit [sind], denn sie erleichtern den Übergang von Arbeitslosigkeit in Beschäftigung. Eine neue Politik mit dem Ziel, arbeitslosen Menschen Arbeitsplätze und Ausbildung anzubieten, ist eine sozialdemokratische Priorität – wir erwarten aber auch, dass jeder die ihm gebotenen Chancen annimmt" (Chronik der Arbeitsmarktpolitik 1999: 249). Durchaus neu war zum damaligen Zeitpunkt für deutsche Sozialdemokraten das Insistieren darauf, dass „Langzeitarbeitslosen und anderen Benachteiligten [...] sich unter Beachtung des Grundsatzes, dass Rechte gleichzeitig auch Pflichten bedingen, wieder in den Arbeitsmarkt zu integrieren" hätten (Chronik der Arbeitsmarktpolitik 1999: 249). Mit der Feststellung, dass der „Arbeitsmarkt [...] einen Sektor mit niedrigen Löhnen braucht, um gering Qualifizierten Arbeitsplätze verfügbar zu machen" (Chronik der Arbeitsmarktpolitik 1999: 249) wurden Kerngedanken programmatisch formuliert, die eine Hinwendung zur *aktivierenden Arbeitsmarktpolitik* andeutete, die in anderen westeuropäischen Ländern (besonders in UK, Dänemark und den Niederlanden) zum damaligen Zeitpunkt bereits weitgehend vollzogen worden war (vgl. Clasen 2000).

Doch zunächst änderte sich an der Praxis nichts. Im Gegenteil: Im September 2000 wurden Sonderregelungen für Arbeitsbeschaffungsmaßnahmen in den neuen Bundesländern bis Ende 2002 verlängert, die sich darauf bezogen, dass bei einer Reduzierung der Arbeitszeit auf 90 % einer vergleichbaren Vollzeitbeschäftigung (weiterhin) 100 % der Lohnkosten von der Arbeitsverwaltung erstattet wurden (vgl. Sozialpolitische Umschau 379 vom 16.10.2000).[7]

2.2 Der Bericht der Projektgruppe „Zukunft der Arbeit" des SPD-Parteivorstands

Der Bericht der Projektgruppe „Zukunft der Arbeit" des SPD-Parteivorstands vom Februar 2001 (vgl. Chronik der Arbeitsmarktpolitik 2001: 91-102) dokumentiert anschaulich die interne Kontroverse und eine offenkundig werdende inhaltliche Umorientierung innerhalb der SPD: Auf der einen Seite haben es offensichtlich die-

---

[7] Ferner wurden im Jahr 2000 durch die Berücksichtigung von Einmalzahlungen (wie Urlaubs- und Weihnachtsgeld) bei der Berechung des Arbeitslosengeldes Leistungsverbesserungen beschlossen, womit allerdings weniger der Konsensbildung in der Regierungskoalition denn der Rechtsprechung des Bundesverfassungsgerichts entsprochen wurde. Sie sollten im Jahr 2000 zu Mehrausgaben in Höhe von 2,1 Milliarden DM bei der Bundesanstalt für Arbeit führen (vgl. Chronik der Arbeitsmarktpolitik 2000: 182).

jenigen verstanden, die die sozialstaatliche Orientierung auf eine statusadäquate Re-Integration in das Erwerbssystem als Ziel aktiver Arbeitsmarktpolitik hochhielten, ihre Position zu fixieren, dass neben „der Aufgabe, Mismatch (fehlende Übereinstimmung des Qualifikationsprofils von Arbeitskräfteangebot und -nachfrage) aufzulösen und die Beschäftigungsfähigkeit von Arbeitslosen zu verbessern, [...] auf absehbare Zeit auch nicht auf den so genannten ‚Zweiten Arbeitsmarkt' und seine Auffang- und Pufferfunktion verzichtet werden [kann]. Das gilt vor allem für Regionen mit hoher Arbeitslosigkeit und ganz besonders für die neuen Bundesländer" (Chronik der Arbeitsmarktpolitik 2001: 94). Ferner wurde festgehalten: „Die intendierte Abschaffung des Zweiten Arbeitsmarktes [von wem diese intendiert war, wurde offengelassen; H.H.] geht letztlich von der neoklassisch inspirierten Annahme aus, dass bei hinreichender Flexibilität der privatwirtschaftlich verfasste Arbeitsmarkt das gesamte Arbeitskräftepotenzial absorbieren kann. Diese Annahme ist aber nicht realistisch, solange es ein gesamtwirtschaftliches Arbeitsplatzdefizit erheblichen Umfanges gibt" (Chronik der Arbeitsmarktpolitik 2001: 94 f.). Zum anderen wurde im Bericht der Projektgruppe „Zukunft der Arbeit" des SPD-Parteivorstands aber auch von denjenigen festgehalten, die die Arbeitsmarktpolitik modernisieren wollen[8] – und zwar im Sinne einer „Aktivierung" der Einzelnen zu mehr Eigeninitiative und -verantwortung[9], dass die Kritik an der „aktiven Arbeitsmarktpolitik in ihrer gegenwärtigen Ausgestaltung [...] im Kern nicht ganz unberechtigt ist" (Chronik der Arbeitsmarktpolitik 2001: 94). So würden die Teilnehmerinnen und Teilnehmer an arbeitsmarktpolitischen Maßnahmen „nicht genügend zur Anpassung auf dem ersten Arbeitsmarkt" befähigt und „ihre Motivation nicht" verbessert. Stattdessen hätten die Maßnahmen „vielfach passivierende Wirkungen". Gerade Arbeitsbeschaffungsmaßnahmen würden nur „relativ geringe Eingliederungserfolge" aufweisen. „Dementsprechend wird gefordert, das Instrumentarium der Arbeitsmarktpolitik im Sinne einer ‚aktivierenden Arbeitsmarktpolitik' zu reformieren und dem Grundsatz ‚Fordern und Fördern' Geltung zu verschaffen" (Chronik der Arbeitsmarktpolitik 2001: 94). Dem schlossen sich die Forderungen an, (a) der Verbesserung der Arbeitsvermittlung Priorität vor allen anderen arbeitsmarktpolitischen Aktivitäten einzuräumen; (b) unter den Maßnahmen aktiver Arbeitsmarktpolitik der Berufsausbildung und beruflicher Weiterbildung Vorrang zu geben; (c) Lohnsubventionen möglichst auf besondere Zielgruppen zu reduzieren und mit individueller Förderung zu verbinden; (d) Arbeitsbeschaffungsmaßnahmen nur noch in Einzelfällen einzusetzen, „wenn andere Instrumente nicht greifen"; (e) die Unterstützung von Existenzgründungen auszuweiten sowie (f) die Organisation der Arbeitsverwaltung durch Dezentralisierung, verstärkte Erfolgskontrolle, *out-sourcing*, d.h. Einbeziehungen Dritter bei der

---

[8] Sie sollen im Folgenden (dem politischen Jargon folgend) als „Modernisierer" bezeichnet werden – in Abgrenzung zu den zuvor genannten „Traditionalisten".
[9] Vgl. zu dem damit verbundenen Modell des „aktivierenden Staates" Lamping u.a. 2001.

Erbringung spezieller Dienstleistungen (besonders bei der Arbeitsvermittlung), sowie eine effektivere und effizientere Koordination mit der Sozialhilfe und den Kommunen grundlegend zu verbessern.

2.3 Die Stellungnahme der Benchmarking-Gruppe des Bündnisses für Arbeit und die Eckpunkte des Arbeitskreis Arbeitsmarktpolitik

Zuvor hatte bereits im Mai 2000 die sog. *Benchmarking*-Gruppe des „Bündnisses für Arbeit, Ausbildung und Wettbewerbsfähigkeit" eine Stellungnahme zur „Aktivierung der Arbeitsmarktpolitik" veröffentlicht, deren einleitender Abschnitt mit der Überschrift „Von der aktiven zur aktivierenden Arbeitsmarktpolitik" begann (vgl. Chronik der Arbeitsmarktpolitik 2000: 296-304).[10] In ihr waren sowohl die zuvor dargestellte Kritik an der bisherigen Arbeitsmarktpolitik als auch die genannten Forderungen ihrer „Modernisierung" sowie die Betonung einer „Balance von Eigenverantwortung (Sozialpflichten) und Befähigung (Sozialrechten)", d.h. das neu herzustellende Verhältnis von „Fördern und Fordern", dargelegt worden – und zwar zum Teil mit ähnlichen Formulierungen (vgl. bes. Chronik der Arbeitsmarktpolitik 2000: 300). Der Begriff der „aktivierenden Arbeitsmarktpolitik" wurde hier ausdrücklich mit Rekurs auf die EU-Arbeitsmarktpolitik (im Rahmen des sog. Luxemburg-Prozesses) hergeleitet (Chronik der Arbeitsmarktpolitik 2000: 297), bei der die „Erhaltung und Erhöhung der Beschäftigungsfähigkeit" (*employability*) und „Aktivierung" zentrale Ziele darstellen.

Einen Monat später, im Juni 2000, hatte der (gewerkschaftsnahe) Arbeitskreis Arbeitsmarktpolitik „Eckpunkte für die Reform der Arbeitsförderung" veröffentlicht.[11] Bei diesem Arbeitskreis handelt es sich im Wesentlichen um die gleiche Gruppe, die 1994 das sog. AFG-Memorandum herausgegeben hatte, das wesentliche Grundlage des eingangs erwähnten Entwurfs eines „Arbeits- und Strukturförderungsgesetzes" der SPD-Bundestagsfraktion gewesen war (vgl. Chronik der Arbeitsmarktpolitik 2000: 304-313). Entsprechend ist die inhaltliche Nähe der „Eckpunkte für die Reform der Arbeitsförderung" zu den erwähnten „traditionalistischen" sozialstaatsorientierten Passagen aus dem Bericht der Projektgruppe „Zukunft der Arbeit" des SPD-Parteivorstands vom Februar 2001 groß. Gleichwohl wurde auch in den „Eckpunkten" – ähnlich wie in der Stellungnahme der *Benchmarking*-Gruppe des Bündnisses für Arbeit – auf die EU-Arbeitsmarktpolitik und „Beschäftigungsfähigkeit" Bezug genommen, allerdings im Sinne einer „kontinuierlichen Förderung des Arbeitskräftepotenzials", des Abbaus „der Arbeitslosigkeit durch Umverteilung beste-

---

[10] Dieser Arbeitsgruppe gehörten Gerhard Fels, Rolf Heinze, Heide Pfarr, Günther Schmid und Wolfgang Streeck an.
[11] Die Verfasser der „Eckpunkte für die Reform der Arbeitsförderung" sind aufgelistet in: Chronik der Arbeitsmarktpolitik 2000: 313.

hender Arbeit", eines „strukturpolitischen Beitrags[s] zur Erweiterung des Erwerbsarbeitsvolumens", einer „Realisierung von Chancengleichheit, Transparenz und Ordnung des Arbeitsmarktes" (Chronik der Arbeitsmarktpolitik 2000: 305). Als weitere inhaltliche Übereinstimmungen mit der *Benchmarking*-Gruppe des Bündnisses für Arbeit sind zwar ferner die Forderung nach „Dezentralisierung" der Arbeitsverwaltung und (horizontaler) lokaler Kooperation arbeitmarktpolitisch relevanter Akteure festzustellen sowie die angestrebte Verbindung und neue Ausbalancierung von Flexibilisierung und Schutzrechten, die mit dem Begriff *flexicurity* umschrieben wurde (vgl. zu diesem Konzept Keller/Seifert 2002). Gleiches gilt für das Rekurrieren auf Übergangsarbeitsmärkte, die erschlossen und genutzt werden sollen.[12] Parallel wurde aber davor gewarnt, „Arbeitsmarktpolitik auf eine kurzatmige Arbeitsvermittlungsfunktion zu reduzieren" (Chronik der Arbeitsmarktpolitik 2000. 313). Unübersehbar sind schließlich Unterschiede in der Einschätzung von Arbeitsbeschaffungsmaßnahmen und in der Ausgestaltung von Lohnersatzleistungen: Arbeitsbeschaffungsmaßnahmen wurden nicht nur für erforderlich gehalten, weil „auf längere Sicht [...] mit einer hohen Massenarbeitslosigkeit und einer sich weiter verfestigenden Langzeitarbeitslosigkeit – insbesondere von gering qualifizierten und älteren Arbeitnehmerinnen und Arbeitsnehmern – gerechnet werden" müsse (Chronik der Arbeitsmarktpolitik 2000. 304); sie sollten außerdem insofern aufgewertet werden, als sie „systematisch mit Programmmaßnahmen zur regionalen Wirtschaftsförderung und Strukturverbesserung verknüpft und präventiv ausgerichtet werden" sollten (Chronik der Arbeitsmarktpolitik 2000. 309) – was bereits ein Kerngedanke sowohl des oben erwähnten sog. AFG-Memorandums dieser Gruppe aus dem Jahr 1994 als auch des Entwurfs eines „Arbeits- und Strukturförderungsgesetzes" der SPD-Bundestagsfraktion aus dem selben Jahr war. Und im Hinblick auf die Lohnersatzleistungen wurde betont, dass der „Grundsatz ‚Arbeit statt Arbeitslosigkeit zu finanzieren' [...] in der aktuellen politischen Debatte teilweise dahin gehend fehlinterpretiert [werde], die passiven Leistungen zu Lasten der Betroffenen zu kürzen. Angesichts

---

[12] Das Konzept der „Übergangsarbeitsmärkte" war schon vor Jahren von Günther Schmid (1994, 1999, 2000, 2002) entwickelt worden, der als Berichterstatter an der erwähnten Stellungnahme zur „Aktivierung der Arbeitsmarktpolitik" der *Benchmarking*-Gruppe des Bündnisses für Arbeit mitgewirkt hatte.
Übergangsmärkte „sind [nach diesem Konzept; H.H.] Brücken zwischen Erwerbstätigkeit und anderen produktiven Tätigkeiten, sie sind durch Tarifverträge und Recht und Gesetz abgesichert, sie kombinieren niedrige und unstetige Lohneinkommen mit Transfers oder Vermögenseinkommen, und sie finanzieren Arbeit statt Arbeitslosigkeit" (Schmid 1999: 130). Sie stellen sich als Übergänge dar (1.) zwischen Teilzeit- und Vollzeitbeschäftigung bzw. selbständiger und abhängiger Beschäftigung, (2.) zwischen Arbeitslosigkeit und Beschäftigung, (3.) zwischen Bildungs- und Beschäftigungssystem, (4.) zwischen privater Haushalts- und Erwerbstätigkeit sowie (5.) zwischen Erwerbstätigkeit und Rente (vgl. Schmid 1999: 139 ff.).

der bestehenden Arbeitsplatzlücke [liege] das Problem aber nicht in der Arbeitsunwilligkeit der Betroffenen" (Chronik der Arbeitsmarktpolitik 2000: 311). Der Arbeitkreis verteidigte vor diesem Hintergrund das Ziel der Sicherung des Lebensstandards im Falle von Arbeitslosigkeit (vgl. Chronik der Arbeitsmarktpolitik 2000: 305) – und in diesem Sinne eine über das Lohnersatzleistungs- und Beitragsprinzip zu gewährleistende wohlfahrtsstaatliche „versorgende" Statussicherung[13] – und lehnte „die von verschiedenen Seiten in die Diskussion gebrachte ‚Harmonisierung von Arbeitslosen- und Sozialhilfe', die auf eine Abschaffung der Arbeitslosenhilfe hinausläuft," ab (Chronik der Arbeitsmarktpolitik 2000: 311).

2.4 Das Reformkonzept von „Bündnis 90/DIE GRÜNEN"

Im Mai 2001 meldet sich die Bundestagsfraktion von Bündnis 90/DIE GRÜNEN mit einem Reformkonzept „Neue Wege in der Arbeitsmarktpolitik – Zugangsgerechtigkeit und Flexicurity" zu Wort (Chronik der Arbeitsmarktpolitik 2001: 234-240).[14] Mit ihm wandte sie sich sowohl gegen „Neoliberale" als auch „Strukturkonservative": „Neoliberale sehen in einer ungehemmten Flexibilisierung die alleinige Voraussetzung für die zukünftige Funktionsfähigkeit des Arbeitsmarktes – die spezifischen sozialen Probleme dieser Entwicklung sehen sie nicht. Strukturkonservative haben hingegen zum vorrangigen Ziel, den Prozess der Flexibilisierung aufzuhalten – ohne erfolgversprechende Konzepte vorlegen zu können, die zu nachhaltigen Verbesserungen am Arbeitsmarkt führen können" (Chronik der Arbeitsmarktpolitik 2001: 234 f.). Ausgangspunkte der Überlegungen waren einerseits ein „erweiterter Gerechtigkeitsbegriff" und andererseits das Rekurrieren auf die „Erosion des sog. Normalarbeitsverhältnisses". Wurde Letzteres mit der Diagnose in Verbindung gebracht, dass die „Arbeitsmärkte [...] in Zukunft einen höheren Grad an Flexibilität von allen verlangen" werden, so wurde Erstere auf Zugangsgerechtigkeit (in Abgrenzung zur „traditionellen" Verteilungsgerechtigkeit) bezogen – und zwar dahingehend, dass „für faire Zugangsbedingungen in den ersten Arbeitsmarkt [zu] sorgen" sei (Chronik

---

[13] Vgl. zu den Besonderheiten des sog. Beitrags-Leistungs-Proportionalitätsprinzip, das nicht nur auf einen finanzierungstechnischer Regelungsmechanismus, sondern vielmehr auf Akzeptanz- und Legitimationsstrukturen (vgl. Offe 1990: 182-184) verweist, die für soziale Sicherungssystem in Deutschland grundlegend (gewesen) sind, Heinelt/Weck 1998: 39-42. Dort (Heinelt/Weck 1998: 42-44) wird auch argumentiert, dass dieses Prinzip im Bereich der Arbeitsmarktpolitik nach der deutschen Vereinigung ausgehöhlt worden ist – und damit auch die mit diesem Prinzip verbundenen Akzeptanz- und Legitimationsstrukturen einer Umverteilungspolitik. Die Aushöhlung ergab sich danach daraus, dass die in den neuen Bundesländern zeitweise massiv ausgeweiteten Maßnahmen aktiver Arbeitsmarktpolitik nicht aus Steuer-, sondern aus Beitragsmitteln finanziert worden sind, was der Logik dieses Prinzips widersprochen hat.

[14] Als Personen zeichneten Thea Dückert, Kerstin Müller und Rezzo Schlauch für dieses Reformkonzept verantwortlich.

der Arbeitsmarktpolitik 2001: 235). Kurz: Die diagnostizierten größeren Flexibilisierungsanforderungen würden sozial verkraftbar und individuell zumutbar, wenn sie durch Normierungen flankiert werden, die Zugangsbedingungen zum ersten Arbeitmarkt sichern. Zur Sicherung von Zugangsbedingungen zählten auch hier „(1) die Förderung von Übergangsarbeitsmärkten [...], (2) verbesserte Möglichkeiten für lebensbegleitendes Lernen [...], (3) die Gestaltung einer beschäftigungsfördernden Arbeitszeitpolitik [sowie] (4) die Schaffung einer sozialen Grundsicherung, um die Risiken unterbrochener und atypischer Erwerbsverläufe unbürokratisch abzusichern" (Chronik der Arbeitsmarktpolitik 2001: 236). Letzteres „gehört zum Kern unseres Flexicurity-Konzepts [d.h. des von der Bundestagsfraktion von „Bündnis 90/DIE GRÜNEN"; H.H.]. Menschen, die sich auf einen flexiblen Arbeitsmarkt einstellen sollen, die Risiken eingehen sollen, die häufig ihre Arbeitsstelle wechseln müssen, die die Herausforderung des lebensbegleitenden Lernens annehmen sollen, brauchen im Gegenzug mehr Vertrauen in die soziale Sicherung" (Chronik der Arbeitsmarktpolitik 2001: 238). Im Hinblick auf die Maßnahmen aktiver Arbeitsmarktpolitik lief das „grüne" Reformkonzept konkret auf Eingliederungspläne, „Kombilohn", *Job Rotation*, überbetriebliche Arbeitskräftepools u.ä. sowie auf die Dezentralisierung der Arbeitsverwaltung hinaus (vgl. Chronik der Arbeitsmarktpolitik 2001: 236) – und unterschied sich damit nicht von dem konkreten Maßnahmenkatalog der *Benchmarking*-Gruppe des Bündnisses für Arbeit und der „Modernisierer" in der SPD. Übereinstimmung gab es auch beim Diktum, dass mit „dem Recht des Arbeitslosen [...] umgekehrt die Verpflichtung verbunden [ist], an den individuell zugeschnittenen Maßnahmen teilzunehmen" (Chronik der Arbeitsmarktpolitik 2001: 236).

2.5   Das „Job-Aqtiv-Gesetz"

Zeitgleich mit der Veröffentlichung dieses „grünen" Reformkonzeptes, d.h. im Mai 2001, legte eine interfraktionelle Arbeitsgruppe von SPD und Bündnis 90/DIE GRÜNEN zusammen mit dem Bundesarbeitsministerium und einigen rot-grün geführten Landesregierungen ein Eckpunktepapier zum „Job-Aqtiv-Gesetz" vor (vgl. Chronik der Arbeitsmarktpolitik 2001: 247-256). Ziel dieser Gesetzesinitiative war es, die Effektivität der Arbeitsvermittlung durch eine höhere „Passgenauigkeit" der Vermittlungsaktivitäten zu steigern sowie die berufliche Qualifizierung zu stärken und betriebsnäher auszugestalten. Mit dem am 1. Januar 2002 in Kraft getretenen „Job-Aqtiv-Gesetz" wurden arbeitsmarktpolitische Instrumente neu ausgerichtet. Es kann als das zentrale arbeitsmarktpolitische Gesetz der 14. Legislaturperiode des deutschen Bundestages gewertet werden.[15] Wenn auch die Änderungen eher als in-

---

[15] Auf das „Sofortprogramm zum Abbau der Jugendarbeitslosigkeit" vom November1998, die Modellprojekte für gering Qualifizierte (CAST), die im April 2001 ermöglichten Modellvorhaben zur verbesserten Zusammenarbeit von lokalen Arbeits- und Sozialämtern

kremental denn als grundlegend erscheinen, so kommt in ihnen doch eine verstärkte Orientierung auf Arbeitsvermittlung und eine Verhinderung von Langzeitarbeitslosigkeit durch „Aktivierung" zum Ausdruck. Wesentliche Neuerungen dieses Gesetzes waren
- *eine Intensivierung von Arbeitsvermittlungsaktivitäten* durch eine individuelle Chancenprognose bei Arbeitslosen (*profiling*), den Abschluss von Eingliederungsverträgen/-vereinbarungen zwischen Arbeitsverwaltung und Arbeitslosen und die Einführung des Rechts von Arbeitslosen, nach sechsmonatiger Arbeitslosigkeit bei der Arbeitsvermittlung auch die Einschaltung Dritter (d.h. privater Arbeitsvermittler) verlangen zu können,
- die *Unterstützung von Existenzgründungen* nicht nur von Arbeitslosen (wie schon bislang), sondern auch von zuvor sozialversicherungspflichtig Beschäftigten,
- die *Förderung der beruflichen Weiterbildung* von Beschäftigten – und zwar durch Lohnkostenzuschüsse im Falle der Nachqualifizierung ungelernter oder gering qualifizierter Arbeitnehmer und durch die Übernahme von Maßnahmekosten im Falle der Qualifizierung älterer Mitarbeiterinnen und Mitarbeiter von kleineren und mittleren Unternehmen, die begleitet werden soll durch
- die Verpflichtung von Bildungsträgern und Arbeitsämtern, gemeinsam *maßnahmebezogene Eingliederungsbilanzen* vorzulegen,
- die *Förderung von Job-Rotation* durch die Bezuschussung des Entgelts für einen zuvor Arbeitslosen, der für die Vertretung eines in berufliche Weiterbildung geschickten Beschäftigten eingestellt wird,
- die *Erleichterung von Zeitarbeit* durch die Verlängerung der sog. Überlassungsdauer eines Leiharbeiters an einen Betrieb (Entleiher),
- die Erleichterung des Zugangs zu *Arbeitsbeschaffungsmaßnahmen* durch den Wegfall von „Wartezeiten" zwischen Arbeitslosmeldung und Maßnahmeantritt (bei gleichzeitiger Erschwerung von „Förderketten", d.h. aufeinander folgenden Maßnahmen) und die Stärkung von Qualifizierung in ABM sowie
- die *Vereinheitlichung von Lohnkostenzuschüssen* an Betriebe, die zuvor je nach Zielgruppe unterschiedlich ausfallen konnten.

Wesentlich ist nicht nur, dass durch diese Änderungen die Arbeitsvermittlung ins Zentrum gerückt worden ist und die Instrumente aktiver Arbeitsmarktpolitik auf sie, d.h. die Steigerung der Vermittelbarkeit von Arbeitslosen, fokussiert werden. Damit erfolgt eine Abkehr von der (zumindest teilweisen) Ausrichtung der Instrumente aktiver Arbeitsmarktpolitik auf den „2. Arbeitsmarkt" als „temporären Ersatzar-

---

(MOZART) sowie die flächendeckende Einführung eines Kombilohn-Modells (des sog. Mainzer-Modells) im Februar 2002 soll hier nicht näher eingegangen werden. Vgl. dazu einzelne Darstellungen in der Chronik der Arbeitsmarktpolitik aus dieser Zeit sowie Schmid (2002: 103) und Bahr (2003; i.d.B.).

beitsmarkt" (Reissert 1982) mit sozialpolitischer „Auffangfunktion".[16] Entscheidend war außerdem für die politische Debatte, dass versucht wurde, „Aktivierung" begrifflich (positiv) mit Befähigung zur Integration, zu Eigeninitiative und -verantwortung sowie mit „Leistungsverpflichtung auf Gegenseitigkeit" in Verbindung zu bringen – und nicht (negativ) mit Zwang und sozialer Kontrolle.[17]

2.6 Reorganisation der Bundesanstalt für Arbeit und die Hartz-Kommission

Knapp zwei Monate nach dem In-Kraft-Treten des Job-Aqtiv-Gesetz – und gut ein halbes Jahr vor den nächsten Bundestagswahlen – wurden über dieses Gesetz hinausreichende weitere Veränderungen in Gang gesetzt. Veranlasst durch den sog. Vermittlungsskandal, einer vom Bundesrechnungshof in fünf Arbeitsämtern festgestellten „geschönten" Vermittlungsstatistik, stellte die Bundesregierung die gegebene Struktur der Bundesanstalt für Arbeit zur Disposition. Mit der Organisation der Arbeitsverwaltung wurde indes auch die Arbeitsmarktpolitik selbst Objekt eines *change management*. Als Sofortmaßnahme trat am 27. Februar 2002 das „Gesetz zur Reform der Arbeitsverwaltung und der Arbeitsvermittlung" in Kraft. Ziel dieses Gesetzes war es, die Bundesanstalt für Arbeit von „einer Behördenorganisation in einen Dienstleister mit privatwirtschaftlichen Führungsstrukturen" zu überführen (Chronik der Arbeitsmarktpolitik 2002: 163).[18] Neben dieser von Ideen des *New Public Management* (NPM) inspirierten Organisationsreform der Bundesanstalt für Arbeit wurde private Arbeitsvermittlung ohne besondere Genehmigung zugelassen und Arbeitslosen das Recht eingeräumt, nach dreimonatiger Arbeitslosigkeit vom Arbeitsamt einen Vermittlungsgutschein zu erhalten, mit dem private Arbeitsvermittler eingeschaltet und honoriert werden können.[19] Ebenfalls von NPM-Konzepten angeleitet war die Absicht, die von Arbeitsämtern und Maßnahmeträgern zu erstellenden Eingliederungsbilanzen zu „*Benchmarking*-Instrumenten" auszubauen und nach besoldungs- und tarifrechtlichen Möglichkeiten zu suchen, erfolgreichen Arbeitsvermittlern in den Arbeitsämtern Leistungsprämien zu gewähren (vgl. Sozialpolitische Umschau vom 6. März 2002 und vom 15. April 2002). Als „2. Stufe" eines „Zweistufenplans der Bundesregierung für kunden- und wettbewerbsorientierte Dienstleistungen am Arbeitsmarkt" wurde eine 15-köpfige Kommission „Moderne

---

[16] Siehe dazu die im Abschnitt 1.3 wiedergegebenen entsprechenden Zitate aus den „Eckpunkten" des Arbeitskreises Arbeitsmarktreform.
[17] Vgl. dazu aus international vergleichender Perspektive und mit weiterführenden Literaturverweisen Clasen 2000: 90-93
[18] Konkret bedeutete dies, dass die Position des Präsidenten abgeschafft und die Verwaltungsspitze nach privatwirtschaftlichem Muster mit einem Vorstand und einem Verwaltungsrat umorganisiert wurde.
[19] Auf die Bemessungsregelung dieses Honorars soll hier nicht näher eingegangen werden (vgl. dazu Sozialpolitische Umschau vom 15. April 2002).

Dienstleistungen am Arbeitsmarkt" eingesetzt, die in der Folgezeit nach ihrem Vorsitzenden kurz „Hartz-Kommission" genannt wurde. Ihre Aufgabe bestand zwar originär darin, ein Konzept für den künftigen Aufgabenzuschnitt und eine neue Organisationsstruktur der Bundesanstalt für Arbeit sowie darauf bezogene Durchführungsüberlegungen auszuarbeiten (Chronik der Arbeitsmarktpolitik 2002: 165). „Der Auftrag der Kommission bestand also nicht darin, ein umfassendes Konzept zur Arbeitsmarkt- und Beschäftigungspolitik vorzulegen" (Schmid 2003: 3). Gleichwohl nahm sie nicht nur zum organisatorischen Umbau der Bundesanstalt für Arbeit Stellung, sondern ließ sich auf Debatten um eben solche umfassende Konzepte zur Arbeitsmarkt- und Beschäftigungspolitik ein und lenkte sie in eine ganz bestimmte Richtung. Ausgangspunkt dafür war, dass sie sich nicht nur zum Aufgabenzuschnitt und zu einer neuen Organisationsstruktur der Bundesanstalt für Arbeit, sondern auch zur Durch-/Umsetzung dieser Konzeption äußern sollte. Folglich bezogen sich die kurz vor den Bundestagswahlen vorgelegten „Module des Hartz-Konzeptes" (auf die hier nicht im Einzelnen eingegangen werden soll; vgl. zu ihnen Hartz u.a. 2002) nicht nur auf

a) *Organisationsveränderungen* wie (1) ein neues einheitliches Dienstrecht, eine *Output*-Steuerung (über Zielvereinbarungen), eine Weiterentwicklung des *Controllings* und eine umfassende Unterstützung aller Arbeits-/Geschäftsprozesse durch Informationstechnologien in der Bundesanstalt, (2) eine Umorganisation der Landesarbeitsämter, (3) eine Umgestaltung der örtlichen Arbeitsämter in „JobCentren", (4) Empfehlungen für eine „familienfreundliche Quick-Vermittlung" und eine Beschleunigung der Vermittlung von Arbeitslosen sowie (5) den Aufbau von „PersonalServiceAgenturen", die Zeitarbeit/Arbeitnehmerüberlassung für die Arbeitsverwaltung organisieren, sondern auch auf

b) *neue arbeitsmarktpolitische Instrumente* wie die Einführung (1) von Förderkrediten für die Einrichtung neuer Arbeitsplätze („JobFloater") und (2) „Ich-AGs" sowie

c) *leistungsrechtliche Neuerungen* wie (1) eine weitere Verschärfung der Zumutbarkeit und (2) die Zusammenlegung von Arbeitslosenhilfe und Sozialhilfe für erwerbsfähige Sozialhilfeempfänger im aus Steuern zu finanzierenden sog. Arbeitslosengeld II (im Unterschied zum beitragsfinanzierten Arbeitslosengeld I).

Dabei ging die Hartz-Kommission von einem bestimmten Leitbild aus, das zuvor (in diesem Beitrag in Bezug auf die Zeit zwischen 1998 und 2002) schon angesprochene Überlegungen aufgriff und weiter entwickelte: „Mit dem Leitbild ,*Eigenaktivitäten auslösen und Sicherheiten einlösen*' knüpft die Kommission an die zukunftsweisende Strategie an, Flexibilität und Sicherheit (,*flexicurity*') in umfassender Weise in Übereinstimmung zu bringen. Das bedeutet, dass sich die Arbeitsmarktpolitik nicht durch ,*Fördern und Fordern*' auf die Eingliederung von Arbeitslosen beschränken kann, sondern frühzeitig Eigenaktivitäten auf allen Ebenen auslösen muss, um Arbeitslosigkeit präventiv zu verhindern" wie Günther Schmid (2003: 3; Hervorhebungen im Original) hervorhob, der Mitglied der Hartz-Kommission war, aber auch (wie oben erwähnt) in der *Benchmarking*-Gruppe des Bündnisses für Arbeit mitgewirkt hatte.

2.7 Das Hartz-Konzept und die „Agenda 2010"

Die Umsetzung des Hartz-Konzepts – und zwar „eins-zu-eins" – wurde nach der Bundestagswahl vom September 2002 zum zentralen Prüfstein für die Handlungsfähigkeit der wiedergewählten Bundesregierung. So brachten denn auch die Regierungsfraktionen am 5. November 2002 entsprechende gemeinsame Gesetzentwürfe „für moderne Dienstleistungen am Arbeitsmarkt" ein (Bundestagsdrucksachen 15/25 und 15/26).

Außerdem wurde die politische Debatte über eine Reform der sozialen Sicherungssysteme vorangetrieben – und zwar nicht zuletzt mit Rückgriff auf das Hartz-Konzept. Ausgehend von einer kleinen Arbeitsgruppe um den Leiter des Bundeskanzleramtes, Steinmeier, wurde im Frühjahr 2003 die „Agenda 2010" erarbeitet, die innerhalb der SPD sowie zwischen SPD und Gewerkschaften für heftige Kontroversen sorgte. Die GRÜNEN unterstützten indes die „Agenda 2010". Auf einem außerordentlichen SPD-Parteitag (am 1. Juni 2003) wurden Kernelemente der Agenda schließlich mit einer Mehrheit von rund 90% der Delegierten beschlossen. Für die Arbeitsmarktpolitik bedeutet dies, dass die Bezugsdauer des beitragsfinanzierten Arbeitslosengeldes auf zwölf Monate begrenzt werden soll; Arbeitslose, die älter als 55 Jahre alt sind, sollen es allerdings für maximal 18 Monate beziehen können. Ferner wird – wie von der Hartz-Kommission vorgeschlagen – angestrebt, Arbeitslosen- und Sozialhilfe zu einem neu einzuführenden steuerfinanzierten Arbeitslosengeld II zusammenzufassen.

Die Veränderungen bei der Arbeitslosen- und Sozialhilfe sind an die anstehende Gemeindefinanzreform gebunden. Nach dem bisherigen Stand der Auseinandersetzungen (vor allem in der Gemeindefinanzreformkommission) soll das Leistungsniveau des Arbeitslosengeldes II sich auf dem der Sozialhilfe bewegen. Für Arbeitslose, die vom Arbeitslosengeld I zum Arbeitslosengeld II wechseln, ist ein besonderer Zuschlag vorgesehen. Er soll bis zu zwei Dritteln des Unterschiedes beider Leistungsarten ausgleichen, ist allerdings auf maximal 160 Euro im Monat begrenzt. Nach einem Jahr soll der besondere Zuschlag auf die Hälfte sinken und nach zwei Jahren gänzlich entfallen.

3 *Policy*-Wandel und die „gescheiterte" Arbeitsmarktpolitik in Ostdeutschland

Um die beschriebenen arbeitsmarktpolitischen Veränderungen seit 1998 zu erklären, ist sicherlich auf aktuelle gesellschaftliche Entwicklungen (wie die zwischenzeitlich wieder gestiegenen Arbeitslosigkeit) und politische Debatten nach dem Regierungsantritt von Rot-Grün zu verweisen (vgl. u.a. Blancke/Schmid 2003). Ebenso soll und kann nicht in Abrede gestellt werden, dass die politischen Auseinandersetzungen durch Debatten im Kontext des Bündnisses für Arbeit und durch das von der Hartz-Kommission inhaltlich gerahmte *chance management* der Bundesanstalt für Arbeit und der Arbeitsmarktpolitik beschleunigt und in eine bestimmte Richtung gedrängt worden sind (vgl. zu dieser Frage Eichhorst/Hassel 2002; Hartwich 2003: 129-135). Forschungsarbeiten zur Entwicklung der Arbeitsmarktpolitik in Deutschland nach der Vereinigung (vgl. Heinelt/Weck 1998) lassen es indes angebracht erscheinen, für die Beantwortung der aufgeworfenen Fragen auch einen Blick auf die Arbeitsmarktpolitik in den 1990er Jahren vor dem Regierungswechsel zu werfen. In dieser Zeit fanden politische Auseinandersetzungen um die Deutung des Problems der Arbeitslosigkeit statt und um arbeitsmarktpolitische Problemlösungen, die entsprechend dieser Deutungen als „angemessen" erschienen. Auch wenn sich diese politischen Auseinandersetzungen auf der Ebene der Institutionen und der Instrumente der Arbeitsmarktpolitik, aber auch der öffentlichen Diskurse, nicht in der Art niedergeschlagen haben wie nach dem Regierungsantritt von Rot-Grün[20], so scheinen sie doch als (kognitive) Grundlage für den Politikwandel bedeutsam gewesen zu sein. Dies gilt gerade für Auseinandersetzungen in der SPD[21], die in der Zeit der Opposition nicht manifest werden mussten (und im Hinblick auf einen Wahlsieg auf Bundesebene auch zweckdienlicher Weise nicht öffentlich auszutragen waren), die aber

---

[20] Zur Einschätzung einer *Policy*-Änderung seit Mitte der 1990er Jahre bis zum Regierungswechsel – im Sinne eines Wandels von einer „aktiven" zur „fürsorgerischen Arbeitsmarktpolitik" – vgl. Heinelt/Weck 1998: 48-56.

[21] Der Befund Gohrs (2001 und 2003), dass die Oppositionsstrategie der SPD in den 1980er Jahren zwischen Ablehnung und Kritik der Kürzungs-/Sparmaßnahmen der Regierung, einer programmatischen Neukonzipierung sowie der Kooperation mit der Regierung schwankte, mag allgemein für den Bereich der Sozialpolitik gelten. Für die Arbeitsmarktpolitik ist indes festzustellen, dass die SPD in den 1980er (und frühen 1990er) Jahren nicht nur die Regierungspolitik ablehnte, sondern ihr eine weiter entwickelte „aktive Arbeitsmarktpolitik" entgegensetzte. Damit waren Vorschläge zur Finanzierung über die Ausweitung des Kreises der Beitragszahler durch eine Arbeitsmarktabgabe für Beamte und Selbständige und einen „regelgebundenen", d.h. an die Höhe der Arbeitslosigkeit geknüpften Bundeszuschuss verbunden. Vgl. dazu Bosch 1994: 31-34 und als Überblick über die damalige Debatte um die Reform der Finanzierung der Arbeitsmarktpolitik Reissert 1994.

im Laufe der ersten Amtzeit der Regierung Schröder aufbrachen, als eine eindeutige arbeitsmarktpolitische Positionierung und grundlegende Entscheidungen nicht zu umgehen waren.

Die Anfang der 1990er Jahre von der Regierung Kohl betriebene Arbeitsmarktpolitik kann mit Fug und Recht als „Vereinigungskeynesianismus wider Willen" (Beyme 1994, 265) bezeichnet werden. Sie zielte auf eine sozialpolitische Flankierung und Sicherung des Vereinigungsprozesse ab, da die Bundesregierung situativ zu einem massiven Einsatz aktiver Arbeitsmarktpolitik bereit war, um dadurch Arbeitslosigkeit in den neuen Bundesländern zu verhindern bzw. zu minimieren.

Dadurch koppelte sich die Arbeitsmarktpolitik in Deutschland von Entwicklungen ab, die zur selben Zeit (d.h. Anfang der 1990er Jahre) in anderen westeuropäischen Ländern – besonders in GB, Dänemark und den Niederlanden – zu beobachten waren (vgl. dazu Clasen 2000 und Reissert 2003). Nicht nur die damalige Bundesregierung schied als Veränderungen tragender Akteur aus. Der „Vereinigungskeynesianismus wider Willen" erschwerte es auch der SPD, eine glaubhafte Opposition zu vertreten, „Jede Opposition gegen die Arbeitsmarktpolitik der Bundesregierung [...] wäre [zu jener Zeit; H.H.] einer Opposition gegen die Grundannahmen der eigenen politischen ‚coalition' gleichgekommen. Zu fordern blieb ‚mehr von demselben'. Oppositionsfähigkeit – etwa im Hinblick auf eine grundlegende Reform der Finanzierungsstruktur der Arbeitsmarktpolitik – war schwierig herzustellen, weil viele Anhänger des sozialdemokratischen Paradigmas dazu bereit waren, die Gelegenheit eines massiven Einsatzes der arbeitsmarktpolitischen Instrumente *aktivistisch* wahrzunehmen. Dadurch wurden nicht nur Energie und Aufmerksamkeit gebunden. Durch das Bestreben, die gebotenen arbeitsmarktpolitischen Möglichkeiten auch zu nutzen, wurde letzlich der reibungslose Transfer der westdeutschen institutionellen Regelungen auf das Gebiet der ehemaligen DDR und die Vereinigungs-Politik der Bundesregierung mit getragen" (Heinelt/Weck 1998: 144).

Dazu ist anzumerken, dass das „sozialdemokratische" oder besser: sozialstaatsorientierte Paradigma Anfang der 1990er Jahre, das nicht nur in Teilen der SPD, sondern auch der Gewerkschaften und der Grünen sowie in den Sozialausschüssen der CDU verbreitet war[22], von der Grundüberzeugung (einem „*Policy*-Kern" im Sinne Sabatiers 1993: 132) getragen wurde, dass Arbeitsmarktprobleme systemisch aus Marktprozessen bzw. aus Besonderheiten des Arbeitsmarktes resultieren und deswegen politische Interventionen zur Lösung erfordern.[23] Aus dieser Wahrnehmung der Verursachung von Arbeitsmarktproblemen und einer damit korrespondierenden Einschätzung von Lösungsperspektiven ergeben sich spezifische

---

[22] Zum Begriff der Sozialstaatsparteien vgl. Schmidt 2001: 16.
[23] Zur marktorientierten „'liberalen' *advocacy coalition*" und der Haltung beider „*advocacy coalitions*" zu einzelnen arbeitsmarktpolitischen Instrumenten vgl. Heinelt/Weck 1998: 102-103.

Präferenzen hinsichtlich arbeitsmarktpolitischer Instrumente. Am deutlichsten wurde dies in der Haltung gegenüber öffentlich geförderter Arbeitsbeschaffung bzw. dem „2. Arbeitsmarkt" im Sinne eines „temporären Ersatzarbeitsmarktes". Arbeitsbeschaffungsmaßnahmen waren vor diesem Hintergrund das sozialstaatliche arbeitsmarktpolitische Instrument schlechthin. Sie wurden von der eher als beschäftigungspolitisch zu charakterisierenden Strategie ergänzt, „solidarisch" Arbeit umzuverteilen (besonders durch tarifvertraglich zu regelnde Arbeitszeitverkürzung, aber auch durch Maßnahmen der Lebensarbeitszeitverkürzung d.h. Frühverrentung; vgl. zu Letzterem Heinelt 1991). Weiterhin ergänzten qualifikationsfördernde Maßnahmen das klassische Spektrum von arbeitsmarktpolitischen Instrumenten. Durch sie sollten qualifikatorische Ungleichgewichte (*mismatches*) am Arbeitsmarkt ausgeglichen und dadurch sowohl Arbeitskraftanbieter stabil in das Beschäftigungssystem (re-) integriert als auch die Wachstumsdynamik der Wirtschaft stimuliert und gesichert werden.[24]

Es war nicht zuletzt die Entwicklung der Arbeitslosigkeit in den neuen Bundesländern, die seit Mitte der 1990er Jahre Veränderungen mit sich brachte.[25] Die Persistenz hoher Arbeitslosigkeit, die durch einen massiven Einsatz aktiver Arbeitsmarktpolitik nicht aufgebrochen werden konnte, stellte bisherige Problemsichten und Handlungsperspektiven in Frage. Die Antworten waren indes verschieden.

In „traditionalistischen" Kreisen der Sozialdemokratie (inklusive der Gewerkschaften und gesinnungsverwandter Mitglieder und Anhänger anderer Sozialstaatsparteien) gelangte man „zu der Überzeugung, dass wir auf Dauer einen festen zweiten Arbeitsmarkt brauchen werden. [...] Dauer bedeutet, auf einen Zeitraum von etwa 15 Jahren erst mal" (Heinelt/Weck 1998: 178, mit Bezug auf eine Interviewaussage des damaligen arbeitsmarkt- und beschäftigungspolitischen Sprechers der SPD-Bundestagsfraktion). Begründet wurde dies mit der „Beschäftigungsschwelle des Wachstums", d.h. dass bei einer Erhöhung des Arbeitsproduktivitätsfortschrittes mindestens ein ebenso hohes Wirtschaftswachstum erforderlich ist, um durch eine Verbesserung der Produktivität der Arbeit keine negativen Beschäftigungsauswirkungen zu erzielen. Vor dem Hintergrund eines durchschnittlichen jährlichen Anstieg der Arbeitsproduktivität von 2% und der Annahme, dass „jedes Prozent Wachs-

---

[24] Qualifikationsfördernde Maßnahmen waren arbeitsmarktpolitisch unumstritten, weil sie auch zu einem marktorientierten „liberalen Paradigma" passten (vgl. Heinelt/Weck 1998: 102).

[25] Dies gilt nicht nur für das sozialstaatsorientierte Lager. Im „liberalen Lager" bedingte die Persistenz der hohen Arbeitslosigkeit in den neuen Bundesländern ein Abrücken von der Annahme, dass durch eine marktliche Entwicklung Vollbeschäftigung zu erreichen sei. Ausdruck findet dies in Überlegungen zur Einführung von „Gemeinschaftsarbeit", durch die Arbeitslose, die nicht dauerhaft in den „1. Arbeitsmarkt" zu integrieren sind, unterhalb der bisherigen sozialpolitischen Standards der Leistungsgewährung „in Arbeit" gebracht werden sollten (vgl. dazu Heinelt/Weck 1998: 172-176). Eine aktuelle entsprechende Position wird prägnant von Eekhoff/Roth 2002 vertreten.

tum oberhalb der Beschäftigungsschwelle von plus 2% [...] eine Gesamtbeschäftigung für Deutschland von ungefähr 170.000" erzeuge, könne man sich – so die Argumentation – „an fünf Fingern" ausrechnen, dass „über wirtschaftliche Wachstumsprozesse nur ein marginaler Abbau der gesamten Massenarbeitslosigkeit" (ebd.) zu bewirken sei.

Ein anderer Teil innerhalb der Sozialdemokratie gelangte Mitte der 1990er Jahre zu einer anderen Deutung. Für sie stellte Arbeitsmarktpolitik „eher ein Projekt [dar], was den Strukturwandel verzögert" (Heinelt/Weck 1998: 180, mit Bezug auf eine Interviewaussage eines damaligen Staatssekretärs einer SPD-geführten Landesregierung, der seit 1998 Staatssekretär in einem Bundesministerium ist). Den Verfechtern der Arbeitsmarktpolitik wurde von ihnen vorgehalten, „die Arbeitslosigkeit immer noch als ein Problem von sozusagen *mismatch* [zu betrachten]: Qualifikation stimmt nicht mit Nachfrage überein. Dass die Nachfrage nicht mehr in Ordnung ist, haben die bis heute nicht verstanden. Und die meinen auch, dass das Problem durch die Verteilung von Arbeit zu lösen ist, während es heute darum geht, Arbeit zu schaffen, nicht Arbeit zu verteilen. Also, die Arbeitsmarktpolitik ist eigentlich ziemlich verstaubt. [...] Für mich ist Arbeitsmarktpolitik einfach nicht mehr innovativ und auch nicht problemadäquat. Sie ist ein Hort von Beschäftigung, [...] staatlich finanzierter Beschäftigung und selbstzufriedener Arbeit, aber mit wenig Perspektive" (Heinelt/Weck 1998: 180). Aus der Sicht dieser „Modernisierer" stellt sich damals schon „die Frage, ob die SPD einheitlich die Chance sieht, sich für eine andere Politik zu entscheiden. Das wird nicht ganz einfach werden, weil wir enorme Traditionsbestandteile in den Themenfeldern der sozialen Gerechtigkeit (sic!) haben, aber wenig Traditionsbestand in den Fragen ökonomischer Wettbewerbsfähigkeit. Da tun wir uns sehr schwer, jedenfalls in der Mitgliedschaft, nicht in [sic!] denjenigen, die Politik vertreten" (nach Heinelt/Weck 1998: 177).

4   *Policy*-Wandel und die Auflösung traditioneller sozialstaatsorientierter „*Policy*-Positionen"

Durch die im ersten Teil des Beitrags (Abschnitt 1) dargestellte Entwicklung ist mit politikfeldspezifischen Kontinuitäten in einer Weise gebrochen worden, dass von den Inhalten als auch von den Instrumenten her kaum noch das erkennbar ist, was Arbeitsmarktpolitik in Deutschland sowohl zu Beginn der 1990er Jahre als auch noch zum Zeitpunkt des Regierungsantritts von Rot-Grün ausgemacht hat (vgl. dazu Reissert 2003). Und im Hinblick auf die Zusammenführung von Arbeitslosenhilfe und Sozialhilfe (für Erwerbsfähige) erscheinen Veränderungen möglich, die unzweifelhaft einem *third-order change* (vgl. Hall 1993, 281-287) gleichkommen.

Als Kontextbedingungen oder „externe (System-)Ereignisse" (Sabatier 1993: 122) sind für diesen *Policy*-Wandel sicherlich die durch politische Entscheidungen fixierten sog. Konvergenzkriterien für die Teilnahme an der Europäischen Währungsunion relevant. Sie haben Restriktionen hervorgebracht, die die Entscheidungsmöglichkeiten politischer Akteure faktisch eingeschränkt haben – und zwar nicht nur im Bereich der Arbeitsmarktpolitik. Weitere „externe Systemereignisse", die den *Policy*-Wandel mitbedingt haben, weisen einen anderen Status auf – nämlich die Phänomene bzw. Auswirkungen von Globalisierung sowie die steigende Arbeitslosigkeit und die Effekte der bisherigen Arbeitsmarktpolitik (besonders im „Beitrittsgebiet"). Weder die Globalisierung noch die steigende Arbeitslosigkeit und die Effekte der Arbeitsmarktpolitik haben indes aus sich heraus unmittelbar Wirkungen, die Entscheidungsmöglichkeiten einschränken. Sie haben Wirkungen nur über ihre Deutung. Oder anders formuliert: Sie beeinflussen die „Handlungswahl" nur über eine bestimmte „Deutungswahl" (Nullmeier 1993: 186) oder eine bestimmte Interpretation und deren Hegemonie, die eine spezifische Problemsicht und entsprechende Lösungsperspektiven impliziert oder nahelegt – und für eine entsprechende „Deutungswahl" sind die im letzten Abschnitt umrissenen Auseinandersetzungen und Positionswechsel in der SPD vor dem Regierungsantritt bedeutsam gewesen.

Für die „Deutungs-„ und „Handlungswahl" haben allerdings auch aktuelle, in der politischen Umwelt des Politikfeldes laufende Diskurse eine entscheidende Rolle gespielt – wie die um *employability* und „Aktivierung" im Kontext der EU-Arbeitsmarkt- und Beschäftigungspolitik (vgl. dazu Clasen 2000: 89; Ostheim/Zohlnhöfer 2002) oder der Verwaltungsmodernisierung nach den Konzepten von *New Public Management*. Bedeutsam sind aber auch die Aktualisierung bzw. zeit- und themengerechte Einbindung von Problemsichten und Handlungsperspektiven gewesen, die als Angebote (für eine „Wissenwahl"; Nullmeier 1993: 186) bereits verfügbar waren – wofür das Modell der Übergangsmärkte steht – oder zeitnah in der politischen Auseinandersetzung entwickelt worden sind – wie im Fall des *Flexecurity*-Konzepts. Maßgeblich sind ferner Rückgriffe auf Diskurse gewesen, mit denen normative Standards verändert werden konnten – wie dies mit der Hinwendung zu Zugangsgerechtigkeit und der Abwendung von Verteilungsgerechtigkeit demonstriert worden ist. Und schließlich haben „situative Aspekte" eine Rolle gespielt. Wie der sog. Vermittlungsskandal (als „externer Schock"; so die Einschätzung von Blancke/Schmid 2003: 228) kurz vor den Bundestagswahl im Jahr 2002 genutzt worden ist, um ein *chance management* in Gang zu setzen, kann sicherlich als Lehrbuchbeispiel gelten, wie ein *window of opportunity* für politische Veränderungen genutzt, wenn nicht sogar geschaffen werden kann.

Dies lässt den Schluss zu, dass der feststellbare *Policy*-Wandel und die Auflösung traditioneller sozialdemokratischer oder sozialstaatsorientierter *Policy*-Positionen zwar Wurzeln haben, die in die Oppositionsära zurückreichen. Gleichwohl bedurfte es spezifischer Kontextbedingungen, die von Handelnden wahrgenommen, aber auch kreiert und dann genutzt worden sind, um diesen schleichenden Veränderungsprozess manifest werden zu lassen und zu einem (vorläufigen) Abschluss zu bringen. Dabei unterscheidet sich nicht nur der Charakter der Kontextbedingungen – nämlich in solche (wie die Konvergenzkriterien und Vorgaben im Zusammenhang mit der Europäischen Währungsunion), die Handlungsspielräume institutionell einschränken oder ggf. auch neu ermöglichen, und solche, deren Wirkungen im Hinblick auf die Einschränkung oder Ermöglichung bestimmter Handlungen sich erst über eine bestimmte politisch hegemoniale Deutung oder Interpretation ergeben. Auch der Charakter der Veränderung von Positionen und Handlungsorientierungen von Akteuren kann sich unterscheiden. Zum einen ist eine Anpassung an Kontextbedingungen möglich, die gegebene normative „Weltsichten" und Annahmen über Wirkungszusammenhänge (Wenn-Dann-Konstrukte) der Problem- bzw. politisch zu regelnden Gegenstandsbereiche in der gesellschaftlichen Umwelt unberührt lassen. Im Unterschied zu einem solchen „Anpassungslernen" sind zum anderen aber auch grundlegende Veränderungen möglich, die sich sowohl auf normative Orientierungen als auch auf die „Wissensbasis" anerkannter Wirkungszusammenhänge beziehen. Letztere scheint für den *Policy*-Wandel in der Arbeitsmarktpolitik maßgeblich zu sein.[26]

Aus einer solchen Perspektive kann auch die Relevanz von Vetospielern (Tsebelis 1995, 1999 und 2002) für den *Policy*-Wandel anders als üblich eingeschätzt werden: Sie müssen nicht als Blockierer erscheinen. Sie können vielmehr insofern „Lernprovokationen" darstellen, weil sie Kämpfe um die (hegemoniale) Deutung von Handlungsherausforderungen und -perspektiven erzwingen, und sie können in diesem Zusammenhang zu kollektiven Lernprozessen führen, die nicht nur „Anpassungslernen" an aufgeherrschte *Policy*-Optionen beinhalten, sondern eine grundlegende normative Umorientierung und einen Veränderung der „Wissensbasis" (vgl. Bandelow 2003b). Solche Prozesse können gerade auch dann ablaufen, wenn auf der Ebene manifester Entscheidung Stagnation zu verzeichnen ist. So ist Blancke/Schmid (2003: 223) zwar einerseits zuzustimmen, wenn sie die arbeitsmarktpolitische Entwicklung in den Jahren 2000 und 2001 im Hinblick auf *Policy-outputs* mit „Stagnation im Verhandlungslabyrinth" kennzeichnen – und dies auch explizit mit Vetospielern begründen (Blancke/Schmid 2003: 234). Andererseits ist dies eine Phase in der letzten Legislaturperiode, in der ein Kampf um hegemoniale Deutungen geführt wurde, ohne den die Entscheidungen im Jahr 2002 (und danach) nicht zu fällen gewesen wären.[27]

---

[26] Es ist hier nicht der Ort, weiter auf die Debatte um *Policy*-Lernen einzugehen. Vgl. dazu Heinelt 2000 und Bandelow 2003a.
[27] In diese Phase fallen die Stellungnahme der *Benchmarking*-Gruppe des „Bündnisses für Arbeit", die Eckpunkte des Arbeitskreises Arbeitsmarktreform, das Reformkonzept von

5 Literatur

Bandelow, Nils C., 2003a: Policy-Lernen und politische Veränderungen, in: *Klaus Schubert/Nils C. Bandelow* (Hrsg.): Lehrbuch der Politikfeldanalyse, München/Wien, 289-331.
Bandelow, Nils C., 2003b: Kollektive Lernprozesse durch Vetospieler? Konzepte britischer und deutscher Kernexekutiven zur europäischen Verfassungs- und Währungspolitik in den 1980 und 1990 Jahren, Habil.-Schrift, Ruhr-Universität Bochum.
Beyme, Klaus von, 1994: Verfehlte Vereinigung – verpaßte Reformen? Zur Problematik der Evaluation der Vereinigungspolitik in Deutschland seit 1989, in: Journal für Sozialforschung 1/1994: 249-269.
Blancke, Susanne/Schmid, Josef, 2003: Bilanz der Bundesregierung Schröder in der Arbeitsmarktpolitik 1998-2002. Ansätze zu einer doppelten Wende, in: *Christoph Egle/Tobias Ostheim/Reimut Zohlnhöfer* (Hrsg.): Das rot-grüne Projekt. Eine Bilanz der Regierung Schröder 1998-2002, Wiesbaden, 215-238.
Bosch, Gerhard, 1994: Aktuelle Debatten über eine Reform des Arbeitsförderungsgesetzes, in: *Hubert Heinelt/Gerhard Bosch/Bernd Reissert* (Hrsg.): Arbeitsmarktpolitik nach der Vereinigung, Berlin, 30-42.
Chronik der Arbeitsmarktpolitik (verschiedene Ausgaben), jeweils in: Mitteilungen aus der Arbeitsmarkt- und Berufsforschung (MittAB).
Clasen, Jochen, 2000: Motives, Means and Opportunities. Reforming Unemployment Compensation in the 1990s, in: West European Politics, Vol. 23, Nr. 2: 89-112.
Eekhoff, Johann/Roth, Steffen J., 2002: Brachliegende Fähigkeiten nutzen, Chancen für Arbeitslose verbessern, Berlin.
Eichhorst, Werner/Hassel, Anke, 2002: Das Bündnis für Arbeit, die Hart-Kommission und die Herstellung von politischer Reformfähigkeit, Diskussionspapier, Berlin/Gütersloh.
Gohr, Antonia, 2001: Eine Sozialstaatspartei in der Opposition. Die SPD-Sozialpolitik in den 80er Jahren, in: *Manfred G. Schmidt* (Hrsg.): Wohlfahrtsstaatliche Politik. Institutionen, Prozess, Leistungsprofil, Opladen, 262-293.
Gohr, Antonia, 2002: Grüne Sozialpolitik in den 80er Jahren. Eine Herausforderung für die SPD, (ZeS-Arbeitspapier 5/2002), Zentrum für Sozialpolitik, Universität Bremen.
Gohr, Antonia, 2003: Was tun, wenn man die Regierungsmacht verloren hat? Die Sozialpolitik der SPD-Opposition in den 80er Jahren, Opladen (i.E.).
Hall, Peter A., 1993: Policy Paradigms, Social Learning and the State. The Case of Economic Policymaking in Britain, in: Comparative Politics, Vol. 25: 275-296.
Hartwich, Hans-Hermann, 2003: Arbeitsmarktreform im Bundestagswahlkampf 2002. Eine Fallstudie zum Thema „Demokratie und Arbeitslosigkeit", in: Gesellschaft – Wirtschaft – Politik (Gegenwartskunde) 52: 113-142.
Hartz u.a., 2002: Moderne Dienstleistungen am Arbeitsmarkt. Bericht der Kommission (Broschüre A 306 des Bundesministeriums für Arbeit und Sozialordnung), Berlin.
Hegner, Friedhart, 1986: Handlungsfelder und Instrumente kommunaler Beschäftigungs- und Arbeitsmarktpolitik, in: *Bernhard Blanke/Adalbert Evers/Hellmut Wollmann* (Hrsg.): Die Zweite Stadt. Neue Formen lokaler Arbeits- und Sozialpolitik (Leviathan-Sonderheft 7), Opladen, 119-153.
Heinelt, Hubert, 1991: Frühverrentung als politischer Prozeß. Institutionelle Bedingungen, soziale Effekte und finanzielle Verteilungswirkungen – im internationalen Vergleich, Wiesbaden.

„Bündnis90/DIE GRÜNEN", der Bericht der SPD-Projektgruppe „Zukunft der Arbeit" und schließlich der Entwurf des „Job-Aqtiv-Gesetzes").

Heinelt, Hubert, 2000: Verhandeln und Argumentieren und die Bedeutung von Lernen in Politikprozessen, in: *Hubert Heinelt u.a.* (Hrsg): Prozedurale Umweltpolitik der EU, Opladen, 23-38.

Heinelt, Hubert/Rudnick, Alexander, 1998: Arbeitsmarktbericht Niedersachsen 1997/98 (verfasst im Auftrag des Niedersächsisches Sozialministerium), Hannover.

Heinelt, Hubert/Weck, Michael, 1998: Arbeitsmarktpolitik - vom Vereinigungsdiskurs zur Standortdebatte, Opladen.

Keller, Berndt/Seifert, Hartmut. 2002: Flexicurity. Wie lassen sich Flexibilität und soziale Sicherheit vereinbaren? In: Mitteilungen aus der Arbeitsmarkt- und Berufsforschung, 35. Jg., Nr. 1: 90-106.

Lamping, Wolfram/Schridde, Henning/Plaß, Stefan/Blanke, Bernhard, 2001: Der Aktivierende Staat. Positionen, Begriffe, Strategien, Bonn.

Kingdon, John W., 1984: Agendas, Alternatives, and Public Policies, Boston, MA.

Nullmeier, Frank, 1993: Wissen und Policy-Forschung. Wissenspolitologie und rhetorisch-dialektisches Handlungsmodell, in: *Adrienne Héritier* (Hrsg.): Policy-Analyse. Kritik und Neuorientierung (Politische Vierteljahresschrift/Sonderheft 24), Opladen, 175-196.

Offe, Claus, 1990: Akzeptanz und Legitimität strategischer Optionen in der Sozialpolitik, in: *Christoph Sachße/H.T. Engelhardt* (Hrsg.): Sicherheit und Freiheit. Zur Ethik des Wohlfahrtstaates, Frankfurt, 179-202.

Ostheim, Tobias/Zohlnhöfer, Reimut, 2002: Europäisierung der Arbeitsmarkt- und Beschäftigungspolitik? Der Einluss des Luxemburg-Prozesse auf die deutsche Arbeitsmarktpolitik, (ZeS-Arbeitspapier 9/2002), Zentrum für Sozialpolitik, Universität Bremen.

Reissert, Bernd, 1982: Arbeitsbeschaffungsprogramm – Langfristarbeitslosigkeit und „temporärer Ersatzarbeitsmarkt", in: Wirtschaftsdienst 4/1982: 178-184.

Reissert, Bernd, 1994: Beitrags- oder Steuerfinanzierung der Arbeitsmarktpolitik? Rückblick und Ausblick auf eine Debatte, in: *Hubert Heinelt/Gerhard Bosch/Bernd Reissert* (Hrsg.): Arbeitsmarktpolitik nach der Vereinigung, Berlin, 43-57.

Reissert, Bernd, 2003:Unemployment Protection in Germany. The System and its Changes in the 1990s, in: *Jochen Clasen/Maurizio Ferrera/Martin Rhodes* (Hrsg.): Welfare States and the Challenge of Unemployment. Reforming Policies and Institutions in the European Union, London (i.E.).

Rockstroh. Matthias, 1999: Hindernisse beseitigt, in Bundesarbeitsblatt 10/1999: 11-16.

Sabatier, Paul A., 1993: Advocacy-Koalitionen, Policy-Wandel und Policy-Lernen. Eine Alternative zur Phasenheuristik, in: *Adrienne Héritier* (Hrsg.): Policy-Analyse. Kritik und Neuorientierung, (Politische Vierteljahresschrift/Sonderheft 24), Opladen, 116-148.

Schmid, Günther, 1994: Übergänge in die Vollbeschäftigung. Perspektiven einer zukunftsgerechten Arbeitsmarktpolitik, in: Aus Politik und Zeitgeschichte 12-13: 9-23.

Schmid, Günther, 1999: Übergangsarbeitsmärkte im kooperativen Sozialstaat. Entwicklungstendenzen der Arbeitsmarktpolitik in Europa, in: *Winfried Schmähl/Herbert Rische* (Hrsg.): Wandel der Arbeitswelt. Folgerungen für die Sozialpolitik, Baden-Baden, 123-150.

Schmid, Günther, 2000: Arbeitsplätze der Zukunft. Von standardisierten zu variablen Arbeitsverhältnissen, in: *Jürgen Kocka/Claus Offe* (Hrsg.): Geschichte und Zukunft der Arbeit, Frankfurt/New York, 269-292.

Schmid, Günther, 2002: Wege in eine neue Vollbeschäftigung. Übergangsarbeitsmärkte und aktivierende Arbeitsmarktpolitik, Frankfurt/M.

Schmid, Günther, 2003: Moderne Dienstleistungen am Arbeitsmarkt. Strategie und Vorschläge der Hartz-Kommission, in: Aus Politik und Zeitgeschichte 6-7/2003: 3-6.

Schmid, Josef, 2002: Große Probleme und kleine Lösungen? Aktuelle Entwicklungen in der deutschen Arbeitsmarktpolitik, in: Deutschland-Archiv, 35 Jg., Nr. 1: 97-104.

Schmid, Josef/Blancke, Susanne, 2001: Arbeitsmarktpolitik der Bundesländer. Chancen und Restriktionen einer aktiven Arbeitsmarkt- und Strukturpolitik im Föderalismus, Berlin.

Schmidt, Manfred G., 2001: Parteien und Staatstätigkeit, (ZeS-Arbeitspapier 2/2001), Zentrum für Sozialpolitik, Universität Bremen.
Sozialpolitische Umschau (verschiedene Ausgaben).
Tsebelis, George, 1995: Decision-making in Political Systems. Veto Players in Presidentialism, Parliamentarism, Multicameralism, and Multipartism, in: British Journal of Political Science 25: 289-325.
Tsebelis, George, 1999: Veto Players and Law Production in Parliamentary Democracies. An Empirical Analysis, in: American Political Science Review 93: 591-608.
Tsebelis, George, 2002: Veto Players. How Political Institutions Work, Princeton, N.J.

Wege aus der Armut durch Wege in eine neue Armutspolitik?

Petra Buhr

1 Einleitung

Die Existenz von Armut ist für jede Regierung in gewisser Weise ein Armutszeugnis, denn Armut gilt als „illegitimer" Teil der sozialen Ungleichheit, der möglichst klein gehalten werden soll. Im politischen und wissenschaftlichen Diskurs besteht allerdings keine Einigkeit über die Festlegung einer Armuts- oder Unterversorgungsschwelle: Es gibt keine objektive Definition, wo legitime Ungleichheit aufhört und illegitime, zu bekämpfende Ungleichheit anfängt.

Seit Gründung der Bundesrepublik haben sich Art und Grad der öffentlichen, politischen und wissenschaftlichen Thematisierung von Armut, die vorherrschenden Armutsbilder und die vorrangige Art der politischen Bekämpfung von Armut gewandelt (vgl. Buhr u.a. 1991), wobei der Bogen zwischen „Verdrängung und Dramatisierung" gespannt werden kann (Leisering 1993). Auf die „Armut des Volkes" in den 1950er Jahren folgte die „Latenzperiode der Armut", in der die Ursachen von Armut vor allem in individuellen Lebensschicksalen gesehen wurden. In den 1970er Jahren wurde Armut als „Neue Soziale Frage" (Geißler 1976) wiederentdeckt, womit der Blick auf die unterprivilegierte Lage nicht organisierter Gruppen gerichtet wurde. Das vorherrschende Armutsbild der 1980er Jahre war dagegen die „Neue Armut" der Arbeitslosen, insbesondere der Langzeitarbeitslosen. Um auszudrücken, dass ein wachsender Teil der Bevölkerung auf Dauer vom gesellschaftlichen Wohlstand abgekoppelt sei, wurde der Begriff der Zwei-Drittel-Gesellschaft geprägt (vgl. Glotz 1985; Natter/Riedlsperger 1988). In den 1990er Jahren wurde Armut relativ breit thematisiert, wobei im Zuge der Wiedervereinigung die regionalen Verwerfungen eine große Rolle spielten, aber auch die Armut von bestimmten Gruppen wie Kindern und Familien hervorgehoben wurde.

Im vorliegenden Beitrag sollen daran anknüpfend die Thematisierung von Armut auf der politischen Agenda und die Armutspolitik, also die Maßnahmen zur Armutsbekämpfung[1], seit dem Regierungsantritt der rot-grünen Koalition 1998 untersucht

---

[1] Armutspolitik ist kein abgegrenztes Politikfeld, sondern vielmehr ein Konglomerat von Maßnahmen, „deren erklärter Zweck sich auf den Abbau von Versorgungsdefiziten bezieht und die dabei auf den unteren Bereich von Ungleichheit beschränkt sind" (Buhr u.a.

werden. Die übergreifende Fragestellung ist, ob nach dem Machtwechsel auch ein Politikwechsel im Bereich der Armutspolitik stattgefunden hat. Um einen Vergleichsmaßstab für die Bewertung der Armutspolitik der neuen Regierung zu gewinnen, wird zunächst kurz auf die Thematisierung von Armut und die Armutspolitik der Vorgängerregierung unter Kohl eingegangen und dabei auch die Rolle der damaligen Oppositionsparteien SPD und Grüne beleuchtet. Im Anschluss daran werden die programmatischen Ziele und die Aktivitäten der neuen Bundesregierung zur Armutsbekämpfung nachgezeichnet.

1.1 Zwischen Verdrängung und Dramatisierung – Die Opposition als Anwalt der Armen

Unter der christdemokratisch-liberalen *Koalition* zeigte sich eine Tendenz, Armut als soziales Problem „herunterzuspielen" oder zu verdrängen. Armut galt durch die Sozialhilfe als beseitigt und sollte von der politischen Agenda möglichst fern gehalten werden.

In der Antwort auf die Große Anfrage der Opposition zum Thema „Armut in der Bundesrepublik Deutschland" von 1995 bestritt die damalige Bundesregierung unter Verweis auf die vielfältigen Maßnahmen im Bereich der Arbeitsmarkt-, Wohnungs- und Familienpolitik energisch, dass Armut in Deutschland zugenommen habe: „Das in der Anfrage gezeichnete Bild einer zunehmenden Verarmung und Verelendung von Teilen der Bevölkerung ist daher falsch." Der – international übliche – Bezug auf das gesellschaftliche Durchschnittseinkommen wurde als völlig ungeeignetes Armutsmaß bezeichnet. Und auch die Zahl der Sozialhilfebeziehenden sei kein Armutsindikator: „Die Sozialhilfe bekämpft Armut, sie schafft sie nicht" (BT-Drs. 13/3339: 2). Wie schwer sich die Regierung mit dem Thema Armut tat, zeigte sich erneut drei Jahre später im Zusammenhang mit dem 10. Kinder- und Jugendbericht. Da die im Bericht festgestellte Diagnose zunehmender Kinderarmut im Wahljahr nicht passte, versuchte die zuständige Familienministerin Nolte, die Veröffentlichung des Berichts zunächst zu verhindern; schließlich wurde der Bericht dann doch noch vor der Bundestagswahl im Herbst 1998 vorgelegt.

Ein weiteres Indiz für den Versuch, das Armutsproblem zu verdrängen, ist die Haltung der Regierung Kohl zur Einführung einer nationalen Armutsberichterstattung. Bis zum Regierungsantritt der rot-grünen Koalition 1998 gab es in Deutschland

---

1991: 503). Dieser Beitrag konzentriert sich damit auf die Sozialhilfe und andere Maßnahmen, die explizit auf die Bekämpfung von Armut zielen, während Politiken mit eher indirektem Armutsbezug nur gestreift werden. D.h. es wird nicht systematisch untersucht, in welchem Umfang sich beispielsweise Veränderungen im Steuerrecht oder bei den Leistungen für Familien auf das Ausmaß von Armut auswirken oder ausgewirkt haben.

keinen nationalen Armutsbericht, sondern lediglich eine „halbamtliche" Berichterstattung durch Wohlfahrtsverbände, Kirchen, Gewerkschaften und Wissenschaft.[2] Eine nationale Armutsberichterstattung wurde mit dem Argument abgelehnt, dass hiervon gegenüber den vorliegenden Einzelberichten über die Lebenssituation von Familien, Kindern, Alten usw. „kein substantieller Zugewinn an Informationen zu erwarten" sei (BT-Drs. 13/3339: 56). Im internationalen Vergleich stand Deutschland damit aus Sicht der Opposition „rückständig" (BT-Drs. 14/999: 1) da, zumal sich die Bundesregierung mit der Unterschrift unter das Abschlussdokument des Weltsozialgipfels von Kopenhagen 1995 verpflichtet hatte, einen nationalen Armutsbericht zu erstellen.

Neben dieser Tendenz, das Vorhandensein von Armut in Deutschland zu leugnen bzw. zu ignorieren, versuchte die alte Bundesregierung auch, die strukturellen Ursachen von Armut bzw. Sozialhilfebezug zu verdrängen. So gab es, bezogen auf die Inanspruchnahme von Sozialleistungen, besonders bei der Sozialhilfe einen generellen „Missbrauchsverdacht". Im Sozialbericht von 1993 ist zu lesen, die „energische" Bekämpfung von Missbrauch sei ein wesentliches Ziel der Sozialpolitik der Bundesregierung (BMA 1994: 17, 20). In seiner Regierungserklärung vom 29.11.1994 untermauerte Bundeskanzler Kohl die Missbrauchsthese mit dem Hinweis, dass nach neueren Umfrageergebnissen ein Drittel der Hilfebeziehenden sich geweigert habe, zumutbare Arbeit anzunehmen.[3]

Im Bereich der Sozialhilfepolitik wurde die mit dem Haushaltsstrukturgesetz von 1975 noch zu Zeiten der sozial-liberalen Koalition eingeleitete Reduktionsgesetzgebung unter der Regierung Kohl fortgesetzt. Das Statistikmodell, das 1990 das Warenkorbmodell zur Festlegung der Regelsätze der Sozialhilfe abgelöst hatte und sich am faktischen Konsumverhalten unterer Einkommensschichten orientierte, wurde suspendiert, die Regelsätze bis 1996 „gedeckelt" (BMA 1994: 19, 84).[4] Mit der Sozialhilfenovelle von 1996 sollte die Sozialhilfe „zielgenauer, erfolgsorientierter und verläßlicher ausgestaltet werden". Da die Ursachen für den Eintritt von Sozialhilfebezug kaum beeinflussbar seien, gelte es die Leistungen stärker auf die „Überwindung von Sozialhilfebedürftigkeit" (BT-Drs. 13/2440: 16) auszurichten. Einen Schwerpunkt der Reform bildete entsprechend die Neu- bzw. Weiterentwicklung von Maßnahmen zur Integration von langzeitarbeitslosen Sozialhilfebeziehenden in den

---

[2] Vgl. z.B. die Caritas-Armutsuntersuchung (Hauser/Hübinger 1993), den Armutsbericht des DGB und des Paritätischen Wohlfahrtsverbandes (Hanesch u.a. 1994) sowie die Bremer Längsschnittstudie zur Sozialhilfe (Leibfried u.a. 1995).

[3] Zu einer empirischen Auseinandersetzung mit der Missbrauchsthese vor dem Hintergrund neuerer Ergebnisse der Armutsforschung in den 1990er Jahren vgl. Buhr (1995). Zu politischen Konjunkturen der Debatte über Leistungsmissbrauch bei Arbeitslosigkeit vgl. Oschmiansky (2003).

[4] Faktisch wurden die Regelsätze 1994 um 1,6% (alte Länder) bzw. 1,3% (neue Länder) und 1995 um 0,6% bzw. 0,5% angehoben (BT-Drs. 14/5990: Anhangtabelle II.3).

Arbeitsmarkt. Daneben wurden auch die Sanktionsmöglichkeiten bei Ablehnung zumutbarer Arbeit ausgeweitet. Ebenso hatten Entwicklungen in anderen Bereichen der sozialen Sicherung armutspolitische Relevanz, so die Eingriffe in das Arbeitsförderungsgesetz seit den 1980er Jahren, die Einführung des Erziehungsgeldes 1985 und der Einstieg in die Pflegeversicherung 1995.

Welche Rolle spielte die Opposition in der Ära Kohl? Insgesamt gesehen sind die parteipolitischen Unterschiede in Bezug auf Armut bis Ende der 1980er Jahre eher als gering zu veranschlagen. Dies zeigte sich insbesondere dann, wenn finanzielle Einschnitte nötig waren: „Wenn Armut Geld kostete, unterschieden sich die Parteien ohnehin nicht wesentlich" (Leisering 1993: 496). Von der SPD gingen relativ wenig Impulse in der Armutspolitik aus, da diese traditionell stärker auf Arbeiter-, also Sozialversicherungspolitik, denn auf Armenpolitik ausgerichtet war. Eine besondere Rolle kommt allerdings den Grünen zu, die seit den 1980er Jahren in gewisser Weise als „Anwälte der Armen" (Buhr u.a. 1991: 533) angesehen werden können: „Nur bei den Grünen gehörte [...] die Armutsproblematik zum Kernbestand ihres gesellschaftspolitischen Anliegens. Nach 30 Jahren eines eingefahrenen Allparteienstaats formierten sich in dieser Gruppierung die Umrisse einer neuen sozialpolitischen Kultur, in der Armut einen vorderen Platz neben anderen unterbelichteten Problembereichen wie Frauen und Alte fand" (Leisering 1993: 497).

Allerdings brachten nicht nur die Grünen, sondern beide Oppositionsparteien das Thema „Armut" in den 1980er und 1990er Jahren z.B. durch Große Anfragen und Anträge immer wieder auf die politische Tagesordnung und forderten die Einführung einer nationalen Armutsberichterstattung.[5] Dabei wurden vor allem auch die negativen Folgen von Armut und Arbeitslosigkeit und die diskriminierende und stigmatisierende Praxis der Sozialhilfe betont.[6] Diese „Dramatisierung" diente natürlich auch dem politischen Zweck, die unsozialen Folgen der christdemokratischen Politik herauszustellen. Die sozialpolitischen Reformvorschläge von Gewerkschaften,

---

[5] Vgl. zur Thematisierung von Armut durch die Opposition für den Zeitraum bis 1990 Buhr u.a. (1991: 522), nach 1990 BT-Drs. 11/7133, 12/4353, 13/1527, 13/7828; zur Armutsdebatte innerhalb der SPD in den 1980er und 1990er Jahren Gohr (2003).

[6] So wurde z.B. diagnostiziert, dass „größere Teile der Bevölkerung ins gesellschaftliche und wirtschaftliche Abseits gedrängt werden" (BT-Drs. 10/5948: 1) bzw. dass von einer „Verschärfung der sozialen Ausgrenzung" (BT-Drs. 13/1527: 2) oder „zunehmender Marginalisierung und Verarmung immer breiterer Teile der Bevölkerung" (BT-Drs. 10/4503: 2) auszugehen sei. Hervorgehoben wird die „Verschlechterung der Lebenssituation von Sozialhilfeempfängern auch infolge einer zunehmend restriktiven Gewährungspraxis durch die Kommunen und durch die verstärkte Heranziehung zu diskriminierenden Formen öffentlicher Pflichtarbeit" (BT-Drs. 10/4503: 2) bzw. der „obrigkeitsstaatliche und disziplinierende Charakter des Fürsorgesystems" (BT-Drs. 10/4503: 3). Arbeitslosigkeit sei eine „Determinante psychiatrischer Störungen" (BT-Drs. 10/5948: 6) und führe zu einem „Gefühl des Kontrollverlustes über die eigenen Lebensbedingungen und daraus resultierender Hilflosigkeit" (BT-Drs. 10/5948: 7).

Wohlfahrtsverbänden, den Grünen und der SPD liefen in den 1990er Jahren auf verschiedene Varianten von Grundsicherungsmodellen im Falle von Alter, Invalidität und Arbeitslosigkeit hinaus, damit den Betroffenen die Erfahrung von Armut und Sozialhilfe „erspart" bliebe (vgl. SPD-Bundestagsfraktion 1987; SPD 1989; Bueb u.a. 1988; Gohr 2003).

2 Zwischen Kontinuität und Neuorientierung – Armutspolitik nach dem Regierungswechsel

In der Zeit der Opposition hatten SPD und Grüne somit dafür gesorgt, dass das Armutsthema auf die Agenda kam und nicht zuletzt auch eine nationale Armutsberichterstattung angemahnt. Mit der Regierungsübernahme war die rot-grüne Koalition damit in der Pflicht. Wie sah es also nach dem Regierungswechsel aus? Welchen Stellenwert nahm Armut bzw. die Armutspolitik unter der neuen Regierung von SPD und Grünen ein und von welchen Grundsätzen wurde sie geleitet? Übernahmen SPD und Grüne auch in ihrer neuen Funktion als Regierungsparteien eine Rolle als „Anwalt" der Armen?

In der Koalitionsvereinbarung (SPD/GRÜNE 1998) wurde die Bekämpfung von Armut, insbesondere von Kinderarmut ausdrücklich als ein Schwerpunkt der zukünftigen Regierungspolitik genannt. Auch im Sozialbericht 2001 wird die Bekämpfung von Armut und sozialer Ausgrenzung als „zentrale Aufgabe" im Rahmen einer „Politik der sozialen Gerechtigkeit" beschrieben (BMA 2002: 24). Als weitere Ziele im Bereich Armut wurden im Koalitionsvertrag die Verbesserung der Zusammenarbeit zwischen Sozialämtern und Arbeitsämtern, die Entwicklung und schrittweise Einführung einer bedarfsorientierten sozialen Grundsicherung, die Überprüfung und Weiterentwicklung der Bedarfsgerechtigkeit der Regelsätze der Sozialhilfe sowie die regelmäßige Erstellung eines Armuts- und Reichtumsberichts aufgeführt. Mit der Betonung von „Arbeit statt Sozialhilfe" wird im Koalitionsvertrag zugleich eine spezifische Ausrichtung der Armutspolitik festgelegt (vgl. auch das SPD-Wahlprogramm von 1998).

Es deutete sich also an, dass die neue rot-grüne Koalition dem Thema Armut einen neuen, höheren Stellenwert einräumen wollte. „Anders als ihre Vorgängerin weigert sich die neue Bundesregierung nicht, sich dem Problem Armut zu stellen und Reichtum in diesem Zusammenhang anzusprechen" (BT-Drs. 14/999: 1 f.). Eine Kontinuität zur Politik der Vorgängerregierung und eine Akzentverschiebung gegenüber der zur Dramatisierung von Armut neigenden Haltung in der Oppositionszeit kommt dagegen in der Betonung von Eigeninitiative und Hilfe zur Selbsthilfe zum Ausdruck. Wurden in der Opposition die Folgen von Armut betont, rücken nun die Maßnahmen zu ihrer Überwindung in den Mittelpunkt. In der Regierungserklärung von Bundeskanzler Schröder vom 10. November 1998 spielten die Themen Armut und Sozialhilfe keine Rolle. Zum sozialen Netz hieß es, dass es ein „Trampolin" sein müsse, von dem „jeder, der vorübergehend der Unterstützung bedarf, rasch wieder in ein eigenverantwortliches Leben zurückfedern" solle. Auch im Sozialbericht 2001 werden „Eigenverantwortung und aktivierender Sozialstaat" als eine der „Gestaltungsmaximen" der Sozialpolitik bezeichnet (BMA 2002: 16).

Auf programmatischer Ebene lässt sich die Armutspolitik ab 1998 somit durch zwei Tendenzen charakterisieren: Auf der einen Seite erhielt das Thema Armut ein höheres Gewicht als vorher, auf der anderen Seite zeigte sich mit der Betonung aktivierender Maßnahmen eine Anknüpfung an die Politik der Vorgängerregierung. Im Folgenden werden die beiden Stränge – Neuorientierung und Kontinuität – genauer betrachtet.[7]

2.1 Aufbruch zu neuen Ufern – Der erste nationale Armuts- und Reichtumsbericht

Dass die neue Regierung dem Armutsthema tatsächlich einen höheren Stellenwert einräumte als die Vorgängerregierung, zeigte sich im Zusammenhang mit der schnellen Umsetzung der langjährigen Forderung nach Einführung einer nationalen Armuts- und Reichtumsberichterstattung. Die Vorarbeiten für den ersten Armuts- und Reichtumsbericht begannen sofort nach dem Regierungsantritt der rot-grünen Koalition.[8] Um das Vorhaben schnell in die Tat umzusetzen, fiel die Entscheidung zu Gunsten einer kooperativen Berichterstellung durch Ministerien und Experten aus Wissenschaft und Gesellschaft. Dazu wurden Expertisen an verschiedene Forscher und Forschergruppen vergeben, die in ein wissenschaftliches Gutachtergremium berufen wurden.[9] Aus den vorgelegten Expertisen entstand unter Federführung des damaligen Bundesministeriums für Arbeit und Sozialordnung (BMA) der erste nationale Armuts- und Reichtumsbericht für Deutschland, der im April 2001 vorgelegt wurde (vgl. BT-Drs. 14/5990). Der Bericht markiert den „Einstieg in einen kontinuierlichen Prozess der Berichterstattung" (BMA 2002: 215). Zukünftig soll jeweils zur Mitte der Legislaturperiode ein Bericht vorgelegt werden.[10] Dabei soll auch eine

---

[7] Eine Synopse der armutspolitischen Maßnahmen der rot-grünen Koalition findet sich im Anhang zu diesem Beitrag.
[8] Mit der konzeptionellen und organisatorischen Vorbereitung wurde das ISG Sozialforschung und Gesellschaftspolitik beauftragt, das im September 1999 eine Konzept- und Umsetzungsstudie vorlegte (vgl. Engels/Sellin 1999).
[9] Daneben wurde ein ständiger Beraterkreis gebildet, der sich zusammensetzt aus Vertretern von Ländern, Kommunen sowie Verbänden und Organisationen, die sich mit Armut und Unterversorgung beschäftigen.
[10] Vgl. hierzu die Beschlüsse des Bundestags vom 27. Januar 2000 (BT-Drs. 14/999) und 19. Oktober 2001 (14/6628). Perspektiven für die Fortentwicklung der Berichterstattung

stärkere Verzahnung mit dem Nationalen Aktionsplan zur Bekämpfung von Armut und sozialer Ausgrenzung erfolgen.[11]

Der erste Armuts- und Reichtumsbericht liefert im Teil A eine umfassende, wissenschaftlich fundierte Analyse der sozialen Lage in Deutschland bis 1998. Neben Einkommen, Vermögen und Überschuldung werden Entwicklungen in den Bereichen Sozialhilfe, Familie, Bildung, Arbeitsmarkt („working poor" und Armut bei Arbeitslosigkeit), Wohnen, Gesundheit, Behinderung und Zuwanderung untersucht. Die langjährige Forderung, auch die Einkommensverteilung und das Ausmaß von Reichtum zu berücksichtigen, wurde ebenfalls eingelöst. Bezogen auf die 50%-Armutsgrenze war 1998 etwa jeder zehnte Deutsche einkommensarm. Darüber hinaus wird gezeigt, dass Armut in den 1990er Jahren zugenommen und die Verteilungsgerechtigkeit abgenommen hat. In Teil B des Berichts erfolgt eine Bestandsaufnahme der Maßnahmen der Steuer-, Arbeitsmarkt-, Familien-, Bildungs- und Wohnungspolitik und der Gestaltung der sozialen Sicherungssysteme unter dem Aspekt der Armutsbekämpfung (vgl. auch BMA 2001: 24). Wieweit die aufgeführten Maßnahmen tatsächlich dazu beigetragen haben bzw. in Zukunft dazu beitragen werden, Armut und soziale Ausgrenzung insgesamt oder bei bestimmten Bevölkerungsgruppen (z.B. Familien) zu verringern, bleibt abzuwarten und kann letztlich nur durch *Wirkungsanalysen* festgestellt werden.

Die schnelle Vorlage des ersten nationalen Armuts- und Reichtumsberichts und die avisierte Verstetigung der Berichterstattung zeigen, dass die neue Regierung sich ernsthafter als die Vorgängerregierung mit dem Thema Armut auseinandersetzt und insofern an ihre in der Opposition ausgeübte Rolle als „Anwalt der Armen" anknüpft. Eine umfassende Berichterstattung und Problemanalyse bildet zugleich die Grundlage für eine wirksame Politik zur Armutsbekämpfung, da sich hieraus Handlungsempfehlungen ableiten lassen. Die Nachhaltigkeit und Glaubwürdigkeit der Armutspolitik der rot-grünen Koalition wird somit nicht zuletzt davon abhängen, welche Konsequenzen aus der Armutsberichterstattung gezogen und ob die Wirkungen der Politik der Bundesregierung in Hinblick auf die Armutsbekämpfung im nächsten Armuts- und Reichtumsbericht überprüft werden.

Inwieweit mit der Institutionalisierung der Armutsberichterstattung und den Nationalen Aktionsplänen zur Bekämpfung von Armut und sozialer Ausgrenzung eine Neuorientierung der Armutspolitik in Hinblick auf eine „integrierte Armuts- und Sozialpolitik" einhergeht, in deren Rahmen Armutsvermeidung und -bekämpfung systematisch als Ziel in alle Politikbereiche eingeführt wird (Leibfried/Leisering u.a.

---

wurden auf zwei wissenschaftlichen Tagungen des BMA im Dezember 2001 und Oktober 2002 diskutiert.

[11] Der erste Aktionsplan wurde im Juni 2001 vorgelegt (BT-Drs. 14/6134). Hintergrund sind die Beschlüsse des Europäischen Rates auf seiner Sitzung in Nizza vom 7. bis 9. Dezember 2000.

1995: 315-322), ist zum gegenwärtigen Zeitpunkt noch offen. Als erster Schritt in diese Richtung kann die Bekämpfung von Altersarmut durch Einführung einer bedarfsorientierten Grundsicherung angesehen werden, auf die im nächsten Abschnitt eingegangen wird.

2.2 Die „halbherzige" Reform – Bedarfsorientierte Grundsicherung im Alter[12]

Mit dem „Gesetz über eine bedarfsorientierte Grundsicherung im Alter und bei Erwerbsminderung", das am 1. Januar 2003 in Kraft getreten ist, soll die sogenannte „verschämte" oder verdeckte Armut im Alter verhindert werden.[13] Anspruch auf die Grundsicherung haben über 65-jährige und dauerhaft voll Erwerbsgeminderte, unabhängig davon, ob sie eine Rente beziehen oder rentenberechtigt sind. Vor dem Hintergrund der These, dass gerade ältere Menschen ihnen zustehende Sozialhilfeleistungen nicht in Anspruch nehmen, weil sie befürchten, dass ihre Kinder vom Sozialamt in Regress genommen werden[14], wird in Zukunft bei der genannten Personengruppe auf den Unterhaltsrückgriff gegenüber Eltern und Kindern verzichtet, zumindest sofern deren Jahreseinkommen unter 100.000 Euro liegt. Die Höhe der steuerfinanzierten Grundsicherungsleistung entspricht dem Regelsatz der Hilfe zum Lebensunterhalt zuzüglich einer 15%-igen Pauschale für einmalige Leistungen. Wie die Sozialhilfe wird die Grundsicherung nur bei Bedürftigkeit gezahlt, d.h. eigenes Einkommen und Vermögen werden angerechnet. Die Rentenversicherungsträger sind verpflichtet, antragsberechtigte Personen über die neue Leistung zu informieren und bei der Antragstellung zu unterstützen. Die organisatorische Umsetzung der Grundsicherung bleibt den Kreisen und kreisfreien Städten als Träger der Sozialhilfe überlassen. In den Informationen zur Grundsicherung des Sozialministeriums heißt es

---

[12] Vgl. hierzu auch Nullmeier (i.d.B.).
[13] Die Neuregelungen im BSHG zur Verhinderung von Altersarmut waren zunächst Bestandteil der Rentenreformgesetze (vgl. BT-Drs. 14/4595), ohne dass der Begriff Grundsicherung benutzt wurde. Erst durch Beschlussempfehlung des Ausschusses für Arbeit und Sozialordnung (BT-Drs. 14/5146) wurden die Regelungen in ein eigenständiges Grundsicherungs-Gesetz eingestellt. In diesem Zusammenhang ist daran zu erinnern, dass die schrittweise Einführung einer Grundsicherung Bestandteil der Koalitionsvereinbarung 1998 war und dass die Grünen bereits 1993 einen Gesetzentwurf zur Einführung einer Grundsicherung im Alter in den Bundestag eingebracht hatten (vgl. BT-Drs. 12/5285).
[14] In der Armutsforschung wird zwischen „bekämpfter Armut" (= Inanspruchnahme von zustehenden Sozialhilfeleistungen) und „verdeckter Armut" (= keine Inanspruchnahme von Sozialhilfe trotz Berechtigung) unterschieden. Frühere Untersuchungen zur Nichtinanspruchnahme der Sozialhilfe haben in erster Linie ältere Menschen als Problemgruppe ausgemacht (vgl. Hartmann 1981: 150). Neuere Untersuchungen zeigen dagegen, dass vor allem Kinder und Jugendliche von verdeckter Armut betroffen sind (Neumann 2000: 72 ff.). Möglicherweise wurde also das Problem der verdeckten Altersarmut in Angriff genommen, als es längst kein – größeres – Problem mehr war.

dazu: „Der Bund kann den Kreisen und kreisfreien Städten nicht vorschreiben, durch welche – auch bereits bestehenden – Ämter sie die Grundsicherung umsetzen. Der Gesetzgeber ist aber davon ausgegangen, dass die Durchführung der Grundsicherung getrennt von der Sozialhilfe erfolgt."[15]

Wieweit die Neuregelungen tatsächlich dazu beitragen, dem Personenkreis der Alten und Erwerbsgeminderten den Zugang zu ihnen zustehenden Sozialleistungen zu erleichtern und damit deren Lebenslage zu verbessern, muss sich künftig erst noch erweisen. Nach Auskunft von „Insidern" aus der Sozialverwaltung wird ein Teil der Personen mit Anspruch auf Grundsicherung, nämlich solche mit Anspruch auf Mehrbedarfszuschläge nach BSHG (z.B. wegen kostenaufwändiger Ernährung) weiterhin auf ergänzende Sozialhilfe angewiesen sein und damit auch zukünftig mit mehreren Anlaufstellen zu tun haben.[16] Außerdem ist nicht ausgeschlossen, dass durch die Anrechnung von Einkommen und Vermögen der Partner neue Fälle von Sozialhilfeabhängigkeit entstehen. Insgesamt gesehen ist das neue Grundsicherungsgesetz somit zwiespältig zu beurteilen, zumindest scheint es in einigen Punkten, etwa was die Höhe der Leistungen angeht, „halbherzig" und verbesserungsbedürftig. Zudem handelt es sich in gewisser Weise eher um einen „Nebenkriegsschauplatz", da Altersarmut heute weniger verbreitet ist als etwa Kinderarmut oder Armut bei Arbeitslosigkeit.[17]

Können die Institutionalisierung der Armutsberichterstattung und die Einführung von Grundsicherungselementen in die Sozialversicherung als Indizien für das Beschreiten neuer Wege in der Armutspolitik angesehen werden, so zeigte sich im Bereich der Sozialhilfe eine Kontinuität zur Politik der Vorgänger-Regierung.

---

[15] Http://bmgs.bund.de/deu/gra/themen/sicherheit/grundsicherung/index.cfm.
[16] Vgl. auch den Bericht im Bremer Weser-Kurier vom 20. März 2003 „Erwartungen werden enttäuscht".
[17] Der Anteil einkommensarmer Personen über 65 Jahre in Westdeutschland (weniger als 50% des Durchschnittseinkommens) ging zwischen 1973 und 1993 von 13,3% auf 8,5% zurück. Danach stieg die Armutsquote dieser Bevölkerungsgruppe allerdings wieder an auf 10,9% 1998. Die Armutsbetroffenheit der westdeutschen Gesamtbevölkerung nahm im selben Zeitraum von 6,5% auf 10,9% zu. Bei den Kindern unter sechs Jahren verdoppelte sich die Armutsquote von 8% auf 15,9% (BT-Drs. 14/5990: Anhangtabelle I.13). Die Armutsquote in Arbeitslosenhaushalten in Westdeutschland liegt seit 1985 bei etwa 30% und damit etwa dreimal so hoch wie im Durchschnitt (BT-Drs. 14/5990: Anhangtabelle V.15). Ende 1998 waren nur 6% der Sozialhilfebeziehenden über 65 Jahre alt, aber 17% jünger als sieben Jahre. Seit 1998 hat die Einkommensarmut in Deutschland nach Ergebnissen des Sozio-ökonomischen Panels insgesamt zugenommen (vgl. Otto/Siedler 2003). In dem Maße, in dem diskontinuierliche Erwerbskarrieren zunehmen und weitere Einschränkungen bei der Alterssicherung erfolgen, könnte dabei auch Altersarmut in Zukunft wieder größere Bedeutung zukommen.

2.3 Die „verschleppte" Reform der Regelsätze

Eine „Altlast" der Regierung Kohl, die bisher nicht gelöst, sondern weiter vertagt wurde, ist die Fortentwicklung der Regelsätze der Sozialhilfe bzw. die Entwicklung eines neuen Bedarfsbemessungssystems. Durch die Sozialhilfereform von 1996 waren die Kriterien für die Regelsatzbemessung nach dem sogenannten Statistikmodell und die Datengrundlage explizit in § 22 BSHG aufgenommen worden: „Die Regelsätze sind so zu bemessen, dass der laufende Bedarf dadurch gedeckt werden kann. Die Regelsatzbemessung hat Stand und Entwicklung von Nettoeinkommen, Verbraucherverhalten und Lebenshaltungskosten zu berücksichtigen. Grundlage sind die tatsächlichen, statistisch ermittelten Verbrauchsausgaben von Haushalten in unteren Einkommensgruppen. Datengrundlage ist die Einkommens- und Verbrauchsstichprobe. Die Bemessung ist zu überprüfen und gegebenenfalls weiterzuentwickeln, sobald die Ergebnisse einer neuen Einkommens- und Verbrauchsstichprobe vorliegen." Für eine Übergangsfrist bis zur Ausgestaltung des Bemessungssystems durch Rechtsverordnung sollten die Regelsätze zum 1.7.1996 um 1% und 1997 und 1998 entsprechend der Rentenentwicklung steigen.

Eine Neugestaltung der Regelsätze ist bisher ausgeblieben. Vielmehr wurden die Übergangsregelungen unter der neuen rot-grünen Koalition mehrmals verlängert, zuletzt bis 2005. Eine Novellierung der Regelsatzverordnung, in der die Einzelheiten der Bemessung und Fortschreibung der Regelsätze festgelegt werden, steht also seit 1996 aus. Zur Begründung heißt es, dass die Neugestaltung der Regelsätze einer längeren Vorbereitungszeit bedürfe, die statistischen Grundlagen unzureichend seien und Ergebnisse der Modellprojekte zur Pauschalierung der einmaligen Leistungen in der Sozialhilfe abgewartet werden müssten (BT-Drs. 14/7293: 1, 2 f.; 14/7280: 3).

Infolge der bundesweiten Deckelung der Regelsätze ab 1993 bildet damit im Prinzip immer noch die Einkommens- und Verbrauchsstichprobe von 1983(!) die Datengrundlage für die heutigen Regelsätze. „Damit blendet die Regelsatzfestsetzung die sozioökonomischen Veränderungen in den letzten zwanzig Jahren aus, die sich u.a. im veränderten Verbraucherverhalten ausdrücken. Des Weiteren werden die Entwicklungen von Nettoeinkommen und Preisniveau nicht hinreichend berücksichtigt" (Deutscher Verein 2002: 14).[18] Im Endeffekt mussten die Sozialhilfebeziehenden – nach deutlichen Steigerungsraten zwischen 1990 und 1993 – durch die Deckelung der Regelsätze und das Hinausschieben einer grundlegenden Reform reale Verluste hinnehmen: Preisbereinigt ist der Regelsatz zwischen 1993 und 2000 um

---

[18] In der fachpolitischen Debatte steht auch das Statistikmodell als solches zur Diskussion. So gibt es „beispielsweise Zweifel daran, dass die Anwendung des bestehenden Statistikmodells zu einem gleichen Niveau der Existenzssicherung für Mitglieder in unterschiedlich großen Haushalten führt" (Deutscher Verein 2002: 14).

2% (alte Länder) bzw. 3,3% (neue Länder) gesunken (BT-Drs. 14/5990: Anhangtabelle II.3).[19]

Die „Verschleppung" der Regelsatzreform muss auch vor dem Hintergrund gesehen werden, dass, wie zuletzt im Koalitionsvertrag von 2002 festgeschrieben, eine Gesamtreform der Sozialhilfe durchgeführt werden soll. Ziel der Reform ist, ein „einfaches, transparentes und in sich konsistentes System der Gewährung der materiellen Hilfeleistungen" (BT-Drs. 14/7293: 2) zu schaffen und die Maßnahmen zur Vermeidung bzw. Überwindung der Sozialhilfe zu verbessern.

2.4 Die fortgesetzte Reform – Förderung von Ausstiegen aus der Sozialhilfe durch Aktivierung und Arbeitsanreize

Bei Regierungsantritt der rot-grünen Koalition im Jahre 1998 gab es rund 2,9 Millionen Sozialhilfebeziehende (Hilfe zum Lebensunterhalt, HLU) in Deutschland. Dies entsprach einer Sozialhilfequote von 3,5%. Seit Anfang der 1990er Jahre hatte sich die Zahl der Beziehenden damit um knapp 800.000 erhöht (Statistisches Bundesamt 2001: 130, 132). Die Ausgaben für die HLU, die vor allem die kommunalen Haushalte belasten, beliefen sich auf knapp 21 Milliarden DM.[20] Dies bedeutete eine Steigerung um mehr als sechs Milliarden gegenüber 1991 (Statistisches Bundesamt 2001: 135).[21]

Auch unter der rot-grünen Regierung waren die Reduzierung der Zahl der Sozialhilfebeziehenden und die Förderung von Ausstiegen aus der Sozialhilfe ein wichtiges Ziel der Politik. Im Rahmen des Konzepts einer „Aktivierenden Sozialpolitik" sollten Selbsthilfepotenziale gestärkt und Ausstiege aus der Sozialhilfe in den Arbeitsmarkt gefördert werden, wobei die Devise lautete „Fördern und Fordern" (vgl. BT-Drs. 14/7293: 3; BMA 2002: 188-189; SPD/GRÜNE 2002: 44). Und auch das Thema Leistungsmissbrauch blieb auf der Tagesordnung. So verkündete Gerhard Schröder am 6. April 2001 in der Bild-Zeitung: „Es gibt kein Recht auf Faulheit in unserer Gesellschaft! Das bedeutet konkret: Wer arbeitsfähig ist, aber einen zumutbaren Job ablehnt, dem kann die Unterstützung gekürzt werden".

Der von der Regierung Kohl eingeschlagene Weg der verstärkten „Aktivierung" von Hilfebeziehenden, der sich u.a. in der Sozialhilfenovelle von 1996 niederge-

---

[19] Zum Vergleich: Die Löhne der Arbeiter im produzierenden Gewerbe im alten Bundesgebiet haben sich zwischen 1993 und 2000 real um 8% erhöht (Statistisches Bundesamt 2002: 345).
[20] Der Anteil der Ausgaben für die Hilfe zum Lebensunterhalt an den kommunalen Ausgaben hat sich seit 1980 von etwa 3% auf über 6% mehr als verdoppelt (BT-Drs. 14/5990: Anhangschaubild II.3).
[21] Häufig übersehen wird dabei aber, dass die Ausgaben für die Hilfen in besonderen Lebenslagen, den anderen Zweig der Sozialhilfe, seit jeher höher liegen als die Ausgaben für die HLU (1998: 24,4 Milliarden DM).

schlagen hatte,[22] wurde von der rot-grünen Koalition mit zum Teil neuen Akzenten fortgesetzt. Bevor die verschiedenen Maßnahmen bzw. Programme vorgestellt werden, soll zunächst ein Blick auf das „Aktivierungspotenzial" geworfen werden: Ende 1998 waren etwas mehr als 60% der 2,9 Millionen Hilfebeziehenden im erwerbsfähigen Alter von 15 bis 65 Jahren. Von diesen wiederum waren gut 8% bereits vollzeit- oder teilzeiterwerbstätig. Etwa 40% waren arbeitslos und gut 51% waren aus anderen Gründen nicht erwerbstätig, und zwar 6% wegen Aus- oder Fortbildung, 16% wegen häuslicher Bindung, knapp 10% aus gesundheitlichen oder Altersgründen und rund 20% aus sonstigen Gründen (BT-Drs. 14/5990: Anhangtabelle II.11). Das „Nettoarbeitskräftepotenzial" der Sozialhilfebeziehenden, das sich aus Arbeitslosen und Nichterwerbstätigen aus sonstigen Gründen zusammensetzt, lag damit Ende 1998 bei gut einer Million Personen. Ende 2000 umfasste es gut 900.000 Personen (bei knapp 2,7 Millionen Sozialhilfebeziehenden). Mit anderen Worten: Nur etwa ein Drittel der Sozialhilfebeziehenden stand (und steht) dem Arbeitsmarkt zur Verfügung (vgl. auch Haustein 2002).

Im Rahmen der aktivierenden Sozialhilfepolitik sind – neben dem Job-AQTIV-Gesetz[23] und dem Jugendsofortprogramm JUMP – insbesondere Maßnahmen zu erwähnen, die darauf zielen, den Anreiz zur Arbeitsaufnahme sowie zur Schaffung zusätzlicher Arbeitsplätze im Niedriglohnsektor zu erhöhen. Eine wichtige Rolle spielen hierbei sogenannte „Kombi-Lohn-Modelle", die den Betroffenen einen Weg aus der „Armutsfalle" weisen sollen.[24] Dahinter stand und steht auch die – empirisch im Übrigen nicht bewiesene – Annahme, dass der Arbeitsanreiz durch zu hohe Sozialhilfeleistungen bzw. einen zu geringen Lohnabstand gesenkt werde.[25]

---

[22] Zur Förderung der Arbeitsaufnahme von Sozialhilfebeziehenden sind im BSHG verschiedene Instrumente im Rahmen der „Hilfe zur Arbeit" (HzA) vorgesehen, wie Schaffung von Arbeitsgelegenheiten, sozialversicherungspflichtige Beschäftigung und Beschäftigung gegen Mehraufwand (§§ 19 und 20 BSHG). Durch die Novelle von 1996 wurden Zuschüsse für Arbeitgeber und Arbeitnehmer als neue Maßnahmen zur Förderung der Arbeitsaufnahme und zur Erhöhung des Arbeitsanreizes in das BSHG aufgenommen. Bei Verweigerung zumutbarer Arbeit wurde eine Kürzung des Regelsatzes um mindestens 25% verbindlich festgeschrieben (bis dahin lag eine Entscheidung über Kürzungen im Ermessen des Sozialhilfeträgers). Die Kommunen haben in diesem Rahmen ein breites Spektrum von Integrationsmaßnahmen entwickelt, das von Beratung über Qualifizierung und Beschäftigung mit und ohne Arbeitsvertrag bis hin zu Direktvermittlung in Zusammenarbeit mit privaten Agenturen reicht. Zu einem Überblick über Schwerpunkte und Formen von Maßnahmen und Beispielen aus der Praxis vgl. z.B. Empter/Frick (1999).

[23] Zur Arbeitsmarktpolitik vgl. Heinelt (i.d.B.).

[24] Zu den verschiedenen Varianten von Kombi-Lohn-Modellen vgl. Kaltenborn (2001) und Weinkopf (2002).

[25] Vgl. zur Diskussion um das Arbeitsmarktverhalten von Sozialhilfebeziehenden und die Rolle von Arbeitsanreizen z.B. Wilde (2002); Gangl (1998); Gebauer u.a. (2002).

Mit dem Modellversuch „CAST" (Chancen und Anreize zur Aufnahme sozialversicherungspflichtiger Tätigkeiten) soll bzw. sollte die Eingliederung von gering qualifizierten Arbeitslosen und Sozialhilfebeziehenden in den ersten Arbeitsmarkt verbessert werden, entweder durch Zuschüsse an Arbeitnehmer (Mainzer Modell) oder Arbeitgeber (Modell der Saar-Gemeinschaftsinitiative, SGI-Modell).[26] Obwohl die Zwischenergebnisse der wissenschaftlichen Begleitforschung alles andere als ermutigend waren (Bittner u.a. 2001; Buhr/Schmid 2002: 36 f.), wurde das Mainzer Modell, das zunächst nur in einigen Arbeitsamtsbezirken in Rheinland-Pfalz und Brandenburg eingeführt worden war, ab März 2002 bundesweit ausgedehnt und gegenüber dem ursprünglichen Ansatz leicht modifiziert. Zugleich wurde die Förderung nach dem SGI-Modell wegen geringer Nachfrage eingestellt. Am 31. März 2003 ist schließlich auch das Mainzer Modell beendet worden, da es durch die Einführung der Staffelung der Sozialbeiträge für Einkommen von 400 bis 800 Euro entbehrlich geworden ist (vgl. Rose i.d.B.).

Um die Eingliederungschancen von Sozialhilfebeziehenden zu erhöhen, sollte darüber hinaus auch die Zusammenarbeit zwischen Arbeitsämtern und Sozialämtern verbessert werden. Seit Dezember 2000 sind Arbeitsämter und Sozialhilfeträger gesetzlich verpflichtet, Kooperationsvereinbarungen abzuschließen. Im Rahmen von „MoZarT" (Modellvorhaben zur Verbesserung der Zusammenarbeit von Arbeitsämtern und Trägern der Sozialhilfe) werden neue Formen der Kooperation von Sozialamt und Arbeitsamt erprobt.[27] Schließlich wurden auch die Bekämpfung von Sozialhilfemissbrauch fortgesetzt und dazu die seit 1998 bestehenden Möglichkeiten des automatisierten Datenabgleichs mit anderen Behörden ausgedehnt (BMA 2002: 191, 340 ff.).

War diese auf aktivierende Leistungen und Förderung der Erwerbstätigkeit ausgerichtete Sozialhilfepolitik erfolgreich? Die Zahl der Sozialhilfebeziehenden ist seit 1998 leicht auf 2,7 Millionen in den Jahren 2000 und 2001 zurückgegangen. Der Rückgang wird von der Bundesregierung vor allem auf die vielfältigen *kommunalen* Aktivitäten im Rahmen der Hilfe zur Arbeit zurückgeführt (vgl. BMA 2002: 188).[28]

---

[26] Das Mainzer Modell zielte auf die Mobilisierung des Arbeitskräfteangebots und Vermeidung der „sog. ‚Sozialhilfefalle" (Bittner u.a. 2002: 18), indem höhere Anreize zur Aufnahme niedrig entlohnter Tätigkeiten geschaffen wurden. Das SGI-Modell setzte dagegen auf eine Erhöhung der Nachfrage nach Arbeitskräften durch Entlastung der Unternehmen bei den Arbeitskosten.

[27] Die Palette reicht vom verbesserten Datenaustausch über die Entwicklung gemeinsamer Projekte bis hin zum Aufbau einheitlicher Anlaufstellen für Arbeitslose und Sozialhilfebeziehende (vgl. www.bma-mozart.de).

[28] Nach Ergebnissen einer jährlichen Umfrage des Deutschen Städtetags hat sich die Zahl der Sozialhilfebeziehenden in Maßnahmen der HzA zwischen 1996 und 2000 mehr als verdoppelt. Im Jahre 2000 waren gut 400.000 Personen im Rahmen von HzA beschäftigt, etwa die Hälfte in der sozialversicherungspflichtigen Variante (vgl. BMA 2001: 190).

Zur Wirksamkeit der kommunalen Beschäftigungsförderung, insbesondere in Hinblick auf eine nachhaltige Integration in den ersten Arbeitsmarkt liegen bisher allerdings kaum gesicherte Erkenntnisse vor (vgl. Buhr/Schmid 2002).

2.5 Die grundlegende Reform – Zusammenlegung von Arbeitslosenhilfe und Sozialhilfe

Wesentliches Element einer Gesamtreform der Sozialhilfe, das zugleich einen „Systembruch" bedeutet und über die unter Kohl eingeleiteten Maßnahmen und die Programme zur Verbesserung der Zusammenarbeit zwischen Sozial- und Arbeitsämtern hinausgeht, ist die geplante Zusammenlegung von Arbeitslosenhilfe und Sozialhilfe. Spätestens seit 1998 wurden von verschiedenen Seiten Überlegungen angestellt, Arbeitslosen- und Sozialhilfe im Rahmen einer grundlegenden Neuordnung der sozialen Sicherung im Falle von Arbeitslosigkeit zusammenzuführen und die Zuständigkeit für alle erwerbsfähigen Arbeitslosen bei einer Institution zu konzentrieren.[29] Ein solcher Schritt wurde und wird insbesondere damit begründet, allen Arbeitslosen den Zugang zu Leistungen der Arbeitsförderung zu erleichtern und administrative Doppelstrukturen zu vermeiden. Ob eine Zusammenführung in Form einer Leistungsangleichung oder aber Integration beider Leistungssysteme zu erreichen sei, wurde von Seiten der neuen Bundesregierung zunächst offen gelassen.[30] Aufgrund der Vorschläge der Hartz-Kommission ist nunmehr die Entscheidung für eine „Verschmelzung" von Arbeitslosen- und Sozialhilfe für Erwerbsfähige gefallen.[31] Ein entspre-

---

[29] Vgl. z.B. den Antrag der Fraktionen der CDU/CSU und FDP (BT-Drs. 13/9743: 3), die Antwort der Bundesregierung auf die Kleine Anfrage der CDU/CSU (BT-Drs. 14/1347), den Beschluss der 78. Konferenz der Arbeits- und Sozialminister der Länder am 07./08. November 2001, das Positionspapier der Bertelsmann Stiftung (2002), an dem auch Vertreter einzelner Städte, der kommunalen Spitzenverbände, von Bundes- und Landesministerien sowie von Arbeitgeberverbänden mitgewirkt haben, sowie die Hinweise bei Feist (2000: 171, Fußnote 116).

[30] Vgl. BT-Drs. 14/1347 (1-2) sowie die Antwort des Parlamentarischen Staatssekretärs Gerd Andres am 13. März 2002 im Bundestag: „Die Bundesregierung beabsichtigt in der nächsten Legislaturperiode, die Arbeitslosenhilfe und die Sozialhilfe für die erwerbsfähigen Sozialhilfebezieher zusammenzuführen. Übergreifendes Ziel der Reform von Arbeitslosenhilfe und Sozialhilfe ist es, Langzeitarbeitslosigkeit durch Vermittlung in dauerhafte Beschäftigung zu überwinden. Die Entscheidung, ob sich dieses Hauptziel einer Reform besser durch Harmonisierung und Optimierung der beiden Leistungssysteme oder durch deren Verschmelzung erreichen lässt, ist in dem laufenden umfangreichen Diskussionsprozess zu treffen" (BT-PlPr. 14/223).

[31] Die Hartz-Kommission hat ein dreistufiges System vorgeschlagen: Arbeitslosengeld I als beitragsfinanzierte Versicherungsleistung für maximal 32 Monate entsprechend den bisherigen Regelungen; Arbeitslosengeld II als steuerfinanzierte Leistung für alle arbeitslosen erwerbsfähigen Personen bei Bedürftigkeit; Sozialgeld entsprechend der bisherigen Sozialhilfe für alle Nicht-Erwerbsfähigen.

chendes Gesetz soll in Zusammenhang mit der Reform der Gemeindefinanzen 2004 in Kraft treten. Dass das Nebeneinander von zwei Systemen zur Integration in den Arbeitsmarkt in der Praxis zu Problemen geführt hat, ist relativ unstrittig.[32] Wie eine Zusammenführung beider Systeme zu bewerten ist, hängt von der konkreten Ausgestaltung ab[33] und von der Ausgangslage der Betroffenen: Sozialhilfebeziehende, zumindest die Teilgruppe der Erwerbsfähigen, werden von einer Einbeziehung in das umfassende System der Arbeitsförderung profitieren, da sie zukünftig in den „Genuss" aller Leistungen der Arbeitsverwaltung kommen und nicht zwischen verschiedenen Systemen „verschoben" werden können. Die Lebenslage von Arbeitslosenhilfebeziehenden dürfte sich dagegen deutlich verschlechtern, wenn es, wie sich abzeichnet, zu einer Angleichung nach unten kommt, was die Höhe der Leistungen und die Anrechnung von Einkommen und Vermögen angeht.[34]

Für die Sozialhilfe bedeutet ein solcher Schritt einerseits eine Zweiteilung der Gruppe der Sozialhilfebeziehenden und damit eine – weitere – Abkehr von einem universalistischen System für alle Notlagen.[35] Die erwerbsfähigen Sozialhilfebeziehenden werden in ein Sondersystem (Arbeitslosengeld II) „überführt", was ihnen tendenziell Vorteile gegenüber dem Status Quo bringt. Die Nichterwerbsfähigen beziehen „Sozialgeld" und werden damit möglicherweise Sozialhilfebeziehende

---

[32] Ein Problem des bisherigen zweigliedrigen Systems ist die „Verschiebung" von Hilfebeziehenden zwischen Sozialhilfe und Arbeitsverwaltung: Während die kommunale Sozialhilfeverwaltung über HzA-Maßnahmen dafür sorgen kann, dass Hilfebeziehende in den Zuständigkeitsbereich der Arbeitsverwaltung übergehen, können die Arbeitsämter über das Kriterium der „Verfügbarkeit" Problemfälle als „nicht vermittelbar" einstufen und in den Zuständigkeitsbereich der Sozialhilfe zurückverweisen. Ein weiterer Nachteil aus Sicht der Sozialhilfebeziehenden ist, dass ihnen die Qualifizierungs- und Beschäftigungsmaßnahmen der Arbeitsverwaltung im Rahmen des SGB III nur dann offen stehen, wenn sie Ansprüche auf Arbeitslosengeld oder -hilfe erworben haben (vgl. Buhr/Schmid 2002: 6). Hinzu kommt ein hoher Verwaltungsaufwand für den Personenkreis, der Arbeitslosengeld oder -hilfe durch Hilfe zum Lebensunterhalt „aufstockt".

[33] Viele Details der geplanten Neuregelung sind noch unklar, so die Definition von Erwerbsfähigkeit, die Einbeziehung von Familienangehörigen oder die Anbindung an die Rentenversicherung (vgl. dazu auch Deutscher Verein 2002: 28-32).

[34] Im Zusammenhang mit der Verabschiedung der ersten beiden Gesetze für moderne Dienstleistungen am Arbeitsmarkt, die am 1. Januar 2003 in Kraft getreten sind, sind bereits die Vorarbeiten für eine Zusammenführung von Arbeitslosen- und Sozialhilfe geschaffen worden. So wurden die Vermögensfreibeträge in der Arbeitslosenhilfe deutlich abgesenkt und damit an das Niveau der Sozialhilfe angenähert.

[35] Schon 1975 wurde die Ausbildungshilfe im Rahmen der Sozialhilfe durch das erste Haushaltsstrukturgesetz stark eingeschränkt und später ganz aufgehoben. Durch das Asylbewerberleistungsgesetz von 1993 wurde ebenfalls ein Sondersystem für eine bestimmte Gruppe von Sozialhilfebeziehenden geschaffen.

„zweiter Klasse".[36] Andererseits bedeutet die Neuregelung aber auch, dass die Sozialhilfe von der Bearbeitung massenhafter Risiken entlastet und auf ihre eigentliche Aufgabe, die persönliche Hilfe in besonderen Notlagen, zurückgeführt wird.

3 Fazit – Neue und ausgetretene Pfade bei der Bekämpfung der Armut

Ging die rot-grüne Koalition neue Wege in der Armutspolitik, wie sich während der Oppositionszeit anzudeuten schien, oder führte sie im Wesentlichen die Politik der Vorgängerregierung fort? Auf der einen Seite nahm die neue Regierung Projekte in Angriff, die sie in der Opposition angemahnt hatte und die von der Vorgängerregierung vernachlässigt worden waren. Hier ist vor allem der Einstieg in eine kontinuierliche Armutsberichterstattung mit Anbindung an die europäische Ebene zu nennen. Durch den Armuts- und Reichtumsbericht wird zukünftig zumindest alle vier Jahre der Blick auf Armut und Ausgrenzung gelenkt werden, was im Hinblick auf den insgesamt geringen Stellenwert von Armutspolitik nicht unterschätzt werden darf. Ein weiteres Vorhaben, mit dem sich die neue Regierung von der alten abgrenzte und an Forderungen aus Oppositionszeiten anknüpfte, ist die bedarfsorientierte Grundsicherung im Alter, wobei allerdings das Gesetz in einigen Punkten nachgebessert werden muss und Altersarmut verglichen etwa mit der Armut von Arbeitslosen nicht mehr das Armutsproblem der heutigen Zeit darstellt.

Neben dieser Neujustierung der Armutspolitik zeigt sich auf der anderen Seite eine Kontinuität zur Vorgängerregierung: Die mit der Sozialhilfenovelle von 1996 eingeleitete Politik zur Förderung von Ausstiegen aus der Sozialhilfe durch aktivierende Instrumente wurde fortgesetzt. Dabei geht die zum 1. Januar 2004 geplante Zusammenführung von Arbeitslosen- und Sozialhilfe allerdings über die bisherigen aktivierenden Instrumente und Maßnahmen zur Förderung der Zusammenarbeit von Arbeits- und Sozialämtern hinaus, da sie die getrennten Sicherungssysteme für erwerbsfähige Arbeitslose zusammenfasst. Mit der Betonung von Aktivierung, Eigenverantwortung und Arbeitsanreizen deutet sich dabei insgesamt auch eine Abkehr von traditionell „linken" Positionen an, die vor allem auf die Folgen von Armut und Ausgrenzung für die Betroffenen hingewiesen haben, und eine Annäherung an die „rechte" Sozialstaatskritik mit der Hervorhebung von Leistungsmissbrauch und negativen Anreizwirkungen des sozialen Sicherungssystems („soziale Hängematte").

Selbst innerhalb dieses relativ kleinen Politikfeldes kann damit die Frage, ob es nach dem Regierungswechsel zu einem Politikwechsel kam, nicht eindeutig bejaht oder verneint werden. Für einen Wechsel spricht: Unter der rot-grünen Koalition ist

---

[36] Zum Vorschlag getrennter Systeme für arbeitsfähige und arbeitsunfähige Sozialhilfebeziehende vgl. auch Feist (2000: 116-121, 171f.).

das Armutsthema zweifellos aus der politischen Randständigkeit herausgehoben worden. Armut wurde erstmals regierungsamtlich anerkannt, Armutsbekämpfung wurde zur Schwerpunktaufgabe erklärt. Ob der schnelle Einstieg in die Armutsberichterstattung und die Grundsicherung auch ohne die Grünen passiert wäre, ist dabei zumindest zweifelhaft.

Diese Diagnose ist aber in mehrfacher Hinsicht zu relativieren: Bei den neuen Maßnahmen handelt es sich insgesamt gesehen um relativ kostengünstige Maßnahmen auf „Nebenkriegsschauplätzen", Armutspolitik „light" sozusagen. Leistungsverbesserungen für die Armen sind angesichts knapper Kassen nicht „drin". Die Reform der Regelsatzbemessung in der Sozialhilfe wurde, wie unter Kohl, „auf die lange Bank geschoben". Armutsbekämpfung wurde nicht im Sinne einer integrierten Armuts- und Sozialpolitik als systematische neue Zielgröße in alle Politikbereiche eingeführt. Und mit der aktivierenden Sozialpolitik wird ein Politikstrang der Vorgängerregierung fortgeführt, wenn auch mit neuen Akzentsetzungen (vgl. dazu auch Heinelt und Gohr i.d.B.). Insoweit zeigen sich auch Anhaltspunkte für die eingangs zitierte These von Leisering, dass sich die Parteien in Hinblick auf das Armutsthema nur geringfügig unterscheiden, insbesondere wenn Armut Geld kostet.

Dieser ambivalente und damit sicherlich auch etwas unbefriedigende Befund lässt sich vielleicht teilweise auflösen, wenn man sich in Erinnerung ruft, dass in der Armutspolitik seit jeher explizit oder implizit zwei Gruppen unterschieden werden: die „würdigen" Armen, die nicht arbeiten können, weil sie alt oder krank sind, und die „unwürdigen" Armen, die grundsätzlich arbeitsfähig sind. Vor diesem Hintergrund könnte man zu dem Schluss kommen, dass es in Hinblick auf die „würdigen" Armen tatsächlich zu einem Politikwechsel gekommen ist, da sowohl die Ziele als auch die Instrumente geändert wurden, wenngleich letztere noch verbesserungsbedürftig sind. Was die Gruppe der Arbeitsfähigen angeht, haben sich die Ziele – Aktivierung und Arbeitsmarktintegration – nicht geändert, lediglich die Instrumente sind zum Teil neu.

War die Oppositionszeit von Dramatisierung und Forderungen nach Verbesserung der Lebenslage der Armen geprägt, steht in der Regierungszeit von Rot-Grün das Ziel der Aktivierung der Arbeitsfähigen an erster Stelle.[37] Die Bekämpfung der Arbeitslosigkeit steht auf der politischen Prioritätenliste ganz oben und Auswege aus der Armut werden vor allem in der möglichst schnellen Re-Integration der Betroffenen in den Arbeitsmarkt gesehen Unter der „großen Koalition der Aktivierung" wurde die Rolle des „Anwalts der Armen" von der PDS übernommen, die insoweit in die Fußstapfen der Grünen trat und eine „armutsfeste" Sozialhilfe (BT-Drs. 14/7298) oder eine Grundsicherung in der Arbeitslosenversicherung (BT-Drs. 14/7294) forderte.

---

[37] Zu Unterschieden zwischen Oppositions- und Regierungsdiskurs vgl. auch Gohr (2003: 313).

4 Literatur

Bertelsmann Stiftung, 2002: Positionspapier. Eckpunkte einer Reform von Arbeitslosen- und Sozialhilfe, Gütersloh.

Bittner, Susanne/Hollederer, Alfons/Kaltenborn, Bruno/Rudolph, Helmut/Vanselow, Achim/Weinkopf, Claudia, 2001: Ein Jahr Erfahrungen mit dem arbeitsmarktpolitischen Sonderprogramm CAST. 1. Zwischenbericht, Bonn: BMA (Forschungsbericht 290 Arbeitsmarkt).

BMA, Bundesministerium für Arbeit und Sozialordnung, 1994: Sozialbericht 1993, Bonn.

BMA, Bundesministerium für Arbeit und Sozialordnung, 2002: Sozialbericht 2001, Bonn (download).

BT-Drs. 10/5948: Große Anfrage der Fraktion der SPD, Armut in der Bundesrepublik Deutschland, Deutscher Bundestag: Drucksache 10/5948 vom 21.08.86.

BT-Drs. 11/7133: Antrag der Fraktion der SPD. Armutsberichterstattung in der Bundesrepublik Deutschland, Deutscher Bundestag: Drucksache 11/7133 vom 15.05.90.

BT-Drs. 12/5285: Gesetzentwurf der Gruppe BÜNDNIS 90/DIE GRÜNEN. Entwurf eines Gesetzes zur Einführung einer Grundsicherung im Alter, Deutscher Bundestag: Drucksache 12/5285 vom 28.06.93.

BT-Drs. 13/1527: Große Anfrage der Fraktion der SPD. Armut in der Bundesrepublik Deutschland, Deutscher Bundestag: Drucksache 13/1527 vom 30.05.95.

BT-Drs. 13/2440: Gesetzentwurf der Bundesregierung: Entwurf eines Gesetzes zur Reform des Sozialhilferechts, Deutscher Bundestag: Drucksache 13/2440 vom 27.09.95.

BT-Drs. 13/3339: Antwort der Bundesregierung auf die Große Anfrage der Fraktion der SPD-Drucksache 13/1527 - Armut in der Bundesrepublik, Deutscher Bundestag: Drucksache 13/3339 vom 28.11.95.

BT-Drs. 13/7828: Antrag der Fraktion der SPD. Vorlage eines nationalen Armuts- und Reichtumsberichts, Deutscher Bundestag: Drucksache 13/7828 vom 04.06.97.

BT-Drs. 13/9743: Antrag der Fraktion der CDU/CSU sowie der Fraktion der F.D.P. Arbeit ist genug vorhanden – Neue Initiativen zur Beschäftigungsförderung, Deutscher Bundestag: Drucksache 13/9743 vom 03.02.98.

BT-Drs. 13/11368: Bericht über die Lebenssituation von Kindern und die Leistungen der Kinderhilfen in Deutschland – Zehnter Kinder- und Jugendbericht – mit der Stellungnahme der Bundesregierung, Deutscher Bundestag: Drucksache 13/11368 vom 25.08.98.

BT-Drs. 14/999: Antrag der Fraktionen der SPD und Bündnis 90/DIE GRÜNEN. Nationale Armuts- und Reichtumsberichterstattung, Deutscher Bundestag: Drucksache 14/999 vom 05.05.99.

BT-Drs. 14/1347: Antwort der Bundesregierung auf die Kleine Anfrage der Fraktion der CDU/CSU-Drucksache 14/1286 – Diskussion über Pläne der Bundesregierung zur Zusammenlegung von Arbeitslosenhilfe und Sozialhilfe, Deutscher Bundestag: Drucksache 14/1347 vom 28.07.99.

BT-Drs. 14/4595: Gesetzentwurf der Fraktionen SPD und BÜNDNIS 90/DIE GRÜNEN. Entwurf eines Gesetzes zur Reform der gesetzlichen Rentenversicherung und zur Förderung eines kapitalgedeckten Altersvorsorgevermögens (Altersvermögensgesetz – AVmG), Deutscher Bundestag: Drucksache 14/4595 vom 14.11.2000.

BT-Drs. 14/5146: Beschlussempfehlung des Ausschusses für Arbeit und Sozialordnung (11. Ausschuss) zu dem Gesetzentwurf der Fraktionen SPD und BÜNDNIS 90/DIE GRÜNEN – Drucksache 14/4595 – Entwurf eines Gesetzes zur Reform der gesetzlichen Rentenversicherung u.a., Deutscher Bundestag: Drucksache 14/5146 vom 24.01.2001.

BT-Drs. 14/5990: Unterrichtung durch die Bundesregierung. Lebenslagen in Deutschland. Erster Armuts- und Reichtumsbericht, Deutscher Bundestag: Drucksache 14/5990 vom 08.05.2001.

BT-Drs. 14/6134: Unterrichtung durch die Bundesregierung. Nationaler Aktionsplan zur Bekämpfung von Armut und sozialer Ausgrenzung 2001 bis 2003, Deutscher Bundestag: Drucksache 14/6134 vom 17.05.2001.

BT-Drs. 14/6628: Beschlussempfehlung und Bericht des Ausschusses für Arbeit und Sozial-ordnung (11. Ausschuss) zu der Unterrichtung durch die Bundesregierung – Drucksache 14/5990 – Lebenslagen in Deutschland - Erster Armuts- und Reichtumsbericht u.a., Deutscher Bundestag: Drucksache 14/6628 vom 05.07.2001.

BT-Drs. 14/7280: Gesetzentwurf der Fraktionen SPD und BÜNDNIS 90/DIE GRÜNEN, Entwurf eines Gesetzes zur Verlängerung von Übergangsregelungen in der Sozialhilfe, in: Deutscher Bundestag: Drucksache 14/7280 vom 06.11.2001.

BT-Drs. 14/7293: Antrag der Fraktionen SPD und BÜNDNIS 90/DIE GRÜNEN. Fördern und Fordern – Sozialhilfe modern gestalten, Deutscher Bundestag: Drucksache 14/7293 vom 07.11.2001.

BT-Drs. 14/7294: Antrag der Fraktion der PDS. Eine Grundsicherung in der Arbeitslosenversicherung einführen, Deutscher Bundestag: Drucksache 14/7294 vom 07.11.2001.

BT-Drs. 14/7298: Antrag der Fraktion der PDS. Die Sozialhilfe armutsfest gestalten, Deutscher Bundestag: Drucksache 14/7298 vom 07.11.2001.

Bueb, Eberhard/Opielka, Michael/Schreyer, Michaele/Zander, Margherita, 1988: Das GRÜNE Modell einer bedarfsorientierten Grundsicherung in allen Lebenslagen, in: *Michael Opielka/Margherita Zander* (Hrsg.): Freiheit von Armut, Essen, 35-42.

Buhr, Petra, 1995: Sozialhilfe – Mythos und Realität: Klarstellungen zur aktuellen Reformdebatte, in: Blätter für deutsche und internationale Politik 40: 1060-1070.

Buhr, Petra/Leisering, Lutz/Ludwig, Monika/Zwick, Michael, 1991: Armutspolitik und Sozialhilfe in vier Jahrzehnten, in: *Bernhard Blanke/Hellmut Wollmann* (Hrsg.): Die alte Bundesrepublik. Kontinuität und Wandel, Opladen, 502-546.

Buhr, Petra/Schmid, Achim, 2002: Aktive Klienten – Aktive Politik? (Wie) Läßt sich dauerhafte Unabhängigkeit von Sozialhilfe erreichen? Ein Literaturbericht, Bremen: Universität Bremen, Zentrum für Sozialpolitik (ZeS-Arbeitspapier 8/2002).

Deutscher Verein für öffentliche und private Fürsorge, 2002: Anforderungen an eine Reform der Sozialhilfe, Frankfurt a.M. (download).

Empter, Stefan/Frick, Frank, 1999: Beschäftigungsorientierte Sozialpolitik in Kommunen: Strategien zur Integration von Sozialhilfeempfängern in das Erwerbsleben, Gütersloh.

Engels, Dietrich/Sellin, Christine, 1999: Zur Vorbereitung eines Armuts- und Reichtumsberichtes der Bundesregierung. Konzept- und Umsetzungsstudie der ISG Sozialforschung und Gesellschaftspolitik GmbH im Auftrag des Bundesministeriums für Arbeit und Sozialordnung, Bonn: BMA (Forschungsbericht 278 Sozialforschung).

Feist, Holger, 2000: Arbeit statt Sozialhilfe: Zur Reform der Grundsicherung in Deutschland, Tübingen.

Gangl, Markus, 1998: Sozialhilfebezug und Arbeitsmarktverhalten. Eine Längsschnittanalyse der Übergänge aus der Sozialhilfe in den Arbeitsmarkt, in: Zeitschrift für Soziologie 27: 212-232.

Gebauer, Roland/Petschauer, Hanna/Vobruba, Georg, 2002: Wer sitzt in der Armutsfalle? Selbstbehauptung zwischen Sozialhilfe und Arbeitsmarkt, Berlin.

Geißler, Heiner, 1976: Die Neue Soziale Frage. Analysen und Dokumente, Freiburg i.Br.

Gohr, Antonia, 2003: Was tun, wenn man die Regierungsmacht verloren hat? Die Sozialpolitik der SPD-Opposition in den 80er Jahren, Universität Bremen (Promotionsschrift; Veröffentlichung bei Leske+Budrich in Vorbereitung).

Glotz, Peter, 1985: Manifest für eine Neue Europäische Linke, Berlin.

Hanesch, Walter/Krause, Peter/Bäcker, Gerhard, 1994: Armut in Deutschland. Der Armutsbericht des DGB und des Paritätischen Wohlfahrtsverbands, Reinbek.

Hartmann, Helmut, 1981: Sozialhilfebedürftigkeit und Dunkelziffer der Armut. Bericht über das Forschungsprojekt zur Lage potentiell Sozialhilfeberechtigter, Stuttgart.

Hauser, Richard/Hübinger, Werner, 1993: Arme unter uns. Teil 1: Ergebnisse und Konsequenzen der Caritas-Armutsuntersuchung, Hrsg. vom Deutschen Caritasverband, Freiburg i. Br.

Haustein, Thomas, 2002: Ergebnisse der Sozialhilfe- und Asylbewerberleistungsstatistik 2000, in: Wirtschaft und Statistik Heft 2: 123-138.

Kaltenborn, Bruno, 2001: Kombilöhne in Deutschland, – Eine systematische Übersicht –, Nürnberg: Institut für Arbeitsmarkt und Berufsforschung der Bundesanstalt für Arbeit (IAB-Werkstattberichte).

Leibfried, Stephan/Leisering, Lutz/Buhr, Petra/Ludwig, Monika/Mädje, Eva/Olk, Thomas/Voges, Wolfgang/Zwick, Michael, 1995: Zeit der Armut. Lebensläufe im Sozialstaat, Frankfurt a.M.

Leisering, Lutz, 1993: Zwischen Verdrängung und Dramatisierung. Zur Wissenssoziologie der Armut in der bundesrepublikanischen Gesellschaft, in: Soziale Welt 44: 486-511.

Natter, Ehrenfried/Riedlsperger, Alois (Hrsg.), 1988: Zweidrittelgesellschaft, Wien/Zürich.

Neumann, Udo, 2000: Struktur und Dynamik von Armut. Eine empirische Untersuchung für die Bundesrepublik, Freiburg.

Oschmiansky, Frank, 2003: Faule Arbeitslose? Zur Debatte über Arbeitsunwilligkeit und Leistungsmissbrauch, in: Aus Politik und Zeitgeschichte B6-7: 10-16.

Otto, Birgit/Siedler, Thomas, 2003: Armut in West- und Ostdeutschland – ein differenzierter Vergleich, DIW-Wochenbericht 4.

Regierungserklärung von Bundeskanzler Helmut Kohl: Aufbruch in die Zukunft: Deutschland gemeinsam erneuern, in: Sozialpolitische Umschau Nr. 503 vom 28.11.1994.

Regierungserklärung von Bundeskanzler Gerhard Schröder, Bonn, den 10. November 1998, hrsg. vom Presse- und Informationsamt der Bundesregierung.

SPD/GRÜNE, 1998: Aufbruch und Erneuerung - Deutschlands Weg ins 21. Jahrhundert, Koalitionsvereinbarung zwischen der Sozialdemokratischen Partei Deutschlands und BÜNDNIS 90/DIE GRÜNEN, Bonn, 20. Oktober 1998 (download).

SPD/GRÜNE, 2002: Erneuerung - Gerechtigkeit - Nachhaltigkeit. Für ein wirtschaftlich starkes, soziales und ökologisches Deutschland. Für eine lebendige Demokratie. Koalitionsvertrag zwischen der Sozialdemokratischen Partei Deutschlands und BÜNDNIS 90/DIE GRÜNEN vom 16. Oktober 2002 (download).

SPD, 1989: Grundsatzprogramm der Sozialdemokratischen Partei Deutschlands, beschlossen vom Programm-Parteitag der Sozialdemokratischen Partei Deutschlands am 20.Dezember 1989 in Berlin, geändert auf dem Parteitag in Leipzig am 17.04.1998.

SPD-Bundestagsfraktion/Arbeitskreis „Sozialpolitik", 1987: Diskussionspapier „Soziale Grundsicherung", Bonn.

Statistisches Bundesamt, 2001: Fachserie 13. Reihe 2. Sozialhilfe 1999, Wiesbaden.

Statistisches Bundesamt (Hrsg.), 2002: Datenreport 2002, Bonn.

Weinkopf, Claudia, 2002: Förderung der Beschäftigung von gering Qualifizierten - Kombilöhne als Dreh- und Angelpunkt?, Bonn: Friedrich-Ebert-Stiftung (Gesprächskreis Arbeit und Soziales).

Weser-Kurier, 2003: Erwartungen werden enttäuscht, Beilage Stadtteil-Kurier West, Ausgabe Nr. 67, 20. März 2003, 6.

Wilde, Joachim, 2002: Was reizt Sozialhilfeempfänger zum Ausstieg? Eine empirische Untersuchung mit dem Niedrigeinkommenspanel, Halle (Saale): Institut für Volkswirtschaftslehre und Bevölkerung der Martin-Luther-Universität Halle-Wittenberg (Discussion Paper).

Alterssicherungspolitik im Zeichen der „Riester-Rente"

Frank Nullmeier

1 Phasen und Konzeptionen

Die rentenpolitischen Reformen der rot-grünen Bundesregierung in der 14. Legislaturperiode lassen sich als bedeutsame Abweichungen vom bisher eingeschlagenen Pfad der Sozial- und Rentenpolitik interpretieren. Dabei sind weniger die Veränderungen im Gefüge der gesetzlichen Rentenversicherung bemerkenswert als die Einführung der bedarfsorientierten Grundsicherung im Alter und bei Erwerbsminderung sowie die Einführung einer staatlich geförderten privaten bzw. betrieblichen Altersvorsorge in dem am 11. Mai 2001 verabschiedeten Altersvermögensgesetz. Die Alterssicherungspolitik der rot-grünen Bundesregierung hat sich in der nach dem Bundesarbeitsminister (1998-2002) Walter Riester benannten „Riester-Rente" ein Markenzeichen verschafft. Die Einführung einer staatlich finanzierten privaten Altersvorsorge kann sicherlich auch aus Sicht des politikwissenschaftlichen Betrachters als Kernstück der sozialen Sicherungspolitik zwischen 1998 und 2003 gelten. Doch bleibt die Bewertung der Riester-Rente abhängig von der Einbindung dieses Reformelementes in die Gesamtheit der rentenpolitischen Maßnahmen dieses Regierungszeitraums, der sich in drei Phasen einteilen lässt.

Eine *erste Phase* rot-grüner Alterssicherungspolitik reicht vom Rentenkorrekturgesetz 1998 über die verschiedenen Maßnahmen zur Erhöhung der Bundeszuschüsse an die Rentenversicherung bis zur Haushaltsgesetzgebung 1999, mit der die bisherige Regel für die Rentenanpassung außer Kraft gesetzt wurde. In dieser Phase beherrschen die Aufhebung von politisch nicht gewollten Entwicklungen unter der Vorgängerregierung (im Rentenreformgesetz 1999) und die eher kurzfristige finanzpolitische Stabilisierung der Rentenversicherung das Politikgeschehen.

Die *zweite Phase* umfasst die zweite Jahreshälfte 1999 bis Mitte 2001 und ist geprägt von der Strukturreform der gesetzlichen Rentenversicherung samt Einführung der Riester-Rente, mithin die Gesetzgebung zum Hinterbliebenen-, Altersvermögens- und Altersvermögensergänzungsgesetz. In dieser Phase werden die grundlegenden Entscheidungen getroffen, hier wird ein langfristiger Konsolidierungskurs zu verankern versucht und hier werden innovative Elemente in die Politik eingeführt.

Mitte 2001 beginnt die *dritte Phase*, eine Phase neuerlicher kurzfristiger Stabilisierungspolitik, die geprägt ist von haushaltspolitischen Überlegungen zur Steuerung der Beitragssätze, darunter Reduktionen der Schwankungsreserve der gesetzlichen

Rentenversicherung. In diese Phase fällt auch die Einsetzung der „Rürup-Kommission" mit dem Auftrag, längerfristig wirksame Maßnahmen zur Stabilisierung der Rentenfinanzen zu empfehlen.

Während der ersten Phase kann Rentenpolitik wenig dazu beitragen, die sich zuspitzende Krise der rot-grünen Regierung aufzuhalten. Erst mit der Haushaltssanierung nach dem Rücktritt von Finanzminister Oskar Lafontaine und nach einer Serie von gravierenden Niederlagen insbesondere der SPD bei Landtagswahlen stabilisiert sich Ende 1999 die Regierung. Die Rentenstrukturreform in der zweiten Phase fällt zusammen mit der Zeit der Stabilisierung der Regierungsparteien. Direkt nach der Bundestagswahl 2002 wiederholt sich jedoch der Stimmungseinbruch zu Ungunsten der im Amt bestätigten Regierung. Es herrscht allgemein der Eindruck vor, dass Chaos und Fehler im Management rot-grünes Regieren prägen. Nur wächst sich Ende 2002 diese Krise zu einer Legitimationskrise des Sozialstaates (trotz einer basalen Zustimmung zu den Werten des Sozialstaates, vgl. Roller 2002) aus: Die veröffentlichte Meinung hält die sozialen Sicherungssysteme kaum mehr für überlebensfähig und beklagt intensiv die Reformunfähigkeit der Politik. Dies trifft die Rentenversicherung in besonders hohem Maße, da die wirtschaftliche Abwärtsbewegung als zusätzliches Argument neben der schon seit langem beschworenen demographischen Krise (dazu: Enquete-Kommission 2002) für die fehlende Zukunftsfestigkeit des Alterssicherungssystems angeführt werden kann. Zunehmend werden radikale Sozialstaatsreformen eingefordert (durchaus nicht immer mit klarer Angabe, in welcher Richtung diese erfolgen sollen) und eine Überwindung von Konfliktscheu, Konsensorientierung und institutionellen Reformbarrieren.

Die Regierung greift diese Kritik jedoch nicht auf dem Felde der Alterssicherungspolitik auf. Im Wahlkampf des Jahres 2002 bis weit in das Jahr 2003 hinein herrscht die Überzeugung vor, man habe mit der „Riester-Reform" Hinreichendes getan, die Rentenpolitik benötige nun Stetigkeit. Entsprechend enthalten Wahlprogramme und Koalitionsvereinbarung kaum Aussagen zur Rentenpolitik. Gleichwohl muss kurz nach der Bundestagswahl bereits der Beitragssatz der gesetzlichen Rentenversicherung angehoben werden. Aber auch die „Agenda 2010" vom Frühjahr 2003 sieht noch keine näher spezifizierten Maßnahmen für die Alterssicherung vor. Zu diesem Zeitpunkt ist jedoch erkennbar, dass aufgrund ungünstiger wirtschaftlicher Umstände und entsprechend geringeren Beitragszuflüssen eine weitere Erhöhung des Beitragssatzes zum Jahre 2004 wahrscheinlich wird. Mitte 2003 steht die Regierung vor dem Problem, erneut konsolidierend eingreifen zu müssen, ohne aber wieder eine Strukturreform anstoßen zu wollen. Die durch das Altersvermögensgesetz 2001 beabsichtigte Stabilisierung der Rentenpolitik hat sich nicht realisieren lassen, man fällt zunächst zurück in eine vorrangig haushaltspolitisch motivierte Sozialpolitikdebatte.

Mit den Reformen der zweiten Phase, der Verabschiedung des Altersvermögensgesetzes, ist der rot-grünen Bundesregierung jedoch eine sowohl Kontinuität als auch

Strukturwandel sichernde, in diesem Sinne balancierte Reform gelungen, die öffentlich auch überwiegend positiv bewertet wurde – selbst bei denen, die weitergehende Vorstellungen einer rot-grünen Gestaltungspolitik hegen (vgl. Roy 2002). Die wesentliche Neuerung liegt darin, dass mit Grundsicherung und staatlich geförderter privater Vorsorge die Rentenpolitik zur Alterssicherungspolitik erweitert wird (vgl. Hinrichs 2000a, 2000b). Eine die Gesamteinkommenslage im Alter in den Blick nehmende Politik, die Leistungen verschiedener sozialer Sicherungssysteme sowie des Steuersystems in Beziehung setzt, tritt hinfort an die Stelle der lediglich auf ein Sozialversicherungssystem ausgerichteten Rentenpolitik. Andererseits erwiesen sich beide Grundreformen bereits kurz nach ihrer Einführung als defizitär: Der Versuch, durch die „Jahrhundertreform" der Einführung der „Riester-Rente" und die Absenkung des Rentenniveaus in der Rentenversicherung den Beitragssatzanstieg zu verringern bzw. bis 2010 zu verhindern, erwies sich bereits Ende 2002 als gescheitert. Die Nutzung der so genannten Riester-Rente entspricht bis heute nicht den Erwartungen, zudem erweisen sich die Altersvorsorgeprodukte der anbietenden Unternehmen (Versicherungen, Banken, Fonds, Bausparkassen) als nicht immer kundengerecht und das Verfahren zur Beantragung der staatlichen Förderung als eher abschreckend. Nur die erst durch die parlamentarische Beratung des Gesetzes ermöglichte Stärkung der betrieblichen Alterssicherungspolitik erweist sich als positiver, aber in diesem Maße unbeabsichtigter Reformeffekt.

Die erst Anfang 2003 wirksame neue Grundsicherung im Alter und bei Erwerbsminderung verhindert dagegen – das zeigen erste Erfahrungen – keineswegs den Sozialhilfebezug, da mit der Beschränkung auf einen erhöhten Regelsatz und bestimmte Pauschalisierungen eine geringere Leistung zugesprochen wird, als sie aufgrund der geltenden Sozialhilferegelungen (Berücksichtigung der Besonderheiten im Einzelfall, so erhöhter Ernährungsbedarf, regelmäßige Dienstleistungen, Fahrtkosten zum Verwandtenbesuch, Sonderbedarfe wegen Behinderung) zu erhalten wäre (vgl. Buhr i.d..B). Eine Mehrzahl von individuell relevanten Tatbeständen findet in der Grundsicherung keine Berücksichtigung und zwingt daher zur Inanspruchnahme der Sozialhilfe zusätzlich zur Grundsicherung.

So steht die Gesetzgebungsarbeit in der 15. Legislaturperiode unter dem Druck einer Korrektur der gerade erst verabschiedeten Neuerungen. Da die rentenpolitischen Innovationen von 2001 immerhin den Eindruck einer „Richtung" oder einer „Vision" sozialneoliberaler Politik der Regierung Schröder vermitteln können (Bedeutungsverlust des Sozialversicherungsstaates gegenüber der marktlichen und gegenüber steuerfinanzierter Grundsicherungspolitik), trifft der relative Misserfolg der Rentenreformen auch die programmatische Orientierung der Rentenpolitik. Erklärungsbedürftig ist dennoch, warum seit 2002 der einmal eingeschlagene Pfad aus Rentenkonsolidierung und Einstieg in die private Vorsorge sich nicht vertiefen und verbreitern lässt. Die Gründe dürften nicht allein im fehlenden Aufstieg an den Börsen zu suchen sein. Auf Seiten der privaten Vorsorge haben die schleppende Implementation, die geringe Annahme dieses Instrumentes und auch die zurückhaltende Reaktion der Versicherungsunternehmen dazu beigetragen, zunächst abzuwarten und die Ursachen des langsamen Einstiegs näher zu erkunden, bevor ein Schritt Richtung Obligatorium oder Quasi-Obligatorium der privaten Vorsorge unternommen wird. Die Widerstände gegen eine verpflichtende private Vorsorge waren in den Jahren 1999 und 2000 sehr stark gewesen. Entsprechend schreckt die Regierung hier vor einem erneuten Anlauf in dieser Richtung zurück und hofft eher auf weitere Erfolge einer freiwilligen Vorsorge. Aber auch Gründe, die auf Seiten der gesetzlichen Rentenversicherung liegen, sollten nicht unterschätzt werden: Hier zeigt sich, dass der Konsolidierungskurs von 2000/2001 nicht einmal für zwei Jahre Stetigkeit und politische Ruhe erreichen kann, also weitere Veränderungen innerhalb der Rentenversicherung erforderlich sind.

Beide Regierungsfraktionen haben nach 1998 ihre sozialpolitische Orientierungslinie eher verloren. Stand am Beginn der ersten Regierungsperiode eine Festlegung des Führungspersonals (Gerhard Schröder, Joschka Fischer und Bodo Hombach) auf eine Modernisierung sozialdemokratischer Politik in Anlehnung an die britische *New Labour*-Politik mit dem Kernelement einer kapitalgedeckten Säule privater oder betrieblicher Altersvorsorge, so wird heute weder dieser Kurs weiterhin konsequent verfolgt noch gezielt umgesteuert. Zwischen neoliberalen Politikelementen, Ideen verstärkter Steuerfinanzierung und Umverteilung, einer Fixierung auf Haushaltspolitik und zukünftige demographische Entwicklungen oszilliert die Regierungspolitik, ohne dass erkennbar wäre, woher der Anstoß für eine konzeptionell klar angelegte Sozialreform kommen könnte.

Dem fiskalpolitischen (und nicht dem wachstumspolitischen, arbeitsmarktpolitischen etc.) Denken kommt die Rolle als Antriebsmotor der rentenpolitischen Reformen durch Schaffung von Handlungsdruck und Reformnotwendigkeit zu. Jedoch bleibt dieser Ansatz offen für recht verschiedene Ausrichtungen der Reformpolitik. Angesichts der Erosion einer mittelschichtszentrierten Arbeitnehmergesellschaft konkurrieren mehrere (durchaus mit Interessen verbundene) inhaltliche Entwürfe eines Umbaus des Sozialstaates, die trotz der vorhandenen großen Differenzen allesamt den Stellenwert einer rein arbeitnehmerzentrierten Sozialversicherungspolitik relativieren. Jedoch sind die Ressourcen eines genuin *sozial*politischen Denkens in den 1990er Jahren weitgehend erschöpft worden. Die Diffusion einer bestimmten ökonomischen Denkweise bei den Partei- und Regierungseliten wie in der Expertenöffentlichkeit erklärt die zunehmende Distanz zum bisherigen Pfad der Sozialversicherungsstaatlichkeit, ohne dass bereits ein neuer, dauerhaft tragfähiger Pfad eröffnet worden wäre. Dazu fehlt es auch im sechsten Regierungsjahr an konzeptioneller wie politisch-prozessualer Umsetzung des häufig vage bleibenden Modernisierungsimpulses. Dabei böte sich die Einführung einer staatlich geförderten privaten Altersvorsorge durchaus an als Symbol eines schrittweisen Übergangs zu einer *wohlfahrtsmarktlichen Sozialpolitik*, einer Politik, die soziale Sicherung nicht durch öffentliche

Leistungssysteme, sondern durch Versorgung über Märkte und Unternehmen oder eine Kombination aus beidem herzustellen versucht. Wohlfahrtsmärkte (Taylor-Gooby 1999) müssen jedoch geschaffen, gefördert und gesteuert werden, damit sie sich entfalten und den staatlicherseits umrissenen Sicherungsvorstellungen entsprechen können. Marktkonstitution und -regulation bilden daher die Schwerpunkte einer wohlfahrtsmarktlichen Sozialpolitik, die sich auf Unternehmen als Marktagenten und Bürger als Verbraucher bezieht. Verbraucherschutz und Verbraucherinformation, Qualitätskontrolle und Aufsicht über die Unternehmenspolitik bzw. -produkte sind daher neue, nunmehr auch genuin sozialpolitische Felder.

Mit der Riester-Rente sind all diese sozialpolitisch neuen Felder zu einem Bestandteil des Renteninstrumentariums geworden. Sie haben jedoch erst in Ansätzen zu einer Suche nach der parteipolitisch jeweils angemessenen Regulationsstrategie geführt. Wenn Wohlfahrtsmärkte ein wesentliches Element der Sozialpolitik darstellen, ist die Frage zentral, welche Art der Regulation dieser Märkte vorgenommen werden soll. Sozialpolitik wird zu einem erheblichen Teil Regulationspolitik werden (Baldwin/Cave 1999; Grande/Eberlein 2000), womit Politik jedoch keineswegs auf einen neoliberalen Politikkurs festgelegt ist. Ausmaß und Richtung der Regulation von Wohlfahrtsmärkten können politisch höchst unterschiedlich gestaltet werden. Die Betonung von Markttransparenz, Qualitätssicherung und Risikoschutz der Verbraucher bildet sicherlich eine andere Ausrichtung der Regulationspolitik als eine wettbewerbspolitisch motivierte Strategie möglichst geringer Markteingriffe. Im Jahre 2003 ist jedoch ein wohlfahrtsmarktexpansionistischer Kurs mit stark verbraucherorientierter Regulation und der Absicht, weiterhin ein hohes Sicherungsniveau zu gewährleisten, nicht als Regierungskurs erkennbar, obwohl er dem programmatischen Profil von SPD und Grünen durchaus entsprechen könnte.

2 Themen und Instrumente

Mit der Herabsetzung des Beitragssatzes von 20,3 auf 19,5%, ermöglicht durch erhöhte Bundeszuschüsse, und der Aussetzung der Rentenformel des RRG 99, des demographischen Faktors, setzt die rot-grüne Rentenpolitik ein. Mit dem Haushaltssanierungsgesetz 2000 konnte der Beitragssatz zur Rentenversicherung von 19,5 auf 19,3% reduziert werden, wiederum aufgrund von erhöhten Bundeszuschüssen, die sch aus dem Aufkommen der Ökosteuer speisen, mit der Beitragssatzverordnung 2001 gar auf 19,1%. Und trotz dieser erhöhten Steuerfinanzierung und einer systemgerechten Finanzierung der Kindererziehungszeiten ebenfalls aus Bundesmitteln beginnt Anfang 1999 sogleich die Suche nach neuen Instrumenten der Beitragssatzstabilisierung. Daneben spielen 1999 die Versicherungspflicht und Beitragshöhe bei Scheinselbständigkeit, arbeitnehmerähnlicher Selbständigkeit und bei geringfügigen Beschäftigungsverhältnissen eine öffentlich stark beachtete Rolle. Diese Diskussion erhielt bei der Umsetzung der Vorschläge der Hartz-Kommission Ende 2002 mit der Schaffung von Mini- und Midi-Jobs neuen Auftrieb (Büchel/Grintsch/Neidert 2003), nun aber mit der Tendenz der Freistellung von Sozialversicherungsbeiträgen, während 1999 noch die Einbeziehung in die Sozialversicherung das Thema darstellte. Die Reform der Erwerbsminderungsrenten (Wollschläger 2001) bildet die Brücke zwischen der Revision der Rentengesetze der CDU/CSU/FDP-Regierung und dem Einstieg in eine eigenständige Strukturreform der rot-grünen Regierung. Sie erbringt mit dem Fortfall der Berufsunfähigkeitsrenten für die unter 40-Jährigen und der Einführung einer zweistufigen Erwerbsminderungsrente, die nur nach der Höhe des Restleistungsvermögens unterscheidet, durchaus Leistungsminderungen, die aber dadurch gemildert werden, dass die Zurechnungszeit heraufgesetzt und die „konkrete" Betrachtungsweise, d.h. die Berücksichtigung der Arbeitsmarktlage für Teilzeitarbeitsplätze, beibehalten wird.

Die grundlegenden Reformen des Jahres 2001 beziehen sich insbesondere auf die staatliche Förderung privater Vorsorge (1), Verbesserungen der betrieblichen Alterssicherung (2), eine neue Rentenanpassungsformel (3), die Einführung der Grundsicherung im Alter und bei Erwerbsminderung (4), die Reform des Hinterbliebenenrechts (5) und die bessere Absicherung unsteter Lebensläufe (6) (Flecken 2001; Hain/Tautz 2001; Ruland 2001):

(1) Die Riester-Rente verwandelt traditionelle Rentenpolitik in Alterssicherungspolitik. Von Alterssicherungspolitik kann man dabei aus zwei Gründen sprechen. Zum einen, weil durch die Verweisung der Reformen innerhalb wie außerhalb der gesetzlichen Rentenversicherung aufeinander eine Art *Gesamtversorgungssystem* entsteht. Lebensstandardsicherung im Alter ist nurmehr zu erreichen bei privater Altersvorsorge in Kombination mit der abgesenkten Rente. Der Staat ermöglicht und stützt noch die Lebensstandardsicherung (als Gesamtversorgungspaket) durch die steuerliche Begünstigung der privaten Vorsorge, aber er gewährleistet sie nicht mehr. Um das bisherige Sicherungsniveau aufrechtzuerhalten, müssen zusätzlich zu den Beiträgen zur GRV von ca. 19-20% weitere 4% des Einkommens in die private Altersvorsorge investiert werden. Wer dies nicht tut, verfehlt die Absicherung seines Lebensstandards. Zum Zweiten, weil die so genannten drei Säulen der Alterssicherung – die gesetzliche, die betriebliche und die private – in einem Gesetzgebungsprozess bearbeitet und aufeinander bezogen worden sind. Zwar ist die ursprüngliche enge Verknüpfung von Rentenanpassungsformel und Förderung privater bzw. betrieblicher Vorsorge fallen gelassen worden. Doch die politische Denkweise wandelt sich von der Vorstellung eines in der Rentenversicherung zu sichernden Niveaus hin zur Gesamtniveausicherung, die sich aus Rente, betrieblicher Zusatzversorgung, privater Vorsorge, privaten Einkünften und Vermögen sowie aus der Grundsicherung im Alter ergeben kann. Damit wird freilich die Vorstellung eines allein durch die Rentenversicherung als Recht zu sichernden Bedarfes zu Gunsten einer eher an Kriterien von Bedürftigkeit (bei unterschiedlichen Bedürftigkeitsniveaus) ausgerichteten

Politik langsam verschoben. Die Unbedingtheit der Rentenleistung schwindet, sie wird als ein Element eines Kranzes von Versorgungsquellen mit Einkommen im Alter betrachtet. Das zunehmend bereitstehende Wissen über die Einkommenslage der älteren Generation, die Leistungen der einzelnen Sicherungssysteme und ihr Zusammentreffen bei einzelnen Haushalten macht diese Sicht vertrauter (insbesondere Alterssicherungsbericht 2001).

Motiviert durch Zweifel an der Leistungsfähigkeit des etablierten öffentlichen Sicherungssystems und orientiert an Überlegungen in anderen Ländern und auf der Ebene internationaler Organisationen wird in der Schaffung einer zusätzlichen kapitalgedeckten Säule eine sozialpolitische Strategie gesehen, die auch die Mittelschichten stärker an eine sozialdemokratisch geführte Regierung heranführen oder an sie binden kann. Durchsetzbar wird diese Strategie einerseits, weil die Befürworter einer kapitalgedeckten Alterssicherung inzwischen erkannt haben, dass in der ca. 40 Jahre dauernden Übergangsphase, in der einerseits das Umlagesystem zur Finanzierung der Bestandsrenten weiterhin bedient werden muss, andererseits der Kapitalstock für die Alterssicherung der zukünftigen Generationen aufgebaut werden soll, eine zu hohe Belastung auftreten wird, sodass allein Verfahren der Teilkapitaldeckung als politisch und ökonomisch vertretbar erscheinen können. Auf der anderen Seite bildet die Strategie der staatlich geförderten privaten Vorsorge für die Vertreter des etablierten Rentensystems eine Chance, Konsolidierungsprobleme durch Absenkung der Rentenniveaus zu lösen und doch den Zielwert der Lebensstandardsicherung nicht gänzlich aufgeben zu müssen.

Die „Riester-Rente" als Ergebnis dieser Konstellation definiert ein bestimmtes, der Altersvorsorge dienendes Finanzmarktprodukt, das staatlich förderungsfähig ist. Festgestellt wird die Förderungsfähigkeit durch Zertifizierung. Um nicht eine generelle Finanzmarktförderung zu implementieren, müssen förderungsfähige Altersvorsorgepakete abgegrenzt werden. Riester-Produkte müssen in der Ansparphase bestimmte Bedingungen erfüllen, darunter die laufende Einzahlung von Vorsorgebeiträgen bis zum Beginn der Leistung, die Möglichkeit des Ruhens der Verträge, die Kündbarkeit bei Übertragung des Kapitals auf einen anderen Altersvorsorgevertrag, die Nicht-Verpfändbarkeit des Vertrages und die Verteilung der Abschluss- und Vertriebskosten auf zehn Jahre bei detaillierter Verbraucherinformation. In der Auszahlungsphase ist zu beachten: Auszahlung frühestens ab dem 60. Lebensjahr oder dem Beginn einer GRV-Altersrente, Garantie einer Mindestauszahlung in Höhe der Summe der eingezahlten Beiträge, Garantie einer lebenslang steigenden oder gleich bleibenden monatlichen Leistung. Produkte, die diese Bedingungen erfüllen, handele es sich um eine private Renten- oder Lebensversicherung, ein Banksparen oder ein Fondssparen, sind förderungsfähig, sodass keiner der Konkurrenten am Kapitalmarkt bereits durch die politisch gesetzten Rahmenbedingungen begünstigt wird. Im Gesetzgebungsprozess sind auch noch die Bausparkassen in die Riester-Förderung einbezogen mittels Konstruktion eines sich inzwischen kaum bewährenden „Entnahmemodells".

Die staatliche Förderung in Höhe von geschätzten ca. 10 Mrd. Euro steht allen in der Rentenversicherung pflichtversicherten Personen auf zwei Wegen offen, der steuerlichen Förderung oder der Zulagenförderung (einkommens- und kinderabhängig), wobei die Prüfung, welche Lösung günstiger ist, vom Finanzamt übernommen wird. Die vom Einzelnen selbst einzubringenden Mindesteigenbeträge steigen von 1% im Jahre 2002 in Zweijahresstufen auf 4% im Jahre 2008. Parallel dazu baut sich die staatliche Förderung auf, eine Regelung, die sich allein haushaltspolitischen Finanzierungsproblemen verdankt (Bode u.a. 2002; Bruno-Latocha/Grütz 2001; Nüssgens 2001).

(2) Ursprünglich nur für die Individualförderung gedacht, rückte im Gesetzgebungsgang die betriebliche Altersvorsorge als weiterer Weg privater Vorsorge zunehmend in den politischen Mittelpunkt. So fanden spezielle Regelungen zur Verbesserung der betrieblichen Altersvorsorge Eingang in die Gesetze, die nur zum Teil im direkten Zusammenhang mit der staatlich geförderten Riester-Rente stehen. Ab dem Jahre 2002 hat jeder Arbeitnehmer das Recht auf Umwandlung seines Entgeltes bis zur Höhe von 4% der Beitragsbemessungsgrenze der GRV in eine – letztlich vom Arbeitgeber zu wählende – betriebliche Altersversorgung, die allerdings riester-förderungsfähig sein muss – bei Gewährleistung von Unverfallbarkeit, Fortsetzbarkeit der Versicherung auch nach Beendigung des Arbeitsverhältnisses oder Übertragung auf einen neuen Arbeitgeber (Bruno-Latocha/Grütz 2001). Zugleich wurden für alle Durchführungswege der betrieblichen Alterssicherung die Unverfallbarkeitsfristen herabgesetzt und die Zugangsbarrieren (Alter, Betriebszugehörigkeit) abgebaut. Außerdem wurde in Annäherung an angelsächsische Modelle ein neuer, fünfter Durchführungsweg für die betriebliche Alterssicherung geschaffen (König 2001; Bruno-Latocha/Tippelmann 2003; Ruland/Terwey 2001): „Pensionsfonds" als vom Betrieb getrennte, rechtlich selbständige Einrichtungen, die kein Versicherungsunternehmen darstellen und auch nicht deren strengen Anlagevorschriften unterliegen (jedoch über den Pensionssicherungsfonds abzusichern sind), aber den Arbeitnehmern einen Rechtsanspruch gewähren, sei es im Rahmen von Beitrags- oder von Leistungszusagen. So wurde die Neubelebung der betrieblichen Alterssicherung (Bruno-Latocha/Devetzi 2001; Güstel 2001; Steenbock 1999; OECD 2000; Grintsch 2001; Engelen-Kefer 2001) ein Zentralelement des Reformpakets.

Die Einführung der Riester-Rente zum Jahresbeginn 2002 löste eine Welle von Publikationen in allen Medien über Chancen und Risiken der privaten Altersvorsorge aus, über Informationswege und besonders günstige Angebote, eine Welle, die bis heute kaum abgeebbt ist. Die staatlich geförderte private Altersvorsorge bildet ein neues Produkt auf dem Markt der Anlagen und Finanzdienstleistungen und restrukturiert das gesamte Feld, was auch leichtere Widerstände bei den Finanzunternehmen auslöste. Vor- und Nachteile werden intensiv diskutiert, doch bei aller Kritik an der unterstellten hohen Komplexität von Förderverfahren und Produktgestaltung – die durchaus nicht höher sein dürfte als bei anderen Finanzmarktprodukten (Myßen 2003) – wird die Riester-Förderung nicht infrage gestellt, sondern lediglich zu modifizieren gesucht, um eine höhere Inanspruchnahmerate der Verbraucher zu erreichen. Ca. 3,1 Millionen der 31 Millionen Anspruchsberechtigten hatten im Jahre 2002 eine riesterzertifizierte private Altersvorsorge abgeschlossen, weitere 2 Millionen waren in eine riestergeförderte betriebliche Altersvorsorge einbezogen (Dünn/Fasshauer 2003; Myßen 2003). Die Erwartungen lagen jedoch ungefähr bei dem Doppelten. Welche Probleme einer verstärkten Inanspruchnahme jenseits besserer Information und Aufklärung (Fehr 2003) durch die Finanzmarktunternehmen oder auch die Rentenversicherungsträger (Dünn/Grintsch 2001) entgegenstehen, lässt sich dem „Vorsorgereport" entnehmen (Bertelsmann-Stiftung (Hrsg.) 2003), einer empirischen Untersuchung, die genauestens auf Lebensumstände hinweist – in Kredithaushalten und verschuldeten Haushalten, in Haushalten mit unsteten Einkommenszuflüssen –, die Sparfähigkeit weitgehend ausschließen.

(3) Die Einführung einer staatlich geförderten privaten Vorsorge ist eng verknüpft mit Überlegungen zur Drosselung des Rentenanstiegs, um den Beitragssatz langfristig stabilisieren zu können. Um eine Abkopplung von Steuerrechtsänderungen zu erreichen, die die Renten bei geltender Anpassungsformel deutlich erhöht hätten, erfolgte für das Jahr 2000 gemäß Haushaltssanierungsgesetz eine nicht formelgebundene Rentenanpassung in der Höhe der gesamtdeutschen Preissteigerungsrate. Mit der Verabschiedung des Altersvermögensgesetzes wurde – anders als ursprünglich geplant – bereits 2001 der Übergang zur modifizierten Bruttoanpassung vollzogen. Damit wurde eine neue Rentenanpassungsformel zur Geltung gebracht, die von 2001 bis 2010 gelten sollte – unter zusätzlicher Einbeziehung des steuerlich geförderten Satzes zur privaten Altersförderung, der zwischen 2002 bis 2009 in jährlichen Schritten von 0,5% erfolgt – unabhängig von tatsächlicher Inanspruchnahme staatlicher Förderung und abgekoppelt von den Steigerungsraten der staatlichen Förderung. Die neue Rentenanpassungsformel besteht mithin aus drei Elementen: der Veränderung des Bruttoeinkommen gegenüber dem Vorjahr modifiziert durch Veränderungen des Rentenbeitragssatzes sowie des so genannten Altersvorsorgeanteils. Ursprünglich sollte ab 2011 eine Formel gelten, die zwischen Rentenzugang und Rentenbestand differenziert. Der in diesem Konzept vorgesehene Ausgleichsfaktor (0,3% steigend auf 6% im Jahre 2030) hätte nur die neu zugehenden Rentnergenerationen getroffen und die Bestandsrentner, die vor 2011 in die Rente eingetretenen Personen, geschützt (Hain/Tautz 2001; Rentenversicherungsbericht 2001; Sozialbeirat 2001). Diese einseitige Belastung der jüngeren Generationen stieß im Gesetzgebungsverfahren auf Kritik und führte zum Verzicht auf den Ausgleichsfaktor zu Gunsten einer Bestand und Zugang gleichermaßen mit Minderungen betreffenden Formel, was technisch durch eine Absenkung der Ausgangsbasis für die Berücksichtigung der Beitragssatzsteigerungen erfolgte. Ab 2011 wirken sich erhöhte Renten-

versicherungsbeitragssätze stärker rentenpassungsmindernd aus, womit Lasten einer ungünstigen Finanzentwicklung zwischen Rentnern und Versicherten geteilt getragen werden müssen. Aufgrund der deutlichen Absenkung des Rentenniveaus wurde neben der Beitragssatzstabilisierung auch die Leistungsniveausicherung im Rahmen einer Niveausicherungsklausel genuiner Bestandteil des Reformgesetzes. Durch einen Entschließungsantrag im Bundestag wurde auf Druck der Gewerkschaften das Altersvermögensgesetz so geändert, dass die Bundesregierung bereits bei absehbarer Unterschreitung eines Rentenniveaus von 67% (statt 64%) und Überschreitung eines Beitragssatzes von 20% im Jahre 2020 sowie 22% im Jahre 2030 dem Parlament stabilisierende Maßnahmen vorschlagen muss. Damit ist der Rentenpolitik einnahme- wie leistungsseitig nach wie vor ein politisches Ziel aufgegeben, sie kann sich nicht in reiner Finanzlogik ergehen. Allerdings bedingt der Faktor Altersvorsorgeanteil als Kompensationselement für den ausgesetzten demographischen Faktor eine recht deutliche Absenkung des Rentenanstiegs in den Jahren bis 2010.

(4) Einem sozialpolitischen Sicherungsziel, der Vermeidung von Altersarmut (Armuts- und Reichtumsbericht 2001), insbesondere „verschämter" Armut, diente auch die Einführung der Grundsicherung im Alter, die den Gang zum Sozialamt mit der Gefahr des Rückgriffs auf die unterhaltspflichtigen Kinder von Rentnern vermeiden sollte. Die Pläne gingen ursprünglich davon aus, dass die Grundsicherung innerhalb der GRV verankert werden solle. Die Sozialversicherungsträger konnten sich jedoch durchsetzen mit der Argumentation, dass damit eine Vermischung von zwei sozialrechtlichen Prinzipien verbunden sei, der bedürftigkeitsorientierten Sozialhilfe und der bedarfsbezogenen und auf Beitragsäquivalenz der Leistungen beruhenden Sozialversicherung. In der Folge wurde aus der Grundsicherungsfrage daher eine Teilreform der Sozialhilfe (dazu im Einzelnen: Buhr i.d.B, Dünn/Fasshauer/Rüb 2003, Rahn 2001). Die gegenüber dem Sozialhilferegelsatz erhöhte Grundsicherung und die Absenkung des Rentenniveaus bewirken in Kombination jedoch, dass sich der Raum, in dem die Rentenversicherung als beitragsfinanziertes System mit beitragsäquivalenten Leistungen noch Sinn macht, immer weiter verengt (vgl. Hans-Böckler-Stiftung, Hrsg., 2003).

(5) Die eigenständige Sicherung der Frauen in der GRV und damit die langfristige Abschaffung der Hinterbliebenensicherung als bloß (von den Beitragszeiten des Mannes) abgeleiteter Sicherung bildet ein besonderes Anliegen wichtiger Teile der Regierungsfraktionen. Alle Versuche, ein System nicht abgeleiteter, eigenständiger Sicherung der Frauen insbesondere über Splittingverfahren aufzubauen, sind jedoch im Laufe des Entscheidungsprozesses an Inkonsistenzen, konzeptionellen Problemen oder schlicht an der Unmöglichkeit gescheitert, durch Neuregelungen die monetäre Lage der betroffenen Frauen zu verbessern oder zumindest gegenüber dem geltenden Recht stabil zu halten. Ein Verzicht auf die Hinterbliebenenrente als nicht aus eigenen Beitragsjahren erwachsendem Anspruch hätte unweigerlich die Rente vieler Frauen zum Teil drastisch gekürzt. Statt eigenständiger Sicherung als grundlegender

Veränderung rückte daher die Diskussion immer weiter in Richtung einer Modifikation des bestehenden Hinterbliebenenrechts. Alle Wahlmodelle stießen auf den Einwand, eine Spekulation, eine Wette, zu erzwingen auf die Sterbereihenfolge der Ehegatten. Von den erörterten Modellen blieb schließlich doch das einer Wahl der Sicherungsform im Todesfall, wobei zwischen Hinterbliebenenrente oder Rentensplitting entschieden werden kann.

Weitere Veränderungen konnten bei der Aufwertung der Kindererziehungszeiten (Stahl 2001a) und der Modifikation der Hinterbliebenrente erzielt werden. Dabei wurden Niveausenkungen durch die Einführung einer Kinderkomponente ausgeglichen, die schließlich durch eine nachträgliche Gesetzeskorrektur auf 2 Entgeltpunkten für das erste Kind in den ersten drei Jahren der Kindererziehung und einen Entgeltpunkt für jedes weitere Kind festgesetzt wurde. Die Anrechnung von Einkommen auf die Hinterbliebenenrente wird dagegen auf sämtliche Einkommensarten (Ausnahme: staatlich geförderte private Vorsorge) erweitert, womit der Charakter der Hinterbliebenenrente weiter in Richtung des Bedürftigkeitsprinzips verschoben wird (Stahl/Stegmann 2001a, 2001b; Langelüddeke/Rabe 2001a, 2001b; Stegmann 2003).

(6) Eines der zentralen Themen der grünen Bundestagsfraktion in der vorhergehenden Legislaturperiode war die Zentrierung der GRV auf männliche Normalbiographien in Normalarbeitsverhältnissen. Neben der eigenständigen Sicherung der Frauen wurde deshalb die soziale Sicherung bei unsteten Lebenslagen gefordert. Mitarbeiter der Bundesversicherungsanstalt für Angestellte hatten mit dem Konzept flexibler Anwartschaften (Langelüddeke/Rabe/Thiede 1999) ein attraktives Modell der Lückenschließung bei diskontinuierlichen Lebensläufen vorgelegt, das allerdings Abweichungen vom Pfad strikter Beitragsäquivalenz bedeutet hätte. Neben verfassungsrechtlichen Bedenken und empirischen Ergebnissen, die das Ausmaß der „Lücken" gegenüber den Annahmen von Befürwortern gesonderter Lückenschließungs-Instrumente als deutlich reduziert auswiesen, waren es vor allem die potenziellen Kosten eines generöseren Instrumentariums, die das Arbeitsministerium zu einer „kleinen" Lösung führten, die auch im Gesetzgebungsgang beibehalten wurde: der Schaffung besonderer Anrechnungszeiten insbesondere für Personen zwischen dem 17. und 25. Lebensjahr, die noch nicht über Vorzeiten der Erwerbstätigkeit verfügen (Stahl 2001b). Mit dem Beitragssatzsicherungsgesetz 2003 wurde diese Reform schließlich abgerundet mit der Wertung auch von Zeiten der Ausbildungssuche als Anrechnungszeiten.

3 Prozesse und Akteure

Die rentenpolitischen Entscheidungsprozesse sind sowohl in der ersten wie in der zweiten rot-grünen Regierungsperiode als recht ungesteuert, kaum professionell begleitet und gegenüber Maßstäben politischer Effektivität wenig gelungen zu bezeichnen. Allerdings gibt es signifikante Unterschiede in der Prozessdimension zwischen der Rentenpolitik unter Minister Walter Riester und der unter Ministerin Ulla Schmidt (seit 2002): Während unter Riester eine Politik bilateraler Verhandlungen überwog (getrennte Verhandlungsrunden jeweils mit der CDU/CSU-Opposition, der beratenden Wissenschaft, den Gewerkschaften, der Versicherungsbranche, den eigenen Fraktionen), sodass das abschließende Gesetz aus einer Abfolge von – nicht immer untereinander koordinierten – Teilfestlegungen zustande kam, ist unter Schmidt der Typus der Überlagerung von multilateral besetzten Kommissionen, bilateralen Verhandlungsrunden, Ministeriums- und Kanzleramtsentscheidungen vorherrschend – mit entsprechenden zeitlichen und sachlichen Abstimmungsproblemen. Unter Bundesarbeitsminister Riester wird trotz einer längeren Vorlaufzeit auch der gesamte formelle Gesetzgebungsprozess zum zentralen Reformgesetz, dem Altersvermögensgesetz, von Korrekturen, Umsteuerungen und Nachbesserungen erfasst: Nach einer Reihe von Eckpunkte- und Konzeptpapieren sowie Kabinettsbeschlüssen zwischen Juni 1999 und Juli 2000 sowie einem Diskussionsentwurf vom September 2000 wird ein Gesetzentwurf durch Koalitionsfraktionen und Bundesregierung im November in den Bundestag eingebracht.

Zwischen November 2000 und Juni 2001 erfolgen aber zahlreiche konzeptionelle Änderungen dieses Gesetzes aufgrund der Anhörungen und Beratungen im Bundestagsausschuss, der Verhandlungen im Bundesrat und im Vermittlungsausschuss. Eine Politik der ständigen Veränderung prägt diese Phase. Konzeptionelle Unsicherheiten und Unklarheiten, zum Teil gesetzgeberisch noch wenig durchgearbeitete Reformteile und eine eher additive Aufnahme von Forderungen einzelner Interessenverbände in das Reformbündel lassen einen in sich wenig linearen Reformprozess entstehen, der zu Revisionen auch zentraler Bestandteile der Reform zwingt. Die Regelung der Hinterbliebenenrenten wurde sogar – aufgrund der Verhandlungsergebnisse im Vermittlungsausschuss, die sich eigentlich nur auf das Altersvermögensgesetz bezogen – unmittelbar nach der Neuregelung im bereits verabschiedeten Altersvermögensergänzungsgesetz wieder revidiert (Dünn/Fasshauer 2001). Dieser änderungsreiche Gesetzgebungsprozess ist zudem von Taktiken der Gesetzeszerlegung geprägt: Das Vorhaben einer Rentenstrukturreform wird von der Regierung in eine Mehrzahl von Gesetzen zerlegt. Der Abkoppelung der Erwerbsminderungsrentenreform folgt die Teilung in Altervermögens- und Altersvermögensergänzungsgesetz – eine rentenpolitisch untypische Zerlegung in zustimmungspflichtige und nicht zustimmungspflichtige Teile, die durch die Einbeziehung der staatlichen Förderung erforderlich wurde. Zu gesonderten Gesetzen werden zudem die Zertifizierung der „riesterförderungsfähigen" Altersvorsorgeprodukte und die bedarfsorientierte Grundsicherung im Alter. Dieser wenig geplant wirkende Gesetzgebungsgang mag auf Defizite im Bundesarbeitsministerium hinweisen, aber auch auf das Fehlen eines politischen Steuerungszentrums.

Die Regierungspolitik ist seit 1998 gekennzeichnet durch sozialpolitische Differenzen und Konflikte zwischen Kanzleramt und Fachministerium. Mit dem Projekt einer staatlich geförderten privaten Altersvorsorge sind die Notwendigkeiten interministerieller Koordination zusätzlich deutlich verstärkt worden. Zwar spielte das Finanzministerium aufgrund der Bundeszuschüsse für die Rentenversicherung immer eine wichtige Rolle in der Rentenpolitik, nun ist es auch für die staatliche Subventionierung der privaten Altersvorsorge als Finanzmarktinstrumentarium fachlich zuständig. Die Fragen der Verbraucherfreundlichkeit der gefundenen Regelungen werden schließlich vom Verbraucherschutzministerium beachtet, womit ein bisher nicht involviertes Ministerium hinzu kommt. An jedem Ministerium hängen andere Interessenverbände und Einflussstrukturen: Mit dem Finanzministerium werden Finanzmarktakteure als Interessengruppe bedeutsam, mit dem Verbraucherschutzministerium Verbraucherschutzverbände. Zu Beginn der neuen Legislaturperiode 2002 kommen die Bildung des neuen „Superministeriums" für Wirtschaft und Arbeit sowie die Zusammenlegung der sozialversicherungspolitischen Abteilungen des alten Ministeriums für Arbeit und Sozialordnung mit dem Gesundheitsministerium zum neuen Bundesministerium für Gesundheit und Soziale Sicherung hinzu, was den innerministeriellen Stellenwert der Rentenpolitik eher herabgesetzt haben dürfte.

Während die Sozialpolitik der Jahre 2002 („Hartz") und 2003 („Rürup") im Zeichen der so genannten „Kommissionitis", der Zentralstellung von Expertenkommissionen, stand, spielte dieser Modus des Regierens in der Rentenstrukturreform der Jahre 2000/2001 keinerlei Rolle. Stattdessen waren bilaterale Verhandlungen mit Interessenvertretungen und die – lobbyistisch intensiv begleitete – Arbeit in den Organen der Gesetzgebung ausschlaggebend. Einen völlig anderen Charakter besaß die Rürup-Kommission gegenüber der sogenannten Rentenstrukturkommission bei Bundesarbeitsminister Riester. War die Riestersche Kommission nicht mehr als eine nach Belieben des Minister einberufene Gruppe von WissenschaftlerInnen ohne Büro und Geschäftsstelle, ohne Vorsitzenden, ohne Arbeitsplan, ohne eigene Geschäftsordnung und eigenen Geschäftsgang, so verfügte die Rürup-Kommission als gemischte Kommission (WissenschaftlerInnen und VerbandsvertreterInnen) über all dies. Im Ergebnis verstärkte sie – trotz der Kommissionsmitgliedschaft auch von Unternehmensvertretern – die Stellung der Gruppe der „Rentenmänner", der Repräsentanten eines gemäßigten Kurses der Stabilisierung des etablierten Rentensystems. Das erscheint verwunderlich, weil das Altersvermögensgesetz die Bedeutung weiterer, bisher außerhalb der engeren Arena der Rentenpolitik stehender Akteure: der Banken, Lebensversicherungsunternehmen, Bausparkassen, Fondsgesellschaften eher stärkt. Doch sind angesichts der Verschlechterung der Rentenfinanzen wiederum die Akteure der Rentenarena gefragt (VDR, BfA, Bundessozialministerium – nunmehr BMGS, BDA und DGB), die sich dem auf Konsolidierung des Bundeshaushalts bedachten Finanzministerium gegenübersehen. Die traditionelle Konfliktlinie zwischen Fach- und Finanzbehörde bestimmt im Jahre 2003 wieder die Auseinandersetzungen, während die Finanzdienstleister eher abseits stehen und indirekt profitieren könnten – durch weitere Akzeptanzeinbußen der GRV.

Die Zustimmungspflichtigkeit von Gesetzen zwingt der Regierung eine große Koalition nunmehr auch in Fragen der Alterssicherungspolitik auf. Solange nur Fragen der Rentenversicherung verhandelt worden waren, kam dem Bundesrat keine bedeutende Stellung zu. Nunmehr – im Zeichen der staatlich geförderten Vorsorge – wird die Einigung mit den unionsgeführten Ländern eine gesetzgeberische Notwendigkeit. Das wirkt sich für die Grünen als kleineren Koalitionspartner gravierender aus und erzeugt einen Trend zunehmender Anpassung an die Denkweisen und Handlungsstrategien etablierter Rentenpolitik. Zwar sind grüne Ansätze – in „kleingearbeiteter" Form – bei der privaten Vorsorge, der Grundsicherung, der eigenständigen Sicherung von Frauen, der besseren Absicherung unsteter Lebensläufe in den Gesetzgebungsprozessen 2000/01 deutlich erkennbar. Jedoch erschöpft sich damit die programmatische Orientierung und eine Zeit des Schwankens innerhalb eines breiten Spektrums von politischen Reformoptionen beginnt, ein Spektrum, das von bloßer Kürzungs- und Sanierungspolitik über eine radikale Grundsicherungsstrategie bis zur Bürgerversicherung und zum „Schweizer Modell" reicht.

Dagegen spitzen sich in der SPD die Auseinandersetzungen zwischen „Modernisierern" und „Traditionalisten" zu mit dem bisherigen Höhepunkt bei der Auseinandersetzung um die Agenda 2010 im Frühjahr 2003. Trotz einer Folge von Entscheidungen, die eher als Niederlage der Linken und Traditionalisten gewertet werden müssen, ist angesichts der weiterhin wenig überzeugenden Gesamtplanung der Politik der Bundesregierung ein Ende der parteiinternen Konflikte nicht abzusehen. Nicht auszuschließen ist auch, dass parallele Konfliktlinien bei den Grünen aufbrechen. In beiden Parteien ist ein sozial- und rentenpolitischer Konsens heute nicht mehr gegeben.

Die Bedeutung „externer" Anstöße durch Rechtsprechung und Europäische Union ist für die Periode 1998 bis 2003 eher gering einzuschätzen. Das Bundesverfassungsgerichtsurteil zum Familienlastenausgleich in der Pflegeversicherung vom 3. April 2001 mit der Forderung nach Entlastung der Kindererziehenden auf der Beitragsseite auch in der Rentenversicherung, hat zwar große Nervosität ausgelöst, ihm soll aber – dem Gesetzgeber ist zur Anpassung Zeit bis 2005 gegeben – durch Maßnahmen außerhalb der Rentenversicherung Rechnung getragen werden (vgl. Ebsen 2002). Eine verfassungsgerichtlich nahegelegte Neuordnung der Besteuerung von Altersvorsorgeaufwendungen zeichnete sich seit längerem ab und wurde durch eine ganz ohne öffentliche Aufmerksamkeit arbeitende Sachverständigenkommission, ebenfalls unter Vorsitz von Prof. Rürup (Sachverständigenkommission 2003), im Sinne eines schrittweisen Übergangs zur nachgelagerten Besteuerung vorbereitet. Die Einführung der Offenen Koordinierung innerhalb der Europäischen Union im Bereich der Alterssicherung wird die Renten- und Alterssicherungspolitik mittelfristig von der nationalstaatlich zentrierten Politik zu einer europaweit diskutierten und beachteten verändern. Der erste „Nationale Strategiebericht Alterssicherung" aus dem Jahre 2002 war aber noch sehr auf Bewahrung der rentenpolitischen Kompetenz auf nationalstaatlicher Ebene bedacht (Strategiebericht Alterssicherung 2002; Devetzi/Schmitt 2002). Es bleibt abzuwarten, ob mit dem ersten Gemeinsamen Bericht von Kommission und Rat zur Alterssicherung, der auf dem Europäischen Rat am 21. März 2003 verabschiedet wurde, neue Impulse zu einer europäischen Koordinierung der Alterssicherung ausgelöst werden. Noch ist europäische Ebene ein Nebenspieler in der Arena der Rentenpolitik.

4 Rückfälle und Perspektiven

Die im Jahre 2002 aufgelaufenen Finanzdefizite der Rentenversicherung werden gleich zu Beginn der neuen Legislaturperiode durch eine weitere Herabsetzung der Schwankungsreserve und Heraufsetzung des Beitragssatzes auf 19,5% zu beheben versucht, eine Lösung, die dem Grundsatz der Beitragssatzstabilisierung und der Lohnnebenkostensenkung grundlegend widerspricht – und auch entsprechende Reaktionen innerhalb wie außerhalb der Regierungsfraktionen auslöst. Der Einsetzung einer „Kommission zur Nachhaltigkeit in der Finanzierung der sozialen Sicherungssysteme" (der „Rürup-Kommission") kommt die Funktion zu, mittel- und langfristige Lösungen zu entwickeln. Bereits geprägt von Enttäuschungen über die geringe Wirkungskraft der Riester-Rente und die fehlende finanzielle „Befriedung" der Rentenversicherung durch die Absenkung der Rentenanpassung, schlägt die Rürup-Kommission im Sommer 2003 für die Rentenversicherung einen traditionellen Weg der Reformen im bestehenden System vor: erneute Veränderung der Rentenformel und Heraufsetzung der gesetzlichen Altersgrenze als zentrale Maßnahmen. Radikale Konzepte der Minderung der Rentenansprüche und des Umstiegs in eine kapitalgedeckte Versicherung werden ebenso abgelehnt wie Grundrentenmodelle oder Versuche, die Kinderzentrierung der Sozialversicherung durch Beitragsstaffelung nach Kinderzahl auszudehnen. Damit sind die tradierten Grenzen der Rentenpolitik wieder errichtet, die Riester-Rente bleibt – bis auf vorsichtige, an anderer Stelle weit intensiver betriebene Bemühungen zur Vereinfachung und Abänderung einiger Produktkriterien – außerhalb der Betrachtung. Die Forderung nach einem Obligatorium steht zwar im Raum, wird aber nicht zu einem Bestandteil des Nachhaltigkeitskonzeptes der Kommission erhoben.

Die Konsolidierungspolitik innerhalb der tradierten Systeme stößt auf Grenzen, wo sie dazu beitragen, neue soziale Problemlagen entstehen zu lassen. Die Beendigung der Frühverrentungspolitik und die arbeitsmarktpolitischen Beschlüsse im Rahmen der Umsetzung der Hartz-Kommissionsergebnisse sowie der Agenda 2010, insbesondere die Verringerung der Bezugsdauer von Arbeitslosengeld und die Zusammenlegung von Arbeitslosenhilfe und Sozialhilfe, verringern die sozialen Sicherungsmöglichkeiten im kritischen Altersbereich zwischen 55 und 65. Mit dem Vorschlag der Rürup-Kommission, die gesetzliche Altersgrenze schrittweise von 2011 bis 2035 auf 67 anzuheben bei gleichzeitiger Heraufsetzung der Möglichkeiten vorzeitigen Rentenbezugs gegen Abschläge (von 62 auf 64) erhöht sich der Druck in der betreffenden Altersgruppe, in der Erwerbsarbeit zu verbleiben, ansonsten droht nunmehr ein schneller Abstieg über Arbeitslosengeld zur Sozialhilfe, der erst ab dem Alter von 64 wieder aufgefangen werden kann. Diese sozialpolitische „Entbettung" einer arbeitsmarktkritischen Lebensphase führt zu einer zeitweisen Verarmung, einer Art „Vorruhestandsverarmung", wenn Instrumentarien, Politiken und Kulturen des Verbleibs älterer ArbeitnehmerInnen im Betrieb nicht entstehen oder nicht geschaffen werden können. Eine sozialpolitische Konsolidierung ohne Verarmungsfolgen ist hier auf Erfolge anderer Politikbereiche, insbesondere der Tarifpolitik und der Weiterbildungspolitik verwiesen.

Die ständig hinter den Prognosen zurückbleibende Finanzlage der Rentenversicherung lässt die Grenzen einer allein lohnarbeitszentrierten Sozialversicherung deutlich werden. Die Einnahmebasis Bruttoeinkommen aus unselbständiger Arbeit unterhalb der Beitragsbemessungsgrenze ist zu schmal und zu wenig ergiebig, um die demographisch bedingt steigenden Lasten ohne deutliche Beitragssatzerhöhungen tragen zu können. Das Modell der Bürgerversicherung oder Erwerbstätigenversicherung wird innerhalb der Rürup-Kommission auch für die GRV als perspektivische Entwicklung diskutiert: Es böte die Chance einer in mehreren einzelnen Schritten vorgehenden Erweiterung der Versicherungspflicht auf (Neu-)Beamte und Selbständige sowie eine Erweiterung der Beitragsbemessungsgrundlage auf alle Einkommensarten.

Letztlich wird die Bürgerversicherung aber – für die Rente – energisch abgelehnt, weil es sich entweder nicht mit dem Gedanken der Beitragsäquivalenz vertrage oder nur zu zusätzlichen Leistungsansprüchen führe, die genau bedient werden müssten, wenn die demographisch bedingten Ausgaben besonders hoch seien. Tragen diese Argumente, wird in der Rentenversicherung der Schritt zu einer Universalversicherung aller Erwerbstätigen und Bürger noch auf sich warten lassen. Immerhin wird die für ein Jahrhundert die Rentenversicherung prägende Differenzierung zwischen Angestellten und Arbeitern nunmehr, nachdem die Anpassung im Leistungsrecht längst vollzogen ist, in einem letzten Schritt auch in der Organisationsstruktur der Rentenversicherung aufgehoben: Die Unterscheidung zwischen Trägern der Angestellten- und der Arbeiterrentenversicherung fällt. Die Versicherten werden nach einem festgesetzten Schlüssel ab 2005 auf Regional- und Bundesträger aufgeteilt. Die Bundesversicherungsanstalt für Angestellte und der Dachverband aller Rentenversicherungsträger, der VDR, gehen nach einer im Juni 2003 geschlossenen Vereinbarung zwischen Bundeskanzler und den Regierungschefs der Länder in einem „Bundesträger mit integriertem Dachverband" auf, etliche der bisherigen Landesversicherungsanstalten für Arbeiter werden zu größeren Einheiten, so genannten Regionalträgern, fusionieren.

5 Erklärungen und Bewertungen

Der Verlauf der Rentenpolitik seit 1998 lässt sich allein mit Bezug auf Pfadabhängigkeiten, neue parteipolitische Zusammensetzung der Regierung oder auch externe Entwicklungen, insbesondere demographische und wirtschaftliche, nicht erklären. Der einmal eingeschlagene institutionelle und instrumentelle Weg der Rentenpolitik wird *nicht* fortgesetzt, nur von Kontinuität zu sprechen, verbietet sich (vgl. dazu: Alber 2000; Bönker/Wollmann 2000; Heinze u.a. 1999; Jochem 2001): Die Riester-Rente ist ohne Zweifel eine Innovation, ein Neuansatz und eine Neuarrangement der staatlichen Politik, die damit nicht mehr allein Renten-, sondern Alterssicherungspolitik geworden ist. Den Reformen lässt sich aber auch nicht grundlegend ein spezifisch rotes, grünes oder rot-grünes Profil zusprechen. Die ideologisch-programmatische Verortung der regierenden Parteien hätte durchaus auch andere Reformwege zugelassen, die Entfernung von politischen Optionen der Oppositionsparteien kann keineswegs als sehr hoch eingeschätzt werden. Und auch demographische und konjunkturelle Entwicklungen haben die Handlungsspielräume nicht derart verengt, dass andere als die getroffenen Entscheidungen kaum möglich gewesen wären.

Auch von Reformblockaden, Lernunfähigkeiten und institutionellen Hindernissen in umfassenden Sinne kann nicht gesprochen werden, da die Reformen des Jahres 2001 durchaus grundlegend, Erfahrungen anderer Länder nachvollziehend (Bonoli 2000; Bonoli u.a. 2000; Hülsmann u.a. 2000) und institutionell implementierbar waren. Vielmehr hat sich durch die erfolgreichen Verhandlungen in Bundesrat und Vermittlungsausschuss gezeigt, dass eine „große sozialpolitische Koalition" weiterhin zustande kommen kann und sich als reformpolitisch aktionsfähig erweist. So bietet sich eher eine an wechselnden Akteurskonstellationen und Einflussstrukturen sowie situativen Elementen ansetzende Erklärung für den Verlauf einer Altersicherungspolitik an, die in hohem Maße von Oszillationen zwischen Problemlösungen und Reformkonzeptionen geprägt ist.

Bemerkenswert ist allerdings, wie sich die Alterssicherungs- und speziell die Rentenpolitik dauerhaft Zugzwängen aussetzt, den eigenen Spielraum reduziert, sich Handlungsnotwendigkeiten schafft, aber Handlungsmöglichkeiten verbaut. Man könnte dies vielleicht unter Nutzung eines aktuell vielgebrauchten Begriffs als *Verringerung der „politischen Nachhaltigkeit"* bezeichnen. Politisch nachhaltig wären Regelungen, die dauerhaft die Handlungsspielräume der politischen Akteure sichern oder gar erhöhen. Die Rentenpolitik hat sich seit 1992 durch die Erhebung des Beitragssatzes zur zentralen Steuerungsgröße in eine Situation gebracht, in der sie jährlich auf Veränderungen in der Finanzlage der Rentenversicherer reagieren muss. Mit dem weiteren Abbau der Schwankungsreserve in den Jahren 2002 und 2003 (von ein- bis eineinhalb Monatsausgaben auf 0,8 – 1,2 im Jahre 2002 und 0,5 – 0,7 Monatsausgaben 2003) wird der Reaktionszwang größer, da bereits wesentlich kleinere Veränderungen einen politischen Handlungszwang erzeugen. Es existiert keinerlei Pufferung mehr, jede finanzielle Abweichung erzwingt eine gesetzgeberische Aktivität. Mit dem Beitragssatz steht aber immer das gesamte Aufgaben-, Einnahmen- und Ausgabenspektrum der GRV zur Debatte. Politik erzeugt damit selbstgesetzt einen Diskussions- und Handlungszwang und setzt sich dauerhaft Zweifeln an der Effektivität und Legitimität dieses Politikfeldes aus. Zudem verstärkt sich der Eindruck eines permanenten *muddling through* ohne konzeptionelle Orientierung.

Vielleicht können jedoch Seiteneffekte anderer Politikfelder auch konzeptionell relevante Folgen für die Alterssicherungspolitik gewinnen. Die Gesundheitsreformdebatte des Sommers 2003 hat dem Gedanken der Bürgerversicherung erheblichen Auftrieb verschafft. Zugleich ist der Druck erhöht worden, mehr Wettbewerb auf Seiten der Gesundheitsdienstleister zuzulassen bzw. einzuführen. Als Leitbild einer auch die Alterssicherung einbeziehenden Sozialstaatsreform könnte demnach das Zusammenspiel von Wohlfahrtsmärkten und einer zur Bürgerversicherung erweiterten Sozialversicherung (abgesichert durch ein staatlich finanziertes System der Grundsicherung) dienen. Ein Zusammenspiel, das ein relativ hohes Sicherungsniveau für alle Bevölkerungsgruppen gewährleistet und die Akzeptanz des Sozialstaates gerade durch die Neukombination von Elementen der Marktlichkeit und der politisch gewollten Umverteilung zu sichern weiß.

6   Literatur

Alber, Jens, 2000: Der deutsche Sozialstaat in der Ära Kohl: Diagnosen und Daten, in: Leibfried/Wagschal (Hrsg.), 235-275.
Alterssicherungsbericht, 2001: Alterssicherungsbericht 2001, BT-Drs. 14/7640 vom 23.11. 2001.
Armuts- und Reichtumsbericht, 2001: Lebenslagen in Deutschland. Erster Armuts- und Reichtumsbericht, BT-Drs. 14/5990 vom 8.5.2001.
Baldwin, Robert/Cave, Martin, 1999: Understanding Regulation. Theory, Strategy, and Practice, Oxford.
Bertelsmann-Stiftung (Hrsg.), 2003: Vorsorgereport. Private Alterssicherung in Deutschland. Erstellt von Udo Reifner, Achim Tiffe und Anke Turner, Gütersloh.
Bode, Christoph/Grabner, Edwin/Saunders, Brigitte/Stein, Markus, 2002: Pensionsfonds und Entgeltumwandlung in der betrieblichen Altersversorgung. Wie das Altersvermögensgesetz in der Praxis umgesetzt wird, München.
Bönker, Frank/Wollmann, Hellmut, 2000,: Sozialstaatlichkeit im Übergang: Entwicklungslinien der bundesdeutschen Sozialpolitik in den Neunzigerjahren, in: *Czada/Wollmann* (Hrsg.), 514-538.
Bonoli, Giuliani, 2000: The Politics of Pension Reform. Institutions and Policy Change in Western Europe, Cambridge.
Bonoli, Giuliano/George, Vic/Taylor-Gooby, Peter, 2000: European Welfare Futures. Towards a Theory of Retrenchment, Cambridge.

Bruno-Latocha, Gesa/Grütz, Jens, 2001: Zusätzliche Altersvorsorge im Altersvermögensgesetz, in: Deutsche Rentenversicherung, Heft 6-7: 401-424.
Bruno-Latocha, Gesa/Devetzi, Stamatia, 2001: Pensionsfonds in Deutschland und in Europa, in: Deutsche Rentenversicherung, Heft 8-9: 486-499.
Bruno-Latocha, Gesa/Tippelmann, Ortrun, 2003: Betriebliche Altersversorgung im Umbruch – aktuelle Entwicklungen durch das Altersvermögensgesetz, in: Deutsche Rentenversicherung, Heft 1-2: 13-29.
Büchel, Dirk/Grintsch, Ulrich/Neidert, Alfred, 2003: Die Umsetzung der Vorschläge der Hartz-Kommission im Versicherungs-, Beitrags- und Melderecht der Sozialversicherung, in: Deutsche Rentenversicherung, Heft 3-4: 105-132.
Czada, Roland/Wollmann, Hellmut (Hrsg.), 2000: Von der Bonner zur Berliner Republik. 10 Jahre Deutsche Einheit, Wiesbaden.
Devetzi, Stamatia/Schmitt, Volker, 2002: Die offene Methode der Koordinierung im Bereich Alterssicherung in der EU – eine kritische Bestandsaufnahme, in: Deutsche Rentenversicherung, Heft 4-5: 234-249.
Dünn, Sylvia/Fasshauer, Stephan, 2001: Die Rentenreform 2000/2001 – Ein Rückblick, in: Deutsche Rentenversicherung, Heft 5: 266-275.
Dünn, Sylvia/Fasshauer, Stephan, 2003: Ein Jahr Riester-Rente – eine Übersicht aus Sicht der gesetzlichen Rentenversicherung, in: Deutsche Rentenversicherung, Heft 1-2: 1-12.
Dünn, Sylvia/Fasshauer, Stephan/Rüb, Katrin, 2003: Die Aufgaben der gesetzlichen Rentenversicherung im Zusammenhang mit der neuen bedarfsorientierten Grundsicherung, in: Deutsche Rentenversicherung, Heft 5: 249-263.
Dünn, Sylvia/Grintsch, Ulrich, 2001: Die neuen gesetzlichen Informations-, Auskunfts- und Beratungspflichten der Rentenversicherung, in: Deutsche Rentenversicherung, Heft 6-7: 378-386.
Ebsen, Ingwer, 2002: Verfassungsanforderungen an den Familienlastenausgleich in den Alterssicherungssystemen – einige Überlegungen zur Rechtsprechung des Bundesverfassungsgerichts, in: Deutsche Rentenversicherung, Heft 12: 697-707.
Engelen-Kefer, Ursula, 2001: Renten-Erfolg für die Gewerkschaften, in: Soziale Sicherheit, Heft 2: 37.
Enquete-Kommission, 2002: Schlussbericht der Enquete-Kommission „Demographischer Wandel – Herausforderungen unserer älter werdenden Gesellschaft an den Einzelnen und die Politik", BT-Drs. 14/8800 vom 28.3.2002.
Fehr, Hans, 2003: Die Riester-Rente – ein Flop? , in: ifo-Schnelldienst, Heft 5: 5-8.
Flecken, Hans Ludwig, 2001: Rentenreform im Überblick, in: Soziale Sicherheit, 3: 81-88.
Grande, Edgar/Eberlein, Burkard, 2000: Der Aufstieg des Regulierungsstaates im Infrastrukturbereich. Zur Transformation der Politischen Ökonomie der Bundesrepublik Deutschland, in: *Roland Czada/Hellmut Wollmann (Hrsg.),* Von der Bonner zur Berliner Republik. 10 Jahre Deutsche Einheit, Wiesbaden, 631-650.
Grintsch, Ulrich, 2001: Beitragsrechtliche Behandlung der Durchführungswege der betrieblichen Altersversorgung, in: Deutsche Rentenversicherung, Heft 6-7: 425-430.
Güstel, Ralf, 2001: Analyse der Reformvorschläge zur Weiterentwicklung des betrieblichen Altersversorgungssystems, Frankfurt am Main, Berlin, Bern, Brüssel, New York, Oxford, Wien.
Hain, Winfried/Tautz, Roland, 2001: Finanzielle Auswirkungen der Rentenreform, in: Deutsche Rentenversicherung, Heft 6-7: 359-377.
Hans-Böckler-Stiftung (Hrsg.), 2003: Das Rentensystem zukunftsfähig gestalten. Forschungsinitiativen für eine flexible, sichere und gerechte Alterssicherung, Düsseldorf.
Heinze, Rolf. G./Schmid, Josef/Strünck, Christoph, 1999: Vom Wohlfahrtsstaat zum Wettbewerbsstaat? Arbeitsmarkt- und Sozialpolitik in den 90er Jahren, Opladen.
Hinrichs, Karl, 2000a: Auf dem Weg zur Alterssicherungspolitik – Reformperspektiven in der gesetzlichen Rentenversicherung, in: Stephan *Leibfried/Uwe Wagschal (Hrsg.),* Der deutsche Sozialstaat. Bilanzen – Reformen – Perspektiven, Frankfurt a.M., New York, 276-305.

Hinrichs, Karl, 2000b: Von der Rentenversicherungs- zur Alterssicherungspolitik. Reformen und Reformprobleme, in: *Karl Hinrichs/Herbert, Kitschelt/Helmut Wiesenthal* (Hrsg.): Kontingenz und Krise. Institutionenpolitik in kapitalistischen und postsozialistischen Gesellschaften. Claus Offe zu seinem 60. Geburtstag, Frankfurt a.M., New York, 291-317.

Hülsmann, Joachim/Schmid, Josef/Schöll, Sarah, 2000: Pension Reforms in Six West-European Countries. Which Lessons Can be Drawn for Germany? In: German Policy Studies 4: 7-38.

Jochem, Sven, 2001: Reformpolitik im deutschen Sozialversicherungsstaat, in: *Manfred G. Schmidt* (Hrsg.), Wohlfahrtsstaatliche Politik. Institutionen, politischer Prozess und Leistungsprofil, Opladen, 193-226.

König, Peter, 2001: Pensionsfonds deutscher Prägung – ein sinnvoller Sonderweg?, Frankfurt a.M.

Anna Langelüddeke/ Birgitta Rabe/Reinhold Thiede, 1999: Flexible Anwartschaften und Anwartschaftszeiten, in: Die Angestelltenversicherung 46 (1): 7-13.

Langelüddeke, Anne/Rabe, Birgitta, 2001a: Auswirkungen der Rentenstrukturreform auf die Alterssicherung von Frauen, in: femina politica, Heft 1: 80-85.

Langelüddeke, Anne/Rabe, Birgitta, 2001b: Rentenreform 2000: Verbesserung der eigenständigen Alterssicherung von Frauen?, in: Sozialer Fortschritt, Heft 1: 6-12.

Leibfried, Stephan/Wagschal, Uwe (Hrsg.), 2000: Der deutsche Sozialstaat. Bilanzen – Reformen – Perspektiven, Frankfurt a.M., New York.

Myßen, Michael, 2003: Die „Riester-Rente" – eine erste Bewertung, in: Monatsbericht des Bundsministeriums für Finanzen, Heft 7: 73-79.

Nüssgens, Heinz-Josef, 2001: Förderung der privaten Altersvorsorge. Vereinfachung nicht in Sicht, in: Soziale Sicherheit, 2: 51-54.

OECD, 2000: Private Pension Systems and Policy Issues, Paris.

Rahn, Monika, 2001: Einführung einer bedarfsorientierten Grundsicherung im Alter und bei Erwerbsminderung, in: Deutsche Rentenversicherung, Heft 6-7: 431-437.

Rentenversicherungsbericht, 2001: Bericht der Bundesregierung über die gesetzliche Rentenversicherung und Gutachten des Sozialbeirats zum Rentenversicherungsbericht 2001, BT-Drs. 14/7639 vom 23.11.2001.

Roller, Edeltraud, 2002: Die Entwicklung der Akzeptanz des Sozialstaats und der Alterssicherung in Deutschland seit Mitte der siebziger Jahre, in: Deutsche Rentenversicherung, Heft 9-10: 510-522.

Roy, Klaus-Bernhard, 2002: Die Modernisierung des Sozialstaates. Reformansätze in der Sozial- und Arbeitsmarktpolitik, in: *Ulrich Heyder/Ulrich Menzel/Bernd Rebe* (Hrsg.), Das Land verändert? Rotgrüne Politik zwischen Interessenbalancen und Modernisierungsdynamik, Hamburg, 46-59.

Ruland, Franz, 2001: Die Rentenreform – eine vorläufige Bilanz. Licht, aber auch viel Schatten, in: Soziale Sicherheit, Heft 2: 43-48.

Ruland, Franz/Terwey, Franz, 2001: Der Euro und offene Steuerfragen. Veränderung der Finanzmärkte, die Rolle der Rentenfonds und die Finanzierung der Sozialversicherung, in: Deutsche Rentenversicherung, Heft 1: 1-10.

Sachverständigenkommission, 2003: Abschlussbericht der Sachverständigenkommission zur Neuordnung der steuerrechtlichen Behandlung von Altersvorsorgeaufwendungen und Altersbezügen, Berlin.

Sozialbeirat, 2001: Sondergutachten des Sozialbeirats zur Rentenreform, BT-Drs. 13.02.2001

Stahl, Helmut, 2001a: Aufwertung der Kindererziehung, in: Deutsche Rentenversicherung, Heft 5: 320-326.

Stahl, Helmut, 2001b: Schließung von Beschäftigungslücken in: Deutsche Rentenversicherung, Heft 5: 327-331.

Stahl, Helmut/Stegmann, Michael, 2001a: Die Reform der Hinterbliebenenrenten, in: Deutsche Rentenversicherung, Heft 5: 295-319.

Stahl. Helmut/Stegmann, Michael, 2001b: Änderungen der Hinterbliebenenreform, in: Deutsche Rentenversicherung, Heft 6-7: 387-400.

Steenbock, Anke, 1999: Private Alterssicherung über den Kapitalmarkt, Wiesbaden.
Stegmann, Michael, 2003: Empirische Fakten und Trends zur soziodemographischen Situation und zur Alterssicherung von Frauen, in: Deutsche Rentenversicherung, Heft 3-4: 161-212.
Strategiebericht Alterssicherung, 2002: Nationaler Strategiebericht Alterssicherung, BT-Drs. 14/9503 vom 31.5.2002.
Taylor-Gooby, Peter, 1999: Markets and Motives. Trust and Egoism in Welfare Markets, in: Journal of Social Policy 28, 1: 97-114.
Wollschäger, Frank, 2001: Gesetz zur Reform der Renten wegen verminderter Erwerbsfähigkeit, in: Deutsche Rentenversicherung, Heft 5: 276-294.

Wenig Neues in der Familienpolitik[*]

Peter Bleses

1 Einleitung

Die rot-grüne Regierungskoalition hat den familienpolitischen Ausbau in ihrer ersten Legislaturperiode stark vorangetrieben. Das allein ist jedoch kaum verwunderlich. Denn die Familienpolitik bildet seit Mitte der 1980er Jahre einen der wenigen Ausbausektoren der Sozialpolitik. Das unterscheidet sie insbesondere von den eng auf den Arbeitsmarkt bezogenen Sozialpolitiken. Hier ist eine mittlerweile lange Geschichte von Kürzungen zu beobachten (Bleses/Rose 1998; Bleses/Seeleib-Kaiser 1999). Die Frage, die an die rot-grüne Familienpolitik zu stellen ist, muss daher vielmehr auf *qualitative* Faktoren abheben: Unterscheidet sich die *Art* der familienpolitischen Interventionen grundlegend von jener der vorangegangenen christlich-liberalen Bundesregierung? Oder sind in der Familienpolitik alle Differenzen zwischen den großen Parteien, die historisch zu beobachten waren und die familienpolitische Unterscheidung einer „Institutionenpolitik" (CDU) und einer „Familienmitgliederpolitik" (SPD) begründeten (Textor 1991: 35, 37), verschwunden?

Dieser Frage gehe ich in mehreren Schritten nach. Zunächst schildere ich die Unterschiede zwischen einer an der Institution Familie und einer an den Mitgliedern der Familie ausgerichteten Familienpolitik in der bundesdeutschen Entwicklung bis 1982 (1.). Dann werde ich die Familienpolitik der christlich-liberalen Regierungskoalition in Maßnahmen und Begründungen zwischen 1982 und 1998 schildern (2.), um eine Folie zu gewinnen, vor der anschließend die rot-grüne Familienpolitik gespiegelt werden kann (3.). Schritt zwei und drei werden dabei in etwa gleichgewichtig sein müssen, weil die christlich-liberale Koalition in der Familienpolitik die Maßstäbe gesetzt hat, an denen sich die rot-grüne Familienpolitik abarbeiten musste. Am Ende werde ich hoffentlich in der Lage sein, resümierend die Frage zu beantworten, ob in der Familienpolitik nach wie vor eine grundlegende Parteiendifferenz zu erkennen ist (4.).

---

[*] Für hilfreiche Anregungen danke ich Karin Gottschall, Martin Seeleib-Kaiser und Georg Vobruba.

2 Institutionen- vs. Familienmitgliederpolitik[1]

Die traditionelle familienpolitische Ausrichtung der Unionsparteien ist treffend als Institutionenpolitik zu bezeichnen.[2] Damit ist gemeint, dass das wichtigste familienpolitische Ziel der Union in der Sicherung der Familie als Gemeinschaft besteht. Die Familie wird als gesellschaftliche Basisinstitution angesehen, die für die gesellschaftliche Stabilität unverzichtbar ist. Das hat quantitative und qualitative Aspekte. Zum einen werden die Familien als Lieferanten eines quantitativ ausreichenden gesellschaftlichen Nachwuchses angesehen. Zum anderen wird in der Familie die Voraussetzung dafür gesehen, dass der Nachwuchs auch in qualitativer Hinsicht den gesellschaftlichen Anforderungen entspricht. Das gilt vor allem hinsichtlich der Vermittlung sozialer und kultureller Werte. Keine andere Institution wird in diesen Leistungen für die Gesellschaft als ähnlich leistungsfähig angesehen – auch und gerade nicht der Staat. Im Gegenteil: Der Staat steht sogar im Verdacht, der Familie und ihrer Leistungsfähigkeit zu schaden, wenn er sich in ihre Belange einmischt. Das betrifft nicht nur die Erziehungsleistungen. Das betrifft auch die materielle Lage der Familie. Die Familie soll – und will – möglichst frei bleiben von staatlicher Intervention in ihre ureigenen Aufgaben. Hierin sind – wie in den sozialpolitischen Konzepten der Union seit den 1950er Jahren insgesamt – die Einflüsse der katholischen Soziallehre (Nell-Breuning 1957) zu bemerken. Dort werden grundlegende Vorfahrts- und Stoppregeln im Verkehr zwischen Individuum, Gemeinschaft und Gesellschaft festgelegt und dort sind insbesondere das Solidaritäts- und das Subsidiaritätsprinzip verankert.

Die an sie gestellten Anforderungen kann nicht jede Familienform erfüllen. Vielmehr ist an eine bestimmte Familienform gedacht: die Ehe- oder Normalfamilie, die aus einem männlichen Alleinernährer, einer für die Kindererziehung und die weiteren Reproduktionstätigkeiten zuständigen und deshalb meist nicht (oder kaum) erwerbstätigen Mutter sowie aus zwei bis drei Kindern besteht.[3] Die Rollen von Mann und Frau sind dabei nicht beliebig austauschbar. Vielmehr wird die Erziehung als natürliche Aufgabe der Frau betrachtet. Der kann sie sich nur widmen, wenn sie keiner Erwerbsarbeit nachgehen *muss*. Eine Erwerbsarbeit der Frau wird dementsprechend nur bei materieller Notlage der Familie gebilligt. Das soll aber die Ausnahme bleiben. Vielmehr soll der Alleinernährer auf dem Markt soviel Einkommen

---

[1] Zur Geschichte der Familienpolitik s. Münch 1990; Bleses/Rose 1998: 144 ff.
[2] Zur Unterscheidung von Institutionen- und Familienmitgliederpolitik s. auch Dienel 2002: 42 ff.; Schönig 2001.
[3] Greift man die Gedanken des ersten bundesdeutschen Familienministers (1953-1962), Franz-Josef Würmeling (1963) auf, dann gilt diese ‚Kleinfamilie' allerdings auch schon als Ausdruck einer ersten Krise der Familie. Intakte Familiengemeinschaften waren in seiner Perspektive eher die kinderreichen Mehrgenerationenfamilien.

erzielen können, dass der gesamte Unterhaltsverband davon leben kann (Familienlohn). Bei kinderreichen Familien stieß der Familienlohn jedoch schnell an Grenzen. Die praktische Familienpolitik der Union war vor allem in den 1950er, aber auch noch in den 1960er Jahren entsprechend der geforderten Freiheit des familialen Binnenraumes von staatlichen Interventionen sehr zurückhaltend, allerdings nur hinsichtlich der regulativen und materiellen Dimension, weniger was die Familienrhetorik anbelangt. So sah Franz-Josef Würmeling die wichtigste Aufgabe des Staates in der Familienpolitik darin, die Gesellschaft vom Wert der Familie (weiterhin) zu überzeugen. Ansonsten sollte sich der Staat so weit wie möglich aus den Belangen der Familie heraushalten (Würmeling 1963).

Daran hat sich die Union allerdings nicht vollständig gehalten: In den 1950er und 1960er Jahren wurden zusätzlich zum steuerlichen Kinderfreibetrag das Kindergeld zunächst für das dritte und jedes weitere Kind und anschließend auch – einkommensabhängig – für das zweite Kind eingeführt (vgl. Tab. 1).[4] Diese Form des Kinderlastenausgleichs aus allgemeinem Kindergeld und steuerlichen Freibeträgen wird ‚duales System' genannt. Eine weitere wichtige Maßnahme war die Einführung des Ehegattensplittings. Insbesondere beim Ehegattensplitting handelt es sich um eine sozialpolitische Intervention, welche die Alleinverdienerfamilie begünstigt. Es stellt eine klare Unterstützung der Institution Ehe bzw. der auf ihr basierenden Ehefamilie dar.

Das familienpolitische Gegenmodell wurde von der SPD propagiert und nach 1969 gemeinsam mit der FDP auch betrieben. Der SPD erschien die Institutionensicherung als konservativ und vor allem hinsichtlich der Machtungleichgewichte *innerhalb* der arbeitsteiligen Familie als problematisch. Sie forderte und förderte mehr Gleichberechtigung für die im Modell der Normalfamilie eher benachteiligten Familienmitglieder: die Frauen und die Kinder. Diese Gleichstellung innerhalb der Familie beinhaltete vor allem eine verbesserte Rechtsstellung der Frauen und der Kinder. Während es für die Kinder auf eine Einschränkung der elterlichen Gewalt ankam, sollten die Frauen innerhalb der Ehe (endlich) vollständig gleichberechtigt werden (Familienrechtsreformen 1977).[5]

Auch die materielle Förderung war für die Familienmitgliederpolitik der sozialliberalen Koalition ein Thema. Sie sollte einen anderen Aspekt der Gleichberechtigung behandeln: die Gleichberechtigung *zwischen* Familien unterschiedlicher Größe und/oder Einkommensklasse. Die Einführung eines Kindergeldes, das bereits ab dem

---

[4] Das Kindergeld für das dritte und jedes weitere Kind wurde von den Arbeitgebern über Familienausgleichskassen an die Beschäftigten ausbezahlt (1954). Das Kindergeld für das zweite Kind (1961) wurde hingegen aus Bundesmitteln finanziert. Ab 1964 wurde das Kindergeld insgesamt aus Bundesmitteln finanziert.

[5] Zur Entwicklung des Familienrechts in der bundesdeutschen Geschichte s. Limbach/Willutzki 2002.

ersten Kind gewährt wurde, nicht einkommensabhängig und für alle Kinder innerhalb der Ordnungsstufen gleich war (1975), bildete einen Kernpunkt dieser Politik. Im Zuge dieser Kindergeldreform wurde der steuerliche Kinderfreibetrag und damit das duale System des Kinderlastenausgleichs abgeschafft. Der Kinderfreibetrag entlastete Eltern in Abhängigkeit von ihrem steuerpflichtigen Einkommen unterschiedlich stark: je höher das Einkommen, desto größer die Begünstigung. Die SPD baute das Kindergeld – bis auf eine Kürzung gegen Ende ihrer Regierungsperiode – anschließend aus. Beim ersten Kind wurde das Niveau bis 1982 allerdings nicht mehr verändert: Es betrug zum Regierungswechsel 26 € (50 DM) (vgl. Tab. 1).

Auch bei den Sozialleistungen wurde die Förderung der einzelnen Familienmitglieder betont, etwa durch das Bundesausbildungsförderungsgesetz (1971) und das Mutterschaftsurlaubsgeld (1979). Insbesondere das Mutterschaftsurlaubsgeld zeigte, dass es der SPD auf ein anderes Lebensmodell der Frauen ankam als den Unionsparteien.[6] Da das Mutterschaftsurlaubsgeld ausschließlich für sozialversicherungspflichtig beschäftigte Mütter gewährt wurde, kann es zwar auch als Förderung der Mutterschaft gesehen werden; im Vordergrund stand aber die Förderung der Erwerbstätigkeit der Mutter. Das Modell der Normal- bzw. Alleinverdienerfamilie war damit nicht vereinbar.

Zusammengefasst lässt sich ein deutlicher Unterschied in den familienpolitischen Ansätzen der unions- und der SPD-geführten Regierungskoalitionen erkennen: Während die Unionsparteien die Familie, oder besser einen ganz bestimmten Familientypus, die Normalfamilie, als Ganzes schützen und unterstützen wollen, kommt es der SPD nicht auf das Ganze und auch nicht auf einen bestimmten Familientypus an, sondern auf die Chancengerechtigkeit und die Gleichberechtigung der einzelnen Familienmitglieder sowie auf die Besserstellung ärmerer Familien und Familienmitglieder im Vergleich zu besser gestellten Familien und deren Mitglieder. Im Unterschied zur Union hatte die SPD wenig Bedenken, in den Innenbereich der Familie zu intervenieren (vgl. Schaubild 1)

Diese Unterschiede beziehen sich allesamt auf die Ebene der politischen Begründungen und der politischen Maßnahmen bzw. den politischen *output*. Werden die Auswirkungen der ergriffenen Maßnahmen bzw. die politischen *outcomes* betrachtet, dürften die Unterschiede weniger klar zu erkennen sein.

Denn Maßnahmen, welche die Familie als Ganzes unterstützen sollen, können durchaus auch den einzelnen Familienmitgliedern zugute kommen. Und Maßnahmen, welche einzelne Familienmitglieder unterstützen sollen, können durchaus auch der Familie insgesamt nutzen. Das gilt zumindest für die Geldleistungen der Familienpolitik. Bei den rechtlichen Interventionen in die Familie ist es vielleicht einfacher. Denn die Verleihung von individuellen Rechten bedeutet zunächst einmal eine

---

[6] Zum Diskurs um das Mutterschaftsurlaubsgeld als Alternativmodell zum Erziehungsgeld/Familiengeld der Union vgl. Kolbe 2002: 293 ff.

Stärkung des Individuums in einer Gemeinschaft und wirkt damit mitglieder- und nicht institutionenorientiert. Ob das allerdings der Gemeinschaft langfristig eher nutzt oder ihr schadet, ist damit noch nicht geklärt.

Schaubild 1: Parteiendifferenz in der Familienpolitik

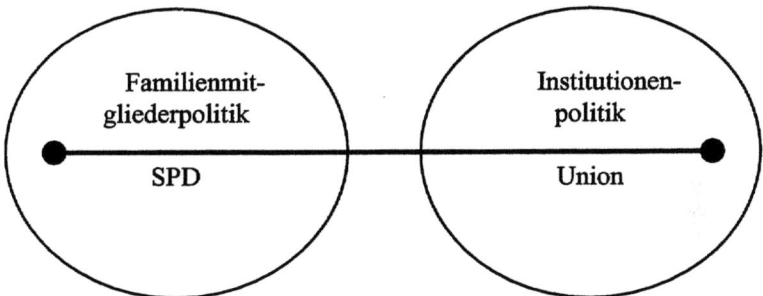

Will man nach Unterschieden zwischen einer institutionen- und einer mitgliederorientierten Familienpolitik suchen, ist es also nur wenig sinnvoll, die politischen *outcomes* zu betrachten. Vielmehr muss analysiert werden, welche Maßnahmen mit welchen Zielen ergriffen wurden. Für die 1950er bis 1970er Jahre sind die Unterschiede klar zu erkennen. Darauf lässt sich eine Parteiendifferenzthese gründen. Ob das auch für die 1980er und 1990er Jahre sowie das beginnende 21. Jahrhundert noch gilt, steht in den folgenden Abschnitten beim Vergleich der Familienpolitiken der unionsgeführten- und der SPD-geführten Koalitionen in dieser Zeit im Vordergrund.[7]

---

[7] Ich werde die Rolle des Bundesverfassungsgericht (BVerfG) in der Familienpolitik ausklammern, obwohl das höchste Gericht gerade auf diesem Politikfeld hohe Relevanz besitzt. Die Entscheidungen des BVerfG sind für den politischen Prozess zwar von großer Bedeutung. Wie das die Ausrichtung der Familienpolitik während der vergangenen Jahrzehnte beeinflusst hat, ist jedoch erst in Ansätzen geklärt. Einen ersten Anlauf hat Gerlach (2000) unternommen. Es wäre Thema einer eigenen Untersuchung. Das BVerfG diktiert allerdings die familienpolitische Richtung nicht. Vielmehr lässt sie dem Gesetzgeber in der Regel Spielraum in der Umsetzung der Entscheidungen. Wenngleich die Vorgaben des BVerfG in der Familienpolitik in den vergangenen Jahren konkreter geworden sind, ist damit jedoch dem Parteienwettbewerb um die verschiedenen Lösungswege kein Ende bereitet.

3 Christlich-liberale Familienpolitik 1982-1998[8]

3.1 Pläne und Argumente

Bereits vor ihrer Regierungszeit machte die Union darauf aufmerksam, dass zu wenig für die Familie getan bzw. ihr sogar geschadet werde. Vor allem den Sozialdemokraten wurde gar eine ausgesprochene ‚Familienfeindlichkeit' vorgeworfen. Für den Fall der Regierungsübernahme wurden ein umfassender Ausbau im (steuerlichen) Familienlastenausgleich sowie neue Elemente der Familienpolitik angekündigt. Letzteres betraf vor allem die Einbeziehung der Kindererziehung in den Generationenvertrag der Rentenversicherung sowie die Einführung eines Erziehungsgeldes (CDU 1978).[9] Hergeleitet wurde die Bedürftigkeit der Familie insbesondere aus dem Konzept der „Neuen Sozialen Frage", die vor allem vom späteren Familienminister Heiner Geißler (1976) propagiert wurde und die den Konflikt zwischen Lohnarbeit und Kapital, traditioneller Ausgangspunkt der deutschen Sozialpolitik, als weitgehend beendet erklärte. Bereits Mitte bis Ende der 1970er Jahre tauchten die Themen der Gleichberechtigung von Familien- und Erwerbsarbeit sowie das Ziel auf, die Wahlfreiheit zwischen Familie und Erwerbstätigkeit für Frauen *und* Männer zu ermöglichen.

Diese Argumente spielten auch während der Begründungen zum Ausbau und zur Neukonzeptionierung der Familienpolitik unter Federführung von Heiner Geißler ab Mitte der 1980er Jahre eine wichtige Rolle. Zwar machte die Union niemals ein Hehl daraus, dass ihrer Ansicht nach die Ehefamilie die beste Familienform darstelle und dass die Mutter die Person sei, welche von der Natur für die Erziehung der Kinder am besten geeignet sei. Dennoch erkannte sie die zunehmende Pluralität der Familienformen wie der Lebensstile an. Weder sollten nur die Mütter in den Genuss von Erziehungsgeld, Erziehungsurlaub und Erziehungszeiten kommen, noch sollte der Mutter die Erwerbsarbeit durch die Leistungsgestaltung unmöglich gemacht werden. Auch sollten weder Alleinerziehende noch nicht-eheliche Lebensgemeinschaften aus der Leistungsberechtigung ausgenommen werden.

3.2 Umsetzung

Erste Maßnahmen der christlich-liberalen Regierungskoalition in der Familienpolitik waren allerdings im Wesentlichen *Spar*maßnahmen und widersprachen damit den

---

[8] Dieses Kapitel beruht im Wesentlichen auf Ergebnissen aus Bleses/Rose 1998; vgl. auch Bleses/Seeleib-Kaiser 1999.
[9] Zum Diskurs um die Einführung eines Erziehungsgeldes seitens der Union vgl. Kolbe 2002: 163 ff., insbesondere 179 ff.

Argumenten, dass *mehr* für die Familie getan werden müsse. Das Kindergeld wurde ab dem zweiten Kind – oberhalb eines Sockelbetrages, der allen Kindern gewährt wurde – bedürftigkeitsabhängig gestaltet. Jedoch wurde mit einem – allerdings vorerst sehr niedrigen – Kinderfreibetrag das duale System des Kinderlastenausgleichs wieder eingeführt (vgl. Tab. 1, 2). Das Mutterschaftsurlaubsgeld, das erst 1979 von der sozial-liberalen Koalition in Höhe von bis zu 750 DM eingeführt worden war, wurde auf 510 DM gesenkt. Im Sinne eines Ausbaus wurde die christlich-liberale Koalition in der Familienpolitik erst ab Mitte der 1980er Jahre aktiv. Dann allerdings in großem Umfang und fast genauso, wie sie es angekündigt hatte.

Die eigentliche familienpolitische Innovation stellte die Politik der ‚drei E' ab 1986 dar: Erziehungsurlaub, Erziehungsgeld und Anerkennung von Erziehungszeiten in der Rentenversicherung. Erziehungsurlaub und -geld waren als Ersatz des vorher von der Union vielgescholtenen Mutterschaftsurlaubsgeldes konzipiert, das im Gegenzug entfiel. Anders als das Mutterschaftsurlaubsgeld, das in den Augen der Union generell die Väter und speziell die nicht erwerbstätigen Mütter aufgrund fehlender Anspruchsberechtigung ebenso benachteiligte wie etwa die selbständig tätigen Mütter, sollten Erziehungsurlaub und Erziehungsgeld den Müttern (und Vätern) *Wahlfreiheit* ermöglichen: Sie sollten sich möglichst frei entscheiden können, ob und wie lange sie zwecks Kindererziehung aus der Erwerbstätigkeit aussteigen wollen. Neben dem Erziehungsurlaub durfte eine Teilzeitbeschäftigung im Umfang von bis zu 19 Stunden in der Woche ausgeübt werden. Der Bezug des Erziehungsgeldes setzte keine vorangegangene Erwerbstätigkeit voraus. Von hoher Bedeutung war außerdem, dass für die Dauer des Erziehungsurlaubs eine Beschäftigungsgarantie beim alten Arbeitgeber gegeben wurde.[10]

Erziehungsgeld und -urlaub wurden bis zum Jahre 1993 ausgebaut. Von zunächst nur 10 Monaten Erziehungsgeld wie -urlaub steigerte sich der Anspruch sukzessive auf schließlich 24 Monate maximale Bezugsdauer des Erziehungsgeldes sowie höchstens 36 Monate Erziehungsurlaub. Einschränkungen bezogen sich auf eine stärkere Bedürftigkeitsabhängigkeit des Erziehungsgeldes. Zwischen 1986 und 1993 war das Erziehungsgeld erst ab dem 7. Lebensmonat des Kindes bedürftigkeitsgeprüft; seit 1994 galt auch in den ersten 6 Monaten des Kindes eine Bedürftigkeitsermittlung, wobei die Einkommensgrenzen hier sehr hoch und höher als ab dem 7. Lebensmonat des Kindes angesetzt sind. Dadurch wurden nur wenige Eltern vom Anspruch ausgegrenzt. Problematischer wirkte da schon die ausbleibende Anpassung der Einkommensgrenzen während der gesamten restlichen Regierungszeit der christlich-liberalen Koalition. Koch (2000: 592) hat errechnet, dass 1987 noch 83,6% aller

---

[10] Allerdings gab es keine Garantie, wieder auf den alten Arbeitsplatz zurückkommen zu können.

Familien nach dem 6. Monat volles Erziehungsgeld erhielten; 1998 waren es nur noch 52,2%.[11]

Die Erziehungszeiten sollten den Erziehungsurlaub und das Erziehungsgeld in der langfristigen sozialen Sicherung ergänzen, damit der Elternteil, der sich der Kindererziehung gewidmet und dafür auf Erwerbsarbeit verzichtet hat, deshalb keine übermäßigen Einbußen seines Rentenanspruchs befürchten muss. In der Rentenversicherung wurden seit 1986 ein Jahr, ab 1992 dann 3 Jahre für die Kindererziehung – und im Übrigen auch der unentgeltlichen Pflege – anerkannt. Diese Zeiten waren renten*begründend* konzipiert und damit beitragspflichtiger Erwerbstätigkeit gleichgestellt. Das war ein Novum in der Geschichte der Rentenversicherung (Götting 1992). Es genügten jetzt 2 Kinder, um die Mindestwartezeit der Rentenversicherung zu erfüllen, ohne jemals beitragspflichtig beschäftigt gewesen zu sein. Zunächst wurden 75% des Durchschnittseinkommens der Versicherten als fiktive Beitragsleistungen berücksichtigt. Zum Ende der letzten Legislaturperiode der christlich-liberalen Koalition (1997) wurde im Rahmen der Rentenreform 1999 ein Stufenplan beschlossen, dementsprechend die Höhe der Berücksichtigung bis zum Jahre 2000 auf 100% des durchschnittlichen Verdienstes der Versicherten angehoben wurde. Zudem wurden Ansprüche aus eigener Erwerbstätigkeit jetzt *zusätzlich* bis zur oberen Beitragsbemessungsgrenze anerkannt.

Die Politik der ‚drei E' hatte ein Problem allerdings nicht gelöst: Wie lassen sich Elternschaft und Erwerbstätigkeit nach den drei Jahren Erziehungsurlaub und vor der Schulpflicht des Kindes miteinander vereinbaren? Um diese dreijährige Lücke für Eltern zu schließen, wurde 1992 nach langen Diskussionen und im Zusammenhang mit der Neuregelung des Schwangerschaftsabbruchs[12] ein Gesetz verabschiedet, das Eltern zwischen dem 3. und 6. Lebensjahr des Kindes einen Anspruch auf eine Kinderbetreuungsplatz einräumte. Die Kinderbetreuung musste von den Kommunen gewährleistet werden. Dies sollte ab dem 1. August 1996 der Fall sein. Da manche Kommunen allerdings Umsetzungsprobleme hatten, wurde das Gesetz erst nach einer Übergangszeit ab 1999 vollständig umgesetzt (Bäcker et al. 2000: 212).

Ein weiterer Schwerpunkt der christlich-liberalen Familienpolitik war der Familienlasten- bzw. -leistungsausgleich. Sie führte – wie bereits angesprochen – nicht nur das duale System des Kinderleistungsausgleichs wieder ein, das die Vorgängerregierung abgeschafft hatte. Zudem legte sie den Schwerpunkt nicht auf das Kindergeld, das ab dem zweiten Kind bis zum Jahre 1995 oberhalb eines Sockelbetrages bedürf-

---

[11] Die ausbleibende Anpassung wirkte mit einer Veränderung der Bemessungsgrundlage ab 1993 zusammen. Auch die mangelnde Anhebung des Erziehungsgeldes hat aufgrund der Inflationsentwicklung zu einer relativen Niveauabnahme geführt. Der Realwert des Erziehungsgeldes wird von Koch (2000: 591) für das Jahr 1999 mit ca. 460 DM angegeben.

[12] Frauen sollten nicht deshalb zum Schwangerschaftsabbruch genötigt sein, weil die Betreuung des Kindes während der Erwerbstätigkeit nicht dauerhaft gewährleistet werden kann.

tigkeitsabhängig gestaltet wurde, sondern auf die steuerlichen Kinderfreibeträge. Sie wurden stufenweise stark angehoben (s. Tab. 1, 2). Den Angriffen der SPD-Opposition aufgrund der ihrer Ansicht nach unsozialen Entlastungswirkungen versuchte die unionsgeführte Regierung mit einem Zuschlag zum Kindergeld für jene zu begegnen, welche den Steuerfreibetrag aufgrund zu geringer steuerpflichtiger Einkünfte nicht oder nicht vollständig umsetzen konnten (s. Tab. 3). Der Zuschlag erzielte die gleiche Entlastungswirkung wie ein umgesetzter Kinderfreibetrag in der unteren steuerlichen Progressionszone.

Zwar war damit ein vielschichtiger – und überkomplexer – Kinderlastenausgleich ins Werk gesetzt. Dieser wurde jedoch ab 1996 durch ein neues System ersetzt.[13] Mit dem Jahressteuergesetz 1996 wurde erstens der Kinderleistungsausgleich weiter erhöht und zweitens das parallele duale System aus Kindergeld *plus* Kinderfreibetrag oder Kindergeldzuschlag durch ein System aus Kindergeld *oder* Kinderfreibetrag ersetzt. Entweder wird das Kindergeld oder der Kinderfreibetrag geleistet. Entscheidend ist, was für die Eltern günstiger ist. Der Kinderfreibetrag ist für höhere Einkommensgruppen nach wie vor günstiger (Dingeldey 2001: 204). Kindergeld und Kinderfreibetrag wurden deutlich erhöht (s. Tab. 1, 2). Eine Bedürftigkeitsabhängigkeit existierte nicht mehr.

Zusammenfassend lässt sich in der Familienpolitik der christlich-liberalen Koalition nicht nur ein starker Ausbau beobachten (Kinderleistungsausgleich). Hinzu kommt die Schaffung vollständig neuer Maßnahmen (Erziehungszeiten, Erziehungsgeld, Erziehungsurlaub, Anspruch auf einen Kindergartenplatz). Der Ausbau der Familienpolitik bildet einen deutlichen Kontrast zum überwiegenden Rückbau der Sozialpolitik – mit Ausnahme der Pflegeversicherung – während der christlich-liberalen Regierungszeit vor allem im Bereich der eng auf den Arbeitsmarkt bezogenen Sozialpolitik (insbesondere Arbeitsmarkt-, Sozialhilfe- und Rentenpolitik – vgl. hierzu auch die jeweiligen Beiträge in diesem Band). Es ist sogar zu fragen, ob diese Bedeutungsverschiebung innerhalb der Sozialpolitik das deutsche Modell des Wohlfahrtsstaates nicht nachhaltig verändert hat. Jedenfalls ist mit der Familienpolitik ein neuer Schwerpunkt neben die lohnarbeitszentrierte Sozialpolitik getreten, die wiederum hinsichtlich ihrer Sicherungsziele (Abkehr von der Lebensstandardsicherung) und ihres personalen Sicherungsumfangs (einbezogener Personenkreis) zahlreiche Einschnitte zu verzeichnen hatte (vgl. a. Bleses 2003; Seeleib-Kaiser 2002a).

---

[13] Grund war das Verlangen des BVerfG, dass die Unterhaltskosten für Kinder in existenzsichernder Weise berücksichtigt werden (BVerfGE: 82, 60; 82, 198; 91, 93). Vgl. zu den Urteilen des BVerfG und zur Bewertung Gerlach 2000: 24 ff.

3.3 Institutionenorientierte Familienpolitik?

Hier steht jedoch die Frage im Vordergrund, ob diese Politik tatsächlich noch als (allein) institutionenorientiert zu charakterisieren ist. Die Begründungen wie die umgesetzten Maßnahmen weisen m.E. keine eindeutige Richtung. Argumentativ wurde der Wert der Familie für die Gesellschaft und die Notwendigkeit betont, die Familie bei ihrer Leistungsfähigkeit unterstützen zu müssen, damit sie sich wieder selbst helfen und damit gesellschaftlich notwendige Leistungen erbringen kann. In diesen Begründungen ist die Tradition der christlichen Soziallehre wieder zu erkennen: Zwar haben die kleineren Gemeinschaften den größeren gegenüber Vorrang in allem, was sie allein und ohne fremde Hilfe tun können; benötigen sie allerdings Hilfe, dann muss die nächst größere Gemeinschaft oder die Gesellschaft Hilfe zur Selbsthilfe leisten. Das ist im Interesse beider Seiten (Nell-Breuning 1957). Erhalten blieb auch die Ansicht vom ursprünglichen und durch nichts ersetzbaren Wert der Familie, insbesondere was die Erziehung der Kinder anbelangt. Und schließlich wurde die ehebasierte Alleinernährerfamilie weiter als Idealfall propagiert. Eine Diskussion um jene Teile der Familienpolitik, welche sich an dem traditionellen Familienbild orientieren: z.B. steuerliches Ehegattensplitting und Mitversicherung des verheirateten, aber nicht erwerbstätigen Ehepartners in der Krankenversicherung sowie die abgeleitete Sicherung von Eheleuten in der Rentenversicherung, wurde innerhalb der Union nicht geführt. Das hätte ihrer Auffassung vom grundgesetzlichen Schutz von Familie *und* Ehe widersprochen. Das alles könnte als institutionenorientierte Muster der christlichen Familienpolitik der 1980er und 1990er Jahre bezeichnet werden.[14]

Doch schon die Propaganda für das ehebasierte Alleinernährermodell der Familienpolitik hatte Grenzen. Denn es wurde immer wieder betont, dass trotz der Präferenzen der Union für ein bestimmtes Lebens- und Familienmodell der Staat nicht das Recht habe, den Leuten zu diktieren, wie sie leben wollen. Vielmehr müsse der Staat die privaten Entscheidungen akzeptieren und dürfe auch abweichende Lebensmodelle nicht diskriminieren. Das allerdings sollte auch für das traditionelle Familienmodell gelten, das ebenfalls nicht schlechter gestellt werden dürfe als zum Beispiel die Doppelernährerfamilie. Eine einseitige Förderung der Erwerbstätigkeit zu Ungunsten der vollzeitigen Erziehungstätigkeit eines der beiden Elternteile wurde abgelehnt. Alle von der christlich-liberalen Koalition beschlossenen neuen Maßnahmen setzten kein bestimmtes Familienmodell voraus und waren geschlechtsneutral gestaltet. Sie

---

[14] Auch die schon traditionellen Elemente des Kinderlasten- bzw. -leistungsausgleichs wurden nur in ihrer Ausgestaltung, nicht aber dem Grunde nach hinterfragt. Sie sollen für die Familie eine zuverlässige finanzielle Grundlage schaffen und vor allem Benachteiligungen gegenüber Kinderlosen in der gleichen Einkommensschicht ausgleichen. Sie wirken sich jedoch neutral gegenüber verschiedenen Familienmodellen aus. Wichtig ist allein, dass Kinder da sind.

richteten sich explizit an das für die Erziehung zuständige Elternteil und kamen nicht in erster Linie der Familie als Ganzes zu Gute.[15]

Man kann die Familienpolitik der christlich-liberalen Regierungszeit zwischen 1982 und 1998 also nicht mehr allein mit dem Begriff der Institutionenpolitik charakterisieren. Vielmehr finden durch die neuen familienpolitischen Maßnahmen familienmitgliederorientierte Elemente Eingang in ihre Politik, was zu einer Liberalisierung des vorher eng gefassten Familienpolitikkonzepts geführt hat. Es ist die Frage, ob durch diesen – frei nach Heimann (1980 [1929]) – Einbau des Gegenprinzips in die Familienpolitik der Union nicht eine Dynamik in Gang gesetzt wurde, die es der Union für die Zukunft schwer machen wird, zur überwiegend institutionenorientierten Familienpolitik zurückzukehren. Es liegt nahe, die Liberalisierung des vorher engen familienpolitischen Konzepts der Union auf den Versuch der Partei zurückzuführen, sich dem gesellschaftlichen Wandel des Familien- und geschlechtlichen Rollenmodells anzupassen. Das wiederum hatte wahltaktische Gründe. Einmal in Gang gesetzt, erzeugte das liberalisierte familienpolitische Konzept der Union durch Deutungsangebote und politische Maßnahmen Erwartungen, die bei einer Rückkehr zu einem engen Familienpolitikmodell enttäuscht würden. Einen solchen Legitimitätsverlust wird die Union vermeiden wollen und aus wahltaktischen Gründen auch vermeiden müssen. Die Folge ist wahrscheinlich eine weitere Liberalisierung ihres Familienpolitikmodells, z.B. die bislang abgelehnte Gleichstellung gleichgeschlechtlicher mit heterosexuellen Lebensgemeinschaften (s. hierzu Leitner i.d.B).

4 Rot-grüne Familienpolitik 1998-2002

Die Oppositionsparteien SPD und Grüne standen der neuen Familienpolitik der christlich-liberalen Regierungskoalition Anfang der 1980er Jahre kritisch gegenüber. Der Hauptvorwurf richtete sich gegen die Konservierung eines traditionellen Rollenbildes, mit dessen Hilfe die Frauen aus dem Arbeitsmarkt herausgehalten werden sollten. Die neue Familienpolitik war in ihren Augen konservative Frauenpolitik. Des Weiteren wurde die Rückkehr zum dualen System des Kinderlastenausgleichs kritisiert, weil damit erneut der Ungleichbehandlung von Kindern unterschiedlicher Einkommensschichten Tür und Tor geöffnet werde. Während der erste Punkt sich noch auf die Differenz von Institutionen- und Familienmitgliederpolitik bezog, war der zweite Punkt davon abgekoppelt. Hier ging es um Fragen der Verteilungsgerechtigkeit („Jedes Kind soll dem Staat gleich viel wert sein"). Interessant ist, dass die SPD

---

[15] Ihre Geschlechtsneutralität verlieren diese Maßnahmen erst im Zusammentreffen mit der gesellschaftlichen Realität. Damit ist aber die hier ausgeklammerte Ebene politischer *outcomes* berührt.

und die Grünen die grundsätzliche Kritik an der angeblich institutionenorientierten Familienpolitik der Regierungskoalition bis zum Ende der 1980er Jahre bereits im Wesentlichen aufgegeben hatten. Es ging auch ihnen jetzt nicht mehr um eine Abschaffung von Erziehungsgeld bzw. -urlaub und eine Rückkehr zum Mutterschaftsurlaubsgeld aus dem Jahre 1979. Vielmehr propagierten auch die Oppositionsparteien jetzt zunehmend einen – von der Regierung bis 1993 sowieso betriebenen – Ausbau dieser neuen familienpolitischen Maßnahmen. In dieser Frage stellten sie keine Opposition mehr dar. Lediglich die Kritik an der Verteilungsgerechtigkeit des komplizierten Familienleistungsausgleich hielten sie bis zu dessen geschilderter Umstellung 1995 aufrecht. Hier konnte sich die sozialdemokratische Opposition schon vor dem Regierungswechsel 1998 durchsetzen, indem die Reform des Kinderleistungsausgleichs ihren Vorstellungen bis auf einen Rest der steuerlichen Besserstellung gut verdienender Familien weit entgegen kam.

4.1 Pläne und Argumente

Unmittelbar vor der Regierungsübernahme stellten weder die Grünen noch die SPD deshalb in der Familienpolitik eine grundlegende Alternative zur christlich-liberalen Koalition dar. Die SPD kündigte zwar vor allem die Reformierung von Erziehungsgeld und Erziehungsurlaub an, um erstens eine bessere Kombinierbarkeit von Erwerbs- und Erziehungsarbeit und zweitens eine partnerschaftlichere Verteilung von Erwerbs- und Erziehungsarbeit zu erreichen (SPD 1998: 33 f.). Das waren aber keine grundlegenden Systemänderungen. Die Grünen gingen in eine ähnliche Richtung, forderten eine Erhöhung des Kinder- und Erziehungsgeldes, die verbesserte steuerliche Anerkennung von Kinderbetreuungskosten und plädierten zudem – vage – für verbesserte Kinderbetreuung und Rechtspositionen des Kindes. Außerdem sprachen sich die Grünen für eine Abschaffung des Ehegattensplittings aus (Bündnis 90/Die Grünen 1998: 75 f., 92). Die Koalitionsvereinbarung der neuen rot-grünen Koalition ergab hier – abgesehen vom Ehegattensplitting, das jetzt nicht mehr grundsätzlich zur Disposition stand, sondern im Splitting-Vorteil begrenzt werden sollte – keine wesentlichen Neuerungen (vgl. Koalitionsvertrag 1998: 41 f.). Alles sollte besser, aber nicht grundlegend anders werden.

Interessant ist die veränderte Programmatik der Sozialdemokraten. Im Wahlprogramm der SPD von 1983 heißt es: „Unsere Familienpolitik stärkt und fördert die Familie als sozialen und kulturellen Mittelpunkt der Menschen. Der Staat hat die Rahmenbedingungen zu schaffen, damit ein freies und selbstverantwortliches Zusammenleben der Menschen mit Familien möglich ist" (SPD 1983: 104). Insbesondere im Vergleich zu der an verschiedenen Stellen des Programms betonten Notwendigkeit, die Rechtspositionen der Frauen in Familie, Ehe und auf dem Arbeitsmarkt absichern und verbessern zu müssen, sowie der Sorge, dass eine konservative Regierung die erreichten Frauenrechte wieder stutzen werde, erscheinen die Ausführungen zum Wert der Familie sehr knapp und ohne Pathos. Im Wahlprogramm der

SPD von 1998 weist die Partei hingegen sehr viel eindrücklicher auf die Bedeutung der Familie für Individuum *und* Gesellschaft hin: „Familie soll den Menschen Liebe, Geborgenheit, Anerkennung und Wärme geben. Die Familie gehört zu den wichtigsten Leistungsträgern in unserer Gesellschaft. Sie soll Garant sein für den Zusammenhalt der Menschen und für die freie Entfaltung der Individuen. In ihr wird die Grundlage für Verantwortungsfähigkeit gelegt" (SPD 1998: 33). Mit dieser Wertschätzung der Familie hat sich die SPD der Union weit angenähert. Anders als die Union aber, welche die Bedeutung der Ehefamilie meist zuerst betont und nachträglich andere familiale Lebensformen als gesellschaftlich mögliche Alternativen einräumt, geht die SPD gleich von einem erweiterten Familienbegriff aus: „Familie ist, wo Kinder sind" (SPD 1998: 33).

4.2 Umsetzung

Die rot-grüne Regierung hat in der Familienpolitik dann – erneut abgesehen vom Ehegattensplitting, das unangetastet blieb (s.o.) – im Wesentlichen das und noch einiges mehr getan, was sie in den Wahlprogrammen bzw. in der Koalitionsvereinbarung versprochen hatte. Den Kinderlastenausgleich hat sie in der Struktur unverändert fortgeführt und schrittweise weiter ausgebaut (vgl. Tab. 1). Seit dem Jahre 2002 gibt es – wie in den Wahlprogrammen angekündigt – 154 € (bzw. ca. 301 DM) Kindergeld für das erste bis dritte Kind; für das vierte und jedes weitere Kind werden 179 € (bzw. ca. 350 DM) ausgezahlt. Der alternative steuerliche Kinderfreibetrag beträgt 3.648 € (bzw. ca. 7.135 DM). Zusätzlich wurde im Jahre 2000 ein Betreuungsfreibetrag in Höhe von 1.548 € (bzw. ca. 3.024 DM) eingeführt. Er wurde im Jahre 2002 mit dem Ausbildungsfreibetrag zusammengefasst und auf 2.160 € (bzw. ca. 4.225 DM) angehoben (vgl. Tab. 2 mit Anmerkungen).[16] Hinzu kamen ab 2002 ein Freibetrag in Höhe von 924 € für volljährige und in der Ausbildung befindliche Kinder, die außerhalb des Elternhauses untergebracht sind, sowie die Möglichkeit, erwerbsbedingte Betreuungskosten in Höhe von bis zu 1.500 € für Kinder unter 14 Jahren auch über den vorangegangenen Betreuungsfreibetrag in Höhe von 1.548 € absetzen zu können.

Auch Erziehungsgeld und -urlaub wurden einer Überarbeitung unterzogen.[17] Die wichtigste Veränderung war die Umgestaltung des Erziehungsurlaubs zu einer El-

---

[16] Im Gegenzug wurde der Haushaltsfreibetrag für Alleinerziehende schrittweise gekürzt und entfällt ab 2005 vollständig. Die Umstellung vom Haushaltsfreibetrag für Alleinerziehende auf den Betreuungsfreibetrag für alle Eltern ist auf eine Urteil des BVerfG zurückzuführen, das im Haushaltsfreibetrag eine verfassungswidrige Ungleichbehandlung von Alleinerziehenden und anderen Lebensformen der Eltern erkannte (vgl. Gerlach 2000: 26 f.).

[17] Zu einer detaillierten Gegenüberstellung von alten und neuen Regelungen des Erziehungsurlaubs (bzw. der Elternzeit) und Erziehungsgeldes s. Leitner i.d.B.

ternzeit. Nun konnten Eltern bis zu drei Jahre lang *gemeinsam* Erziehungsurlaub nehmen, wobei sie statt der bisherigen 19 Stunden jeweils bis zu 30 Stunden pro Woche erwerbstätig sein durften. Neu war zudem, bei Zustimmung des Arbeitgebers eine Restzeit der Elternzeit von bis zu einem Jahr auf das Lebensalter des Kindes zwischen dem 3. und 8. Geburtstag übertragen zu können. Mit dem Teilzeitgesetz kam zusätzlich der Anspruch auf eine Teilzeitarbeit in Betrieben mit über 15 Beschäftigten während der Elternzeit hinzu.[18] Neu war schließlich auch, dass das Erziehungsgeld, das bislang weder auf die Sozial- noch auf die Arbeitslosenhilfe angerechnet wurde, nun auch unter der Bedingung beim Arbeitslosengeld anrechnungsfrei blieb, wenn ihm eine wöchentliche Arbeitszeit von bis zu 30 Stunden zugrunde lag (BMFSFJ 2002).

Das waren im Vergleich zur vorangegangenen Gestaltung durch die christlich-liberale Koalition bedeutende Unterschiede. Zwar ermöglichte der alte Erziehungsurlaub auch Wechsel zwischen den Elternteilen. Die seit 2001 mögliche Gleichzeitigkeit war jedoch nicht vorgesehen. Zudem erbrachte die angehobene Stundengrenze zulässiger Erwerbstätigkeit neben der Inanspruchnahme der Elternzeit die Chance, während der Erziehung kleiner Kinder stärker im Arbeitsmarkt verankert zu bleiben. Die neue Elternzeit wies damit klar in Richtung einer verbesserten Vereinbarkeit von Familie und Erwerbstätigkeit *beider Elternteile*.

Die Einkommensgrenzen für das Erziehungsgeld wurden vom Januar 2001 an ab dem 7. Lebensmonat des Kindes angehoben. Sie wurden damit erstmalig seit 1986 erhöht.[19] Die Höhe des Erziehungsgeldes wurde mit einer Ausnahme nicht verändert und bei 600 DM (307 €) belassen: Eltern konnten sich ab jetzt entscheiden, nur ein Jahr Erziehungsgeld zu beanspruchen und dafür 900 DM (460 €) im Monat zu erhalten.

In der Rentenversicherung wurde die Bewertung der Erziehungszeiten ab Januar 2002 (rückwirkend ab 1992) weiter ausgedehnt. Erstens wurden Rentenansprüche, die in den ersten 10 Lebensjahren des Kindes entstanden waren – wie bei der Rente nach Mindesteinkommen – um 50%, höchstens jedoch bis zur Erreichung des Beitrags eines Durchschnittseinkommens dann aufgewertet, wenn ein Elternteil z.B. in Folge Teilzeitarbeit ein nur geringes Einkommen hatte. Personen, die wegen der Erziehung mehrerer Kinder unter 10 Jahren nicht erwerbstätig sein können, wurden seither 1/3 der Rentenanwartschaften eines Durchschnittseinkommens angerechnet. Zudem wurde die Hinterbliebenenrente so verändert, dass sie Eltern im Vergleich zu Kinderlosen begünstigt. Während der allgemeine Anspruch in der Witwen-/Witwerrente von 60% auf 55% des Anspruchs des/der Versicherten gesenkt wurde, erhalten Hinterbliebene für das erste erzogene Kind einen Zuschlag von 2 Entgelt-

---

[18] Der Arbeitgeber kann diesem Anspruch nur mit dringenden betrieblichen Einwänden begegnen.
[19] Zu den veränderten Einkommensgrenzen s. Leitner i.d.B.

punkten, für jedes weitere Kind von 1 Entgeltpunkt. Das führt bereits bei einem Kind oft zu einem Ausgleich des abgesenkten allgemeinen Versorgungsniveaus, ab zwei Kindern werden die Erziehenden besser gestellt als nach vorangegangener Rechtslage.[20]

Neben diesen Maßnahmen im Steuer- und Sozialleistungssektor ergriff die rot-grüne Bundesregierung außerdem regulative Maßnahmen. Im Juli 2000 wurde das Kindesunterhaltsrecht so geändert, dass die Hälfte des Kindergeldes erst dann vollständig der unterhaltspflichtigen Person zufließt, wenn das Existenzminimum des Kindes ohne Kindergeld gedeckt ist.[21] Im November 2000 wurde das Recht eines Kindes auf gewaltfreie Erziehung, im Januar 2002 eine Verbesserung des Schutzes bei Gewalttaten in der Ehe eingeführt. Seit Juni 2002 gilt schließlich ein verbesserter Mutterschutz bei vorzeitigen Entbindungen.

Zusammenfassend lässt sich für die erste Legislaturperiode der rot-grünen Bundesregierung ein starker Ausbau der Familienpolitik auf den verschiedenen Feldern beobachten. Einen Schwerpunkt bildeten der Familienleistungsausgleich, die Reformierung des Erziehungsurlaubs zu einer Elternzeit, die beiden Elternteilen sowohl Erziehungs- wie auch Erwerbstätigkeit besser als zuvor zusammen ermöglichen soll, sowie die Erweiterung der Anerkennung von Kindererziehung im Rentenrecht.

4.3 Mitgliederorientierte Familienpolitik?

Kein Zweifel: Dieser Ausbau war für den Rahmen einer Legislaturperiode beachtlich, selbst wenn berücksichtigt wird, dass die Familienpolitik auch von der Vorgängerregierung bevorzugt betrieben wurde. Aber handelte es sich um eine erneute Rückbesinnung auf eine Familienmitgliederpolitik, mit der die rot-grüne Bundesregierung an die Regierungszeit der sozial-liberalen Koalition bis 1982 angeknüpft hätte? Auf der einen Seite hat die rot-grüne Bundesregierung den Erziehungsurlaub und das Erziehungsgeld nicht wieder in die Richtung verändert, die sie 1979 mit dem Mutterschaftsurlaubsgeld (s.o.) eingeschlagen hatte. Sie hat – trotz des Vorhabens, den Splitting-Vorteil zu begrenzen – ebenfalls die Regelung unangetastet gelassen, die eine besondere Förderung der tradierten Ehe-Familie darstellt: das Ehegattensplitting (vgl. Dingeldey 2001). Das gilt auch für die Mitversicherung nicht erwerbstätiger Ehepartner in der Krankenversicherung und – abgesehen von der Absenkung des Versorgungsniveaus für Kinderlose – für die Hinterbliebenensicherung

---

[20] Auch bei der zusätzlichen kapitalgedeckten Altersrente („Riesterrente") wurde ab 2002 Kindererziehung mit einer Zulage zur staatlichen Förderung in Höhe von bis zu 360 DM (184 €) berücksichtigt.

[21] Das Existenzminimum ist auf 135% des Regelsatzes der sog. Düsseldorfer Tabelle festgelegt. Die Düsseldorfer Tabelle ist keine staatliche Festlegung des Kindesunterhalts. Vielmehr handelt es sich um eine durch die Rechtsprechung festgelegte und immer wieder aktualisierte Unterhaltstabelle.

in der Rentenversicherung. Und schließlich hat sie ein Schwergewicht auf den Ausbau des Kinderlastenausgleichs gelegt, der den Familienformen gegenüber neutral ist. Auf der anderen Seite hat sie aber die Vereinbarkeitsproblematik zu entschärfen gesucht. Sie hat dabei allerdings Mittel eingesetzt, welche die Familie als Einheit eher stärken als schwächen. Die neue Elternzeit kann es vor allem ermöglichen, die Kindererziehung auf beide Elternteile unter Einschluss einer Teilzeiterwerbstätigkeit zu verteilen und damit weitgehend innerhalb der Familie zu belassen.

Insgesamt könnte man – auch unter Berücksichtigung der rechtlich-regulatorischen Maßnahmen – von einem leichten Trend in Richtung einer expliziteren Orientierung auf das Familienmitglied sprechen, ohne allerdings die Institutionenorientierung aufzugeben. Eine verstärkte Rückkehr zur Familienmitgliederpolitik, die Eltern von den Erziehungsaufgaben entlastet, deutete sich erst zum Ende der ersten Legislaturperiode im Wahlkampf zur Bundestagswahl 2002 an und wird jetzt auch tatsächlich angegangen. Gemeint ist der sukzessive Aufbau verbesserter Kinderbetreuungseinrichtungen über das gesamte Kindesalter hinweg (Horte, Ganztagskindergärten, Ganztagsschulen). Zwar sind hier die Länder und Kommunen zuständig. Doch die rot-grüne Bundesregierung will die Länder und Kommunen ab 2003 bis zum Jahre 2007 mit insgesamt 4 Mrd. € für den Ausbau von Ganztagsschulen unterstützen. Ab dem Jahre 2004 sollen dann jährlich weitere 1,5 Mrd. € für eine bessere Betreuung in Krippen und durch Tagesmüttern bereit stehen (Bundesregierung 2002: 22 f.; vgl. auch Koalitionsvertrag 2002: 25). Dabei setzt die rot-grüne Regierung vor allem auf einen Ausbau der öffentlichen Kinderbetreuung.

In dieser Gewichtung besteht gegenwärtig Dissens zwischen der Regierung und der Opposition. Dass bislang grundsätzlich zu wenig Kinderbetreuungsmöglichkeiten existieren, ist zwar zwischen Opposition und Regierung unstrittig. Die Union favorisiert jedoch statt eines Ausbaus öffentlicher Kinderbetreuung das Modell eines Familiengeldes. Es soll Erziehungs- und Kindergeld ersetzen, in den ersten drei Lebensjahren des Kindes 600 € betragen, bis zum 18. Lebensjahr 300 € und 150 € (ab dem vierten Kind 170 €) für jedes Kind, das sich nach dem 18. Lebensjahr noch in Ausbildung befindet (CDU/CSU 2002: 37). Die Union will die Eltern nicht zwangsweise auf ein öffentliches Kinderbetreuungsangebot verweisen. Vielmehr sollen die Eltern das Geld bekommen und selbst entscheiden, wofür sie es ausgeben (z.B. private Kinderbetreuung, Erwerbsarbeitsverzicht). Dieses Konzept könnte erneut als eines der Wahlfreiheit verstanden werden.

5 Resümee: Gibt es noch eine Parteiendifferenz in der Familienpolitik?

Die rot-grüne Regierungskoalition hat den familienpolitischen Ausbau dynamisch vorangetrieben. Dabei hat sie im Wesentlichen an die bereits während der christlich-liberalen Koalition etablierten Maßnahmen angeknüpft und diese weiterentwickelt.

Es gab keine tief greifenden familienpolitischen Innovationen, wenngleich die Maßnahmenentwicklung insbesondere bei der Elternzeit (vorher Erziehungsurlaub) stärker als zuvor in Richtung Lösung des Vereinbarkeitsproblems von Erwerbsarbeit und Familie ging. Die Unterschiede gingen allerdings nicht so weit, dass diese Art der Familienpolitik nicht auch unter einer unionsgeführten Koalition vorstellbar gewesen wäre (vgl. Kolbe 2002: 395 ff.).

Mit anderen Worten: Von einer grundlegenden Parteiendifferenz konnte während der ersten Legislaturperiode der rot-grünen Regierung in der Familienpolitik nicht gesprochen werden. Das hatte allerdings nur zu einem Teil damit zu tun, dass die SPD nicht wieder zu einer ausgeprägten familienmitgliederorientierten Politik zurückgekehrt ist, die sie bis zum Regierungswechsel 1982 im Wesentlichen verfolgt hatte. Und es ist auch nicht nur darauf zurückzuführen, dass sich die SPD in der Wertschätzung der Familie (besser: familialer Gemeinschaften) als gesellschaftliche Basisinstitution an Unionsvorstellungen angenähert hat. Ebenso ausschlaggebend ist, dass die Union sich seit Mitte der 1980er Jahre ebenfalls von einer reinen institutionenorientierten Familienpolitik verabschiedet und Maßnahmen ergriffen hat, die vornehmlich auch einzelnen Familienmitgliedern zugute kamen. Die rot-grüne Bundesregierung hätte deshalb schon einen sehr harten Kurswechsel in der Familienpolitik verfolgen müssen, um sich systematisch von der vorangegangenen christlich-liberalen Koalition zu unterscheiden. Man könnte also von einer gegenseitigen Annäherung der großen Parteien sprechen. Das würde die These einer Christdemokratisierung der Sozialdemokratie (vgl. Seeleib-Kaiser 2002b) – für das Politikfeld Familie – um die einer Sozialdemokratisierung der Union ergänzen (vgl. Schaubild 2).

Schaubild 2: Familienpolitik ohne Parteiendifferenz

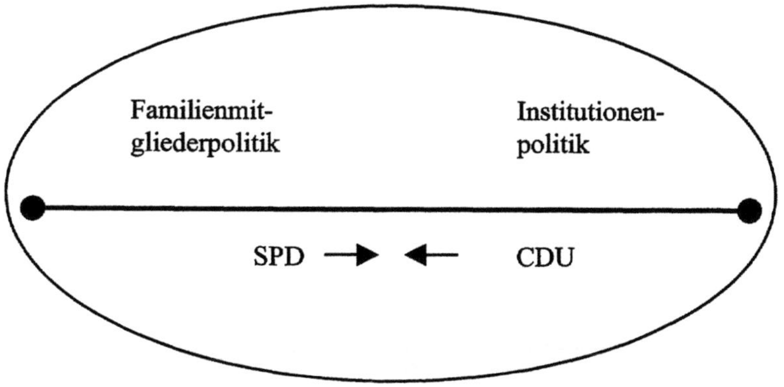

Das mag für die SPD die gleichen Restriktionen ihrer familienpolitischen Handlungsfähigkeit mit sich bringen, die oben bereits für die Union formuliert wurden. Einmal in Gang gesetzt, erzeugt die Liberalisierung familienpolitischer Konzepte eine Erwartungsdynamik bei den Politikadressaten, welche nur noch schwer umzukehren sein wird, ohne schwerwiegende Legitimitätseinbußen befürchten zu müssen.

Das bedeutet nicht, dass es gegenwärtig keinerlei Unterschiede in den familienpolitischen Vorstellungen von Unionsparteien einerseits und den rot-grünen Regierungsparteien andererseits mehr gäbe und zukünftig geben wird. Wahrscheinlich nehmen die Differenzen derzeit sogar wieder zu, wie die unterschiedlichen Konzepte vom Ausbau der öffentlichen Kinderbetreuung (Staatslösung) einerseits und des Familiengeldes (Hilfe zur Selbsthilfe) andererseits im Vorfeld und nach der Bundestagswahl 2002 zeigten. Allerdings sind diese Differenzen nur noch schlecht mit der alten Differenz zwischen einer institutionen- und einer familienmitgliederorientierten Familienpolitik zu fassen. Diese Differenz hat seit Mitte der 1980er Jahre immer mehr an Bedeutung verloren. Selbst die Problemdiagnosen (vor allem Bedürftigkeit der Familie und Vereinbarkeitsproblem) ähneln sich stark. Nur die Problemlösungswege scheinen heute wieder differenter zu werden. Es ist m.E. unwahrscheinlich, dass dies erneut zu einer *grundlegenden* Differenz in der Familienpolitik führt.

6 Literatur

B'90/Die Grünen, 1998: Grün ist der Wechsel, Programm zur Bundestagswahl 1998, Bonn: B'90/Die Grünen Bundesgeschäftsstelle, Referat Öffentlichkeitsarbeit.
Bäcker, Gerhard; et al., 2000: Sozialpolitik und soziale Lage in Deutschland. Band 2: Gesundheit und Gesundheitssystem, Familie, Alter, Soziale Dienste, 3., grundlegend überarbeitete und erweiterte Auflage, Wiesbaden.
Bleses, Peter, 2003: "Der deutsche Wohlfahrtsstaat zwischen Lohnarbeit und Familie", in: *Jutta Allmendinger* (Hrsg.), Entstaatlichung und soziale Sicherheit. Verhandlungen des 31. Kongresses der Deutschen Gesellschaft für Soziologie in Leipzig 2002, 2 Bände und CD-ROM, Opladen (i.E.)
Bleses, Peter/Seeleib-Kaiser, Martin, 1998: Von der Lohnarbeit zur Familie? Zur Veränderung der Wohlfahrtsstaatlichkeit in der Bundesrepublik Deutschland, Zes-Arbeitspapier Nr. 4/98, Zentrum für Sozialpolitik, Universität Bremen.
Bleses, Peter/Seeleib-Kaiser, Martin, 1999: Zum Wandel wohlfahrtsstaatlicher Sicherung in der Bundesrepublik Deutschland: Zwischen Lohnarbeit und Familie, in: Zeitschrift für Soziologie 28: 114-135.
BMFSFJ, 2002: Chronologie und Stand der familienpolitischen Entscheidungen seit Beginn der Legislaturperiode, Stand: August 2003: http://www.bmfsfj.de/top/dokumente/Artikel/ix_46129.htm? template =single&id=46129&script=1&ixepf=_46129.
Bundesfinanzministerium, 2001: Datensammlung zur Steuerpolitik, http://www.bundesfinanzministerium.de/Anlage9419/Datensammlung-zur-Steuerpolitik.pdf.
Bundesregierung, 2002: Inkrafttreten von Gesetzen zum 1. Januar 2003: www.bundesregierung.de/Anlage457083/Neuregelungen+zum+1.+Januar+2003.pdf.
CDU (Christlich-Demokratische Union Deutschlands), 1978: Freiheit – Solidarität – Gerechtigkeit. Grundsatzprogramm der Christlich-Demokratischen Union Deutschlands, Beschlossen vom 26. Bundesparteitag, Ludwigshafen 23.-25. Oktober 1978, Bonn.

CDU/CSU (Christlich-demokratische und christlich-soziale Union Deutschlands), 2002: Leistung und Sicherheit. Zeit für Taten., Regierungsprogramm 2002/2006 von CDU und CSU, Berlin.

Dienel, Christiane, 2002: Familienpolitik, Weinheim/München.

Dingeldey, Irene, 2001: Familienbesteuerung in Deutschland. Kritische Bilanz und Reformperspektiven, in: *Achim Truger* (Hrsg.), Rot-grüne Steuerreformen in Deutschland. Eine Zwischenbilanz, Marburg, 201-227.

Geißler, Heiner, 1976: Die Neue Soziale Frage, Freiburg i.Br.

Gerlach, Irene, 2000: Politikgestaltung durch das Bundesverfassungsgericht am Beispiel der Familienpolitik, in: Aus Politik und Zeitgeschichte B 3-4: 21-31.

Götting, Ulrike, 1992: Die Politik der Kindererziehungszeiten – Eine Fallstudie, ZeS-Arbeitspapier Nr.2/92, Zentrum für Sozialpolitik, Universität Bremen.

Heimann, Eduard, 1980 (1929): Soziale Theorie des Kapitalismus. Theorie der Sozialpolitik, Frankfurt a.M.

Koalitionsvertrag, 1998: Aufbruch und Erneuerung – Deutschlands Weg ins 21. Jahrhundert. Koalitionsvereinbarung zwischen der Sozialdemokratischen Partei Deutschlands und Bündnis 90/Die Grünen v. 20. Okt. 1998, Bonn.

Koalitionsvertrag, 2002: Erneuerung – Gerechtigkeit – Nachhaltigkeit, Koalitionsvertrag zwischen der SPD und Bündnis 90/Die Grünen vom 16. Okt. 2002, Berlin.

Koch, Angelika, 2000: Vereinbarkeit von Familie und Beruf für beide Geschlechter? Zum Gesetzentwurf der rot-grünen Bundesregierung, in: Blätter für deutsche und internationale Politik 45: 590-599.

Kolbe, Wiebke, 2002: Elternschaft im Wohlfahrtsstaat. Schweden und die Bundesrepublik im Vergleich 1945-2000, Frankfurt a.M./New York.

Limbach, Jutta/Willutzki, Siegfried, 2002: Die Entwicklung des Familienrechts seit 1949, in: *Rosemarie Nave-Herz* (Hrsg.), Kontinuität und Wandel der Familie in Deutschland, Stuttgart, 7-43.

Münch, Ursula, 1990: Familienpolitik in der Bundesrepublik Deutschland. Maßnahmen, Defizite, Organisation familienpolitischer Staatstätigkeit, Freiburg i.Br..

Nell-Breuning, Oswald von, 1957: Solidarität und Subsidiarität im Raume von Sozialpolitik und Sozialreform, in: *Erik Boettcher* (Hrsg.), Sozialpolitik und Sozialreform, Tübingen, 213-226.

Schönig, Werner, 2001: Mitgliederorientierte Familienpolitik. Vereinbarkeitsstrategien als Akzenterweiterung in praktischer und konzeptioneller Hinsicht, in: Sozialer Fortschritt 50: 36-41.

Seeleib-Kaiser, Martin, 2002a: A Dual Transformation of the German Welfare State?, in: West European Politics 25: 25-48.

Seeleib-Kaiser, Martin, 2002b: Neubeginn oder Ende der Sozialdemokratie? Eine Untersuchung der programmatischen Reform sozialdemokratischer Parteien und ihrer Auswirkung auf die Parteiendifferenzthese, in: Politische Vierteljahresschrift 43: 478-496.

SPD (Sozialdemokratische Partei Deutschlands), 1983: SPD-Wahlprogramm 1983 (Entwurf). Beschluss des Parteivorstandes vom 17. Dezember 1982, in: Bayrische Landeszentrale für politische Bildungsarbeit (Hg.), Programme der politischen Parteien in der Bundesrepublik Deutschland. Ergänzungsband zur Bundestagswahl 1983, München, 94-113.

SPD (Sozialdemokratische Partei Deutschlands), 1998: Arbeit, Innovation und Gerechtigkeit – SPD-Programm für die Bundestagswahl 1998, Bonn.

Textor, Martin, 1991: Familienpolitik. Probleme, Maßnahmen, Forderungen, Bonn.

Würmeling, Franz-Josef, 1963: Familie – Gabe und Aufgabe, Köln.

7 Anhang

Tab. 1 Entwicklung des Kindergeldes

Zeitraum	in € pro Monat			
	1. Kind	2. Kind	3. Kind	4. und jedes weitere Kind[6]
01.01.1955 - 30.09.1957			13	13
01.10.1957 - 28.02.1959			15	15
01.03.1959 - 30.03.1961			20	20
01.04.1961 - 31.12.1963		13[1]	20	20
01.01.1964 - 31.08.1970		13[1]	26	31
01.09.1970 - 31.12.1974		13[1]	31	31
01.01.1975 - 01.12.1977	26	36	61	61
01.01.1978 - 31.12.1978	26	41	77	77
01.01.1979 - 30.06.1979	26	41	102	102
01.07.1979 - 31.01.1981	26	51	102	102
01.02.1981 - 31.12.1981	26	61	123	123
01.01.1982 - 31.12.1982	26	51	112	123
01.01.1983 - 30.06.1990	26	36-51[2]	72-112[2]	72-123[2]
01.07.1990 - 31.12.1991[4]	26	36-66[2]	72-112[2]	72-123[2]
01.01.1992 - 31.12.1995	36	36-66[2]	72-112[2][3]	72-123[2][3]
01.01.1996 - 31.12.1996[5]	102	102	153	179
01.01.1997 - 31.12.1998[5]	112	112	153	179
01.01.1999 - 31.12.1999[5]	128	128	153	179
01.01.2000 - 31.12.2001	138	138	153	179
seit 01.01.2002	154	154	154	179

1) Bei Überschreitung bestimmter Einkommensgrenzen entfiel das Kindergeld für das zweite Kind.
2) Ab dem 01.01.1983 verminderte sich bei Überschreiten bestimmter Einkommensgrenzen das Kindergeld stufenweise für das zweite Kind auf 36 €, für das dritte und weitere Kinder auf je 72 € Sockelbetrag.
3) Ab 01.01.1994 beträgt das Kindergeld für das dritte und jedes weitere Kind 36 €, wenn eine weitere Einkommensgrenze überschritten wird.
4) Ab 1991 für Gesamtdeutschland.
5) Ab 1996 kann zwischen Kindergeld und steuerlichem Kinderfreibetrag gewählt werden.
6) Für das fünfte und jedes weitere Kind wurde lediglich in den Jahren 1964 bis 1974 jeweils 5 € mehr als für das vierte Kind gezahlt.

Quelle: Bundesfinanzministerium 2001: 41; zum Teil neu zusammengestellt, P.B.

Tab. 2   Entwicklung der steuerlichen Kinderfreibeträge

Veranlagungszeitraum	Jährliche Kinderfreibeträge für das		
	1.Kind	2. Kind	3. und jedes weitere Kind
		in €	
1948 – 1952	307	307	307
1953	307	307	378
1954	307	307	429
1955 – 1956	368	368	859
1957	368	736	859
1958 – 1961	460	859	920
1962 – 1974	614	859	920
1975 – 1982	-	-	-
1983 – 1985	221	221	221
1986 – 1989	1.270	1.270	1.270
1990 – 1991	1.546	1.546	1.546
1992 – 1995	2.098	2.098	2.098
1996[1]	3.203	3.203	3.203
1997 - 1999[1]	3.534	3.534	3.534
2000 - 2001[1][2]	5.080	5.080	5.080
2002[1][3]	5.808	5.808	5.808

1) Ab 1996 kann zwischen Kindergeld und steuerlichem Kinderfreibetrag gewählt werden.
2) Einschließlich eines Betreuungsfreibetrages in Höhe von 1.548 €.
3) Der bisherige Betreuungsfreibetrag und der Ausbildungsfreibetrag werden durch einen einheitlichen Freibetrag in Höhe von 2.160 € ersetzt.

Quelle: Bundesfinanzministerium 2001: 43

Tab. 3   Entwicklung des Kindergeldzuschlags

Zeitraum	Monatlicher Zuschlag bis zu ...€ bei gemeinsamer Veranlagung
01.01.1986 – 31.12.1989	24
01.01.1990 – 31.12.1991	25
01.01.1992 – 31.12.1995	33

Quelle: Bundesfinanzministerium 2001: 41

Gesundheitspolitik zwischen 1998 und 2003: Nach der Reform ist vor der Reform

Andreas Brandhorst

1 Einleitung

Die Steuerung des Gesundheitswesens ist eine höchst anspruchsvolle Aufgabe. Der Staat kann die Qualität und die Wirtschaftlichkeit von Gesundheitsleistungen nur mittelbar beeinflussen. Gesundheitspolitik ist vor allem das Setzen von Rahmenbedingungen. Zudem kommen im deutschen Gesundheitswesen höchst unterschiedliche Steuerungsinstrumente zur Anwendung. Korporative Koordinierung, Wettbewerbssteuerung und staatliche Planungssteuerung werden in den verschiedenen Versorgungsbereichen in je unterschiedlichen Kombinationen angewendet. Damit ist eine steuerungstheoretische Perspektive zur Identifizierung von Kontinuitäten und Diskontinuitäten in der Gesundheitspolitik besonders aufschlussreich. Dies gilt ebenfalls für die Beantwortung der Frage, ob der Wechsel von Schwarz-Gelb zu Rot-Grün auch in der Gesundheitspolitik Spuren hinterlassen hat.

2 Gesundheitspolitik in den späten 1970er und in den 1980er Jahren: Kostendämpfung im Konsens mit den Verbänden

Seit der zweiten Hälfte der 1970er Jahre ist die Beitragssatzstabilität das prioritäre Ziel der Gesundheitspolitik. Angesichts von Beitragsausfällen infolge steigender Arbeitslosigkeit einerseits und negativen Rückwirkungen steigender Beiträge auf den Arbeitsmarkt andererseits, rückte die Begrenzung der Ausgaben ins Zentrum der Gesundheitspolitik.

Die Realisierung dieses Ziels sollte im Konsens mit der gemeinsamen Selbstverwaltung der Gesetzlichen Krankenversicherung (GKV) aus Krankenkassen und Ärzteschaft sowie den anderen Interessengruppen des Gesundheitswesens erfolgen. Sichtbarster Ausdruck dieses korporatistischen Steuerungsansatzes war die 1977 mit dem Krankenversicherungs-Kostendämpfungsgesetz (KVKG) eingeführte „Konzertierte Aktion im Gesundheitswesen", mit der eine regelmäßige Verhaltensabstimmung der beteiligten Akteure herbeigeführt werden sollte. Die Gesundheitspolitik der 1970er und 1980er Jahre zielte darauf ab, über die Interessenverbände die Selbststeuerung der GKV zu verbessern und auf eine Politik der Ausgabenbegrenzung auszurichten.

Diese Strategie darf als bedingt gescheitert bezeichnet werden. Reformen zur Schaffung effizienter Strukturen in der Gesundheitsversorgung wurden durch die Verbände insbesondere der Leistungserbringer verhindert. Kurzzeitige Beitragssatzreduzierungen resultierten nicht aus Strukturveränderungen, sondern vorrangig aus der Verlagerung von Kosten auf die privaten Haushalte. Die kostentreibenden Strukturen blieben im Wesentlichen unverändert (vgl. Bandelow 1998: 187 ff., Gerlinger 2002: 8 ff.)

3 Gesundheitspolitik bis 1998: Halbierter Wettbewerb

In den 1990er Jahren ging die Gesundheitspolitik dazu über, verstärkt Wettbewerbselemente in das Gesundheitswesen zu implementieren. Die Selbststeuerung des Systems sollte nicht mehr vorrangig über mehr korporative Koordination, sondern über veränderte Anreizstrukturen erfolgen. Die Akteure sollten „sich auf der Basis ihrer eigenen finanziellen Interessen am Ziel der Ausgaben- und Mengenbegrenzung [...] orientieren" (Gerlinger 2002: 13).

Ausdruck dieses Paradigmenwechsels war das 1992 von beiden Volksparteien getragene Gesundheitsstrukturgesetz (GSG). Die Beendigung der gesetzlichen Zuweisung der Versicherten zu bestimmten Kassenarten und ihre Ablösung durch das freie Kassenwahlrecht führte den Kassenwettbewerb in die GKV ein. Zur Aufrechterhaltung der Solidarordnung auch unter Wettbewerbsbedingungen wurde – um einen Wettbewerb nur um gesunde und beitragsstarke Versicherte zu verhindern und Wettbewerbsverzerrungen durch die unterschiedlichen Versichertenstrukturen der Kassen zu vermeiden – flankierend der kassenartenübergreifende Risikostrukturausgleich geschaffen. Außerdem wurde mit dem GSG die Veränderung des Vergütungssystems im Krankenhausbereich angegangen. Ziel war die schrittweise Ablösung des Selbstkostendeckungsprinzips durch ein wettbewerbskompatibles System von Fallpauschalen und Sonderentgelten.

Darüber hinaus wurden mit dem GSG die Vergütungen im ambulant-ärztlichen Bereich, die Ausgaben für Arznei- und Heilmittel und die Krankenhausvergütungen zeitlich befristet bis 1995 an die Grundlohnentwicklung angebunden. Dabei waren für die Union die Budgetierungen ein Übergangsinstrument für die Zeit der Implementierung der neuen, wettbewerblichen Instrumente. In der SPD dominierte die Auffassung, dass auch in einem stärker wettbewerblich ausgerichteten System das Ziel der Beitragssatzstabilität nur mit staatlich vorgegebenen Ausgabenobergrenzen zu erreichen sein würde (vgl. Kania/Blanke 2000: 573 ff.).

1995 zerbrach der gesundheitspolitische Kompromiss zwischen den beiden Volksparteien. Die mit dem GSG beschlossene Liste für verordnungsfähige Arzneimittel (Positivliste), mit der man die Wirtschaftlichkeit und Qualität der Arzneimittelversorgung hatte verbessern wollen, wurde von der konservativ-liberalen Bundestagsmehrheit gegen die Stimmen der Opposition gestoppt. Die Weiterentwicklung des Vergütungssystems in den Krankenhäusern wurde nur halbherzig angegangen; die schließlich festgelegten Fallpauschalen und Sonderentgelte bildeten höchstens 30% der Krankenhausleistungen ab. Für die restlichen 70% galten auch weiterhin tagesgleiche Pflegesätze. Das Selbstkostendeckungsprinzip blieb dominierend für das Entgeltsystem in den Krankenhäusern.

Deutlich wurde, dass CDU/CSU und SPD unterschiedlichen gesundheitspolitischen Grundphilosophien folgten. Die Union wollte den Anbietern „Zumutungen" über die Budgets hinaus ersparen; neben Klientelbeziehungen in Ärzteschaft und Arzneimittelindustrie spielte dabei die Bedeutung des Gesundheitswesens als volkswirtschaftlicher Dienstleistungs- und Produktionssektor mit einer hohen Beschäftigungsdynamik eine wesentliche Rolle. Bei der Weiterentwicklung des Systems sollten stattdessen die Versicherten stärker als Steuerungsinstanz in das Gesundheitswesen eingebunden werden. Durch Anreize sollten sie zu einer sparsamen und kostenbewussten Inanspruchnahme von Gesundheitsleistungen motiviert werden. Dieser nachfrageseitigen Ausrichtung setzte die SPD ihre Forderungen nach einer Ausweitung des Wettbewerbs auf der Anbieterseite entgegen. Kritisiert wurde an der Regierungsposition u.a., dass den Patienten wesentliche Voraussetzungen fehlen würden, um als Wettbewerbsakteure aufzutreten. Die Nachfrage nach medizinischen Leistungen würde wesentlich durch das Verordnungsverhalten der Ärzte und deren Interesse an Leistungsausweitungen bestimmt („angebotsinduzierte Nachfrage") (vgl. Hermann 1997: 12).

Ab 1995 nahm die Bundesregierung wieder einen gesundheitspolitischen Richtungswechsel vor. Ausgehend von dem Leitbild „Vorfahrt für die Selbstverwaltung" wurde wieder der Konsens mit den Interessengruppen gesucht. Die Ausgabenbegrenzungen für Arznei- und Heilmittel sowie für die Ärztehonorare wurden teilweise zurückgenommen und teilweise umgestellt. Die Begrenzung der Ausgaben im Krankenhausbereich wurde fortgesetzt, wobei aber die Finanzsteuerung in diesem Sektor in die Hand der Selbstverwaltungspartner gelegt wurde. Die Versicherten rückten in das Zentrum der gesundheitspolitischen Steuerungsbemühungen („Stärkung der Eigenverantwortung").[1] Die Bundesregierung fügte 1997 mit dem 2. GKV-Neuordnungsgesetz verschiedene Instrumente des Rechts der privaten Krankenversicherung (Selbstbehalttarife, Beitragsrückerstattung und Kostenerstattung) in das SGB V ein, mit denen ein funktionales Äquivalent für den in der GKV fehlenden Preismecha-

---

[1] Zur Begründung des gesundheitspolitischen Richtungswechsels aus Regierungssicht vgl. Zipperer (1996) und (1997).

nismus eingeführt werden sollte. Ferner wurden die Zuzahlungen durch ihre Anhebung und Dynamisierung zu einer eigenständigen Finanzierungssäule ausgebaut und der Zahnersatz für jüngere Versicherte privatisiert. Durch die Reformmaßnahmen sollten die Kassen über den Beitrag hinaus zusätzliche Wettbewerbsparameter erhalten: auf der Nachfrageseite durch den Selbstbehalt und die Beitragsrückerstattung, auf der Beschaffungsseite, indem sie mit Zustimmung der zuständigen Kassenärztlichen Vereinigungen modellhaft – regional und zeitlich befristet – neue Versorgungs- und Vergütungsformen erproben konnten.

Die Gesundheitspolitik der unionsgeführten Bundesregierung in den 1990er Jahren hatte zum Ziel, ein Anreizsystem zu schaffen, das insbesondere Kassen und Versicherte dazu veranlassen sollte, sich bei der Finanzierung und der Inanspruchnahme von Gesundheitsleistungen kostenbewusst zu verhalten. Dagegen fand die Ausgabensteuerung auf der Anbieterseite insbesondere über Budgetierungsvorgaben statt, die aber für den ambulanten Bereich ab 1996/1997 deutlich zurückgeführt wurden. Die mit dem GSG erfolgte Weichenstellung in Richtung einer wettbewerblichen Orientierung der GKV wurde nur für die Nachfrageseite weiter verfolgt. Die wettbewerblichen und staatlichen Steuerungsinstrumente wurden durch korporatistische Steuerungsinstrumente ergänzt. Die Steuerung des konkreten Versorgungsgeschehens über Verträge, Rahmenvereinbarungen und Richtlinien blieb in der Zuständigkeit paritätisch zusammengesetzter, verbandlicher Steuerungsgremien. Dabei nahm durch die zunehmende Regelungsdichte partiell sogar die Bedeutung korporatistischer Instrumente für die Feinsteuerung des Systems zu. So erforderten z.B. die Ausgabenobergrenzen im Arzneimittelbereich zusätzliche Vereinbarungen zwischen den Krankenkassen und den Kassenärztlichen Vereinigungen. In die gleiche Richtung wirkte die Ausdehnung kollektivvertraglicher Regelungen auf den stationären Sektor im Zuge der Veränderungen bei der Krankenhausvergütung.

4 Rot-Grüne Gesundheitspolitik 1998-2000: Qualität und Wirtschaftlichkeit

In ihrer Koalitionsvereinbarung bekannten sich die SPD und Bündnis 90/Die Grünen zu einer „sozial gerechten Gesundheitspolitik [...], die auf dem Solidar- und Sachleistungsprinzip beruht" (SPD, Bündnis 90/Die Grünen 1998: 34). Der Anstieg der Beiträge sollte gestoppt und dauerhaft stabilisiert werden. Hinsichtlich der künftigen Steuerung des GKV-Systems hatte es in den Jahren zuvor zwischen den beiden Parteien durchaus unterschiedliche Auffassungen gegeben. Während die SPD dem mit der Gesundheitsstrukturreform 1992 eingeschlagenen Reformpfad zu einer stärkeren wettbewerblichen Orientierung des Gesundheitswesens folgen wollte, wendeten sich GesundheitspolitikerInnen von Bündnis 90/Die Grünen gegen eine „Fixierung auf die Wettbewerbsideologie" (Knoche 1998: 36). Stattdessen sollte die gesundheitsbezogene Planung über regionale Gesundheitskonferenzen erfolgen, in die die Versicherten und Patienten einbezogen werden sollten.

In den Koalitionsverhandlungen spielten bei den Grünen die ProtagonistInnen einer staatlich-dezentralen Steuerung keine besondere Rolle mehr. Im Koalitionsvertrag kündigten die Koalitionspartner an, zum 1.1.2000 eine Strukturreform durchzuführen, die „für mehr Wettbewerb um Qualität, Wirtschaftlichkeit und effizientere Versorgungsstrukturen" (SPD, Bündnis 90/Die Grünen 1998: 35) sorgen werde.

Als Vorschaltgesetz, mit dem die Voraussetzungen für die vereinbarte Gesundheitsreform 2000 geschaffen werden sollten, wurde noch 1998 das „Solidaritätsstärkungsgesetz" verabschiedet. Die von der unionsgeführten Bundesregierung mit dem 2. GKV-Neuordnungsgesetz eingeführten Möglichkeiten der Krankenkassen, unterschiedliche Tarife (Beitragsrückerstattung, Selbstbehalt) anzubieten, wurden wieder abgeschafft. Die Zuzahlungen wurden reduziert, chronisch Kranke von Zuzahlungen befreit und auch der Anspruch auf Zahnersatz für jüngere Versicherte wieder eingeführt. Zur Kostensteuerung wurde wieder eine strikte Ausgabenbudgetierung eingeführt. Dabei sollte die Budgetierung erklärtermaßen kurzfristige Beitragssatzanhebungen verhindern, um der neuen Bundesregierung eine „Atempause" bis zu der für das Jahr 1999 angekündigten großen Gesundheitsreform zu verschaffen.

Im Jahr 1999 wurde mit der GKV-Gesundheitsreform 2000 das zentrale gesundheitspolitische Projekt der neuen Bundesregierung aufgenommen. Zu den Reformvorhaben zählten:

- Die Ablösung der mit dem Solidaritätsstärkungsgesetz (wieder-) eingeführten sektoralen Budgets und die Flexibilisierung der Ausgabensteuerung in der GKV durch ein sektorenübergreifendes Globalbudget. Die strikt an die verschiedenen Versorgungsbereiche gekoppelten sektoralen Budgets behinderten die medizinische Zusammenarbeit über die Grenzen der Versorgungsbereiche hinweg. Durch das Globalbudget sollte eine engere Verzahnung von stationärer und ambulanter medizinischer Versorgung ermöglicht werden.
- Die Fortführung der mit dem GSG begonnenen, aber steckengebliebenen Reform der Krankenhausvergütung mit der Ablösung der an der Liegezeit orientierten („tagesgleichen") Pflegesätze durch ein einheitliches durchgängiges Fallpauschalensystem. Durch das neue Preissystem sollten die Transparenz und die Vergleichbarkeit des Leistungsgeschehens in den Krankenhäusern verbessert werden.
- Flankiert werden sollte die Reform der Vergütung durch die grundlegende Umstellung der Finanzierung der Krankenhausinvestitionen. Vorgesehen war, die duale Krankenhausfinanzierung (Finanzierung der laufenden Kosten über die Krankenkassen; Finanzierung der Investitionskosten über die Länder) durch eine monistische Krankenhausfinanzierung (Finanzierung ausschließlich über die Vergütungen der Krankenkassen) abzulösen. So sollte den Krankenhäusern die betriebswirtschaftliche Kalkulation ihrer Investitionskosten ermöglicht und die

mit der Wettbewerbssteuerung nicht kompatible Planungssteuerung der Krankenhausversorgung durch die Länder stark eingeschränkt werden.
- Die Förderung der sektorenübergreifenden Zusammenarbeit im Gesundheitswesen durch die Schaffung der Integrationsversorgung. In dieser sozialrechtlichen Sonderzone sollten die Krankenkassen Direktverträge mit Anbieter-Konsortien quer zu den bisherigen Sektorengrenzen und der gewohnten Arbeitsteilungen abschließen können.
- Die Aufwertung der Hausärzte, die als „Lotsen" die Behandlungsabläufe ihrer Patienten koordinieren und steuern sollten.
- Die Verpflichtung der Leistungsanbieter zum Aufbau eines internen Qualitätsmanagements.
- Die Verpflichtung der Krankenkassen, Leistungen der primären Prävention und Selbsthilfezusammenschlüsse zu fördern.

Das Globalbudget und die monistische Krankenhausfinanzierung waren im Bundesrat nicht durchzusetzen. Dagegen konnten mit der Reform der Krankenhausvergütung Strukturreformen beschlossen werden, deren tiefgreifende Auswirkungen aber erst mit einiger Zeitverzögerung deutlich werden dürften.

Auch die GKV-Gesundheitsreform 2000 hatte als primäres Ziel die Stabilität der Krankenversicherungsbeiträge. SPD und Bündnis 90/Die Grünen formulierten diese Zielstellung noch rigider als ihre Vorgängerregierung: Krankenkassen hatten bei den Vergütungsvereinbarungen mit den Leistungserbringern den Grundsatz der Beitragsstabilität nicht nur – wie es bis dahin im SGB V hieß – „zu beachten", sondern künftig so auszurichten, dass Beitragssatzerhöhungen „ausgeschlossen" sind (§ 71 SGB V).

Auch wenn es im Gesetzesentwurf zur Gesundheitsreform 2000 hieß, dass „unter Verzicht auf einen detaillierten Regelungsmechanismus [...] die Qualität und Wirtschaftlichkeit der Versorgung über den Wettbewerb zwischen den Krankenkassen und zwischen den Leistungserbringern" gestärkt werden solle, zielte auch die Gesundheitsreform 2000 auf das Zusammenspiel von wettbewerblichen, korporativen und staatlichen Steuerungsansätzen ab.

Der Stellenwert wettbewerblicher Steuerungselemente wurde insbesondere ausgebaut durch das beschlossene Fallpauschalensystem in den Krankenhäusern. Für eine stärkere Wettbewerbsorientierung auf der Anbieterseite standen auch die Regelungen zur Integrationsversorgung, mit denen an den Kassenärztlichen Vereinigungen vorbei Einzelverträge zwischen Krankenkassen und Leistungserbringern ermöglicht wurden.

Andere Leistungsbereiche blieben stark von staatlicher Reglementierung bestimmt. In der Arzneimittelversorgung wurden die mit dem „Solidaritätsstärkungsgesetz" wieder eingeführten Ausgabenbudgets für Arznei- und Heilmittel bestätigt und mit der Positivliste für verordnungsfähige Arzneimittel ein zusätzliches Instrument administrativer Qualitätssicherung und Kostendämpfung beschlossen. Die Regelungen zur Arzneimitteldistribution, wie das Apotheken-Mehrbesitzverbot und das System der festgelegten Preispannen für Arzneimittel-Großhandel und Apotheken blieben unverändert.

Gleichzeitig war – wie schon infolge des Gesundheitsstrukturgesetzes 1993 – mit der Ausweitung wettbewerblicher Steuerungsansätze eine Zunahme korporatistischer Koordination verbunden. Im vertragsärztlichen Bereich blieb es ohnehin außerhalb der Integrationsversorgung bei den kollektivvertraglichen Regelungen zwischen Krankenkassen und Kassenärztlichen Vereinigungen. Der Bundesausschuss Ärzte und Krankenkassen wurde durch „ein satellitenartiges System von Ausschüssen, die erstmals auch den Krankenhaussektor einbinden, zum Mittelpunkt einer neuartigen transsektoralen Verhandlungsmaschinerie" gemacht (Döhler 2002: 33).

Die Gesundheitspolitik in den ersten beiden Jahren der rot-grünen Koalition versuchte, ihr Ziel der Beitragssatzstabilität vornehmlich über die Steuerung auf der Angebotsseite zu erreichen: Kurzfristig über Budgets und mittelfristig über zusätzliche Qualitätsanforderungen mehr Kooperation und Wettbewerbssteuerung sollten die Wirtschaftlichkeitsreserven erschlossen werden, um das System auch bei gleichbleibenden Beitragssätzen leistungsfähig zu halten. Dabei führten die verschiedenen Kostensteuerungsmaßnahmen auf der Anbieterseite zu ständigen Protesten der Ärzteschaft, der Krankenhausträger und der Pharmaindustrie. Behauptet wurde von den verschiedenen Interessengruppen, die sich in einem „Bündnis für Gesundheit 2000" zusammenfanden, dass insbesondere durch die Budgetierungen der Anspruch auf eine umfassende medizinische Versorgung nicht mehr zu realisieren sei. Es müsse – ggf. auch durch höhere Selbstbeteiligungen der Patienten – mehr Geld in das System gelenkt werden (vgl. Burkhardt 2001).

5 Rot-Grüne Gesundheitspolitik 2001 – 2002: Symbolischer Korporatismus und Steuerungsmix

Der im Januar 2001 infolge der BSE-Krise erfolgte Ministerinnenwechsel von Andrea Fischer zu Ulla Schmidt war auch mit einem gesundheitspolitischen Richtungswechsel verbunden. Die neue Ministerin hatte offensichtlich die Absicht, insbesondere die Ärzteschaft einzubinden und bis zur Bundestagswahl 2002 größere Auseinandersetzungen im konfliktträchtigen Feld der Gesundheitsversorgung zu vermeiden. Das erste Gesetzgebungsprojekt der neuen Ministerin war deshalb auch die Abschaffung der Arznei- und Heilmittelbudgets, an denen sich seit ihrer erstmaligen Einführung 1993 immer wieder der Protest der niedergelassenen Ärzte entzündet hatte. Im Dezember 2001 wurde das Arzneimittelbudget-Ablösungsgesetz (ABAG) durch den Deutschen Bundestag verabschiedet.

Der Einbindung der Leistungsanbieter und der Krankenkassen diente auch die Gründung eines „Runden Tisches für das Gesundheitswesen", dem die Ministerin selbst vorsaß. In diesem Gremium waren alle relevanten Leistungserbringer, GKV-Spitzenverbände und auch Patientenverbände vertreten.

Allerdings hatte dieser wahltaktisch motivierte Richtungswechsel „schädliche Nebenwirkungen" innerhalb des Gesundheitswesens. Infolge des Wegfalls der Arznei- und Heilmittelbudgets beschleunigte sich der ohnehin zu verzeichnende Anstieg der Arzneimittelausgaben erheblich. Im weiteren Verlauf des Jahres 2001 wurde deutlich, dass Beitragssatzsteigerungen nicht zu vermeiden sein würden. Die Bundesregierung reagierte mit staatlich-administrativen Maßnahmen. Mit dem Arzneimittelausgaben-Begrenzungsgesetz (AABG) sollte der Anstieg der Arzneimittelausgaben wieder begrenzt werden. Das Gesetz sah u.a. vor, dass der Arzt künftig nur noch einen Wirkstoff verschreibt und der Apotheker ein möglichst preisgünstiges Arzneimittel aus dieser Wirkstoffgruppe auswählt. Außerdem war im ursprünglichen Gesetzesentwurf eine Preissenkung von 4% auf alle Arzneimittel vorgesehen. Diese administrative Preissenkung wurde nach heftigen Protesten der Arzneimittelhersteller und nach einem persönlichen Gespräch der Verbandsvertreter mit dem Bundeskanzler in einen einmaligen „Solidarbeitrag" der Arzneimittelindustrie i.H. von 200 Mio. Euro umgewandelt (vgl. Hartmann 2003: 267 f.).

Im Zentrum der Gesundheitspolitik stand in den Jahren 2001 und 2002 neben den Auseinandersetzungen um den überproportionalen Anstieg der Arzneimittelausgaben die Reform des Risikostrukturausgleichs. Der mit dem GSG 1992 beschlossene kassenartenübergreifende Risikostrukturausgleich sollte verhindern, dass sich die Krankenkassen auf den Wettbewerb um gesunde Versicherte konzentrieren und „schlechte Risiken" zu vermeiden versuchen. Allerdings hatte sich über die Jahre gezeigt, dass die 1992 festgelegten Ausgleichskriterien Alter, Einkommen, Familienstand und Geschlecht nicht ausreichend waren, um die Kassen von Risikoselektionsstrategien abzuhalten. 2002 wurde deshalb der Risikostrukturausgleich reformiert. Ab dem Jahr 2007 soll in den Risikostrukturausgleich als zusätzliches Ausgleichskriterium der durchschnittliche Gesundheitszustand der Versichertenpopulation einer Kasse eingeführt werden. Diese Reform wird von ihren Protagonisten als wichtiger Baustein für die Weiterentwicklung der „solidarischen Wettbewerbsordnung" verstanden. Durch den morbiditätsorientierten Risikostrukturausgleich werde sich für die Krankenkassen auch der Wettbewerb um kranke Versicherte lohnen.

Die zweite Hälfte der ersten rot-grünen Koalitionsperiode war maßgeblich geprägt durch die näherrückenden Bundestagswahlen 2002. Die Akteure des Gesundheitswesens sollten durch gesetzliche Zugeständnisse (Aufhebung der Arznei- und Heilmittelbudgets) und kommunikativ-symbolisch (Runder Tisch) eingebunden werden. Auf die steigenden Beitragssätze und die überproportional wachsenden Arzneimittelausgaben wurde mit kurzfristigen Kostendämpfungsmaßnahmen reagiert, die aber auf wirksame Sanktionsmechanismen verzichteten. Das konzeptionell anspruchsvollste und für die wettbewerbliche Weiterentwicklung des GKV-Systems wichtigste Projekt dieser Periode war die Reform des Risikostrukturausgleichs.

6 Ausblick: Gesundheitsreform 2003 – Durchsetzung des Wettbewerbssystems?

Angesichts der andauernden Strukturprobleme des deutschen Gesundheitswesens und der prekären Beitragssatzentwicklung waren sich alle gesundheitspolitischen Akteure frühzeitig darin einig, dass im Jahr 2003 erneut eine Gesundheitsreform anstände.

Im Dezember 2001 legte ein Kreis von SPD-nahen Gesundheitsökonomen ein Gutachten zur zukünftigen Gesundheitspolitik vor, in dem sie für eine „qualitäts- und effizienzorientierte Wettbewerbsordnung" im deutschen Gesundheitswesen plädierten, die „die Verkrustungen, Ständestrukturen und Lobbyinteressen aufbricht und flexible und moderne marktwirtschaftliche Steuerungsinstrumente durchsetzt" (vgl. Glaeske u.a. 2001: 1). Die Wissenschaftler schlugen vor, in die vertraglichen Beziehungen zwischen den Krankenkassen und den Anbietern von Gesundheitsleistungen verstärkt Wettbewerbselemente einzubeziehen. Für die Festsetzung von Qualitätsstandards forderten sie den Aufbau einer von den Wettbewerbsakteuren unabhängigen Institution. Dem Staat sollte als wesentliche Aufgabe die Sicherung des Wettbewerbsrahmens zukommen.

Das Gutachten hatte für die weitere programmatische Diskussion über die Gesundheitsreform 2003 entscheidende Bedeutung. Ulla Schmidt zeigte sich angesichts des Gutachtens auch aus taktischer Rücksichtnahme gegenüber der organisierten Ärzteschaft zuerst zurückhaltend, machte sich aber in der Zeit bis zur Bundestagswahl die zentralen Aussagen der Wissenschaftler-Gruppe zu eigen.

In dem nach gewonnener Wahl geschlossenen Koalitionsvertrag einigten sich SPD und Bündnis 90/Die Grünen auf den „Ausbau der solidarischen Wettbewerbsordnung" (SPD, Bündnis 90/Die Grünen 2002: 53). Vereinbart wurden die Anhebung der Versicherungspflichtgrenze für neue GKV-Mitglieder, die wettbewerbsadäquate Änderung des Vertragsrechts zwischen Krankenkassen und Leistungserbringern sowie die Einrichtung eines „Deutschen Zentrums für Qualität in der Medizin". Außerdem sollten die Arzneimittelversorgung liberalisiert, die Prävention gestärkt und die Patientenrechte ausgebaut werden.

Als Sofortmaßnahme gegen weitere Beitragssatzsteigerungen in der Gesetzlichen Renten- und der Gesetzlichen Krankenversicherung verabschiedete die Koalitionsmehrheit noch im Jahr 2002 das Beitragssatzsicherungsgesetz (BsSichG). In seinem Krankenversicherungsteil sah das Gesetz u.a. die Anhebung der Versicherungspflichtgrenze und finanzielle Belastungen für Krankenhäuser, Apotheker und Arzneimittel-Großhandel vor.

Gleichzeitig wurde in der ersten Jahreshälfte 2003 im Bundesministerium für Gesundheit und soziale Sicherung in Absprache mit dem Kanzleramt und den Koalitionsfraktionen ein Entwurf für ein Gesundheitssystemmodernisierungsgesetz (GMG) erarbeitet. Der Gesetzesentwurf, der im Juni in den Bundestag eingebracht wurde, sah weitreichende Veränderungen sowohl bei der Finanzierung der Gesetzlichen Krankenversicherung als auch bei den Rahmenbedingungen der Gesundheitsversorgung vor. Durch die Absenkung des durchschnittlichen Beitragssatzes in der Gesetzlichen Krankenversicherung auf unter 13 Prozent sollten die Lohnnebenkosten der Unternehmen deutlich verringert werden. Damit wurde die Beitragssatzstabilität als primäre gesundheitspolitische Zielstellung der 1990er Jahre zugespitzt und – zumindest übergangsweise – abgelöst durch das Ziel der Beitragssatzreduzierung. Vorgesehen waren auf der Finanzierungsseite neben der vorsichtigen Reduzierung des Leistungskatalogs (Streichung des Sterbegelds, des Entbindungsgelds und der Leistungen zur künstlichen Befruchtung, Begrenzung der Leistungen zur Sterilisation und für Brillen), die Steuerfinanzierung versicherungsfremder Leistungen, die Anhebung von Zuzahlungen und – als auch innerhalb der Koalitionsparteien konfliktträchtigste Reformmaßnahme – die Aufgabe des Grundsatzes der paritätischen Finanzierung der Gesetzlichen Krankenversicherung. Die Aufwendungen für das Krankengeld in der GKV sollten künftig allein von den Arbeitnehmern getragen werden.

Auf der Strukturseite sah das GMG weitreichende Reformschritte hin zu einem Wettbewerbssystem vor. Besonders deutlich wurde diese Absicht bei der ambulanten fachärztlichen Versorgung. Dort sollte das bisherige Kollektivvertragssystem, in dem die Krankenkassen einheitlich und gemeinsam mit den Kassenärztlichen Vereinigungen für deren angeschlossene Ärzte Leistungsverträge abschließen, sukzessive durch ein System der Einzelverträge zwischen Krankenkassen und Fachärzten ersetzt werden. Beabsichtigt war in diesem Zusammenhang die Delegation der Steuerungsverantwortung für die fachärztliche Versorgung an die Kassen. Im Gegenzug sollte der Einfluss der organisierten Ärzteschaft auf die Steuerung des Systems durch den Verlust des Sicherstellungsauftrags für die ambulante fachärztliche Versorgung entscheidend gemindert werden. Beabsichtigt war ferner, die fachärztliche Versorgung stärker auf integrierte und damit effektivere sowie effizientere Versorgungsformen (Gesundheitszentren, Ärztenetze, ambulante fachärztliche Versorgung im Krankenhaus) auszurichten und den in Deutschland im internationalen Vergleich ungewöhnlich hohen Facharztanteil sukzessive abzubauen. Der direkte Zugang zum Facharzt ohne Überweisung durch den Hausarzt sollte mit einer Gebühr belegt werden. Versicherte, die sich in Hausarztsysteme und integrierte Versorgungsformen einschreiben, sollten nur reduzierte Arzneimittelzuzahlungen leisten müssen.

Vorgesehen war auch die Ausweitung von Wettbewerbsstrukturen im Arzneimittelbereich. Die Preisbindung für nicht verschreibungspflichtige Arzneimittel sollte aufgehoben werden, um einen Preiswettbewerb um häufig angewendete Arzneimittel, wie z.B. Schmerzmittel, Hustensäfte oder Ohrentropfen, auszulösen. Außerdem wollte man den Bereich der Arzneimitteldistribution stärker nach marktwirtschaftlichen Grundsätzen strukturieren. Das Apothekenmehrbesitzverbot, nach dem ein Apotheker nicht mehr als eine Apotheke besitzen darf, sollte ebenso entfallen wie das Verbot des Arzneimittel-Versandhandels.

Flankierend zur stärkeren wettbewerblichen Ausrichtung des Systems sollten die Qualitätsbewertung und die Definition von Qualitätsstandards an einem von Wettbewerbsinteressen unabhängigen Ort zusammengeführt werden. Vorgesehen war die Errichtung eines eigenen wissenschaftlichen Instituts („Deutsches Zentrum für Qualität in der Medizin"). Dieses Reformvorhaben war bereits in der Vorbereitungsphase des Gesetzes stark umstritten und wurde von Krankenkassen, Ärzteschaft und Opposition frühzeitig als Schritt hin zur „Staatsmedizin" kritisiert.

Das GMG schwächte insbesondere durch die Aufgabe des Prinzips der paritätischen Beitragsfinanzierung den Solidarcharakter der Gesetzlichen Krankenversicherung ab. Bedeutsamer waren jedoch für die Weiterentwicklung des Systems die vorgesehenen Strukturreformen. Hier zeichneten sich im GMG die Umrisse einer neuen Steuerungssystematik im Gesundheitswesen ab: Durch die Implementierung von Wettbewerbsmechanismen in fast allen Versorgungsbereichen sollte das System mehr Selbststeuerungsfähigkeit entwickeln. Die Feinsteuerung der Versorgung sollte, eingebunden in die Wettbewerbssteuerung, auch weiterhin über die Selbstverwaltungspartner erfolgen, die gemeinsam Richtlinien über den Leistungskatalog, die Vergütungsstrukturen und die dezentral stattfindenden Qualitätssicherungsverfahren miteinander vereinbaren. Da die Interessen der Selbstverwaltungspartner im Zuge der wachsenden Ressourcenkonkurrenz aber zunehmend auseinanderfallen und damit gegenseitige Blockaden häufiger werden, wollte sich der Staat Durchgriffsrechte (Beanstandungsrechte, Genehmigungsvorbehalte, Ersatzvornahmen) vorbehalten.[2] Die Kassen sollten mit der Kompetenz für die Vertragssteuerung und damit der Finanzsteuerung unterhalb des Budgets zu den wesentlichen Steuerungszentren auf der Versorgungsebene werden. Dagegen hätten die Kassenärztlichen Vereinigungen an Bedeutung verloren. Ihre Aufgabe sollte auch weiterhin in der Sicherstellung der hausärztlichen Versorgung und der Vertretung der allmählich kleiner werdenden Zahl der noch im Kollektivvertragssystem tätigen Fachärzte bestehen.

---

[2] Zur fortschreitenden Fragmentierung von Interessen sowohl bei den Kassen als auch bei den Leistungserbringern s. Gerlinger (2002: 26).

7 Kontinuität und neue Akzente: zum Reformprofil rot-grüner Gesundheitspolitik

In ihrer Zielstellung, die Ausgaben für die Gesetzliche Krankenversicherung zu begrenzen und negative Auswirkungen hoher Beitragssätze auf andere Wirtschaftszweige zu verhindern, weisen die Gesundheitspolitiken der verschiedenen Bundesregierungen seit der zweiten Hälfte der 1970er Jahre eine hohe Kontinuität auf, angefangen bei der einnahmenorientierten Ausgabenpolitik der späten 1970er und der 1980er Jahre, über die Bemühungen zur Beitragssatzstabilisierung der 1990er Jahre bis hin zum Ziel der Beitragssatzreduzierung in der Gesundheitsreform 2003. Gemeinsam war und ist den Akteuren auch die Absicht, das Ziel der Ausgabenbegrenzung möglichst über eine bessere Selbststeuerungsfähigkeit des Systems zu erreichen. Während aber in den 1980er Jahren diese Selbstbegrenzung des Gesundheitswesens vornehmlich über die Kollektivverhandlungs- und Selbstverwaltungsgremien der Gesetzlichen Krankenversicherung erreicht werden sollte, wird seit Beginn der 1990er Jahre – wiederum parteienübergreifend – versucht, die korporatistischen durch wettbewerbliche Steuerungsinstrumente zu ergänzen und stellenweise auch zu ersetzen. Auf diesem Reformpfad ist auch die rot-grüne Bundesregierung geblieben – mit der Gesundheitsreform 2003 beabsichtigte sie offensichtlich sogar, hinsichtlich der Anwendung wettbewerblicher Steuerungsinstrumente einen „Sprung nach vorn" zu unternehmen.

Trotz offensichtlicher Kontinuitäten weist die rot-grüne Gesundheitspolitik in den Jahren zwischen 1998 und 2002 eine deutliche Differenz zu derjenigen der unionsgeführten Bundesregierung in deren letzten Jahren auf. Ab 1995/96 erklärte die damalige Bundesregierung, dass die Wirtschaftlichkeitsreserven im Gesundheitswesen weitgehend erschöpft seien. Angesichts der Kosten des medizinischen Fortschritts würden daher Budgetierungen zu Rationierungen führen. Die Beitragssatzstabilität müsse daher über höhere Selbstbeteiligungen der Versicherten sichergestellt werden. Dieses Politikprogramm wurde mit dem Auslaufen der mit dem GSG eingeführten Arznei- und Heilmittelbudgets und mit der Anhebung von Zuzahlungen auch umgesetzt. Dagegen ging die rot-grüne Koalition davon aus, dass es im deutschen Gesundheitswesen erhebliche Rationalisierungspotenziale gibt. Das Ziel der Beitragssatzstabilität könne durch deren Aktivierung erreicht werden. Die Selbstbeteiligungen der Versicherten wurden unmittelbar nach Regierungsübernahme wieder abgesenkt und die Budgets wieder eingeführt. An dieser strategischen Ausrichtung hielt die rot-grüne Koalition auch in der Gesundheitsreform 2000 und den Gesetzesvorhaben der folgenden Jahre fest. Den Versicherten blieben zusätzliche Belastungen über ihre Beiträge hinaus erspart, während die Anbieterseite nicht nur mit Ausgabenobergrenzen, sondern auch mit neuen Qualitätsanforderungen konfrontiert wurde. Die Steigerung von „Qualität und Wirtschaftlichkeit" im Gesundheitswesen, um das „Nebeneinander von Über-, Unter- und Fehlversorgung" zu beenden, das der Sachverständigenrat für die Konzertierte Aktion im Gesundheitswesen in seinem Jahresgutachten 2001 für das deutsche Gesundheitswesen konstatierte, wurde zu dem gesundheitspolitischen Leitthema der rot-grünen Bundesregierung.

Ausgehend von dieser strategischen Grundausrichtung folgt die rot-grüne Bundesregierung auch einer anderen Wettbewerbsphilosophie. Während die unionsgeführte Bundesregierung den Wettbewerb im Gesundheitswesen vor allem nachfrageseitig zwischen den Krankenkassen und den Versicherten zu fördern versuchte, konzentriert sich Rot-Grün auf die Anbieterseite. Durch mehr Wettbewerb zwischen den verschiedenen Leistungserbringern – Ärzten, Krankenhäusern, Apothekern, Heil- und Hilfsmittelerbringern, Arzneimittelindustrie – sollen die Wirtschaftlichkeitsreserven des Systems erschlossen werden.[3]

Inwieweit diese Differenzen zwischen rot-grüner Bundesregierung und Opposition auch über die Gesundheitsreform 2003 erhalten bleiben, ist zum gegenwärtigen Zeitpunkt[4] noch nicht abschließend zu beantworten. Allerdings zeichnet sich in den laufenden Verhandlungen über die Gesundheitsreform eine Annäherung der beiden Seiten ab. Im Gespräch ist, neben der ohnehin vorgesehenen Alleinfinanzierung des Krankengeldes durch die Versicherten, weitere Leistungsbereiche (Zahnersatz, Privatunfälle) aus der paritätischen Finanzierung auszugliedern. Zusammen mit den zwischen Regierung und der Opposition konsensuellen Begrenzungen und Streichungen im Leistungskatalog der GKV und der absehbaren Anhebung der Selbstbeteiligungen der Patienten ist eine deutliche Kursänderung rot-grüner Gesundheitspolitik zu erwarten. Die Linie, dass durch die Hebung von Wirtschaftlichkeitsreserven im System zusätzliche Belastungen der Versicherten vermieden werden sollen, ist unter dem Druck der ständigen Beitragssatzsteigerungen infolge der schlechten Lage auf dem Arbeitsmarkt und der starken Verhandlungsposition der Opposition, auf deren Zustimmung im Bundesrat die Bundesregierung angewiesen ist, offensichtlich nicht mehr durchzuhalten.

Allerdings zeichnet sich auch eine deutliche Stärkung der Qualitätssteuerung des Systems ab. Das von der Koalition geplante Zentrum für Qualität wird voraussichtlich enger an die Selbstverwaltung von Kassen und Ärzteschaft angebunden als ursprünglich vorgesehen. Trotzdem würde mit einem solchen Zentrum in Deutschland erstmals eine zentrale qualitätssteuernde Institution entstehen, an deren Stellungnahmen und Bewertungen Krankenkassen und Leistungserbringer kaum vorbeikommen dürften. In diesen Zusammenhang gehören auch die Verpflichtung zum Quali-

---

[3] Zur Unterscheidung zwischen Angebots- und Nachfragesteuerung im Gesundheitswesen siehe Pfaff/Wassener (2001).
[4] Der Aufsatz gibt den Stand im Juli 2003 während der laufenden Verhandlungen zwischen Regierung, Koalitionsfraktionen, Ländern und Oppositionsfraktionen zur Gesundheitsreform 2003 wieder.

tätsmanagement auch im ambulanten Bereich und die Einführung einer Fortbildungspflicht für die Ärzte im niedergelassenen Bereich und in den Krankenhäusern.

Die Ausweitung wettbewerblicher Steuerungsinstrumente, wie sie die rot-grüne Koalition insbesondere für die ambulante ärztliche Versorgung und die Arzneimitteldistribution plant, lässt sich gegen den Widerstand der Unions-Parteien wohl nur sehr eingeschränkt umsetzen. Den größten Schritt in Richtung Wettbewerb verspricht die zwischen Regierung und Opposition vermutlich unumstrittene Flexibilisierung des Vertragsrechts in der integrierten Versorgung. Dieser Sonderbereich für kooperative und sektorenübergreifende Versorgungsformen, in dem die Krankenkassen und die beteiligten Leistungserbringer Direktverträge miteinander abschließen können, soll stark dereguliert und damit zu *dem* Innovationssektor des Gesundheitswesens werden.

8 Fazit

Auch unter Rot-Grün stehen die Begrenzung der Ausgaben für das Gesundheitswesen und die Beitragssatzstabilität ganz oben auf der gesundheitspolitischen Agenda. Insoweit besteht auf der Zielebene zwischen Rot-Grün und Schwarz-Gelb eine hohe Kontinuität. Auch aus dem seit Anfang der 1990er Jahre in der Gesundheitspolitik geltenden Konsens, dass zur Kostenbegrenzung im Gesundheitssystem wettbewerbliche Steuerungsinstrumente geeignet und notwendig sind, ist die sozialdemokratisch geführte Bundesregierung nicht ausgebrochen. SPD und Bündnis 90/Die Grünen sind – wenn es auch politische Richtungswechsel während ihrer ersten Regierungsphase gab – grundsätzlich auf dem mit dem GSG 1992 eingeschlagenen Reformpfad zu einer stärker wettbewerblichen Steuerung des Gesundheitswesens geblieben. Rückläufige gesamtwirtschaftliche Wachstumsraten und eine hohe Arbeitslosenzahl, die schon in der zweiten Hälfte der 1970er Jahre zur Kostendämpfungspolitik im Gesundheitswesen geführt hatten, stecken auch weiterhin den Rahmen ab, an dem sich die Gesundheitspolitik zu orientieren hat (*markets matter*).

Allerdings besteht die Kontinuität auf der Instrumentenebene nur an der Oberfläche. Tatsächlich lassen sich in der Steuerungspraxis erhebliche Brüche zwischen Rot-Grün und der unionsgeführten Bundesregierung nachweisen. Während die Union die Kostensteuerung fast ausschließlich nachfrageseitig bei den Krankenkassen und vor allem bei den Versicherten suchte, konzentrierte sich Rot-Grün auf die Anbieterseite des Gesundheitswesens. Sowohl für die Patienten, deren Zuzahlungen zurückgeführt wurden und die von weiteren Selbstbeteiligungen verschont blieben, als auch für die Anbieter von Gesundheitsleistungen, die sich wieder an Ausgabenobergrenzen auszurichten hatten, hat der Wechsel von Schwarz-Gelb zu Rot-Grün einiges verändert. Eigene Akzente setzte Rot-Grün auch mit der starken Ausrichtung auf die Verbesserung der Versorgungsqualität. Die Einführung eines verbindlichen

Qualitätsmanagements in den Krankenhäusern, die Etablierung strukturierter Behandlungsprogramme für chronisch Kranke (*Disease-Management*-Programme) mit der Reform des Risikostrukturausgleichs 2001 und auch die mit der Gesundheitsreform 2003 vorgesehene Ausweitung des Qualitätsmanagements auf den ambulanten ärztlichen Bereich sowie der geplante Aufbau eines „Deutschen Zentrums für Qualität auf der Medizin" sind Beispiele dafür. Insofern kann man konstatieren, dass die Parteiendifferenzthese in der Gesundheitspolitik der letzten Jahre durchaus ihre Bestätigung gefunden hat (*parties matter*).

Das Gesundheitswesen wird häufig mit einem Haifischbecken verglichen, da in ihm die organisierten Interessen besonders stark und zahlreich sind. Die potenziellen Veto-Spieler befinden sich hier nicht nur im Bundesrat, sondern auch in öffentlich-rechtlichen Körperschaften, wie den Krankenkassen und den Kassenärztlichen Vereinigungen, oder auch in den vielen Interessenverbänden, insbesondere der Anbieter von Gesundheitsleistungen. Da zudem vor allem die Ärzte einen weitaus unmittelbareren Kontakt zu vielen Bürgern haben als die Politik und ihnen auch eine hohe Glaubwürdigkeit zugeschrieben wird, sind Reformen gegen ihren Widerstand nur schwer durchzusetzen. Während Sparappelle in anderen Politikfeldern vielfach abstrakt bleiben und deshalb auf positive öffentliche Resonanz hoffen können, ist eine Politik der Ausgabenbegrenzung im Gesundheitswesen schwierig zu vermitteln. Zwar sind sich alle Bürger als versicherte Beitragszahler darin einig, dass die Kosten niedrig gehalten werden müssen. Aber als potenzielle Kranke und Patienten verlangen sie verständlicherweise, dass bei ihrer Behandlung Geld keine Rolle spielen dürfe. Eine auf Kostenbegrenzung und Beitragssatzstabilität ausgerichtete Gesundheitspolitik steht damit stets vor dem Risiko, unpopulär und in ihren vermeintlichen Auswirkungen von interessierter Seite leicht instrumentalisierbar zu sein. Diese Erfahrung musste auch die rot-grüne Bundesregierung machen. Seit der Wiedereinführung der Budgets standen die Bundesregierung und das Bundesgesundheitsministerium unter dem Dauerbeschuss der organisierten Ärzteschaft, der Krankenhausträger und der Arzneimittelindustrie. Die Amtszeit Andrea Fischers wurde von einer schier endlosen Kette von Ärzte-Protesten begleitet, die auch nicht vor einer „Politisierung der Wartezimmer" zurückschreckten. Dass sie im Zuge der BSE-Krise zurücktreten musste, hatte auch mit ihrer Schwächung durch diese vorangegangenen Kampagnen zu tun. Die zwischenzeitliche *Appeasement*-Politik Ulla Schmidts mit der Abschaffung der Arznei- und Heilmittelbudgets und der symbolischen Integration der Interessengruppen durch einen „Runden Tisch" war eine politische Konsequenz, die aber auf der Ausgabenseite der GKV scheiterte.

Als Veto-Spieler erwies sich auch, zumindest zeitweise und themenspezifisch, die gemeinsame Selbstverwaltung aus Krankenkassen und Ärzteschaft. Wie schon die unionsgeführte Bundesregierung versuchte Rot-Grün, wettbewerbliche und staatlich-administrative Steuerungsinstrumente und -vorgaben über die Selbstverwaltungspartner auf der Versorgungsebene zu implementieren. So sollte das mit der

Gesundheitsreform 2000 beschlossene Fallpauschalensystem durch die gemeinsame Selbstverwaltung von GKV-Spitzenverbänden und Deutscher Krankenhausgesellschaft bis zum Jahr 2003 eingeführt werden. Die Termine für die notwendigen Zwischenschritte in diesem komplexen Implementationsprozess konnten aber samt und sonders von der Selbstverwaltung nicht eingehalten werden. Das Bundesministerium für Gesundheit sah sich gezwungen, die notwendigen Festlegungen selber zu treffen. Dass die gemeinsame Selbstverwaltung gesetzliche Aufgaben nicht umsetzt, wird seit den 1980er Jahren immer wieder beklagt. Als Gründe hierfür werden die wechselseitigen Interessenblockaden zwischen der Kostenträger- und der Leistungserbringerseite, aber auch zunehmend innerhalb der beiden Lager identifiziert. Die Interessenunterschiede zwischen den verschiedenen Ärztegruppen (vgl. Glaeske u.a. 2001: 10), aber auch zwischen den verschiedenen Krankenkassenverbänden, die in wachsender Konkurrenz zueinander stehen (vgl. Gerlinger 2002: 26), würden die gemeinsame Handlungsfähigkeit unterminieren.

Die höchste Klippe für die rot-grüne Gesundheitspolitik ist aber die notwendige Zustimmung des Bundesrats zu vielen Reformvorhaben. In der Gesundheitsreform 2000 entpuppten sich nicht nur die unionsgeführten, sondern auch viele sozialdemokratisch regierte Bundesländer als einflussreiche Gegenspieler. Insbesondere die vorgesehene Ablösung der dualistischen durch die monistische Krankenhausfinanzierung traf auf den entschiedenen Widerstand aller Länder, die um ihre Kompetenzen für die Krankenhausplanung fürchteten. Zudem zeigte sich erneut, dass die Beeinflussung der Regierungen durch Ärzteverbände oder Arzneimittelunternehmen in den Ländern sehr viel unmittelbarer erfolgt als auf der Bundesebene. So stießen auch die Planungen für eine globale Ausgabenbegrenzung im Gesundheitswesen auf Ablehnung über den Kreis der unionsgeführten Bundesländer hinaus. Die Bundesregierung teilte daher das Reformgesetz auf in ein zustimmungspflichtiges Gesetz, das im Bundesrat dann auch abgelehnt wurde, und in ein zustimmungsfreies Rumpf-Gesetz.

In der gesundheitspolitischen Diskussion ist mit Blick auf die Gesundheitsreform 2003 häufig von Lahnstein die Rede. Lahnstein war der Ort, an dem 1992 die Gesundheitspolitiker der unionsgeführten Bundesregierung und der SPD-Opposition zusammenkamen, um gemeinsam die Eckpunkte für das GSG zu erarbeiten. Das GSG war die Grundlage für die bisher einzige Gesundheitsreform, mit der es dem Gesetzgeber gelang, die Strukturen des Gesundheitswesens tiefgreifend zu verändern. Durch die enge Zusammenarbeit zwischen Regierung und Opposition konnten damals die Interessenverbände aus dem Aushandlungsprozess herausgehalten werden. Lahnstein ist zur Chiffre für einen Reformprozess geworden, in dem alle Parteien zusammenarbeiten und damit den Prozess gegen die Störmanöver der Interessenverbände immunisieren. Zutreffend daran ist, dass ohne eine enge Zusammenarbeit von Regierung und Opposition weitreichende Strukturreformen im Gesundheitswesen kaum denkbar sind. Die Zahl und die Stärke der potenziellen Veto-Spieler ist zu groß, als dass eine Bundesregierung eine solche Reform im Alleingang durchsetzen könnte. Dies gilt umso mehr, wenn – wie 1992 und auch heute – im Bundestag und Bundesrat unterschiedliche Mehrheitsverhältnisse bestehen.

Die Bundesregierung und die Koalitionsparteien haben deshalb frühzeitig Kooperationssignale an die Opposition ausgesendet, auf die die Union im Juni 2003 auch eingegangen ist. Zum gegenwärtigen Zeitpunkt im Juli 2003 laufen die Verhandlungen seit zwei Wochen. Dabei ist die unterschiedliche Grundausrichtung der beiden Seiten deutlich geworden. Während die SPD und Bündnis 90/Die Grünen stark auf die Angebotssteuerung setzen und durch eine Kombination aus Qualitätssicherung, administrativen Vorgaben (z.B. bei den Vergütungsregeln und der Förderung kooperativer Versorgungsformen) und wettbewerblicher Rahmensetzung die Wirtschaftlichkeitsreserven des Systems heben wollen, favorisiert die Union auch weiterhin die stärkere finanzielle Belastung der Versicherten und die Ausweitung des Kassenwettbewerbs. Deutlich ist aber auch geworden, dass die Konvergenz zwischen den beiden Lagern groß geworden ist. Das unter dem Druck der ungünstigen wirtschaftlichen Rahmendaten entstandene und von Regierung und Opposition gemeinsam geteilte Ziel der Absenkung des durchschnittlichen Beitragssatzes auf 13% wird sich ohne Leistungsbegrenzungen und die stärkere finanzielle Beteiligung der Versicherten nicht erreichen lassen. Dies gilt umso mehr, als Strukturreformen allenfalls mittelfristig kostensenkend wirken (vgl. Jacobs 2003: 46). Andererseits wird angesichts der Entwicklungsdynamik des Gesundheitssystems das einmal erreichte niedrigere Beitragssatzniveau schnell wieder „Schnee von gestern" sein, wenn es nicht gelingt, das System selbst effektiver und effizienter zu machen. Es ist deshalb durchaus wahrscheinlich, dass in der Gesundheitsreform 2003 die Protagonisten der Angebots- und der Nachfragesteuerung im Gesundheitswesen zusammenkommen. Ob diese eine Zusammenarbeit auf Zeit bleibt oder ob hieraus ein neues Paradigma der Steuerung des Gesundheitswesens entsteht, wird abzuwarten sein.

9 Literatur

Bandelow, Nils C., 1998: Gesundheitspolitik. Der Staat in der Hand einzelner Interessengruppen?, Opladen.
Broll, Gisela, u.a., 2002: Rückblick und Ausblick: Vorläufige Bilanz der Gesundheitspolitik der rot-grünen Koalition. Ein Jahr Ulla Schmidt – was hat es gebracht, in: Das Krankenhaus 1/02: 5-11.
Burkhardt, Wolfram, 2001: Der Ministerwechsel im Bundesgesundheitsministerium 2001, Frankfurt am Main: Arbeitspapier aus der Abteilung für Medizinische Soziologie des Klinikums der Johann Wolfgang Goethe-Universität, 20/2001.
Dalhoff, Michael, 1997: Die Regelungen zur Steuerung der gesetzlichen Krankenversicherung, in: Arbeit und Sozialpolitik 11-12/97: 25-50.
Döhler, Marian, 2002: Gesundheitspolitik in der Verhandlungsdemokratie, in: *Wieland Gellner/Markus Schön* (Hrsg.): Paradigmenwechsel in der Gesundheitspolitik?, Baden-Baden, 25-40.
Gerlinger, Thomas, 2002: Zwischen Korporatismus und Wettbewerb: Gesundheitspolitische Steuerung im Wandel, (WZB-Discussion Paper P02-294), Berlin.

Glaeske, Gerd, u.a., 2001: Weichenstellungen für die Zukunft – Elemente einer neuen Gesundheitspolitik, Berlin: Gutachten im Auftrag der Friedrich-Ebert-Stiftung.
Griesewell, Gunnar, 1994: Markt oder Staat – Wettbewerb oder Dirigismus? Zur Psychopathologie der ordnungspolitischen Diskussion im Gesundheitswesen, in: Arbeit und Sozialpolitik 1-2/94: 28-41.
Hartmann, Anja K., 2003: Patientennah, leistungsstark, finanzbewusst? Die Gesundheitspolitik der rot-grünen Bundesregierung, in: *Christoph Egle u.a.* (Hrsg.), Das Rot-Grüne Projekt. Eine Bilanz der Regierung Schröder 1998-2002, Wiesbaden, 259-281.
Hermann, Christopher, 1997: Wer steuert die Gesetzliche Krankenversicherung? Vom – alten – korporatistischen GKV-Erfolgsmodell und der – neuen – „Vorfahrt für die Eigenverantwortung", in: Arbeit und Sozialpolitik 7-8/97: 10-16.
Jacobs, Klaus, 1999: Ein Schritt vor, ein Schritt zurück. Widersprüchliche Regelungen zur Weiterentwicklung der wettbewerblichen Orientierung in der GKV, in: Arbeit und Sozialpolitik 9-10/99: 10-15.
Jacobs, Klaus, 2003: Höchste Zeit für einen sinnvollen Wettbewerb in der GKV, in: Arbeit und Sozialpolitik 3-4/03: 45-108.
Kania, Helga/Blanke, Bernard, 2000: Von der „Korporatisierung" zum „Wettbewerb". Gesundheitspolitische Kurswechsel in den Neunzigerjahren, in: *Roland Czada/Hellmut Wollmann* (Hrsg.): Von der Bonner zur Berliner Republik? Zehn Jahre Deutsche Einheit, Leviathan Sonderheft 19 Wiesbaden, 567-591.
Knieps, Franz, 1999: Der Spitzentanz im Haifischbecken – Die Diskussion um Reformen im Gesundheitswesen im Widerstreit von unterschiedlichen Politikansätzen und organisierten Interessen, in: Arbeit und Sozialpolitik 1-2/99: 10-19.
Knoche, Monika, 1998: Bündnisgrüne Gesundheitspolitik – Eine Einschätzung und Bilanz nach drei Jahren im Bundestag, in: *Monika Knoche/Germanus Hungeling* (Hrsg.), Soziale und ökologische Gesundheitspolitik, Frankfurt am Main, 13-38.
Pfaff, Martin/Wassener, Dietmar, 2001: Angebots- vs. Nachfragesteuerung im Gesundheitswesen: Das Beispiel der Ausgabensteuerung, in: *Wolfgang Michaelis* (Hrsg.): Der Preis der Gesundheit, wissenschaftliche Analysen, politische Konzepte; Perspektiven der Gesundheitspolitik, Landsberg/Lech, 71-85.
Mickley, Birgit/Standfest, Erich, 1995: Szenarien für die nächste Stufe der Gesundheitsreform, in: WSI-Mitteilungen 48: 374-384.
Oberender, Peter O./Hebborn, Ansgar/Zerth, Jürgen (Hg.), 2002: Wachstumsmarkt Gesundheit, Stuttgart.
Sachverständigenrat für die Konzertierte Aktion im Gesundheitswesen, 2001: Bedarfsgerechtigkeit und Wirtschaftlichkeit (Jahresgutachten), Baden-Baden.
SPD/Bündnis 90/Die Grünen, 1998: Aufbruch und Erneuerung – Deutschlands Weg ins 21. Jahrhundert. Koalitionsvereinbarung zwischen der Sozialdemokratischen Partei Deutschlands und Bündnis 90/Die Grünen, Bonn.
SPD/Bündnis 90/Die Grünen, 2002: Erneuerung – Gerechtigkeit – Nachhaltigkeit. Für ein wirtschaftlich starkes, soziales und ökologisches Deutschland. Für eine lebendige Demokratie. Koalitionsvereinbarung zwischen der Sozialdemokratischen Partei Deutschland und Bündnis 90/Die Grünen, Berlin.
Wille, Eberhard, 1999: Auswirkungen des Wettbewerbs auf die gesetzliche Krankenversicherung, in: *ders.* (Hrsg.), Zur Rolle des Wettbewerbs in der gesetzlichen Krankenversicherung, Baden-Baden, 95-156.
Zipperer, Manfred, 1996: Die 3. Stufe der Gesundheitsreform, in: Sozialer Fortschritt 5/96: 109-112.
Zipperer, Manfred, 1997: Entwicklungslinien der zukünftigen Gesundheitspolitik. Die Zukunft der sozialen Krankenversicherung, in: Die BKK 11/97: 457-461.

Kontinuität und Wandel in der Bildungspolitik

Klaus-W. West

1 Bildungspolitik der Bundesregierung 1998-2002

1.1 Zielsetzungen, Maßstäbe und Aktivitäten

SPD und Bündnis 90/Die Grünen gaben in ihrer Koalitionsvereinbarung „Aufbruch und Erneuerung – Deutschlands Weg ins 21. Jahrhundert" vom 20.Oktober 1998 der Bildung einen prominenten Platz. Im Rahmen des „Bündnis[ses] für Arbeit und Ausbildung" wurde der „Modernisierung der beruflichen Bildung und Weiterbildung" eine wichtige Rolle für die Bekämpfung der Arbeitslosigkeit eingeräumt. Im Kapitel „Innovation und Bildung" dieser Vereinbarung ist die zentrale bildungspolitische Zielrichtung in einem Satz zusammengefasst: „Deutschland braucht eine neue Bildungsreform". Angestrebt wurde eine „bestmögliche Bildung für alle. Ziele sind mehr Chancengleichheit, Gleichwertigkeit aller Bildungsgänge und die Förderung unterschiedlicher Begabungen, weniger Bürokratie, dafür mehr Leistung, mehr Effizienz und mehr Wettbewerb." Der Blick auf das Instrumentarium zeigt eine „Ausbildungsoffensive", den „Ausbau und Verankerung der Weiterbildung als vierte Säule des Bildungssystems", eine „grundlegende Reform der Ausbildungsförderung" und die Weiterentwicklung des Hochschulrahmengesetzes. Frauen sollten bessere Chancen in Lehre und Forschung erhalten, der wissenschaftliche Nachwuchs sollte mehr gefördert und Hochschulen zu „Zukunftswerkstätten" ausgebaut werden.

Das waren und sind ambitionierte Ziele. Doch Reformen erscheinen geboten, denn das Bildungssystem in Deutschland ist nicht in bester Verfassung. Keine Position in den Bildungsdebatten der letzten Jahrzehnte kann sich uneingeschränkt bestätigt fühlen. Die Qualifikation vieler ist unzureichend: Zu viele verlassen die Bildungseinrichtungen vorzeitig oder ohne ausreichende berufliche Qualifikationen und ohne ausreichende Kompetenzen, sich in der komplexen Gesellschaft zurecht zu finden. Die Chancen sind nicht gerecht verteilt: Sozial benachteiligte Kinder haben deutlich schlechtere Bildungschancen als ihre Altersgenossen aus höheren sozialen Schichten. Die regionalen Ungleichheiten bei der Verteilung von schulischen Chancen sind erheblich. Das gegliederte Schulsystem wirkt hochgradig selektiv. Im Bildungswesen wird zu wenig international gedacht und gehandelt.

Die Bildungspolitik der Legislaturperiode 1998-2002 förderte einen offenkundigen Analyse- und Beratungsbedarf zu Tage. Von der Vielzahl der Kommissionen, die ins Leben gerufen wurden, ist allen voran das von Bund und Ländern 1999 eingesetzte „Forum Bildung" zu nennen. Um seinen Auftrag, die Qualität und Zukunftsfähigkeit des deutschen Bildungssystems sicherzustellen, zu erfüllen, verabschiedete es zwölf Empfehlungen, die sich insbesondere den Themen frühe und individuelle Förderung, Verantwortung zu tragen, lebenslanges Lernen und der zentralen Bedeutung der Lehrenden für die Gestaltung von Reformen widmeten (Forum Bildung 2001).

Bildungspolitische Reformen müssen sich an endogenen Maßstäben messen lassen, z.B. ob sie dazu beitragen, dass Ressourcen effektiver eingesetzt werden. Sie müssen aber auch exogenen Anforderungen Stand halten und angemessene Antworten auf den gesellschaftlichen Wandel finden. Beide Dimensionen lassen sich durch den Begriff der „gemeinwohlorientierten Bildungspolitik" zusammenfassen (zu Konzept und Begründung dieser Bildungspolitik siehe Schwengel/West 2001), der diesem Aufsatz zugrunde liegt und der für die folgenden Unterscheidungen konstitutiv ist: Bildung kann sich erstens von einer Nachfragegröße zu einer Angebotsmacht wandeln, weil sie die Unterstützung von hoch qualifizierten Menschen mit einem Selbständigkeitshabitus hat (Stehr 2001). Flexible Bildungsinstitutionen können diesen Habitus entwickeln und gesellschaftlich verallgemeinern. Diese Verallgemeinerung verändert zweitens die Idee sozialer Gerechtigkeit – die Verteilungsgerechtigkeit wird um die Ressource Bildung erweitert. Dazu müssen aber Bildungsinvestitionen neu dimensioniert werden. Für den Erfolg einer solchen Bildungspolitik werden drittens unterstützende Kontexte immer wichtiger. Die Tatsache, dass Bildungspolitik in der Bundesrepublik vor allem von den Bundesländern gemacht wird, hat – als ein Ergebnis der Globalisierungsdiskussion – eine regionalpolitische Bedeutung gewonnen: Es geht um ein adäquates territoriales Format von Politik (Bullmann/Heinze 1997). Territorial politische Formate sind zu einer Erfolgsbedingung nicht nur der Wirtschaftspolitik, sondern auch der Bildungspolitik geworden. Bildungspolitik muss nicht nur bundesweite Bildungsstandards vermitteln, sondern auch regionalen und lokalen Besonderheiten Rechnung tragen. Städte wie Frankfurt, Leipzig oder Dortmund besitzen im Vor- und Elementarschulbereich ebenso wie auf dem Weiterbildungssektor unterschiedliche Profile. Selbst von Stadtteil zu Stadtteil stehen die Schulen vor unterschiedlichen Bildungsherausforderungen (NELP 2002).

Aufgrund dieser Problemlage wird exemplarisch die Bildungspolitik des Bundeslandes Niedersachsen beschrieben. Ein Überblick über die Bildungspolitiken der Bundesländer würde einen eigenständigen Beitrag erfordern. Die Bildungspolitik Niedersachsens wurde ausgewählt, weil Bildungspolitik dort „im Geiste" des Bundes gemacht wurde. In oppositionellen Bundesländern wie Baden-Württemberg hingegen sind die bildungspolitischen Differenzen größer.

1.2 Auf dem Wege zu einem Selbständigkeitshabitus und flexiblen Institutionen?

Schulische Bildung: Im ersten Teil der Legislaturperiode standen die Herausforderungen des Arbeitsmarktes und der Übergang von der Industriegesellschaft zur Informations- und Wissensgesellschaft im Vordergrund. Um Jugendlichen bessere Chancen zu geben, erfolgreich eine Berufsausbildung abzuschließen, legte die Bundesregierung ein Programm „Schule-Wirtschaft/Arbeitsleben" auf. Darüber hinaus setzte sie einen Schwerpunkt „Stärkung der digitalen Kompetenz", der dazu führte, dass alle Schulen mit einem Internetzugang ausgestattet wurden. Das Programm „Neue Medien in der Bildung" vom März 2000 förderte die Entwicklung und breite Nutzung von Lehr- und Lernsoftware in den Schulen („Schulen ans Netz e. V", IT-Weiterbildung für Lehrerinnen und Lehrer).

Der zweite Schwerpunkt wurde durch die Ergebnisse der internationalen Schulstudie PISA gesetzt, die zentrale Schwächen des deutschen Bildungssystems aufdeckte. Deutsche Schülerinnen und Schüler brachten auf zentralen Gebieten wie Lesen, Mathematik oder Naturwissenschaften nur unterdurchschnittliche Leistungen. In keinem anderen Industriestaat entschied die soziale Herkunft so sehr über den Schulerfolg und die Bildungschancen wie in Deutschland. Um mehr Kinder und Jugendliche zu höheren Bildungsabschlüssen, einem höheren Leistungsniveau und sozialer Kompetenz zu führen, ergriff die Bundesregierung die Initiative zu einem 5-Punkte-Programm „Zukunft Bildung". Sie entschied, mit dem Investitionsprogramm „Zukunft Bildung und Betreuung" in der kommenden Legislaturperiode insgesamt vier Milliarden Euro für die Einrichtung von zusätzlich 10.000 Ganztagsschulen bereitzustellen, weil diese die Chancen für qualitativ hochwertigen Unterricht und für eine bessere Verbindung von Bildung und Erziehung deutlich vergrößern. Die Idee der Ganztagsschulen beinhaltet mehr als eine schlichte Ausdehnung der Schulzeit. Ganztagsschulen enthalten ein dreifaches Angebot: ein gesellschaftspolitisches für bessere Qualifikationen und zwar für die Individuen und die Wirtschaft; ein sozialpolitisches, das Erziehung unterstützen und Familien stärken kann sowie – durch längere Betreuungszeiten in den Schulen – eine Förderung der Vereinbarkeit von Familie und Beruf. Der Idee nach ist die Ganztagsschule also geeignet – wir beziehen uns nur auf den gesellschaftspolitischen Aspekt – , den von PISA festgestellten Widerspruch zwischen Leistungsfähigkeit und Leistungsnotwendigkeit der Schule zu entkräften. Der Erfolg eines solchen Vorhabens bemisst sich daran, inwieweit die Schüler zur Entwicklung eines Selbständigkeitshabitus befähigt werden (NELP 2002). Das Lehrpersonal wird managerielle Kompetenzen benötigen. Beträchtliche Mittel wurden zur Förderung von Jugendlichen mit schulischen Defiziten und/oder sozialen Problemen verwendet. Im Jahr 2000 erhielten rund 120.000 Jugendliche, die eine Berufsausbildung begannen, ausbildungsbegleitende Hilfen oder außerbetriebliche Ausbildung oder Hilfen zur Beschäftigungsaufnahme. Dafür stellte man in jenem Jahre rd. 950 Mio. € bereit. In den letzten Jahren wurden die Ausgaben für diesen Schwerpunktbereich um jährlich rd. 55 Mio. € erhöht. Mit jährlich 14,6 Mio. € aus Bundesmitteln wurden rund 14.000 „Begabte in der beruflichen Bildung" gefördert.

Im Juni 2002 verständigten sich Bund und Länder in der Bund-Länder-Kommission für Bildungsplanung und Forschungsförderung über flächendeckende strukturelle Neuerungen in der Bildung. Vorgesehen war eine „Evaluationsagentur" zur Beurteilung und Überwachung der Qualität nationaler Bildungs- und Leistungsstandards, aber auch die Initiative zur Gründung einer Stiftung „Bildung und Erziehung", die z.B. eine Ganztagsbetreuung oder neue Lehr- und Lernformen mit stärkerem Praxisbezug fördern sollte.

Duale Berufsausbildung: Die Bundesregierung setzte die Modernisierung der dualen Berufsausbildung in wichtigen Zukunftsbranchen fort. Das Lehrlingsausbildungssystem wurde modernisiert, es wurden 44 Ausbildungsordnungen erneuert und 10 neue Berufe geschaffen. In den IT-Ausbildungsberufen wurde das berufliche Spektrum junger Frauen erweitert, um Frauen an der Gestaltung und Anwendung der Zukunftstechnologien stärker zu beteiligen. Die Bundesanstalt für Arbeit bot jährlich 110.000 Jugendlichen zusätzliche berufsvorbereitende Bildungsmaßnahmen an; die finanziellen Aufwendungen dafür lagen bei 510 Mio. €. Jährlich rund 70.000 Jugendliche nutzten die Gelegenheit eines Berufsvorbereitungsjahrs und 40.000 Jugendliche nahmen an anderen berufsbildenden Angeboten teil. Die Externenprüfung nach Berufsbildungsgesetz und Handwerksordnung absolvierten im Jahr 2000 rund 31.000 junge Erwachsene.

Die Bedeutung der beruflichen Weiterbildung („lebensbegleitendes Lernen") wächst. Im Bündnis für Arbeit wurden mehrere Beschlüsse mit Handlungsschritten zur Modernisierung von Aus- und Weiterbildung gefasst: So zum Beispiel das „Sofortprogramm zum Abbau der Jugendarbeitslosigkeit" und die Initiative für die „Früherkennung von Qualifikationserfordernissen". Es wurden Ausbildungskonferenzen ins Leben gerufen sowie die Programme der Länder zur Steigerung der Ausbildungskapazitäten fortgesetzt. Im Jahr 2001 traten etwa 450.000 Erwachsene eine geförderte berufliche Weiterbildung an, circa 20% der Maßnahmen dienten einer Umschulung in einen neuen Beruf. An Weiterbildungsprüfungen nahmen im Jahr 2000 rund 131.000 Erwachsene teil. Ausländische Schüler und sozial benachteiligte Jugendliche erhielten besonderen Förderunterricht, in allen Bundesländern gab es regional spezifisch ergänzende Maßnahmen. Eine Vielzahl von Aktivitäten beinhaltete das Förderprogramm „Neue Medien in der Bildung": Berufliche Qualifizierung sowie Aufstiegsfortbildung zu „operativen und strategischen Professionals"; Arbeitslosen bot das Programm „Internet für alle" einen Internetführerschein. Die Initiative „Frauen ans Netz" erhöhte die Internetbeteiligung von Frauen von ca. 30% im Jahr 1998 auf inzwischen 43%. Für das Handlungskonzept „IT in der Bildung – Anschluss statt Ausschluss" stellte die Bundesregierung im Zeitraum 2000 bis 2004 ca. 706 Mio. € bereit. Insgesamt investierte die Wirtschaft jährlich rd. 18 Mrd. € in die berufliche Weiterbildung. Die Bundesanstalt für Arbeit setzte für diese Maßnahmen Mittel in Höhe von 6,5 Mrd. € ein. Hinzu kamen schätzungsweise 5 Mrd. € aus individueller Finanzierung.

Hochschulpolitik. Seit dem Regierungswechsel hat die Bundesregierung die Ausgaben in Bildung und Forschung um 28% erhöht. Mittelfristig strebt sie einen Anteil von 40% Studierenden und Hochschulabsolventen an. Die Reform des BAföG sollte allen begabten jungen Menschen ein Studium ermöglichen, Bildungskredite beispielsweise einen Studienaufenthalt im Ausland. Die Einführung von Studiengebühren lehnte und lehnt die Bundesregierung ab. Bachelor- und Master-Studiengänge – mehr als 1.000 neue Studiengänge mit internationaler, praxisnaher und interdisziplinärer Ausrichtung – sollten zum einen zu international anerkannten Abschlüssen führen, zum anderen sollten sie mit Hilfe von klaren Studienstrukturen und einer guten Betreuung die Studienzeiten verkürzen.

Mit der Dienstrechtsreform beabsichtigte die Bundesregierung, das langwierige Habilitationsverfahren abzuschaffen, und durch die Einführung der Juniorprofessur neue attraktive Qualifikationsstellen entstehen zu lassen. Als Vorbild dienten die Graduiertenkollegs der Deutschen Forschungsgemeinschaft oder die Graduate Schools der Max-Planck-Gesellschaft. Seit 1998 wurden die Ausgaben für den wissenschaftlichen Nachwuchs um 36 Prozent erhöht.

1.3 Investitionen in Bildung

Die sozialdemokratisch-grüne Bundesregierung stellte für eine Vielzahl von Bildungsaktivitäten erhebliche Mittel bereit. Bei vielen Gelegenheiten betonte Bundesbildungsministerin Bulmahn die Notwendigkeit von Investionen in Bildung. Die Bundesregierung erhöhte den Bildungs- und Forschungsetat im Jahr 2002 auf 8,8 Mrd. €. Damit stiegen die finanziellen Mittel um insgesamt 3,1 Mrd. € oder 25% gegenüber dem letzten Bildungsetat der christliberalen Bundesregierung von 1998 (Bulmahn 2002). Alarmierend wirkte der PISA-Befund über die starke soziale Selektion des deutschen Bildungssystems. Deshalb forcierte die Bundesregierung mit dem Investitionsprogramm „Zukunft Bildung und Betreuung" den Aufbau von bis zu 10.000 Ganztagsschulen. Die insgesamt 4 Milliarden Euro im Bereich der Grundschulen und der Sekundarstufe I in den Jahren 2003 bis 2007 sollen ein wichtiger Anstoß für die Schaffung eines bedarfsgerechten Ganztagsangebots in allen Regionen Deutschlands werden.

1.4 Unterstützende Kontexte – Regionalisierung der Bildungspolitik

Zunehmend mehr Beachtung findet die Regionalisierung der Bildungspolitik. Programme wie „Lernende Regionen – Förderung von Netzwerken" oder der Aufbau multifunktionaler lokaler Lernzentren legen den Schluss nahe, dass die Organisation unterstützender Kontexte zu einer Erfolgsbedingung von Bildungspolitik geworden ist. Bildungspolitik ist zunehmend auf ein Zusammenwirken mit der Familien-, der Stadt- und der Regionalpolitik angewiesen. Aber auch die Regionalpolitik braucht die Bildungspolitik: Selbst in einer Region wie dem Rhein-Main-Gebiet, das im europäischen Maßstab zu den herausragenden Wirtschaftsstandorten mit hoher Produktivität und Innovationskraft gehört, werden Qualifikations- und Innovationsförderung zu „Schlüsselthemen" für die weitere Entwicklung einer Region (Klems/ Schmid/Schulze-Böing 2002). Auch solche Regionen, die durch innovative und wissensorientierte Branchen mit hoch qualifizierten Belegschaften ausgezeichnet sind, müssen sich in kritischen Phasen immer wieder neu orientieren und neue Wachstumspotenziale erschließen. Intensive und breit angelegte Weiterbildungsaktivitäten sind deshalb aus ökonomischen wie sozialen Gründen eine der Voraussetzungen für weiteres Wachstum sowie Erhalt und Ausbau der Wettbewerbsposition der Region, aber auch für den sozialen Zusammenhalt und die Bewältigung der sozialen Probleme, die in einem Umfeld schnellen Wandels und hoher Marktdynamik entstehen können.

1.5 War die Bildungspolitik erfolgreich?

Die Bildungspolitik der sozialdemokratisch-grünen Bundesregierung ist aufgrund der Vielfalt ihrer Ziele und Maßnahmen nur schwer überschaubar. Noch schwieriger ist es, den Erfolg dieser Maßnahmen präzise zu bestimmen. In vielen Fällen mangelt es an Daten (Klemm 2002). Über viele Bildungsmaßnahmen lässt sich häufig zum gegenwärtigen Zeitpunkt nicht mehr sagen, als dass eine große Zahl von Menschen an ihnen teilgenommen hat. Ungeeignet als Indikator für den Erfolg arbeitsmarktbezogener Bildungspolitik ist – aufgrund der Vielschichtigkeit der Wirkungsmechanismen – die Reduzierung der Arbeitslosigkeit. Aber wenn auch keine systematische qualitative Evaluation möglich ist, gibt es instruktive Beispiele für Erfolg und Misserfolg.

Der Erfolg der bildungspolitischen Maßnahmen von Rot-Grün drohte zunächst an handwerklichen Mängeln zu scheitern. Die Dienstrechtsreform an den Universitäten zog auch die Kritik derjenigen auf sich, die nicht prinzipiell gegen die Zielsetzung der Reform waren. Das 5. Gesetz zur Änderung des Hochschulrahmengesetzes drohe, so die Befürchtung, „Tausende von jungen Wissenschaftlern und Wissenschaftlerinnen aus dem Wettbewerb um die begehrten Lebenszeitprofessuren, aber auch um attraktive Projektstellen" auszuschalten, wenn sie ihr Ziel nicht nach 12 Jahren erreicht hätten (Wehler 2002). Mittlerweile ist die Skepsis gegenüber der Umsetzung in den Hochschulen weit verbreitet (Landfester / Rössel 2003).

Obwohl die Investitionen in Bildung von der Bundesregierung erheblich ausgeweitet wurden, ist es fraglich, ob sie der Bedeutung von Bildung gerecht werden. Noch immer liegen die deutschen Bildungsausgaben deutlich unter dem OECD-Durchschnitt (OECD 2002). Seit Ende des Jahres 2002 wurden infolge von hoher Arbeitslosigkeit und Wachstumsschwäche die finanzpolitischen Handlungsspielräume zunehmend enger. Einen Ausweg könnten neue Formen der Bereitstellung von öffentlichen Gütern wie Betreibermodelle, *public-private partnership* oder die Ausgabe von Nutzungsrechten bieten. Die Ministerpräsidenten Gabriel und Beck schlugen Ende September 2002 alternativ vor, die Erbschafts- und Vermögensteuer zu erhöhen bzw. (wieder) einzuführen, um mit den zusätzlichen Mitteln in Bildung zu investieren – allerdings ohne auf große politische Resonanz zu stoßen (Gabriel/ Beck 2002).

Zwar kann die Regionalisierung als eines der Erfolgskriterien der Bildungspolitik angesehen werden, dennoch ist die Region als Akteur in der Weiterbildungspolitik bislang nur schwach verankert (Bosch 1999). Selbst in Kommunen oder Regionen, in denen es gelungen ist, die Verantwortung für Weiterbildung zu institutionalisieren, werden höchstens Ausschnitte des regionalen Weiterbildungsgeschehens koordiniert. In den meisten deutschen Regionen operieren Netzwerke häufig weitgehend unabhängig voneinander. Dies lässt vermuten, dass es derzeit große Ungleichzeitigkeiten im Lerntempo innerhalb der Regionen und in der Vernetzung ihrer Akteure gibt.

2 Bildungspolitik im Vergleich

2.1 Problematische Zurechnungen

Das Bildungssystem in Deutschland ist nicht in bester Verfassung. Das ist der Ausgangspunkt für einen Vergleich der Bildungspolitiken der christliberalen Bundesregierungen von 1982 bis 1998 und der sozialdemokratisch-grünen Bundesregierung von 1998 bis 2002. Da Bildungspolitik Ländersache ist, erweisen sich eindeutige regierungspolitische Zurechnungen auf Bundesebene jedoch als schwierig.

So ist hinsichtlich des Leistungsdefizits im Schulbereich der Hinweis auf die geringe Dauer der Regierungsverantwortung der sozialdemokratisch-grünen Bundesregierung aufgrund der föderalen Zuständigkeiten wenig überzeugend. Ebenso wird die Tatsache, dass einige der konservativ regierten Bundesländer bei PISA besser abschnitten durch den internationalen Vergleich stark relativiert. Auch die ungünstige Finanzierungstruktur des deutschen Bildungswesens taugt wenig für die Feststellung regierungspolitischer Verantwortlichkeiten. Die Mittelverteilung im deutschen Bildungswesen bevorzugt bundesweit den oberen Sekundarbereich und die berufliche Bildung. Das Ungleichgewicht ist, selbst wenn es in den Legislaturperioden von CDU/CSU/FDP entstanden ist, nicht allein dem politischen Willen dieser Koalitionen zuzurechnen, sondern auch dem Interessenausgleich von Arbeitgebern und Arbeitnehmern, Staat und Gewerkschaften geschuldet (Schmidt 2002).

Auch die kulturelle Dimension der Bildungspolitik erschwert eine klare regierungspolitische Zurechnung von Verantwortlichkeiten. Die bildungspolitische Stagnation der 1960er und 1970er Jahre ist treffend als „Scheu vor bildungspolitischem Handeln" beschrieben worden (Wunder 1993). Die traditionellen bildungspolitischen Gegensätze der Parteien schienen überwunden, im Bildungsrat wirkten ihre Vertreter an gemeinsamen Konzeptionen zusammen. Eine Vielzahl von bildungspolitischen Entscheidungen und Ereignissen, darunter das Urteil des Bundesverfassungsgerichtes zur Mitbestimmung in den Hochschulen aus dem Jahre 1973, die Entwicklungen mancher Gesamtschulen oder 1975 das Gutachten des Bildungsrates „Zur Reform von Organisation und Verwaltung im Bildungswesen" und seine anschließende Auflösung, mobilisierte jedoch die Konservativen in der CDU und der SPD gegen die Bildungsreform. Vereinfacht gesagt, die Bildungsreform der 1960er und 1970er Jahre hinterließ viel Schrecken und Ernüchterung. In den 1980er Jahren verlor Bildungspolitik an Attraktivität, so mancher Bildungspolitiker suchte sich andere Betätigungsfelder. Bildungspolitik war jetzt fast ausschließlich Ländersache. Seit 1990 ist eine neue Lage eingetreten. Die östlichen Bundesländer sehen sich gezwungen, in westlichem Rahmen ihre eigenen Vorstellungen zu entwickeln. Trotz der konservativen Dominanz mit entsprechenden westlichen Beratern haben drei der vier östlichen CDU-regierten Länder im Schulwesen eigene Wege eingeschlagen: 12 Jahre bis zum Abitur, Zusammenfassung von Haupt- und Realschule als Regel-, Sekundär- oder Mittelschule.

2.2 Ideenpolitische Unterschiede: „Gemeinwohl" und „faire Gesellschaft"

Trotz der schwierigen Zuordnung von Verantwortlichkeiten im Föderalismus, lassen sich Unterschiede ausmachen. Die ideenpolitischen Grundlagen der großen Parteien und der Regierungskoalitionen lassen zwei große Strömungen erkennen, ohne dass damit allerdings exakte Parteigrenzen definiert wären. Die Grundhaltung der sozialdemokratisch-grünen Bundesregierung lässt sich mit dem Begriff des „Gemeinwohls" beschreiben, während diejenige des konservativ-liberalen Grundverständnisses sich mit dem Begriff der „fairen Gesellschaft" charakterisieren lässt. In Tabelle 1 sind die Merkmale von „Gemeinwohl" und „fairer Gesellschaft" pointiert gegenübergestellt (Schwengel/West 2001).

Die Vielzahl von Programmen, Maßnahmen, Initiativen und Kommissionen sowie eine ebenso große Zahl von Handlungsfeldern und Adressaten in der Bildungspolitik zwischen 1998 und 2002 deutet nicht nur auf großes Engagement, sondern auch auf ein großes Grundvertrauen in die staatlichen Bildungsinstitutionen hin. Die Gemeinwohlvertreter trauen den Bildungsinstitutionen nicht nur eine erhebliche Steigerung der Leistungsfähigkeit zu – z.B. durch die Differenzierung der Angebote –, sondern auch eine gezielte Förderung lernschwacher und sozial benachteiligter Menschen. Ein solcher staatlicher Steuerungsoptimismus ist aber nur gerechtfertigt, wenn öffentliche Bildungseinrichtungen die ungleiche Verteilung von Begabungen, Fähigkeiten und Chancen in der Gesellschaft tatsächlich korrigieren können. Auch die Annahme, durch bessere Bildung die Arbeitsmarktchancen entscheidend verbessern zu können, muss entsprechend konkret sein. Es ist jedoch nicht evident, welche Formen die Arbeit im Transformationsprozess von der Industrie- zur Wissens- und Informationsgesellschaft annehmen wird. Ebenso ungewiss ist, zu welchen Formen der gesellschaftlichen Arbeit Bildung befähigen soll und wie künftig die politisch-territorialen Kompetenzen und Verantwortlichkeiten von Bildungsinstitutionen verteilt werden sollen (Clement u.a. 2001; SPD 2001).

Tabelle 1: „Gemeinwohl" vs. „faire Gesellschaft"

Gemeinwohl	Faire Gesellschaft
Kluft zwischen Apologeten und Skeptikern von Bildungsinstitutionen	Kluft zwischen Bildungspragmatikern und konservativen Gesellschaftspolitikern
Strukturierung der Bildung durch Nachfrage wird mittels Idee der sozialen Gerechtigkeit gemindert	Klare Strukturierung der Bildung durch Nachfrage; Grundbildung auf allgemeinem verfügbarem zivilisatorischem Niveau ein Grundrecht
Bildung als bürgerlich-rechtliche Grundausstattung	Individuelle Investitionen in berufliche Zukunft; College und Universität Mittel im Wettbewerb der Individuen, Familien und Gruppen
Reform der Bildungsinstitutionen	Kritik an staatlichen Bildungsinstitutionen; Subsidiarität im Weiterbildungssektor
Vertrauen in Ausgleichsmechanismus von regionalem und globalem Bildungsmarkt	Globalität und Regionalität ist klar verteilt und auf spezifische Art und Weise mit der Elitenfrage verknüpft
Ausbau der Infrastruktur	Korrektur der Abstände notwendig, wachsende Ungleichheit nur mit massiven Bildungsinvestitionen für das ärmste Quintil zu rechtfertigen; Bezug auf Chancengleichheit
Öffentliche und private Verantwortung für die Bildungsfinanzierung; neues Stiftungsrecht	Geringe steuerliche Belastung der Wirtschaft; Subsidiarität

In der ideenpolitischen Welt der „fairen Gesellschaft" stoßen wir auf die Betonung des Wettbewerbs, der marktgeführten Nachfrage nach bestimmten Kompetenzen und auf die Förderung von Marktwirtschaft und Unternehmertum. Dass die Wettbewerbsgesellschaft der Einbettung in bildungspolitische Institutionen bedarf, um eine „faire Gesellschaft" zu ermöglichen, ist auch hier der Ausgangspunkt. Allerdings muss die gegebene Anpassungsfähigkeit durch Stärkung des Wettbewerbsmotivs in allen Bereichen gestärkt werden. Dem Wirtschaftsunterricht an den Schulen und der Förderung „echter Gründermentalität" an den Universitäten wird große Bedeutung zugemessen. Je praktischer die bildungspolitischen Vorschläge werden, desto deutlicher wird die Engführung der Bildung mit unternehmensbezogenen Interessen – so fordert die Bundesvereinigung der Deutschen Arbeitgeberverbände (BDA) das Berufsbild einer „Fachkraft für Küchen- und Möbelmontage". Die Frage nach der

Zukunft der Bildungsinstitutionen in einer „fairen Gesellschaft" reduziert sich auf die Bereitstellung der neuen nachgefragten Qualifikationen. Institutionelle Reformüberlegungen sind allenfalls im neu entdeckten Weiterbildungssektor zu finden. Dem Ausbau staatlicher Institutionen wird eine klare Absage erteilt, denn dieser Sektor soll subsidiär mit Weiterbildungsanreizen für die Bürgerinnen und Bürger organisiert werden. Die Kehrseite der Nicht-Befassung mit Reformfragen ist eine institutionelle Sorglosigkeit, die sich bis auf die Vorstellungen von hierarchisch geordneten politisch-territorialen Verantwortungs-, Kompetenz- und Handlungsniveaus erstreckt. Die Unterscheidung von Globalität und Regionalität ist konventionell: Globale Kompetenzen und globale Mobilität sind globalen Machteliten vorbehalten, regionale Kompetenzen und regionale Mobilität für das (vermeintlich) regional gebundene Wissen reserviert (CDU 2001; Orientierung für die Zukunft 2001).

2.3 Investiver Attentismus: Fehlender Reformwille

Die sozialdemokratisch-grüne Bundesregierung hat immer wieder hervorgehoben, welche Bedeutung sie öffentlichen und privaten Bildungsinvestitionen zumisst. Vom stärker wettbewerbsorientierten Standpunkt der Unionsparteien ist dieses Bekenntnis zur Notwendigkeit öffentlicher Investitionen nicht zu vernehmen (CDU 2002; vgl. auch Gohr i.d.B.). In den 1980er und 1990er Jahren machten sich vor allem Stagnation und Restriktion bemerkbar. Und zwar nicht nur bei den Investitionen, sondern auch, um das Beispiel der Hochschulpolitik zu nennen, bei der Personaleinstellung, der Überalterung des Personals und der Überfüllung vieler Ausbildungsgänge, beim Rückgang der Ausbildungsförderung und der Verlängerung der Ausbildungsgänge oder bei der mangelnden Modernisierung der Curricula. Der Anteil der Bildungsausgaben am Bruttoinlandsprodukt sank von 5,5% im Jahr 1975 auf 4,2% im Jahr 1990, stieg aber, vereinigungsbedingt vor allem durch den Hochschulausbau im Osten, wieder auf 4,8% (1996) (Forum Jugend-Bildung-Arbeit 1998).

Dennoch hat sich gegenüber dem Jahr 1960 im Zuge der Bildungsexpansion das Qualifikationsniveau der jungen Generationen deutlich verbessert. Im Jahr 1998 erreichten 35% der Schülerinnen und Schüler eines Jahrganges einen Hochschulzugang, 1960 waren dies lediglich 6%. Die Mittlere Reife legten 1998 38% ab, 1960 waren es 13%. Die Zahlen für den Hauptschulabschluss sind deutlich rückläufig (29% gegenüber 54%). Ohne einen Abschluss wurden 1998 9% der Schüler aus dem Schulsystem entlassen, 1960 waren es noch 17%. Die bildungspolitische Stagnation wird erst erkennbar, wenn man den Zeitraum zwischen 1990 und 1998 betrachtet: Die Abiturientenquote stieg in diesem Zeitraum kaum noch (von 21,6% auf 23,4%), der Anstieg der Absolventen mit Mittlerer Reife verlangsamte sich deutlich (1990: 35,9%; 1998: 37,7%), der Anteil der Abgänger mit Hauptschulabschluss stagniert seit Beginn der 1990er Jahre auf einem Niveau von etwa 29%. Der Anteil der Abgänger ohne Schulabschluss blieb mit knapp 9% ebenfalls stabil. Anfang der 1990er Jahre erlahmte die große Dynamik der Bildungsexpansion und erhielt seitdem keine nennenswerten Impulse mehr. In der beruflichen Bildung verliefen die Entwicklungen im Großen und Ganzen sehr ähnlich. Von 1960 stieg der Anteil derjenigen eines Jahrgangs, die ein Studium aufnahmen, von 8% bis zu Beginn der 1990er Jahre auf 32%. Von da an stagnierte aber auch hier die Studienanfängerquote bis 1998. Im Jahr 1970 begannen 56% der Jugendlichen eines Jahrgangs mit einer betrieblichen Ausbildung, bis 1990 stieg die Zugangsquote auf über 71%. Im Verlauf der 1990er Jahre wurde die Situation auf dem Lehrstellenmarkt jedoch zunehmend angespannt: Nicht alle ausbildungswilligen Jugendlichen erhielten eine Lehrstelle, die Zugangsquote sank bis 1998 auf knapp 66% (Reinberg/Hummel 2001).

Der investive Attentismus lässt sich als Ausdruck eines fehlenden Reformwillens der konservativ-liberalen Bundesregierung deuten. Nach dem Jahrzehnt der bildungspolitischen Reformen hat es in den 1980er und 1990er Jahren nur noch wenige Weiterentwicklungen in der Bildungslandschaft gegeben, die der gewaltigen Expansion sowohl in den weiterführenden Schulen und Hochschulen als auch im dualen Ausbildungssystem und den strukturellen Veränderungen im Beschäftigungssystem ausreichend Rechnung getragen hätten. Die Gymnasien und die Universitäten arbeiten weitgehend immer noch nach dem gleichen Muster wie zu Zeiten, als nicht 40% eines Jahrgangs das Abitur erwarben, sondern lediglich 5%. Das duale System der betrieblichen Ausbildung reagierte nur schwerfällig auf neue Anforderungen in der Berufs- und Arbeitswelt durch die Neuordnung der Metall- und Elektroberufe Ende der achtziger und die Schaffung neuer Ausbildungsberufe im IT- und Medienbereich Ende der neunziger Jahre. Die Schulen versäumten eine rechtzeitige Vorbereitung auf den Umgang mit Informations- und Kommunikationstechniken und neuen Medien, die mittlerweile den Stellenwert einer unverzichtbaren modernen Kulturtechnik erhalten haben (Forum Jugend-Bildung-Arbeit 1998).

2.4 Welche Rolle spielt die Chancengleichheit?

In der ideenpolitischen Welt der „fairen Gesellschaft" spielen Werte wie die „Entfaltung der Talente" (Schavan 1998) eine große Rolle. Allerdings ist nicht geklärt, wer die Zielgruppe sein soll – die große Mehrheit aller Schülerinnen und Schüler oder nur Abiturientinnen und Abiturienten? Die Bildungspolitik Westdeutschlands nutzte bei ihren Bemühungen, Chancenungleichheit abzubauen, seit Mitte der 1960er Jahre eine Kombination verschiedener Instrumente. Diese wurden aber unterschiedlich konsequent eingesetzt und waren unterschiedlich wirksam. Curriculare Reformen wurden – hier sei auf das Beispiel der Hessischen Rahmenrichtlinien verwiesen – nicht konsequent durchgeführt. Dadurch erhielt dieser Ansatz nie die Möglichkeit, sein Potenzial unter Beweis zu stellen. Strukturpolitische Instrumente, die auf mehr Chancengleichheit gezielt hätten, wurden in keinem Bundesland umfassend eingesetzt. Da die Gesamtschule überall in den alten Bundesländern – wenn überhaupt – nicht als ersetzende, sondern als ergänzende Schulform eingeführt wurde, können wir nicht beurteilen, welche Effekte eine Schule für alle auch jenseits der Grundschule für die Chancenverteilung gehabt hätte (Klemm 2002).

Von großer politischer Tragweite erwies sich die „Empfehlung zur Förderung besonders Befähigter" des Wissenschaftsrats aus dem Jahre 1981. Darin hieß es: „Jedes Gemeinwesen braucht Eliten. [...] Deshalb muss sich das demokratische Gemeinwesen die bewusste Förderung derer, von denen außerordentliche Leistungen zu erwarten sind, angelegen sein lassen". 1982 griffen die neuen Koalitionspartner diesen Gedanken auf. Die christliberale Regierung vollzog Einschnitte ins Schüler-Bafög, gleichzeitig wurden die Mittel für die „Hochbegabtenförderungswerke" erheblich erhöht. 1983 forderte Bundeskanzler Kohl in einer Rede vor der Westdeutschen Rektorenkonferenz die versammelten Magnifizenzen auf, mit ihm eine „gemeinsame Definition von Leistungseliten" zu suchen. Dieser Politik blieb die christliberale Regierung treu: Sie strich 1998 ausländische Jugendliche aus dem Förderungskatalog des Benachteiligtenprogramms im SGB III, weil sie ausländische Jugendliche für nicht benachteiligter ansah als deutsche Jugendliche in vergleichbarer sozialer Situation (Ehmann 2001).

3 Bildungspolitik der Bundesländer: Das Beispiel Niedersachsens

Am 15. Dezember 1999 kündigte der niedersächische Ministerpräsident Sigmar Gabriel in seiner Regierungserklärung eine Bildungsoffensive an und bestimmte Bildungspolitik zu einem zentralen politischen Handlungsfeld der von ihm geführten Landesregierung. Die vielfältigen bildungspolitischen Aktivitäten folgten den Prinzipien flexibler Institutionen, gemeinwohlorientierter Investitionen und berücksichtigten regionale Kontexte in besonderem Maße. Sie sollen im Folgenden näher beleuchtet werden.

3.1 Flexible Institutionen

Mit der Gründung des Vereins „n-21: Schulen in Niedersachsen online" strebte das Land Niedersachsen an, Schülerinnen und Schüler für den Weg in die Wissensgesellschaft zu qualifizieren. Neben dem Land gehörten die kommunalen Spitzenverbände, zahlreiche Wirtschaftsunternehmen und gesellschaftliche Gruppen diesem Verein an. n-21 führte Aktionen zur Entwicklung didaktischer Konzepte und multimedialer Lernumgebungen, zur Aus- und Fortbildung von Lehrkräften, zur Ausstattung von Schulen, zur Intensivierung der Ausbildung im IT- und Medienbereich sowie zur Öffnung des Zugangs zu Internet und Multimedia durch. Mit dem Projekt „1000x1000 Notebooks im Schulranzen" begann im November 2002 die Landesregierung damit, je 1000 Schüler des 7. Jahrgangs in vier Regionen mit tragbaren PCs auszustatten. Die Schulen sollten die Arbeit mit den Notebooks beginnen und dabei

Modelle für den Einsatz innerhalb und außerhalb des Unterrichts entwickeln und erproben.

Mit der Reform der Schulleitungsqualifizierung antwortete das Land Niedersachsen auf die neuen Anforderungen, eine Schule zu leiten. Schulen gewinnen zunehmend an Selbstständigkeit und Eigenverantwortlichkeit, die Leitung einer Schule hat zu einem eigenständigen Beruf mit einem spezifischen Berufsbild, Anforderungsprofil und Qualifizierungsbedarf geführt: Personalauswahl, Personalführung, Management, Kostenrechnung, Budgetierung. Im Frühjahr 2002 berief die Kultusministerin eine Kommission ein, deren Aufgabe es war, den Arbeitsplatz Schulleitung kritisch zu untersuchen und Vorschläge zu erforderlichen Qualifizierungsmaßnahmen für Schulleiterinnen und Schulleiter zu unterbreiten. Zukünftig, angesichts der Altersstruktur des schulischen Leitungspersonals, wird der Bedarf an qualifizierten Schulleiterinnen und Schulleitern erheblich steigen. Deshalb sollte jede Schulleiterin und jeder Schulleiter vor dem Berufseinstieg und während des ersten Berufsjahres einheitlich ausgebildet und qualifiziert werden.

Mit der „selbstständigen Schule" beabsichtigte die Niedersächsische Landesregierung, sowohl die lernstarken als auch die lernschwachen Schülerinnen und Schüler individuell zu fördern und sie zu einem möglichst hochwertigen Schulabschluss zu führen. Alle Schulen sollten mehr Selbstständigkeit erhalten. Der Staat und die Schulaufsicht sollten zwar Leistungsstandards definieren, aber die Schulen selbst über die Wege zur Selbständigkeit entscheiden lassen. Erlasse zu Stundentafeln, zur Klassenbildung, zur Klausurenregelung, zur Konferenzordnung u. a. mehr sollten aufgehoben und staatliche Regelungen durch Leistungsvereinbarungen zwischen Schule, Land und Schulträger ersetzt werden. Die selbständige Schule trug die Verantwortung für den Lernerfolg ihrer Schülerinnen und Schüler und wollte die Mitwirkungsrechte von Eltern und Schülern ausweiten. Eltern sollten in Gesamtkonferenzen darüber mitentscheiden können, ob Schulen Ganztagsangebote einrichten und in schulischen Aufsichtsräten an der inneren Schulorganisation mitwirken.

Die Landesregierung Niedersachsens plante, ein flächendeckendes Netz von Ganztagsschulen aufzubauen. Im Jahr 2002 wurde die Zahl der Ganztagsangebote verdoppelt. Der Unterricht sollte nicht einfach in den Nachmittag verlängert, sondern durch Arbeits- und Übungsstunden, Fördermaßnahmen und Freizeitangebote ergänzt werden. Zu den bereits existierenden 134 Ganztagsschulen sollten 21 neue hinzukommen. Für das Jahr 2003 lag eine Vielzahl von Anträgen vor (Gabriel 2002).

3.2 Gemeinwohlorientierte Investitionen

Die Landesregierung steigerte durch die Bereitstellung zusätzlicher Haushaltsmittel in drei Jahren die Bildungsausgaben in Niedersachsen um rund 160 Millionen Euro. Förderungen erhielten die Klassen 5 und 6, Schülerinnen und Schüler mit Hochbegabungen; außerdem wurde der naturwissenschaftliche Unterricht in den Klassen 7-10 der Gymnasien gestärkt. Mit den bereitgestellten Mitteln wurde auch der zusätzliche Bedarf an Unterrichtsstunden finanziert. Die Unterrichtsversorgung im Landesdurchschnitt an allen allgemein bildenden Schulen wurde weiter verbessert.

Mit dem Verein „n-21" beschritt das Land den Weg der *public-private partnership*. Es plante, in den Jahren 2001-2003 ca. 38 Millionen Euro in die Förderung der Nutzung von Multimedia und Internet in Schulen und anderen Bildungseinrichtungen zu investieren. n-21 vermittelte für das Projekt „1000x1000 Notebooks im Schulranzen" zu einem reduzierten Preis. Eine Finanzgruppe begleitete das Projekt mit einer zinslosen Anschubfinanzierung von drei Millionen Euro über vier Jahre. Vor Ort offerierte sie attraktive Finanzierungsmodelle, um allen Eltern den Kauf eines Notebooks zu ermöglichen. Die beteiligten Regionen verpflichteten sich, Sozial- und Härtefonds einzurichten.

Dennoch reichten die Ressourcen nicht aus. Kurz nach der Bundestagswahl 2002 sorgte die Forderung des niedersächsischen und rheinland-pfälzischen Ministerpräsidenten, für die Finanzierung der Bildungsreform die Steuern zu erhöhen, für bundesweite Aufmerksamkeit. Die Tatsache, dass sie sich damit in offenen Gegensatz zur Bundesregierung setzten, die eine Erhöhung der Steuern ausgeschlossen hatte, zeigte, dass sie der Bildung und der Bildungspolitik einen hohen strategischen Wert zumaßen, und es zeigte, dass sie für eine eigenständige Bildungspolitik einen politischen Konflikt in Kauf nahmen.

3.3 *Regionale Bildungskontexte*

Auf Anregung des Bildungsrates beim niedersächsischen Ministerpräsidenten initiierte das Kultusministerium einen Förderwettbewerb „Region des Lernens – Berufsbildende Schule als Leitstelle eines regionalen Qualifizierungsnetzwerks", um vorhandene regionale Ressourcen in einem Netzwerk von Schulen, Betrieben und weiteren außerschulischen Partnern zusammenzuführen. Lernpartnerschaften sollten mittelfristig eine Qualitätsentwicklung mit allen schulischen Kooperationspartnern erreichen, die Lernkompetenz und die Lernergebnisse der Schülerinnen und Schüler des Sekundarbereichs I, insbesondere der lernschwächeren, sollten verbessert werden, um sie in die Lage zu versetzen, eine Berufausbildung erfolgreich zu absolvieren. Im Zentrum dieses Prozesses standen berufsbildende Schulen, die die Kooperation aller Beteiligten koordinierten. Dazu wirkten sie in zehn Modellregionen an den Vorhaben zur Verbesserung der Ausbildungsfähigkeit der Schülerinnen und Schüler des Sekundarbereichs I mit.

Die gemeinsame Erziehung und der gemeinsame Unterricht von Kindern und Jugendlichen mit und ohne Behinderungen wurde auf der Grundlage der Rahmenplanung „Lernen unter einem Dach" ausgebaut. Seit dem Jahr 2002 entstanden 29 regionale Integrationskonzepte, für die zusätzliche Sonderschullehrer rekrutiert wurden. Die Schwerpunkte der regionalen Integrationskonzepte lagen in den Kooperationsklassen und in der Sonderpädagogischen Grundversorgung. An dem Um- und Ausbau der vorhandenen sonderpädagogischen Förderangebote waren Eltern, Schulträger, Lehrkräfte, Schulleitungen und Schulbehörden beteiligt.

3.4 Erfolg

Ob die bildungspolitischen Reformen in Niedersachsen erfolgreich sein werden, wird erst mittelfristig feststellbar sein. Außerdem ist durch den Regierungswechsel im Februar 2003 eine neue Situation entstanden. Festhalten lassen sich auf jeden Fall der Einfluss der bildungspolitischen Empfehlungen des „Forum Bildung"[1] und die Bemühungen um Umsetzungsformen, die den Erfolg der Bildungsmaßnahmen sichern sollen:

- *Ausweitung der Ganztagsschulen:* Dies sollte dazu beitragen, die Ungleichheit von Bildungschancen aufgrund sozialer und ethnischer Herkunft zu mindern.
- *Organisation von Qualifizierung*: Die Schulleiterweiterbildung ließ die Organisation einer geschlossenen und schlüssigen Qualifikationskette „ohne Kompetenzverlust" erkennen, die von der Umsetzung des Kommissionsberichts bis zur Organisation der Schulleitungsqualifizierung reicht: Qualifizierte Trainerausbildung, Einrichtung von Sichtungsagenturen (Gewinnung und Beratung zukünftigen Leitungspersonals), systematische Personalentwicklung, Qualitätssicherung bei der konzeptionellen Ausrichtung der Kompetenzen für Schulleiterinnen und Schulleiter (Kommunikation und Kooperation, Konfliktmanagement, Qualitätsmanagement, Personalentwicklung). Praxisbegleitende Schulleiter-Netzwerke sollten diesen Prozess auf Dauer festigen.
- *Organisation von Unterstützung:* Im Projekt „1000x1000 Notebooks im Schulranzen" wurde gezielt um die Unterstützung der Eltern in inhaltlicher, finanzieller und organisatorischer Hinsicht geworben. Bei Elternabenden, zu denen auch die Schülerinnen und Schüler eingeladen wurden, konnten sich die Eltern davon überzeugen, wie ihre Kinder mit Laptops in der Schule umgingen und mit welcher Selbstverständlichkeit sie sie nutzten. Viele Eltern wollten sich am Projekt „1000x1000" beteiligen.
- *Beschaffung zusätzlicher Finanzmittel*: Zusätzlich zur Finanzierung durch öffentliche Mittel initiierte das Land Niedersachsen *private-public partnerships*. Dafür ist die Ausrüstung von Schulklassen mit Notebooks unter Beteiligung der Eltern ein Beispiel. Die Einrichtung von Sozial- und Härtefonds trug zum sozialen Ausgleich bei.

---

[1] Siehe die länderspezifischen Dokumentationen in: http://bildungplus.forum-bildung.de

4 Kontinuität und Wandel

Der sozialdemokratisch-grünen Bundesregierung ist es sicherlich nicht gelungen, Bildung zu einer Angebotsmacht zu machen – die Verteilung der bildungspolitischen Kompetenzen lässt dies kurzfristig auch kaum zu. Allerdings gab es Schritte in diese Richtung. Zwar ist die Umsetzung einzelner Maßnahmen nicht immer gelungen, es fehlte auch eine schlüssige Konzentration der Vielfalt von Maßnahmen und es mangelte an den Ressourcen, um eine Bildungspolitik zu verwirklichen, die der Idee des „Gemeinwohls" entsprach. Aber es gab auch wichtige Ansatzpunkte wie die Schaffung flexibler Institutionen, die besser qualifizierte Menschen hervorbringen und weniger soziale Selektion verursachen. Vermehrte Investitionen in Bildung könnten in Zukunft Bildungschancen in größerem Maße verallgemeinern und dabei könnten regionale Bildungsinitiativen eine wertvolle Unterstützungsarbeit leisten.

4.1 Flexible Institutionen, bessere Qualifikationen

Die Bildungspolitik in Deutschland ist von 1998 bis zum Jahr 2002 von zwei großen Themen bestimmt gewesen: Zum einen von der Arbeitslosigkeit und der Auffassung, dass bessere Qualifikationen die richtige Antwort darauf sind. In allen Bereichen der Bildungspolitik wurden Anstrengungen unternommen, den Grad an Effizienz und Effektivität der Institutionen zu erhöhen und nach besonderen Problemgruppen differenzierte Maßnahmen ergriffen, um ihre Beschäftigungsfähigkeit zu steigern. Die zweite große Herausforderung markierten die Ergebnisse der PISA-Studie, derzufolge die Schulen vielen Schülern nicht ausreichend die Basisfähigkeiten vermitteln, um sich im Beruf behaupten oder ihr Leben in eigener Regie führen zu können. Die Antworten darauf sind gegenwärtig, mehr als ein Jahr danach, erst in Ansätzen zu erkennen: Vertiefende Analysen, Sonderprogramme und Anfänge organisatorischer Reformen. Bildungsinstitutionen werden, wie die Bildungspolitik Niedersachsens zeigt, flexibler: Schulen erhalten einen höheren Grad an Selbständigkeit, um die Lernerfolge der Schülerinnen und Schüler zu verbessern. Dieser Schritt ist notwendig für den nächsten noch ausstehenden – für „ko-produktive" Lernverhältnisse, die Schülerinnen und Schüler zu selbständig Lernenden machen. Ebenso steht eine Verknüpfung der Bildungspolitiken (z.B. Berufsbildung und Weiterbildung) mit anderen Politiken (z.B. Arbeitsmarktpolitik) noch aus.

4.2 Investitionen in Bildung

Die Relevanz, die Bildungspolitik für die jeweiligen Regierungen hat, zeigt sich in den Bildungsinvestitionen. Die Fortschritte der sozialdemokratisch-grünen Bundesregierung gegenüber den konservativ-liberalen stehen außer Zweifel. Aber Rot-Grün müsste, um die soziale Selektion der Bildungsinstitutionen abzubauen, in andere investive Dimensionen vorstoßen: In Reaktion auf die Regierungserklärung des

Bundeskanzlers zur Bildung im Juni 2002 hat der Präsident des Deutschen Lehrerverbandes, Kraus, angemerkt, dass in der Bundesrepublik, wolle sie den gleichen Anteil am Bruttosozialprodukt in Bildung investieren wie der PISA-Primus Finnland, jährlich zusätzlich 50 Mrd. Euro in Bildung investiert werden müssten. Mit anderen Worten, wenn Bildung den Rang des vornehmsten öffentlichen Gutes einnehmen soll, das das Selbstverständnis einer Gesellschaft prägt, muss es Entscheidungen und Investitionen für Bildung geben, die angesichts der desolaten Lage der öffentlichen Haushalte zu Lasten anderer öffentlicher Güter gehen würden.

4.3   Unterstützende Kontexte

Die dritte Dimension bildungspolitischer Reflexion bezieht sich auf die Kontexte, auf die Bildung angewiesen ist. Neu ist, dass Kontexte zu einer konstitutiven Bedingung für die Effizienz und Effektivität von Bildungspolitik werden. Bildung ist ein Querschnittsbereich, der in enger Wechselbeziehung zu anderen Politikfeldern wie Familienpolitik, Arbeitsmarkt- und Beschäftigungspolitik sowie Regionalpolitik steht. Noch immer sind dies jedoch zu sehr Bereichspolitiken. Eine politikfeldübergreifende Koordination wäre daher vonnöten.

4.4   Regierungswechsel und Politikwechsel

Mit dem Regierungswechsel von 1998 sind zwei Parteien an die Regierung gekommen, die für eine andere bildungspolitische Ideenwelt als ihre Vorgänger stehen. Es gibt eine explizite Gemeinwohlorientierung, die sich eine Modernisierung öffentlicher Bildungsinstitutionen auf ihre Fahnen geschrieben hat und mit entsprechenden Investitionen ihren Reformwillen bekräftigt. Die neue Akzentsetzung ist offenkundig.

Ist damit ein Politikwechsel in der Bildungspolitik verbunden? Ein Politikwechsel würde eine konzeptionelle Neujustierung verlangen, Bildungspolitik müsste Gesellschaftspolitik werden. Es müssten aber auch Ressourcen in erheblichem Umfang verfügbar gemacht werden, um der Realisierung dieser bildungspolitischen Grundhaltung näher zu kommen. Solche Bestrebungen sind zweifelsohne zu erkennen: Die Instrumentarien wurden mit Blick auf die Problemlagen differenziert, Qualifikationen verbessert und regionale Besonderheiten miteinbezogen.

Doch konnte Rot-Grün überhaupt tief greifende bildungspolitische Reformvorhaben organisieren? Das erscheint nicht zuletzt aufgrund der Kompetenzverteilung im Föderalismus fragwürdig. Es fehlten aber auch einfach die finanziellen Ressourcen und politischen Steuerungsmöglichkeiten, um grundsätzliche Dysfunktionen des Bildungssystems (wie diejenige der sozialer Selektion) zu beseitigen.

5 Literatur

Alfred Herrhausen Gesellschaft für internationalen Dialog (Hrsg.), 2001: Orientierung für die Zukunft. Bildung im Wettbewerb, München/Zürich.

Bosch, Gerhard, 1999: Bildung und regionaler Kontext, Lernprozesse und regionale Netzwerke als Faktoren der Standortqualität, in: *Walter Schöni/Karlheinz Sonntag* (Hrsg.), Personalführung in Unternehmen. Bildung, qualifizierende Arbeit und Netzwerke für das 21. Jahrhundert, Zürich, 151-165.

Bullmann, Udo/Heinze, Rolf G. (Hrsg.), 1997: Regionale Modernisierungspolitik, Opladen.

Bulmahn, Edelgard, 2002: Rede der Bundesministerin für Bildung und Forschung Edelgard Bulmahn anlässlich der Ersten Lesung des Zweiten Regierungsentwurfs des Haushaltsgesetzes 2003 am 3. Dezember 2002 im Deutschen Bundestag.

CDU, 2000: Aufbruch in die lernende Gesellschaft, Bildungspolitische Leitsätze, Beschluss des Bundeausschusses der CDU Deutschlands vom 20. November 2000 in Stuttgart.

CDU, 2002: Bundesfachausschuss Bildungspolitik, Konsequenzen aus PISA Beschluss des Bundesfachausschusses Bildungspolitik der CDU Deutschlands, 21.02.2002, http://www.cdu.de/politik-a-z/bundesfachausschuesse/konsequenz-pisa.htm

Clement, Wolfgang/Bulmahn, Edelgard/Stolpe, Manfred/Behler, Gabriele/Zöllner, Jürgen/Lemke, Willi, 2000: Bildung entscheidet über unsere Zukunft. Für eine neue Bildungsinitiative, Berlin 17. Januar 2000.

Ehmann, Christoph, 2001: Wer da hat, dem wird gegeben. Chancengleichheit oder Gleichbehandlung: Über den Beitrag der Bildungsfinanzierung zu mehr sozialer Ungerechtigkeit, in: *Frankfurter Rundschau* vom 14.04.2001.

Forum Bildung, 2001: Empfehlungen des Forum Bildung, 19.11.2001, http://bildungplus.forumbildung.de

Forum Jugend-Bildung-Arbeit, 1998: Startchancen für alle Jugendlichen, Memorandum zur Ausbildungskrise – Zwanzig Empfehlungen, Weinheim.

Gabriel, Sigmar, 2002: Niedersachsen macht Schule! Rede des Niedersächsischen Ministerpräsidenten am 14. Juni 2002 im Nds. Landtag.

Gabriel, Sigmar/Beck, Kurt, 2002: Herausforderung Bildung / Ministerpräsidenten wollen „Neuen Generationsvertrag für die Zukunft der Kinder", 27.9.2002, in: www.stk.niedersachsen.de

Klemm, Klaus, 2002: Chancengleichheit in der Bildung, in: *Hans Mathieu* (Hrsg.), Bildung im Wettbewerb, Gutachten der Friedrich-Ebert-Stiftung, 11-35.

Klems, Wolfgang/Schmid, Alfons/Schulze-Böing, Matthias (Hrsg.), 2002: Regionale Weiterbildungspolitik. Konzepte und Praxisbeispiele aus der Region Rhein-Main, München und Mering.

Landfester, Katharina/Rössel, Jörg, 2003: Sieht alt aus, der Kleine, in Süddeutsche Zeitung vom 27.6.2003.

NELP (Netzwerk Europäische LernProzesse), 2002: Bildung für die Arbeits- und Wissensgesellschaft, Feburar 2002, in: www.nelp.de

OECD, 2002: Bildung auf einen Blick 2002, Briefing notes, 29.10.2002, Paris.

Reinberg, Alexander/Hummel, Markus, 2001: Stillstand ist Rückschritt, Bildungsexpansion in Westdeutschland, in: IAB Kurzbericht, Nr.8 / 18.4.2001.

Schavan, Annette, 1998: Schule der Zukunft. Bildungsperspektiven für das 21. Jahrhundert, Freiburg u.a.

Schmidt, Manfred G., 2002: Warum Mittelmaß? Deutschlands Bildungsausgaben im internationalen Vergleich, in: Politische Vierteljahresschrift, Heft 1, 2002, 3-19.

Schwengel, Hermann/West, Klaus-W., 2001: Bildung als Gesellschaftspolitik, in: Gewerkschaftliche Monatshefte, Heft 8-9/2001, 457-473.

Schwengel, Hermann/West, Klaus-W., 2002: Arbeit, Bildung, Lebensführung, Freiburg 2002, in: www.nelp.de
SPD, 2001: Bildung entscheidet über unsere Zukunft, Entwurf Bildungspolitischer Leitantrag, Stand: 23.04.2001.
Stehr, Niko, 2001: Wissen und Wirtschaften. Die gesellschaftlichen Grundlagen der modernen Ökonomie, Frankfurt a.M.
Wehler, Hans Ulrich, 2002: Auf die freie Wildbahn geschickt, in: DIE ZEIT vom 31.1.2002.
Wunder, Dieter, 1993: Die Misere deutscher Bildungspolitik und ihre strukturellen Ursachen -Wohin geht die Reise?, in Gewerkschaftliche Monatshefte, 11'93, 669-683.

Die Tour de force der Gleichstellung: Zwischensprints mit Hindernissen

Sigrid Leitner

1 Geschlechter-Gleichstellung – eine theoretische Annäherung

Das Politikfeld der Geschlechter-Gleichstellung ist eine klassische Querschnittsmaterie, denn die Kategorie Geschlecht bildet eine grundlegende Differenzierungs- und Diskriminierungsstruktur unserer Gesellschaft. Dies zeigt auch die jüngste, von der Europäischen Union angestoßene, gleichstellungspolitische Entwicklung in Form der Strategie des *Gender-Mainstreaming*: In allen Politikfeldern soll zukünftig die Geschlechterperspektive eingebracht werden, indem schon bei der Formulierung wie dann bei der konkreten Ausgestaltung von Politik die spezifischen Interessenlagen beider Geschlechter mit dem Ziel der Gleichstellung gebührend Berücksichtigung finden.[1] Die Vielfältigkeit der Materie macht eine Untersuchung der rot-grünen Gleichstellungspolitik schwierig. Denkbar wäre, nur diejenigen Politiken zu analysieren, die von den Parteien selbst als Geschlechter-Gleichstellung bezeichnet werden. Dies könnte jedoch zu einer verkürzten Sicht auf die Thematik führen, weshalb ich im Folgenden einen theoretischen Rahmen, innerhalb dessen sich Gleichstellungspolitik bewegen kann, skizzieren und die Auswahl der zu untersuchenden Politiken an diesem orientieren werde. Dazu muss aber zunächst geklärt werden, wie die Kategorie Geschlecht analytisch gefasst und was konkret als Gleichstellung verstanden wird. Anknüpfend an frühere Arbeiten (vgl. Leitner 2001; 2003) unterscheide ich drei Ebenen der geschlechtsspezifischen Differenzierung:

1. *Die biologische Differenzierung zwischen Mann und Frau.* Auf dieser Ebene werden biologische Unterschiede als Legitimation für die Ungleichbehandlung von Männern und Frauen herangezogen. Problematisch ist dies aus gleichstellungspolitischer Sicht immer dann, wenn es zu systematischen Benachteiligungen aufgrund des biologischen Geschlechts kommt. Allerdings kennt die Gleichstellungspolitik auch das Instrument der so genannten positiven Diskriminierung, das

---

[1] Für einen Einstieg in das Thema siehe: www.gender-mainstreaming.net; für eine erste Bilanz der deutschen *Gender-Mainstreaming*-Maßnahmen siehe Töns/Young 2001 und Bothfeld et al. 2002.

gleichfalls an der biologischen Geschlechterdifferenzierung ansetzt: Quotenregelungen haben explizit zum Ziel, Frauen den Zugang in Bereiche zu verschaffen, aus denen sie aufgrund ihres biologischen Geschlechts und der damit verknüpften Zuschreibungen bislang ausgeschlossen waren.

2. *Die arbeitsteilige Geschlechterdifferenzierung.* Die Differenzierung aufgrund der geschlechtsspezifischen Arbeitsteilung beruht auf der Annahme grundlegend unterschiedlicher, bipolarer Tätigkeitsfelder, die jeweils als „männlich" bzw. „weiblich" konnotiert sind. So differenziert die deutsche Sozialpolitik beispielsweise zwischen Sozialversicherungsleistungen für Erwerbsarbeit und abgeleiteten Ansprüchen für Familienarbeit. Gleichstellungspolitik in diesem Bereich kann zwei – nicht unbedingt widerstreitende – Zielsetzungen verfolgen: zum einen die Gleichstellung der beiden geschlechtsspezifischen Arbeitsbereiche und zum anderen die Entgeschlechtlichung der Arbeitsbereiche, indem die traditionellen Zuordnungen der biologischen Geschlechter zu „männlichen" und „weiblichen" Tätigkeitsfeldern aufgebrochen werden.

3. *Die reproduktionsbezogene Geschlechterdifferenzierung.* Die Unterscheidung zwischen „männlichem" und „weiblichem" sexuellem Begehren – Männer begehren Frauen und Frauen begehren Männer als Sexualpartner – reflektiert die gesellschaftliche Norm der Heterosexualität und damit verbunden: die Ungleichbehandlung unterschiedlicher Lebensformen. Aus gleichstellungspolitischer Sicht wäre diese Diskriminierung von „atypischen" Lebensformen zu beseitigen.

Die drei Ebenen der Geschlechterdifferenzierung und -diskriminierung bieten je unterschiedliche Perspektiven und Ansatzpunkte für Gleichstellungspolitik. Es soll zunächst geklärt werden, ob bzw. welche zentralen Reformbemühungen in den drei Punkten unter Rot-Grün festzustellen sind. Danach werden die einzelnen Politiken in Fallstudien[2] vorgestellt und abschließend im Hinblick auf die zentrale Frage dieses Sammelbandes: „Do parties matter?" bewertet.

2   Geschlechter-Gleichstellung – rot-grüne Programmatik

Mit der Regierungsübernahme durch die rot-grüne Koalition war für viele FeministInnen die Erwartung verbunden, dem Ziel der Ebenbürtigkeit der Geschlechter einen entscheidenden Schritt näher zu kommen. Schließlich ließ die Geschichte beider Parteien darauf hoffen:

---

[2] Ich danke Bettina Munimus für ihre tatkräftige Unterstützung bei der Recherche zu den drei Fallstudien.

Ohne den Einsatz der SPD hätten Frauen kein Wahlrecht und keine *de jure* verbriefte Gleichberechtigung. Ohne die Grünen, denen es in der Gründungsphase gelang, Teile der autonomen Frauenbewegung für sich zu gewinnen, gäbe es keine Quotierung und keine Diskussion um ‚Geschlechterdemokratie' (Notz 2002: 83; Hervorhebung im Original).

Jedoch wird der SPD-Frauenpolitik eine gewisse Einseitigkeit bescheinigt, da sie traditionell die Frauenerwerbstätigkeit in den Mittelpunkt rücke: Das Frauenbild der SPD fokussiere die Arbeitnehmerin zwischen Familien- und Berufspflichten und vernachlässige demgegenüber die verstärkte Einbeziehung von Männern in die Familienarbeit bzw. die geschlechtergerechte Umverteilung von Erwerbs- und Familienarbeit (vgl. Meyer 1998: 86). Bei den Grünen sei wiederum eine Entschärfung der Radikalität ihrer feministischen Positionen und Forderungen festzustellen: Im Vergleich zu früheren programmatischen Schriften mangele es dem Wahlprogramm 1998 an analytischer Schärfe und wegweisenden Konzepten hinsichtlich des Aufbrechens der Geschlechterhierarchie bzw. der Beendigung des Patriarchats (vgl. Hoecker 1998: 75).

Der Grund für die insgesamt eher samtpfötige und Männer schonende Frauenpolitik von Bündnis 90/Die Grünen liegt auf der Hand: Mit Blick auf einen eventuellen Machtwechsel in Bonn haben sie auch ihre Gleichberechtigungspolitik stärker am Machbaren und Konsensfähigen ausgerichtet, um für möglichst viele Frauen und Männer – nicht nur aus dem Milieu der postmaterialistischen Linken – attraktiv zu sein. Die Kehrseite dieser Profilentschärfung ist allerdings, dass sich die bündnisgrüne Politik für Frauen nur noch in Nuancen von der Programmatik sozialdemokratischer Gleichstellungspolitik unterscheidet (Hoecker 1998: 76).

Wenn also die Sozialdemokraten zu einseitig und die Grünen zu zahm sind, um die Hoffnung auf einen umfassenden gleichstellungspolitischen Aufbruch ausreichend zu nähren: Was kann auf der Grundlage des Koalitionsvertrags 1998 dennoch erwartet werden?

In diesem findet sich – obiger Kritik zum Trotz – unter dem Kapitel VIII „Neuer Aufbruch für die Frauenpolitik" das Bekenntnis: „Die neue Bundesregierung will die Gleichstellung von Mann und Frau wieder zu einem großen gesellschaftlichen Reformprojekt machen". Gemeint ist damit in erster Linie die Verbesserung der Position von Frauen auf dem Arbeitsmarkt und dabei vor allem die Schaffung eines effektiven Gleichstellungsgesetzes. „Wir werden verbindliche Regelungen zur Frauenförderung einführen, die auch in der Privatwirtschaft Anwendung finden müssen", so die rot-grüne Zielvorgabe, die der gleichstellungspolitischen Kategorie der positiven Diskriminierung zuzuordnen ist.

Darüber hinaus wird – analytisch betrachtet: auf der Ebene der arbeitsteiligen Geschlechterdifferenzierung – die Thematik der Vereinbarkeit von Familie und Beruf unter dem Kapitel VII/3 „Sichere Zukunft für die Familien" aufgegriffen; und zwar – entgegen der Befürchtungen obiger Kritikerinnen – keineswegs einseitig nur als Frauenproblem: „Familie und Beruf müssen als die zwei zentralen Lebensbereiche von Frauen *und Männern* [Hervorhebung SL] besser zu vereinbaren sein." Dies soll durch eine Reform von Erziehungsurlaub und Erziehungsgeld umgesetzt werden, um „mehr Wahlfreiheit und eine partnerschaftliche Teilhabe an Familie und Beruf für Mütter und Väter" zu ermöglichen.

Somit wird aber auch deutlich, dass Gleichstellungspolitik für Rot-Grün nicht nur Frauenpolitik bedeutet, sondern auch Familienpolitik. Und innerhalb der Familienpolitik geht es der Koalition nicht nur um die Gleichstellung von Frauen und Männern, sondern auch um die Gleichstellung unterschiedlicher Familienformen. „Für uns haben alle Formen von auf Dauer angelegten Lebensgemeinschaften Anspruch auf Schutz und Rechtssicherheit", heißt es dementsprechend im selben Unterkapitel des Koalitionsvertrags, und unter dem Kapitel IX/10 „Minderheitenrechte" findet sich mit Blick auf die Gleichbehandlung von Lesben und Schwulen eine Spezifizierung der Forderung nach Gleichbehandlung von unterschiedlichen Lebensgemeinschaften, nämlich die Forderung nach der „Einführung des Rechtsinstituts der eingetragenen Lebenspartnerschaft mit Rechten und Pflichten". Damit ist auch die Ebene der reproduktionsbezogenen Geschlechterdifferenzierung zentral in den Blick genommen. Die rot-grüne Koalition strebte demnach programmatisch Veränderungen hinsichtlich aller drei oben skizzierten Ebenen der geschlechtsspezifischen Differenzierung an, dennoch war die politische Umsetzung der drei Gesetzesvorhaben – Gleichstellungsgesetz für die Privatwirtschaft, Reform von Erziehungsurlaub und Erziehungsgeld sowie das Lebenspartnerschaftsgesetz – nur partiell erfolgreich. Im Folgenden werden die je spezifischen Begleitumstände sowie die erklärenden Faktoren für den (Miss-)Erfolg verdeutlicht.

3 Zwischensprint I: Die eingetragene Lebenspartnerschaft

In der Frage der Gleichstellung von homosexuellen Lebensgemeinschaften mit der Ehe ist vielleicht die deutlichste ideologische Differenz in der Gleichstellungspolitik zwischen SPD und Grünen auf der einen Seite[3] und CDU/CSU auf der anderen Seite festzustellen.[4] Bündnis 90/Die Grünen bringen 1994 erstmals einen Gesetzesentwurf zur Öffnung der Ehe für homosexuelle Paare in den Bundestag ein, der jedoch von der CDU-FDP Regierung abgelehnt wird. Die SPD legt 1998 ein halbes Jahr vor der Bundestagswahl einen ähnlichen Gesetzesentwurf vor; auch diesem ist kein Erfolg beschieden.[5] Erst die Verankerung der geplanten Einführung des Rechtsinstituts der

---

[3] Auch die PDS plädiert für eine Gleichstellung homosexueller Paare, geht jedoch noch einen Schritt weiter, indem sie auch nicht-eheliche Lebensgemeinschaften verschiedengeschlechtlicher Paare der Ehe gleichstellen will.

[4] Die FDP nimmt hier gewissermaßen eine Mittelstellung ein, da sie zwar nicht prinzipiell gegen eine Gleichstellung, sondern für eine begrenzte Gleichstellung eintritt.

[5] Vgl. www.gruene-fraktion.de (Von der Idee zum Gesetz).

eingetragenen Lebenspartnerschaft im rot-grünen Koalitionsvertrag führt schließlich zur Ausarbeitung eines entsprechenden Gesetzes und dessen Verabschiedung im Bundestag[6]. Aufgrund des massiven Widerstands der konservativ-liberalen Opposition und deren politisch-institutionell angelegten Vetomöglichkeit über den Bundesrat kommt es zu einer strategischen Aufsplittung des Gesetzesvorhabens in einen nicht zustimmungspflichtigen Teil (Lebenspartnerschaftsgesetz – LPartG) und einen der Zustimmung des Bundesrates unterliegenden Teil (Lebenspartnerschaftsgesetzergänzungsgesetz – LPartGErgG).

Das LPartG tritt am 1. August 2001 in Kraft, nachdem das Bundesverfassungsgericht die Eilanträge der Länder Bayern und Sachsen abgewiesen hatte, die auf Nicht-Inkrafttreten des Gesetzes bis zum Vorliegen eines Urteils des Gerichts hinsichtlich der Verfassungsmäßigkeit des Gesetzes drängten. Daraufhin reichen die Länder Bayern, Sachsen und Thüringen Normenkontrollanträge gegen das LPartG ein, die das Bundesverfassungsgericht durch ein Urteil vom 17.7.2002 zurückweist. Dieses stellt klar, dass die eingetragene Lebenspartnerschaft nicht dem besonderen Schutz von Ehe und Familie, wie er in Art. 6 GG festgelegt ist, zuwider laufe. Da gleichgeschlechtliche Partnerschaften – im Gegensatz zu eheähnlichen Lebensgemeinschaften verschieden geschlechtlicher Partner – nicht mit der Ehe konkurrieren, dürfen sie mit denselben Rechten ausgestattet werden wie Ehen (vgl. Stüber 2000).

Eingetragene Lebenspartnerschaften sind nunmehr in vielerlei Hinsicht der Ehe gleich gestellt, z.B. im Erbrecht, bei Zeugnisverweigerungs- und Auskunftsrechten, im Mietrecht und in der Kranken- und Pflegeversicherung (beitragsfreie Mitversicherung). In anderen wichtigen Bereichen wurde allerdings keine Gleichstellung vorgenommen (vgl. LSVD 2002): So sind eingetragene Lebenspartner zwar gegenseitig unterhaltspflichtig, können diesen Umstand aber nicht wie Ehepaare einkommensteuerrechtlich geltend machen. Ähnliches gilt für das Erbschafts- und Schenkungssteuerrecht. Des Weiteren fehlt eine umfassende Gleichstellung mit Ehegemeinschaften im Sozialrecht. Aus gleichstellungspolitischer Sicht greift das LPartG aufgrund dieser Ungleichbehandlung im Vergleich zur Ehe zu kurz (vgl. Wilde 2000).

Das zustimmungspflichtige LPartGErgG enthält derartige weiterreichende Gleichstellungen, wird aber im Dezember 2000 vom Bundesrat zurückgewiesen, woraufhin der Bundestag den Vermittlungsausschuss anruft. Um Einigungsmöglichkeiten auszuloten, setzt dieser eine Bund-Länder-Arbeitsgruppe ein, die jedoch bislang von der CDU/CSU boykottiert wird.[7] Im rot-grünen Koalitionsvertrag 2002 wird nun ein neuerlicher Anlauf zur Gleichstellung von homosexuellen Paaren unternommen: „Auf der Grundlage der Rechtssprechung des Bundesverfassungsgerichts wird die Regierungskoalition das Lebenspartnerschaftsgesetz überarbeiten und

---

[6] Gesetz zur Beendigung der Diskriminierung gleich geschlechtlicher Gemeinschaften: Lebenspartnerschaften (LPartG) vom 16.2.2001

[7] Vgl. www.lsvd.de (Aktuelles zum Lebenspartnerschaftsgesetz)

ergänzen (Lebenspartnerschafts-Ergänzungsgesetz)".[8] Konkrete Umsetzungsschritte sind bislang nicht an die Öffentlichkeit gedrungen.

Die deutliche Parteiendifferenz in der Frage der Gleichstellung von gleich geschlechtlichen Lebenspartnerschaften mit der Ehe wurde von der konservativ-liberalen Opposition durch die Bundesratsblockade und die Anrufung des Bundesverfassungsgerichts zum Ausdruck gebracht. Während der Bundesrat als institutioneller Vetospieler „funktionierte" und das Gleichstellungsvorhaben in wesentlichen Punkten „entschärft" wurde, konnte das Bundesverfassungsgericht nicht als Reformbremse instrumentalisiert werden. Das Urteil des Verfassungsgerichts könnte die Gleichstellung sogar vorantreiben. Dies ist auch im Zusammenhang mit jüngeren Urteilen des Europäischen Gerichtshofs zum Verbot der Diskriminierung aufgrund sexueller Orientierung zu sehen (vgl. LSVD 2002). Möglicherweise verleiht die Kombination aus nationaler und supranationaler Rechtssprechung dem rot-grünen Reformwillen den nötigen Nachdruck im Bundesrat.

4 Zwischensprint II: Die Reform von Erziehungsurlaub und Erziehungsgeld

Das Bundeserziehungsgeld sowie der Erziehungsurlaub wurden unter der konservativ-liberalen Regierung 1986 eingeführt.[9] Mit dem Konzept der „Wahlfreiheit" versuchte die Union, ihre eigenen traditionellen familienpolitischen Vorstellungen mit liberalen Vorstellungen über eine selbst bestimmte individuelle Lebensgestaltung zu verbinden. Dazu gehört zum einen die Universalität des Anspruchs auf Erziehungsgeld: Entgegen der ursprünglichen Forderung der SPD haben nicht nur erwerbstätige Mütter, sondern alle Mütter unabhängig von ihrem Erwerbsstatus Anspruch auf Erziehungsgeld. In diesem Sinne unterstützt die Regelung die traditionelle Hausfrauenehe. Andererseits wird mit dem Erziehungsgeld in Kombination mit dem Erziehungsurlaub auch ein Instrument zur besseren Vereinbarkeit von Familie und Beruf geschaffen, was wiederum auch andere Lebensentwürfe jenseits des Hausfrauenmodells stärkt (vgl. Bleses/Rose 1998: 249-257; zur Entwicklung von Erziehungsgeld und Erziehungsurlaub seit den 1980er Jahren siehe Kolbe 2002: 325-405).

Gleichstellungspolitisch betrachtet, handelt es sich bei Erziehungsurlaub und Erziehungsgeld um eine Anerkennung und damit eine Aufwertung von Erziehungsarbeit in Relation zur Erwerbsarbeit. Die familiale Betreuung eines Kleinkindes ist

---

[8] Kapitel VIII „Sicherheit, Toleranz und Demokratie"
[9] Bereits 1979 hatte die SPD-FDP Regierung den Mutterschaftsurlaub um vier Monate erweitert und damit zu einem „kleinen" Erziehungsurlaub mit einem maximalen Erziehungsgeld von 750 DM pro Monat ausgebaut. Allerdings waren nur vormals erwerbstätige Mütter anspruchsberechtigt.

Die Tour de force der Gleichstellung 255

während der ersten beiden Lebensjahre 600 DM pro Monat wert, sofern das Haushaltseinkommen eine bestimmte Höchstgrenze nicht überschreitet. Diese – im Vergleich zum durchschnittlichen Erwerbseinkommen – geringe Bewertung von Erziehungsarbeit ist einer der Hauptkritikpunkte an der Regelung (vgl. Behning/Leitner 1998): Sie ermöglicht keine eigenständige Lebensführung für Kindererziehende, da sie keinen ausreichenden Ersatz für vorangegangenes Einkommen bietet und einen Familienernährer implizit voraussetzt.

> Einen wirklichen Vorteil durch das Erziehungsgeld haben lediglich Hausfrauen, die schon vor der Geburt des Kindes nicht erwerbstätig waren und somit vom offensichtlich als ausreichend empfundenen Einkommen des Mannes leben (Notz 1993: 108).

An die geringe Bewertung von Erziehungsarbeit schließt sich ein struktureller Effekt an: Aufgrund der geschlechtsspezifischen Lohnunterschiede und der geringen Höhe des Erziehungsgelds kommt es (in aller Regel) zu einer unverhältnismäßig starken Reduzierung des Haushaltseinkommens bei Beurlaubung des Vaters. Damit erfolgt eine strukturelle Zuweisung der Kinderbetreuungsarbeit an die Mütter. Obwohl Mütter wie Väter Anspruch auf Erziehungsurlaub haben, wenn beide Elternteile erwerbstätig sind, nehmen Väter ihre diesbezüglichen Ansprüche kaum wahr: Der Anteil der Männer an allen Erwerbstätigen in Erziehungsurlaub erreichte 1992 erstmals die 1%-Marke und liegt zur Zeit bei 2%. Die Sorge um die finanzielle Absicherung der Familie gilt als der Hauptgrund für die geringe Inanspruchnahme; danach wird die Angst vor einem „Karriereknick" angeführt und mit einigem Abstand erst betriebliche Restriktionen und gesellschaftlich-kulturelle Erwägungen (vgl. Vaskovics/Rost 1999; Beckmann 2001). Das gleichstellungspolitische Ziel der Entgeschlechtlichung von Tätigkeitsfeldern wird zudem noch dadurch unterlaufen, dass für viele Mütter der – seit 1992 maximal dreijährige – Erziehungsurlaub eine nachhaltige Ausgliederung aus dem Arbeitsmarkt darstellt. Im Jahr 2000 waren laut einer Umfrage des IAB 41% der westdeutschen und 22% der ostdeutschen ehemals berufstätigen Mütter drei Jahre nach der Geburt ihres Kindes nicht wieder erwerbstätig[10] (Engelbrecht/Jungkunst 2001: 2; vgl. auch Landenberger 1993).

Als gleichstellungspolitischer Fortschritt wäre deshalb sowohl eine höhere Bewertung der Kinderbetreuungsarbeit als auch eine stärkere Einbeziehung der Väter bei gleichzeitig verbesserten Wiedereinstiegschancen von Müttern zu bewerten. Die Höherbewertung von Kindererziehungsarbeit trägt jedoch die Ambivalenz in sich, dass sie die traditionelle geschlechtsspezifische Arbeitsteilung so lange unterstützt, wie nicht tatsächlich eine mit Erwerbsarbeit ebenbürtige Höhe erreicht ist. Die rot-grüne Reform des Erziehungsgeldes[11] zielt vermutlich auch aufgrund dieser ambiva-

---

[10] 39% dieser westdeutschen und 96% dieser ostdeutschen nicht-erwerbstätigen Mütter waren auch als arbeitslos gemeldet, *wollten* also offensichtlich erwerbstätig sein.
[11] Drittes Gesetz zur Änderung des Bundeserziehungsgeldgesetzes vom 26.10.2000

lenten Effekte nicht vorrangig auf eine Erhöhung des Einkommens von Kindererziehenden: Die Höhe des Erziehungsgelds (307 € pro Monat bis zum zweiten Geburtstag des Kindes) wird beibehalten und eine Dynamisierung des seit 1986 in seiner Höhe unveränderten Erziehungsgeldes weiter hinausgeschoben. Es werden jedoch die Einkommensgrenzen, die ab dem 7. Monat gelten, erhöht. Damit wird der Kreis der TransferempfängerInnen, der sich vor allem nach dem 6. Monat stark reduziert hatte[12], erweitert. Da die Einkommensgrenzen seit 1986 nicht an die nominale Einkommensentwicklung angepasst wurden, fällt diese erstmalige Anpassung insgesamt sehr gering aus (vgl. Koch 2001: 52). Der Anteil der Berechtigten erhöht sich nur um ca. 5 Prozent; zudem verringert sich das Erziehungsgeld für diejenigen, die die Einkommensgrenzen ab dem 7. Monat überschreiten, stärker als früher (Kolbe 2002: 398).

Tabelle 1: Erziehungsgeld vor und nach der Reform 2000

	Neuregelung ab 1.1.2001	Alte Regelung
Dauer	2 Jahre Budget-Angebot: 1 Jahr	2 Jahre
Höhe	307 € pro Monat Budget-Angebot: 460 € pro Monat	600 DM pro Monat
Jährliche Einkommensgrenzen bis zum 7. Monat [a]	51.130 € (Paare) 38.350 € (Alleinlebende)	100.000 DM (Paare) 75.000 DM (Alleinlebende)
Jährliche Einkommensgrenzen ab dem 7. Monat [b]	16.470 € (Paare) 13.498 € (Alleinlebende)	29.400 DM (Paare) 23.700 DM (Alleinlebende)
Erlaubte Beschäftigung	30 Stunden pro Woche	19 Stunden pro Woche

[a] Bei Überschreiten der Einkommensgrenzen entfällt das Erziehungsgeld.
[b] Bei Überschreiten der Einkommensgrenzen wird das Erziehungsgeld prozentual zur Einkommenshöhe verringert.

Neu ist das so genannte Budget-Angebot: Wenn die Bezugsdauer des Erziehungsgelds freiwillig auf ein Jahr verkürzt wird, erhöht sich die monatliche Leistung auf

---

[12] 1998 erhielten nur 52,2% aller Familien nach dem 6. Monat noch Erziehungsgeld (Koch 2001: 51).

460 € pro Monat. Insgesamt reduziert sich durch das Budget-Angebot jedoch der maximal zu gewährende Betrag um 1.848 €, was wohl nur mit finanzpolitischen Argumenten zu erklären ist: Würden all diejenigen, die aufgrund der Einkommensgrenzen ab dem 7. Monat kein oder nur ein reduziertes Erziehungsgeld erhalten würden, das Budgetangebot (in der eigentlich logischen doppelten Höhe von 612 € pro Monat) in Anspruch nehmen, würden insgesamt erhebliche Mehrkosten auf den Staat zukommen. Somit wird zwar ein Anreiz für kurze Erwerbsunterbrechungen gesetzt, die Erziehungsarbeit erfährt aber insgesamt eine niedrigere Förderung, und die fehlende Kinderbetreuungsinfrastruktur für unter 3-Jährige macht das Budget-Angebot schwer einlösbar (vgl. Schratzenstaller 2002: 130).

Eine weitere Neuerung betrifft die Ausweitung der Möglichkeit der Teilzeitbeschäftigung während des Erziehungsgeldbezugs: Statt wie bisher 19 Stunden pro Woche, können nunmehr 30 Stunden pro Woche gearbeitet werden. Auch diese Maßnahme ist ambivalent zu beurteilen, da sie einerseits mit den Einkommensgrenzen für den Erziehungsgeldbezug konkurriert und andererseits wiederum die Frage nach der Kinderbetreuungsmöglichkeit gestellt werden muss.

Die neue Elternzeit unterscheidet sich vom alten Erziehungsurlaub durch die Einführung von Anreizen zur partnerschaftlichen Teilung der Erziehungsarbeit zwischen den Eltern und bildet den eigentlichen Fokus der rot-grünen Reformpolitik. So können jetzt beide Eltern gleichzeitig Elternzeit nehmen, wobei diese insgesamt auf drei Jahre pro Kind begrenzt bleibt und in bis zu vier Teilabschnitten konsumiert werden kann. Während der Elternzeit ist eine Erwerbstätigkeit von bis zu 30 Stunden pro Woche erlaubt. Es besteht ein Anspruch auf Verringerung der Arbeitszeit während der Elternzeit, sofern es sich um einen Betrieb mit mehr als 15 Beschäftigten handelt, das Arbeitsverhältnis länger als 6 Monate besteht und keine betrieblichen Gründe entgegenstehen.

Der Rechtsanspruch auf Arbeitszeitverkürzung wurde gegen den Widerstand der Arbeitgeber durchgesetzt (vgl. Kolbe 2002: 398), die diesen als „einen erheblichen Eingriff in ihre Dispositionsfreiheit und die Einführung planwirtschaftlicher Zwangsinstrumente in die soziale Wirtschaftsordnung Deutschlands" (Lindemann/Simon 2001: 260) bewerteten. Dieser Widerstand der Arbeitgeber lässt sich auch daran festmachen, dass der Rechtsanspruch auf Arbeitszeitverkürzung durch die o.g. erforderlichen „Nebenbedingungen" stark eingeschränkt ist und eine Aushöhlung des Anspruchs in der betrieblichen Praxis aufgrund der Geltendmachung von „betrieblichen Gründen" zu befürchten ist (vgl. Koch 2001: 53).

Die zusätzliche Einführung des so genannten Zeitkontos ermöglicht die flexible Nutzung des letzten Jahres der Elternzeit zwischen dem zweiten und dem achten Lebensjahr des Kindes. Auch die Nutzung des Zeitkontos unterliegt der Zustimmung des Arbeitgebers und stellt keinen verbürgten Rechtsanspruch dar. Insgesamt ist auch der neuen Flexibilität der Elternzeitregelung kritisch entgegen zu halten, dass nach wie vor nur für etwa 3% aller Kinder unter drei Jahren Betreuungsplätze zur Verfügung stehen und somit eine wichtige Voraussetzung zur Nutzung der Teilzeit-Elternschaft nicht gegeben ist.

Von einem Gleichstellungsfortschritt durch die Reform von Erziehungsgeld und Erziehungsurlaub kann also nur sehr eingeschränkt die Rede sein. Weder kommt es – aufgrund finanzpolitischer Restriktionen – zu einer nennenswerten Aufwertung von Familienarbeit, noch kann von durchschlagenden Erfolgen hinsichtlich der Entgeschlechtlichung von Familienarbeit durch eine stärkere Väterbeteiligung ausgegangen werden.

Tabelle 2: Elternzeit im Vergleich zum alten Erziehungsurlaub

	Elternzeit ab 1.1.2001	**Alte Elternurlaubsregelung**
Dauer	3 Jahre pro Kind	3 Jahre pro Kind
Teilungsmöglichkeit	Bis zu 4 Zeitabschnitte im Wechsel oder gleichzeitig. Zeitkonto: 12 Monate können zwischen dem 2. und dem 8. Lebensjahr genommen werden	Dreimaliger Wechsel möglich
Erlaubte Beschäftigung	30 Stunden pro Woche. Rechtsanspruch auf Reduzierung der Arbeitszeit	19 Stunden pro Woche

Das Elternzeitgesetz lässt im besten Fall einen Rollentausch zu, der jedoch aufgrund der unveränderten Strukturen des geschlechtsspezifisch segregierten Arbeitsmarktes und in Ermangelung eines akzeptablen Ersatzes für den Einkommensausfall während der Elternzeit Utopie bleibt: Nach wie vor ist der Ausstieg aus dem Erwerbsleben zum Zwecke der Kinderbetreuung gerade für Väter wenig attraktiv (vgl. Notz 2002: 84). Und von der in Aussicht gestellten besseren Vereinbarkeit von Familie und Beruf durch eine Flexibilisierung der Elternzeit bleibt aufgrund der Durchsetzung von Arbeitgeberinteressen unter dem Strich nur wenig mehr als ein Lippenbekenntnis.

5 Zwischensprint III: Das Gleichstellungsgesetz für die Privatwirtschaft

Sowohl im Koalitionsvertrag als auch im Aktionsprogramm „Frau und Beruf", das am 23. Juni 1999 vom Bundeskabinett verabschiedet wurde, hatte Rot-Grün ein Gleichstellungsgesetz für die Privatwirtschaft angekündigt. Als Ergebnis eines intensiven Dialogs mit VertreterInnen aus Arbeitgeberverbänden, Gewerkschaften, Un-

Die Tour de force der Gleichstellung

ternehmen, Wissenschaft und Politik in vier aufeinander folgenden Gesprächsforen legte Bundesfrauenministerin Christine Bergmann Anfang September 2000 Eckpunkte für das geplante Gleichstellungsgesetz vor.[13] Dieses zielte auf einen zweistufigen Prozess, um Unternehmen zur Durchführung von Gleichstellungsmaßnahmen zu verpflichten: Zunächst sollen die Unternehmen gemeinsam mit den Tarif- und Betriebspartnern autonome Vereinbarungen treffen, die den im Gesetz verankerten gleichstellungspolitischen Mindeststandards entsprechen. Im Kern geht es dabei um die Erhöhung der Frauenanteile in Bereichen, in denen Frauen bislang unterrepräsentiert sind, die Aufnahme des *Gender Mainstreaming*-Prinzips, die Umsetzung des Lohngleichheitsgebots sowie um den Schutz vor sexueller Belästigung am Arbeitsplatz. Darüber hinaus sollen weitere Maßnahmen wie z.B. *Mentoring*, Fortbildungs- und Qualifizierungsmaßnahmen für Frauen, familiengerechte Arbeitszeiten oder betriebliche Kinderbetreuung in die Vereinbarungen aufgenommen werden. Erst wenn nach einer Frist von zwei Jahren keine autonome Vereinbarung getroffen wurde, werden Unternehmen auf gesetzlich festgelegte Gleichstellungsmaßnahmen verpflichtet.

Dieser als *soft law* zu bezeichnende Gesetzesvorschlag, der stärker auf Verfahren als auf materielle Normen setzt, stellt einen Paradigmenwechsel in der Gleichstellungspolitik dar. Sowohl die Grünen als auch die SPD hatten in den voran gegangenen Legislaturperioden gänzlich andere Entwürfe mit eindeutigen Zielvorgaben präsentiert. In einem Gesetzesentwurf[14] forderten die Grünen 1988 etwa die Verpflichtung der Arbeitgeber zur Vergabe von mindestens 50% aller Ausbildungs- und Erwerbsarbeitsplätze an Frauen sowie die Bestellung von öffentlichen Frauenbeauftragten zur Überwachung der Durchführung und Durchsetzung von Antidiskriminierungsmaßnahmen auf allen gesellschaftlichen Ebenen. Ähnliche Vorstellungen finden sich in einem Gesetzesentwurf[15] der SPD von 1993, in dem u.a. die Einführung einer qualifikationsbezogenen Quote, einer Ausbildungsplatzquote von 50% sowie die Einrichtung einer Frauenbeauftragten in Betrieben und Dienststellen ab 200 Beschäftigten gefordert werden.

> Neben einem verbesserten Diskriminierungsschutz wurde hier auf Gleichstellungspolitik über sanktionierte Frauenquoten, Gleichstellungspläne und Gleichstellungsbeauftragte mit fest umrissenen Aufgaben und Rechten gesetzt (Raasch 1999: 625).

In dem nunmehr vorgelegten Gesetzesentwurf von Rot-Grün hingegen wird der Vielgestaltigkeit der Privatwirtschaft ein inhaltlich sehr flexibles Angebot gemacht,

---

[13] Vgl. www.bmfsfj.de (Pressemitteilung vom 8.9.2000).
[14] Gesetz zur Aufhebung der Benachteiligung von Frauen in allen gesellschaftlichen Bereichen, insbesondere in der Erwerbsarbeit (Antidiskriminierungsgesetz Teil I – ADG I), BTDrs. 11/3266 vom 7.11.1988.
[15] Gesetz zur Gleichstellung von Frau und Mann (Gleichstellungsgesetz), BTDrs. 12/5717 vom 22.9.1993.

was auch die durch langjährige frustrierende Erfahrungen mit der Privatwirtschaft gewonnene Einschätzung des Machbaren in diesem Bereich ausdrückt (vgl. Pfarr 1999: 623). Gleichstellung wird zu einem verhandelbaren und von den Akteuren in den Betrieben und Unternehmen zu verhandelnden Rechtsgut. Nicht mehr die genaue Vorgabe von zu erfüllenden Quoten und Durchsetzungsinstrumentarien steht im Mittelpunkt, sondern die je nach Betrieb unterschiedliche Annäherung an gleichstellungspolitische Zielvorstellungen. Damit wird auch den Arbeitgebern von vorne herein eine starke Verhandlungsposition eingeräumt.

Trotz dieser Soft-Variante einer Verpflichtung der Privatwirtschaft zur Gleichstellung haben sich die Arbeitgeberverbände von Anfang an vehement gegen eine gesetzliche Regelung ausgesprochen: Diese sei „zu bürokratisch, verursacht unnötige Kosten, ist nicht handlungsorientiert" (Kathmann 2001: 167). Am 2. Juli 2001 wurde in einem Gespräch zwischen dem Bundeskanzler, der Bundesfrauenministerin, dem Bundeswirtschaftsminister und den Präsidenten der Spitzenverbände der deutschen Wirtschaft der obige Gesetzesentwurf verworfen und stattdessen eine „Vereinbarung zwischen der Bundesregierung und den Spitzenverbänden der deutschen Wirtschaft zur Förderung der Chancengleichheit von Frauen und Männern in der Privatwirtschaft"[16] geschlossen. Es handelt sich dabei im Wesentlichen um eine Empfehlung der Spitzenverbände der Wirtschaft an ihre Mitglieder, betriebliche Maßnahmen zur Verbesserung der Chancengleichheit von Frauen und Männern sowie der Familienfreundlichkeit durchzuführen. Angeboten wird Information, Beratung und Unterstützung der Unternehmen in diesen Fragen. Ein paritätisch besetztes Gremium soll die Umsetzung der Vereinbarung begleiten und erstmals Ende 2003 eine Bestandsaufnahme vorlegen. Danach soll alle zwei Jahre Bilanz gezogen werden und an konkreten Vorschlägen zur Weiterentwicklung der Maßnahmen gearbeitet werden. Im Gegenzug wird die Bundesregierung kein Gleichstellungsgesetz verabschieden.

Das, was letztlich vom geplanten Gleichstellungsgesetz übrig bleibt, unterscheidet sich kaum noch von bereits bekannten Realitäten. Auch bislang konnten Tarif- und Betriebsparteien freiwillig betriebliche Gleichstellungsmaßnahmen vereinbaren, aber nur 2% der privatwirtschaftlichen Betriebe haben dies getan. Dabei handelt es sich in vielen Fällen um unverbindliche Absichtserklärungen; konkrete Richtwerte und Quotierungsvorschriften fehlen (vgl. Koch 2002: 307). Die getroffene Vereinbarung, die nicht mehr als eine „schriftliche Bestätigung der Freiwilligkeit von Gleichstellungsmaßnahmen" (ebenda) darstellt, lässt kaum auf gleichstellungspolitische Erfolge hoffen.

Offensichtlich konnte gegen den Willen der Arbeitgeberverbände kein Gesetz gemacht werden: „Dem Druck aus der Wirtschaft wurde hier bereits nachgegeben, bevor überhaupt ein Gesetzesentwurf in den Bundestag eingebracht wurde." (Klenner 2002: 202f) Entgegen der mit der Dialog-Strategie der Frauenministerin verbun-

---

[16] Die Vereinbarung ist verfügbar unter: www.bundesregierung.de

denen Hoffnung, die Arbeitgeber in der inhaltlichen Frage zu spalten[17] und damit den Widerstand zu durchbrechen, gelang es diesen, als homogene Interessensgruppe mit entsprechender Verhandlungsmacht aufzutreten. Zwar kamen in den Dialogforen durchaus auch ArbeitgeberInnen zu Wort, die in dem geplanten Gesetz kein Problem für ihre Unternehmen sahen; die für den politischen Entscheidungsprozess jedoch maßgeblichen Funktionäre der Arbeitgeberverbände stellten sich hingegen einheitlich gegen das Gesetzesanliegen (vgl. Kathmann 2001: 167). Hinzu kamen die ablehnende Haltung des Bundeswirtschaftsministers, der die Arbeitgeberverbände zusätzlich stärkte, und der „nach wie vor geringe politische Stellenwert, der der Chancengleichheit von Frauen und Männern (und einem Bundesfrauenministerium) zugemessen wird" (Kathmann 2001: 168, vgl. Töns/Young 2001: 145). Im Koalitionsvertrag 2002 ist folgerichtig von einem Neuanlauf in Sachen Gleichstellungsgesetz für die Privatwirtschaft auch nicht mehr die Rede. Stattdessen soll die Ende 2003 zu ziehende Bilanz der Vereinbarung mit der Privatwirtschaft abgewartet werden.[18] „Ich werde nicht das Rad neu erfinden, wo es schon erfunden ist", äußerte sich die neue Frauenministerin Renate Schmidt in einem Interview in der TAZ vom 16.12.2002 und zog sich damit den Unmut der grünen Abgeordneten Irmingard Schewe-Gerigk zu[19]. Ob sich in der Sache möglicherweise ein koalitionsinterner Konflikt abzeichnet oder vielleicht ein Aufbrechen des schwelenden Konflikts innerhalb der SPD zwischen Frauen- und Wirtschaftsinteressen bevorsteht, wird sich wohl Ende 2003 zeigen. Bleibt zu hoffen, dass es nicht wieder zu einer „Beschäftigungstherapie für die Frauenpolitikerinnen" (Kathmann 2001: 167) kommt.

6   Die Neutralisierung der Parteiendifferenz in der Gleichstellungspolitik

In allen drei Fallbeispielen zur Gleichstellungspolitik kann von einer ideologischen Differenz zwischen Rot-Grün einerseits und den christdemokratischen Parteien andererseits ausgegangen werden. Am eindeutigsten zeigte sich diese bei der Frage der Gleichberechtigung von homosexuellen Partnerschaften mit der Ehe: Die traditionelle Ehe als Institution sowie deren rechtliche Privilegierung wurde und wird von der CDU/CSU vehement befürwortet. Trotz rot-grüner Regierungsmacht wurde die Durchsetzung der Gleichstellung von eingetragenen Lebenspartnerschaften mit der Ehe zu einem Hindernislauf, bei dem inhaltliche Abstriche gemacht werden mussten. Der Bundesrat hat hier dämpfend auf die Durchschlagskraft der Parteiendifferenz eingewirkt.

---

[17]   Vgl. Interview mit Heide Pfarr in der taz vom 9./10. 9. 2000.
[18]   Vgl. Kapitel VII „Gleichstellung von Frauen und Männern"
[19]   Vgl. taz vom 21.12.2002

Bei der Reform von Erziehungsurlaub und Erziehungsgeld ging es der rot-grünen Koalition vorwiegend um die Förderung der partnerschaftlichen Teilung von Kindererziehungsarbeit. Von der christdemokratischen Opposition – wie übrigens auch von Teilen der Grünen – wurde hingegen die Erhöhung des Erziehungsgelds bzw. die Einführung eines Erziehungsgehalts propagiert. Dies birgt, da es sich um eine universelle Leistung für alle Mütter ohne Rücksicht auf deren Erwerbsstatus handelt, implizit ein traditionelles Geschlechterleitbild und ist vermutlich deshalb von Rot-Grün nicht in die Reform aufgenommen worden. Aber auch andere Vorschläge zur Aufwertung von Kindererziehungsarbeit, wie z.B. eine entsprechend hohe Lohnersatzleistung für Kindererziehung, wurden von der Regierungskoalition nicht eingebracht. Dies könnte zum einen darauf hindeuten, dass die Parteiendifferenz in dieser Frage nicht so eindeutig verläuft, wie man vermuten könnte, oder aber, dass aufgrund von finanzpolitischen Restriktionen schon im Vorfeld eine Neutralisierung der Parteiendifferenz stattgefunden hat, da die Forderung nach einer Aufwertung von Kindererziehungsarbeit von vorne herein als unfinanzierbar und damit als undurchsetzbar erschien. In der Frage der partnerschaftlichen Teilung von Erziehungsarbeit wollte Rot-Grün jedoch eindeutige gleichstellungspolitische Signale setzen. Allein: Der Widerstand und die Verhandlungsmacht der Arbeitgeberverbände haben den Reformansätzen den Stachel gezogen, sodass auch hier die Parteiendifferenz in der Umsetzung eindeutig abgeschwächt wurde. Das von Rot-Grün anvisierte Gleichstellungsgesetz für die Privatwirtschaft schließlich bezeichnet aufgrund seines regulativen Charakters per se eine eindeutige ideologische Differenz sowohl zur CDU/CSU als auch zur FDP. Hier geht es also weniger um die Frage, *ob*, sondern *auf welchem Wege* – durch rechtsstaatliche Mittel oder durch die Selbstregulation der Wirtschaft – Gleichstellung erreicht werden soll. Obwohl der Gesetzesentwurf bereits eine abgeschwächte, auf einen Kompromiss zielende Variante staatlicher Regulierung darstellte, scheiterte seine Umsetzung am Widerstand der Arbeitgeberverbände. Gestärkt wurde deren Verhandlungsposition durch die politische Prioritätensetzung der Regierungsspitze: Wirtschaftspolitischen Aspekten wurde eindeutig Vorrang eingeräumt. In allen drei Fallbeispielen kam dem Kostenargument bzw. der angespannten Haushaltssituation eine bremsende Rolle zu: Am deutlichsten zeigte sich dies bei der Nicht-Erhöhung des Erziehungsgeldes. Aber auch die vorerst auf Eis gelegten Ergänzungen zum Lebenspartnerschaftsgesetz wie auch die Gleichstellungsmaßnahmen für die Privatwirtschaft sind mit zusätzlichen Kosten verbunden und daher auch aus dieser Perspektive nicht „attraktiv". Hinderlich wirkte sich ebenso die Machtposition der Arbeitgeberverbände auf die Umsetzung der geplanten Vorhaben bei der Elternzeit und beim Gleichstellungsgesetz für die Privatwirtschaft aus: Die rot-grüne Regierung sah sich einem Gegenspieler ausgesetzt, der gerade in ökonomischen Krisenzeiten an Macht gewinnt. Dies auch deshalb, weil die Regierung selbst sich vom Primat der Ökonomie leiten lässt. Gleichstellungspolitik wird somit auch für Rot-Grün zu einem politischen Nebenschauplatz, dem andere, „wichtigere" Interessen gegenüber stehen. Insofern kann zwar von einer ideologischen Parteiendifferenz in der Gleichstellungspolitik gesprochen werden. In der praktischen Umsetzung verliert die Parteiendifferenz jedoch an Profil.

7 Literatur

Beckmann, Petra, 2001: Neue Väter braucht das Land! Wie stehen die Chancen für eine stärkere Beteiligung der Männer am Erziehungsurlaub?, IAB Werkstattbericht 6/2.5.2001.
Behning, Ute/Leitner, Sigrid, 1998: Zum Umbau der Sozialstaatssysteme Österreichs, der Bundesrepublik Deutschland und der Schweiz nach dem Care-Modell. Eine vergleichende Analyse der sozialstaatlichen Regelungen von Familienarbeit, in: WSI-Mitteilungen 51 (11): 787-799.
Bleses, Peter/Rose, Edgar, 1998: Deutungswandel der Sozialpolitik. Die Arbeitsmarkt- und Familienpolitik im parlamentarischen Diskurs, Frankfurt/New York.
Bothfeld, Silke/Gronbach, Sigrid/Riedmüller, Barbara (Hrsg.), 2002: Gender-Mainstreaming – eine Innovation in der Gleichstellungspolitik. Zwischenberichte aus der politischen Praxis, Frankfurt a. M.
Engelbrech, Gerhard/Jungkunst, Maria, 2001: Erziehungsurlaub. Hilfe zur Wiedereingliederung oder Karrierehemmnis?, IAB Kurzbericht 11/20.6.2001.
Hoecker, Beate, 1998: Abschied vom Feminismus? Die Frauenpolitik von Bündnis 90/Die Grünen, in: femina politica 7 (1): 72-76.
Kathmann, Maria, 2001: Frauen wollen noch immer eine andere Politik. Ein Gleichstellungsgesetz für die Privatwirtschaft und was daraus wurde, in: femina politica 10 (2): 165-168.
Klenner, Christina, 2002: Arbeitsmarkt und Gedöns. Rot-grüne Gleichstellungspolitik zwischen Aufbruch und Frustration, in: Blätter für deutsche und internationale Politik 47 (2): 202-210.
Koch, Angelika, 2001: Neubewertung der Familienarbeit in der Sozialpolitik? Die Neuregelung von Erziehungsgeld und Erziehungsurlaub und alternative Reformkonzeptionen, in: Feministische Studien 19 (1): 48-61.
Koch, Angelika, 2003: Arbeitspolitik und Geschlechtergleichheit: Bilanz und Reformperspektiven politischer Regulierung der Gleichstellung in der Privatwirtschaft, in: Österreichische Zeitschrift für Politikwissenschaft 31 (3): 305-314.
Kolbe, Wiebke, 2002: Elternschaft im Wohlfahrtsstaat. Schweden und die Bundesrepublik im Vergleich 1945-2000, Frankfurt/New York.
Landenberger, Margarete, 1993: Familienpolitische Maßnahmen und ihre Wirkungen auf Arbeitsmarktchancen und soziale Sicherung von Frauen, in: *Claudia Gather/Ute Gerhard/Karin Prinz/Mechthild Veil* (Hrsg.), Frauen-Alterssicherung. Lebensläufe von Frauen und ihre Benachteiligung im Alter, 2. Auflage, Berlin, 83-105.
Leitner, Sigrid, 2001: Das Splitting der Geschlechtskategorie in die Dimensionen gender und sex: Überlegungen zur geschlechtsspezifischen Sozialpolitikanalyse, in: Zeitschrift für Frauenforschung & Geschlechterstudien 19 (1+2): 217-230.
Leitner, Sigrid, 2003: Varieties of Familialism: The Caring Function of the Family in Comparative Perspective, in: European Societies (i. E.).
Lindemann, Achim/Simon, Oliver, 2001: Die neue Elternzeit, in: Neue Juristische Wochenschrift 54 (4): 258-263.
LSVD – Lesben- und Schwulenverband, 2002: Die Gleichstellung der Eingetragenen Lebenspartnerschaften vollenden, Berlin.
Meyer, Birgit, 1998: Viel Lärm um nichts? Die Frauenpolitik von SPD und FDP im vergangenen Jahrzehnt, in: femina politica 7 (1): 85-88.

Notz, Gisela, 1993: Frauen nun doch an den Herd? Erziehungsgeld, Erziehungsurlaub und die Auswirkungen auf die Lebens- und Arbeitssituation von Müttern, in: *Claudia Gather/Ute Gerhard/Karin Prinz/Mechthild Veil* (Hrsg.), Frauen-Alterssicherung. Lebensläufe von Frauen und ihre Benachteiligung im Alter, 2. Auflage, Berlin, 106-119.

Notz, Gisela, 2002: Unerfüllte Erwartungen? Eine kritische Bilanz der rot-grünen Frauenpolitik, in: femina politica 11 (2): 83-86.

Pfarr, Heide, 1999: Eckpunkte zu einem Gleichstellungsgesetz für die Privatwirtschaft, in: Kritische Justiz 32 (4): 620-624.

Raasch, Sibylle, 1999: Verhandeltes Recht statt materiellem Gleichstellungsgesetz für die Privatwirtschaft?, in: Kritische Justiz 32 (4): 624-637.

Schratzenstaller, Margit, 2002: Familienpolitik – wozu und für wen? Die aktuelle familienpolitische Reformdebatte, in: WSI Mitteilungen 55 (3): 127-132.

Stüber, Stephan, 2000: Gleichstellung homosexueller Lebensgemeinschaften als 'Eingetragene Lebenspartnerschaft' mit der Ehe verfassungsgemäß?, in: Kritische Justiz 33 (4): 594-600.

Töns, Katrin/Young, Brigitte, 2001: The case of Germany, in: *Ute Behning/Amparo Serrano Pascual* (Hrsg.), Gender mainstreaming in the European employment strategy, Brüssel, 129-156.

Vaskovics, Laszlo A./Rost, Harald, 1999: Väter und Erziehungsurlaub. Schriftenreihe des Bundesministeriums für Familie, Senioren, Frauen und Jugend, Band 179, Stuttgart.

Wilde, Gabriele, 2000: Gleich geschlechtliche Lebenspartnerschaften und die recht(lich)e Ordnung des Privaten, in: femina politica 9 (2): 107-112.

Paradigmenwechsel ohne Instrumentenwechsel?
Kontinuität und Wandel im Politikfeld Migration

Dita Vogel und Andreas M. Wüst

1 Einleitung

In der praktischen Sozialpolitik geht es um politisches Handeln, das präventiv das Auftreten sozialer Problemlagen verhindern und reaktiv die Lage benachteiligter Personengruppen verbessern soll (verkürzt nach Lampert 1980). Dabei wird eine abgegrenzte Gesellschaft vorausgesetzt. Durch internationale Wanderungen verändert sich aber die Bevölkerung, bei der soziale Problemlagen auftreten können. Insofern sind Regelungen im Politikfeld Migration zentral für soziale Sicherungssysteme, denn sie berühren unmittelbar die Frage, wer zum abgesicherten Personenkreis gehört. Dies geschieht sowohl durch Regelungen dazu, wer ins Land kommen darf oder das Land verlassen muss (Migrationspolitik), als auch durch Bestimmungen bezüglich der politischen und sozialen Rechte und Pflichten, die Zuwanderer aus dem Ausland haben (Migrantenpolitik).[1] Zuwanderung kann auch indirekt die sozialen Sicherungssysteme beeinflussen, weil sie zur Beseitigung von sozialen Problemlagen bei Einheimischen beitragen kann (z.B. durch die Behebung eines Pflegekräftemangels oder die finanzielle Entlastung der Rentenversicherung), aber auch Problemlagen verschärfen kann (z.B. durch zusätzliche Konkurrenz um Arbeitsplätze und Wohnraum). Welche Effekte überwiegen, hängt von den arbeitsmarkt- und sozialpolitischen Rahmenbedingungen und der Migrationspolitik ab, die typischerweise meist positive indirekte Effekte sicherstellt.

In diesem Beitrag geht es darum, Entwicklungen auf der Diskurs- und der Politikebene im Themenfeld Migration seit den 1980er Jahren zu beschreiben und einzuordnen. Hierzu dienen drei Leitfragen:

Wie haben sich die öffentliche Diskussion und die Positionen der Parteien verändert? Dazu zeichnen wir überwiegend auf Grundlage der umfangreichen Sekundärliteratur Hauptlinien der Diskussion nach und anhand der Wahlprogramme für die Wahl von 1998, dass es zum Regierungswechsel in Diktion und Forderungen deutlich unterschiedliche Positionen zwischen den Parteien gab.

---

[1] Zur Systematik der migrationspolitischen Steuerungsbereiche siehe Vogel (2003).

Wie haben sich Politiken verändert? Anhand von Sekundärliteratur und Dokumenten zeigen wir, dass sich die Politiken keineswegs so klar unterscheiden, dass aber Rot-Grün vor allem im Staatsangehörigkeitsrecht ein Durchbruch gelungen ist, der erst langfristig bedeutsame Konsequenzen haben wird. Auch das an der Zustimmung des Bundesrates gescheiterte Zuwanderungsgesetz zeichnete sich vor allem durch einen Perspektivenwechsel mit potenziell bedeutenden langfristigen Konsequenzen aus.

Wie lässt sich der Wandel einordnen? Hier versuchen wir eine Einordnung des Wandels anhand der einschlägigen Kategorisierung sozialen Wandels, die Peter Hall (1993) für einen anderen Politikbereich entwickelt hat. Am Ende unterbreiten wir Vorschläge für eine Modifikation der Kategorisierung.

2 Wandel und Kontinuität im Diskurs über Migration und Ausländer

Zunächst soll der öffentliche und politische Diskurs betrachtet werden: Wie wandelt sich die politische Diskussion um Ausländer und Migration? Mit welchen Positionen starteten die Parteien in den Wahlkampf 1998? Gelingt es Rot-Grün, andere Problemsichten und Zielhierarchien durchzusetzen?

2.1 Die Entwicklung bis 1998

Der Analyse jüngerer Entwicklungen ist voranzustellen, dass die deutschen Kriegsflüchtlinge und Vertriebenen der Nachkriegszeit und später die deutschstämmigen Aussiedler aus Osteuropa bis Mitte der 1980er Jahre in weitgehendem Parteienkonsens aufgenommen wurden.

Bei den ausländischen Arbeitnehmern, die ab 1955 angeworben wurden und vor allem in den 1960er Jahren in die Bundesrepublik kamen, war zunächst weder von Seiten der Rekrutierenden noch von Seiten der Rekrutierten an einen Daueraufenthalt gedacht worden. Erst der Rezessionsschock 1966/67 führte zu einer Auseinandersetzung mit dieser Frage. Der Einzug der NPD in insgesamt sieben Landtage 1966-68 heizte auch die politische Diskussion über Ausländer an, doch erst die Kombination aus erneut ansteigenden Zahlen ausländischer Arbeitnehmer ab 1969 und der Wirtschaftskrise 1973 führte dazu, dass die Regierung Schmidt im November 1973 in Form des Anwerbestopps einen Politikwechsel vollzog (vgl. Herbert 2001: 216-229). Als danach bei steigender Arbeitslosigkeit unter Deutschen und Ausländern immer mehr Familienangehörige nachzogen, wurde das Thema als ‚Ausländerfrage' politisiert, was sicherlich zum Scheitern der Regierung Schmidt beitrug. Helmut Kohl nannte bei Regierungsantritt die Ausländerfrage als eines von vier dringlichen Probleme (erste Regierungserklärung vom 13.10.1982, BT-PlPr,

9/121: 7219-7220). Während der 1980er Jahre spielte die Ausländerfrage vor allem bei Landtagswahlkämpfen wiederholt eine wichtige Rolle.

Asylsuchende waren solange kaum Gegenstand des Parteienwettbewerbs, wie sie in kleiner Zahl und überwiegend aus den damals kommunistischen Staaten Osteuropas kamen. Dies begann sich Mitte der 1980er Jahre zu ändern, als mehr Menschen aus einem breiteren Spektrum von Herkunftsländern Asyl suchten. Während die Übersiedlerfrage als mitunter lästiges Nebenprodukt der deutschen Vereinigung betrachtet und dem wichtigen Ziel der Herstellung der deutschen Einheit eindeutig untergeordnet wurde, schieden sich die Parteien zunehmend in der Haltung gegenüber Ausländern und Asylsuchenden einerseits und gegenüber Aussiedlern andererseits.

In den 1980er Jahren wurde der Grundstein für die anhaltende Wahrnehmung gelegt, dass sich die Unionsparteien für Aussiedler einsetzen, aber hart zeigen, wenn es um die Zuwanderung und Integration von Ausländern geht, während die SPD (und mehr noch die Grünen) eher für ausländerfreundliche und aussiedlerkritische Haltungen stehen (Thränhardt 2002: 221-230). Deutlich sichtbar wurde diese Parteiendifferenz, als Oskar Lafontaine in einer Rede vor dem Deutschen Bundestag (Rede vom 26.10.1988, DBT, 11/102, S. 7003ff.) diejenigen kritisierte, die Aussiedler anwarben, die „die deutsche Sprache nicht beherrschen" und zugleich „das Schicksal eines Farbigen aus Afrika, der von dem Verlust seines Lebens bedroht ist", offenbar geringer schätzten. Diese pointierte Formulierung, mit der Lafontaine den Unionsparteien wegen ihrer einseitigen Bevorzugung Deutschstämmiger Ethnozentrismus unterstellte, stieß auf heftige Kritik bei der Union (Herbert 2001: 277).

Die Öffnung der deutsch-deutschen Grenze im November 1989 bedeutete auch für Wanderungsbewegungen eine grundlegende Veränderung der Rahmenbedingungen (Cyrus/Vogel 2000: 12). Über die faktisch offene Grenze konnten jeden Tag Menschen in großer Zahl nach (West-)Deutschland kommen, von denen viele einen Anspruch auf Unterbringung und Unterstützung geltend machen konnten: Ostdeutsche (aus der DDR und aus anderen Ostblockstaaten), Aussiedler und Asylbewerber. Turnhallen und Freizeitheime wurden zu Notunterkünften umfunktioniert. Zugleich vergrößerten sich die Möglichkeiten für Osteuropäer, illegal in Deutschland zu arbeiten. Vor dem Hintergrund dramatisch gestiegener Zuwanderungszahlen und überforderter Kommunen wurde das Thema der Zuwanderungsbegrenzung zum medialen Top-Thema, das sich mit der erfolgreichen Bearbeitung verschiedener Einzelbereiche (s.u.) zunehmend zur Asylproblematik wandelte.

Die SPD widersetzte sich zunächst einer Änderung des Grundgesetzes, gab ihren Widerstand aber nach erneuten, substanziellen Wahlerfolgen von DVU und Republikanern bei den Landtagswahlen im Frühjahr 1992 und zunehmender Gewalt gegen Asylbewerber sowie in Deutschland lebende Ausländer unter massivem Druck der Regierung und Teilen der Medienöffentlichkeit auf. Dem sogenannten „Asylkompromiss" vom 6. Dezember 1992 gingen heftige, teils unsachliche politische Auseinandersetzungen voraus: Nicht selten wurde von Seiten der Regierung vom drohenden „Staatsnotstand" gesprochen (Helmut Kohl vor dem CDU-Parteitag in Düsseldorf am 30.10.1992). Für den Parteivorsitzenden Björn Engholm und die SPD ging es um eine Paketlösung, die neben der Asylrechtseinschränkung auch die Begrenzung der Aussiedlerzahlen und Weichenstellungen für eine konstruktive Zuwanderungspolitik vorsah (Herbert 2001: 315ff.). So wurde neben drastischen Einschränkungen des Zugangs zum Asyl und der Rechte von Asylsuchenden auch eine jährliche Obergrenze für Aussiedler vereinbart, sodass der ‚Asylkompromiss' teilweise auch als „weitgehender Migrationskompromiss" (Bade nach Herbert 2001: 318) bezeichnet wurde. Zu Weichenstellungen in Richtung einer konstruktiven Zuwanderungs- anstelle der praktizierten Einwanderungsverhinderungspolitik kam es jedoch nicht. Das migrationspolitische Paradigma blieb das alte; nach wie vor galt: „Deutschland ist kein Einwanderungsland" (BMI 1997).

2.2 Die Positionen der Parteien in den Wahlprogrammen 1998

Die Bundestagswahl 1998 führte zum ersten vollständigen Regierungswechsel in der Bundesrepublik: der schwarz-gelben folgte eine rot-grüne Regierungskoalition. Im Themenfeld Migration lagen die Schwerpunkte und Positionen der Parteien zum Teil weit auseinander, wie eine qualitative Inhaltsanalyse der Wahlprogramme für die Bundestagswahl 1998 zeigt. Zunächst ist hervorzuheben, dass das Themenfeld Migration in jedem der Programme bearbeitet wird, dass ihm jedoch in keinem eine zentrale Stellung zukommt. Manches bleibt allgemein und in dieser Allgemeinheit parteiübergreifend konsensfähig, wie z.B. dass Fluchtursachen bekämpft und eine europäische Asylpolitik gestaltet werden soll. Manche Unterschiede ergeben sich aus Umfang und Stil. Wesentliche Aspekte lassen sich herausarbeiten, wenn man Kernaussagen zu kontroversen Aspekten gegenüberstellt.

Die Begriffswahl und das Hauptziel der Thematisierung zeigen schon, wie das Thema eingebettet ist:
- Die Unionsparteien sprechen allgemein von *Ausländern*, nennen darüber hinaus rechtlich abgegrenzte Gruppen und fordern eine *Einschränkung der Zuwanderung*. Das Thema Aussiedler und Vertriebene wird nicht im Kontext der Zuwanderungssteuerung behandelt.
- Die FDP verwendet *Ausländer, Zuwanderer, Einwanderer und Flüchtlinge* und fordert eine *kontrollierte Einwanderungspolitik* und eine *Steuerung und Begrenzung der Zuwanderung*.
- Die SPD unterscheidet generell *Flüchtlinge* und *Zuwanderer* und spricht darüber hinaus von *ausländischen Mitbürgern*. Sie fordert eine wirksame *Steuerung und Begrenzung der Zuwanderung*.
- Die Grünen nennen *Einwanderer* und *Flüchtlinge* und fordern, die *Ausgrenzung von Minderheiten* zu beenden.

Allein nach der Begrifflichkeit lassen sich die Parteien von offen nach restriktiv so ordnen: Grüne, FDP, SPD, CDU/CSU.

Inhaltlich fällt auf, dass SPD und FDP allgemein von einer Steuerung und Begrenzung der Zuwanderung sprechen, während für die CDU/CSU klar die Begrenzung im Vordergrund steht. Die Grünen wählen mit der Beendigung der Ausgrenzung von Minderheiten einen offenen Kontext. Einwanderung soll sozial, human und demokratisch gestaltet werden. Der Begründungskontext ist bei CDU/CSU und SPD nahezu identisch und wird stabil seit Ende der 1970er Jahre immer wieder ähnlich von beiden Seiten formuliert: Um Integration der bereits Zugewanderten zu erreichen, muss die Integrationsfähigkeit und -bereitschaft der Deutschen (CDU/CSU) respektive der Gesellschaft (SPD) beachtet werden.

Während nur die CDU/CSU ein explizites Bekenntnis zum Aufnahmeanspruch von Spätaussiedlern ablegt, fordern die Grünen eine Integration der Spätaussiedleraufnahme in die allgemeine Einwanderungspolitik. Sie verlangen zahlreiche Verbesserungen im Flüchtlingsschutz; die FDP macht sich in zwei Einzelpunkten für Flüchtlinge stark. Die Grünen setzen sich auch explizit für eine Verbesserung der Sozialleistungen für Flüchtlinge ein, während die Unionsparteien hier die Missbrauchsgefahr thematisieren.

Am besten lassen sich die Parteien nach ihrer Haltung in der Frage des Staatsangehörigkeitsrechts differenzieren, weil sie hier alle bemerkenswert konkret sind:
- Die Unionsparteien wollen Erleichterungen nach Abschluss der Integration gewähren.
- Die SPD möchte, dass die dritte Zuwanderergeneration mit der Geburt die deutsche Staatsangehörigkeit erhält (*ius soli*). Dies impliziert, dass für diese zumindest im Kindesalter auch die die doppelte Staatsangehörigkeit toleriert wird.
- Die FDP will das *ius soli* bereits für die zweite Generation, fordert aber die Entscheidung für eine Staatsangehörigkeit bei Volljährigkeit (Optionsmodell).
- Die Grünen fordern das *ius soli* für die zweite Generation und eine Anspruchseinbürgerung nach fünf Jahren. Zugleich sprechen sie sich explizit für die doppelte Staatsbürgerschaft aus.

Insgesamt betrachtet, zeigt die qualitative Analyse der Wahlprogramme für die Wahl 1998 deutliche Parteiengegensätze im Politikfeld Migration. Die Unionsparteien unterstützen deutsche Spätaussiedler, während gegenüber allen anderen Gruppen eine restriktive Linie klar dominiert. Die FDP stellt im Gegensatz zu ihrem Koalitionspartner Zuwanderung klar in einen positiven Kontext und hat teilweise weitergehende Forderungen als die SPD. Die Grünen werben offensiv für eine Verbesserung des Flüchtlingsschutzes und der Einbürgerung. In beiden Fällen hat der kleinere Partner deutlich liberalere Vorstellungen und Pläne als der große.

Tabelle 1:
Programmatische Aussagen der politischen Parteien zum Themenkomplex

	CDU/CSU	FDP
Ziele der Zuwanderungssteuerung	[...] [darf]aber nicht überfordert werden. Deshalb muss der Zuzug so eng wie möglich begrenzt bleiben.	Für eine kontrollierte Einwanderungspolitik ist die rasche Verabschiedung einer gesetzlichen Regelung zur Steuerung und Begrenzung der Zuwanderung, [...], dringend erforderlich. Davon wird Deutschland gesellschaftspolitisch und wirtschaftspolitisch profitieren.
Aussiedlerfrage	Spätaussiedler sind Deutsche und haben ein Recht darauf, im Rahmen des geordneten Aufnahmeverfahrens nach Deutschland zu kommen und hier für sich und ihre Familien eine Zukunft aufzubauen.	
Flüchtlingsfrage	Politisch Verfolgte sollen weiter Schutz finden können. Das ist aber nur möglich, wenn wir Missbrauch weiter konsequent unterbinden.	Bürgerkriegsflüchtlinge genießen aufgrund der Situation in ihrer Heimat unseren befristeten Schutz; sie müssen aber zurückkehren, wenn die Bürgerkriegssituation nicht mehr besteht.
Bezug zwischen Zuwanderung und Sozialleistungen	Ausländer, die nur nach Deutschland kommen, um unsere Sozialleistungen in Anspruch nehmen zu können, [...] erhalten zukünftig nur noch die notwendigsten Leistungen [...]	
Staatsangehörigkeitsrecht	Wir beabsichtigen, im Rahmen einer Reform des Staatsangehörigkeitsrechts als Abschluss erfolgreicher Integration weitere Erleichterungen beim Erwerb der deutschen Staatsangehörigkeit zu gewähren.	Das Recht, mit der Geburt auch die deutsche Staatsangehörigkeit zu erhalten, muss für in der Bundesrepublik Deutschland geborene Ausländer der zweiten und nachfolgender Generationen gesetzlich verankert werden. Für diese Kinder wollen wir daher die befristete doppelte Staatsangehörigkeit einführen.

Quellen: FDP 1998, CDU/CSU 1998, Bündnis 90/Die Grünen 1998, SPD 1998.

Migration in den Wahlprogrammen zur Bundestagswahl 1998

	SPD	Grüne
Ziele der Zuwanderungssteuerung	Integration kann nur gelingen, wenn die Grenzen der Aufnahmefähigkeit und Aufnahmebereitschaft der Gesellschaft beachtet werden. Deshalb wollen wir eine wirksame Steuerung und Begrenzung der Zuwanderung.	Kontext: Rechte von Minderheiten stärken. Ein Einwanderungsgesetz versetzt das Land in die Lage, auf Einwanderungsprozesse sozial, human und demokratisch zu reagieren.
Aussiedlerfrage		Nach einer Übergangsfrist sollen SpätaussiedlerInnen allen Einwanderungswilligen gleichgestellt werden.
Flüchtlingsfrage	Flüchtlinge und Zuwanderer sind unterschiedliche Personengruppen. Wer politisch verfolgt ist, hat Anspruch auf Schutz.	Das Asylrecht ist unveräußerlicher Teil der Menschenrechte und Ausdruck unserer historischen Verantwortung. Unser Ziel bleibt darum eine Mehrheit für die Wiederherstellung des Anspruchs auf Asyl.
Bezug zwischen Zuwanderung und Sozialleistungen	[Die Zuwanderungssteuerung] muss die Arbeitsmarktlage, die Leistungsfähigkeit der sozialen Sicherungssysteme und humanitäre Gesichtspunkte berücksichtigen.	Das ‚Asylbewerberleistungsgesetz' mit seinen diskriminierenden Regelungen wollen wir streichen. Menschenwürdige Mindeststandards [...] müssen allen Menschen gewährt werden, unabhängig vom Aufenthaltsrecht.
Staatsangehörigkeitsrecht	[zu einem modernen Staatsangehörigkeitsrecht] gehört, dass die in Deutschland geborenen Kinder von ausländischen Mitbürgerinnen und Mitbürgern mit der Geburt die deutsche Staatsangehörigkeit erhalten, wenn schon die Mutter oder der Vater in Deutschland geboren ist.	Ein neues Staatsbürgerschaftsrecht soll allen in Deutschland geborenen Kindern den deutschen Pass geben, wenn mindestens ein Elternteil hier seinen dauerhaften Lebensmittelpunkt hat. ... Nach fünf Jahren müssen hier lebende Ausländer das Recht zur Einbürgerung erhalten. Die Anerkennung der doppelten Staatsbürgerschaft ist längst überfällig ...

2.3 Die Entwicklung nach 1998

Nach dem Regierungswechsel 1998 machten sich vor allem die Grünen in der Koalition für neue migrationspolitische Akzente stark.[2] In nahezu unzähligen Debatten im Bundestag hatten sich die Grünen seit Ende der 1980er Jahre für Reformen in der Migrations- und Migrantenpolitik eingesetzt. Zwar stand dieses Politikfeld nicht im Zentrum von Koalitionsvereinbarungen und Regierungserklärung (Busch 2003: 305), wurde aber bald zu einem zentralen Diskussionsthema, als die Regierung als eines der ersten Reformvorhaben eine grundlegende Revision des Staatsbürgerschaftsrechts auf die Tagesordnung setzte.

Vor allem die geplante Regelung zur generellen Zulassung doppelter Staatsangehörigkeiten (‚Doppelpass') wurde von der CDU im hessischen Landtagswahlkampf als mobilisierungsfähiges Thema erkannt. Auch wenn de facto schon lange doppelte Staatsbürgerschaften zugelassen wurden, vor allem unter Aussiedlern und gebürtigen Deutschen mit ausländischen Ehepartnern (vgl. Wüst 2002: 110; Hagedorn 2001: 157f.), stieß die vorgesehene Ausweitung der Regelung auf heftigen Widerstand der Unionsparteien. Im hessischen Landtagswahlkampf gelang der CDU mit einer Unterschriftenkampagne gegen den ‚Doppelpass' eine einseitige Mobilisierung der Wählerschaft. Sie nutzte in ihrer Argumentation geschickt die Vorstellung, dass Zuwanderer durch diese Regelung ungerechterweise privilegiert würden, weil sie zwei Pässe erhielten, während Deutsche nur einen haben könnten (Busch 2003: 311). SPD und Grüne, die durch die Regierungsübernahme im Bund paralysiert schienen, warben nicht offensiv genug für ihr Reformkonzept und konnten ihre Argumente für die Hinnahme doppelter Staatsangehörigkeiten nicht in ausreichendem Maße vermitteln. Die CDU gewann die Wahl aufgrund hoher Grünen-Verluste und trotz leichter SPD-Gewinne am Ende – wenn auch nur knapp.

Das Wahlergebnis wurde nicht nur generell als ‚Plebiszit gegen die doppelte Staatsbürgerschaft' gewertet (Busch 2003: 312). Mit der Wahlniederlage in Hessen hatte Rot-Grün auch die Bundesratsmehrheit verloren, musste den ‚Doppelpass' aufgeben und verständigte sich schnell mit der FDP auf das Optionsmodell für in Deutschland geborene Kinder ausländischer Eltern, sodass ein neues Staatsbürgerschaftsrecht gegen die Stimmen der Union verabschiedet werden konnte. Danach verschwand das Thema, von der gelegentlichen Thematisierung einiger Umsetzungsprobleme abgesehen, aus den Medien und aus der parteipolitischen Diskussion.

Nach ihrer Niederlage in Hessen vermied die Regierungskoalition das Thema Migration, bis Bundeskanzler Schröder im Rahmen der Eröffnungsrede der Computermesse CeBIT im Februar 2000 mit Bezug auf die problematische wirtschaftliche

---

[2] Einen chronologischen Überblick der migrationspolitischen Entwicklung von 1998 bis 2000 geben Vitt/Heckmann (2000).

Lage versprach, dass die IT-Branche dringend benötigte Fachkräfte im Ausland anwerben dürfe.[3] Medien und Verbände reagierten unmittelbar positiv auf die so genannte *Green Card*-Initiative, sodass auch die Debatte um eine umfassende Neuregelung der Migrationspolitik wieder aufgenommen wurde. Im selben Jahr setzte Bundesinnenminister Schily eine parteiübergreifende ‚Unabhängige Kommission Zuwanderung' unter Vorsitz der CDU-Abgeordneten Süßmuth ein, die bis zum Juli 2001 Grundlagen für ein grundlegend neues, umfassendes Zuwanderungs- und Integrationskonzept erarbeitete (Unabhängige Kommission Zuwanderung 2001).

Die Ergebnisse einer CDU-Kommission unter dem saarländischen Ministerpräsidenten Müller brachten ebenfalls einen Bruch mit dem auf Konflikt angelegten Kurs der Union in diesem Themenfeld. Zwar vermied sie weiterhin konsequent, von Einwanderern zu sprechen, doch wurde nicht mehr konsequent nur von Ausländern oder einzelnen rechtlich abgegrenzten Gruppen gesprochen, sondern häufig der offenere Terminus Zuwanderer verwendet.

Der Gesetzentwurf des Innenministeriums vom September 2001 lag näher an den Vorstellungen der Müller-Kommission als an den ursprünglichen Vorstellungen des grünen Koalitionspartners – auch wenn in der späteren politischen Diskussion natürlich die Unterschiede zwischen den Volksparteien als besonders bedeutsam hervorgehoben wurden. Der Wechsel des zuwanderungspolitischen Paradigmas schien perfekt und der Weg zu einem neuen Recht offen.

Die Beauftragte der Bundesregierung für Ausländerfragen, die nach dem erneuten Wahlsieg der rot-grünen Koalition im September 2002 zu einer Beauftragten für Migration, Integration und Flüchtlinge im Range einer parlamentarischen Staatssekretärin aufgewertet wurde, schlussfolgerte in ihrem Bericht vom September 2002:

> Zusammenfassend lässt sich aus der Sicht der Beauftragten feststellen, dass im Berichtszeitraum – ausgehend von einer singulären Regelung für ausländische IT-Fachkräfte – eine umfassende und sachliche Diskussion um die Neuordnung der Zuwanderungspolitik geführt wurde, die zum Teil zu Perspektivwechseln, zumindest aber zu begrüßenswerten Verschiebungen in der Problemsicht geführt [hat] (Bundesausländerbeauftragte 2002: 35).

Auch in der Wissenschaft dominiert diese Deutung. So schreibt die Ausländerrechtlerin Davy (2002: 171):

> Deutschland hat in der Ausländerpolitik zu einem parteiübergreifenden Konsens gefunden: Deutschland ist ein Einwanderungsland, wenngleich auch kein klassisches, wie CDU und CSU stets betonen.

In den folgenden Diskussionen verhandelte das Innenministerium sowohl mit dem Koalitionspartner als auch mit der Opposition, um ein zustimmungsfähiges Gesetz zu

---

[3] Zur Zuwanderungsdiskussion und den Vorstellungen der Parteien vgl. auch Bundesausländerbeauftragte (2002: 27-34).

entwerfen. Der „groß angelegte [...] Versuch einer überparteilichen Konsensbildung" (Thränhardt 2002: 246) scheiterte allerdings am 22. März 2002 im Bundesrat, als die Große Koalition Brandenburgs eine umstrittene Abstimmung inszenierte, nach der SPD-Bundesratspräsident Wowereit das Gesetz als verabschiedet erklärte. Das Bundesverfassungsgericht erklärte das Zustandekommen im Dezember 2002 für verfassungswidrig, sodass das Gesetz nicht in Kraft treten konnte. Im Januar 2003 hat die Koalition das Gesetz erneut unverändert in den Gesetzgebungsprozess eingebracht und wurde dafür von den Unionsparteien attackiert. Sie meldeten deutlich mehr und weitergehende Änderungswünsche als bei der ersten Fassung an. Zur Zeit (Juni 2003) wird der Gesetzentwurf im Vermittlungsausschuss beraten.

Dennoch lässt sich argumentieren, dass sich auf der Ebene des politischen Diskurses ein Paradigmenwechsel vollzogen hat. Erstmals haben alle Parteien Gesamtkonzepte für die Regelung von Fragen der Migration und Integration diskutiert. Lange verpönte Begriffe wie Einwanderung und Migration werden zwar noch nicht in gleicher Weise parteiübergreifend in der Diskussion verwendet (anders: Jungkunz 2001: 53ff.), aber haben auch ihren Tabu-Charakter bei den Unionsparteien verloren, die inzwischen zumindest Zuwanderer als Oberbegriff akzeptieren. Im „Regierungsprogramm" zur Bundestagswahl 2002 hüteten sich die Unionsparteien nach wie vor, „Einwanderung" zu benennen (im gesamten Wahlprogramm 1 Mal genannt), während man immer noch von Zuwanderung (15 Mal genannt) spricht, die man „steuern und begrenzen" will.

Ein vergleichender Blick auf das (quantitative) Gewicht zweier klassischer Migrationsthemen (Minderheiten und Multikulturalismus) der Wahlprogramme zu den Bundestagswahlen 1998 und 2002 (Tabelle 2) zeigt, dass mit Ausnahme der PDS sämtliche Parteien diesen Themen 2002 mehr Bedeutung zumaßen als 1998. Die auffälligsten Veränderungen sind bei PDS, FDP und Union zu beobachten. Während Minderheiten im PDS-Programm 2002 deutlich seltener als 1998, aber immer noch häufiger als bei Union und SPD thematisiert werden, nimmt sich die FDP dieses Themas 2002 deutlich häufiger an. In sämtlichen Wahlprogrammen kommt Multikulturalismus 2002 häufiger vor als 1998, wobei als einzige Partei die Union Multikulturalismus ablehnt. Dies mag vor allem auf den Kanzlerkandidaten Edmund Stoiber zurückgehen, der ja bereits früher als Ethnozentrist aufgefallen war (1991 kam Stoibers „durchrasste Gesellschaft" auf Platz 2 der Liste der Unwörter des Jahres), sodass noch nicht ganz klar ist, ob sich hier die Rückkehr der Union zur alten Nicht-Einwanderungsland-Argumentation anbahnt.

Letztlich kann unseres Erachtens mit Blick auf den parteipolitischen Diskurs von einem paradigmatischen Wandel gesprochen werden: Nicht nur der Bedeutungsgewinn, den migrationspolitische Themen innerhalb einer Legislaturperiode erfahren haben, spricht hierfür, sondern auch die veränderten Inhalte des Diskurses. Inzwischen ist im Prinzip auch ein breiter Konsens der gesellschaftlichen Funktionseliten von den Kirchen über die Gewerkschaften bis hin zu den Arbeitgeberverbänden entstanden, dass sich Deutschland zumindest für qualifizierte Zuwanderung weiter öffnen, Minderheiten besser als bisher integrieren und ethnische Diversität stärker als bislang akzeptieren muss.

Tabelle 2: Minderheiten und Multikulturalismus als Themen in den Wahlprogrammen 1998 und 2002 (MRG-Kodierung; in Prozent aller Codes)

Themen	SPD		Grüne		Union		FDP		PDS		alle
	98	02	98	02	98	02	98	02	98	02	02-98
Minderheiten	1,05	1,25	4,50	4,35	0,47	0,62	1,73	3,44	5,63	1,90	-0,36
Multikulturalismus (positiv-negativ)	0,00	+0,63	0,00	+0,57	0,00	-2,48	+0,17	+0,59	+0,68	+0,95	-0,50
Multikulturalismus +	0,00	1,00	0,00	0,57	0,00	0,16	0,17	0,95	0,68	0,95	+0,56
Multikulturalismus –	0,00	0,37	0,00	0,00	0,00	2,64	0,00	0,36	0,00	0,00	+0,67
Summe Minderheiten und Multikulturalismus	1,05	2,62	4,50	4,92	0,47	3,42	1,90	4,75	6,31	2,85	+0,87

Prozentanteile der MRG-Codes 705 (Minderheiten), Multikulturalismus positiv (607), Multikulturalismus negativ (608) in den Wahlprogrammen 1998 und 2002. Andere migrationspolitische Themen können mit dem MRG-Schema nicht trennscharf erfasst werden. In der Spalte „alle" sind die arithmetischen Mittel der Veränderungen in allen Wahlprogrammen ausgewiesen. Zum MRG-Kodierschema siehe

Quellen: Volkens (2002). Angaben für 1998: Budge (2001). Angaben für 2002: noch unveröffentlichte Auszählungen für 2002 von Andrea Volkens (WZB).

3 Wandel und Kontinuität der rechtlichen Entwicklungen

Die rechtliche Entwicklung seit Antritt der Regierung Kohl ist durch eine Vielzahl unterschiedlicher migrationspolitischer Entscheidungen gekennzeichnet. Ein eindeutiger Kurswechsel nach dem rot-grünen Regierungsantritt ist schwieriger auszumachen.

Nach dem letzten Rückkehrförderungsprogramm 1983/84 (ursprünglich noch von der Regierung Schmidt geplant), wurde es vergleichsweise still um das Thema Ausländer, bis die Regierung 1987 eine umfassende Reform des Ausländerrechts ankündigte und – nach gescheiterten Gesetzentwürfen der SPD und der Grünen – 1990 einen Entwurf in den Gesetzgebungsprozess einbrachte. Das 1991 in Kraft getretene Gesetz, das maßgeblich von Innenminister Schäuble entworfen worden war, goss die bisherige Behördenpraxis in Gesetzesform und verbesserte aber auch die Rechtssicherheit für Ausländer in Deutschland (Aufenthaltsverfestigung) bis hin zu einem Regelanspruch auf Einbürgerung nach längerer Aufenthaltsdauer (Santel/Weber 2000: 114ff.). Trotz einiger Initiativen zur Reduktion der ausländischen Bevölkerung kann man die politische Grundlinie der Ausländer- und Migrationspolitik nach dem Wechsel zur schwarz-gelben Koalition als „remarkably unchanged" bezeichnen (Katzenstein 1987: 228).

Der massive Anstieg der Zuwandererzahlen nach der Grenzöffnung 1989 hatte überwiegend restriktive rechtliche Konsequenzen:

- Die Rechtsstellung der DDR-Bürger wurde im Zuge der Vereinigung der deutschen Staaten an die Stellung der Bundesdeutschen angepasst: Sie hatten schon Mitte 1990 keinen Anspruch mehr auf Unterbringung und Unterstützung durch beliebige westdeutsche Gemeinden, sondern nur noch – wie Bundesbürger und EU-Bürger - das Freizügigkeitsrecht.
- Die Aussiedleraufnahme wurde schon Mitte 1990 faktisch kontingentiert. Durch ein neues Aussiedleraufnahmegesetz mussten Anträge vom Ausland aus gestellt werden. Dadurch wurden die Aufnahmezahlen drastisch gesenkt, weil die Behörde den Zugang darüber steuerte, dass sie nur einen Teil der eingehenden Anträge bearbeitete. Im Jahr 1991 waren dies rund 220.000, im Jahr 1992 rund 230.000. Der Durchschnitt dieser Jahre wurde dann auch im Kriegsfolgenbereinigungsgesetz (1993) als Aufnahmekontingent festgelegt. Das Aufnahmeprivileg wurde faktisch auf Russlanddeutsche, die keine individuelle Verfolgung nachweisen müssen, beschränkt und durch eine Stichtagsregelung (Geburt vor 1.1.1993) als langfristig auslaufend konzipiert (neuer Begriff: Spätaussiedler). Seit 1996 werden Deutschkenntnisse als Indikator für ein Bekenntnis zum deutschen Volkstum verlangt, sodass man von der indirekten Einführung eines Qualifikationskriteriums sprechen kann. Das Kontingent wurde im Jahr 2000 auf 100.000 gesenkt, als auch die Aufnahmezahlen diese Größenordnung erreicht hatten.
- Einschnitte im Asylbereich kamen später, sodass die Asylbewerberzahlen zunächst weiter anstiegen. Nach Thränhardt (2002: 225) ließen die Unionsparteien auch deshalb einen beachtlichen Rückstau bei der Bearbeitung der Verfahren zu, um die SPD besser zu einer Grundgesetzänderung zwingen zu können. Nach dem Asylkompromiß 1992 wurde schließlich 1993 das Grundrecht auf Asyl vor allem

dadurch eingeschränkt, dass Asylanträge bei einer Einreise aus sicheren Drittstaaten nicht mehr geprüft werden mussten. Da die Bundesrepublik von sicheren Drittstaaten umgeben ist, kann seither Asyl – von Ausnahmen abgesehen – nur noch dann beantragt werden, wenn der Einreiseweg verschleiert wird. Außerdem wurde die Unterstützung für Asylbewerber und andere Ausländer ohne regulären Status in ein eigenes Leistungssystem verwiesen (Asylbewerberleistungsgesetz), sodass die etablierten Rechte für Sozialhilfeempfänger für sie keine Anwendung mehr finden. Die Asylbewerberzahl sank durch diese Maßnahmen von rund 438.000 im Jahr 1992 auf rund 127.000 im Jahr 1994.

- Was die Steuerung der Arbeitsmigration angeht, gab es kaum Veränderungen auf der gesetzlichen Ebene, wohl aber eine Reihe von Veränderungen auf Verordnungsebene. Die Anwerbestopp-Ausnahmeverordnung des Jahres 1990 ermöglichte eine Reihe von Ausnahmen für die Arbeitsaufnahme neu einreisender Ausländer, die in den Jahren nach der Grenzöffnung in unterschiedlicher Weise ausgefüllt worden sind. So wurden Werkvertragsabkommen und erweiterte Saisonbeschäftigungsmöglichkeiten mit den osteuropäischen Nachbarstaaten ausgehandelt (Faist u.a. 1999). Im Spitzenjahr 1992 fanden über 300.000 Menschen über diese Programme temporäre Beschäftigung in Deutschland. Bei dieser zeitweiligen Öffnung aus ökonomischen Gründen wurde vermieden, dass die Arbeitnehmer in die Sozialversicherung einzahlten, damit keine rechtlichen oder moralischen Ansprüche auf Sozialleistungen oder auf ein längeres Bleiben entstehen sollten.

Neben diesen bedeutenden migrationspolitischen Entscheidungen in der Zeit der schwarz-gelben Koalition gab es eine Vielzahl weiterer öffnender und schließender Regelungen und Maßnahmen, die hier nicht im Einzelnen analysiert werden sollen, so z.B. die Umstrukturierung des Grenzkontrollregimes im Zuge des europäischen Binnenmarktes und der gemeinsamen Außengrenzen, der Ausbau der Kontrollen zur Bekämpfung illegaler Beschäftigung mit einer Fokussierung auf illegale Ausländerbeschäftigung, erschwerter Zugang zum Arbeitsmarkt für Asylbewerber, andererseits aber auch Einbürgerungserleichterungen (1993).

Die rot-grüne Regierungsphase begann mit einem grundlegenden Neuerungsprojekt. Die Reform des Staatsangehörigkeitsrechts im Jahr 1999 zeichnet sich nicht nur durch teils erleichternde und teils erschwerende Bedingungen (Gebührenanstieg von 100 auf 500 DM) für die Einbürgerung aus, sondern enthält vor allem eine grundsätzlich andere Herangehensweise an den Erwerb der Staatsangehörigkeit bei Geburt. Erstmals werden in Deutschland geborene Kinder von Ausländern mit verfestigtem Aufenthaltsstatus automatisch deutsche Staatsbürger. Zwischen dem 18. und 23. Lebensjahr müssen sie dann zwischen der Staatsangehörigkeit des Geburtslandes und der Staatsangehörigkeit der Eltern wählen, wenn sie auch letztere besitzen (Optionsmodell). Hier wurde ein ausschließliches *ius sanguinis* (Bluts- oder Abstammungsrecht) um Komponenten des *ius soli* (Bodenrecht) ergänzt und damit die ausschließlich ethnisch-kulturelle Definition der Zugehörigkeit zur Nation nach fast neunzig Jahren abgeschafft (vgl. Thränhardt 2000: 154). Nach Renner sind wichtige Bereiche so deutlich anders gestaltet worden, „dass sich die Neuerungen voraussichtlich ebenso tiefgreifend wie langfristig auswirken" werden (Renner 2002: 265).

Mit Inkrafttreten des neuen Rechts gab es einen starken Anstieg der Einbürgerungszahlen um 30 Prozent, der jedoch auch auf Übergangsregelungen und das Abarbeiten problematischer Altfälle zurückzuführen war, sodass es im Folgejahr wieder zu einem leichten Rückgang kam (vgl. Wüst 2002: 23-26). Allerdings kam es in den einzelnen Bundesländern zu einem sehr unterschiedlich starken Anstieg und in Berlin sogar zu einem Rückgang der Einbürgerungszahlen, weshalb die Ausländerbeauftragte fordert, „genau zu eruieren, ob die niedrigen Einbürgerungszahlen ihre Ursachen auch in restriktiven Auslegungen des Staatsangehörigkeitsrechtes [...] haben könnten, die die Einbürgerung unnötig erschweren" (Bundesausländerbeauftragte 2002: 52).

In anderen Bereichen ist es schwieriger, grundlegende Neuerungen zu erkennen. Es gab eine Reihe punktueller Veränderungen (z.B. Verkürzung des absoluten Arbeitsverbotes für Asylbewerber, Zuzugsmöglichkeiten für Partner in homosexuellen Lebensgemeinschaften). Dies gilt auch für die Arbeitsmigration: Die Aufnahmemöglichkeit für IT-Berufe (2002) wie auch diejenige für Pflegekräfte im häuslichen Bereich (2002) gilt nicht als Durchbruch gegenüber der bisherigen Politik, da auf dem Verordnungswege für eng begrenzte Gruppen zeitlich befristete Arbeitsverhältnisse geschaffen wurden.

Insgesamt folgen wir der Einschätzung von Treibel (2001:121):

> Die Politik der christlich-liberalen Regierung war weniger restriktiv, als häufig unterstellt – und die aktuelle Politik ist weniger fortschrittlich, als von vielen angenommen bzw. erhofft.

Ist diese Einschätzung noch haltbar, wenn man auch das Zuwanderungsgesetz in Betracht zieht? Welche Art von Wandel hätte es gebracht, wenn es in Kraft getreten wäre?[4] Das Gesetz wäre mit Sicherheit insofern ein Novum gewesen, als die gesamte Materie des Ausländer- und Asylrechts hier neu geordnet und in einen einheitlichen Rahmen gestellt worden wäre. Dadurch wäre es zu einer Vielzahl von Veränderungen im Detail gekommen, deren Konsequenzen schwer abzuschätzen sind. Eine grundlegende Neuerung hätte darin bestanden, dass sich einerseits der Staat selbst verpflichtet hätte, Kurse zur Sprachförderung und gesellschaftlichen Integration für alle Zuwanderer mit dauerhafter Aufenthaltsperspektive anzubieten, und andererseits Zuwanderer verpflichtet hätte, die Angebote auch wahrzunehmen.

---

[4] Entwurf eines Gesetzes vom 8.11.01 zur Steuerung und Begrenzung der Zuwanderung und zur Regelung des Aufenthalts und der Integration von Unionsbürgern und Ausländern (Zuwanderungsgesetz), BT-Drs. 14/7387.

Allerdings wären mit dem neuen Zuwanderungsgesetz in vielen Bereichen alte Instrumente in einen neuen Rahmen gestellt worden, sodass man argumentieren kann, dass zunächst einmal keine erheblichen Konsequenzen zu erwarten gewesen wären. Dies soll exemplarisch für den Bereich der Arbeitsmigration gezeigt werden. Hier eröffnet der Gesetzestext im Wesentlichen drei Auswahlpfade (Davy 2002: 173): für Engpassarbeitskräfte (§18), für Hochqualifizierte (§19) und durch ein nationales Auswahlverfahren (§20). Die ersten beiden Kategorien sind nicht weit entfernt von dem, was auch nach geltenden Recht als Ausnahme möglich ist. Die Engpassarbeitskräfte müssten eine Vorrangprüfung für einen spezifischen Arbeitsplatz bestehen, so wie dies auch zur Zeit für Ausländer aus Industriestaaten, bestimmte Gruppen im Lande lebender und nicht endgültig anerkannter Flüchtlinge sowie für bestimmte Berufsgruppen möglich ist. Hinzu gekommen wäre die Möglichkeit, dass regionale Ausnahmen für bestimmte Berufsgruppen gemacht worden wären. Bei hoch Qualifizierten hätte die Bundesanstalt für Arbeit nach dem Zuwanderungsgesetzentwurf ihre Zustimmung geben müssen, nachdem sie geprüft hätte, ob keine nachteiligen Wirkungen auf den deutschen Arbeitsmarkt zu erwarten gewesen wären.

Grundlegend neu gewesen wäre das nationale Auswahlverfahren durch ein Punktesystem. Bei diesem Verfahren hätte die Bundesregierung (mit Zustimmung von Bundestag und Bundesrat) Eigenschaften und Fähigkeiten festgelegt, für die Punkte vergeben worden wären, z.B. Alter, Ausbildung, Sprachkenntnisse und Beziehungen zu Deutschland. Ein bestimmtes Kontingent von Zuwanderern, das nach diesen Kriterien ausgewählt worden wäre, hätte dann unmittelbar ohne Arbeitsplatzangebot in Deutschland arbeiten können. Diese Regelung hätte einen Bruch mit den Regelungen in der Anwerbestopp-Ausnahmeverordnung dargestellt, weil in diesem Fall Menschen aufgrund ihrer persönlichen Eigenschaften zugelassen worden wären, ohne dass sie ein Arbeitsplatzangebot hätten vorweisen müssen. Das Arbeitsamt müsste auch nicht attestieren, dass für diesen Arbeitsplatz kein Deutscher oder bevorrechtigter Ausländer zur Verfügung gestanden hätte (Aufhebung der Vorrangprüfung/Inländerprimat). Damit wäre erstmals auf das dynamische Potential von Zuwanderern gesetzt worden. Im konkreten Einzelfall hätten sie durchaus mit Einheimischen in Konkurrenz treten und ihnen einen ‚Arbeitsplatz wegnehmen' können, wobei gehofft worden wäre, dass sie insgesamt – da sie nach Kriterien der potenziellen Produktivität und Integrationsfähigkeit ausgewählt worden wären – eher dazu beigetragen hätten, Lücken in Engpassbereichen zu füllen und neue Arbeitsplätze zu schaffen.

Allerdings hätte das neue Auswahlverfahren nur dann angewendet werden sollen, wenn sich das dafür neu zu schaffende Bundesamt für Migration und Flüchtlinge und die Bundesanstalt für Arbeit zuvor auf eine Höchstzahl von Erlaubnissen geeinigt hätten (Davy 2002: 174). Insofern wäre dieses Verfahren vermutlich nicht sofort zur Anwendung gekommen, sondern erst nach einigen Jahren, wenn sich die Arbeitsmarktsituation in Deutschland entspannt hätte.

Die Neuregelung der Arbeitsmigration im Zuwanderungsgesetz wäre – wenn auch von ihr zunächst keine substanziellen Auswirkungen zu erwarten gewesen wären – mit einem institutionellen Wandel verbunden gewesen und daher auch mit einer Veränderung der bürokratischen Zuständigkeiten. Die im Zuwanderungsgesetz vorgesehene Umwandlung des alten Bundesamtes für die Anerkennung ausländischer Flüchtlinge in ein Bundesamt für Migration und Flüchtlinge erfolgte schon im Juli 2002 und musste nach der Feststellung der Verfassungswidrigkeit des Gesetzes zurückgenommen werden. Mit einem Bundesamt für Migration würde erstmals eine bundespolitische Institution für alle Migrationsangelegenheiten geschaffen (wenn man von der Ausländerbeauftragten als reiner Informations- und Beratungseinrichtung absieht), die u.a. für Koordinierungsaufgaben bei der Integrationsförderung und der Arbeitsmigration zuständig wäre.

Beim Punkteverfahren ist – wie bei allen Regelungen mit Höchstzahlen und ohne regionales Zustimmungserfordernis – eine zentrale Instanz notwendig und sinnvoll. Allerdings wurden bisher bei derartigen Notwendigkeiten (z.B. Werkvertragsarbeitnehmer- und Saisonbeschäftigtenaufnahme aus Osteuropa) spezielle Arbeitsämter mit der Zuständigkeit für ganz Deutschland betraut. Insgesamt deuteten die angestrebten Änderungen auf eine partielle Entmachtung der Bundesanstalt für Arbeit hin, die bisher den entscheidenden Einfluss auf die Vergabe von Arbeitserlaubnissen hat. Diesen Einfluss hat sie tendenziell restriktiv und regional unterschiedlich ausgeübt (Cyrus/Vogel 2003 i.E.). Man kann nur spekulieren, ob ein Migrationsamt mit eigenen Kompetenzen zur Förderung von Arbeitsmigration und Integration eine Organisationskultur herausgebildet hätte, die offener gewesen wäre als die Organisationskultur der Bundesanstalt, die sich primär mit Arbeitslosen befasst.

Insgesamt spricht einiges dafür, dass das Zuwanderungsgesetz, wenn es in Kraft getreten wäre, vor allem einen Perspektivenwechsel und langfristige Veränderungspotentiale gebracht hätte. Dies trifft auch auf das Staatsangehörigkeitsrecht zu, in dem zweifelsohne mit der Einführung einer *ius soli*-Komponente qualitativ Neuland betreten wurde. Weil die Neuregelungen aber die Zugehörigkeit von Kindern mit ausländischen Eltern betreffen, werden sie sich erst dann grundlegend auf die politische und kulturelle Situation in Deutschland auswirken, wenn diese Kinder erwachsen geworden sind (vgl. u.a. Wüst 2002).

4 Diskussion: Entwicklungen im Politikfeld Migration und Peter Halls Charakterisierung von Politikwandel

Die rot-grüne Bundesregierung war 1998 mit dem Ziel angetreten, im Migrationsbereich einen grundlegenden Wechsel herbeizuführen. Ein „modernes Staatsangehörigkeitsrecht" sollte laut Koalitionsvertrag „im Zentrum" rot-grüner Integrationspolitik stehen (1998: IX.10). Und in der Tat war die Reform des Staatsbürgerschaftsrechts das erste tief greifende Gesetzesvorhaben der neuen Bundesregierung:

> Am 27.September 1998 hat in Deutschland eine neue Politik für Migranten und Migrantinnen begonnen. Das ist sehr wohl bemerkt worden. Es hat in der Tat entsprechend unserer Koalitionsvereinbarung ein Paradigmenwechsel stattgefunden (Leyla Onur (MdB, SPD), in der Bundestagsdebatte zum Zuwanderungsgesetz, zitiert nach Treibel (2001:119).

Doch ist eine solche Einschätzung auch jenseits politischer Debatten gerechtfertigt? Lassen sich die Veränderungen unter Rot-Grün als Paradigmenwechsel bezeichnen?

Um dies beurteilen zu können, knüpfen wir an Peter Halls Kategorisierung politischen Wandels an. In seinem Aufsatz über die britische Wirtschaftspolitik hat Hall eine viel zitierte Charakterisierung sozialen Lernens und politischen Wandels entwickelt. Soziales Lernen wird danach als bewusster Versuch definiert, politische Ziele und Techniken in Reaktion auf vergangene Erfahrungen und neue Informationen anzupassen (Hall 1993: 278). Wenn man Politikwandel beobachtet, kann man darauf schließen, dass ein solcher Lernprozess stattgefunden hat.

Was die Art der Anpassung angeht, unterscheidet Hall drei zentrale Variablen: (1) die übergreifenden politischen Leitziele, (2) die Techniken oder Instrumente zur Erreichung dieser Ziele und (3) die genaue Ausgestaltung der Instrumente. Basierend auf diesen Variablen, unterscheidet er drei Formen politischen Wandels:

- Wandel erster Ordnung liegt vor, wenn nur die *Ausgestaltung* der Instrumente geändert wird.
- Wandel zweiter Ordnung liegt vor, wenn *neue Instrumente* eingeführt oder alte abgeschafft werden.
- Wandel dritter Ordnung liegt vor, wenn nicht nur die Instrumente geändert und neu ausgestaltet werden, sondern auch die *Hierarchie der dahinterstehenden politischen Leitziele verändert* wird, sodass typischerweise auch das dahinterstehende Politik-Paradigma wechselt. Mit dem Politik-Paradigma ist der *Interpretationsrahmen* gemeint, in dem Politik stattfindet. Er enthält Begriffe und Problemdeutungen, die mit Vorstellungen zu politischen Zielen und Mitteln zu ihrer Erreichung verbunden sind (Hall 1993: 278).

Halls Stufenordnung impliziert, dass ein Wandel höherer Ordnung immer auch den Wandel niederer Ordnung einschließt, d.h. wenn sich Instrumente ändern, ändert sich auch die Ausgestaltung von Instrumenten, und wenn sich Zielrichtung und Interpretationsrahmen der Politik ändern, bedeutet dies stets auch eine Änderung von Instrumenten und ihren Ausgestaltungen.

Betrachtet man mit diesem begrifflichen Instrumentarium die beschriebenen Entwicklungen auf der Diskurs- und Politikebene, so spricht vieles für einen Paradigmenwechsel. Wenn man das geplante Zuwanderungsgesetz mit berücksichtigt, muss von einem paradigmatischen Wandel gesprochen werden. Zwar wurde, wie unter Schwarz-Gelb, auch unter Rot-Grün überwiegend über die Ausgestaltungsebene gearbeitet und in vielfacher Weise an den Stellschrauben bereits vorhandener

Instrumente gedreht, aber darüber hinaus gibt es genug Anzeichen dafür, dass ein grundsätzlicher Perspektivenwechsel stattgefunden hat. Mit dem *ius soli* in der Reform des Staatsangehörigkeitsrechts, Integrationskursen und dem Punktesystem im Zuwanderungsgesetz werden neue Instrumente eingeführt, die grundsätzlich die dauerhafte Niederlassung von Zuwanderern regeln und stützen. Die institutionelle Neustrukturierung mit Zuständigkeiten für ein Bundesamt für Migration und Flüchtlinge sollte zur Umsetzung beitragen.

Allerdings sind sowohl vom *ius soli* als auch vom geplanten Punktesystem kurzfristig kaum praktische Konsequenzen zu erwarten. Das Punktesystem ist eindeutig ein neues Instrument, dessen Ausgestaltung aber für den Anfang den Stellenwert Null haben sollte, sodass es quasi ein ruhendes und aktivierbares Instrument sein soll. Der restriktive Kurs wurde auf der Ebene der rechtlichen Regelungen weitgehend beibehalten. Ganz überwiegend werden alte Instrumente in einen neuen Rahmen gestellt und neu gedeutet. Daher ließe sich auch argumentieren, dass ein Wechsel des Ziel- und Deutungsrahmens durchgesetzt wurde, *ohne* dass es zu substanziellen, kurzfristig wirksamen Veränderungen auf der Instrumentenebene gekommen ist.

Dies führt uns zu Überlegungen über die Beziehungen zwischen der Ausgestaltungs-, Instrumenten- und Zielebene. Die enge Beziehung zwischen Instrument und Ausgestaltung erscheint plausibel. Wenn es ein Instrument nicht gibt, kann auch seine Ausgestaltung nicht verändert werden. Allerdings gibt es nicht notwendigerweise eine ebenso enge Beziehung zwischen Instrumenten und dem generellen Deutungs- und Zielrahmen. Identische Instrumente können in einem anderen Deutungs- und Zielrahmen ihren Platz haben.

Dies zeigt sich beim Übergang von der schwarz-gelben zur rot-grünen Koalition, aber auch im internationalen Vergleich. So spielt z.B. das Instrument der Vorrangprüfung in vielen Ländern eine wichtige Rolle bei der Entscheidung, wer sich als Arbeitsmigrant niederlassen darf. In den USA z.B. ist das Instrument in einen Deutungsrahmen integriert, in dem Einwanderung ein wichtiges und eigenständiges Politikfeld ist, in dem sie nach den ökonomischen und sozialen Interessen der Aufnahmegesellschaft bewusst gesteuert wird und Zuwanderer ermutigt werden, sich rasch mit dem neuen Gemeinwesen zu identifizieren und Staatsbürger zu werden (vgl. Gerstle/Mollenkopf 2001). In Deutschland war es, zumindest vor der Reform des Staatsbürgerschaftsrechts, in einen Deutungsrahmen integriert, in dem Einwanderung grundsätzlich unerwünscht ist, die Arbeitsmarktkonkurrenz durch Zuwanderer gefürchtet wird und nur ausnahmsweise, wenn keinerlei nachteilige Wirkungen zu erwarten sind, ein Arbeitsplatz auch von außen besetzt werden kann (vgl. Meier-Braun 2002). In beiden Ländern wird aber die ökonomische Vorteilhaftigkeit zum Teil sehr ähnlich überprüft. Der Vergleich der deutschen und US-amerikanischen Migrationspolitik zeigt in den einzelnen Instrumenten zum Teil frappierende Ähnlichkeiten in einem gänzlich anderen Rahmen (Santel 1998; Wüst 1995). Die paradigmatischen Deutungsmuster lassen sich stichwortartig als ‚Ja, aber'-Politik und ‚Nein-aber'-Politik benennen: Die USA sagen Ja zur Einwanderung, schränken sie aber aus pragmatischen Gründen ein; Deutschland sagt Nein zur Einwanderung, lässt sie aber aus pragmatischen Gründen zu (Vogel 2001).

Welche Gründe könnten dafür sprechen, dass ein Wandel auf der Zielebene ohne substanziellen Wandel auf der Instrumentenebene eingeleitet wird?

- Ein Wandel erster Ordnung erfordert im Moment der Umsetzung kaum Kosten, denn die ‚Stellschrauben' eines Systems lassen sich oft ohne große politische Diskussion und organisatorischen Aufwand justieren. Außerdem können die Wirkungen inkrementaler Änderungen einigermaßen abgeschätzt werden. Allerdings lässt sich nicht jedes Problem mit Ausgestaltungsvarianten angehen.
- Ein Wandel zweiter Ordnung mit der Neueinführung von Instrumenten bietet das Potenzial für eine zugespitzte politische Diskussion. Er erfordert in jedem Fall Veränderungen auf der organisatorischen Ebene, sei es durch den Aufbau neuer Organisationen oder die Reorganisation von Aufbau und Abläufen in gegebenen Organisationen. Dies ist mit ökonomischen Kosten verbunden. Außerdem ist es schwierig abzuschätzen, wie neue Instrumente genau wirken, so dass die erwünschten Wirkungen nicht unbedingt und häufig nicht sofort eintreten. Daraus können politische Folgekosten entstehen, wenn Wähler mit der Wirkungsweise unzufrieden sind.
- Ein Wandel dritter Ordnung mit einer Neudeutung der Probleme und Neuausrichtung der Zielhierarchie erfordert eine kontroverse politische und gesellschaftliche Diskussion. Eine solche Diskussion ist mit politischen Risiken verbunden und kann für diejenigen, die sie offensiv führen, zu politischen Kosten führen (Verlust an Wählerstimmen und eventuell Mehrheiten).

Dagegen zieht ein solcher Wandel des interpretatorischen Bezugssystems, wenn er nicht mit gleichzeitigen substanziellen Veränderungen auf der Instrumenten- und Ausgestaltungsebene verbunden ist, erst einmal keine materiellen Konsequenzen nach sich. Das Risiko politischer Kosten durch die Thematisierung ist hoch, während das Risiko politischer Folgekosten aufgrund der erlebten Konsequenzen der neuen Politik gering ist.

Daher kann es für politische Akteure durchaus rational sein, zunächst nur an einer Änderung der Deutungen und Ziele zu arbeiten, ohne das Risiko der substanziellen Veränderung von Instrumenten gleichzeitig einzugehen. Wenn sich das neue Bezugssystem durchgesetzt hat, ohne dass die Bürger dadurch beeinträchtigt wurden, ist die Veränderung praktischer Politiken leichter anzugehen.

5 Fazit

Bei der Analyse des parteipolitischen und öffentlichen Diskurses wurde deutlich, dass Migration seit den 1980er Jahren ein sensibles und stark politisiertes Feld ist. Es wurde deutlich, dass die Parteien teilweise recht unterschiedliche Positionen vertreten, so dass es bei unterschiedlichen Mehrheiten in Bundestag und Bundesrat schwer war und ist, weitgehende Änderungen herbeizuführen. Das Bundesverfassungsgericht hat mit seiner Entscheidung zum Zuwanderungsgesetz die Stellung des Bundesrates bestätigt, ohne substanziell zum Politikfeld Stellung zu beziehen. In einer solchen Phase ist es von großer symbolischer Bedeutung, dass auf der Ebene der politischen Diskussion ein paradigmatischer Wandel stattgefunden hat. Ein solcher Wandel ist an sich als eine Verbesserung der Akzeptanz und damit der Integrationsbedingungen von Zuwanderern zu sehen. Außerdem erleichtert er einen substanziellen Politikwandel in der Zukunft.

Zuwanderungspolitik ist während der ersten rot-grünen Legislaturperiode als Politikfeld konstituiert worden. Fragen der Einwanderung, also der dauerhaften Aufnahme von Menschen aus dem Ausland, sind aus einer politischen Tabuzone herausgeholt worden. Erste gesetzliche Schritte wurden umgesetzt, die Einwanderung ermöglichen und die dauerhafte Integration als Regelpfad vorsehen und unterstützen sollen. Auch wenn das reformierte Staatsbürgerschaftsrecht vor allem langfristige Wirkungen haben wird und die Verabschiedung eines umfassenden Zuwanderungsgesetzes noch nicht gesichert ist, ist doch ein klarer Bruch mit den allein abwehrorientierten Regelungen der Vergangenheit erkennbar, die dauerhaften Aufenthalt nur ausnahmsweise als unerwünschten Nebeneffekt anderer Politiken hinnehmen sollten. Dadurch wurde Zuwanderung zwar nicht verhindert, dauerhafte Integration aber behindert. Mit den neuen gesetzlichen Gestaltungsoptionen sollen in Zukunft mehr Menschen ohne ethnisch deutschen Hintergrund nach Deutschland kommen können, die von vornherein eine dauerhafte Perspektive haben. Dies darf jedoch nicht darüber hinwegtäuschen, dass bislang auch unter der rot-grünen Bundesregierung eine überwiegend begrenzende Migrationspolitik betrieben wurde. Von den symbolisch wichtigen Weichenstellungen abgesehen, haben sich Regelungen und Ergebnisse weit weniger von der vorherigen Politik unterschieden, als man es angesichts der deutlich unterschiedlichen politischen Positionen zwischen Unions- und anderen Parteien hätte erwarten können.

6 Literaturverzeichnis

Bundesausländerbeauftragte, 2002: Bericht der Beauftragten der Bundesregierung für Ausländerfragen über die Lage der Ausländer in der Bundesrepublik Deutschland. Beauftragte der Bundesregierung für Ausländerfragen, Bonn.

Budge, Ian (Hrsg.), 2001: Mapping Policy Preferences, Oxford.
Bündnis 90/Die Grünen, 1998: Grün ist der Wechsel. Programm zur Bundestagswahl 1998 (im März 1998 auf der 10. Ordentlichen Bundesdelegiertenkonferenz in Magdeburg verabschiedet).
Busch, Andreas, 2003: Extensive Politik in den Klippen der Semisouveränität: Die Innen- und Rechtspolitik der rot-grünen Koalition, in: *Christoph Egle/Tobias Ostheim/Reimut Zohlnhöfer* (Hrsg.): Das rot-grüne Projekt. Eine Bilanz der Regierung Schröder 1998-2002, Opladen, 305-327.
CDU/CSU, 1998: Wahlplattform 1998-2002, o.O.
Cyrus, Norbert/Vogel, Dita, 2000: Immigration as a side effect of other policies – principles and consequences of German non-immigration policy, in: *Anna Triandafyllidou* (Hrsg.): Migrations Pathways. A historic, demographic and policy review of four European countries, Brüssel, 9-37.
Cyrus, Norbert/Vogel, Dita, 2003: Implementing migration control in labour markets – routines and discretion in Germany, in: Journal for Ethnic and Migration Studies (JEMS), Bd. 29 Heft 3: 225-255.
Davy, Ulrike, 2002: Das neue Zuwanderungsrecht: Vom Ausländergesetz zum Aufenthaltsgesetz. Zeitschrift für Ausländerrecht und Ausländerpolitik, 22:5/6, S. 171-179.
Dornis, Christian, 2002: Zwei Jahre nach der Reform des Staatsangehörigkeitsrechts - Bilanz und Ausblick, in: *Klaus Bade/Rainer Münz* (Hrsg.): Migrationsreport, Frankfurt a.M.
FDP, 1998: Wahlprogramm zur Bundestagswahl. Es ist Ihre Wahl (Beschluß des 49. Ordentlichen Bundesparteitages der F.D.P. in Leipzig, 26.-28. Juni 1998).
Gerstle, Gary/Mollenkopf, John (Hrsg.) 2001: E Pluribus Unum? Contemporary and Historical Perspectives on Immigrant Political Incorporation, New York.
Hagedorn, Heike, 2001: Wer darf Mitglied werden? Einbürgerung in Deutschland und Frankreich im Vergleich, Opladen.
Hall, Peter, 1993: Policy Paradigms, Social Learning, and the State. The Case of Economic Policy Making in Britain, Comparative Politics 25: 275-296.
Herbert, Ulrich, 2001: Geschichte der Ausländerpolitik in Deutschland. Saisonarbeiter, Zwangsarbeiter, Gastarbeiter, Flüchtlinge, München.
Jungkunz, Alexander, 2001: Deutsche Lebenslügen. Zuwanderung – vom Tabu zum 'Mega-Thema', in: *Edda Currle/Tanja Wunderlich* (Hrsg.): Deutschland – ein Einwanderungsland? Rückblick, Bilanz und neue Fragen, Stuttgart: 51-57.
Katzenstein, Peter J., 1987: Policy and Politics in West Germany. The Growth of a Semisovereign State, Philadelphia.
Lampert, Heinz, 1980: Sozialpolitik, Heidelberg.
Meier-Braun, Karl-Heinz, 2002: Deutschland, Einwanderungsland, Frankfurt.
Santel, Bernhard, 1998: Auf dem Weg zur Konvergenz? Einwanderungspolitik in Deutschland und den Vereinigten Staaten im Vergleich. Zeitschrift für Ausländerrecht und Ausländerpolitik (ZAR)1: 14-20.
Santel, Bernhard/Weber, Albrecht, 2000: Zwischen Ausländerpolitik und Einwanderungspolitik: Migrations- und Ausländerrecht in Deutschland, in: *Klaus J. Bade/Rainer Münz* (Hrsg.): Migrationsreport 2000, Frankfurt a.M./ New York: 109-140.
SPD, 1998: Arbeit, Innovation und Gerechtigkeit – SPD-Programm für die Bundestagswahl 1998. Antrag 4 (in der Fassung der Antragskommission) Parteivorstand.
SPD/Bündnis 90/Die Grünen, 1998: Aufbruch und Erneuerung – Deutschlands Weg ins 21. Jahrhundert, Koalitionsvereinbarung zwischen der Sozialdemokratischen Partei Deutschlands und Bündnis 90/Die Grünen, 20.Oktober 1998, Bonn.
Thränhardt, Dietrich, 2000: Integration und Staatsangehörigkeitsrecht, in: *Klaus J. Bade/Rainer Münz* (Hrsg.): Migrationsreport 2000. Frankfurt a.M./ New York: 141-162.
Thränhardt, Dietrich, 2002: Einwanderungs- und Integrationspolitik in Deutschland und den Niederlanden, Leviathan. *Zeitschrift für Sozialwissenschaft*, 30:2, S. 220-249.

Treibel, Annette, 2001: Von der Anwerbestoppausnahme-Verordnung zur Green-Card: Reflexion und Kritik der Migrationspolitik, in: *Edda Currle/Tanja Wunderlich* (Hrsg.): Deutschland - ein Einwanderungsland? Rückblick, Bilanz und neue Fragen, Stuttgart: 113-124.

Vitt, Veronika/Heckmann, Friedrich, 2000: Dokumentation: Migration und Migrationspolitik in Deutschland 1998-2000, in: *Klaus J. Bade/ Rainer Münz* (Hrsg.): Migrationsreport 2000. Fakten - Analysen - Perspektiven. Frankfurt a.M./ New York: 223-278.

Vogel, Dita, 2001: Quoten, Green Cards, Illegale – Mythos und Realität US-amerikanischer Zuwanderungspolitik. Zukunft der Arbeit IV: Arbeit und Migration, Heinrich-Böll-Stiftung, Berlin.

Vogel, Dita, 2003 Migration policy, in: *Randall Hansen/ Matthew Gibney* (ed.) Global Migration: An encyclopedia. Santa Barbara, CA, i.E.

Volkens, Andrea, 2002: Manifesto Coding Instructions (WZB Discussion Paper FS III 02-201). Berlin.

Wüst, Andreas M., 1995: Vorbild USA? Deutsche Einwanderungspolitik auf dem Prüfstand, Heidelberg.

Wüst, Andreas M., 2002: Wie wählen Neubürger? Politische Einstellungen und Wahlverhalten eingebürgerter Personen in Deutschland, Opladen.

III. Außerparlamentarische Entscheidungsverfahren

Das Bündnis für Arbeit, Ausbildung und Wettbewerbsfähigkeit[*]

Werner Reutter

1 Einleitung

Bekanntlich ist die erste rot-grüne Bundesregierung 1998 mit dem Anspruch angetreten, die Arbeitslosenzahlen auf mindestens 3,5 Mio. zu senken, sonst verdiene sie nicht, so Gerhard Schröder im damaligen Wahlkampf, wiedergewählt zu werden. Gerhard Schröder hatte ferner betont, dass ein wirtschaftspolitischer Paradigmenwechsel weder notwendig noch wünschenswert wäre. Das viel zitierte Wort, dass eine zukünftige rot-grüne Regierung keineswegs alles anders, sondern nur vieles besser machen werde, verweist eher auf programmatische Kontinuität denn auf einen wie auch immer gearteten Politikwechsel in diesem Bereich. Doch konnte die neue Regierung nicht umstandslos die neoliberale Politik der Vorgängerregierung fortsetzen, ohne den Anspruch zu verlieren, für soziale Gerechtigkeit einzutreten. Mangels eines überzeugenden wirtschaftspolitischen Konzeptes musste dieses programmatische und inhaltliche Vakuum institutionell gefüllt werden. Das größte und strategisch durchaus gut platzierte Reformprojekt lag folglich in der Ankündigung, das frühere Bündnis für Arbeit und Standortsicherung in restrukturierter Form wieder zu beleben. Das Bündnis für Arbeit wurde dann auch schnell zur zentralen Reforminstitution der rot-grünen Regierung stilisiert und die herausragende Bedeutung, die dem neuen Bündnis für Arbeit zukommen sollte, schlug sich in der Koalitionsvereinbarung, der Regierungserklärung sowie darin nieder, dass die neue Regierung kurz nach Amtsantritt zu einem ersten Treffen einlud, das bereits am 7. Dezember 1998 stattfand (SPD und Bündnis'90/Die Grünen 1998: 5-6; G. Schröder 1998: 22-23; Bundesregierung 1999: 6-8).

Das Bündnis für Arbeit schien auch in das Bild zu passen, das viele sozialwissenschaftliche Analysen von der Bundesrepublik Deutschland gezeichnet hatten (Esser/Schroeder 1999; Streeck 1999; Katzenstein 1987). Kooperative industrielle Beziehungen sind danach charakterischer Bestandteil des Rheinischen Kapitalismus

---

[*] Der Beitrag wurde im März 2003 auf dem Workshop „Sozial- und Wirtschaftspolitik unter Rot-Grün" am Zentrum für Sozialpolitik an der Universität Bremen zur Diskussion gestellt. Ich danke allen Teilnehmern/innnen des Workshops und insbesondere Antonia Gohr und Martin Seeleib-Kaiser für Hinweise und Kritik.

und manche führen die sozialpartnerschaftliche Tradition – in Verkennung von dessen Struktur, Funktion und Leistungsbilanz – bis zur Zentralarbeitsgemeinschaft von 1918 zurück (Steinmeier 2001). In diese Reihe wurde auch das Bündnis für Arbeit der rot-grünen Bundesregierung gesetzt und als zumindest potenzielle Wiedergeburt korporatistischer Politik interpretiert (Weßels 1999; 2000; W. Schroeder 2001; Hassel 2000). Zuerst ist daher zu fragen, ob und inwieweit sich solche Kontinuitätsbezüge substanziieren lassen und Konzertierte Aktion sowie erstes Bündnis für Arbeit korporatistische Qualität besaßen. Korporatismus wird dabei im Weiteren verstanden als institutionalisierte Kooperation von Staat, Gewerkschaften und Wirtschaftsverbänden bei Politikformulierung und -ausführung.

2 Die Konzertierte Aktion und das Bündnis für Arbeit und Standortsicherung: Eine korporatistische Tradition?

Die Konzertierte Aktion war einer keynesianischen Globalsteuerung verpflichtet. Zurück ging sie auf Vorschläge des Wissenschaftlichen Beirates beim Wirtschaftsministerium, der schon 1956 empfohlen hatte, die Sozialpartner durch die Veröffentlichung gesamtwirtschaftlicher Rahmendaten zu einer Verhaltensabstimmung anzuregen (Kern 1973; Adam 1972; W. Schroeder 2001: 31-40). Es dauerte bekanntlich noch einmal zehn Jahre und bedurfte einer Großen Koalition, um dieser Grundüberlegung eine politische Form zu geben, wobei die Institutionalisierung zuerst vom Sachverständigenrat zur Begutachtung der gesamtwirtschaftlichen Entwicklung in seinem Jahresgutachten von 1965/66 vorgeschlagen worden war. Auf Initiative der SPD eröffneten die damals regierenden Parteien mit dem 1967 verabschiedeten Gesetz zur Förderung von Stabilität und Wachstum die Möglichkeit für die Konzertierte Aktion. Obgleich diese Vorschläge von divergierenden Vorstellungen inspiriert waren, war „herrschende Meinung", dass mit der Konzertierten Aktion die Strategien und Politiken von Staat, Gewerkschaften und Arbeitgeberverbänden aufeinander abgestimmt werden sollten, um die Ziele des „magischen Vierecks", d.h. ökonomisches Wachstum, positive Handelsbilanz, hohe Beschäftigung und geringe Inflation, zu realisieren (Kern 1973: 14-28; Adam 1972: 10-41). Die wirtschaftspolitische Quadratur des Kreises sollte dabei vor allem mit den Mitteln der Einkommens- und Haushaltspolitik sowie insbesondere tarifpolitischen Leitlinien gelingen. Die Lohnpolitik der Gewerkschaften war danach den gesamtwirtschaftlichen Rahmendaten anzupassen, wobei das Ziel der Vollbeschäftigung Priorität genoss. Insgesamt lag der Konzertierten Aktion also ein durchaus ausformuliertes wirtschaftspolitisches Konzept zugrunde, das eine klare Zielhierarchie beinhaltete und dem politische Bearbeitungsstruktur und Instrumente angepasst schienen.

Das erste Spitzengespräch der Konzertierten Aktion, an dem 35 Personen aus neun Organisationen teilnahmen, fand am 17. Februar 1967 statt; in späteren Treffen sollte sich der Teilnehmerkreis auf bis zu 200 Personen erhöhen (W. Schroeder 2001: 32). Tatsächlich konnte die Konzertierte Aktion zu Beginn beträchtliche Erfolge für sich reklamieren. Nicht nur zeitgenössische Experten sahen in den Empfehlungen der Konzertierten Aktion die Ursache dafür, dass die Bundesrepublik im Jahre 1967 ihre erste bedeutende ökonomische Krise nach 1949 mit einem Negativwachstum von -0,1 Prozent und einer Arbeitslosenrate von 2,1 Prozent in kürzester Zeit überwinden konnte. Dies leistete der Vorstellung Vorschub, dass ökonomische Entwicklung politisch steuerbar sei und Konjunkturkrisen durch entsprechende Interventionen bewältigt werden könnten. Bereits 1968 wuchs das Bruttoinlandsprodukt inflationsbereinigt wieder um 5,8 Prozent und die Arbeitslosenrate war auf 1,5 Prozent gefallen (BMAS 1986, Tabellen 1.1 und 2.11). Um die Krise zu bekämpfen, hatte die Regierung auf Vorschlag der Konzertierten Aktion Lohnerhöhungen von „lediglich" ca. 3,5 Prozent für 1967 und zwischen vier und fünf Prozent für 1968 empfohlen (Adam 1973: 54). Die Gewerkschaften, die darauf hofften, später „entschädigt" zu werden, hielten sich an diese Empfehlungen. Allerdings trat damit ein zentrales Konstruktionsproblem der Konzertierten Aktion zutage, da den Arbeitgebern keine vergleichbaren Leitlinien vorgegeben waren. Im Jahre 1968 wuchsen daher die Gewinne um fast 15 Prozent, während das Einkommen aus abhängiger Arbeit lediglich um 7,4 Prozent stieg (BMAS 1986, Tabellen 1.10 und 1.12). Als die Gewerkschaften 1969 erneut vergleichsweise moderate Lohnforderungen stellten, um die ökonomische Entwicklung zu stabilisieren und den Rahmenvorgaben der Regierung zu folgen, provozierte dies binnenorganisatorische Konflikte und verursachte ungewohnt viele „wilde Streiks"[1], was die interne und externe Verpflichtungsfähigkeit der Arbeitnehmerorganisationen infrage stellen und eine Reorientierung der gewerkschaftlichen Lohnpolitik zur Folge haben musste. Daraufhin weigerten sich die Gewerkschaften, Empfehlungen der Konzertierten Aktion bzw. der Regierung umzusetzen oder als Leitlinien für ihre Lohnforderungen zugrunde zu legen. Das resultierte nicht nur in außergewöhnlich hohen Lohnanstiegen, sondern wertete auch die Konzertierte Aktion ab, die zwar ihren hohen symbolischen Wert behielt und erst sechs Jahre später aufgelöst wurde. Doch blieben ihre Entscheidungen ohne erkennbare und vor allem verpflichtende Wirkung auf die Tarifstrategien der Sozialpartner oder auf die Haushalts- und Wirtschaftspolitik des Staates.

Geschichte, Ergebnis und Auflösung sprechen also nicht unbedingt dafür, die Konzertierte Aktion als Modell erfolgreicher makroökonomischer Kooperation heranzuziehen. Dennoch lassen sich drei Schlussfolgerungen aus der Konzertierten

---

[1] „Wilde Streiks" sind spontane, von Gewerkschaften nicht autorisierte Arbeitsniederlegungen, die das gewerkschaftliche Vertretungsmonopol, das in Deutschland rechtlich legitimiert ist, bedrohen können.

Aktion ziehen. Erstens: Die Annahme, dass diese Art kooperativer und sozialpartnerschaftlicher Entscheidungsfindung Arbeitskämpfe minimiere, lässt sich mit der Konzertierten Aktion nicht belegen. In den zehn Jahren ihres Bestehens fanden einige der bedeutendsten und längsten Arbeitskämpfe in der Geschichte der Bundesrepublik statt, ganz abgesehen davon, dass Ende der 1960er und Anfang der 1970er Jahre auch überdurchschnittlich viele „wilde Streiks" zu verzeichnen waren. Zweitens: Schon damals war absehbar, dass eine international so verflochtene Wirtschaft wie die deutsche sich kaum über national begrenzte Institutionen und Politiken und über das Instrument der Einkommenspolitik steuern ließ. Der erste Ölpreisschock und das Ende des *Bretton Woods*-Systems machten die Grenzen national beschränkter ökonomischer Steuerungsversuche endgültig deutlich. Schließlich zeigte die Konzertierte Aktion, dass die Fähigkeit der Gewerkschaften, strategisch zu handeln und politische Tauschgeschäfte einzugehen, limitiert war. Auch wenn in späteren Jahren Lohnabschlüsse teilweise mit Empfehlungen der Konzertierten Aktion bzw. der Regierung korrespondierten, konnten Gewerkschaften dies nicht als Teil von Tauschgeschäften darstellen, um ökonomisches Wachstum zu stimulieren und Arbeitslosigkeit zu bekämpfen, ohne Gefahr zu laufen, Mitglieder zu verlieren bzw. interne Konflikte und Opposition hervorzurufen (Esser 1982: 114-116).

Es darf mithin bezweifelt werden, dass Klaus Zwickel (IG Metall) diese Leistungsbilanz der Konzertierten Aktion im Kopf hatte, als er im November 1995 vorschlug, ein „Bündnis für Arbeit" – die „Standortsicherung" wurde später auf Vorschlag der Arbeitgeber hinzugefügt – einzurichten. Retrospektiv und nach 13 Jahren liberal-konservativer Regierung mag die Konzertierte Aktion anders ausgesehen haben als 1977, als die Gewerkschaften eine weitere Mitwirkung an der Konzertierten Aktion aufkündigten, nachdem die Arbeitgeber eine Verfassungsbeschwerde gegen das Mitbestimmungsgesetz eingereicht hatten. Zwickels Vorschlag beruhte zumindest implizit auf der Annahme, dass Lohnzurückhaltung zu höherer Beschäftigung führen würde. Insoweit ähnelte das vorgeschlagene Bündnis für Arbeit der Konzertierten Aktion nicht nur aufgrund des tripartistischen Charakters, sondern auch weil beide diese makroökonomische Prämisse teilten. Doch hören hier die Gemeinsamkeiten zwischen Konzertierter Aktion und Bündnis für Arbeit mit Standortsicherung auch schon wieder auf. Beide unterscheiden sich so stark in Struktur und Zielen, dass eine Wiederbelebung der Konzertierten Aktion im Rahmen des ersten Bündnisses für Arbeit ausgeschlossen schien – schon weil Zwickel es dann ablehnte, das Tarifvertragssystem im Allgemeinen und die Tarifpolitik im Besonderen im Rahmen des Bündnisses auch nur zu thematisieren.

In seinem (intern nicht abgestimmten) Vorschlag hatte Zwickel von den Arbeitgebern gefordert, für drei Jahre betriebsbedingte Kündigungen auszuschließen, 300.000 neue Arbeitsplätze zu schaffen, 30.000 Langzeitarbeitslose einzustellen und die Zahl der Auszubildenden jedes Jahr um fünf Prozent zu erhöhen. Die Regierung wiederum sollte von weiteren Kürzungen im Arbeitsförderungsgesetz verbindlich absehen, eine ausreichende Zahl von Ausbildungsplätzen garantieren und eine Ausbildungsplatzabgabe von den Betrieben erheben, die zu wenig Ausbildungsplätze zur Verfügung stellten. Dafür versprach Zwickel, sich dafür einzusetzen, Lohnerhöhungen auf die Inflationsrate zu beschränken und für eine begrenzte Zeit Einstellungstarife unterhalb des Tariflohnes zu akzeptieren, wenn Langzeitarbeitslose davon profitierten (Bispinck 1997: 64; IG Metall 1995). Um den entsprechenden Entscheidungsprozess zu koordinieren, machte Zwickel der damaligen Kohl-Regierung ein gewerkschaftsintern nicht abgestimmtes Angebot, das diese kaum ablehnen konnte, nämlich das erwähnte Bündnis für Arbeit einzurichten, über dessen Struktur oder Aufgaben jedoch keine konkreteren Vorstellungen bestanden.

Obgleich sich die beteiligten Akteure auf dem ersten Treffen am 22. Januar 1996 darauf verständigten, bis zum Jahr 2000 die Arbeitslosigkeit um 50 Prozent reduzieren zu wollen[2], wurde recht schnell deutlich, dass zwischen Gewerkschaften auf der einen sowie den Arbeitgebern und der Regierung auf der anderen Seite keine Gemeinsamkeiten existierten. Letztere favorisierten eine Verbesserung der Wettbewerbsfähigkeit der deutschen Wirtschaft durch die Senkung der Lohnnebenkosten und eine weitere Deregulierung des Arbeitsmarktes – selbstverständlich ohne die von Zwickel geforderten Garantien zu geben oder überhaupt irgendwelche Zugeständnisse zu machen. Daher blieb den Gewerkschaften kaum eine Alternative als das Bündnis zu verlassen, als die Regierung im April 1996 umfassende sozialpolitische Maßnahmen ankündigte und insbesondere plante, die gesetzliche Lohnfortzahlung im Krankheitsfall zu beschränken.

Unabhängig von den politischen, ideologischen und strukturellen Differenzen zwischen der Konzertierten Aktion und dem ersten Bündnis für Arbeit, zeigen beide Beispiele, dass tripartistische makroökonomische Kooperationen seltene Ausnahmen in Deutschland darstellen, die keine Tradition korporatistischer Politik begründen können und eher kurzfristige und kurzlebige Reaktionen auf aktuelle Krisen blieben. Sogar die Konzertierte Aktion war eher in der Hoffnung begründet, dass gegenseitige Information die Einsicht in die Notwendigkeit zu makroökonomisch abgestimmtem Verhalten fördert denn auf der Fähigkeit dieser Institution, Entscheidungen wirkungsmächtig sanktionieren und durchsetzen zu können; ganz abgesehen davon, dass die beteiligten Verbände nicht in der Lage waren, getroffene Vereinbarungen intern umzusetzen und die Folgebereitschaft der Mitglieder zu garantieren. Insgesamt ist es daher durchaus fraglich, ob die Konzertierte Aktion als korporatistisch zu qualifizieren ist. Das erste Bündnis für Arbeit von 1996 ließ jedoch schon die elementarsten formalen Eigenschaften für korporatistische Politik vermissen. In der Form von „Kanzlergesprächen" war es weder institutionalisiert noch konnte es spezifische Kompetenzen für sich reklamieren. Darüber hinaus besaß es kein klares und

---

[2] In einem späteren Treffen wurde eine Übereinkunft zur Frühverrentung getroffen (Bispinck 1997: 6f.).

von den Akteuren akzeptiertes wirtschaftspolitisches Leitbild, das eine Graduierung von Zielen und deren Umsetzung in Strategien erlaubt hätte. Schließlich fehlte ihm auch eine politische Flankierung, da es weder die Unterstützung der Regierungsparteien noch der Unternehmerschaft besaß. Für Gerhard Schröder hätte es daher ein Leichtes sein müssen, in diesem Bereich die Dinge nicht nur anders, sondern auch besser zu machen.

3 Das Bündnis für Arbeit, Ausbildung und Wettbewerbsfähigkeit und der Dritte Weg

Sozialwissenschaftler und Politiker haben gleichermaßen Schwierigkeiten, den Charakter des Bündnisses für Arbeit, Ausbildung und Wettbewerbsfähigkeit zu bestimmen. Wie erwähnt, stellten Gerhard Schröder und seine Regierung das Bündnis für Arbeit in die Tradition der Konzertierten Aktion und verglichen es mit anderen – erfolgreichen – Beispielen etwa dem niederländischen Modell (Schröder 1999: 50-51). Gleichzeitig war das Bündnis für Arbeit das wichtigste Mittel, um einen als überfällig betrachteten ökonomischen Modernisierungsprozess einzuleiten, den programmatischen Wandel der SPD zu flankieren und die Arbeitslosigkeit zu bekämpfen (Esser/ W. Schroeder 1999; Weßels 1999; 2000). Diese durchaus divergierenden Interpretationen – kurz gesagt, mobilisieren die einen historische Ressourcen und die anderen Erwartungen an die Zukunft – spiegeln gleichzeitig den mehrdeutigen Charakter des Bündnisses für Arbeit wider. Als Institution repräsentierte es die „klassische" sozialdemokratische Tradition, während es programmatisch und substanziell Teil des Versuches war, die Sozialdemokratie unter dem Signum des „Dritten Weges" zu erneuern (Hirscher/Sturm 2001; Schröder/Blair 1999).

Ein erster Unterschied zur Konzertierten Aktion bestand jedoch schon darin, dass neben dem auf zentraler Ebene angesiedelten Bündnis für Arbeit der rot-grünen Bundesregierung auch auf Landes-, regionaler, lokaler oder betrieblicher Ebene ähnliche Strukturen existierten und das Bündnis darüber hinaus in den Europäischen Beschäftigungspakt eingebettet war (Gerlach/Ziegler 2000; Berger 2000; Nettelstroth/Hülsmann 2000; Hassel/Hofmann 1999). Allerdings addieren sich der Europäische Beschäftigungspakt und die Bündnisse für Arbeit in Deutschland keineswegs zu einem umfassenden Set von Entscheidungseinheiten, um supranationale, nationale und regionale Strategien aufeinander abzustimmen.

Illustriert werden kann dies mit den auf Länderebene eingerichteten Bündnissen für Arbeit (Tabelle 1), die vor allem, aber nicht ausschließlich, von sozialdemokratisch geführten Landesregierungen eingesetzt wurden. Das auf zentralstaatlicher Ebene angesiedelte Bündnis sollte dabei organisatorisch und konzeptionell eine führende Rolle übernehmen und viele der auf Landesebene existierenden Bündnisse wiesen durchaus ähnliche Strukturen auf. Darüber hinaus hatte der Steuerungsausschuss im Frühjahr 1999 ein Treffen mit Vertretern der diversen Bündnisse einberufen, um die Umsetzung der auf zentralstaatlicher Ebene getroffenen Vereinbarungen zu koordinieren.[3]

Doch entwickelten die regionalen Bündnisse für Arbeit ihre eigene Agenda und übernahmen Themen von der Bundesebene nur insoweit, als diese mit den lokalen und landesspezifischen Problemlagen korrespondierten. Fünf Länder richteten sogar überhaupt kein Bündnis ein, während in anderen das Bündnis für Arbeit der Bundesebene ohne erkennbaren Einfluss blieb. Der bayerische Beschäftigungspakt wurde schon 1996 angenommen und in Baden-Württemberg hatten sich die Gewerkschaften geweigert, an dem im Februar 2000 eingerichteten Gesprächskreis teilzunehmen. Unternehmerverbände lehnten vorübergehend eine Beteiligung in Nordrhein-Westfalen und Niedersachsen ab.[4] Trotz solcher Einschränkungen verweist dies darauf, dass wie in anderen Politikfeldern die Kompetenzen in der Arbeitsmarkt- und Wirtschaftspolitik auf mehreren Ebenen angesiedelt sind. Schon vor diesem Hintergrund ist es jedoch irreführend, das Bündnis für Arbeit umstandslos in die Tradition der Konzertierten Aktion zu stellen. Die Konzertierte Aktion war im Wesentlichen eine singuläre Institution auf zentralstaatlicher Ebene mit einer vergleichsweise klaren Aufgabenstellung und Zielhierarchie und konnte sich auf einen „starken", interventionistischen Staat beziehen. Dagegen war das Bündnis für Arbeit eine multifunktionale Einrichtung, in die ein Set von Akteuren auf unterschiedlichen Ebenen eingebettet war und die einen „kooperativen" Staat unterstellte. Hinzu kommen weitere Differenzen, die sich auf die interne Struktur beziehen.

3.1 Struktur und Performanz

In seinem ersten Treffen am 7. Dezember 1998 definierte das Bündnis für Arbeit seine Aufgaben und etablierte eine permanente Arbeitsstruktur. In einer gemeinsam von den Akteuren veröffentlichten Stellungnahme wurde das Bündnis für Arbeit als ein „nachhaltiger" Beratungsprozess konzipiert mit dem Ziel, gegenseitiges Vertrauen zu schaffen sowie konfligierende Vorstellungen und Interessen zu diskutieren (Federal Government 2000: 12).[5] Gleichzeitig sollte das Bündnis für Arbeit zu einer signifikanten Reduzierung der Arbeitslosigkeit beitragen und Reformen initiieren, also weit reichende Aktivitäten und unmittelbare Wirkungen entfalten. Das langfristige Ziel der Beratung und Vertrauensbildung war folglich gekoppelt mit kurzfristigen Entscheidungszwängen und Reformbemühungen.

---

[3] Frankfurter Allgemeine Zeitung, 12. März 1999, Nr. 60, S. 2.
[4] Frankfurter Allgemeine Zeitung, 19. August 1999, Nr. 191, S. 15.
[5] Alle Erklärungen, Dokumente etc. finden sich in www.buendnis.de (Bundesregierung 2002).

Die Institutionalisierung bedeutete die Möglichkeit, Diskussionen und Konsenssuche tendenziell offen zu gestalten, was den vertrauensbildenden und diskursiven Charakter des Bündnisses für Arbeit unterstützen sollte. Diesem Ziel entsprach wohl auch die recht differenzierte – und, wie sich herausstellte, wenig effiziente und überkomplexe – Binnenstruktur des Bündnisses, das drei Ebenen umfasste. (1) Die Spitzengespräche, die regelmäßig stattfinden sollten, waren die zentrale Entscheidungsebene. (2) Die Steuerungsgruppe bestand aus hochrangigen Vertretern der drei beteiligten Seiten und wurde vom Chef des Bundeskanzleramtes geleitet. Sie bereitete die Spitzengespräche vor und koordinierte den Entscheidungsprozess. (3) Die Arbeits- und Expertengruppen waren bei den inhaltlich jeweils verantwortlichen Ministerien angesiedelt. Sie sollten in ihren jeweiligen Bereichen Lösungsvorschläge erarbeiten, Kompromisse finden und die Spitzengespräche inhaltlich unterfüttern. Die wichtigste Arbeitsgruppe war die sogenannte *Benchmarking Group*[6], die Modelle und Erfahrungen in anderen Ländern untersuchen und auf ihre Übertragbarkeit nach Deutschland prüfen sollte. Die bei weitem wichtigsten Ereignisse waren die acht Spitzengespräche, die allerdings entgegen der ursprünglichen Absicht in unregelmäßigen Abständen stattfanden. Abgesehen von dem ersten Treffen am 7. Dezember 1998 fanden 1999 und 2000 noch drei bzw. zwei Treffen statt, während im Jahre 2001 nur ein Treffen einberufen wurde. Auf dem letzten Treffen am 25. Januar 2002 konnten sich die Gesprächsteilnehmer nicht einmal auf eine gemeinsame Erklärung verständigen. Wie alle anderen Treffen hatten auch die Spitzengespräche eine tripartistische Struktur, die eine begrenzte Zahl von Spitzenvertretern des Staates, der Wirtschaftsverbände und der Gewerkschaften umfasste, um den dort erzielten Kompromissen innere und äußere Verpflichtungsfähigkeit zu verleihen.

Viele der im ersten Treffen auf die Tagesordnung gesetzten Aufgaben wurden jedoch nie behandelt, andere nur sporadisch und in eher symbolischer Manier, schon weil das Bündnis für Arbeit in diesen Bereichen keine Entscheidungskompetenzen besaß (wie etwa bei der Steuerreform, den Reformen der Rentenversicherung oder bei der Novellierung des Betriebsverfassungsgesetzes). Bei diesen Entscheidungen war das Bündnis für Arbeit lediglich *policy taker*, auch wenn Gewerkschaften und Wirtschaftsverbände in den politischen Willensbildungsprozessen als „normale" Interessengruppen durchaus eine wichtige Rolle spielten.

---

[6] Die Gruppe bestand aus Wolfgang Streeck, Rolf G. Heinze, Gerhard Fels, Direktor des Instituts der deutschen Wirtschaft, IdW), und Heide Pfarr, Direktorin des WSI. Später kam Günther Schmid (WZB) hinzu.

Das Bündnis für Arbeit, Ausbildung und Wettbewerbsfähigkeit 297

Tabelle 1: Bündnisse für Arbeit in Ländern

Land	Bündnis (Bestand oder Gründung)	Regierung zwischen Oktober 1998 und September 2002
Bayern	11.6.1996–Mai 2002	CSU
Berlin	22.3.1996	CDU/SPD 1995-2001 SPD/Grüne seit Juni 2001 SPD/PDS seit Dezember 2001
Hamburg	3.7.1998	SPD/Grüne, seit September 2001 CDU/PRO/FDP
Mecklenburg-Vorpommern	15.12.1998	SPD/PDS
Niedersachsen	21.12.1998	SPD
Nordrhein-Westfalen	29.1.1999	SPD/Grüne
Bremen	28.6.1999	SPD/CDU
Sachsen-Anhalt	28.1.1999	SPD (toleriert durch PDS) seit April 2002 CDU/FDP
Schleswig-Holstein	1.2.1999	SPD/Grüne
Baden-Württemberg (ohne Gewerkschaften)	17.2.2000	CDU/FDP
Saarland	8.3.2000	SPD, seit Mai 1999 CDU
Brandenburg [a]	-	SPD/CDU
Hessen [a]	-	SPD, seit Februar 1999 CDU/FDP
Rheinland-Pfalz [a]	-	SPD/FDP
Sachsen [a]	-	CDU
Thüringen [a]	-	CDU

[a] Länder ohne Bündnis können gleichwohl eine nicht institutionalisierte Kooperation mit Sozialpartnern etabliert haben. Darüber hinaus bestehen Bündnisse auf regionaler, lokaler, betrieblicher und industrieller Ebene.

Quelle: Neumann 2000: 423; eigene Ergänzungen (Stand: Dezember 2002).

Wie sich zeigte, litt das Bündnis dabei unter einer thematischen Überfrachtung, wobei aufgrund des fehlenden wirtschaftspolitischen Programms und der ungenügenden Vorgaben der Regierung eine klare Zielhierarchie nicht zu erkennen war und es auch keine Versuche zu intersektoralen Tauschgeschäften gab. Darüber hinaus hing der

Einfluss des Bündnisses für Arbeit von dem Willen und der Fähigkeit der beteiligten Akteure ab, ausgehandelte Kompromisse intern durchzusetzen, was sich aufgrund der bestehenden Konfliktstrukturen und bekannten Organisationsschwächen in vielen Fällen als unüberwindliches Hindernis erweisen sollte. Dabei bestanden keineswegs nur Konflikte zwischen Gewerkschaften und Wirtschaftsverbänden. Vielmehr existierten auch divergierende Auffassungen innerhalb der beiden Gruppen der Sozialpartner. Während beispielsweise Dieter Hundt, der Präsident der BDA, die Einrichtung sozialpartnerschaftlicher Verhandlungsstrukturen grundsätzlich unterstützte (Hundt 1999), lehnte Hans-Olaf Henkel vom Bundesverband der Deutschen Industrie (BDI) diese ab.[7] Diese konfligierenden Auffassungen von Dieter Hundt und Hans-Olaf Henkel sind dabei teilweise Ausfluss unterschiedlicher organisatorischer Traditionen und Interessen. Während die Mitglieder der BDA regelmäßig an Kollektivverhandlungen teilnehmen und Tarifverträge abschließen und damit eine entsprechende Tradition aufgebaut haben, ist der BDI eine Interessenorganisation mit relativ begrenzten Funktionen und hat aufgrund des ökonomischen Strukturwandels eine tendenziell schrumpfende Mitgliederbasis zu gewärtigen. Insgesamt trug dies dazu bei, dass der BDI eine radikalere Haltung zum Tarifsystem und zur Sozialpartnerschaft entwickelte. Ähnliche Differenzen existierten auch zwischen Gewerkschaften. Auf der einen Seite äußerten sich Klaus Zwickel (IGM) und Frank Bsirske (Ver.di) wiederholt kritisch über das Bündnis für Arbeit. Sie lehnten auch mehrfach ab, tarifpolitische Fragen oder das Tarifvertragssystem im Rahmen des Bündnisses für Arbeit zu diskutieren. Mehrfach drohte Klaus Zwickel[8], das Bündnis zu verlassen, sollte Lohnpolitik anders als in allgemeinster Form diskutiert werden.

Auf der anderen Seite unterstützten Dieter Schulte (DGB) und Hubert Schmoldt (IG BCE) diese tripartistische Einrichtung. Der DGB z.B. akzeptierte in einer mit der BDA veröffentlichten Erklärung, dass Produktivitätswachstum primär den Zielen von Beschäftigungssicherung und -wachstum dienen sollte (Federal Government 2000: 25). Und Hubert Schmoldt, Vorsitzender der vergleichsweise „kooperativen" IG BCE, setzte diese und ähnliche Vorschläge für die Jahre 2000 und 2001 in eine entsprechende tarifpolitische Strategie um.

Auch diese Differenzen zwischen den Gewerkschaften waren durch organisatorische Traditionen und Strukturen begründet. So war die eher konfliktorientierte IG Metall, die im Jahre 2000 and 2001 ebenfalls moderate Lohnerhöhungen forderte, nicht in der Lage, dies als „Tausch" mit den Arbeitgebern darzustellen, weil sie erhebliche binnenorganisatorische Schwierigkeiten zu bewältigen hatte und hat. Abgesehen von massiven Mitgliederverlusten – ein Problem, mit dem auch andere Gewerkschaften und die Wirtschaftsverbände zu kämpfen haben – besitzt die IG Metall

---

[7] Z.B. Frankfurter Allgemeine Zeitung, 26. Februar 1999, Nr.48/49, S.1-2.
[8] Frankfurter Allgemeine Zeitung, 2. Januar 1999, Nr. 1, S. 11; Frankfurter Allgemeine Zeitung, 8. Dezember 1999, Nr. 268, S. 18.

Das Bündnis für Arbeit, Ausbildung und Wettbewerbsfähigkeit

eine vergleichsweise dezentrale Struktur, in der die Bezirke die wichtigste tarifpolitische Ebene darstellen. Ver.di wiederum musste Gewerkschaften integrieren (HBV, IG Medien und teilweise ÖTV), die von Beginn an gegen das Bündnis für Arbeit opponiert hatten (Hassel 2002). Beide Konstellationen schränkten die Möglichkeit des politischen Tausches für IG Metall und Ver.di beträchtlich ein.

Diese strukturellen Vorgaben und Restriktionen von Gewerkschaften und Wirtschaftsverbänden konnten nicht ohne Einfluss bleiben auf Agenda und Politik des Bündnisses für Arbeit. Wie erwähnt – und in deutlichem Kontrast zur Konzertierten Aktion – umfasste die Agenda des Bündnisses für Arbeit eine Anzahl von mehr oder weniger zusammenhängenden Entscheidungsbereichen.

Zwölf Gegenstände wurden bereits auf dem ersten Treffen im Dezember 1998 aufgelistet, denen später weitere hinzugefügt wurden (wie z. B. Zuwanderung, Erweiterung der Europäischen Union, Frauen und Arbeitsmarkt). Der begrenzte Einfluss des Bündnisses in diesen Politikbereichen lässt sich an vier Beispielen illustrieren:

Mit dem Ausbildungskonsens vom 6. Juni 1999 wurde jedem „willigen" und ausreichend qualifizierten Jugendlichen ein Arbeitsplatz zugesagt (Federal Government 2000: 20). Das beinhaltete u.a. die Entwicklung von Ausbildungsprofilen für neue Berufe, die Erhöhung der Zahl von Ausbildungsplätzen in IT-Bereichen und die Unterstützung entsprechender Bemühungen durch die Bundesanstalt für Arbeit sowie die lokalen Arbeitsämter. Tatsächlich stieg bis Ende 2001 die Zahl der Ausbildungsplätze im Bereich der Neuen Technologien auf 60.000 und neue Ausbildungsprofile und -ordnungen wurden ebenfalls entwickelt. Allerdings ließ sich dies nur mit massiver Unterstützung der öffentlichen Hand realisieren. Obgleich das Angebot an Ausbildungsplätzen in den Jahren 1999 und 2000 die Nachfrage überstieg, fiel die Zahl der von privaten Unternehmen angebotenen Ausbildungsplätze im Jahr 1999 sogar um 12.400 und in den neuen Ländern wurde die Situation als „unzureichend" eingeschätzt, wie die Arbeitsgruppe für Aus- und Weiterbildung anmerkte.

Mit dem Job-AQTIV-Gesetz sollte eine Verbesserung der Aufgabenerfüllung durch die Arbeitsämter erreicht werden (Buchheit 2002). Das Gesetz legte u.a. fest, dass jede/r neue Arbeitslose eine formelle Vereinbarung mit seinem oder ihrem Arbeitsamt treffen sollte. Diese aus *Welfare-to-Work*-Programmen entlehnte Maßnahme sollte die Zusammenarbeit zwischen Arbeitslosen und Arbeitsämtern verbessern. Allerdings zeitigte dies nur mäßigen Erfolg. Zwischen Januar 2002, als das Gesetz in Kraft trat, und Juni 2002 unterzeichneten lediglich zwischen 7 und 10 Prozent der neu arbeitslos Gemeldeten eine solche Vereinbarung (Niejahr/Tenbrock 2002).

Tabelle 2: Agenda des Bündnisses für Arbeit, Ausbildung und Wettbewerbsfähigkeit

Vereinbarte Tagesordnungsgegenstände[a] (7. Dezember 1998)	Arbeitsgruppe[b]	Spitzengespräche (behandelte Themen = X)					
		2	3	4	5	6	7
Verringerung der Lohnnebenkosten und Reform der Sozialversicherung	Ja	-	-	-	-	-	-
Flexibilisierung der Arbeitszeit und Ausdehnung der Teilzeitarbeit	Ja	-	-	-	X	X	-
Steuerreform	Ja	-	X	X	-	-	-
Verbesserung der Innovations- und Wettbewerbsfähigkeit	Nein	-	-	-	-	-	-
Ausbau der Möglichkeiten zum Vorruhestand	Ja	-	X	-	-	-	X
Tarifpolitik zur Sicherung und Schaffung von Beschäftigung	Nein	-	X	X	X	-	-
Besserer Zugang zu Risikokapital für Klein- und Mittelbetriebe	Nein	-	-	-	-	-	-
Ausbau der Möglichkeiten für Vermögensbildung und Gewinnbeteiligung für Arbeitnehmer	Nein	-	-	-	-	-	X
Fach- und Themendialoge für Beschäftigung, Innovation und Wettbewerbsfähigkeit	Nein	-	-	-	-	-	-
Abbau struktureller Hemmnisse für Gründung und Wachstum von Unternehmen	Nein	-	-	-	-	-	-
Erschließung neuer Beschäftigungsfelder und Ausbildungsmöglichkeiten für gering Qualifizierte	Nein	-	-	X	-	X	-
Bekämpfung von Jugend- und Langzeitarbeitslosigkeit	Ja	X	X	X	-	X	X

[a] Später wurden weitere Beratungsgegenstände hinzugefügt: z.B. Arbeit und Umwelt, *Gender Mainstreaming*, Immigration.
[b] Später wurden weitere Arbeitsgruppen eingesetzt.

Quelle: Die gemeinsamen Erklärungen und Presseveröffentlichungen des Bündnisses, eigene Zusammenstellung (Bundesregierung 2002).

Auch die Arbeitsgruppen oder die so genannten Fach- und Themendialoge blieben weit gehend ohne Resonanz. Einige der Arbeitsgruppen sind offensichtlich nie zusammengetreten oder legten keinen Bericht über ihre Beratungen vor (ganz zu schweigen von den Fach- und Themendialogen). Zudem erschwerte ihre Zuordnung zu den fachlich zuständigen Ministerien eine intersektorale Kooperation und wertete sie zu „normalen" ministeriellen Beratungsgremien ab. Die einzige Ausnahme in dieser Hinsicht war die *Benchmarking Group*, deren Bericht über gering qualifizierte Arbeit breite öffentliche Aufmerksamkeit erregte, jedoch auf den erbitterten Widerstand der Gewerkschaften traf und nur einmal in einem Spitzengespräch behandelt wurde. Der unter Federführung von Wolfgang Streeck (Berichterstatter) und Rolf G. Heinze entstandene Bericht schlug die Etablierung eines Arbeitsmarktes für gering qualifizierte und ungelernte Arbeitnehmer in den Dienstleistungssektoren vor (Streeck and Heinze 1999a; 1999b; Fels et al. 1999). Das Hauptanliegen war dabei, die bisherige Politik der Bekämpfung von Arbeitslosigkeit durch geringe Frauenbeschäftigung, erweiterte Frühverrentung und lange Bildungszeiten zu revidieren. Obwohl Streeck und Heinze vorschlugen, diese Arbeitsplätze durch Freibeträge öffentlich zu unterstützen und in das Sozialversicherungssystem zu integrieren, lehnten die Gewerkschaften diesen Vorschlag rundweg ab, weil sie gegen jegliche Aufweichung von tariflichen Mindeststandards waren und der Vorschlag von Streeck/Heinze eine untertarifliche Bezahlung bedeutet hätte. Nach diesem Konflikt wurde die *Benchmarking*-Gruppe weitgehend marginalisiert (Hassel 2002: 59) und blieb im weiteren Verlauf ohne erkennbaren Einfluss auf das Bündnis.

Anke Hassel (2002) schließlich berichtet, dass im Dezember 1999, als Gerhard Schröder die Sozialpartner aufforderte, die Frühverrentung durch Tarifvertrag zu regeln, eine entsprechende Übereinkunft in der Chemieindustrie informell schon getroffen war, die moderate Lohnerhöhungen sowie eine Verbesserung der Teilzeitarbeit für ältere Arbeitnehmer vorsah. Das illustriert nicht nur, dass die beiden Tarifparteien in der Chemieindustrie über eine vergleichsweise hohe Strategiefähigkeit verfügen, sondern auch, dass das Bündnis für Arbeit von Kompromissen abhing, die in anderen Zusammenhängen ausgehandelt wurden.

Zusammengefasst heißt dies, dass das Bündnis für Arbeit nicht über die strukturellen Voraussetzungen verfügte, um verbindliche Kompromisse oder gar weitreichende Sozialpakte zu schließen. Inhaltlich war es überladen, wobei Kompromisse für von im Rahmen des Bündnisses angesprochenen Themen ohnehin der parlamentarischen Zustimmung bedurft hätten (wie etwa bei der Steuerreform, dem Zuwanderungsgesetz oder der Rentenreform). In diesen Bereichen wurde das Bündnis allenfalls informiert und konnte sich nicht einmal annähernd als „Nebenregierung" profilieren. Bezeichnenderweise wurde sogar für die Reform der Bundesanstalt für Arbeit und der Arbeitsvermittlung, ein Kompetenzbereich, für den das Bündnis durchaus zuständig schien, eine gesonderte Kommission, die sogenannte Hartz-Kommission, eingesetzt (Kommission 2002). Gleichzeitig blieben zentrale Themen – die Tarifpolitik und das Tarifvertragssystem – umstritten und konnten sich nur in der allgemeinsten und oberflächlichsten Form als offizielle Beratungsgegenstände etablieren. Die Sektoralisierung der Arbeitsgruppen schließlich zeigt, dass auch im Bündnis für

Arbeit, das als intersektorale Institution angelegt war, keine fachübergreifenden Tauschgeschäfte abgeschlossen wurden. Tatsächlich fanden im Rahmen des Bündnisses überhaupt keine politischen Tauschgeschäfte statt. Die Rücknahme einiger unter der Kohl-Regierung beschlossener Maßnahmen (bei Kündigungsschutz, Lohnfortzahlung) erfolgte außerhalb des Bündnisses und zog keine Gegenleistungen der Gewerkschaften nach sich.

4 Das rot-grüne Bündnis für Arbeit: Versuch einer Bilanz

Im Gegensatz zu vielen Interpretationen lässt sich das Bündnis für Arbeit nicht als korporatistische Institution qualifizieren. Ihm fehlte es an innerer und äußerer Verpflichtungsfähigkeit, es war von vergleichsweise kurzer Dauer und die beteiligten Akteure handelten eher aus einer Position der Schwäche. Trotz einiger struktureller Ähnlichkeiten sind auch nur wenige Gemeinsamkeiten zur Konzertierten Aktion (und im Übrigen auch zum ersten Bündnis für Arbeit) festzustellen (Tabelle 3).

Divergierende ökonomische Ausgangsbedingungen, spezifische institutionelle Strukturen, die unterschiedlich einbezogenen Politikbereiche, gewandelte Konzeptionen von Staat und Verbänden sowie schließlich konträre wirtschafts- und sozialpolitische Leitideen machen es schwer, die Bündnisse für Arbeit in eine Reihe mit der Konzertierten Aktion zu stellen. Trotz der immer wieder beschworenen Kontinuität zwischen Konzertierter Aktion und dem Bündnis für Arbeit liegen zwischen beiden ideologische und politische Welten: Während die Konzertierte Aktion auf den sozialdemokratischen Grundideen der Nachkriegsära beruhte, zielte das rot-grüne Bündnis für Arbeit darauf, Modernisierungs- und Reformhemmnisse in Staat und Wirtschaft abzubauen. Nicht unerwähnt bleiben darf, dass sich die Bündnisse der christlich-liberalen und der rot-grünen Regierung ebenfalls beträchtlich unterscheiden. Dem ersten Bündnis fehlte es schon an einer stabilen institutionellen Grundlage und es kam gegen die Vorstellungen von Regierung und Wirtschaftsverbänden zustande, die ohnehin keinen Anlass sahen, den Gewerkschaften Zugang zu einer ihnen freundlich gesinnten Regierung einzuräumen. Im Gegensatz dazu war das Bündnis für Arbeit zwischen 1998 und 2002 in hohem Maße institutionalisiert und genoss die Unterstützung des Bundeskanzlers und der SPD.

Dennoch konnte das rot-grüne Bündnis für Arbeit den Erwartungen nicht einmal annähernd gerecht werden (Hassel 2002; Lang 2002). Wohlgemerkt heißt das keineswegs, dass sozialpartnerschaftliche oder allgemeiner verhandlungsbasierte Lösungen prinzipiell suboptimal ausfallen müssen. Im Gegenteil: Eine Reihe empirischer und theoretischer Gründe sprechen durchaus dafür, dass konsensdemokratische Systeme reformfähig und anderen Entscheidungsmechanismen überlegen sein können. Doch gelang es der rot-grünen Regierung weder, mit dem Bündnis für Arbeit den viel beklagten Reformstau in der Wirtschafts- und Sozialpolitik aufzulösen, noch das Bündnis als feste Orientierungsgröße für den politischen Entscheidungs- und Diskussionsprozess zu etablieren.

Tabelle 3: Konzertierte Aktion und die Bündnisse für Arbeit der 90er Jahre

	Konzertierte Aktion	Bündnis von 1996	Bündnis 1998-2002
Regierung	CDU/SPD und SPD/FDP	CDU/FDP	SPD/Grüne
Ausgangsbedingungen	Konjunkturkrise	Struktur- und Konjunkturkrise	Struktur- und Konjunkturkrise
Primäre Ziele	Vollbeschäftigung und Wachstum	Reform des Sozialstaates, Modernisierung der Wirtschaft	Reform des Sozialstaates, Modernisierung der Wirtschaft
Wirtschafts- und sozialpolitische Leitideen	Keynesianische Globalsteuerung	Angebotsorientierte Wirtschaftspolitik	Dritter Weg (angebotsorientierte Wirtschaftspolitik)
Rolle des Staates	Interventionsstaat	„kooperativer Staat"	„kooperativer Staat"
Verbände	Bestandssicher und handlungsfähig	Eingeschränkte Bestands- und Handlungsfähigkeit	Eingeschränkte Bestands- und Handlungsfähigkeit
Politische Flankierung	Gesetzliche Grundlage und Unterstützung durch Regierung	Vorschlag von Klaus Zwickel	Teil des Regierungsprogramms
Institutionalisierung	hoch	keine	hoch

Quelle: beruht auf W. Schroeder 2001: 50, eigene Ergänzungen und Änderungen.

Untersucht man schließlich in Anlehnung an Peter Hall (1993), ob und inwieweit zwischen 1998 und 2002 ein Politikwechsel in diesem Bereich erfolgt ist, muss die Bilanz ernüchternd ausfallen. Auf instrumenteller Ebene setzte Rot-Grün die Politik der konservativ-liberalen Regierung fort, obgleich einige Entscheidungen der schwarz-gelben Koalition aufgehoben wurden. Jedoch ging dies auf Wahlversprechen zurück, erfolgte außerhalb der Bündnisgespräche und resultierte in keinen Tauschgeschäften. Neue arbeitsmarktpolitische Instrumente wurden ebensowenig eingeführt. Auch lässt sich – trotz anderslautender wahlpolitischer Ankündigungen – keineswegs davon sprechen, dass soziale Gerechtigkeit ökonomischen Kalkülen vorgezogen worden war. Eine neue Zielhierarchie oder ein neues *policy paradigm* wurde mithin nicht etabliert. Die Neuerung lag daher in Bekanntem, nämlich in der formalen Wiederbelebung tripartistischer Gesprächsstrukturen, mit denen an sozialdemokratische Traditionen symbolisch angeknüpft werden konnte. Doch blieb die Arbeitsmarkt- und Beschäftigungspolitik[9] ohne erkennbare Leitidee und diese Institution folglich ohne politische Wirksamkeit.

5 Literatur

Adam, Hermann, 1972: Die Konzertierte Aktion in der Bundesrepublik. WSI-Studien Nr. 21.
Berger, Christiane, 2000: Beschäftigungspakt Bayern – Das bayerische Bündnis für Arbeit, in: WSI-Mitteilungen, Nr. 53: 458-462.
Bispinck, Reinhard, 1997: The Chequered History of the Alliance for Jobs, in: *Giuseppe Fajertag/Philippe Pochet* (Hrsg.), Social Pacts in Europe, Brüssel.
BMAS (Bundesminister für Arbeit und Sozialordnung), 1986: Statistisches Taschenbuch 1986. Arbeits- und Sozialstatistik. Bonn: Bundesminister für Arbeit und Sozialordnung.
Buchheit, Bernd, 2002: Neue Impulse für die Arbeitsmarktpolitik, in: Bundesarbeitsblatt, Nr. 2: 5-10.
Bundesregierung, 1999: Vor wichtigen Aufgaben. Das Arbeitsprogramm 1999 der Bundesregierung, Bonn.
Bundesregierung, 2002: Bündnis für Arbeit, in: www.bundesregierung.de/top/Schwerpunkte/Buendnis_fuer_Arbeit/ix7274_.htm (download: 10/11. Juni 2002).
Esser, Josef, 1982: Gewerkschaften in der Krise, Frankfurt a.M.
Esser, Josef/Schroeder, Wolfgang, 1999: Neues Leben für den Rheinischen Kapitalismus. Vom Bündnis für Arbeit zum Dritten Weg, in: Blätter für deutsche und internationale Politik, Nr. 1: 51-61.
Frankfurter Allgemeine Zeitung, div. Ausgaben.
Federal Government. 2000. The Alliance for Jobs 05: Results and Perspectives, Berlin.
Fels, Gerhard/Heinze, Rolf G./Pfarr, Heide/Streeck, Wolfgang, 1999: Bericht der Wissenschaftlergruppe der Arbeitsgruppe Benchmarking über Möglichkeiten zur Verbesserung der Beschäftigungschancen gering qualifizierter Arbeitnehmer (Online-Version). November 1999.
Gerlach, Frank/Ziegler, Astrid, 2000: Territoriale Beschäftigungspakte in Deutschland – neue Wege der Beschäftigungsförderung, in: WSI-Mitteilungen, Nr. 53: 430-437.
Hall, Peter A. 1993: Policy Paradigms, Social Learning, and the State. The Case of Economic Policymaking in Britain, in: Comparative Politics, Nr. 25: 275-296.
Hassel, Anke, 2000: Bündnisse für Arbeit: Nationale Handlungsfähigkeit im europäischen Regimewettbewerb, in: Politische Vierteljahresschrift, Nr. 41/3: 498-524.
Hassel, Anke, 2002: Sozialpakte. Die deutschen Gewerkschaften im Bündnis für Arbeit, in: Forschungsjournal Neue Soziale Bewegungen, Nr. 15: 58-67.
Hassel, Anke/Hoffmann, Reiner, 1999: Nationale Bündnisse und Perspektiven eines europäischen Beschäftigungspaktes, in *Hans-Jürgen Arlt/Sabine Nehls* (Hrsg.), Bündnis für Arbeit. Konstruktion, Kritik, Perspektiven, Opladen, 213-229.
Hirscher, Gerhard/Sturm, Roland (Hrsg.), 2001: Die Strategie des „Dritten Weges". Legitimation und Praxis sozialdemokratischer Regierungspolitik, München.
Hundt, Dieter, 1999: Der Kampf gegen die Arbeitslosigkeit ist zu gewinnen, in: *Hans-Jürgen Arlt/Sabine Nehls* (Hrsg.), Bündnis für Arbeit. Konstruktion, Kritik, Perspektiven, Opladen, 57-68.

---

[9] Vgl. jedoch die optimistischere Einschätzung bei Heinelt (i.d.B.) [Anm.d.Hrsg.].

IG Metall, 1995: Bündnis für Arbeit. 18. ordentlicher Gewerkschaftstag der IG Metall vom 29.10. bis 04.11.1995 in Berlin. Materialien / Auszüge aus dem Protokoll, hrsgg. von Industriegewerkschaft Metall – Vorstand [o.O.].

Katzenstein, Peter J., 1987: Policy and Politics in West Germany: The Growth of a Semisovereign State. Philadelphia.

Kern, Manfred, 1973: Konzertierte Aktion als Versuch einer Verhaltensabstimmung zwischen Regierung und Wirtschaftsverbänden. Köln.

Kommission, 2002: Vorschläge der Kommission zum Abbau der Arbeitslosigkeit und zur Umstrukturierung der Bundesanstalt für Arbeit, Bonn.

Lang, Klaus, 2002: Die Mitte gewinnen – die Mehrheit nicht verlieren, in: Forschungsjournal Neue Soziale Bewegungen, Nr. 15: 49-57.

Nettelstroth, Wolfgang/Hülsmann, Elke, 2000: Bündnis für Arbeit, Ausbildung und Wettbewerbsfähigkeit in NRW – Eine Bestandsaufnahme, in: WSI-Mitteilungen, Nr. 53: 462-468.

Neumann, Godehard, 2000: Bündnisse für Arbeit in Deutschland – Ein Überblick, in: WSI-Mitteilungen, Nr. 53: 419-429.

Niejahr, Elisabeth/Tenbrock, Christian, 2002: Bundesanstalt für Alles, in: Die Zeit, 4. Juli 2002, Nr. 28: 15-16.

Schröder, Gerhard, 1998: Die Regierungserklärung von Bundeskanzler Gerhard Schröder (10.November 1998), Bonn.

Schröder, Gerhard, 1999: Das Bündnis als Fokus unserer Politik der neuen Mitte, in: *Hans-Jürgen Arlt/Sabine Nehls* (Hrsg.), Bündnis für Arbeit. Konstruktion, Kritik, Perspektiven, Wiesbaden, 49-56.

Schröder, Gerhard/Blair, Tony, 1999: Der Weg nach vorn für Europas Sozialdemokraten. Ein Vorschlag von Gerhard Schröder und Tony Blair vom 8. Juni 1999, in: Blätter für deutsche und internationale Politik, Nr. 4: 887-900.

Schroeder, Wolfgang, 2001: 'Konzertierte Aktion' und 'Bündnis für Arbeit': Zwei Varianten des deutschen Korporatismus, in: *Annette Zimmer/Bernhard Weßels* (Hrsg.), Verbände und Demokratie in Deutschland, Opladen, 29-54

SPD und Bündnis '90/Die Grünen, 1998: Aufbruch und Erneuerung – Deutschlands Weg ins 21. Jahrhundert. Koalitionsvereinbarung zwischen der Sozialdemokratischen Partei Deutschlands und Bündnis 90/Die Grünen, 20. Oktober 1998, Bonn.

Steinmeier, Frank-Walter, 2001: Abschied von den Machern, in: Die Zeit, Nr. 10, 2001.

Streeck, Wolfgang, 1999: Korporatismus in Deutschland. Zwischen Nationalstaat und Europäischer Union. Frankfurt a.M.

Streeck, Wolfgang/Heinze, Rolf G., 1999a: An Arbeit fehlt es nicht, in: Der Spiegel, Nr. 19: 38-45

Streeck, Wolfgang/Heinze, Rolf G., 1999b: Runderneuerung des deutschen Modells, in: *Hans-Jürgen Arlt/Sabine Nehls* (Hrsg.), Bündnis für Arbeit. Konstruktion, Kritik, Karriere, Wiesbaden, 147-166.

Weßels, Bernhard, 1999: Die deutsche Variante des Korporatismus, in: *Max Kaase/Günther Schmid*, (Hrsg.), Eine lernende Demokratie. 50 Jahre Bundesrepublik Deutschland, Berlin, 87-113.

Weßels, Bernhard, 2000: Die Entwicklung des deutschen Korporatismus, in: Aus Politik und Zeitgeschichte, Nr. B26-27: 16-21.

Das Bundesverfassungsgericht und die „Generationengerechtigkeit"

Roland Lhotta

1 Einleitung

Die gerechte Verteilung von Ressourcen und Lasten zwischen den Generationen ist durch die zunehmende Infragestellung des bundesrepublikanischen Sozialstaats tradierter Form und der damit verbundenen Sozialstaatsdebatte eines der herausragenden Probleme rot-grüner Regierungspolitik seit 1998 geworden. Die Generationengerechtigkeit wurde in diesem Kontext eines der am meisten bemühten sozialpolitischen Schlagwörter in der Bundesrepublik (Butterwegge 2003: 7). Dabei sind Tendenzen sichtbar, die Thematik der Generationengerechtigkeit zunehmend unter den Auspizien einer als zwingend dargestellten Haushaltskonsolidierungspolitik zu behandeln (Butterwegge/Klundt 2003: 69). Parallel hierzu wird, in partieller Anwendung eines neuen Familienfundamentalismus (Ebert 1995), nicht nur der Wert der Familie sowie des Kinder-Habens an sich, sondern v.a. die Kinderaufzucht als Leistung und Rendite für die Gesellschaft interpretiert. Hieraus wiederum werden normative Folgerungen gezogen, nach denen sich ein gerechter Sozialstaat die viel zitierte Transferausbeutung von Eltern auch von Verfassungs wegen (vgl. Suhr 1990) nicht mehr leisten, sondern vielmehr den durch Kinder prospektiv erzielten gesellschaftliche Mehrwert angemessen berücksichtigen, wenn nicht gar honorieren sollte, da es die Eltern seien, die einen generativen Beitrag zur Funktionsfähigkeit eines umlagefinanzierten Sozialversicherungssystems leisteten und dadurch gar zum alleinigen Träger des Generationenvertrages würden (Kirchhof 2001).

Den vielen und sehr kontroversen Positionen zu dieser Problematik soll hier keine weitere hinzugefügt werden. Ob und welche Bedeutung der deutsche Sozialstaat für die Familien tatsächlich hat (vgl. Gerlach 2002), ob und warum es eine Krise der Familie gibt und wie diese zu heilen wäre, wie kinderlose Doppelverdiener und Familien mit Kindern angemessen in ein gerechtes System sozialer Umverteilung eingepasst werden können – all dies steht hier nicht im Mittelpunkt. Worum es geht, ist vielmehr etwas anderes. Das Problem der Generationengerechtigkeit ist zwar gerade als Problem rot-grünen Regierens eingeführt worden, de facto handelt es sich aber gar nicht um ein spezifisches und exklusives Problem der rot-grünen Regierungskoalition. Vielmehr weist die Generationengerechtigkeit deutliche Züge einer *Policy Problem-Legacy*, die weit vor die Zeit der Schröder-Regierung zurückreicht und in ihrer materiellen Substanz mehrfach dem Bundesverfassungsgericht zur autoritativen Klärung am Maßstab der Verfassung vorgelegt wurde. Damit stellt sich die Frage nach der Rolle des Bundesverfassungsgerichts als politischer Akteur auf dem parteipolitisch und ideologisch hochkontrovers besetzten Politikfeld der Familienpolitik. Das in der ersten Regierungsperiode der rot-grünen Koalition unter Bundeskanzler Schröder vom Bundesverfassungsgericht am 3. April 2001 gefällte Urteil zur sozialen Pflegeversicherung (1 BvR 1629/94) wird in diesem Zusammenhang allgemein als ein familienpolitischer Einschnitt gewertet, mit dem das Gericht den Gesetzgeber zum Handeln zu Gunsten der Familien gezwungen habe. Im Folgenden soll mit Hilfe einiger neo-institutionalistischer Erklärungsvariablen allerdings gezeigt werden, dass das Gericht mit seinem Urteil nicht primär die rot-grüne Familienpolitik als solche angriff, sondern vielmehr einer Pfadabhängigkeit folgte, deren materielle Substanz im Sinne einer handlungsleitenden Ordnungsidee weit vor die Zeit der rot-grünen Koalition zurückreicht. In diesem Zusammenhang wird auch zu zeigen sein, dass die gebräuchliche Konzeptualisierung der Verfassungsgerichtsbarkeit als *veto player* schon allein aufgrund differenzierter Tenorierungspraxen und deren materieller Fundierung unterkomplex und der Realität richterlichen Handelns nicht angemessen ist.

2 Verfassungsgericht und Sozialstaatsprinzip: Judizielles Monitoring als *triggered judicial review*

In den letzten Jahren hat sich die Politikwissenschaft einem von der Disziplin bislang eher zögerlich behandelten Thema mit verstärktem Interesse zugewandt: der Rolle von Gerichten als politischen Akteuren. Induziert über die vom EuGH sehr wirkungsvoll betriebene *integration through law* einerseits (Alter 1996, 1999, 2001; Burley/Mattli 1993; Weiler 1999) und die Identifizierung der nationalstaatlichen Verfassungsgerichte als machtvolle Nebenregierungen (Schmidt 1992: 46 ff.) und *veto player* (Volcansek 2001; Alivizatos 1995) andererseits rückte das *governing with judges* (Stone Sweet 2000) in den Wahrnehmungsbereich primär neo-institutionalistisch geprägter Ansätze.[1] Konzediert man nämlich, dass nachhaltige und weitreichende Politikwechsel oftmals durch verfassungsrechtliche Vorgaben behindert werden (Norgaard 1996: 31), dann impliziert das verbreitete Verständnis von Institutionen als *rules and norms* (Aspinwall/Schneider 2000: 6) den institutionellen Charakter des Verfassungsrechts und damit seine Bedeutung für die Performanz ei-

---

[1] Vgl. aber schon die früheren Arbeiten von Martin Shapiro (vgl. hierzu Herbert M. Kritzer, Anticipating the New Institutionalism. The Pioneering Work of Martin Shapiro, [http://www.polisci.wisc.edu/~kritzer/]und aus der neueren Literatur vgl. Gillman/Clayton 1999 sowie Epstein 1995).

nes politischen Systems (Lane 1999). Dies wiederum legt die Vermutung nahe, dass insbesondere Verfassungsgerichte als finale und autoritative Hüter der Verfassung eine wichtige Variable moderner *governance* sind, da sie die Interaktionsformen politischer Akteure judiziell managen und damit deren Handlungskorridore am Maßstab der Verfassung festlegen, damit aber auch *policies* zu bestimmen vermögen (Jackson/Tate 1992).

Das Bundesverfassungsgericht, das am 7. September 2001 seinen 50. Geburtstag feierte und hierfür mit einer eindrucksvollen zweibändigen Festschrift geehrt wurde (Badura/Dreier 2001), wird aus dieser Warte regelmäßig als ein außerordentlich machtvolles Gericht (Landfried 1992, 1988b; Kommers 1997) dargestellt, das über eine rigide Verfassung wacht und mit seinen letztinstanzlichen Entscheidungen ein wirkungsvoller Gegenspieler von Legislative und Exekutive ist (Lijphart 1999: 226-230). Auf der Basis einer umfassenden Kompetenzausstattung (vgl. Schlaich 2001) hat das BVerfG sonach eine umfassende Judikatur entfaltet, von der behauptet wird, es gäbe „kein Feld unseres staatlich-politischen wie gesellschaftlich-sozialen Daseins, das vom Bundesverfassungsgericht und seiner Rechtsprechung nicht maßgebend beeinflusst und mitgestaltet worden ist" (Scholz 1999: 4). Das Bundesverfassungsgericht scheint damit perfekt in die allgemein konstatierte *global expansion of judicial power* (Tate/Vallinder 1995) zu passen, die zu einer weitreichenden *judicialization* (Stone Sweet 1999) politischer Prozesse geführt habe. Unter diesen Auspizien wird das BVerfG zu einem „realen Teil der politischen Staatsleitung" (Scholz 2001: 6) stilisiert, bei dem – so die assoziationsreiche Metapher Böckenfördes – ein „Zipfel der Souveränität" (Böckenförde 1999: 168) verortbar sei.

Gleichwohl bleiben der Umfang und der Charakter dieses richterlichen Souveränitätsanteils unscharf. Diese Unschärfe und damit auch die Unschärfe im Wissen über das Bundesverfassungsgericht als politischer Akteur lässt sich allerdings korrigieren, wenn man institutionelle Variablen berücksichtigt, denen ein erweiterter Institutionenbegriff zugrunde liegt. Ein solcher erweiterter Institutionenbegriff ermöglicht die Einlassung auf die materiell-rechtliche Dimension dessen, was Gerichte tun, und bietet zudem vielfältige Möglichkeiten zur Zusammenarbeit mit der Staatsrechtslehre (Lhotta 2001, 2002). Ein Beispiel hierfür liefern in den letzten Jahren neo-institutionalistisch geprägte Ansätze (Smith 1988; Clayton/Gillman 1999; Gillman/Clayton 1999), die sich speziell in den USA dezidiert vom dort lange vorherrschenden *attitudinal approach* behavioralistischer Herkunft (Schubert 1963; Pritchett 1954; Segal/Spaeth 1993) absetzen. Dieser war v.a. daran interessiert, in den Judikaten des *Supreme Court* identifizierbare *Policy*-Präferenzen der Richter und damit auch die Wirkkraft individueller Wertpräferenzen nachzuweisen, begriff damit das Recht aber als bloßes Instrument in den Händen von Richtern, die *judicial policy* betreiben. Diese instrumentelle Dimension wurde von Vertretern des *Rational-Choice*-Institutionalismus aufgegriffen und in die *constraints* institutioneller Kontexte richterlichen Handelns eingebettet. Aufbauend auf den Arbeiten von Murphy

(1964) befassten sich Vertreter der *Positivist Theory of Institutions* (PTI) infolgedessen v.a. mit den strategischen Komponenten richterlicher Entscheidungen und interpretierten diese als rational-instrumentelle Handlungen von Richtern, bei denen der institutionelle Kontext kalkulierend mit einbezogen wird (Epstein/Walker 1995; Spiller/Gely 1992; Maltzman et al. 1999), um den individuellen Nutzen zu maximieren. Sowohl dem soziologischen als auch dem historischen Institutionalismus geht dies aber nicht weit genug, da Institutionen wie das Recht bei dieser Sichtweise nur das „given set of rules within which the game of maximizing self-interest is played" bleiben würden (Gillman 1997). Vollkommen ungeklärt blieben dabei etwa die Bedeutungen von Ideen, kognitiven Strukturen, Traditionen des politischen Diskurses sowie Werten als Determinanten richterlichen Handelns und Bestandteil des Rechtssystems, welches zum einen all dies konserviert, zum anderen aber auch latent hervorbringt und aktualisiert – und zwar v.a. über die Handlungen von Akteuren, die das Recht anwenden, befolgen, instrumentalisieren, ändern usw. und dabei in einen institutionellen Kontext eingebettet sind. Um all dies mit einzubeziehen, bedarf es der erwähnten – wegen Problemen der Abgrenzbarkeit allerdings nicht unumstrittenen – Erweiterung des Institutionenbegriffs.

3 Das (Verfassungs-) Recht als eigenständige institutionelle Variable: Ordnungsideen und Verhaltensstrukturierungen, insbesondere das Sozialstaatsprinzip

Die soeben geforderte Erweiterung des Institutionenbegriffs lässt sich sinnvoll damit begründen, dass dem Konzept der „Institution", gleich ob man es politikwissenschaftlich, ökonomisch, soziologisch oder juristisch verwendet, die *holistische* Prämisse eigen ist,

> that humans are part of a whole and that they do not exist in a meaningful way outside that whole" (Aspinwall/Schneider 2000: 13). Institutionen kreieren sonach einen komplexen „context which alters the individual's sense of what is in her best interests – in other words, actors are conditoned by the accumulation of procedures, rules, and norms over time. Identities, priorities, interpretations of reality are all created by this context (Aspinwall/Schneider 2000: 6).

Das prima facie v.a. auf rechtliche Regeln zugeschnittene Verständnis von Regeln als „legal arrangements, routines, procedures, conventions, norms, and organizational forms that shape and inform human interaction" (Norgaard 1996: 39) muss also neben diesen steuernden, instrumentellen Funktionen des Rechts auch dessen tiefer wurzelnden Dimensionen einbeziehen. Der Regelcharakter des Rechts ist mehrschichtig und ambivalent – Regeln können befolgt oder bei Handlungen berücksichtigt bzw. strategisch einkalkuliert, allerdings auch ignoriert werden (*Compliance In-*

terpretation); der „Regelungsanspruch" von Institutionen kann aber auch ambitionierter sein und eine Art „Mehrwert" jenseits der Regelbefolgung beinhalten (Outcome Interpretation) (Lane 1999: 179), der sich letztlich nur mit einem „Eigensinn" (Buchstein 1992: 119) der Institutionen erklären lässt und *interpretative* Sinndeutungen erforderlich macht, bei denen stets zwei zentrale Fragen präsent sind: 1.) Wie lässt sich die Existenz politischer Institutionen normativ und pragmatisch-zweckrational begründen, und 2.) wie beeinflussen sie das politische Handeln bzw. die Ergebnisse der Politik. Die Antwort auf diese Fragen hängt wiederum davon ab, wie das Verhältnis von Individuum und Institution theoretisch verstanden wird und welchen Stellenwert dabei individuellen Interessen einerseits sowie kollektiven Ideen und Leitbildern andererseits zukommt (Czada 2002: 355).

Politische Akteure – wie etwa Verfassungsgerichte und Richter – sind in ein kulturelles und organisatorisches, lies: institutionelles und damit „regelhaftes" Umfeld eingebettet[2], das ihre Präferenzen und Handlungen präjudiziert oder zumindest beeinflusst. Hierzu sind auch das (Verfassungs-) Recht und die von ihm begründeten *pouvoirs constitués* zu zählen. Die regelnde und steuernde Wirkung dieses institutionellen Komplexes bedarf nicht nur der Deskription, sondern auch einer *sinnhaften* Deutung. Regeln, wie sie in Rechtssätzen des positiven (Verfassungs-) Rechts kodifiziert sind, sind nur sinnvoll (und vollständig) zu erfassen, wenn man versucht, sie auch „aus dem immanenten Sinnzusammenhang der Institution und der Stellung der Institution im Ganzen der Rechtsordnung" zu verstehen[3]. Das „Sollen" als auch das „Funktionieren" von Regeln lassen sich also nur mit einem Wissen über den Sinn institutioneller Designs erklären, das sich zwar einerseits induktiv über die Beobachtung ihrer faktischen Wirkung vor dem Hintergrund ihrer historischen Genese ermitteln lässt. Sodann aber tritt zu dieser empirisch fundierten Komponente der Sinnermittlung eine *interpretative* hinzu, die „auf eine über die eigene Erscheinung hinausgehende Bedeutung verweist" (Poeschel 1978: 180). Jenseits der faktischen Zweckrationalität bergen Institutionen wie insbesondere das Recht ein normatives Element, das auf eine tiefere Verwurzelung des „Sollens" und der Akzeptanz dieses Sollens verweist. Und damit hat man bereits die Brücke zum juristischen Institutionenverständnis geschlagen: Kernproblem des (juristischen) Institutionenbegriffs ist insoweit nämlich „das Verhältnis von faktischen und normativen Faktoren sowie die Frage nach Status und Stellenwert der [....] Ordnungsidee" (Hofmann 1986: 209).

Diese Ordnungsideen in ihrer Genese und Kontingenz sowie hinsichtlich ihres Niederschlags in verfassungsgerichtlichen Entscheidungen und damit in ihrer Bedeutung für die Rolle des Gerichts als politischer Akteur theoretisch fruchtbar zu machen, ist eine Aufgabe, die Staatsrechtslehre und Politikwissenschaft im Schnitt-

---

[2] March/Olsen 1989; Di Maggio/Powell 1991; Granovetter 1985; Thompson/Ellis/Wildavsky 1990; Wildavsky 1987; Wildavsky 1994.
[3] Ernst Forsthoff zit. n. Hollerbach 1976: 96.

bereich des Institutionalismus gemeinsam angehen können – denn dabei geht es um nichts anderes, als um die kulturelle und kognitive Dimension von Ideen von Staat und Verfassung, von der Demokratie oder den Grundrechten. Die in Institutionen inkorporierte relative Autonomie von Sinngehalten und ihre strukturdeterminierende Wirkung (Seibel 1997: 370) zielt auf jene „transcendent or overarching norms to guide political behavior" (Immergut 1998: 11), die als substantielle „Ordnungsideen" auch Juristen interessieren. Und wenn Letztere unter Institutionen „grundlegende Ordnungsvorstellungen bezüglich elementarer privater, gesellschaftlich-wirtschaftlicher und politischer Verhältnisse" (Hofmann 1986: 207) verstehen, ist darin eben auch die Möglichkeit angelegt, über den „Kontaktgedanken" der Institution

> an der Nahtstelle zwischen Rechts- und Sozialwissenschaften [....], eine rechtsnormative Ordnung jenseits der logisch nicht aufhebbaren Antithese von Sein und Sollen in ihrem realen und d.h. stets zugleich: in ihrem sachlich strukturierten Dasein zu begreifen (Hofmann 1986: 210).

Ausgehend von diesem Kontaktgedanken könnten Staats(rechts)lehre und Politikwissenschaft (Lhotta 1997; 2001) anhand verfassungsgerichtlicher Entscheidungen verdeutlichen, wie „grundlegende Ideen über den Zweck des Zusammenlebens im Gemeinwesen" (Kaiser 2001: 258/259) in Institutionen wie der Verfassungsgerichtsbarkeit und dem Verfassungsrecht wirksam werden (Lhotta 2003b; 2003c), und diese hierüber „als sinngebende Schnittstellen von Ideen und Verhaltensstrukturierungen" (Kaiser 2001: 263) fungieren. Wenn es zudem zutrifft, dass (Verfassungs-) Gerichte generell ein Ort sind, in dem die „communication of positions and expectations as central to the policy making process" (Kritzer 2002: 7) erfolgt, dann sind die im Rahmen gerichtsförmiger juristischer Diskurse zwischen Streitparteien und Gerichten kommunizierten inhaltlichen Positionen auch für institutionalistisch ambitionierte Politikwissenschaftler interessant (Gillam 1999), weil Recht als Arsenal für Ordnungsideen, Werte und *belief systems* von den Akteuren vor Gericht und vom Gericht selbst nicht nur strategisch eingesetzt wird, sondern auch die Präferenzen der Akteure präjudiziert, von denen es angewendet, aktualisiert und neu hergestellt wird. Institutionen im Sinne eines breit gefassten Verständnisses von „Regeln" – wie etwa das Recht und dort inkorporierte Ordnungsideen – bestimmen somit die Selbstwahrnehmung der Richter, aber auch die Rollenperzeption der Richter durch andere Akteure – und zwar über tradierte Werte, Meinungen, Symbole oder kognitive Strukturen, wie sie u.a. in rhetorischen Figuren und juristischen Argumentations- und Begründungsstilen zum Tragen kommen. (Smith 1988: 91 ff.). Die vom Gericht in Entscheidungen, aber auch von politischen Akteuren vor Gericht vorgetragenen und kommunizierten Rechtspositionen sind insoweit ein wichtiges Material für die Untersuchung kognitiver Dimensionen, Ideendiffusionen oder *belief systems* (als Überblick Nullmeier 1997: 110 ff.) und deren Auswirkung auf richterliche Entscheidungen, damit aber auch für die Performanz des Gerichts als politischer Akteur. Diese Verzahnung von Ideen und Verhaltensstrukturierungen ist als institutionelle Erklärungsvariable in der Judikatur des BVerfG zum sozialstaatlichen Problem der Nichtberücksichtigung der Betreuung und Erziehung von Kindern bei der Bemessung von Sozialbeiträgen durchgehend präsent und zwar derart konsistent, dass man hier von Pfadabhängigkeiten sprechen kann.

Das Sozialstaatsprinzip des GG ist aufgrund seiner inhaltlichen Unbestimmtheit in besonderem Maße auf Konkretisierung angelegt (BVerfGE 65, 182/193; BVerfGE 71, 66/80) und wendet sich v.a. an den Gesetzgeber (BGHZ 108, 305/310), dem diese Konkretisierung als bindende Aufgabe übertragen ist (BVerfGE 51, 115/125; 59, 231/262; 65, 182/193; 71, 66/80), wobei ihm allerdings ein weiter Gestaltungsspielraum zusteht (BVerfGE 70, 278/288). Dieser Gestaltungsauftrag an den Gesetzgeber umfasst auch den Auftrag zur Schaffung sozialer Sicherungssysteme gegen die Wechselfälle des Lebens (BVerfGE 28, 324/348 ff.; 45, 376/387; 68, 193/209) sowie den Auftrag, „für einen Ausgleich der sozialen Gegensätze und damit für eine gerechte Sozialordnung zu sorgen" (BVerfGE 22, 180/204; 35, 202/235 f.; 69, 272/314), jedoch nicht die Pflicht, zur Korrektur jeglicher hart oder unbillig erscheinender Einzelregelungen (BVerfGE 59, 287/301; 67, 231/239; 69, 272/315). Das Sozialstaatsprinzip wird allerdings tangiert, „wenn der soziale Schutz einer ins Gewicht fallenden Zahl von Personen vernachlässigt wird" (BVerwGE 68, 80/84) und sich hieraus ein willkürliches Versäumnis des Gesetzgebers ableiten lässt. Zwar lassen sich konkrete Pflichten für den Gesetzgeber aus dem Sozialstaatsprinzip allein nicht ableiten (BVerfGE 52, 283/293), es können aber stets Fälle eintreten, in denen der Sozialstaatsgrundsatz mit den Grundrechten zusammen zum Tragen kommt und sich daraus subjektive Rechte ableiten lassen, deren Effektivierung für den Gesetzgeber sodann verpflichtend wird. Nicht unerheblich ist in diesem Zusammenhang außerdem der Umstand, dass das Sozialstaatsprinzip den Fortschritt sozialer Gerechtigkeit fordert. Der Gesetzgeber ist hiernach also verpflichtet, bestehende Ungleichheiten in wirtschaftlicher, sozialer und kultureller Hinsicht zu verringern (Battis/Gusy 2000: 134, Rz. 191).

Dieser Fortschritt sozialer Gerechtigkeit ist eine grundlegende Implikation der Generationengerechtigkeit und findet im judiziellen Monitoring der Leistungen des Gesetzgebers auf diesem Gebiet seinen Niederschlag. Die hierfür bestimmend wirkenden materiellen Erwägungen prägen als institutioneller Kontext und institutionelle Erbstruktur die richterliche Tätigkeit auf der kognitiven Ebene, und zwar im Sinne einer spezifischen Ordnungsidee. Genau darum geht es in der hier näher zu untersuchenden Judikatur des Bundesverfassungsgerichts zur sozialen Pflegeversicherung – um eine institutionelle Pfadabhängigkeit richterlicher Performance im Sinn eines *long line judicial monitoring*, bei dem in der ersten Legislaturperiode von Rot-Grün eine juristische Mine hochging, die bereits in der Regierungszeit Helmut Kohls gelegt wurde, und zwar im „Trümmerfrauen-Urteil" von 1992 (BverfGE 87, 1), das die zu korrigierende „Transferausbeutung" von Familien zum Thema hatte und ganz zentral mit dem Argument des Fortschritts sozialer Gerechtigkeit argumentierte. Aufgrund mehrerer Verfassungsbeschwerden und Vorlagen im Rahmen von

Verfahren der konkreten Normenkontrolle, die alle die Anerkennung von Kindererziehungszeiten in der gesetzlichen Rentenversicherung zum Gegenstand hatten, gab das BVerfG damals als judizieller *agenda setter* dem Gesetzgeber einen Optimierungsauftrag bei gleichzeitig verfassungskonformer Auslegung, betätigte sich aber bewusst nicht als Vetospieler, um den Gestaltungsspielraum des Gesetzgebers nicht zu stark einzuschränken. Ein deutliches Signal war allerdings, dass die Verfassungsbeschwerde zwar abgewiesen wurde, der zweite Leitsatz jedoch ausdrücklich deklarierte, der Gesetzgeber sei nach Art. 3 Abs. 1 GG in Verbindung mit Art. 6 Abs. 1 GG *verpflichtet*, den Mangel des Rentenversicherungssystems, der in den durch Kindererziehung bedingten Nachteilen bei der Altersversorgung liegt, in weiterem Umfang als bisher auszugleichen. Dies v.a. deswegen, weil das Gericht zu der Ansicht gelangt war, dass es trotz der staatlichen Bemühungen um einen Familienlastenausgleich dabei bliebe,

> daß die Kindererziehung als Privatsache, die Alterssicherung dagegen als gesellschaftliche Aufgabe gilt. (...) Für die auf der Gesetzeslage beruhende Benachteiligung der Familie fehlt es angesichts der Förderungspflicht aus Art. 6 Abs. 1 GG, die den von Art. 3 Abs. 1 GG gelassenen Gestaltungsrahmen einengt, an einem zureichenden Grund. Namentlich ist die derzeitige Ausgestaltung der Rentenversicherung, die auf dem Versicherungsprinzip sowie der Lohnersatzfunktion der Rente beruht und ihre Leistungen in einem Umlageverfahren finanziert, kein zureichender Grund, die Erzieher von Kindern gegenüber Kinderlosen im Ergebnis erheblich zu benachteiligen. Wie die Regelungen des HEZG zeigen, gibt es Wege, die Anerkennung von Kindererziehungsleistungen in die Struktur der Rentenversicherung einzufügen. Diese Feststellung führt aber nicht zu einer verfassungsrechtlichen Beanstandung der zur Prüfung gestellten und mit den Verfassungsbeschwerden angegriffenen Regelungen des geltenden Rentenrechts, sondern nur zu einer *Verpflichtung des Gesetzgebers, die Benachteiligung in weiterem Umfang als bisher schrittweise abzubauen.*[4]

Diese Verpflichtung wurde der Deutlichkeit halber vom BVerfG noch einmal sehr explizit *pro futuro* ausgesprochen: Unabhängig davon, auf welche Weise die Mittel für den Ausgleich aufgebracht werden, *ist jedenfalls sicherzustellen, dass sich mit jedem Reformschritt die Benachteiligung der Familie tatsächlich verringert.* Dem *muss* der an den Verfassungsauftrag gebundene Gesetzgeber erkennbar Rechnung tragen.[5]

Im April 2001 reanimierte das Gericht diesen Auftrag aufgrund einer Verfassungsbeschwerde, die erneut auf die Nichtberücksichtigung der Betreuung und Erziehung von Kindern zielte, dieses Mal aber die Bemessung des Beitrags zur sozialen Pflegeversicherung zum Gegenstand hatte. Hierfür waren durchweg materiellrechtliche Erwägungen bedeutsam, die bereits dem Trümmerfrauen-Urteil zugrunde lagen und für das Urteil vom 3. April 2001 erneut konstitutiv wurden. Diese materiell-rechtliche Dimension ist für die Erklärung der Rolle des BVerfG als politischem Akteur in diesem Kontext ausgesprochen bedeutsam, denn sie ist als „institutionelle

---

[4] BVerfGE 87, 1 (Abs. 131/132)
[5] BVerfGE 87, 1 (Abs. 137)

Erbstruktur" und Ordnungsidee auf der kognitiven Ebene handlungsleitend für die Richter und ihre Entscheidungsfindung geworden.

4 Judizielle Pfadabhängigkeiten: Die Langzeitwirkung der „Trümmerfrauen"

Bemerkenswert am Urteil zur Nichtberücksichtigung der Betreuung und Erziehung von Kindern bei der Bemessung von Sozialbeiträgen zur sozialen Pflegeversicherung ist sein *Legacy*-Charakter, im Sinne eines Wiederaufgreifens und Zuspitzens eines gerichtlichen Handlungsauftrags, der fast 10 Jahre vorher erteilt wurde, sich damals an eine Koalitionsregierung von Union und FDP richtete und nunmehr gegen eine rot-grüne Regierung erneut in Anschlag gebracht wurde. Die Eigenständigkeit der Ordnungsidee des „Fortschritts sozialer Gerechtigkeit" für Familien ist zudem auch daran abzulesen, dass der für beide Urteile zuständige 1. Senat des Bundesverfassungsgerichts 10 Jahre später beim Pflegeversicherungs-Urteil bis auf den Richter Kühling komplett anders besetzt war. Für die Eigenständigkeit dieser Ordnungsidee spricht weiterhin ihre analoge Verwendung bei der Frage der Anrechnung von Kindererziehungsleistungen sowohl in der Renten- als auch in der sozialen Pflegeversicherung. Interessant ist weiterhin die in diesem Urteil eingebaute Eskalation und materielle Expansion gegenüber dem Referenzurteil von 1992. Begnügte sich das Gericht damals noch unter Einräumung eines weiten Gestaltungsspielraums und einer großzügigen Zeitperspektive mit einer „Ermahnung" des Gesetzgebers, schritt es nun zur Unvereinbarkeitserklärung der §§ 54 I und II, 55 I 1 und II sowie 57 des 11. Buches SGB mit Art. 3 I GG i.V. m. Art. 6 I GG. So deklarierte der erste und einzige Leitsatz des Urteils:

> Es ist mit Art. 3 Abs. 1 in Verbindung mit Art. 6 Abs. 1 GG nicht zu vereinbaren, dass Mitglieder der sozialen Pflegeversicherung, die Kinder betreuen und erziehen und damit neben dem Geldbeitrag einen generativen Beitrag zur Funktionsfähigkeit eines umlagefinanzierten Sozialversicherungssystems leisten, mit einem gleich hohen Pflegeversicherungsbeitrag wie Mitglieder ohne Kinder belastet werden.

Materiell stützte das Gericht seine Argumentation hierzu fast durchgehend auf eine Übernahme der bereits im Trümmerfrauen-Urteil vorgebrachten Begründungslinie, die eine inhaltlich fixierte Verpflichtung des Gesetzgebers prima facie erneut ablehnte, sodann aber über die Konnexität des Sozialstaatsprinzips zu Art. 3 I GG und Art. 6 I GG wieder einführte. Im Verfahren hatte zumindest der AOK-Bundesverband die Möglichkeit einer solchen Übernahme explizit als sachfremd abgelehnt. Zur Verfassungsbeschwerde in dieser Angelegenheit äußerten sich außerdem das Bundesministerium für Arbeit und Sozialordnung und das Bundesministerium für Gesundheit namens der Bundesregierung, der Verband der Angestellten-

Krankenkassen und der Arbeiter-Ersatzkassen-Verband – beide auch für den Bundesverband der Betriebskrankenkassen und den IKK-Bundesverband – sowie der Deutsche Juristinnenbund. Der Deutsche Familienverband, der Familienbund der Deutschen Katholiken und der Verband Alleinstehender Mütter und Väter äußerten sich gemeinsam. Der Deutsche Familienverband gab zudem zur Vorbereitung der mündlichen Verhandlung eine eigenständige Stellungnahme ab, in der explizit die bereits im Trümmerfrauen-Urteil (BVerfGE 87,1) kritisierte „Transferausbeutung" der Familien aufgegriffen wurde. Maßgeblich hierfür waren die bereits hinlänglich bekannten Veröffentlichungen, die sich die „Transferausbeutungstheorie" zu eigen gemacht hatten (Borchert 1989, 1993; Oeter 1989), wobei einer ihrer bekanntesten Exponenten, Jürgen Borchert, die Stellungnahme des Deutschen Familienverbandes formulierte. Materiell argumentierten die letztgenannten Akteure durchgehend in eine ähnliche Richtung, während seitens der Regierung und der Kassenverbände die verfassungsrechtliche Unbedenklichkeit der angegriffenen Regelungen vertreten wurde. In seinen materiellen Ausführungen stützt sich das BVerfG in den entscheidenden Passagen, die auf eine Verpflichtung des Gesetzgebers zur fortschreitenden Optimierung sozialer Gerechtigkeit zielen, durchweg auf BVerfGE 87, 1 und koppelt auch hier seine sozialstaatliche Ordnungsidee an Art. 3 I GG und Art. 6 I GG, um dem ansonsten „zahnlosen" Sozialstaatsprinzip grundrechtlich verpflichtenden Charakter zu geben:

> Als Freiheitsrecht verpflichtet Art. 6 Abs. 1 GG den Staat, Eingriffe in die Familie zu unterlassen. Darüber hinaus enthält die Bestimmung eine wertentscheidende Grundsatznorm, die für den Staat die Pflicht begründet, Ehe und Familie zu schützen und zu fördern (vgl. BVerfGE 87, 1 <35> m.w.N.). Art. 3 Abs. 1 GG gebietet es, Gleiches gleich, Ungleiches seiner Eigenart entsprechend verschieden zu regeln (vgl. BVerfGE 71, 255 <271>; stRspr). Es ist grundsätzlich Sache des Gesetzgebers zu entscheiden, welche Merkmale beim Vergleich von Lebenssachverhalten er als maßgebend ansieht, um sie im Recht gleich oder verschieden zu behandeln (vgl. BVerfGE 50, 57 <77>; stRspr). *Art. 3 Abs. 1 GG verbietet es ihm aber, dabei Art und Ausmaß der tatsächlichen Unterschiede sachwidrig außer Acht zu lassen. Der Gleichheitssatz ist verletzt, wenn der Gesetzgeber es versäumt hat, Ungleichheiten der zu ordnenden Lebenssachverhalte zu berücksichtigen, die so bedeutsam sind, dass sie bei einer am Gerechtigkeitsdenken orientierten Betrachtungsweise beachtet werden müssen* (vgl. BVerfGE 71, 255 <271>). Innerhalb dieser Grenzen ist der Gesetzgeber in seiner Entscheidung frei (vgl. BVerfGE 94, 241 <260>). Allerdings kann sich eine weiter gehende Einschränkung aus anderen Verfassungsnormen ergeben. *Insbesondere ist bei der Prüfung der Verfassungsmäßigkeit von Beitragsregelungen, die Personen mit und ohne Kinder gleich behandeln, der besondere Schutz zu beachten, den der Staat nach Art. 6 Abs. 1 GG der Familie schuldet* (vgl. BVerfGE 87, 1 <36>).[6]

Hinzu tritt eine auf externes Expertenwissen gestützte Forcierung des Arguments eines generativen Beitrags der Familien zu einem umlagegestützten sozialen Siche-

---

[6] BVerfG, 1 BvR 1629/94 vom 3. April 2001, Abs. 43, www.bundesverfassungsgericht.de/

rungssystem, wobei auch hier die materiell-rechtlichen Argumente konsistent auf BVerfGE 87, 1 zurückgeführt werden:

> Auf die Wertschöpfung durch heranwachsende Generationen ist jede staatliche Gemeinschaft angewiesen. An der Betreuungs- und Erziehungsleistung von Familien besteht ein Interesse der Allgemeinheit (vgl. BVerfGE 88, 203 <258 f.>). Das allein gebietet es nicht, diese Erziehungsleistung zugunsten der Familien in einem bestimmten sozialen Leistungssystem zu berücksichtigen (vgl. BVerfGE 87, 1 <35 f.>). Wenn aber ein soziales Leistungssystem ein Risiko abdecken soll, das vor allem die Altengeneration trifft, und seine Finanzierung so gestaltet ist, dass sie im Wesentlichen nur durch das Vorhandensein nachwachsender Generationen funktioniert, die jeweils im erwerbsfähigen Alter als Beitragszahler die mit den Versicherungsfällen der vorangegangenen Generationen entstehenden Kosten mittragen, *dann ist für ein solches System nicht nur der Versicherungsbeitrag, sondern auch die Kindererziehungsleistung konstitutiv. Wird dieser generative Beitrag nicht mehr in der Regel von allen Versicherten erbracht, führt dies zu einer spezifischen Belastung kindererziehender Versicherter im Pflegeversicherungssystem, deren benachteiligende Wirkung auch innerhalb dieses Systems auszugleichen ist. Die kindererziehenden Versicherten sichern die Funktionsfähigkeit der Pflegeversicherung also nicht nur durch Beitragszahlung, sondern auch durch Betreuung und Erziehung von Kindern.*[7]

Vor diesem Hintergrund ging das BVerfG nunmehr daran, dem prima facie mit großer Gestaltungsfreiheit ausgestatteten Gesetzgeber genau diese Gestaltungsfreiheit wieder einzuschränken, und zwar im Wege einer über seine Ordnungsidee sozialer Gerechtigkeit konstruierte materiell-rechtlichen Bindung:

> Die Benachteiligung der beitragspflichtigen Versicherten mit Kindern gegenüber kinderlosen Mitgliedern der sozialen Pflegeversicherung, die jeweils der Generation der Beitragszahler angehören, kann der Gesetzgeber so lange vernachlässigen, wie eine deutliche Mehrheit der Versicherten Erziehungsleistungen erbracht hat. Der Gesetzgeber kann unter solchen Umständen von seinem Recht zur Generalisierung Gebrauch machen und von einer die Erziehungsleistung berücksichtigenden Differenzierung der Beiträge absehen. Zieht die ganz überwiegende Zahl der beitragspflichtigen Versicherten Kinder auf, befindet sich ein auf dem Umlagesystem aufgebautes Sozialversicherungssystem und insbesondere die soziale Pflegeversicherung in einem generativen Gleichgewichtszustand. Die beitragspflichtigen Versicherten sichern durch ihre Beiträge die Pflegebedürftigen ab. Zugleich haben sie für ihre Kinder gesorgt. Dafür dürfen sie darauf vertrauen, dass diese dann als versicherte Erwerbstätige ihr Pflegerisiko im Alter mit Beiträgen abdecken und wiederum mit Erziehungsleistungen sich die Basis für die eigene Risikosicherung schaffen. Bleibt bei diesem Dreigenerationenvertrag der Anteil der kinderlosen Personen an der Mitgliederzahl der sozialen Pflegeversicherung in der deutlichen Minderheit, so kann sie der Gesetzgeber im Rahmen seines Gestaltungsspielraums in Bezug auf die Beiträge so behandeln wie erziehende Versicherte. Der Gesetzgeber *hat jedoch die Grenzen dieser Gestaltungsfreiheit überschritten*, als er im Jahr 1994 das SGB XI – von den Vorschriften der §§ 25 und 56 SGB XI abgesehen – ohne eine die Beitragslast der Eltern berücksichtigende Kinderkomponente in Kraft treten ließ.[8]

---

[7] BVerfG, 1 BvR 1629/94 vom 3. April 2001, Abs. 61, www.bundesverfassungsgericht.de/

[8] BVerfG, 1 BvR 1629/94 vom 3. April 2001, Abs. 62, www.bundesverfassungsgericht.de/

Auch der Prognoseleistung und dem damit wiederum verbundenen Ermessens- und Gestaltungsspielraum des Gesetzgebers erteilt das BVerfG – hier unter Rekurs auf externes Wissen der angehörten Experten zum demografischen Faktor[9] – eine recht deftig ausfallende Rüge:

> Schon 1994 war jedoch erkennbar, dass die Zahl der Kindererziehenden in den letzten Jahrzehnten dramatisch abgenommen hat. Der Gesetzgeber konnte zu diesem Zeitpunkt nicht mehr davon ausgehen, dass die beitragspflichtig Versicherten in ihrer ganz überwiegenden Mehrheit neben den Beitragsleistungen durch das Aufziehen von Kindern zur nachhaltigen Stabilisierung und Finanzierung der Leistungen der sozialen Pflegeversicherung beitragen werden.[10]

Gleichzeitig bemüht es sich aber sofort wieder um Ausgleich und Integration, indem es den Gestaltungsspielraum des Gesetzgebers immerhin noch insoweit zu wahren trachtet, dass es die Rechtsfolgen einer Unvereinbarkeitserklärung abmildert und dem Gesetzgeber eine befristete Nachbesserungsmöglichkeit einräumt – eine der vielfältigen Tenorierungspraxen, mit denen das BVerfG es seit jeher vermeidet, bloßes *legislation crushing* und damit tatsächliches *veto playing* zu betreiben (hierzu Lhotta 2002):

> Eine Unvereinbarerklärung hat grundsätzlich zur Folge, dass die verfassungswidrigen Normen nicht mehr angewendet werden dürfen. Ausnahmsweise können sie weiter anwendbar sein. Im Interesse der Rechtssicherheit und im Hinblick darauf, dass der Gesetzgeber prüfen muss, welche Wege zur *Herbeiführung einer verfassungskonformen Rechtslage tragfähig und finanzierbar sind*, ist es im vorliegenden Fall geboten, die Weiteranwendung von § 54 Abs. 1 und 2, § 55 Abs. 1 Satz 1 und Abs. 2 sowie § 57 SGB XI *bis zum 31. Dezember 2004 zuzulassen* (vgl. BVerfGE 92, 53 <73> m.w.N.; stRspr). *Spätestens bis zu diesem Zeitpunkt hat der Gesetzgeber eine verfassungsgemäße Neuregelung zu treffen.* Bei der Bemessung der Frist hat der Senat berücksichtigt, dass die Bedeutung des vorliegenden Urteils auch für andere Zweige der Sozialversicherung zu prüfen sein wird.[11]

Gleichwohl bleibt der erhobene Zeigefinger deutlich, mit dem das BVerfG den Gesetzgeber von Verfassungs wegen verpflichtet, seiner Ordnungsidee eines Fortschritts der sozialen Gerechtigkeit auch bei der Gestaltung der sozialen Pflegeversicherung Tribut zu zollen:

> Es bleibt dem Gesetzgeber überlassen, wie er die Betreuungs- und Erziehungsleistung bei der Beitragsbemessung von beitragspflichtigen Versicherten mit Kindern berücksichtigt. Allerdings ist er *von Verfassungs wegen verpflichtet*, eine Lösung zu wählen, die Unterhaltsverpflichtete bereits ab dem ersten Kind relativ entlastet. Denn bereits dessen Betreuung und Erziehung führt dazu, dass Ungleiches im Beitragsrecht der sozialen Pflegeversicherung verfassungswidrig gleichbehandelt wird.[12]

---

[9] Vgl. BVerfG, 1 BvR 1629/94 vom 3. April 2001, Abs. 65 und 66, www.bundesverfassungsgericht.de/

[10] BVerfG, 1 BvR 1629/94 vom 3. April 2001, Abs. 64, www.bundesverfassungsgericht.de/

[11] BVerfG, 1 BvR 1629/94 vom 3. April 2001, Abs. 69, www.bundesverfassungsgericht.de/

[12] BVerfG, 1 BvR 1629/94 vom 3. April 2001, Abs. 72 und 73, www.bundesverfassungsgericht.de/

5 Judizielles Monitoring jenseits des *veto playing*

Eine kontextsensible und institutionelle Variablen berücksichtigende Analyse der Judikatur des BVerfG entlang materiell-rechtlicher Argumente widerlegt im hier untersuchten Fallbeispiel die Annahme eines *veto playing* seitens des Gerichts. Das wichtigste Element des richterlichen Vetospiels – die kassatorische Entscheidung, bei der zumindest ein Beteiligter ausgebremst wird und verliert (Alivizatos 1995: 570) – erfährt trotz der Unvereinbarkeitserklärung von §§ 54 ff. eine Auffächerung, die das Vetoniveau herabzont und stattdessen auf den Versuch einer verfassungskonformen Vermittlung und Integration der widerstreitenden Rechtspositionen deutet, der rechtssoziologisch zentral für die Befriedungs- und Integrationsfunktion des Rechts (Rüthers 1999: 54 ff.) ist. Diese Befriedungs- und Integrationsfunktion des Rechts entfaltet sich gerade in prozeduralen und inhaltlichen Ausweichmöglichkeiten (Dworkin 1990, 1997) der Gerichte am besten, weil die Akzeptanz von Rechtsentscheidungen und damit auch die Integrationsfähigkeit des Rechts und der Institutionen, die autoritativ Recht sprechen, prekär und komplex motiviert ist (vgl. Ebsen 1990). Ernst Benda, der ehemalige Präsident des Bundesverfassungsgerichts, hat mit Blick auf diese gesellschaftliche Akzeptanz verfassungsgerichtlicher Entscheidungen eindringlich daran erinnert, dass der Richter sogar rechtlich verpflichtet sei, seine Entscheidungen akzeptanzfähig zu machen: Der Versuch, die in sich zerstrittenen Teile der Gesellschaft zu versöhnen, ihre Interessen auszugleichen, auch einen Kompromiss zu finden, dem ein Frieden ohne Sieger und Besiegte folgt, hat nichts mit richterlichem Opportunismus zu tun, sondern entspricht der friedensstiftenden Aufgabe des Rechts (Benda 1983: 309). Daraus folgt, dass ein (Verfassungs) Gericht nicht nur den konkreten Rechtsstreit abschließend beurteilen soll, sondern sich auch bemühen muss, mit seiner Entscheidung befriedend im Sinne einer Bewahrung und Stärkung des Grundkonsenses zu wirken (Benda 1983: 307; Schneider 1987, 1999). Das gilt natürlich in ganz besonderem Sinne für verfassungsrechtliche *hard cases*, in denen es zur Kollision von auf Durchsetzung drängenden, prinzipiell gleichberechtigten Werten (Podlech 1970; Alexy 1986: 125 ff.; Böckenförde 1991: 129 ff.) kommt, die prima facie nur durch autoritative Dezision auflösbar scheint (Posner 1997: 36 f.). Richterliche Konfliktlösungen müssen also auf einem Kontinuum *constituted on one pole by mediation and on the other pole by adjudication* (Stone Sweet 1999: 156) verortbar sein, um basale Funktionen des Rechts und der triadischen Konfliktlösung zu bewahren (Shapiro 1981: 8 f.). In diesem Kontext ist also wichtig, dass die dem Tenor nach unterlegene Partei zumindest auch einen Teilerfolg verbuchen kann,

> während der obsiegende Beteiligte nicht uneingeschränkt oder in vollem Umfang Recht bekommt, kurz: der Gewinner ist nicht nur Sieger, der Verlierer nicht vollständig unterlegen. Als Resultat eines Verfassungsprozesses wirkt diese Konstellation nicht nur in stärkerem Maße befriedend als eine klare Entweder-Oder-Entscheidung. Ob gewollt oder ungewollt, sie enthält auch Elemente eines Interes-

senausgleichs und der Streitschlichtung, welche im offenen Bereich der Verfassung bis zu einem gewissen Grade unabdingbar sind, wenn die Entscheidung von den Betroffenen akzeptiert, als gerechtfertigt betrachtet und rational verarbeitet werden soll (Schneider 1999: 12).

Die Frage der Folgen und der Akzeptanz zwingt zudem dazu, dass die Gerichte sich mit entscheidungsrelevanten Aspekten zu befassen haben, die weit jenseits Rechtsdogmatik liegen. Die ausführliche Referenz, die das BVerfG im Pflegeversicherungsurteil den Ausführungen der angehörten Experten Schmähl und Birg erwies, sind hierfür ein gutes Beispiel. Mündliche Verhandlung und die Anhörungen sind also auch deswegen von entscheidender Bedeutung, weil dort nicht nur die entscheidenden materiell-rechtlichen Argumente kommuniziert werden, sondern auch jene fachliche Expertise, die nötig ist, um komplexe gesellschaftliche Sachverhalte und Problemlagen angemessen beurteilen und sodann einer wirklichkeitsnahen rechtlichen Bewertung zuführen zu können. Die ehemalige Präsidentin des Bundesverfassungsgerichtes, Jutta Limbach (2001: 70), hat dies treffend so umschrieben:

> Das Bundesverfassungsgericht muss vor allem in Verfassungskonflikten, die die Gesellschaft spalten, alle Erkenntnismittel nutzen, um zu einer überzeugungskräftigen Entscheidung zu kommen. Über eine mündliche Verhandlung und das Anhören der Betroffenen und an der Sache interessierten Verbände schärft es die eigene, aber auch die Sensibilität der Öffentlichkeit für den gesellschaftlichen Konfliktstoff und die sich daran knüpfende Verfassungsfrage. Mit Hilfe einer sorgfältigen Analyse des sozialen Hintergrunds versucht das Gericht, ein die gegensätzlichen Interessen soweit als möglich ausgleichendes Lösungskonzept zu erarbeiten.

Verfassungsgerichte sind somit kontextsensible Institutionen, die als Teil einer konstitutionell gegebenen politischen „Opportunitätsstruktur" (Börzel 2000: 229) fungieren und den politischen Akteuren judizielle Möglichkeiten der Streitschlichtung und Interessendurchsetzung bieten, aber weder *self-starting* sind, noch über eine eigenständige Durchsetzungskapazität verfügen. Selbst ein so machtvolles Gericht wie das deutsche Bundesverfassungsgericht wird deshalb von seinem institutionellen Umfeld und seinen eigenen institutionellen Spezifika als politischer Akteur geprägt. Ein wirkungsvoller Gegenspieler von Legislative und Exekutive (Lijphart 1999: 223 ff.) und damit ein institutioneller Begrenzer von Macht mit einer expansiven Tendenz (Tate/Vallinder 1995) zur Etablierung von „constitutional constraints" (Stone 1995: 286) ist es deshalb nur dann, wenn eine Vielzahl von institutionellen Variablen dies begünstigen.[13]

---

[13] Die rechtssoziologisch orientierte Forschung zur Wirkung und Implementation von Gerichtsentscheidungen ist hier allerdings meistens sensibler gewesen – vgl. Hof/Schulte 2001; Pichler 1998; Raiser/Voigt 1990: 167-189.

6 Fazit

Als entscheidende institutionelle Variable im hier untersuchten Fallbeispiel hat die sozialstaatliche Ordnungsidee des Fortschritts sozialer Gerechtigkeit für Familien zu gelten, die das BVerfG in einer längerfristigen Perspektive durchaus unabhängig von parteipolitischen Mehrheiten im Bundestag im Sinne einer institutionellen Pfadabhängigkeit verfolgte. Angewiesen auf die Aktivierung durch den Bürger (Verfassungsbeschwerde) fungierte das BVerfG hier als *fail-safe mechanism*, der ein in seiner Perzeption materiell-rechtliches Versagen der zur Gestaltung befugten und verpflichteten Legislative durch *judicial monitoring* und einen das Sozialstaatsprinzip und seine Ordnungsidee konkretisierenden Gestaltungsauftrag kompensierte. In diesem Kontext ist das BVerfG somit bestenfalls ein *third filter of legislative ambition* (Stone 1995: 296). Das Bundesverfassungsgericht hat aber – und dies hat gerade die hier behandelte Judikatur verdeutlicht – die von keiner anderen Institution erfüllbare Aufgabe, im Wege der Substitution die verfassungsrechtlichen Defizite auszugleichen, die sich aus den besonderen Funktionsbedingungen der übrigen Verfassungsorgane ergeben und positive Gestaltungsaufgaben zumindest soweit, wie die übrigen Verfassungsinstitutionen die zunächst ihnen zugewiesenen Aufgaben nicht wahrnehmen (von Brünneck 1992: 179). Institutionentheoretisch wäre das Bundesverfassungsgericht sonach tatsächlich sinnvoll als *built-in institutional alternative* und *fail-safe mechanism* (vgl. Elazar 1991: 210f.; Lhotta 2002: 1076) zu interpretieren. Gleichwohl gilt, dass es auch zur Wahrnehmung dieser Funktionen darauf angewiesen bleibt, aktiviert zu werden – es ist also, wenn überhaupt, nur ein *triggered fail-safe mechanism*, der zum einen aktiviert werden muss, zum anderen bei bestimmten Verfahrensarten, wie etwa der Verfassungsbeschwerde, auch bereit sein muss, sich aktivieren zu lassen, um sodann eine in der Verfassungswirklichkeit suboptimal verwirklichte Ordnungsidee durch kasuistische Konkretisierung aufzuwerten.

7 Literatur

Alivizatos, Nicos C., 1995: Judges as Veto Players. in: *Herbert Döring* (Hrsg.): Parliaments and Majority Rule in Western Europe, New York, 566-589.
Aspinwall, Mark D./Schneider, Gerald, 2000: Same Menu, separate Tables: The institutionalist Turn in Political Science and the Study of European Integration, in: European Journal of Political Research 38: 1-36.
Becker, Theodore L., 1970: Comparative Judicial Politics. The Political Functionings of Courts, Chicago.
Benda, Ernst, (1986): Die Verfassungsgerichtsbarkeit der Bundesrepublik Deutschland, in: *Christian Starck/Albrecht Weber* (Hrsg.): Verfassungsgerichtsbarkeit in Westeuropa. Baden-Baden, 121-148.
Böckenförde, Ernst-Wolfgang, 1999: Verfassungsgerichtsbarkeit. Strukturfragen, Organisation, Legitimation, in: *ders.* (Hrsg.): Staat, Nation, Europa. Studien zur Staatslehre, Verfassungstheorie und Rechtsphilosophie, Frankfurt/M., 157-182.

Börzel, Tanja A., 2000: Europäisierung und innerstaatlicher Wandel. Zentralisierung und Entparlamentarisierung?, in: PVS 41: 225-250.

Brohm, Wilfried, 2001: Die Funktion des BVerfG – Oligarchie in der Demokratie?, in: Neue Juristische Wochenschrift.

Brünneck, Alexander von, 1992: Verfassungsgerichtsbarkeit in den westlichen Demokratien: Ein systematischer Verfassungsvergleich, Baden-Baden.

Bryde, Brun-Otto, 1982. Verfassungsentwicklung – Stabilität und Dynamik im Verfassungsrecht der Bundesrepublik Deutschland, Baden-Baden.

Bryde, Brun-Otto, 1999. Die Rolle der Verfassungsgerichtsbarkeit in Umbruchsituationen, in: *Joachim Jens Hesse/Gunnar Folke Schuppert/Katharina Harms* (Hrsg.): Verfassungsrecht und -politik in Umbruchsituationen, Baden-Baden, 197-210.

Buchstein, Hubertus, 1992: Perspektiven kritischer Demokratietheorie, in: PROKLA 86: 115-136.

Burgess, Susan R., 1993: Beyond Instrumental Politics. The New Institutionalism, Legal Rhetoric, and Judicial Supremacy, in: Polity 24: 445-459.

Butterwegge, Christoph/Klundt, Michael (Hrsg.) 2003: Kinderarmut und Generationengerechtigkeit. Familien- und Sozialpolitik im demografischen Wandel, Opladen.

Cappelletti, Mauro 1989: The Judicial Process in Comparative Perspective. Oxford.

Cardoso da Costa, Jose Manuel, 1988: Die Verfassungsrechtsprechung im Rahmen der staatlichen Funktionen – Generalbericht für die VII. Konferenz der Europäischen Verfassungsgerichte, in: EuGRZ. 236-248.

Clayton, Cornell W., 1999: The Supreme Court and Political Jurisprudence: New and Old Institutionalisms, in: *Clayton, Cornell W./Gillman, Howard* (Hrsg.): Supreme Court Decision-Making: New Institutionalist Approaches, Chicago, London, 15-41.

Clayton, Cornell W./Gillman, Howard (Hrsg.), 1999: Supreme Court Decision Making: New Institutionalist Approaches, Chicago, London.

Czada, Roland, 2002: Art. Institutionen/Institutionentheoretische Ansätze, in: *Dieter Nohlen/Rainer-Olaf Schultze* (Hrsg.): Lexikon der Politikwissenschaft. Theorien – Methoden – Begriffe, Bd. 1, München, 354-360.

Di Maggio, Paul/Powell, Walter (Hrsg.), 1991: The New Institutionalism in Organizational Analysis, Chicago.

Duxbury, Neil, 1997: Patterns of American Jurisprudence, Oxford.

Ebert, Thomas, 2003: Beutet der Sozialstaat die Familien aus? Darstellung und Kritik einer politisch einflussreichen Ideologie, in: *Christoph Butterwegge/Michael Klundt* (Hrsg.) 2003: Kinderarmut und Generationengerechtigkeit. Familien- und Sozialpolitik im demografischen Wandel, Opladen, 99-111.

Ebsen, Ingwer 1990: Entscheidungsspezifische und adressatenspezifische Durchsetzungsbedingungen der Judikate des Bundesverfassungsgerichts, in: *Thomas Raiser/Rüdiger Voigt* (Hrsg.): Durchsetzung und Wirkung von Rechtsentscheidungen, Baden-Baden, 167-189.

Ebsen, Ingwer, 1985: Das Bundesverfassungsgericht als Element gesellschaftlicher Selbstregulierung, Berlin.

Epp, Charles E., 1998: The Rights Revolution. Lawyers, Activists, and Supreme Courts in Comparative Perspective, Chicago.

Epstein, Lee (Hrsg.), 1995: Contemplating Courts. Washington, D.C.

Epstein, Lee/Knight, Jack (Hrsg.), 1998: The Choices Justices Make, Washington D.C.

Epstein, Lee/Walker, Thomas G., 1995: The Role of the Supreme Court in American Society: Playing the Reconstruction Game, in: *Lee Epstein* (Hrsg.): Contemplating Courts, Washington D.C.

Eskridge, William N., 1991: Overriding Supreme Court Statutory Decisions, in: Yale Law Journal 101: 331-456.

Eskridge, William N., 1991: Reneging on History? Playing the Court/Congress/President Civil Rights Game, in: California Law Review 79: 613-684.

Fiedler, Wilfried, 1979: Fortbildung der Verfassung durch das Bundesverfassungsgericht?, in: JZ.
Fiedler, Wilfried, 1985: Verfassungsentwicklung und politischer Prozess, in: JZ.
Gerlach, Irene, 2002: Familienpolitik, Opladen.
Gillman, Howard, 1994: On Constructing a Science of Judicial Politics, in: Law and Society Review 28: 355-376.
Gillman, Howard, 1997: The New Institutionalism, Part I, in: Law and Courts Newsletter 7: 6-11.
Gillman, Howard, 1999: The Court as an Idea, not a Building (or a Game): Interpretive Institutionalism and the Analysis of Supreme Court Decision-Making, in: *Cornell W. Claton/Howard Gillman* (Hrsg.): Supreme Court Decision Making. New Institutionalist Approaches, Chicago, London, 65-87.
Gillman, Howard/Clayton, Cornell W. (Hrsg.), 1999: The Supreme Court in American Politics: New Institutionalist Interpretations, Lawrence.
Granovetter, Mark, 1985: Economic Man and Social Structure: The Problem of Embeddedness, in: American Journal of Sociology 91: 481-510.
Guggenberger, Bernd/Würtenberger, Thomas (Hrsg.), 1998: Hüter der Verfassung oder Lenker der Politik? Das Bundesverfassungsgericht im Widerstreit, Baden-Baden.
Gusy, Christoph, 1982: Das Bundesverfassungsgericht als politischer Faktor, in: EuGRZ: 93-101.
Gusy, Christoph, 1985: Parlamentarischer Gesetzgeber und Bundesverfassungsgericht, Berlin.
Häberle, Peter (Hrsg.), 1976: Verfassungsgerichtsbarkeit, Darmstadt.
Hall, Peter A./Taylor, Rosemarie C. R., 1996: Political Science and the three new Institutionalisms, in: Political Studies 44: 936-957.
Haltern, Ulrich R., 1998: Verfassungsgerichtsbarkeit, Demokratie und Mißtrauen. Das Bundesverfassungsgericht in einer Verfassungstheorie zwischen Populismus und Progressivismus, Berlin.
Helms, Ludger, 1999: Entwicklungslinien der Verfassungsgerichtsbarkeit in der parlamentarischen Demokratie der Bundesrepublik Deutschland, in: *Eckart Jesse/Konrad Löw* (Hrsg.), 50 Jahre Bundesrepublik Deutschland, Berlin, 141-161.
Hesse, Konrad, 1981: Funktionelle Grenzen der Verfassungsgerichtsbarkeit, Festschrift für Hans Huber, Bern, 261-272
Heun, Werner, 1992: Funktionell-rechtliche Schranken der Verfassungsgerichtsbarkeit. Reichweite und Grenzen einer dogmatischen Argumentationsfigur, Baden-Baden.
Hofmann, Hasso, 1986: Zum juristischen Begriff der Institution, in: ders. (Hrsg.): Recht – Politik – Verfassung. Studien zur Geschichte der politischen Philosophie, Frankfurt/M., 206-211.
Hollerbach Alexander, 1976: Auflösung der rechtsstaatlichen Verfassung? Zu Ernst Forsthoffs Abhandlung Die Umbildung des Verfassungsgesetzes in der Festschrift für Carl Schmitt 1960, abgedr. in: *Ralf Dreier/Friedrich Schwegmann* (Hrsg.): Probleme der Verfassungsinterpretation, Dokumentation einer Kontroverse, Baden-Baden, 80-109.
Immergut, Ellen, 1998: The Theoretical Core of the New Institutionalism, in: Politics and Society 26: 5-34.
Jackson, Donald W./Tate, C. Neal (Hrsg.) 1992: Judicial Review and Public Policy. Westport, CT., London.
Jacob, Herbert et al., 1996: Courts, Law and Politics in Comparative Perspective, New Haven.
Jäger, York, 1987: Entscheidungsverhalten und Hintergrundfaktoren der Bundesverfassungsrichter, in: ZRP: 360-363.
Jekewitz, Jürgen, 1980: Bundesverfassungsgericht und Gesetzgeber. Zu den Vorwirkungen von Existenz und Rechtsprechung des Bundesverfassungsgerichts in den Bereich der Gesetzgebung, in: Der Staat: 535-556.
Kahn, Ronald (Hrsg.), 1994: Syposium on Social Facts, Constitutional Theory, and Doctrinal Change, in: Law and Courts 5: 3-15.
Kaiser, André, 2001: Die politische Theorie des Neo-Institutionalismus: J. March/J. Olsen, in: *André Brodocz/Gary S. Schaal* (Hrsg.), Politische Theorien der Gegenwart II, Opladen 2001, 253-282.

Kenney, Sally/Reisinger, William M./ Reitz, John C. (Hrsg.), 1999: Constitutional Dialogues in Comparative Perspective, New York.
Knight, Jack/Epstein, Lee, 1996: On the Struggle for Judicial Supremacy, in: Law and Society Review 30: 87-120.
Koelble, Thomas, 1995: The new Institutionalisms in Political Science and Sociology, in: Comparative Politics: 231-243.
Kommers, Donald P., 1976: Judicial Politics in West Germany. Beverly Hills/London 1976.
Kommers, Donald P., 1994: The Federal Constitutional Court in the German Political System, in: Comparative Political Studies 26: 470-491.
Kommers, Donald P., 1997: The Constitutional Jurisprudence of the Federal Republic of Germany, Durham, N.C.
Landfried, Christine (Hrsg.), 1988: Constitutional Review and Legislation – An International Comparison, Baden-Baden.
Landfried, Christine, 1984: Bundesverfassungsgericht und Gesetzgeber. Baden-Baden.
Landfried, Christine, 1988: Constitutional Review and Legislation in the Federal Republic of Germany, in: *Christine Landfried* (Hrsg.): Constitutional Review and Legislation – An International Comparison. Baden-Baden, 147-171.
Landfried, Christine, 1992: Judicial Policy-Making in Germany: The Federal Constitutional Court, in: West European Politics 15: 50-67.
Landfried, Christine, 1995: Germany, in: *C. Neal Tate/Torbjörn Vallinder* (Hrsg.): The Global Expansion of Judicial Power. New York, London, 307-324.
Lane, Jan-Erik, 1996: Constitutions and Political Theory. Manchester.
Lane, Jan-Erik, 1999: Does Constitutionalism matter?, in: *Joachim Jens Hesse/Gunnar Folke Schuppert/Katharina Harms* (Hrsg.): Verfassungsrecht und Verfassungspolitik in Umbruchsituationen. Zur Rolle des Rechts in staatlichen Transformationsprozessen in Europa, Baden-Baden, 177-194.
Lane, Jan-Erik/ Ersson, S., 1998: Institutions and Outcomes. A Political Science Perspective, London.
Laufer, Heinz, 1968: Verfassungsgerichtsbarkeit und politischer Prozeß, Tübingen.
Lhotta, Roland, 1997: Der Beitrag der Verfassungsgeschichte zur Einheit der Staatswissenschaften, in: *Roland Lhotta/Janbernd Oebbecke/Werner Reh* (Hrsg.): Deutsche und europäische Verfassungsgeschichte: Sozial- und rechtswissenschaftliche Zugänge. Symposium zum 65. Geburtstag von Hans Boldt, Baden-Baden, 163-184.
Lhotta, Roland, 2000a: Konsens und Konkurrenz in der konstitutionellen Ökonomie bikameraler Verhandlungsdemokratie: Der Vermittlungsausschuß als effiziente Institution politischer Deliberation, in: *Ulrich Hilpert/Everhard Holtmann/Helmut Voelzkow* (Hrsg.): Zwischen Wettbewerbs- und Verhandlungsdemokratie. Empirische Analysen zu einem theoretischen Konzept. Opladen, 79-103.
Lhotta, Roland, 2000b: Effiziente Rechtsbrüche? Zur politisch-rechtlichen Ökonomie der Parteispendenaffäre, in: ZParl 31 (2000): 369-390.
Lhotta, Roland, 2001: Föderalismus und Demokratie in der „postnationalen Konstellation": Verfassungstheoretische und dogmatische Herausforderungen für die deutsche Staatsrechtslehre, in: Jahrbuch des Föderalismus 2001, Baden-Baden, 35-55.
Lhotta, Roland, 2001: Verfassungsgerichte im Wandel föderativer Systeme – eine institutionentheoretische Analyse am Beispiel der BRD, der Schweiz und Österreichs. Paper zur gemeinsamen Tagung von DVPW, ÖGPW und SVPW „Der Wandel föderativer Strukturen" am 8./9. Juni in Berlin (Download unter http://www.uni-bamberg.de/~ba6po93).
Lhotta, Roland, 2002: Vermitteln statt Richten: Das Bundesverfassungsgericht als judizieller Mediator und Agenda-Setter im LER-Verfahren, Zeitschrift für Politikwissenschaft 12 (2002): 1073-1098.
Lhotta, Roland, 2003a: Effiziente Kompetenzallokation als institutionenpolitisches Entdeckungsverfahren? Überlegungen am Beispiel der Sicherheitskooperationen von BGS und Länderpolizeien, In: Die Verwaltung 2003: 171-196.

Lhotta, Roland, 2003b: Verfassungsgerichtsbarkeit im Bundesstaat: Überlegungen zu einer neoinstitutionalistischen Ergänzung der Forschung, in: Jahrbuch des Föderalismus 2003. Baden-Baden (i.E.).

Lhotta, Roland, 2003c: Das Bundesverfassungsgericht als politischer Akteur: Plädoyer für eine neoinstitutionalistische Ergänzung der Forschung, in: Revue suisse de Science Politique 2003 (i.E.).

Lijphart, Arend, 1999: Patterns of Democracy. Government Forms and Performance in Thirty-Six Countries. New Haven & London.

Limbach, Jutta, 2001: Das Bundesverfassungsgericht, München.

Luhmann, Niklas, 1997: Das Recht der Gesellschaft. 2. Aufl., Frankfurt/M.

Luhmann, Niklas, 1999: Ausdifferenzierung des Rechts. Beiträge zur Rechtssoziologie und Rechtstheorie, Frankfurt/M.

Maltzman, Forrest/Spriggs, James F. II/Wahlbeck, Paul J., 1999: Strategy and Judicial Choice: New Institutionalist Approaches to Supremce Court Decision Making, in: *Cornell W. Clayton/Howard Gillman* (Hrsg.): Supreme Court Decision-Maiking. New Institutionalist Approaches, Chicago, London, 43-64.

March, James G./Olsen, Johan P., 1989: Rediscovering Institutions, New York.

Mc Whinney, Edward, 1969: Judicial Review, 4th. ed., Toronto.

Mc Whinney, Edward, 1986: Supreme Courts and Judicial Law Making: Constitutional Tribunals and Constitutional Review, Dordrecht/Boston/Lancaster.

Murphy, Walter F., 1964: Elements of Judicial Strategy, Chicago.

Norgaard, Asbjorn, 1996: Rediscovering reasonable rationality in institutional analysis, in: European Journal of Political Research 29: 31-57.

Nullmeier, Frank, 1997: Interpretative Ansätze in der Politikwissenschaft, in: *Arthur Benz/Wolfgang Seibel* (Hrsg.), Theorieentwicklung in der Politikwissenschaft – eine Zwischenbilanz. Baden-Baden, 101-144.

Ostrom, Elinor, 1991: Rational Choice Theory and Institutional Analysis: Toward Complementarity, in: American Political Science Review 85: 237-243.

Palmer, Barbara, 1999: Issue Fluidity and Agenda Setting on the Warren Court, in: Political Research Quarterly 52, 39-65.

Peters, B. Guy, 2000: Institutional Theory: Problems and Prospects (HIS Wien, Reihe Politikwissenschaft 69), Wien.

Posner, Richard A., 1997: Overcoming Law. 4th printing, Cambridge, MA., London.

Pritchett, C. Herman, 1954: Civil Liberties and the Vinson Court, Chicago.

Raiser, Thomas/Voigt, Rüdiger (Hrsg.) 1990): Durchsetzung und Wirkung von Rechtsentscheidungen, Baden-Baden.

Rehbinder, Manfred, 1993: Rechtssoziologie. 3., neubearbeitete Aufl., Berlin, New York.

Scharpf, Fritz W., 2000: Interaktionsformen. Akteurzentrierter Institutionalismus in der Politikforschung, Opladen.

Schlaich, Klaus, 1981: Die Verfassungsgerichtsbarkeit im Gefüge der Staatsfunktionen, Veröffentlichungen der Vereinigung der Deutschen Staatsrechtslehrer, Bd. 39, 99-146.

Schlaich, Klaus, 2001: Das Bundesverfassungsgericht, Stellung, Verfahren, Entscheidungen. 5.Aufl., München.

Schmidt, Manfred G., 1992: Regieren in der Bundesrepublik Deutschland, Opladen.

Schmidt, Manfred G., 2000: Demokratietheorien. Eine Einführung, 3., überarbeitete u. erweiterte Aufl., Opladen.

Schneider, Hans-Peter, 1999: Richter oder Schlichter? Das Bundesverfassungsgericht als Integrationsfaktor, in: APuZ 16: 9-19.

Scholz, Rupert, 1999: Das Bundesverfassungsgericht: Hüter der Verfassung oder Ersatzgesetzgeber?, in: APuZ 16: 3-8.

Scholz, Rupert, 2001: Fünfzig Jahre Bundesverfassungsgericht, in: ApuZ 37-38: 3-15.

Schubert, Glendon, 1963: Judicial Decision-Making. New York.
Schuppert, Gunnar Folke 1988: Self-restraints der Rechtsprechung, DVBl: 1191-1200.
Schuppert, Gunnar Folke, 1980: Funktionell-rechtliche Grenzen der Verfassungsgerichtsbarkeit, Königstein/Ts.
Schuppert, Gunnar Folke/Bumke, Christian (Hrsg.), 2000: Bundesverfassungsgericht und gesellschaftlicher Grundkonsens, Baden-Baden.
Segal, Jeffrey A./Spaeth, Harold J., 1993: The Supreme Court and the Attitudinal Model, New York.
Seibel, Wolfgang, 1997: Historische Analyse und politikwissenschaftliche Institutionenforschung, in: *Arthur Benz/Wolfgang Seibel* (Hrsg.): Theorieentwicklung in der Politikwissenschaft – eine Zwischenbilanz. Baden-Baden, 357-376.
Shapiro, Martin, 1981: Courts: A Comparative and Political Analysis, Chicago, London.
Slaughter, Anne M./Stone Sweet, Alec /Weiler, Joseph H. H. (Hrsg.), 1998: The European Courts and National Courts: Doctrine and Jurisprudence, Oxford.
Smith, Rogers, 1988: Political Jurisprudence, the 'New Institutionalism', and the Future of Public Law, American Political Science Review 82: 89-108.
Smith, Rogers, 1995: Ideas, Institutions, and Strategic Choices, Polity 28: 135-140.
Spiller, Pablo T./Gely, Rafael, 1992: Congressional Control or Judicial Independence: The Determinants of U.S. Supreme Court Labor-Relations Decisions, 1949-1988, in: RAND Journal of Economics 23: 463-492.
Starck, Christian (Hrsg.), 1976: Bundesverfassungsgericht und Grundgesetz, Bd.1 und 2, Tübingen.
Starck, Christian, 1976: Das Bundesverfassungsgericht im politischen Prozeß der Bundesrepublik, Tübingen.
Starck, Christian/Albrecht Weber (Hrsg.), 1986: Verfassungsgerichtsbarkeit in Westeuropa. 2 Bde, Baden-Baden.
Steinmo, S./Thelen, K. /Longstreth, F. (Hrsg.), 1992: Structuring Politics. Historical Institutionalism in Comparative Analysis, Cambridge.
Stone Sweet, Alec, 1998: Rules, Dispute Resolution and strategic Behavior. Reply to Vanberg", in: Journal of Theoretical Politics 10: 327-338.
Stone Sweet, Alec, 1999: Judicialization and the Construction of Governance, in: Comparative Political Studies 32: 147-184.
Stone Sweet, Alec, 2000: Governing with Judges: Constitutional Politics in Europe, Oxford.
Stone Sweet, Alec/Brunnell, Thomas L., 1998: Construction a Suprantaional Constitution. Dispute Resolution and Governance in the European Community, in: American Political Science Review 92: 63-81.
Stüwe, Klaus, 1997: Die Opposition im Bundestag und das Bundesverfassungsgericht, Baden-Baden.
Stüwe, Klaus, 2001: Das Bundesverfassungsgericht als verlängerter Arm der Opposition?, in: ApuZ: 37-38, 34-44.
Tate, C. Neal/Vallinder, Torbjörn (Hrsg.), 1995: The global Expansion of Judicial Power, New York.
Thompson, Michael/Ellis, Richard /Wildavsky, Aaron, 1990: Cultural Theory, Boulder, Col.
Tsebelis, George, 1995: Decision Making in Political Systems: Veto Players in Presidentialism, Parliamentarism, Multicameralism and Multipartyism, in: British Journal of Political Science 25: 289-325.
Tsebelis, George, 1999: Veto Players and Law Production in Parliamentary Democracies: An empirical Analysis, in: American Political Science Review 93: 591-608.
Volcansek, Mary L., (Hrsg.) 1992): Special Issue on Judicial Politics in Western Europe, in: West European Politics 15.
Volcansek, Mary L., 2001: Constitutional Courts as Veto Players: Divorce and Decrees in Italy, in: European Journal of Political Research 39: 347-372.
Wahl, Rainer, 2001: Das Bundesverfassungsgericht im europäischen und internationalen Umfeld, in: APuZ 37/38: 45-54.

Wildavsky, Aaron, 1987: Choosing Preferences by Constructing Institutions: A Cultural Theory of Preference Formation, in: APSR 81: 3-21.
Wildavsky, Aaron, 1994: Why Self-Interest means less outside of a Social Context: Cultural Contributions to a Theory of Rational Choices, in: Journal of Theoretical Politics 6: 131-159.

"Deparlamentarisierung" als Regierungsstil?

Sabine Kropp

1   Institutionelle und personale Dimensionen

Wer Regierungsstile der deutschen Bundeskanzler systematisch vergleichen will, steht vor einer Vielzahl von Problemen (vgl. Helms 2000): Zum einen ist die Anzahl der Fälle – wir zählen in der Nachkriegszeit gerade sieben deutsche Regierungschefs – zu gering, um zu typisierenden Aussagen vordringen zu können. Zum anderen variiert der Kontext des Regierungshandelns in den letzten fünfzig Jahren enorm (Smith 1994). Die außenpolitischen und politisch-kulturellen Rahmenbedingungen der Jahrtausendwende, aber auch die inzwischen weit vorangeschrittene Mehrebenenverflechtung mit europäischen Institutionen lassen sich in keiner Weise mit den Rahmenbedingungen der Nachkriegszeit oder der 1970er Jahre gleichsetzen (Dyson 2001). Zudem haben sich seit den Anfangsjahren der Bundesrepublik in Bund und Ländern allmählich Formen informaler Koordination in Regierungsapparat und Koalition herausgebildet, die nach Regierungswechseln als gewachsenes Steuerungswissen zur Verfügung stehen. Werden Regierungsstile analysiert, muss somit eine Vielzahl von erklärenden Variablen berücksichtigt werden; gleichzeitig zeigen sich beträchtliche Varianzen in der abhängigen Variable, dem persönlichen Regierungsstil eines Kanzlers.

Regierungsstile können auf der Grundlage eines neo-institutionalistischen Ansatzes teilweise aus dem variierenden (und damit kontingenten) Zusammenspiel institutionell geformter und sich selbst wiederum verändernder Handlungsarenen erklärt werden. Zu solchen Arenen zählen die innerparteiliche, parlamentarische und föderale Arena, die Koalition usw. sowie die europäische Handlungsebene. Je nachdem, welche Mehrheiten sich im Bundesrat ergeben und welche Stärke der kleine Koalitionspartner innerhalb des Regierungsbündnisses besitzt, ergeben sich beispielsweise sehr unterschiedliche Handlungsspielräume für den Kanzler. Dessen Führungsstil ist aus solchen, je spezifischen Konstellationen jedoch nur teilweise erklärbar. Auch neo-institutionalistische Ansätze tragen der Erkenntnis Rechnung, dass Institutionen Akteurshandeln nie festlegen, sondern lediglich Handlungskorridore formen. Innerhalb dieser – sich wiederum im Zeitverlauf verändernden – Handlungskorridore bilden sich die auf ebenfalls kontingenten, weil auf personalen Eigenschaften beruhenden Regierungs- und Führungsstile der Kanzler aus. Selbst unterschiedliche Konstellationen und Verknüpfungen der oben genannten Arenen sind also noch keine hinreichende Erklärung für einen beobachteten Regierungsstil (vgl. Kropp 2003).

Die aus dieser *doppelseitigen Kontingenz* erwachsenden Regierungsstile sind systematischen Vergleichen daher per se schwer zugänglich. Dies gilt auch, wenn die Frage beantwortet werden soll, inwieweit die in Politikwissenschaft, Staatsrechtslehre und Medien seit dem Amtsantritt der rot-grünen Koalition wiederholt konstatierte „Deparlamentarisierung", sprich: die fortschreitende Abwertung des Parlaments, als absichtsvolle Umgehung des Deutschen Bundestages, insbesondere der regierungstragenden Fraktionen, durch die Regierung und den Bundeskanzler zu werten ist (vgl. Kirchhof 2001: 1333 f.).

Für den Prozess der „Deparlamentarisierung" werden vielfältige Ursachen angegeben. In den Arbeitsgruppen des Ministerrates der Europäischen Union, in den Gremien des Exekutivföderalismus, aber auch in *Policy*-Netzwerken sind die Exekutiven eingebunden – nicht oder vergleichsweise seltener jedoch die Abgeordneten von Bund und Ländern. In Koalitionsgremien werden die wesentlichen Entscheidungen ebenfalls außerhalb der parlamentarischen Arena, wenngleich zumeist unter Beteiligung der Fraktionsspitzen, getroffen (vgl. Rudzio 2002: 58). Die mannigfachen Formen der Verhandlungsdemokratie verschaffen den Regierungen einen Informationsvorsprung, den die Parlamente nur schwer zu kompensieren vermögen. Verhandlungsdemokratische Muster der Politikformulierung, so eine gängige Lesart, bieten die Grundlage für Zwei-Ebenen-Spiele, in denen sich die Exekutiven parlamentarischen Ansprüchen und innerstaatlichen Vetopotenzialen entziehen und somit beträchtliche zusätzliche „Freiheitsgrade" für die Verhandlungen – sei es auf der Ebene der Europäischen Institutionen, sei es in Netzwerken – gewinnen können (vgl. Moravcsik 1997: 213).

Principal-Agent-Theorien zufolge, die sich auf Probleme der Delegation von Entscheidungsbefugnissen und Verhandlungskompetenzen im Verhältnis zwischen Regierungen und Parlamenten beziehen (vgl. Lupia/McCubbins 1994), besteht ohnedies die Gefahr, dass sich die Regierung aufgrund der ihr zur Verfügung stehenden breiten Informationsgrundlage gegenüber dem Parlament verselbständigen kann. Aus den inzwischen fast unisono kritisierten Kommissionen, Beiräten und Bündnissen, welche die rot-grüne Bundesregierung schon bald nach ihrem Amtsantritt eingesetzt hat und die, so der Vorwurf etwa von Bundesverfassungsrichter Hans-Jürgen Papier, den organisierten Interessen einen exklusiven Zutritt zu politischen Entscheidungen verschaffen, erwachse gar ein „Gefährdungspotential für die parlamentarische Ordnung" (FAZ, 14.4.2002). Schließlich seien durch diese Art verhandlungsbasierter Politik das Transparenzgebot, der Gleichheitsgrundsatz und am Gemeinwohl orientierte Entscheidungen grundlegend berührt. Gleichzeitig wirke sich diese Art verhandlungsbasierter Politik auch auf die Qualität eines Gesetzes oder einer Maßnahme aus. Da der Staat in Expertengremien, Konsensrunden und in Politiknetzwerken mit den Inhabern von Vetopositionen in Beziehung trete, schaffe und festige er einen privilegierten Zugang von ausgewählten Teilinteressen zum Entscheidungsprozess, der eigentlich von den durch Wahl legitimierten Parlamenten dominiert werden müsse (Grimm 2001: 320 ff.).

Die Erfahrungen mit dem Bündnis für Arbeit, mit der in sich schon bald zerstrittenen Rürup-Kommission, der Kommission zur Reform der Gemeindefinanzen oder mit der Zuwanderungskommission haben den Eindruck gefestigt, dass die eingesetzten Expertengremien, an denen auch Vertreter der organisierten Interessen teilnahmen, nicht zu dem angestrebten gesellschaftlichen Konsens über umstrittene Zukunftsfragen beitragen können. Im Gegenteil: Die bereits latenten oder offen ausgetragenen Konflikte zwischen politischen Akteuren und gesellschaftlichen Teilinteressen schienen lediglich ein weiteres Mal aufgedeckt zu werden (vgl. hierzu Reutter i.d.B.).

Ein häufig artikulierter Kritikpunkt an der rot-grünen Regierung unter Kanzler Schröder lautet, dass dieser von Kommissionen und Expertengremien sowie von Koalitionsrunden und informellen Formen politischer Entscheidungsfindung in einer Weise Gebrauch gemacht habe, die, zusätzlich zu den gegebenen institutionellen und strukturellen Rahmenbedingungen, zu einer weiteren „Deparlamentarisierung" des Regierungssystems wesentlich beigetragen hat. Um diese Kritik bestätigen oder verwerfen zu können, muss die Frage geklärt werden, ob sie nicht einerseits funktionale Erfordernisse des Regierens im 21. Jahrhundert außer Acht lässt, und ob sie nicht andererseits an der realen Praxis parlamentarischer Mitsteuerung zumindest teilweise vorbeizielt. Die nachfolgenden Darstellungen beschränken sich auf die Beziehungsmuster zwischen Regierung und Parlament innerhalb der Regierungsmehrheit, da den regierungstragenden Fraktionen im parlamentarischen Regierungssystem wesentlich umfangreichere Möglichkeiten der Mitwirkung zur Verfügung stehen als der Opposition.

2 Information, Kontrolle und Mitentscheidung innerhalb der rot-grünen Regierungsmehrheit

Innerhalb der Regierungsmehrheit finden gerade die effektiven Formen der parlamentarischen Mitsteuerung bekanntermaßen eher auf informalem Wege und damit im Verborgenen statt (vgl. Schwarzmeier 2001). Treten Konflikte zwischen der Regierung und der sie tragenden Fraktionen öffentlich zu Tage, gilt dies zwar mitunter als „Sternstunde des Parlamentarismus" (vgl. hierzu Patzelt 1998). Jedoch sind solche Konflikte nicht Bestandteil des parlamentarischen Regelbetriebs, sondern vielmehr Ausnahmesituationen, die, auf Dauer gestellt, effektives Regieren beträchtlich behindern würden. Gerade die mangelnde Transparenz, durch welche die parlamentarische Mitsteuerung gekennzeichnet ist, führt jedoch dazu, dass der Grad, in dem die Abgeordneten der Regierungsfraktionen in den informellen Stadien von Entscheidungsprozessen mitwirken, schwer abzuschätzen ist und deshalb oftmals zu Fehlinterpretationen verleitet.

Schon während der Ära Helmut Kohl wurde ein fortschreitender Prozess der „Informalisierung und Parteipolitisierung" festgestellt (Manow 1996; Korte 2000a: 10). Politikwissenschaftlichen Einschätzungen zufolge hat sich dieser Prozess während der Regierungszeit der rot-grünen Koalition nach anfänglichem Bemühen, auf informale und damit intransparente Formen des Regierens zu verzichten, fortgesetzt (Korte 2001: 8; Helms 2001a: 1505). Jedoch zeigt ein Blick auf die ersten fünf Jahre rot-grünen Regierens im Bund, dass die Regierungsfraktionen von Bündnis 90/Die Grünen und SPD sich dabei keineswegs als Vollstrecker des exekutiven Willens verstanden. So versuchte der SPD-Fraktionsvorsitzende Peter Struck zu Beginn der Legislaturperiode, den Koalitionsausschuss als eines der zentralen informellen Koordinationsgremien zu umgehen, um zu verhindern, dass die Fraktion von der Exekutive übermäßig in die Verantwortung genommen würde (Korte 2000: 11). Eine zu enge Einbindung in die Regierungsgeschäfte hätte das Vertrauen der Fraktion gegenüber ihrer noch neuen Fraktionsführung schmälern können, die kurz nach dem Regierungswechsel erkennbar bestrebt war, ihre Autorität zu festigen. Aus diesem Grund vermieden es die Fraktionsvorsitzenden von SPD und Bündnis 90/Die Grünen, Peter Struck und Rezzo Schlauch, an den wöchentlichen Kabinettssitzungen teilzunehmen (Helms 2001b: 160). Diese Verschränkung von Legislative und Exekutive – in den Bundesländern eine durchaus gängige Praxis (Kropp 2001: 215 ff.) – dient der Exekutive in der Tat als Instrument, um den Regierungswillen über die Autorität der Fraktionsspitzen möglichst reibungslos in die regierungstragenden Fraktionen zu transportieren. Auf diese Weise laufen die Fraktionsspitzen jedoch auch Gefahr, als Agenten der Regierung eingesetzt zu werden und dergestalt in der Fraktion, die ihrer Spitze durch Wahl einen Vertrauensvorschuss zuteil werden lässt, Zustimmung zu verlieren. Auf Drängen des kleinen Koalitionspartners und nach anfänglichen Schwierigkeiten, passfähige Steuerungsinstrumente zu entwickeln, griff jedoch auch die rot-grüne Regierung schließlich auf informale Koordinierungsmuster, z.B. im Koalitionsausschuss, zurück.

Kanzler Schröder konnte sich zudem auch nicht gegen die Allianz zwischen der Fraktion und seinem Arbeitsminister Walter Riester in der Frage der 630 DM-Jobs durchsetzen – ein weiteres Indiz dafür, dass zumal in der Anfangszeit der Regierung Schröder die Koordination von Fraktion, Regierungskoalition und der in sich – durch den Konflikt zwischen dem Parteivorsitzenden Oskar Lafontaine und dem Kanzler – polarisierten SPD durchaus nicht reibungslos im Sinne der Regierung verlief. Erst Personalwechsel an wichtigen Schaltstellen des Regierungsbetriebs vermochten günstigere Voraussetzungen zu schaffen. Nachdem sich Oskar Lafontaine, der sich in der Fraktion auf eine beträchtliche Anhängerschaft stützen konnte, im März 1999 aus Partei- und Regierungsamt zurückgezogen hatte, nahm die regierungs- und parteiinterne Polarisierung erkennbar ab. Schröder übernahm zudem den Parteivorsitz und konnte auf diese Weise – wie vor ihm die meisten deutschen Bundeskanzler (Padgett 1994: 46 ff.), allen voran Konrad Adenauer und Helmut Kohl – die Partei unter dem Primat effektiven Regierens führen. Schröder wechselte angesichts einer aufziehenden Affäre zudem 1999 Kanzleramtschef Bodo Hombach, der sich offensiv als Modernisierer gegen Lafontaine zu profilieren versuchte, gegen den im Hintergrund und daher effizienter agierenden Frank Walter Steinmeier aus (vgl. hierzu Gros 2000; Walter/Müller 2002). Im Zuge dieser Personalentscheidungen kehrte nach anfänglichen Pannen, Konflikten und Unstimmigkeiten in der alltäglichen Koordination der Regierung mehr Ruhe ein. Im Kanzleramt wurde forthin eine deutlich geräuschlosere Abstimmung zwischen Regierung, Fraktion und Partei organisiert.

Dass Gerhard Schröder die durch die „eigenen" Regierungsfraktionen gesetzten Vetopunkte und Widerstände immer wieder zu überwinden vermochte, wurde wiederholt als Ausdruck seines hierarchischen Führungsstils gegenüber der Fraktion und damit als Beitrag zur „Deparlamentarisierung" gewertet. So baute er z.B. das Kanzleramt als Schaltzentrale des Regierungsalltags aus; die Vertrauensfrage wiederum wurde in der Frage der Bundeswehreinsätze im Ausland als letztes Mittel eingesetzt, um die Abweichler in den Fraktionen von SPD und Bündnis 90/Die Grünen zu disziplinieren. Indes kann diese Perspektive auch umgekehrt werden: Gerade der Einsatz der Vertrauensfrage zeigt, dass die Fraktionen durchaus ein beträchtliches Beharrungsvermögen an den Tag legten und den vom Kanzler immer wieder demonstrativ praktizierten hierarchischen Führungsstil zu unterlaufen versuchten. Auch die derzeit, im Frühsommer 2003, in der SPD und den regierungstragenden Fraktionen heftig umstrittene Agenda 2010 zur Reform der Sozialpolitik weist darauf hin, dass es dem Kanzler keineswegs gelingt, per Oktroi die erforderlichen Regierungsmehrheiten für umstrittene Projekte zu organisieren (vgl. Gohr i.d.B.). Dass Schröders Regierungserklärung zur Agenda 2010 in der Fraktion nicht in allen Details bekannt war, hat die Unterstützung der umstrittenen Maßnahmen durch die Fraktion geschmälert (SZ, 09.05.2003). Die genannten Beispiele belegen, dass es erforderlich ist, die regierungstragenden Fraktionen kontinuierlich über den Fortgang der Regierungsgeschäfte zu informieren und ihnen die Mitsteuerung im Regierungsalltag zu ermöglichen. Idealiter kommt es erst gar nicht zu öffentlichen Auseinandersetzungen zwischen Regierung und Koalitionsfraktionen. Umgekehrt formuliert: Werden Informationsasymmetrien seitens der Regierung willentlich in Kauf genommen oder sogar als Mittel eingesetzt, um umstrittene Reformen gegen potenziell abweichende Meinungen in den regierungstragenden Fraktionen durchzusetzen, sind Widerstände programmiert.

Um jedoch systematische Aussagen zum Grad der Deparlamentarisierung machen zu können, bedarf es an dieser Stelle eines Rückgriffs auf die Theorie: Gemeinhin kann man davon ausgehen, dass innerhalb der Regierungsmehrheit kein unüberwindlicher Interessengegensatz zwischen Regierung und Mehrheitsfraktionen existiert. Da die Regierung von der Unterstützung der Mehrheitsfraktionen abhängt und die Fraktionsführung wiederum von der Fraktion, sind Verselbständigungstendenzen des politischen Führungspersonals grundsätzliche, im konkreten Fall allerdings verschiebbare, Grenzen gesetzt. Zwischen beiden Seiten findet somit im Regierungsalltag eine vielfältige und enge informelle Abstimmung statt, die sich einer präzisen Einschätzung zuweilen entzieht. An *Principal-Agent*-Theorien anknüpfend kann zwischen solchen Konstellationen unterschieden werden, in denen zwischen beiden kollektiven Akteuren, der Regierung und dem Parlament, ein Interessengegensatz oder aber Interessenkongruenz besteht und gleichzeitig Informationsasymmetrien existieren bzw. ein gleicher Informationsstand gegeben ist. Daraus ergeben sich folgende Szenarien:

Abb. 1: Regierung und regierungstragende Fraktionen nach Principal-Agent-Theorien

		Informationsasymmetrie	
		ja	Nein
Interessenkongruenz zwischen Parlamentsmehrheit und Regierung	ja	Entscheidung der Parlamentsmehrheit gegen eigene Interessen (theoretisch) möglich 1	Vertrauensbeziehung zwischen regierungstragenden Fraktionen und Regierung → ideale Situation 3
	nein	Handlungs- und Entscheidungsunsicherheit der regierungstragenden Fraktionen, Misstrauen wahrscheinlich 2	Kontrolle der Regierung durch Parlamentsmehrheit möglich 4

Diese – hier als Heuristik eingesetzten – Szenarien erlauben es, systematisierende Aussagen zum Grad der „Deparlamentarisierung" abzuleiten. Ist das Verhältnis zwischen beiden Seiten durch Interessenkongruenz und hinreichende Information gekennzeichnet, liegt die Idealsituation vor (3). Besteht wiederum ein Interessengegensatz und stehen den regierungstragenden Fraktionen ausreichende Informationen zur Verfügung, kann die Parlamentsmehrheit ihre Regierung wirksam kontrollieren (4). Regierung und Parlamentsmehrheit bilden in parlamentarischen Regierungssystemen jedoch eine Schicksalsgemeinschaft: Wenden die Mehrheitsfraktionen Sanktionsmittel an, indem sie etwa bei Abstimmungen der eigenen Regierung die Gefolgschaft versagen, steht ihre eigene Existenz auf dem Spiel. Daher sind in diesem Verhältnis insbesondere die – analytisch oft schwer fassbaren – wechselseitig antizipierten Macht- und Sanktionspotentiale von hoher Bedeutung, wenn es gilt, die Beziehungsmuster in der Regierungsmehrheit zu analysieren. Liegt hingegen ein Interessengegensatz zwischen beiden Seiten vor und erhalten die Abgeordneten nur spärliche Informationen über das Regierungshandeln, kann Misstrauen das Verhältnis zwischen beiden Seiten dominieren (2). Eine wirksame Kontrolle der Regierung hängt in diesem Fall davon ab, ob den Fraktionen externe Informationsquellen zur Verfügung stehen. Je fragmentierter ein Regierungssystem ist und je mehr Vetospieler an einer Entscheidung beteiligt sind, desto eher kann sich die Parlamentsmehrheit solche zusätzlichen Informationsquellen erschließen. Im deutschen Regierungssystem schaffen z.B. die föderale Struktur sowie die Verflechtung von Landesregierungen und Bundestagsfraktion zusätzliche informationelle Verstrebungen. Auch die Tatsache, dass regelmäßig Koalitionsregierungen entstehen und Parteien wiederum unterschiedliche Teilinteressen aggregieren, führt dazu, dass Regierung und Parlamentsmehrheit keine in sich homogenen Akteure sind. Dies verschafft den Abgeordneten abermals zusätzliche Informationsmöglichkeiten. In dem Falle wiederum, in dem zwar kein Interessengegensatz, jedoch eine Informationsasymmetrie gegeben ist, kann sich die Parlamentsmehrheit im schlechtesten Fall aus Unkenntnis gegen ihre eigenen Interessen entscheiden (1).

Die *Principal-Agent*-Theorien sind als analytischer Rahmen hilfreich, werden sie aber zu schematisch auf die Realität parlamentarischer Regierungssysteme angewandt, laufen sie Gefahr, zu Fehleinschätzungen zu verleiten. Ein Blick auf tatsächliche Formen parlamentarischer Mitwirkung in Deutschland zeigt deutlich vielschichtigere Beziehungsmuster:

a) Regierung und Ministerialverwaltung sowie regierungstragende Fraktionen stehen sich nicht im Sinne eines „alten Dualismus" gegenüber. Vielmehr bilden sich sektorale Bruderschaften zwischen Fachministerien und Fachabgeordneten aus – schon um in den jährlichen Haushaltsverhandlungen Kürzungen des Finanzministers abzuwehren. Solche sektoral definierten Allianzen variieren von Politikfeld zu Politikfeld; sie sind jedoch weitgehend unabhängig vom Regierungsstil eines Kanzlers gegeben. Die Fachabgeordneten, insbesondere die fachpolitischen Sprecher der Regierungsfraktionen, sind daher in vielfältige informelle Koordinationsrunden eingebunden, in denen der Wille der Regierung keineswegs als Einbahnstraße in die Fraktion vermittelt wird (für die rot-grüne Regierung vgl. z.B. Kropp 2002: 440-447). Das *Agency*-Problem verlagert sich in diesem Fall in die Fraktionshierarchie, da das mittlere und obere Fraktionsmanagement einen privilegierten Zugang zu Netzwerken besitzt. Deshalb werden sich die fachpolitischen Sprecher – in unterschiedlicher Intensität – darum bemühen, durch regelmäßige Information und Beteiligung das Vertrauen der „einfachen" Fachpolitiker zu erwerben (Kropp 2002: 445 f.).

b) Je nach Führungsstil eines Ministers und je nachdem, wie stark das Vertrauen zwischen ministerieller Spitze und Fachabgeordneten der regierungstragenden Fraktionen trägt, können die Fachabgeordneten Informationen aus der Ministerialbürokratie abfordern. Dies geschieht entweder auf direktem Wege, zwischen Abgeordneten und der Verwaltung, oder aber als Anfrage über die Spitze des Hauses, sodass im letzten Falle der Gehalt der weitergegebenen Information nochmals kontrolliert werden kann. Daneben stehen den Bundestagsabgeordneten auch Informationen aus parteipolitisch gleich eingefärbten Landesministerien zur Verfügung. Informelle Netzwerke, an denen die Abgeordneten der regierungstragenden Bundestagsfraktionen beteiligt sind, erstrecken sich auch auf die Landesebene. An den Vorbesprechungen der Ministerkonferenzen der Länder sind die fachpolitischen Sprecher der Bundestagsfraktionen beispielsweise regelmäßig als Gäste beteiligt, sodass auch in diesem Rahmen eine informationelle Verflechtung besteht und wechselseitige Einwirkung möglich ist.

c) In den Arbeitsgruppen der regierungstragenden Fraktionen findet ebenfalls eine enge Fühlung zwischen Ministerialbürokratie und Abgeordneten statt. Zwar kann die Verwaltung aufgrund ihres vom Parlament nie vollständig einholbaren Wissensvorsprungs durchaus einseitig und zielgerichtet informieren. Jedoch zeigen Erfahrungsberichte, dass sich in den Arbeitsgruppen das Gewicht keineswegs immer eindeutig zur Seite der Regierung neigt. Manchen Ministern, die zu ihren eigenen Abgeordneten kein enges Verhältnis pflegen, ist der Gang in die eigene Arbeitsgruppe durchaus nicht angenehm (Hesse/Ellwein 1992: 231 f.).

d) In der rot-grünen Regierung ließen sich die Fraktionsspitzen nach der oben geschilderten Anfangsphase in die alsbald stärker institutionalisierten Koalitionsrunden einbinden (die rot-grüne Regierung verfuhr damit in ähnlicher Weise wie ihre schwarz-gelben Vorläufer). Somit konnten die anfänglichen Störungen im Koalitionsgetriebe besser gehandhabt werden. Informelle Koalitionsrunden werden zwar mitunter als weiterer Beitrag zur „Deparlamentarisierung" gewertet. Sie sind jedoch eine funktional erforderliche Voraussetzung, um unterschiedliche Parteiwillen in einen Regierungswillen zu übersetzen. Die Delegation von Verhandlungsbefugnissen an die Fraktionsspitze ist dabei schon aus organisations- und verhandlungstechnischen Gründen unverzichtbar; im Fraktionsplenum sind angesichts seiner Größe keine Verhandlungen möglich. Nimmt der Fraktionsvorsitzende Kritik und abweichende Strömungen nicht hinreichend wahr oder ist der Kommunikationsfluss zur Fraktion gestört, kann es, wie im Falle der Agenda 2010, in der nach den Wahlen 2002 von Franz Müntefering geführten SPD-Fraktion dazu kommen, dass Abweichler in der Fraktion die Autorität des Fraktionsvorsitzenden herausfordern. Müntefering war nicht von dem von Fraktionsmitgliedern eingeleiteten Mitgliederbegehren informiert worden.

3 Kommissionen und Beiräte der Regierung Schröder – ein Beitrag zur „Deparlamentarisierung"?

„Entscheidend für das Versagen christdemokratischer Politik", so Kanzleramtschef Frank Walter Steinmeier in einer programmatischen Darstellung des Selbstverständnisses rot-grüner Regierungspolitik, „war das wachsende Unvermögen, das komplizierte deutsche Institutionengefüge mit seinen vielfältigen *checks* und *balances* sowie seiner inhärenten Konsensorientierung in Deckung zu bringen mit einer gesellschaftlichen Dynamik, deren Taktgeber die immer kürzeren Produktzyklen der Informationstechnik sind" (Steinmeier 2001: 264). Die rot-grüne Regierung werde deshalb – in deutlicher Abgrenzung zu ihrer Vorgängerin – versuchen, angesichts hochkomplexer Entscheidungslagen überfällige Reformen über einen „innovativen Dialog" anzustoßen, der die traditionellen ideologischen Gräben überwinden solle. Aus einem solchen innovativen Dialog heraus sollten sachlich angemessene Entscheidungen erarbeitet werden. Politische Führung wurde als Fähigkeit begriffen, Lernprozesse zu organisieren. Die unter der Regierung Schröder eingesetzten Kommissionen und Beiräte sind in dieser Perspektive ein Mittel, um die Entscheidungsgrundlagen der Exekutive zu verbessern. Wie auch in anderen westlichen Demokratien, werden sie insbesondere in Zeiten sozialer und politischer Krisen ins Leben gerufen, um wissensgesteuerte *Policy*-Strategien zu formulieren (Schultze/Zinterer 1999: 897). Zudem soll die Legitimation von Reformvorschlägen, die Maßnahmen zur Umverteilung von Ressourcen und Eingriffe in Besitzstände beinhalten, erhöht werden, indem der Rat von Experten Eingang in Entscheidungsprozesse findet und indem gesellschaftliche Organisationen einbezogen werden. Diese Sichtweise trägt der Einsicht Rechnung, dass die Legitimität von politischen Entscheidungen zwar einerseits durch Verfahren, also durch Partizipation, Chancengleichheit und Transparenz, vermittelt wird. Diese Qualitäten werden ehestens in parlamentarischen Entscheidungsprozessen garantiert. Andererseits bedarf es aber auch effektiver Lösungen, um die Legitimität politischer Entscheidungen auf der *Output*-Seite des politischen Systems sicherzustellen. Die Effektivität von Entscheidungen wird einer solchen Lesart zufolge nicht durch den parlamentarischen Prozess allein, sondern auch durch vorgelagerte Gremien und ihren Sachverstand garantiert.

Dass Beratungsgremien als Instrumente der Politikberatung eingesetzt werden, hat eine Vielzahl von strukturellen und institutionellen Ursachen. Zum einen erschwert es die zunehmende Komplexität von Problemlagen und Häufung von Krisen, im Regierungsapparat selbst innerhalb kurzer Zeit hinreichende Informationsgrundlagen für effektive Lösungen zu gewinnen. Die meisten Probleme und Entscheidungslagen überschreiten heute die Ressortgrenzen. Selbst wenn interministerielle Arbeitsgruppen auf dem Wege der positiven Koordination zu übergreifenden Lösungen kommen, so werden diese in Kabinettsentscheidungen oft wieder „heruntergeordiniert". Die Eigeninteressen der Ressorts, die mitunter ebenso schwere Konflikte wie zwischen Koalitionspartnern hervorrufen, erschweren es, zu den angestrebten „integrierten" Lösungen zu kommen. Kommissionen und Räte gelten demgegenüber als ein Mittel, diese Grenzen überwinden zu können. Ob eine solche Kommission beim Kanzler selbst angesiedelt ist, erscheint primär als eine Frage der Prioritätensetzung (Murswieck 2003).[1]

Regierungskommissionen gelten, sofern organisierte Interessen in sie eingebunden werden, als eine Möglichkeit, gesellschaftliche Widerstände schon im Vorfeld des formalen Entscheidungsprozesses zu integrieren und dadurch zu entschärfen. Sie zielen daher auf eine störungsfreie Implementation politischer Entscheidungen. Beratungsgremien sind somit teilweise als Strategie konzipiert, mit deren Hilfe sich die Regierung angesichts der in Deutschland hohen Zahl von Vetospielern zusätzliche Handlungsräume erschließen kann. Die Grünen sahen in solchen Kommissionen vielmehr eine Chance, die Ministerialverwaltung nach dem Regierungswechsel für gesellschaftliche Gruppen zu öffnen, die der Partei nahe standen. Auf diese Weise wollten die Grünen ihrer teilweise skeptischen Klientel signalisieren, dass eine Regierungsbeteiligung konkrete Vorteile für genuin „grüne" Interessen zeitigen kann (Lees 1999: 180).

Da die Regierung – wie das Parlament – über ein Initiativrecht verfügt, kann sie grundsätzlich autonom darüber entscheiden, auf welche Weise sie Informationen gewinnen und ob sie mit neuen Formen politischer Vorentscheidungen experimentieren will. Weil Beratungsgremien keine Staatsgewalt ausüben, unterliegt ihre Zusammensetzung auch nicht den gleichen legitimatorischen Anforderungen wie denen der Parlamente (vgl. Murswieck 2003). Solange Beratungsgremien also nicht an die Stelle der zuständigen Entscheidungsorgane treten, müssen sie im formalrechtlichen Sinne als unbedenklich gelten (Schröder 2001: 2146). Das Letztentscheidungsrecht des Parlaments bleibt von dieser Praxis unberührt. Kommissionen sind auch in anderen westlichen Demokratien, etwa in Großbritannien, Kanada oder

---

[1] Angesichts ihrer geringeren Ressourcenausstattung und einer stärkeren personellen Fluktuation haben es Parlamente ohnedies schwerer als die Ministerialverwaltung, eine systematische Informationsgewinnung zu betreiben. Enquête-Kommissionen leisten zwar oftmals eine beachtliche wissenschaftliche Arbeit; ihre Empfehlungen sind jedoch meistens so komplex und umfänglich, dass sie nur mit Mühe in den politischen Alltag übersetzt werden können (z.B. BT-Drs. 14/8800; 14/8900). Vgl. hierzu die Berichte der Enquête-Kommissionen „Demographischer Wandel – Herausforderungen unserer älter werdenden Gesellschaft an den Einzelnen und die Politik"; „Zukunft des bürgerschaftlichen Engagements".

Frankreich, eine erprobte Form der Politikberatung. Auch in Deutschland hat es schon in der Vergangenheit eine Vielzahl von Regierungskommissionen gegeben (vgl. Unkelbach 2001). Das Neue an der Regierungspraxis Schröders war jedoch, dass diese Gremien in einer bis dahin unbekannten Weise programmatisch als Kennzeichen eines neuen Regierungsstils aufgewertet (vgl. Heinze 2002) und damit ins Zentrum der öffentlichen Aufmerksamkeit gerückt wurden. Die „Schröder-Kommissionen" standen daher von Anfang an unter einem beachtlichen Erfolgsdruck, der dieses Instrument einem erhöhten Legitimationsbedarf aussetzte.

Somit sind Kommissionen weder ein neues noch ein spezifisch deutsches Phänomen. Die kontroversen Diskussionen setzen nun aber an der – demokratietheoretisch in der Tat bedeutsamen – Frage an, inwieweit das Parlament durch eine solche Regierungspraxis faktisch zu einer Ratifikationsinstanz abgestuft wird. Aufgrund des über die Kommissionen erzielten Informationsvorsprungs der Regierung gegenüber dem Parlament und des aus dem Parlament gänzlich ausgelagerten Diskussionsprozesses hätten die Abgeordneten, so die Vermutung, keine Möglichkeit mehr, die Regierung wirksam zu kontrollieren. Die Regierung setze das Recht parlamentarischer Mitwirkung zudem in bedenklichem Umfang außer Kraft, da die Abgeordneten erst in einem späten Stadium des Entscheidungsprozesses beteiligt würden. Ob die regierungstragenden Fraktionen tatsächlich umgangen werden, hängt damit einerseits davon ab, inwieweit die Abgeordneten Informationen über die Kommissionsarbeit erhalten können und ob es ihnen andererseits möglich ist, im parlamentarischen Entscheidungsprozess eigene Akzente zu setzen. Um eine präzise Antwort auf die skizzierte Frage geben zu können, wären detaillierte Entscheidungsprozessanalysen erforderlich, die informelle Verflechtungsmuster in der Regierungsmehrheit einbeziehen. Diese liegen bislang jedoch nur rudimentär vor. Betrachtet man einzelne der bislang unter Rot-Grün eingesetzten Kommissionen und die derzeit vorliegenden Informationen darüber, so wird allerdings deutlich, dass die Kommissionen unterschiedlich konzipiert waren und dass ihnen verschiedene Funktionen zugedacht wurden.

So sollen Kommissionen und Räte die Agenda für politische Problemlösungen jenseits des Parteienstreits – zwischen der Regierung und der Opposition sowie innerhalb der Koalition – definieren. Wer als *agenda-setter* aufzutreten vermag, verfügt theoretisch über den Vorteil, die Reichweite und Radius der angebotenen Lösungsvorschläge vordefinieren zu können (Tsebelis 2002: 51). In dieser Hinsicht kommt auch der Auswahl der Kommissionsmitglieder eine hohe Bedeutung zu: Insbesondere der „Nationale Ethikrat" wurde kritisiert, da seine Mitglieder durch die Regierung Schröder handverlesen und überwiegend fortschrittsfreundlich eingestellt seien; damit sei eine ergebnisoffene Beratung in diesem Gremium nicht gewährleistet (für viele: Deutschlandfunk: Hintergrund Politik vom 27.6.2001). In der Tat kann über die Auswahl der Experten bereits die Richtung der Problemlösung vorgegeben werden. Umso wichtiger ist es, dass die Zusammensetzung einer Kommission bekannt ist, da deutlich wird, welche Personen (potenziell) Politik beeinflussen (Kuhlmann 2002: 28 f.). Da auch die Wissenschaft über keine objektivistische Weltsicht verfügt, ist es aber illusorisch zu glauben, es gebe eine einzige richtige Lösung für ein Problem (Bogner/Menz 2002: 391 ff.). Auch Sachverständige führen kontroverse Debatten. Je nach programmatischer Positionierung einer Regierung wird diese sich den einen oder anderen fachlichen Rat zu eigen machen. Weil Expertendiskurse oft gegenläufige Argumente und unterschiedliche Legitimationsmuster aufdecken, bleibt die letzte Entscheidung notwendig ein politischer Akt (Bogner/Menz 2002: 395), an dem aufgrund der oben dargestellten Verflechtungen zwischen Regierung und Parlamentsmehrheit auch letztere einbezogen werden muss.

Sowohl die „Zuwanderungskommission" als auch die Kommission „Gemeinsame Sicherheit und Zukunft der Bundeswehr" wurden mit Rita Süßmuth und Richard von Weizsäcker von prominenten CDU-Politikern geleitet, die zu diesem Zeitpunkt allerdings nicht mehr mit herausgehobenen Parteiämtern ausgestattet waren. Indem die ehemalige Bundestagspräsidentin und der ehemalige Bundespräsident für den Vorsitz gewonnen wurden, sollte der Öffentlichkeit signalisiert werden, dass die Kommissionsarbeit überparteilich angelegt und auf einen breiten gesellschaftlichen Konsens ausgerichtet war. Angesichts der Tatsache, dass die Opposition über ihre Mehrheit im Bundesrat bei den zustimmungspflichtigen Teilen von Reformpaketen über ein Veto verfügte, war diese Strategie weiterhin dazu gedacht, der CDU die Ablehnung von Vorschlägen der Regierung zu erschweren. In keinem der beiden Fälle war diesen Zielen – *agenda-setting* und Einbindung der Opposition – jedoch Erfolg beschieden. Sowohl die zuständigen Ministerien als auch die Fraktionen brachten jeweils eigene Vorschläge in die Diskussion ein; die CDU fühlte sich durch die Vorsitzenden der beiden Kommissionen in keiner Weise an deren Positionen gebunden und richtete sogar eine eigene Kommission zur Zuwanderung ein. Das Zuwanderungsgesetz ist schließlich bekanntlich an der vom Bundesverfassungsgericht beanstandeten Abstimmungspraxis gescheitert (vgl. hierzu a. Vogel/Wüst i.d.B.).

Die von den Kommissionen unterbreiteten Vorschläge müssen, um umgesetzt werden zu können, den parlamentarischen Prozess durchlaufen. Dabei werden die ausgearbeiteten Empfehlungen im Gang durch die Institutionen oft regelrecht abgeschichtet. Dass die in Beratungsgremien erarbeiteten Vorschläge größeren Veränderungen unterzogen wurden, belegen Entscheidungsprozessanalysen etwa zur Kommission „Wohnungswirtschaftlicher Strukturwandel in den neuen Bundesländern" (Kropp 2002) oder aber das Schicksal, welches die Vorschläge der Hartz-Kommission ereilt hat. Auch deren Empfehlungen wurden durch das Bundesministerium für Arbeit trotz der ursprünglichen Ankündigung, man wolle sie „eins zu eins" umsetzen, noch deutlich verändert. Werden die Zwischenergebnisse von Kommissionen zudem – wie in der „Rürup-Kommission" (Kommission zur nachhaltigen Finanzierung und Weiterentwicklung der Sozialversicherung) – regelmäßig öffentlich präsentiert und der intensiven Diskussion in den Medien ausgesetzt, verfügen die

Abgeordneten unter Umständen sogar über eine zusätzliche Informationsquelle, die ihnen, würden die Gesetzentwürfe allein in der Ministerialbürokratie ausgearbeitet, eventuell nicht zur Verfügung stünde. Damit können Kommissionen – je nach Öffentlichkeitsgrad – sogar eine zusätzliche Möglichkeit zur mitschreitenden Kontrolle des „Agenten" – sprich: der Regierung – eröffnen. Um zu verhindern, dass Lösungspakete durch die frühzeitige Intervention von Lobbygruppen wieder aufgeschnürt werden, sind Kommissionen (z.B. „Wohnungswirtschaftlicher Strukturwandel") jedoch oft darum bemüht, ihre Arbeit vor der Öffentlichkeit abzuschotten, bis ihr Endbericht vorliegt (für Kanada vgl. Schultze/Zinterer 1999).

Die meisten Kommissionen zielen darauf, politischen Akteuren eine verbesserte Informations- und Entscheidungsgrundlage zu verschaffen und/oder gesellschaftlichen Konsens zu generieren. Die Zusammensetzung von Gremien, an denen neben Experten zuweilen auch Interessenvertreter teilnehmen, spiegelt diese unterschiedlichen Ziele wider. Mit dem Rat von Experten wollen Regierungen ihren Entscheidungen, die dann als „sachlich beste" Lösungen ausgegeben werden, zusätzliche Legitimation zuführen. Mit dem „Bündnis für Arbeit" wurde – letztlich ohne Erfolg – ein gesamtgesellschaftlicher Konsens zur Lösung der Probleme auf dem Arbeitsmarkt angestrebt. Mit dem „Nationalen Ethikrat" verfolgte die Regierung Schröder primär das Ziel, eine Parallelstruktur und sachliche Konkurrenz zu dem beim Bundesgesundheitsministerium eingesetzten Ethikbeirat und der gleichzeitig arbeitenden Enquête-Kommission des Bundestages „Recht und Ethik der modernen Medizin" (BT-Drs. 14/7546) aufzubauen. Letztere stand der Frage, wie mit dem Import von Stammzellen umzugehen sei, deutlich kritischer gegenüber als ihr Pendant auf Regierungsseite. Bundeskanzler und Bundesregierung informierten den Bundestag nicht einmal darüber, dass ein solcher Rat eingerichtet werden sollte; dieses Verhalten wurde entsprechend als mangelnder „Interorganrespekt" moniert (Schröder 2001: 2146). Jedoch zeigt gerade das Beispiel dieser Kommission eindrücklich, dass sich der Bundestag nicht von der Regierung übergehen ließ. Die Plenardebatte vom 30.1.2002, für welche ein fraktionsübergreifender Antrag vorlag und die Fraktionsdisziplin freigegeben wurde, zählt zu einer der am eindringlichsten diskutierten Gewissensfragen der vergangenen Legislaturperiode.

Die im November 2002 eingerichtete Rürup-Kommission verdeutlicht schließlich, dass sich die Praxis, Beratungsgremien einzusetzen, schnell verschleißen kann, wenn die an diese Gremien geknüpften Erwartungen nicht erfüllt werden. Schon die Zusammensetzung der Kommission, an der nicht nur Experten, sondern auch Interessenvertreter beteiligt waren, sodass sich zwischen den Beteiligten tief greifende Konflikte auftaten, barg Zündstoff in sich. Etliche der vorgeschlagenen Maßnahmen waren darüber hinaus zuvor schon diskutiert worden; das Ministerium verfügte bereits über Expertisen zu den von der Rürup-Kommission behandelten Materien. Einzelne Kommissionsvertreter, allen voran der Vorsitzende Bert Rürup selbst sowie der Gesundheitsökonom Karl Lauterbach, ein enger Berater der zuständigen Ministerin Ulla

Schmidt, gingen mit nicht oder nicht hinreichend abgesprochenen konkurrierenden Vorschlägen an die Presse. Zwischenzeitig wurde sogar die vorzeitige Auflösung des Gremiums diskutiert (SZ 26./27.4.2003; FAZ 22.4.2003 und 26.4.2003). Auch der Kanzler kritisierte öffentlich die Vielstimmigkeit und konfliktbehaftete Arbeitsweise des Gremiums. Dieses Beispiel zeigt, dass sich die Regierung, wenn sie Kommissionen einrichtet, unter Umständen auf eine prekäre Agenturbeziehung einlässt, sofern das Handeln der Gremien durch ihren Auftraggeber nur schwer zu kontrollieren ist.

4 Deparlamentarisierung als Regierungsstil? Viele Grautöne, wenig Schwarz-Weiß

Die referierten Beispiele des „Nationalen Ethikrates", der Vertrauensfrage oder der Agenda 2010 belegen, dass es zwar immer wieder Versuche von Bundeskanzler Schröder gegeben hat, die Regierungsfraktionen zu umgehen und fraktionsinterne Abweichler in SPD und Bündnis 90/Die Grünen auf die von ihm vorgegebene Linie zu bringen – gegebenenfalls mit einem Führungsstil, der die erforderliche Kommunikations- und Informationsbereitschaft im Vorfeld von Konflikten mitunter vermissen ließ. Angesichts des gewachsenen Reformbedarfs in etlichen *policies*, der immer wieder prekären öffentlichen Unterstützung bei Reformvorhaben, die in gewachsene Besitzstände eingreifen, und wegen des durch eine Vielzahl von Vetospielern eingeschränkten Handlungsspielraums der Regierung, versuchte der Kanzler Widerstände aus den eigenen Fraktionen, die im Entscheidungsprozess zusätzliche Vetopunkte gesetzt hätten, niederzuhalten. Jedoch zeigt eine eingehende Untersuchung der Beziehungsmuster innerhalb der Regierungsmehrheit ebenso, dass die Fraktionen ihrerseits keineswegs gewillt waren, lediglich als Ratifikationsorgan in Erscheinung zu treten. Im Regierungsalltag bestehen vielfältige informelle, effektive, aber wenig transparente Muster der parlamentarischen Mitwirkung und Kontrolle in den unterschiedlichen Stufen von Entscheidungsprozessen, die offensichtliche Gegenstrategien der Abgeordneten der regierungstragenden Fraktionen gegen „ihre" Regierung gemeinhin überflüssig machen. Konflikte und umfassende Interessendivergenzen zwischen beiden Seiten sind im politischen Normalbetrieb nicht der erwünschte Regel-, sondern ein Sonderfall, auch wenn sich die in der obigen Abbildung dargestellte Idealsituation (3) nie vollständig einstellen wird: Fraktionen sind keine unitarischen Akteure, sondern von einer Vielfalt von Interessen geprägt. Dass sich – sieht man von echten Gewissensfragen ab – auch fraktionsinterne Minderheiten dem Mehrheitswillen der Fraktion unterordnen, kann dabei nicht als Ausdruck einer „Deparlamentarisierung" gewertet werden. Die Agenturbeziehung zwischen der Regierung und den sie tragenden Fraktionen ist aufgrund der Legitimationsbeziehung zwischen beiden Seiten insgesamt oft weniger prekär als gemeinhin vermutet. Es dominieren die Grautöne, nicht aber Schwarz-Weiß. Jedoch wirken institutionelle und strukturelle Rahmenbedingungen, wie die Mehrebenenverflechtung im politischen System, generell nicht zu Gunsten parlamentarischer Mitwirkung.

Kommissionen und Beiräte sind heute angesichts der in Deutschland gewachsenen sozialpolitischen Problemlagen und fiskalischen Zwänge grundsätzlich hilfreiche Instrumente wissensgestützter *Policy*-Formulierung. Da die von ihnen unterbreiteten Vorschläge in den seltensten Fällen ohne Alternative sind, bleiben die meisten Entscheidungen letztlich weniger technokratischer, sondern politischer Natur. Wie weit die Abgeordneten an solchen Prozessen teilhaben, ist nicht nur eine Frage des Regierungsstils des Kanzlers, sondern auch des Willens der Parlamentarier, vorhandene Informationsquellen zu nutzen und Kontrollinstrumente wirksam einzusetzen.

5 Literatur

Bogner, Alexander/Wolfgang Menz, 2002: Wissenschaftliche Politikberatung? Der Dissens der Experten und die Autorität der Politik, in: Leviathan 30: 384-399.

Dyson, Kenneth, 2001: The German Model Revisited. From Schmidt to Schröder, in: German Politics 10: 135-154.

Grimm, Dieter, 2001: Die Verfassung und die Politik. Einsprüche in Störfällen, München.

Gros, Jürgen, 2000: Das Kanzleramt im Machtgeflecht von Bundesregierung, Regierungsparteien und Mehrheitsfraktionen, in: *Karl-Rudolf Korte/Gerhard Hirscher* (Hrsg.), Darstellungspolitik oder Entscheidungspolitik? Über den Wandel von Politikstilen in westlichen Demokratien, München: Hanns-Seidel-Stiftung, 85-105.

Heinze, Rolf G., 2002: Die Berliner Räterepublik. Viel Tat – wenig Rat?, Wiesbaden.

Helms, Ludger, 2000: „Politische Führung" als politikwissenschaftliches Problem, in: Politische Vierteljahresschrift 43: 411-434.

Helms, Ludger, 2001a: The Changing Chancellorship: Resources and Constraints Revisited, in: German Politics 10: 155-168.

Helms, Ludger, 2001b: Gerhard Schröder und die Entwicklung der deutschen Kanzlerschaft, in: Zeitschrift für Politikwissenschaft 11: 1497-1517.

Hesse, Joachim Jens/Ellwein, Thomas, 1992: Das Regierungssystem der Bundesrepublik Deutschland, Bd. 1, 7. Auflage, Opladen.

Kirchhof, Paul, 2001: Demokratie ohne parlamentarische Gesetzgebung?, in: Neue Juristische Wochenschrift: 1332-1334.

Korte, Karl-Rudolf, 2000a: Solutions for the Decision Dilemma: Political Styles of Germany's Chancellors, in: German Politics 9: 1-22.

Korte, Karl-Rudolf, 2000b: Veränderte Entscheidungskultur: Politikstile der deutschen Bundeskanzler, in: *Karl-Rudolf Korte/Gerhard Hirscher* (Hrsg.): Darstellungspolitik oder Entscheidungspolitik? Über den Wandel von Politikstilen in westlichen Demokratien, München: Hanns-Seidel-Stiftung, 13-40.

Korte, Karl-Rudolf, 2001: Was kennzeichnet modernes Regieren? Regierungshandeln von Staats- und Regierungschefs im Vergleich, in: Aus Politik und Zeitgeschichte B5: 3-13.

Kropp, Sabine, 2001: Regieren in Koalitionen. Handlungsmuster und Entscheidungsbildung in deutschen Länderregierungen, Wiesbaden.

Kropp, Sabine, 2002: Exekutive Steuerung und informale Parlamentsbeteiligung. Regierung und Parlament in der Wohnungspolitik, in: Zeitschrift für Parlamentsfragen 33: 436-452.

Kropp, Sabine, 2003: Gerhard Schröder as „Coordination Chancellor". The Impact of Institutions and Arenas on the Chancellor's Style of Governance, in: *Werner Reutter* (Hrsg.): Germany – Finally on the Road to 'Normalcy'? Politics and Policies of the Red-Green Coalition (1998-2002): Palgrave (i.E.).
Kuhlmann, Andreas, 2002: Kommissionsethik. Zur neuen Institutionalisierung der Moral, in: Merkur 56: 26-37.
Lees, Charles, 1999: The Red-Green Coalition, in: German Politics 8: 174-194.
Lupia, Arthur/McCubbins, Maathew D., 1994: Who Controls? Information and the Structure of Legislative Decision Making, in: Legislative Studies Quarterly 19: 361-384.
Manow, Philip, 1996: Informalisierung und Parteipolitisierung. Zum Wandel exekutiver Entscheidungsprozesse in der Bundesrepublik, in: Zeitschrift für Parlamentsfragen 27: 96-107.
Moravcsik, Andrew, 1997: Warum die Europäische Union die Exekutive stärkt: Innenpolitik und internationale Kooperation, in: *Klaus Dieter Wolf* (Hrsg.): Projekt Europa im Übergang? Staat und Demokratie in der Europäischen Union, Baden-Baden, 211-269.
Murswieck, Axel, 2003: Des Kanzlers Macht: Zum Regierungsstil Gerhard Schröders, in: *Christoph Egle/Tobias Ostheim/Reimut Zohlnhöfer* (Hrsg.), Das rot-grüne Projekt. Eine Bilanz der Bundesregierung Schröder 1998-2002, Wiesbaden, 117-135.
Niclauß, Karlheinz, 1988: Kanzlerdemokratie. Bonner Regierungsstile von Konrad Adenauer bis Helmut Kohl, Stuttgart u.a.
Padgett, Stephen, 1994: The Chancellor and his Party, in: ders. (Hrsg.), Adenauer to Kohl. The Development of the German Chancellorship, London, 44-77.
Patzelt, Werner J., 1998: Ein latenter Verfassungskonflikt? Die Deutschen und ihr parlamentarisches Regierungssystem, in: Politische Vierteljahresschrift 39: 725-757.
Rudzio, Wolfgang, 2002: Koalitionen in Deutschland: Flexibilität informellen Regierens, in: *Sabine Kropp/Suzanne S. Schüttemeyer/Roland Sturm* (Hrsg.), Koalitionen in West- und Osteuropa, Opladen, 41-67.
Schröder, Meinhard, 2001: Die Institutionalisierung des Nationalen Ethikrates: Ein bedenklicher Regierungsakt?, in: Neue Juristische Wochenschrift 30: 2144-2146.
Schultze, Rainer-Olaf/Zinterer, Tanja, 1999: Kanadische Royal Commissions: Ein Vorbild für den Abbau von Reformstaus?, in: Zeitschrift für Parlamentsfragen 30: 881-903.
Schwarzmeier, Manfred, 2001: Parlamentarische Mitsteuerung. Parlamentarische Mitsteuerung. Strukturen und Prozesse informalen Einflusses im Deutschen Bundestag, Wiesbaden.
Smith, Gordon, 1994: The Changing Parameters of the Chancellorship, in: *Stephen Padgett* (Hrsg.), Adenauer to Kohl. The Development of the German Chancellorship, London, 178-197.
Steinmeier, Frank Walter, 2001: Konsens und Führung, in: *Franz Müntefering/Matthias Machnig* (Hrsg.), Sicherheit im Wandel. Neue Solidarität im 21. Jahrhundert, Berlin, 263-270.
Tsebelis, George, 2002: Veto Players: How Political Institutions Work, Princeton, N.J.
Unkelbach, Alexandra, 2001: Die Vorbereitung und Übernahme staatlicher Entscheidungen durch plural zusammengesetzte Gremien. Bericht über ein laufendes Forschungsprojekt, in: *Karl-Peter Sommermann* (Hrsg.), Gremienwesen und Staatliche Gemeinwohlverantwortung, Berlin, 55-68.
Walter, Franz/Müller, Kay, 2002: Die Chefs des Kanzleramtes: Stille Elite in der Schaltzentrale des parlamentarischen Systems, in: Zeitschrift für Parlamentsfragen 33: 474-501.

IV. Eine vorläufige Bilanz

Rot-Grün am Ende?*

Martin Seeleib-Kaiser

1 Einleitung

In den vorangehenden Beiträgen wurden die verschiedenen Felder der Wirtschafts- und Sozialpolitik während der ersten fünf Amtsjahre der rot-grünen Regierungskoalition systematisch in Einzelfallstudien aufgearbeitet. In diesem abschließenden Kapitel sollen diese Befunde nun vergleichend dahingehend untersucht werden, ob die rot-grüne Regierung eine Politik verfolgt hat, die sich im Grundsatz von jener der Vorgängerregierung substanziell unterscheidet. Mit anderen Worten geht es hier um die Überprüfung der Parteiendifferenztheorie in elf Politikfeldern. Da methodisch jedes Politikfeld einen eigenen Fall darstellt, kann zumindest teilweise das zentrale Problem, das überlicherweise mit der Analyse eines Landes einhergeht, nämlich eine Fallzahl von eins mit sehr vielen potenziell erklärenden Variablen zu haben, minimiert werden. Im Ergebnis zeigt sich, dass die unterschiedlichen Erklärungsansätze, i.e. *Markets Matter, Parties Matter* und *Institutions Matter*, in einem komplementären Verhältnis zueinander stehen (vgl. in historischer und international vergleichender Perspektive bereits Alber 1987) und ihnen im Einzelnen je nach spezifischen Politikfeld eine größere bzw. geringere Bedeutung zukommt. Die Befunde zeigen aber ebenfalls, dass den sich im Zeitverlauf verändernden Deutungsmustern (Gerhards 1995) der politischen Akteure in der Erklärung sozialpolitischer Veränderungen mehr Aufmerksamkeit geschenkt werden sollte.

2 Markets Matter

Passable Wachstumszahlen, steigende bzw. relativ hohe Börsenkurse, ein sinkendes Staatsdefizit, steigende Beschäftigungszahlen, sinkende Arbeitslosigkeit und abnehmende Sozialhilfebedürftigkeit kennzeichneten das Bild auf der *Outcome*-Seite bis zum Jahr 2001. Gleichzeitig konnte die rot-grüne Regierung auf eine Senkung bzw. Stabilisierung der Sozialversicherungsbeiträge (Seeleib-Kaiser 2003: 16) und auf

---

* Ich danke Peter Bleses, Antonia Gohr und Martin Roggenkamp für hilfreiche Anmerkungen.

eine in Stufen zu verwirklichende Steuerreform verweisen. Betrüge die Legislaturperiode für den Deutschen Bundestag lediglich drei Jahre, so könnte man ein recht positives Bild der rot-grünen Regierungspolitik während der ersten Amtsperiode zeichnen. Dieses Bild änderte sich jedoch gegen Ende 2001 und im Laufe des Jahres 2002 dramatisch: Die Konjunktur erlahmte zusehends, die Aktienkurse stürzten, die Arbeitslosenzahlen stiegen, die vorausgesagten Steuereinnahmen blieben aus, mit der Konsequenz, dass die Bundesregierung im Herbst 2002 „gezwungen" war, die Nettokreditaufnahme zu erhöhen, und schließlich stiegen zum Januar 2003 erneut die Sozialversicherungsabgaben.

Die hohe Arbeitslosigkeit wurde von der Regierung, vor allem seitens der SPD, von Beginn ihrer Amtszeit als zentrale Herausforderung für staatliches Handeln perzipiert. Allerdings bestand innerhalb der SPD-Führung mehrheitlich zunächst nicht die Deutung, wonach die Arbeitslosigkeit durch mehr Markt, d.h. eine Flexibilisierung des Arbeitsrechts und einer Ausweitung von atypischen Beschäftigungsformen sinnvoll bekämpft werden könne. Eher das Gegenteil war der Fall. Hinsichtlich der demographischen Herausforderung bestand bereits vor der Regierungsübernahme durch Rot-Grün die „Einsicht", dass es auf Dauer kein „Weiter so" in der Rentenpolitik geben kann und, sofern man die Märkte nicht überfordern wolle, Veränderungen notwendig sind. Auch sollten Familien sozialpolitisch stärker gefördert werden. Insoweit beeinflussten die sozio-ökonomischen Herausforderungen durchaus die Politik bereits vor 2002.

Die deutliche Verschlechterung der ökonomischen Situation seit Ende 2001 und ihre Implikationen für das soziale Sicherungsnetz sowie die öffentlichen Haushalte verschärften die sozio-ökonomischen Herausforderungen maßgeblich. Schließlich machten die Wählerinnen und Wähler die Bundesregierung – vor allem die SPD – für die sich verschlechternde ökonomische Situation politisch verantwortlich, wie aus dem Absturz der SPD in den Umfragen nach der Wahl deutlich ersichtlich ist. Dies ist nicht verwunderlich, zumal die rot-grüne Bundesregierung die relativ positive wirtschaftliche Entwicklung in den Jahren zuvor als Resultat ihrer erfolgreichen Politik dargestellt hatte (vgl. beispielsweise noch Bundesregierung 2002). Marktmechanismen kann insoweit politisch eine hervorragende Bedeutung zukommen, als die jeweilige ökonomische Situation auf Seiten der Wählerinnen und Wähler das Bild der sozial- und wirtschaftspolitischen Performanz der Regierung (mit)bestimmt. Die schlechte ökonomische Situation gekoppelt mit niedrigen Umfragewerten für die SPD haben das Reformtempo nach der Bundestagswahl 2002 deutlich erhöht. Es ist zu vermuten, dass diese Situation für die Kehrtwendung in der Arbeitsrechtspolitik ausschlaggebend war (vgl. Rose i.d.B.).

3 Parties Matter – Ein rot-grünes Projekt?

Die Analyse der Parteiprogramme sowie Koalitionsvereinbarungen von Rot-Grün zeigt, dass sich daraus kein eigenständiges politisches Projekt ableiten lassen kann. Als politisches Projekt definiere ich eine strategische, programmatische Ausrichtung, die eine klare Alternative zu den bisher dominanten Zielvorstellungen der konservativ-liberalen Regierungskoalition darstellt. Die in weiten Teilen ambivalente Programmatik der Sozialdemokraten, die in Ansätzen auch bei Bündnis 90/Die Grünen zu finden ist, spiegelt die andauernden parteiinternen Auseinandersetzungen und Machtkämpfe wider (vgl. Gohr i.d.B.); von sekundärer Bedeutung erscheint bisweilen die Abgrenzung gegenüber der Christdemokratie. Auf substanzieller Ebene wurden zwar einerseits – wie gemäß der Parteiendifferenztheorie zu erwarten war – traditionelle Kernpunkte sozialdemokratischer und grüner Programmatik, wie etwa in der Arbeitsrechtspolitik, zunächst konserviert, andererseits gab es aber zentrale Bereiche, in denen sich sowohl die Sozialdemokratie als auch die Grünen an die Positionen der Vorgängerregierung bis Ende der 1990er Jahre weitgehend angenähert hatten (vgl. Seeleib-Kaiser 2003: 11 f.).

Am weitreichendsten erscheint die programmatische Konvergenz in der Haushaltspolitik: So hatten sowohl die Sozialdemokraten als auch die Grünen in ihren Wahlprogrammen zur Bundestagswahl 1998 darauf verwiesen, dass es mit ihnen keine defizitfinanzierten Ausgabenprogramme zur Förderung der Beschäftigung geben wird. Annäherung gab es aber auch hinsichtlich der grundsätzlichen Notwendigkeit, die Einkommenssteuer zu reformieren und die Steuersätze zu senken (Seeleib-Kaiser 2003: 11). Schließlich hat die SPD industriepolitische Ansätze zur Steuerung der Wirtschaft weitgehend aufgegeben und auch die Grünen haben sich in weiten Teilen von ihren wachstumskritischen Forderungen der 1980er Jahre distanziert. Zum zentralen Ziel in der Wirtschaftspolitik ist erneut das ökonomische Wachstum avanciert (vgl. Sturm i.d.B.).

Hinsichtlich der traditionellen sozialpolitischen Bereiche sollten in einem ersten Schritt zwar die „unsozialen" Maßnahmen der Vorgängerregierung zurückgenommen werden, doch bedeutete dies im Grundsatz nicht die Rückkehr zu alten Rezepten. Vielmehr war vor allem die Sozialdemokratie bemüht, Zeit für einen zweiten Schritt zu gewinnen, in dem es darum gehen sollte, Konzepte zu entwickeln, die einerseits die sozialen und ökonomischen „Notwendigkeiten" berücksichtigten, und andererseits das Vertrauen der eigenen Wählerklientel nicht auf das Spiel setzten. Insgesamt wurde in den Programmen beider Parteien stärker als zuvor die Rolle von Marktmechanismen betont, ohne jedoch gleichzeitig den sozialen Ausgleich aus dem Blick zu verlieren. Entsprechend fand die stärkere Betonung von Eigenverantwortlichkeit und marktlichen Gesichtspunkten *innerhalb* der sozialen Sicherungssysteme sowie der familienpolitischen Förderung programmatisch ihren Niederschlag.[1]

Ausgenommen von der programmatischen Konvergenz waren allerdings zentrale Bereiche der „regulativen" Sozialpolitik, wie etwa die Gleichstellungspolitik sowie das Staatsbürgerschaftsrecht, in denen Rot-Grün im Vergleich zu den Christdemokraten dezidierte Alternativen anbot. Im Grundsatz handelt es sich bei diesen beiden Politiken um liberale Bürgerrechtspolitiken die von Rot-Grün auf die politische Agenda gesetzt wurden.[2] Die für diesen Bereich der „regulativen" Sozialpolitik im Verhältnis zur Christdemokratie identifizierte Parteiendifferenz sowie die programmatische Konvergenz in Bezug auf die ehemaligen Kernbereiche der Parteiendifferenztheorie stehen im Einklang mit Kitschelts (1994) Argumentation, wonach parteipolitische Auseinandersetzungen zunehmend nicht mehr entlang der traditionellen Konfliktlinie zwischen Markt und Staat verlaufen, sondern verstärkt durch eine zweite Konfliktlinie zwischen libertären und autoritären Politikvorstellungen geprägt sein werden. Insofern legen die in diesem Band herausgearbeiteten Befunde die These nahe, wonach wir für das politische System der Bundesrepublik von der Etablierung einer neuen Parteiendifferenz jenseits der ehemals zentralen Konfliktlinie sprechen können.

4 Institutions and Discourses

Obzwar die rot-grüne Koalition im Bundesrat seit 1999 über keine Mehrheit mehr verfügt, war das dadurch im Grundsatz vorhandene Vetospielerpotenzial der Opposition im Hinblick auf die Wirtschafts- und Sozialpolitik in der Substanz nur punktuell von Bedeutung. Dies liegt zum einen daran, dass in einigen zentralen Bereichen bzw. Fällen die Zustimmung des Bundesrates gar nicht erforderlich war[3], und zum anderen, dass die Zielsetzungen der Regierungsparteien und der CDU als größten Oppositionspartei in wichtigen Bereichen relativ nahe beieinander lagen. Entspre-

---

[1] Im Bereich der Familienpolitik kann man mitunter sogar von einem Überbietungswettbewerb der Parteien sprechen (vgl. hierzu auch Bleses 2003).

[2] Für die Liberalen hatten die Themen Gleichstellung und ein modernisiertes Staatsbürgerschaftsrecht während ihrer 16jährigen Regierungsbeteiligung an der CDU-geführten Regierung offenbar keine hohe Priorität. Insofern ist es fraglich, ob es sich bei den programmatischen Positionsbestimmungen der FDP in diesem Punkt um eine prioritäre politische Zielsetzung handelte (vgl. Vogel/Wüst i.d.B.).

[3] In diesem Zusammenhang sei beispielsweise auf die Arbeitsrechtspolitik verwiesen, die weitgehend in den alleinigen Zuständigkeitsbereich des Bundes fällt und daher eine Zustimmung seitens des Bundesrates entsprechend zu den von Rot-Grün verabschiedeten reregulierenden Gesetzen nicht erforderte (vgl. Rose i.d.B. sowie Zohlnhöfer 2001).

chend vermochte es die Bundesregierung bei einigen Entscheidungen, wie etwa der Steuerreform oder der Einführung der Riester-Rente, durch taktische Manöver die notwendigen Mehrheiten im Bundesrat ad hoc herbeizuführen. Gescheitert ist die rot-grüne Bundesregierung freilich mit jenen Maßnahmen, bei denen eine Zustimmung des Bundesrates notwendig war *und* die parteipolitischen Konzeptionen bzw. Präferenzen weit auseinander lagen, wie etwa bei dem Lebenspartnerschafts-Ergänzungsgesetz und dem Zuwanderungsgesetz. Bezüglich des Letzteren ist hervorzuheben, dass dieses substanziell nicht am „Veto" des Bundesverfassungsgerichts gescheitert ist, nachdem nicht die inhaltlichen Regelungen des Gesetzes Gegenstand des Gerichtsverfahrens waren, sondern das formale Gesetzgebungsverfahren selbst beanstandet worden war.

Auch mit seiner richtungsweisenden Entscheidung zur Berücksichtigung der Familienleistungen in der Pflegeversicherung wirkte das Bundesverfassungsgericht nicht als Vetospieler gegenüber der rot-grünen Bundesregierung. Schließlich stand nicht ein von ihr zu verantwortendes Gesetz auf dem Prüfstand, obwohl die Entscheidung des Gerichts unmittelbare Auswirkungen auf die zukünftige Politik von Rot-Grün haben wird. Im Mittelpunkt der Entscheidung des Gerichts stand vielmehr die „sozialstaatliche Ordnungsidee des Fortschritts sozialer Gerechtigkeit für Familien" (Lhotta i.d.B.). Insoweit knüpfte das Gericht nicht nur an frühere Entscheidungen an, sondern griff in gewisser Weise auch den sich innerhalb des sozialpolitischen Diskurses abzeichnenden Deutungswandel auf, wonach sozialpolitisch mehr für die Familien getan werden müsse. Aufgrund der Mehrebenenverflechtungen im Bereich der Wettbewerbs- und Industriepolitik und der sich daraus ergebenden Kompetenzen für die Bundesländer und die Europäische Union war der Handlungskorridor für die Bundesregierung institutionell eingeschränkt. Wie im vorangehenden Abschnitt jedoch dargelegt, verfolgten die Regierungsparteien auch in diesem Bereich ihre in den 1980er Jahren vorgelegten weitreichenden programmatischen Zielvorstellungen nicht mehr (vgl. Sturm i.d.B.).

Obzwar das Vetospielertheorem die politikwissenschaftliche Analyse beflügelt hat, kommt ihm in der Erklärung von Kontinuität und Veränderung in den Bereichen der Sozial- und Wirtschaftspolitik während der ersten fünf Jahre der rot-grünen Bundesregierung nur in wenigen Politikfeldern eine *bedeutende* Rolle zu. Die formalen politischen Verfahren wurden auch nicht durch Konsensrunden oder verschiedenste Kommissionen ersetzt. Zum einen ist hervorzuheben, dass das Bündnis für Arbeit am Fehlen der strukturellen Voraussetzungen gescheitert ist, die notwendig wären, um verbindliche Kompromisse oder weitreichende Sozialpakte abzuschließen (vgl. Reutter i.d.B.). Kropp (i.d.B.) expliziert zum anderen anhand verschiedener Beispiele, dass Kommissionen, im Gegensatz zu der häufig anzutreffenden These einer zunehmenden Deparlamentarisierung, „hilfreiche Instrumente wissensgestützter *Policy*-Formulierung" darstellen, und da ihre Vorschläge in der Regel nicht ohne Alternative sind, auch die meisten Entscheidungen politischer Natur bleiben.

Den weiteren im theoretischen Teil dieses Buches diskutierten institutionalistischen Erklärungsansätzen (vgl. Seeleib-Kaiser i.d.B.) kommt hinsichtlich der Erklärung der sozialpolitischen Entscheidungsprozesse ebenfalls nur eine untergeordnete Bedeutung zu. So zeigt die Umfrageforschung, dass das Argument, wonach der hohe Anteil der Sozialstaatsklientel in der Bevölkerung einschneidende Veränderungen in der Sozialpolitik behindere (Pierson 2001b), in Deutschland an der Sache vorbeizielt, nachdem sich die breite Unterstützung für die verschiedenen Sozialprogramme über die unterschiedlichen sozio-ökonomischen Gruppen erstreckt. Die bestehenden Unterschiede zwischen Sozialleistungsempfängern und anderen Gruppen in der Gesellschaft sind im Vergleich zu den allgemein hohen Zustimmungsraten statistisch eher als marginal zu charakterisieren. Jeweils über 80 Prozent der Befragten aus den unterschiedlichsten sozialstrukturellen Gruppen bejahen die Zuständigkeit des Staates für Einkommenssicherheit in Risikofällen. Nur eine kleine Minderheit unter den Befragten stimmt Einschränkungen der staatlichen Sozialleistungen zu (Roller 2002; 1999a).

Das Kitschelt'sche (2001) Argument, wonach durch das spezifische System der Parteienkonkurrenz, i.e. zwei Sozialstaatsparteien und eine schwache liberale Partei, schmerzhafte sozialpolitische Veränderungen erschwert würden, kann zwar durch die in diesem Band vorgelegten Befunde nicht im Grundsatz widerlegt werden. Doch Parteien können durchaus Wahlen gewinnen, auch wenn sie im Vorfeld des Urnengangs sozialpolitische Einschnitte oder Umbaumaßnahmen angekündigt hatten. So schreckten beispielsweise SPD und Grüne nicht davor zurück, vor den Wahlen 1998 und 2002 explizit substanzielle Reformen der sozialen Sicherungssysteme anzukündigen, die im Resultat auf Einschnitte in das soziale Netz zielten. Obzwar die Sozialdemokraten im Bundestagswahlkampf von 1998 die Rücknahme des „demographischen" Faktors – der „unsozialen Rentenkürzung" durch die Regierung Kohl – in der Rentenversicherung in den Vordergrund gerückt hatten, machten sie in ihrem Wahlprogramm auch klar, dass zukünftig die private Vorsorge sowie die betriebliche Alterssicherung höhere Priorität genießen sollten. Jedem aufmerksamen Beobachter musste klar sein, dass die Umsetzung dieser Strategie langfristig eine Absenkung des Niveaus in der *Gesetzlichen* Rentenversicherung bewirken würde. Ebenso das Versprechen des Kanzlers im Sommer 2002, die Konzepte der Hartz-Kommission „eins zu eins" umzusetzen, um die Arbeitslosigkeit deutlich zu reduzieren, musste unweigerlich bedeuten, dass nach der Wahl, neben der angestrebten Effizienz- und Effektivitätssteigerung in der Arbeitsverwaltung, Einschnitte im Arbeitsrecht sowie in der Arbeitslosenversicherung zu erwarten waren.

Schließlich vernachlässigt die Kitschelt'sche These die Möglichkeit, dass beide großen Sozialstaatsparteien zu der „Einsicht" gelangen können, wonach sozialpolitische Umbaumaßnahmen *notwendig* sind, und bisweilen entsprechend auch das Ziel der Wählermaximierung im Hinblick auf diese Dimension in den Hintergrund treten kann. So hatte die christlich-liberale Vorgängerregierung seit 1993 in vielen sozial politischen Bereichen Handlungsbedarf lokalisiert und thematisiert. Ihr Hauptargument war, dass es in der Bundesrepublik, wolle sie auch zukünftig Unternehmen einen international wettbewerbsfähigen Standort bieten, einschneidender sozialpolitischer Reformen bedürfte. Diese Reformen schlossen Kürzungen in den Bereichen der Gesetzlichen Kranken-, der Renten- und der Arbeitslosenversicherung ein (vgl. Seeleib-Kaiser 2001). Die Thematisierung des sozialpolitischen Reformbedarfs seitens der Christdemokraten und der Liberalen in den 1990er Jahren bereitete gewissermaßen einen legitimatorischen Referenzpunkt, an den Rot-Grün in den folgenden Jahren anknüpfen konnte.

Zwischen beiden Sozialstaatsparteien bestand dahingehend Konsens, dass weitreichende sozialpolitische Reformen mit dem Ziel einer Stabilisierung bzw. langfristig gar einer Senkung der Lohnnebenkosten notwendig sind. Insoweit kann man von einem dominanten Deutungsmuster sprechen. Gegen Ende der ersten Amtsperiode von Rot-Grün stellte sich im politischen Diskurs auch zunehmend in der Arbeitsrechtspolitik eine weitgehende Übereinstimmung in den Politikkonzeptionen zwischen den Parteien der Regierungskoalition und der CDU ein. Schließlich haben die Regierungsparteien die ursprünglich von den Liberalen und Christdemokraten als Waffe im politischen Diskurs genutzte Argumentation, wonach gerade im Niedriglohnbereich Flexibilisierungen des Arbeitsmarktes notwendig sind, im Zuge der sich seit 2001 verschlechternden wirtschaftlichen Lage in weiten Teilen akzeptiert.

Die hier dargelegten Befunde machen deutlich, dass parteispezifische Deutungsmuster, die über Jahre hinweg dominierten, in Teilen aufgegeben werden. Entsprechend sind ehemals als gewiss geltende Annahmen über die parteipolitischen Zielsetzungen hinsichtlich der wirtschafts- und sozialpolitischen Intervention des Staates heute mehr als ungewiss. Gegenwärtig erscheinen die innerhalb der Sozialstaatsparteien verlaufenden Konfliktlinien bisweilen von größerer Bedeutung als die Differenzen zwischen den Parteien. Der Konflikt innerhalb der SPD zwischen „Modernisierern" und „Traditionalisten" zeigt dies recht deutlich (vgl. Gohr i.d.B.; zu den parteiinternen Konflikten in der Arbeitsmarktpolitik vgl. Heinelt i.d.B.). Entsprechend dieser Konflikte kann es auch zu Brüchen in den unterschiedlichen Politikbereichen kommen, die dann häufig mit bestimmten Personen in Verbindung gebracht werden, die wiederum als Symbol für eine spezifische „innerparteiliche" Richtung stehen. Beispielhaft sei in diesem Zusammenhang auf den Wechsel in der Finanzpolitik nach dem Abgang von Oskar Lafontaine sowie in der Arbeitsrechtspolitik nach dem Ausscheiden von Walter Riester verwiesen.[4]

---

[4] Die SPD steht mit diesem Konflikt jedoch nicht allein; auch innerhalb der Unionsparteien werden die parteiinternen Konflikte in Bezug auf den staatlichen Interventionismus immer deutlicher. In diesem Zusammenhang sei u.a. auf den Konflikt innerhalb der Unionsparteien hinsichtlich der Gesundheitsreform im Sommer 2003 verwiesen (zur Christdemokratie aus vergleichender Perspektive s. Hanley 2003).

Summa summarum gelang es den „Modernisierern" während der vergangenen fünf Jahre, sukzessive ihre Positionen weiter auszubauen und innerparteilich Mehrheiten zu gewinnen. Dies bedeutet freilich nicht, dass sich sämtliche Differenzen zwischen den Parteien auflösen, doch aus sozialwissenschaftlicher Perspektive erklärungsbedürftig erscheinen gerade die Gemeinsamkeiten der Parteien. Schließlich konnte in der Vergangenheit davon ausgegangen werden, dass die Unterschiede zwischen ihnen die bestimmende Größe waren.

5 Kontinuität und Wandel: Do Parties Matter in the Real World?

Aufgrund der geminderten Parteiendifferenz in den klassischen sozialpolitischen Bereichen können wir im Vergleich zur christlich-liberalen Vorgängerregierung im Wesentlichen von einer Kontinuität hinsichtlich der verfolgten Reformagenda während der letzten fünf Jahre sprechen, die auf der Ebene der umgesetzten Maßnahmen in unterschiedlichen *Policies* zu einem Politikwandel geführt hat. Die *Policy*-Entwicklung in der Sozial- und Wirtschaftspolitik während der vergangenen fünf Jahre war, sofern man nicht einzelne Maßnahmen betrachtet, sondern versucht, eine Gesamtbilanz zu ziehen, im Grundsatz von folgenden Prinzipien geleitet: Konsolidierung des Staatshaushalts, Reduzierung der Lohnnebenkosten und (Einkommens-) Steuersätze, Flexibilisierung arbeitsrechtlicher Arrangements (v.a. im Segment der gering qualifizierten Arbeitnehmer), „Aktivierung" der Arbeitslosen durch verschiedene Maßnahmen in der Arbeitsmarktpolitik, Betonung von mehr Eigenverantwortung und Wettbewerbselementen in unterschiedlichen Bereichen der Sozialen Sicherung sowie Abbau spezifischer Diskriminierungen.

Zwar mögen die ersten Monate nach dem Regierungswechsel in der Finanzpolitik von einer im Ansatz expansiven Haushaltspolitik geleitet gewesen sein, die gemäß der Parteiendifferenztheorie zu erwarten war, doch waren die folgenden Jahre durch eine Politik der Haushaltskonsolidierung geprägt. Im Bereich der Steuerpolitik kam es zu einer Absenkung der Steuersätze, die durch die Zustimmungspflicht des Bundesrates etwas stärker ausfiel als ursprünglich von der Regierung avisiert (vgl. Zohlnhöfer i.d.B.). Doch hinsichtlich der Parteiendifferenztheorie muss die Frage aufgeworfen werden, wie groß der Unterschied zwischen den jeweiligen parteipolitischen Maßnahmevorschlägen sein muss, um sinnvollerweise noch von einer Parteiendifferenz sprechen zu können. Schließlich ist es beachtlich, dass auch die SPD eine Absenkung des Spitzensteuersatzes forderte, die aufgrund der Parteiendifferenztheorie nicht zu erwarten war. Auf der Maßnahmenebene sind im Bereich der Wettbewerbs- und Industriepolitik, sieht man von einzelnen spektakulären Rettungsmaßnahmen ab, keine signifikanten Politikveränderungen im Vergleich zur Vorgängerregierung zu verzeichnen (vgl. Sturm i.d.B.).

Im Zusammenhang mit den kurzfristigen Änderungen in den Jahren 1998/99, die den Erwartungen der Parteiendifferenztheorie entsprachen, sind vor allem Maßnahmen im Bereich der Arbeitsrechtspolitik zu nennen. Die Einführung der Sozialversicherungspflicht für „geringfügig Beschäftigte", die Erschwerung der „Scheinselbstständigkeit" sowie die Rücknahme der von der Vorgängerregierung beschlossenen Änderungen der Kündigungsschutzregeln können als eindeutige Maßnahmen in Richtung einer Re-Regulierung des Arbeitsrechts interpretiert werden. Gegen Ende der ersten Amtszeit vollzog sich jedoch erneut ein Wechsel. Mit der Umsetzung der Hartz-Gesetze sowie weiteren Ankündigungen im Jahr 2003 werden maßgebliche Regelungen in diesem Bereich wieder revidiert und wird weitgehend zum Status quo ante zurückgekehrt bzw. in einigen Punkten die „christlich-liberale Deregulierung sogar übertroffen" (Rose, i.d.B.). Entsprechend kann die Arbeitsrechtspolitik unter Rot-Grün nach fünf Jahren im Amt grosso modo als eine Fortführung des von der Vorgängerregierung eingeschlagenen Pfades in Richtung einer größeren Liberalisierung der Arbeitsrechtspolitik bei einer gleichzeitigen Beibehaltung sozialpolitischer Mindeststandards beschrieben werden, obwohl zunächst die Parteiendifferenz dominierte.

Auch in der Arbeitsmarktpolitik betonte die rot-grüne Regierung verstärkt Marktmechanismen. So nahm sie weder die von der christlich-liberalen Regierung seit den 1980er Jahren beschlossenen Kürzungen im Bereich der Lohnersatzleistungen zurück, noch setzte sie ihre einst aufgestellten Forderungen nach einer Reform und eines Ausbaus der aktiven Arbeitsmarktpolitik um. Die Anzahl der Teilnehmerinnen in den traditionellen Bereichen der aktiven Arbeitsmarktpolitik, d.h. Fortbildung und Umschulung sowie Arbeitsbeschaffungsmaßnahmen, sank sogar (Seeleib-Kaiser 2003: 19 f.). Vielmehr war die Regierungskoalition bestrebt, die zunehmend dem Prinzip der Fürsorge unterliegenden Lohnersatzleistungen mit einer Politik der Aktivierung zu flankieren, die dazu dienen soll, Arbeitslose möglichst schnell wieder in den Ersten Arbeitsmarkt zu integrieren (vgl. Heinelt i.d.B.). Schließlich hat die SPD ihre Zielsetzung weitgehend aufgegeben, mittels Instrumenten der aktiven Arbeitsmarktpolitik die Reintegration von Arbeitslosen in „Normalarbeitsverhältnissen"[5] zu erzielen.[6] Eine Parteiendifferenz zwischen Sozialdemokraten und Christdemokraten besteht insoweit allenfalls noch auf der Ebene der Instrumente, nicht jedoch auf der Ebene der Zielsetzungen in der Arbeitsmarktpolitik. Eine ähnliche Einschätzung trifft Buhr (i.d.B.) bezüglich der „arbeitsfähigen" Sozialhilfeempfänger. Auch hier steht eine Politik der Aktivierung im Vordergrund, die allerdings

---

[5] Zum Begriff vgl. Mückenberger 1985.
[6] Vgl. zum Komplex Vollbeschäftigung Lantsch 1999; Vobruba 2000; Bleses/Vetterlein 2002.

bereits von der Vorgängerregierung eingeläutet worden war. Entsprechend tritt ebenfalls in dieser Hinsicht die Parteiendifferenz zurück.[7]

In Bezug auf die Armutspolitik bemerkenswert ist allerdings die Einführung einer zwar nicht *de jure*, so doch aber *de facto* „universellen" Grundsicherung im Alter.[8] Gekoppelt mit dem Zurückweichen des Prinzips der Lebensstandardsicherung in der Gesetzlichen Rentenversicherung können wir hinsichtlich der Bearbeitung des Risikos Alter von einem *Policy*-Wandel dritter Ordnung sprechen. Als oberstes Primat galt die Begrenzung bzw. die Absenkung der Lohnnebenkosten. In gewisser Hinsicht deutete sich der *Policy*-Wandel bereits durch die Einführung des „demographischen Faktors" im Jahr 1997 an. Obzwar der „demographische Faktor" zunächst von der rot-grünen Regierung zurückgenommen wurde, wird der Rückzug aus der staatlichen Absicherung des Lebensstandards im Alter mit der Einführung der Riester-Rente sowie den geplanten Reformen weiter beschritten und explizit gesetzlich festgeschrieben. Im Gegenzug wurde marktlichen Elementen ein breiterer Raum eingeräumt (Nullmeier i.d.B). Insoweit kann man politisch von Kontinuität in der Rentenversicherungspolitik hinsichtlich der Reformagenda sprechen, die letztendlich zu einem deutlichen *Policy*-Wandel führte. Eine ähnliche Entwicklung können wir im Bereich der Gesundheitspolitik konstatieren: Die Begrenzung bzw. Absenkung der Lohnnebenkosten stand neben einer stärkeren Betonung des Prinzips Wettbewerb in der Zielhierarchie ganz oben. Damit unterscheidet sich die gegenwärtige Regierungskoalition auch nicht substanziell in der Zielsetzung von der CDU/CSU. Unterschiede auf der Instrumentenebene bestehen jedoch fort (vgl. Brandhorst i.d.B.).

Sozialpolitische Ausbaumaßnahmen setzte die neue Regierung vor allem im Bereich der Familienpolitik durch. So wurden die Kindergeldleistungen während ihrer ersten Amtsperiode in mehreren Schritten erhöht. Des Weiteren wurde der Erziehungsurlaub in einen Elternurlaub umgewandelt; diese Maßnahme zielte darauf, die Beschäftigungsmöglichkeiten der Eltern während des Erziehungsurlaubs zu verbessern und gleichzeitig durch erleichterte Kombinationsmöglichkeiten der Eltern in Bezug auf die Inanspruchnahme mehr Anreize zu schaffen, dass auch Väter sich zumindest teilweise der Erziehungsarbeit widmen. Auch in dieser Dimension können wir von einem Abschmelzen der Parteiendifferenz sprechen (Bleses i.d.B.).

Deutliche parteipolitische Unterschiede sind in der Gleichstellungs- und Migrationspolitik (Staatsbürgerschaftsrecht und Zuwanderungsgesetz) sowie in Ansätzen in

---

[7] Langfristig könnte der auf die rot-grüne Koalition zurückgehende Beginn einer kontinuierlichen und systematischen Armuts- und Reichtumsberichterstattung zu einer erneuten Veränderung der politischen Deutungen führen, die wiederum einen *Policy*-Wandel einläuten könnten.

[8] Diese Maßnahme kann als Ausdruck einer fortbestehenden Parteiendifferenz charakterisiert werden. Doch wie Buhr (i.d.B.) hervorhebt, besteht aus armutspolitischer Perspektive das Hauptproblem nicht mehr in der Bekämpfung der Altersarmut, vielmehr sind andere gesellschaftliche Gruppen viel stärker von Armut betroffen.

der Bildungspolitik zu diagnostizieren, auch wenn letztere durch die Mehrebenenverflechtung im bundesdeutschen System im Grundsatz in die Domäne der Länderkompetenz fällt. Im Politikfeld der Gleichstellungspolitik war die Regierungskoalition zwar bestrebt, einen Politikwechsel herbeizuführen, doch wurde dieser durch die vehemente Opposition der Arbeitgeber abgeschwächt, so der Befund von Leitner (i.d.B.). Dennoch kam es mit der Verabschiedung des Lebenspartnerschaftsgesetzes zu einem Politikwechsel in Richtung einer aktiven Anti-Diskriminierungspolitik und formal-rechtlicher Integration, auch wenn das zustimmungspflichtige Lebenspartnerschaftsergänzungsgesetz bisher von der CDU/CSU-Mehrheit im Bundesrat blockiert wird. Ebenso ist die Verabschiedung der Reform des Staatsangehörigkeitsrechts als ein Schritt in Richtung einer stärkeren formalen Integration bisher weitgehend vom politischen System ausgeschlossener ethnischer Minderheiten mit Migrationshintergrund zu werten (vgl. Vogel/Wüst i.d.B.).

Im Bereich der Bildungspolitik sind die Reform des Hochschulrahmengesetzes, das die Habilitation abschafft und mit der Einführung von Juniorprofessuren NachwuchswissenschaftlerInnen größere Möglichkeiten zur selbständigen Forschung einräumen *soll*, sowie die verstärkten Investitionen des Bundes in die Bildung hervorzuheben, die mit Elementen der Familienpolitik (Stichworte: Ganztagsschulen und verbesserte Angebote für Kleinkinder) verkoppelt wurden (vgl. West i.d.B.). Entsprechend könnte man diesbezüglich von einer leichten Verschiebung sozialpolitischer Prioritäten hin zu einer Angebotspolitik von links sprechen (zu diesem Ansatz vgl. allgemein Boix 1998).

Fazit: Auch in Bezug auf die tatsächlich umgesetzten Politiken gibt es erhebliche Gemeinsamkeiten zwischen der rot-grünen Regierungskoalition und der Vorgängerregierung, wobei die „regulative Sozialpolitik" eine Ausnahme darstellt. Gemeinsamkeiten bestehen vielfach auf der Ebene der politischen Ziele zur Reform der deutschen politischen Ökonomie, wenngleich auf der Instrumentenebene mitunter Unterschiede fortbestehen. Dies heißt jedoch nicht, dass es zu keinen Veränderungen kommt. Im Gegenteil: Wie die vorangegangene vergleichende Analyse der Wirtschafts- und Sozialpolitik unter Rot-Grün gezeigt hat, befinden wir uns in einer Phase eines substanziellen institutionellen Wandels der bundesdeutschen politischen Ökonomie. Eingeleitet wurde dieser *Policy*-Wandel durch sich im Zeitverlauf verändernde Deutungsmuster, die schließlich in einigen Bereichen auch auf der Maßnahmeebene zu „Veränderungen dritter Ordnung" (Hall 1993; vgl. a. Seeleib-Kaiser i.d.B.) führten. Dieser Transformationsprozeß wurde bereits in Teilen von der konservativ-liberalen Vorgängerregierung eingeleitet und wird von der gegenwärtigen rot-grünen Koalition fortgesetzt.

6 Zum Schluss: People Matter

Scharpf (1999) hat in seinen Analysen zur Europäischen Union die Dimension der *Output*-Legitimation als Variable zur Bewertung politischen Handelns hervorgehoben. Ihm geht es diesbezüglich darum zu bewerten, ob Politik zu Gunsten der Förderung des Gemeinwohls, d.h. im Sinne einer Politik für die Bürgerinnen und Bürger (*government for the people*) durchgeführt wird. Doch wie bemisst man, ob eine Politik zu Gunsten des Gemeinwohls bzw. im öffentlichen Interesse ist?[9] Ein erster Schritt zur Identifizierung des Gemeinwohls könnte in demokratischen Gemeinwesen mit mündigen Bürgerinnen und Bürgern über eine Analyse der öffentlichen Meinung erfolgen. So verweist auch Vobruba (i.d.B) hinsichtlich der Identifizierung von Unterschieden darauf, dass die Einschätzung seitens der „Leute" von entscheidender Bedeutung ist. Daran anknüpfend ergeben sich zwei zentrale Fragen: 1) Assoziieren die Wählerinnen und Wähler mit den Angeboten der Parteien tatsächlich unterschiedliche Politiken? 2) Inwieweit messen sie den politischen Parteien in den verschiedenen Politikbereichen unterschiedliche Problemlösungskompetenzen zu?

Für die politische Ökonomie der Bundesrepublik Deutschland ist zunächst die im Grundsatz breite Unterstützung seitens der Bevölkerung für einen ausgebauten Sozialstaat hervorzuheben (Roller 1999a, 2002; vgl. zusammenfassend Alber 2001). Für die Umsetzung einer Politik eines umfassenden Sozialabbaus fehlt im demokratischen Gemeinwesen Bundesrepublik Deutschland schlicht die notwendige politische Legitimation, auch wenn eine solche Politik aus ökonomischen Erwägungen begründet erscheinen mag! Um es mit den Worten von Edmund Stoiber auszudrücken: „Ich habe noch keine Massendemonstration erlebt mit Plakaten: Ich will vom Joch der sozialen Sicherungssysteme befreit werden" (zit. n. Franz/Immerfall 2003: 6).

Eingehende Analysen der öffentlichen Meinung haben zwar ergeben, dass die Anhänger von SPD und Bündnis 90/Die Grünen sich hinsichtlich ihrer wohlfahrtsstaatlichen Präferenzen seit Mitte der 1980er Jahre den Vorstellungen der christdemokratischen Parteianhänger angenähert haben (Roller 1999b). Doch räumen die Wählerinnen und Wähler insgesamt der SPD noch immer eine größere Kompetenz in den Bereichen der Sozialpolitik sowie sozialen Gerechtigkeit ein.[10] Auch nach Bekanntgabe der Agenda 2010 überflügelt die SPD die CDU/CSU in Fragen der Sozialpolitik bzw. sozialen Gerechtigkeit, wobei der Union zugleich eine größere Kompetenz in wirtschaftspolitischen Fragen zugetraut wird. Insoweit machen Parteien also noch immer einen Unterschied (DeutschlandTrend 2003a).

Diese Unterschiede verblassen jedoch, sobald man die Bevölkerung fragt, welches die Ursachen bzw. verantwortlichen Akteure dafür sind, dass Reformen in der

---

[9] Vgl. hierzu a. Moravcsik/Sangiovanni 2003.
[10] Vgl. a. die Kompetenzzuweisungen der Bürger im Zusammenhang mit der Bundestagswahl 2002 (Stöss/Neugebauer 2002: 52-54).

Bundesrepublik Deutschland „nicht so gut vorankommen". Zwei Drittel der Bevölkerung geben im Sommer 2003 allen Akteuren gleichermaßen die Schuld, nachdem „alle nur ihre eigenen Interessen sehen, keiner was geben will". 59 Prozent der Befragten glauben zudem, dass „keiner so recht weiß, was zu tun ist, welches die richtigen Reformmaßnahmen sind". Und schließlich sind 58 Prozent überzeugt, dass sich auch bei einem Regierungswechsel wenig ändern würde. Trotz der hohen Umfragewerte in der Sonntagsfrage für die Union seit Ende des Jahres 2002 glauben nur 23 Prozent, dass eine andere Koalitionsregierung „die Aufgaben besser bewältigen würde als die derzeitige" (Köcher 2003).[11]

Obzwar die Bevölkerung die politischen *Outputs* sehr skeptisch bzw. negativ beurteilt, scheint das Hauptproblem auf der Ebene der ökonomischen *Outcomes*, vor allem einer Reduzierung der Arbeitslosigkeit und Verbesserung der wirtschaftlichen Situation, zu liegen. Schließlich waren die Wirtschafts- und Arbeitsmarktpolitik sowie Fragen der sozialen Gerechtigkeit für jeweils mehr als 30 Prozent der Wählerinnen und Wähler in der Bundestagswahl 2002 wahlentscheidend (Stöss/Neugebauer 2002: 55).[12] Die hohen Erwartungen in Bezug auf die wirtschafts- und arbeitsmarktpolitischen *Outcome*-Dimensionen wurden von Spitzenpolitikern beider Volksparteien in den vergangenen Jahren immer wieder genährt. In diesem Zusammenhang sei unter anderem auf die postulierte Zielsetzung von Altkanzler Helmut Kohl, die Arbeitslosigkeit zu halbieren, oder auf die durch Kanzler Schröder genährten Hoffnungen, sich an der Reduzierung der Arbeitslosigkeit messen lassen zu wollen, verwiesen. Trotz vielfältiger Reformen in den Bereichen der Sozial- und Arbeitspolitik sowie einer Steuerreformen und einer restriktiven Haushaltspolitik, die alle unter dem Vorzeichen verabschiedet worden sind, „wenn wir diese Reformen durchziehen, dann wird sich die Arbeitslosigkeit verringern", sind die Ergebnisse der rot-grünen Koalition diesbezüglich recht mager. Entsprechend erscheint es auch nicht verwunderlich, wenn 87 Prozent der Bevölkerung *keine* Veränderung der Situation auf dem Arbeitsmarkt und 76 Prozent *keine* nachhaltige Belebung der Konjunktur bei einer Umsetzung der Agenda 2010 erwarten (DeutschlandTrend 2003b).

Berücksichtigt man die öffentliche Meinung, so besteht die Gefahr, dass nicht Rot-Grün, sondern die Politik hinsichtlich der Legitimation ihres wirtschafts- und sozialpolitischen Handelns zunehmend am Ende angelangt ist, sofern sich in absehbarer Zeit keine Erfolge auf der *Outcome*-Seite einstellen. Auf Dauer können sozial-, arbeitsmarkt- und wirtschaftspolitische Veränderungen nicht mit einem zukünftig zu erreichenden Ziel, dessen Zeithorizont immer wieder weiter hinausgeschoben wird, hinreichend legitimiert werden. Eine solche Politik untergräbt das Vertrauen der

---

[11] An dieser Stelle muss freilich hervorgehoben werden, dass es sich bei den hier wiedergegebenen Einstellungen um Momentaufnahmen handelt, die sicherlich auch durch die gegenwärtige ökonomische Situation bedingt sind.
[12] Mehrfachnennungen waren möglich.

Bürger und Bürgerinnen in die staatliche Handlungsfähigkeit und letztendlich die staatliche Handlungsfähigkeit selbst.[13]

7 Literatur:

Alber, Jens, 1987: Vom Armenhaus zum Wohlfahrtsstaat: Analysen zur Entwicklung der Sozialversicherung in Westeuropa, Frankfurt/M., 2. Auflage.
Alber, Jens, 2001: Hat sich der Wohlfahrtsstaat als soziale Ordnung bewährt? In: *Karl Ulrich Mayer* (Hrsg.): Die beste aller Welten? Frankfurt/M., 59-111.
Bleses, Peter, 2003: Der Umbau geht weiter – Lohnarbeit und Familie in der rot-grünen Sozialpolitik, in: ZSR, i.E.
Bleses, Peter/Vetterlein, Antje, 2002: Gewerkschaften ohne Vollbeschäftigung, Wiesbaden.
Boix, Charles, 1998: Political Parties, Growth and Equality – Conservative and Social Democratic Economic Strategies in the World Economy, Cambridge.
Bundesregierung, 2002: Deutschland erneuern. Geschäftsbericht der Bundesregierung 2001/2002, Berlin.
DeutschlandTrend, 2003a: DeutschlandTrend Mai: SPD sackt ab. www.tagesschau.de vom 2. Mai, download 02.05.2003.
DeutschlandTrend, 2003b: Agenda 2010 trifft auf geteiltes Echo. www.tagesschau.de vom 5. Mai, download 05.05.2003.
Franz, Peter/Immerfall, Stefan, 2003: Zeitlupenland Deutschland? Zum Vollzugsdefizit wirtschaftspolitischer Reformen, in: Aus Politik und Zeitgeschichte, B18-19: 3-8.
Gerhards, Jürgen, 1995: Kultursoziologie und die Theorie rationalen Handelns: Die rationale Verwendung von politischen Deutungsmustern, in: Journal für Sozialforschung, 35 (3/4): 219-234.
Hanley, David, 2003: Die Zukunft der europäischen Christdemokratie, in: *Michael Minkenberg/Ulrich Willems* (Hrsg.): Politik und Religion. PVS-Sonderheft 33/2002, Wiesbaden, 231-255.
Kitschelt, Herbert, 1994: The Transformation of European Social Democracy, Cambridge.
Kitschelt, Herbert, 2001: Partisan Competition and Welfare State Retrenchment: When Do Politicians Choose Unpopular Policies?, in: *Paul Pierson* (Hrsg.), 265-305.
Köcher, Renate, 2003: Gewöhnung an die Krise – Die Bevölkerung richtet sich stoisch auf andauernde Probleme ein, in: Frankfurter Allgemeine Zeitung vom 18. Juni 2003: 5.
Lantsch, Jana, 1999: Die implizite Aufgabe des politischen Ziels Vollbeschäftigung. Unveröffentlichte Diplomarbeit, Leipzig.
Moravcsik, Andrew/Sangiovanni, Andrea, 2003: On Democracy and 'Public Interest' in the European Union, in: *Renate Mayntz/Wolfgang Streeck* (Hrsg.): Die Reformierbarkeit der Demokratie – Innovationen und Blockaden, Frankfurt/M., 122-148.
Mückenberger, Ulrich, 1985: Die Krise des Normalarbeitsverhältnisses – hat das Arbeitsrecht noch Zukunft? In: Zeitschrift für Sozialreform, 31: 415-434 u. 457-475.
Pierson, Paul (Hrsg.), 2001a: The New Politics of the Welfare State, Oxford.
Pierson, Paul, 2001b: Coping with Permanent Austerity: Welfare State Restructuring in Affluent Democracies, in: ders. (Hrsg.), 410-456.
Roller, Edeltraud, 1999a: Shrinking the Welfare State: Citizens' Attitudes towards Cuts in Social Spending in Germany in the 1990s, in: German Politics, 8 (1): 21-39.

---

[13] Vgl. ähnlich Vobruba 2003.

Roller, Edeltraud, 1999b: Staatsbezug und Individualismus: Dimensionen des sozialkulturellen Wandels, in: *Thomas Ellwein/Everhard Holtmann* (Hrsg.): 50 Jahre Bundesrepublik Deutschland, PVS-Sonderheft 30/1999, Wiesbaden, 229-246.

Roller, Edeltraud, 2002: Erosion des sozialstaatlichen Konsenses und die Entstehung einer neuen Konfliktlinie in Deutschland?, in: Aus Politik und Zeitgeschichte, B 29-30: 13-19.

Scharpf, Fritz W., 1999: Governing in Europe: Effective and Legitimate? Oxford.

Seeleib-Kaiser, Martin, 2001: Globalisierung und Sozialpolitik. Ein Vergleich der Diskurse und Wohlfahrtssysteme in Deutschland, Japan und den USA, Frankfurt/M.

Seeleib-Kaiser, Martin, 2003: Continuity and Change? Red-Green Social Policy after 16 Years of Christian-Democratic Rule. ZeS-Arbeitspapier 3/2003. Bremen.

Stöss, Richard/Neugebauer, Gero, 2002: Mit einem blauen Auge davon gekommen – Eine Analyse der Bundestagswahl 2002. Arbeitshefte aus dem Otto-Stammer-Zentrum Nr. 7, Berlin.

Vobruba, Georg, 2000: Alternativen zur Vollbeschäftigung, Frankfurt/M.

Vobruba, Georg, 2003: Politik in der Beschäftigungsfalle, in: Blätter für deutsche und internationale Politik, 48 (6): 741-750.

Zohlnhöfer, Reimut, 2001: Parteien, Vetospieler und der Wettbewerb um Wählerstimmen. Die Arbeitsmarkt- und Beschäftigungspolitik der Ära Kohl, in: PVS, 42: 655-682.

AUS DEM PROGRAMM

Politikwissenschaft

Joachim Jens Hesse, Thomas Ellwein
Das Regierungssystem der Bundesrepublik Deutschland
Band 1: Text, Band 2: Materialien
8., völlig neubearb. und erw. Aufl. 1997. 1.400 S.
Br. EUR 49,90
ISBN 3-531-13124-9
Geb. EUR 74,00
ISBN 3-531-13125-7

Das Standardwerk über das Regierungssystem der Bundesrepublik Deutschland wurde für die achte Auflage umfassend überarbeitet und auf den neuesten Stand gebracht. Allgemein verständlich geschrieben, vereint das Lehrbuch die Vorzüge einer kompakten Gesamtdarstellung mit denen eines Handbuchs und Nachschlagewerkes.

Klaus von Beyme
Das politische System der Bundesrepublik Deutschland
Eine Einführung
9., neu bearb. und akt. Aufl. 1999. 475 S. Br. EUR 15,50
ISBN 3-531-13426-4

Der seit vielen Jahren in Lehre und Studium bewährte Band ist vor allem dem schwierigen Prozess der deutschen Einigung gewidmet. Außen- und innenpolitische Hindernisse des Prozesses werden dargestellt. Die Schwierigkeiten des Zusammenwachsens von Ost- und Westdeutschland werden mit der Analyse der Institutionen – Parteien, Bundestag, Regierung, Verwaltung, Verfassungsgerichtsbarkeit und Föderalismus – und der politischen Prozesse – Wahlverhalten, Legitimierung des Systems, Durchsetzung organisierter Interessen und Führungsauslese – verknüpft.

Bernhard Schreyer, Manfred Schwarzmeier
Grundkurs Politikwissenschaft:
Studium der Politischen Systeme
Eine studienorientierte Einführung
2000. 243 S. Br. EUR 17,00
ISBN 3-531-13481-7

Konzipiert als studienorientierte Einführung, richtet sich diese Einführung in erster Linie an die Zielgruppe der Studienanfänger. Auf der Grundlage eines politikwissenschaftlichen Systemmodells werden alle wichtigen Bereiche eines politischen Systems dargestellt. Im Anhang werden die wichtigsten Begriffe in einem Glossar zusammengestellt. Ein Sach- und Personenregister sowie ein ausführliches allgemeines Literaturverzeichnis runden das Werk ab.

www.westdeutscher-verlag.de

Erhältlich im Buchhandel oder beim Verlag.
Änderungen vorbehalten. Stand: Juli 2003.

Abraham-Lincoln-Str. 46
65189 Wiesbaden
Tel. 0611. 78 78 - 285
Fax. 06 11. 78 78 - 400

Westdeutscher Verlag

Oskar Niedermayer
Bürger und Politik
Politische Orientierungen und Verhaltensweisen der Deutschen.
Eine Einführung
2001. 232 S. Br. EUR 19,90
ISBN 3-531-13581-3

Der Band gibt eine umfassenden Überblick über die politischen Orientierungen und Verhaltensweisen der Bürgerinnen und Bürger.

Bernhard Schreyer, Manfred Schwarzmeier
Grundkurs Politikwissenschaft:
Studium der Politischen Systeme
Eine studienorientierte Einführung
2000. 243 S. Br. EUR 17,00
ISBN 3-531-13481-7

Konzipiert als studienorientierte Einführung, richtet sich diese Einführung in erster Linie an die Zielgruppe der Studienanfänger. Auf der Grundlage eines politikwissenschaftlichen Systemmodells werden alle wichtigen Bereiche eines politischen Systems dargestellt. Im Anhang werden die wichtigsten Begriffe in einem Glossar zusammengestellt. Ein Sach- und Personenregister sowie ein ausführliches allgemeines Literaturverzeichnis runden das Werk ab.

Klaus von Beyme
Die politischen Theorien der Gegenwart
Eine Einführung
8., akt. und überarb. Aufl. 2000. 359 S. Br. EUR 21,90
ISBN 3-531-32361-X

Diese bewährte Einführung gibt einen systematischen Überblick über die politischen Theorien des 20. Jahrhunderts. Vom Standpunkt des Methodenpluralismus aus führt sie in die Vielfalt und Dynamik politischer Theoriebildung ein. Es werden methodische Ansätze in Beziehung zu den großen metatheoretischen Schulen gesetzt. Die Grundbegriffe der Politik wie Staat, Macht, politisches System, politische Kultur, Demokratie, Pluralismus werden in ihrer Genesis analysiert und auf ihre Anwendbarkeit hin getestet.

www.westdeutscher-verlag.de

Abraham-Lincoln-Str. 46
65189 Wiesbaden
Tel. 06 11. 78 78 - 285
Fax. 06 11. 78 78 - 400

Erhältlich im Buchhandel oder beim Verlag.
Änderungen vorbehalten. Stand: Juli 2003.

West-
deutscher
Verlag

MIX
Papier aus verantwortungsvollen Quellen
Paper from responsible sources
FSC® C105338

If you have any concerns about our products,
you can contact us on
ProductSafety@springernature.com

In case Publisher is established outside the EU,
the EU authorized representative is:
**Springer Nature Customer Service Center GmbH
Europaplatz 3, 69115 Heidelberg, Germany**

Printed by Libri Plureos GmbH
in Hamburg, Germany